和人原沒有界限，所謂歷史差不多全是神話」是不可不辯的。

一、先生須知道古「有五行之官，是謂五官，實列受氏姓，封爲上公，祀爲貴神。社稷五祀，是算是奉。木正曰句芒、火正曰祝融、金正曰蓐收、水正曰玄冥、土正曰后土……」「曰：社稷五祀，誰氏之五官也？曰：少皞氏有四叔，曰重、曰該、曰修、曰熙，實能金木及水。使重爲句芒，該爲蓐收，修及熙爲玄冥也。顓頊氏有子曰犂爲祝融，共工氏有子曰句龍爲后土，此其二祀也。后土爲社。稷，田正也。有烈山氏之子曰柱爲稷，自夏以上祀之，周棄亦爲稷，自商以來祀之。」

這段話就是說治理木火金水土的五個官名，則作句芒、祝融、蓐收、玄冥、后土，作這五個官的人就是該、修、熙、句龍……他們在生時實列受氏姓封爲上公，因爲他們不失職，後人遂感他們的恩惠，祀爲貴神，是尊是奉。所謂貴神的神名，就是那五個官名。

(a)辯「后土原是地神，郤也是共工氏之子。」……后土原是官名，後來后土成爲神名的，共工氏之子——句龍——原不是奧地神，混乃是作治土的官——后土——後來人祀他爲神，始把他的官名當作神名的。

官之長叫作稷，作稷官的人死了，後人遂祀這作稷官的人爲稷神。……奉的，所以如果後來又有做這官的人，功勞更大更密切，後人不惜把後來的這個人祀作神以代替從前那個祀作神的人。夏祀柱爲稷，商以來祀棄爲稷，便是這個道理。

先生這種錯誤好像和謎「大成至聖先師文宣王爲原是儒神，卻也是叔梁紇之子」一樣，倘可說得去麼？

(b)辯「實沈原是星名，郤也是高辛氏之子，都也是高辛氏之子。

和人原沒有界限所謂歷史差不多全是神話」是不可不辨的。

（a）辨「后土原是地神，卻也是共工氏之子。

一、先生須知道古「有五行之官是謂五官實列受氏姓封爲上公祀爲貴神。社稷五祀，是尊是奉木正曰句芒火正曰祝融金正曰蓐收水正曰玄冥土正曰后土……

曰，社稷五祀，誰氏之五官也？曰，少皡氏有四叔曰重曰該曰脩曰熙實能金木及水。使重爲句芒該爲蓐收脩及熙爲玄冥世不失職遂濟窮桑此其三祀也。顓頊氏有子曰犂爲祝融共工氏有子曰句龍爲后土此其二祀也。后土爲社稷田正也。有烈山氏之子曰柱爲稷自夏以上祀之周棄亦爲稷自商以來祀之。」這段話就是說治理木火金水土的五個官名則作句芒祝融蓐收玄冥后土作這五個官的人就是該脩熙黎句龍。他們在生時實列受氏姓封爲上公因爲他們不失職後人逢感他們的恩惠祀爲貴神是尊是奉。所謂位神的神名就是那五個官名。獨之山官之長叫作稷作稷官的人死了後人逢大更密切後人不惜把後來的這個人祀作神以代替從前那個奉的所以如果後來又有做這官的人功勞更大祀這作稷官的人爲稷神。祀他爲神是由後人感他的恩惠而將祀作神的人。夏祀柱爲稷商以來祀棄爲稷便是這個道理。由上看來不見得一「后土原是地神」后土乃是作治原是官名。後來后土成爲神名的。共工氏之子—句龍—原不是與地神混乃是作治土的官—后土—後來人祀他爲神始把他的官名當作神名的。先生這種錯誤好像和謎「大成至聖先師文宣王爲原是儒神卻也是叔梁紇之子」一樣倘可說得去麼？

（b）辨「實沈原是星名卻也是高辛氏之子。

003

清季民国时期的"思想界"

典藏版

章 清　著

社会科学文献出版社
SOCIAL SCIENCES ACADEMIC PRESS(CHINA)

目　录

引　言

作为"场域"的"思想界"：新型媒介与读书人

"思想界"在今日已是广为使用的术语，无论历史与当下，都习见这样的表述；相近的尚有"知识界""学术界""教育界""出版界"等用语。本书将"思想界"与清季民国的历史建立特别的联系，正是要说明其成长并非无关宏旨，须紧扣"近代"这一线索去把握。对此进行解析，是试图从新的角度展示一些值得重视的问题，以更好理解近代中国所发生的巨变。值得强调的是，"思想界"及其他"～界""～～界"在19世纪末20世纪初的浮现，乃中国社会发生剧烈变动的写照，既意味着近代中国形成国家与社会新型的对应关系，也映射出告别科举时代的读书人对新的角色与身份的探求。

正因为此，清季民国时期的"思想界"也烙上历史的印痕，有特定的内涵，主要涉及与之关联的两极，一是新型传播媒介，一是走出科举时代的读书人。聚焦"思想界"，是期望探讨这两个要素的交互作用对近代中国历史产生的深远影响。① 在"引言"部分，有必要

---

① 本书针对清季民国时期的"思想界"进行历史性的分析，不仅尽力从其本身的"历史"切入，对于所涉及的相关环节及问题的梳理，也尽量恪守"历史的维度"。相应的，书中的一些"术语"，也大致是在历史的语境中使用。"思想界"之外，对"新型媒介"的称呼用到"新闻纸""报章""杂志""报刊""期刊"等不同的提法，也是因为在不同时期对此的认知即是如此。同样的，书中之所以用"读书人"而少用"知识分子"，也是因为前者是那个时期更普遍的提法，较之后者更少歧义。

对新型传播媒介的出现略加申论，以揭示此与读书人共同营造的"思想界"，如何构成布迪厄（Pierre Bourdieu）所谓的"场域"。

一 援西入中：报章与晚清社会

两种文明的沟通对出版物的依赖，再怎么评估都不为过。明清之际来华耶稣会士开启的中西文化交流，乃西学东渐之滥觞，不过，其影响较之 19 世纪新教传教士的来华，却不可相提并论，最主要的差别，即是传播知识的媒介。耶稣会士也携来地图、仪器之类的新事物，[①] 但主要还是凭借书籍这样的出版物进行知识传播。当新一轮西学东渐的帷幕揭开，新型传播媒介的涌现，构成转变的关键。在中国最早出现的一批中文报章成为传递新知的重要窗口，且力度大为提升。[②] 1870 年受英国浸礼会派遣来华的李提摩太（Timothy Richard）这样介绍报章："泰西各国竞立报馆者何也？缘百年之内，各国所出新法，有益于教养者多，故先登报章，俾人周知，择善而从之耳。"[③] 这一时期的西学传播也主要依托于此展开，报章发挥的作用被视作"强有力的酵素"。[④]

对构成"思想界"要素之一的新型出版物（尤其是报章）进行

---

① 耶稣会士带入中国的各种新事物，可参见宋黎明《神父的新装——利玛窦在中国（1582～1610）》，南京大学出版社，2011，第 6 章"遗产之一：'利玛窦菩萨'"。

② 研究报学的先驱戈公振已指明："我国现代报纸之产生，均出自外人之手。"参见《中国报学史》，生活·读书·新知三联书店，1955，第 64 页。1822 年 9 月 12 日在澳门以葡文出版的 A Abelha da China（《中国蜜蜂报》）是中国最早出现的报章。相关研究参见李长森《近代澳门外报史稿》，广东人民出版社，2010。这里主要追踪中文报章，并非忽视西文报章的意义。

③ 李提摩太：《中国各报馆始末》，《万国公报》第 32 册，1891 年 9 月，第 10 页。

④ 费正清主编《剑桥中国晚清史（1800～1911 年）》下卷，中国社会科学院历史研究所编译室译，中国社会科学出版社，1993，第 5 章"思想的变化和维新运动，1890～1898 年"（张灏著），第 313～323 页。

分析，既涉及对来华西人创办报章的把握，还牵扯到对延绵久远的塘报、邸抄等的评估。外人在中国创办报章，最初是因应传教的需要，经历种种曲折，尤其是内容上的拓展，方与晚清的社会生活发生密切联系。因袭于对邸抄的认知，晚清士人最初主要基于"上下通""中外通"理解报章的功能，还将此作为追逐"富国强兵"的重要组成部分。此亦显示，近代报章在中国的出现，自有其枢机，对此略加说明，有助于思考社会文化因素如何影响报章在中国的成长，也有裨于把握"思想界"作为"场域"涉及的基本环节。

"新闻纸"：传教士带入中国新的出版形式

何以传教士会选择当时称作"新闻纸"的出版形式，原因无他，在西方世界，这样的形式早已流行开来。15 世纪中叶，古腾堡（Johannes Gutenberg）将多项技术整合在一起，发明金属活字印刷，直接催生了被视作"新一代的书籍"的"印刷书"；紧随其后的，则是报纸杂志的出版。周期性出版物的出现，创立起一种作者与读者定期的"会面"，在信息传播上有特殊作用。[1] 故此，传教士之选择"新闻纸"，也顺理成章。

这种新型出版物之登陆中国，与马礼逊（Robert Morrison）及其所属伦敦传道会密切相关。马礼逊作为西方派到中国大陆的第一位新教传教士，1813 年 7 月在给米怜（William Milne）的信中，便确信"创办一个中文书院和建立一座印刷所"，乃传教事业牢固的基础。[2] 当时在中国印制传教书籍尚有困难，只好选择马六甲。他们共同起草了一份计划，拟以月刊或其他适当的期刊形式，出版一种"旨在传

---

① 让-诺埃尔·让纳内：《西方媒介史》，段慧敏译，广西师范大学出版社，2005，第 18 ~ 20 页。
② 马礼逊夫人编《马礼逊回忆录》，顾长声译，广西师范大学出版社，2004，第 97 ~ 98 页。

播普通知识和基督教知识的中文杂志"。① 1815 年 8 月创刊于马六甲的《察世俗每月统记传》，是新教传教士出版的第一份中文刊物，雕版印刷，线装书式，并仍以"书"称呼。该刊主编米怜倒也言明其特质所在：其一，系周期性的出版物，"每月初日传数篇"，且"每篇不可长，必不可难明白"；其二，发行也异于一般书籍，内中所附"告帖"说明："愿读《察世俗》之书者，请每月初一二三等日，打发人来到弟之寓所受之。"② 这清楚交代了此乃不一样的"书"，有出版周期问题，还有文字问题，读者须直接到编辑家中索取，也算报章创办初期之佳话。

第一份在中国境内出版的中文杂志，是 1833 年 8 月 1 日郭实猎（Karl Gützlaff）在广州创办的《东西洋考每月统记传》。该刊持续出到乙未年（1835）六月号，丁酉年（1837）正月迁往新加坡后复刊。复刊后的一篇新《序》，指明"欧罗巴人甚贵文字，新闻之本，以广流传不胜数"。③ 道光癸巳年（1833）十二月出刊的一期，还登有《新闻纸略论》一文，介绍西方各国"新闻纸"的起源。④ 只是这样的"出版物"，还难以吸引中国读者，郭实猎坦陈，"中国人还难以欣赏类似性质的出版物"。⑤

---

① 米怜：《新教在华传教前十年回顾》，北京外国语大学中国海外汉学研究中心翻译组译，大象出版社，2008，第 65~66 页。这方面的工作也得到英美专门从事推广传教出版物的协会的大力支持。参见苏精《马礼逊与中文印刷出版》，台湾学生书局，2000，第 19、51~52 页。
② 米怜：《〈察世俗每月统记传〉序》，《察世俗每月统记传》第 1 卷第 1 号，1815 年 8 月，第 2 页。
③ 《东西洋考每月统记传·序》丁酉年（1837）正月号，黄时鉴整理《东西洋考每月统记传》，中华书局，1997，第 191 页。
④ 《新闻纸略论》，《东西洋考每月统记传》癸巳年（1833）十二月号；甲午年（1834）正月所刊一期，也载有此文。参见黄时鉴整理《东西洋考每月统记传》，第 66、76 页。
⑤ Charles Gutzlaff, "A Monthly Periodical in the Chinese Language," *The Chinese Repository*, Vol. 2, Aug. 1833, p. 187.

略说中文世界最早以杂志形式出现的出版物，从中可看出这是有别于书籍的新的出版形式，形式变了，自会影响知识传播的方式及内容。这样的出版活动持续推进，也催生了《遐迩贯珍》《六合丛谈》《中西闻见录》《万国公报》《格致汇编》等卓有影响的杂志。我们不妨结合《遐迩贯珍》等杂志的创办，检讨这些新型媒介出现后引出的一系列问题。

《遐迩贯珍》："中外物情，皆归统贯"

1853 年 8 月 1 日创刊于香港的《遐迩贯珍》，开宗明义，说明其"备载各种信息"，如"商船之出入，要人之往来，并各项著作篇章"，"遇有要务所关"，"顷刻而四方皆悉其详"。看得出，为使"向无日报"的中国能明了此类出版物的意义，编者颇为用心。[①]

在栏目设置及发行环节，《遐迩贯珍》也不乏可议之处，自第 1 号起即设有"近日各报"栏，选登世界各地"新闻"。报章构成一个网络，此亦是重要标志。发行方面，该刊较早即注明由"香港中环英华书院印送，每号收回纸墨钱十五文"。[②] 这也点出创办报章当即会遇到发行的难题，还要考虑收支平衡。显然，《遐迩贯珍》在发行上取得的成绩，与编者的期许有相当距离，尤其在华人世界，"售者固少，而乐助者终无一人"。印出的 3000 本，是以"或卖或送"的方式消化。[③] 刊登告白成为应对之策："若行商租船者等，得借此书，以表白事款，较之遍贴街帖，传闻更远，则获益良多。"[④]

这样的努力并未有明显收效，该刊出版至 1856 年第 5 号，不得

---

① 《序言》，《遐迩贯珍》1853 年第 1 号，第 3 页。

② 《本馆谨启》，《遐迩贯珍》1855 年第 1 号，第 1 页。

③ 《〈遐迩贯珍〉小记》，《遐迩贯珍》1854 年第 12 号，第 1~2 页。

④ 《论〈遐迩贯珍〉表白事款编》，《遐迩贯珍》1855 年第 1 号，第 1 页。

不停刊。从《〈遐迩贯珍〉告止序》可判明，华人对此的漠视，是该刊难以为继的主要缘由。① 参与其中的王韬也并不看好，友人向他索要该刊，他就甚为轻视地表示："此糊窗覆瓿之物，亦复何用？徒供喷饭耳。"尤其秉持中国读书人的立场说明："此邦人士，躐等而进，才知字义，已矜著述，秉笔者半落魄商贾，饾饤末学，欲求其通，是亦难矣。"② 郭嵩焘在上海参观墨海书馆时获赠《遐迩贯珍》数部，也只是将其视作"各种钞报"的辑录。③

香港出版的《遐迩贯珍》遭遇种种困难，并未影响中文报章一步步拓展到中国内地。1857 年，伦敦传道会在上海的印刷所墨海书馆又印行了一份月刊《六合丛谈》，负责此事的伟烈亚力（Alexander Wylie）明确表示：该刊旨在"通中外之情，载远近之事，尽古今之变"，"见闻所逮，命笔志之，月各一编，罔拘成例"。④ 从第 1 号开始登载的"出口货单""进口货单""银票单""水脚单"等信息中可获知，报章附载商业信息及刊登告白渐成常态。尤为重要的是，在上海出版的这份报章，在空间拓展上更具象征意义，伴随传教事业的推进，报章逐步由马六甲、雅加达深入广州、上海等中国城市，越来越广泛地介入晚清社会生活。

《申报》：邸报别于新报

新教传教士早期创办的报章，对现实生活的影响还很有限，随后出现的《申报》与《万国公报》，则改变了这样的格局。《申报》代表的是商业性报章的兴起，对社会生活的广泛介入是其显著的标志；由教会内部报章发展而来的《万国公报》，调整办刊方针，希望赢得

---

① 《〈遐迩贯珍〉告止序》，《遐迩贯珍》1856 年第 5 号，第 1 页。
② 王韬：《与孙愓庵茂才书》，《弢园尺牍》卷 2，文海出版社，1983，第 87 页。
③ 《郭嵩焘日记》第 1 册，咸丰六年二月初九日，湖南人民出版社，1981，第 33 页。
④ 伟烈亚力：《〈六合丛谈〉小引》，《六合丛谈》第 1 卷第 1 号，1857 年 1 月 26 日，第 1~2 页。

官员及士人的重视，同样是意味深远的转变。而邸抄、京报之类的信息纳入报章，更促成信息的"替代"，以古代世界难以想象的方式汇集各种信息。影响所及，晚清士人对外部世界的了解，也逐渐由邸抄转向报章（详见第八章）。

"今天下可传之事甚多矣，而湮没不彰者比比皆是，其故何欤？盖无好事者为之记载，遂使奇闻逸事暗然无称，殊可叹息也。"新闻纸出，"凡可传之事无不遍播于天下"，"览者亦皆不出户庭而知天下矣"。① 1872 年创刊的《申报》，以这样的方式介绍了创办该报之用意。无论从哪方面说，《申报》都算得上是成功的。在信息采集上，逐步确立"将中国境内各紧要消息采录无遗"的目标。② 销售上也有不少举措，在上海本埠，既"觅人代卖新报"，也尝试"寻各店代售新报"，还不断尝试在各地广泛建立代派处。③ 尤为重视在京畿推广该报，办报者显然很清楚，"欲中国之广行新报，亦当自京师始"。④

与之相应，《申报》还自觉涉入晚清的商业活动与政治生活。商业方面，一开始就指明告白与事事相关，该报致力的正是"为法以流通之"，"廉其价，博其闻，广其传，俾僻壤遐邈方咸知有新闻纸之用而相观摩焉"。⑤ 而《申报》安排的"京报全录"，则不无政治考量，创刊时刊出的《本馆条例》明确说明："本馆因京报为皇朝象魏之书，理宜全遵颁发，故逐日全刻，概不删节。"⑥ 稍后进一步

① 《本馆告白》，《申报》1872 年 4 月 30 日，第 1 页。
② 《搜访新闻告白》，《申报》1875 年 7 月 10 日，第 1 页。
③ 《觅人代卖新报》《寻各店代售新报》，《申报》1872 年 5 月 2 日，第 7 页；《集阅报纸告白》，《申报》1875 年 7 月 12 日，第 1 页。
④ 《京都专设分馆售报》《延友赴京以广〈申报〉说》，《申报》1875 年 3 月 9 日，第 1 页。
⑤ 《招刊告白引》，《申报》1872 年 5 月 7 日，第 1 页。
⑥ 《本馆条例》，《申报》1872 年 4 月 30 日，第 2 页。

阐明：

> 本馆京报、上谕、宫门抄奏折选单，俱逐日全册遵刊，并赶
> 寄本京第一等快报，诸君光顾者祈留神对读可也。①

言下之意，有了《申报》，不必再通过其他渠道获得信息。紧接
着"京报全录"刊登的，则是"苏省抚辕日报"，算得上是将"中
央"到"地方"的讯息，皆纳入其中。

替代邸抄发挥的作用，也是《申报》的期许。创刊不久刊登的
《邸报别于新报论》，揭示了二者之区别——"邸报之作成于上，而
新报之作成于下"。各国之新报，主要"传述各国国家之事，上自朝
廷，下及闾里，一言一行，一器一物，无论美恶精粗，备书于纸"。
中国之邸报，"但传朝廷之政事，不录闾里之琐屑"。② 一年以后，该
报还刊文说明所关注的"均有关于国家者"，"又邸钞之所未载，宪
示之所未详，若非新闻纸录出，虽欲求知而亦不得知也"。故此，
"中国不欲取用西法则已，若欲取用西法，必先自阅新报始"。③ 稍后
还解释了《申报》能够风行各处，端赖读者可以各取所需：

> 仕宦者可以恭阅邸钞，考见朝政；士君子可以讽诵诗词，怡
> 适性情；巨商贾又可以博知货值之低昂；行旅者又可以参稽船埠
> 之进出。而俗事笑谈又可以作解颐之助，瀛洲寰海更可以极放眼

---

① 《本馆告白》，《申报》1872 年 7 月 30 日，第 1 页。
② 《邸报别于新报论》，《申报》1872 年 7 月 13 日，第 1 页。一年后又刊文说明"京
报"与外国之新报"大不同"。《论中国京报异于外国新报》，《申报》1873 年 7
月 18 日，第 1 页。
③ 《书同治十三年申报总录后》，《申报》1875 年 2 月 4 日，第 1 页。

之观，故人皆乐得而取阅也。①

由此也传递出对于政治不同以往的认知方式，《论各国新报之设》强调："朝廷立政，小民纵欲有言，未免君民分隔，诸多不便，一登于新闻纸内，则下情立即上达。"② 一篇名为《海客偶谈》的文章还借用一位西士的谈话，介绍中西之间在上下沟通上存在的差别。③ 正是因为《申报》广泛评价中国事务，还引起一些纷争，被认为是"议论辄就利在西人者而言"。为此，《申报》也以华人作者的名义发文加以辩护，阐明"馆主虽西人，其心实心乎中国者也"。④ 为避免与官方发生摩擦，《申报》还找到这样的因应之道：

> 为新闻纸者慎勿品评时事，臧否人物，以撄当世之怒，以取禁止之羞，岂不彼此有益、各行其是哉!⑤

除了刊载与国家政治生活相关的信息外，《申报》还刊登了不少投身科举考试的士子感兴趣的内容，包括各地主考官以及"题名录"等信息。⑥ 一位读者致书《申报》，还建议增加"文章策问"栏目："不问谁何，择其佳者添设在内，则士人足以日有揣摩，商人亦觉日有亲炙。"⑦《申报》为此做出不少努力，1873 年一则告白说明："今岁为癸酉科乡试之期，本馆特延请名人选刻时艺以供学者揣摩，所选

---

① 《论杭州停卖申报之故》，《申报》1873 年 5 月 1 日，第 1 页。
② 《论各国新报之设》，《申报》1873 年 8 月 18 日，第 1 页。
③ 《海客偶谈》，《申报》1873 年 7 月 26 日，第 1 页。
④ 《辨惑》，《申报》1874 年 10 月 19 日，第 1 页。
⑤ 《论各国新报之设》，《申报》1873 年 8 月 18 日，第 2 页。
⑥ 《湖北、浙江、江西主考官信息》，《申报》1873 年 8 月 14 日，第 2 页;《顺天乡试中式江浙举子题名》，《申报》1873 年 11 月 13 日，第 1 页。
⑦ 《与申报馆论申报纸格式鄙见》，《申报》1875 年 3 月 13 日，第 3 页。

皆近时新出名作，一切陈文概不登入。"① 为使科举考试的信息更为快捷传递，报馆还付出不小代价，1882 年 10 月 25 日登载的《壬午科顺天乡试题名录》，"附识"说明：

> 北闱于十三日黎明放榜，天津离京城约三百里，而题名录竟于早八点钟到津，随将江浙皖三省之中式者由电局传至上海，其神速实得未曾有。②

顺天乡试放榜仅一日就在上海刊出，是过去难以想象的。1885年 10 月《申报》加印"附张"，也是为及时刊登士子赴考得中的消息，顺天、江南乡试结果传来时，"本馆新闻早经排就刷印"，于是"特即另印附张"，随报分送。③ 1897 年登载的一篇文字还介绍《申报》如何借助电报传递浙江秋闱讯息，并痛斥其他"资本绵薄"之报馆"不能出电传费"，遂将《申报》刊载的信息"窃而翻印之"，甚至还"自称为接奉电音"。④

略说《申报》创办初期的一些情况，大致可了解报章如何介入晚清社会生活。《申报》早期主笔雷瑨回顾该报初期的历史，曾批评当日之《申报》其实没有什么"新闻"。⑤ 不能说"新闻"少，而是充斥了太多其他内容，或许这正是报章与晚清社会结合的初始形态。1893 年 2 月 17 日创刊的《新闻报》也是如此。长期任职于此的孙玉声在回忆中说明，该报同样重视来自北平的谕旨、奏折及宫门抄，

---

① 《本馆告白》，《申报》1873 年 4 月 3 日，第 1 页。
② 《壬午科顺天乡试题名录》，《申报》1882 年 10 月 25 日，第 1 页。
③ 《本馆告白》，《申报》1885 年 10 月 21 日，第 1 页。
④ 《不耻剿说》，《申报》1897 年 10 月 10 日，第 3 页。
⑤ 雷瑨：《申报馆之过去状况》，申报馆编《最近之五十年——申报馆五十周年纪念刊》第 3 编，编者印行，1923，第 27～28 页。

"谕旨必列入首幅，奏折殿之，又江浙等省之辕门抄，记录官场升迁降调，详细无遗"。① 而且，报馆不单传递上意，其访员制度还将下层社会之地方精英连接起来：

> 各报馆采访事宜，必须雇用人员，当时无以为名，名之曰访事员，简乎则曰访员，各外埠及本埠皆然。大抵外埠访员，均熟悉当地衙署、广通声气之人，故应召者多就地士绅及末官一流，惟每不露真实姓名，慎防为人所知，致干未便。本埠则类为官署之书役人等承充，即非书役，亦必与书役等相稔者为之，方能得到种种消息。②

这也透露出那个时期出版的报章，较之邸抄、京报等媒介，汇集了更多与政治生活、经济生活等息息相关的信息，并且使信息在更为广泛的地域散播。

广学会与《万国公报》

《万国公报》在这方面所展现的，亦很突出，而且，其自身的历史，即是晚清报章走向的一个缩影。该报前身为 1868 年 9 月 5 日在上海创刊的《中国教会新报》，只是一份教会刊物，出美国监理会传教士林乐知（Young John Allen）创办。③ 时间过了 4 年，1872 年 8 月发行第 201 卷时，改名为《教会新报》。这还属于"小变"，主要增加了世俗内容的篇幅。从第 301 卷起，刊物又更名为《万国公报》。

---

① 孙玉声：《编纂大纲》，《报海前尘录》，第 2 页。此系孙应《晨报》之约所写专栏，其"前言"落款为"中华民国二十三年一月，海上漱石生，孙玉声"。复旦大学收藏有复印件，并编有页码。
② 孙玉声：《访员阶级》，《报海前尘录》，第 5 页。
③ 林乐知：《〈中国教会新报〉启》，《中国教会新报》第 1 期，1868 年 9 月 5 日，第 3 页。

这次算得上重大改变，名称摆脱了教会色彩，读者也有新的定位，期望"既可以邀王公巨卿之赏识，并可以入名门闺秀之清鉴，且可以助大商富贾之利益，更可以佐各匠农工之取资"。① 这还不算完结。《万国公报》1883 年 7 月出完第 750 卷后，有长时间的停刊，到 1889 年 1 月才恢复出版。重新出版的《万国公报》，主编还是林乐知，但已归属同文书会（1894 年改称广学会）。②

1887 年韦廉臣（Alexander Williamson）在上海组织同文书会，为的是"摆印善书，散播天下。非敢谓足补中土所不逮也，不过精益求精，治益求治，为中土添锦上花耳"。之所以将"公报列于书会"，是因为"其书有功世教，即将万国所报播传中国，实足以为见闻之助"。③同文书会接手《万国公报》，是看重其较之其他形式的出版物，能赢得更多读者。李提摩太阐述同文书会的规划也有此考量，希望"主要官吏连带高级考试官员，教育方面的府视学，大学堂教习和比例小的一部分文人，还有他们家里的妇女儿童，是可以接触到的"。④正因为此，同文书会与《万国公报》结合在一起，对各自的工作都有所推进。同文书会有了《万国公报》，可以将开展的工作及出版物，通过此进行宣传；《万国公报》得此助力，则促成更多"西儒"参加公报的工作。同文书会的出版物往往先在《万国公报》连载，然后再出单行本，即二者互惠之显例（详后）。

---

① 《本报现更名曰〈万国公报〉》，《教会新报》第 295 卷，1874 年 7 月 18 日，第 316 页。

② 相应的，刊物主旨有了进一步调整。沈毓桂：《兴复〈万国公报〉序》，《万国公报》第 1 册，1889 年 1 月 31 日，第 1~2 页。

③ 韦廉臣：《同文书会实录》，《万国公报》第 14 册，1890 年 3 月，第 2~3 页。

④ 《同文书会年报》（第四次），1891 年 10 月 31 日，《出版史料》1988 年第 3、4 期，第 63~64 页。另参见李提摩太《亲历晚清四十五年——李提摩太在华回忆录》，李宪堂、侯林丽译，天津人民出版社，2005，第 201 页，译文有变化。

《万国公报》刊登的内容，同样触及晚清社会生活的诸多方面。"京报全录"之外，该报还刊登乡会试题目、题名录等与科举考试相关的信息，并面向士子举办征文活动。[1] 除此之外，《万国公报》之值得特别重视，还在于其示范意义。《遐迩贯珍》《六合丛谈》等还以"书"自称，《万国公报》作为报章的定位则更为清晰，第193册刊登的一则告白，指明"本报的内容"，系"依杂志体例以发表惟一之政论、时评、学说为主，而介绍世界新事物为辅，其尤重者，务求识力独到，足为中国前途之方针"。[2] 范祎所撰《〈万国公报〉第二百册之祝词》更是明确表示：

　　　　杂志报章者，社会之公共教科书也；杂志报章之记者，社会之公共教员也。无论上流、中流、下流，以暨种种之社会，其知识之一般，大都取资于杂志报章者居多；新事、新理、新物之研究、之表见、之发明，无不先睹于杂志报章。[3]

　　《万国公报》在发行方面的拓展，应该说成效甚为卓著。1889年同文书会召集的会议上，林乐知就表示："此会所出之书，如《公报》等，今岁销售月增一月，知此报一行中国，名公巨卿、文人学士咸蒙赏识。"[4] 不过，对此的估计仍需区分内部与外部，时间上也需斟酌。李提摩太在回忆中说明："1894年，《万国公报》的发行量

---

① 《万国公报》第301~430卷，卷首均为"京报全录"，从第431卷开始，"京报全录"改为"京报选录"，仍置于卷首。从第451卷开始又增加了教务方面的文字，置于卷首，"京报选录"放在最后。王林：《西法与变法——〈万国公报〉研究》，齐鲁书社，2004，第14页。
② 《〈万国公报〉特别广告》，《万国公报》第193册，1905年2月，广告页。
③ 范祎：《〈万国公报〉第二百册之祝词》，《万国公报》第200册，1905年9月，第41页。
④ 韦廉臣：《同文书会实录》，《万国公报》第14册，1890年3月，第1页。

比以前翻了一番。对它的需求是如此巨大，以至于在一个月之内，就必须重印。"他还表示："1895 年，当麦肯西的《泰西新史揽要》以及广学会的其他一些书籍出版后，中国书商的态度发生了很大的变化。"① 这个时间节点很重要，多少说明要到甲午战争时期，《万国公报》及广学会的其他出版物才引起更多重视。

"西方冲击的影响"乃历久弥新的话题，学界之所以肯定 1895 年的意义，正是考虑到"影响"的程度问题。② 所谓"三千年来未有之变局"，固然说明变动之剧烈，同时昭示外来新事物（包括报章）在晚清之被接纳，不免经历诸多曲折。而且，援西入中涉及的诸端，并非简单体现为文化的"移植"，往往因为本土的作用被赋予新的特质。晚清读书人之接纳报章，进而走上创办报章之路，就呈现别样的色彩。

二 初识报章："上下通"与"中外通"

以来华西人创办的报章作为中国近代报章之缘起，并非低估邸抄等信息传播方式的影响。事实上，晚清士人初识报章，凸显其有助于"上下通"与"中外通"，明显是在帝制的架构下思考报章之功能，所谓"天下有道则庶人不议"的古训，也影响人们对报章的接纳。不管怎样，就信息传播来说，报章之出现自是具有重大意义的转变。

"今日报体视向之所云邸报者，其犹沧溟之与涓滴哉。"③ 《湘

---

① 李提摩太：《亲历晚清四十五年——李提摩太在华回忆录》，第 201 页。
② 这方面的讨论，参见张灏《晚清思想发展试论——几个基本论点的提出与检讨》，《中央研究院近代史研究所集刊》第 7 期，1978 年 6 月；葛兆光《1895 年的中国：思想史上的象征意义》，《开放时代》2001 年第 1 期。
③ 杨豫：《论阅报之有益》，《湘报》第 14 号，1998 年 3 月 22 日，第 53 页。

014

报》创刊后刊发的文字，点出问题的关键。汪康年《〈京报〉发刊献言》则道明："吾国自古无有以一人之言，而得传布于天下者。天子之言尊矣，所播远矣，然犹仅达于各部之长官而止。""至于匹士大夫之意见，欲借笔札，以流布于上下远近，匪惟无此例，抑亦形势不便也。"① 姚公鹤《上海报纸小史》，也表达了这样的洞见：

> 报纸滥觞于邸抄，邸抄原始于时政记及起居注，为专门政治上传达消息之用，与书籍自印板而后，公诸社会，其效用尤各别也。②

凡此皆肯定报章有邸抄难以企及的作用。1907 年出生于江苏宜兴的报人徐铸成还说明：到《申报》问世，方才"以一般群众为读者对象，开始冲破'宫门抄''辕门抄'及政治公报的藩篱"，"第一次形成了一张现代意义的中国报纸"。③ 以此为基础，进一步揭示晚清士人初识报章时的一些特质，对于接下来讨论"思想界"的形成，不无裨益。含有"公共"色彩的"思想界"，系由作为"公共舆论"的报纸杂志具体展现；梳理晚清士人创办报章之实践，也有助于把握"思想界"形成的意义。

邸抄：帝制时代的信息传播

对于外来事物结合本土资源加以"想象"，可谓渊源有自；对于报章的认知，亦是如此。秉持"西学源出中国"说的王仁俊即持这样的见解：由《唐文萃》所载读开元杂报，可推知"西人日报采宫

---

① 汪康年：《〈京报〉发刊献言》，《京报》光绪三十三年二月十五日，此据汪林茂编校《汪康年文集》上册，浙江古籍出版社，2011，第 86~87 页。
② 姚公鹤：《上海报纸小史》，《东方杂志》第 14 卷第 6 号，1917 年，第 196 页。
③ 徐铸成：《报海旧闻》，上海人民出版社，1981，第 8、9 页。

门钞、邸钞，盖滥觞于唐开元矣"。①沈毓桂也确立类似基调："西国之有新闻诸报，与中国三代以前庶人传语、辀使采风之遗制，大略相同。"②为减少报章作为新事物引起的压力，外人之援西入中甚至也"迎合"这样的论调，前述李提摩太讨论中国报馆的文章就表示，各国"其出报之多也如此，然尚未及中国京报之早"。③

晚清士人创办报章，更不乏这方面的联系。《时务报》创刊号上梁启超发表的《论报馆有益于国事》，对于"报馆于古有征乎"的问题，予以肯定回答，进而认为："三代盛强，罔不由此。"④宋恕所写《〈自强报〉序》也持相似见解："报馆之设，于古无征，然辀轩采诗，乐览讽刺，其萌芽矣。"⑤直到20世纪初年，地方上出版的报章仍沿袭这样的看法，《汉口日报》发表之《报界说》指明："与邸钞阁钞并行不悖，是则本馆之例，亦即本报之界也。"⑥《长沙日报》刊登的《说报》也有这样的看法：

今天下有一事焉，宣上德通下情，质之三代圣人悬鞀设铎之指，隐然若合符节，报馆是也。⑦

无论是邸报还是京报，均系帝制时代发布信息的一种形式，体现

① 王仁俊：《格致古微》卷4《孙樵集》，光绪王氏家刻本，第87页。顾炎武由《宋史·刘奉世传》推断："'邸报'字见于史书，盖始于此时。然唐《孙樵集》中有读开元杂报一篇，则唐时已有之矣。"顾炎武著，黄汝成集释《日知录集释》卷28《邸报》，岳麓书社，1994，第999页。
② 沈毓桂：《复兴〈万国公报〉序》，《万国公报》第1册，1889年1月31日，第1页。
③ 李提摩太：《中国各报馆始末》，《万国公报》第32册，1891年9月，第10页。
④ 梁启超：《论报馆有益于国事》，《时务报》第1册，1896年8月9日，第1页。
⑤ 《〈自强报〉序》，胡珠生编《宋恕集》上册，中华书局，1993，第257页。
⑥ 《报界说》，原刊《汉口日报》，此据《华字汇报》1905年9月18日，第5页。
⑦ 《说报》，原刊《长沙日报》，此据《华字汇报》1905年9月18日，第5页。

的是自上而下的治理方式。有清一代，有关邸报的发行制度在《历代职官表》中有不少记载。① 此外，《钦定大清会典事例》涉及"塘务"事也说明："凡题奏奉旨之事，下科后，令该省提塘赴科抄录，封发各将军督抚提镇。"② 正因为此，邸报实际成为皇权的体现。咸丰三年（1853）江西巡抚张芾奏请"刊刻邸钞，发交各省"，结果谕旨严加斥责，"识见错谬，不知政体，可笑之至"，指明如刊刻邸抄，"不但无此体制，且恐别滋弊端"。③

即使有了近代报章，"京报""邸报"及"宫门抄""辕门抄"这样一些沟通政情的形式，仍在发挥影响。戊戌维新期间，不少士人即据此了解朝野动向。叶昌炽在日记中述及，他是通过"阅邸钞"，获悉"工部主事康有为、兵部主事张元济廿八日预备召见"。④ 胡寿颐《春明日居纪略》也有相关记载，1898 年 6 月 24 日记："昨阅内阁传钞，令停八股，一律改试策论。"10 月 9 日又记："晚阅邸钞，八股文章、试帖诗书，仍其旧矣。官报局及《时务报》等，皆降旨一律抄之，不得设立云。"⑤

然而，近代报章毕竟有异于邸抄之类的媒介，尤其是汇集的信息不可等量齐观。李提摩太介绍报馆之缘起，即指明邸抄刊布的信息远不及报章：

① 纪昀等撰《历代职官表》上册，卷 21《通政使司》，上海古籍出版社，1989，第 407 页。
② 昆冈辑《钦定大清会典事例》卷 703，新文丰出版有限公司，1976，第 13 ~ 14 页。
③ 《清文宗实录》卷 166，咸丰三年十二月下，《清实录》第 41 册，中华书局，1986，第 836 ~ 837 页。
④ 叶昌炽：《缘督庐日记》(5)，1898 年 6 月 13 日，广陵书社，2014，第 2686 页。
⑤ 胡寿颐：《春明日居纪略》，中国史学会主编《中国近代史资料丛刊·戊戌变法》第 1 册，神州国光社，1953，第 557、560 页。

中国都门向有塘报，即所谓邸钞是也。惟所载只上谕奏折，阅者亦只官场中人，间有巨商硕贾借此以通声气，然所知究止一国之时事而已，岂若泰西报馆能尽知各国之事乎。①

花之安（Ernst Faber）《自西徂东》则进一步阐明："新闻纸"不仅优于过去之邸报，而且促成新的政治治理方式得以实现，"下情得以上达，而不至疾苦有所难宣"，"上谕得以下告，而不至政事多所隐蔽"。② 李提摩太所译《泰西新史揽要》还介绍英国的情况说："英人既有举官之权，若不知国事，何能措理；若不观新闻纸，何能知国事。则新闻纸者，诚民间所不可少者也。"③ 此亦可见，帝制时代的信息控制构成权力的象征，伴随近代报章的兴起，继续垄断信息已在事实上越发不可能，政治治理的方式不免受到冲击。正因为此，"新闻纸"替代过去之邸抄，也并不单纯，还纠缠着更为复杂的因素。

"庶人之清议"是否可行

报章在晚清被接受，存在一定阻力，关键是触及"庶人之清议"是否可行这一敏感问题。魏源《海国图志》言及英国的"新闻纸"，就有这样的联想：该国"刊印逐日新闻纸以论国政。如各官宪政事有失，许百姓议之，故人恐受责于清议也"。④ 王韬参与报纸的创办，一开始也本于此加以评述。1874 年 2 月 4 日，王韬在香港与同人醵资创办了《循环日报》，这既是为改变当时的华文报纸"主笔之士虽系华人，而开设新闻馆者仍系西士"的状况，也是认识到报纸有助

---

① 李提摩太：《论报馆》，《时事新论》卷1，广学会，1898，第19页。
② 花之安：《自西徂东》卷4《智集》，中华印务总局，1884，第 276 ~ 277 页。
③ 马恩西：《泰西新史揽要》卷6上，李提摩太译，蔡尔康述，商务印书馆，1902，第 11 页。
④ 魏源：《海国图志》中册，岳麓书社，1998，第 1421 页。

于"广见闻、通上下，俾利弊灼然无或壅蔽，实有裨于国计民生者也"。① 不过，王韬也敏锐捕捉到需谨慎待之的一点：泰西日报"无一不为庶人之清议，其立论一秉公平，其居心务期诚正"。② 所谓"庶人之清议"，紧扣的是士人夫熟悉的职能，正是这一因素，制约着读书人对报章的接纳。

实际上，晚清士人最初也主要秉持"上下通""中外通"的报章定位。陈炽在《庸书》中就指出，正是虑及君民分隔势睽，堂高帘远，"古人于是有谏鼓谤木之制，有采风问俗之官；惟恐下情不得上闻，上泽不能下究，所以防壅蔽而恤痌瘝者"。于今而言，要实现不出户庭而周知天下之事，"非报馆无由也"。③ 张之洞《劝学篇·阅报第六》对此也做了充分说明，他援引李翰称颂《通典》的话"不出户，知天下；罕更事，知世变；未从政，达民情"，认为"斯言也，殆为今日中西各报言之也"。④ 据此不难看出，他们是将报章作为此前邸抄之补充。1898 年张之洞筹办《正学报》，也面临如何处理邸抄的问题，受聘担任该报主笔的章太炎已知悉邸报难以实现"通中外"，须加以调整，"故以选译东西各报为主，于邸抄则从略"。张之洞亦表示认可。⑤

士人初识报章，认知上留下过去的痕迹，容易理解。从报章本身来说，其也还处于初级阶段，一方面还不足以承担传播"新闻"之

---

① 《倡设〈循环日报〉小引》，《循环日报》1874 年 2 月 5 日，此据卓南生《中国近代报业发展史（1815～1874）》增订版，中国社会科学出版社，2002，第234 页。
② 王韬：《论日报渐行于中土》，《弢园文录外编》，中华书局，1959，第206 页。
③ 陈炽：《报馆》，《庸书》外篇卷上，光绪二十一年（1896）刻本，第26 页。
④ 《劝学篇·阅报第六》，苑书义等主编《张之洞全集》第 12 册，河北人民出版社，1998，第9745～9746 页。
⑤ 章太炎：《正学报·例言》，汤志钧编《章太炎政论选集》上册，中华书局，1977，第 60 页；《〈正学报〉序例》，苑书义等主编《张之洞全集》第 12 册，第10067～10069 页。

职，另一方面发行也受到很大限制，读报很长一段时间还是稀罕的行为。而且，受当时交通条件的限制，"新闻"早已成"旧闻"："当日犹轮轨未通，交通迟滞，各埠访函之来，远道者十数日，或数十日不等，即近如苏杭，亦须二三日始达，电报则仅上谕可传外，其余无只字，故主政者于每日报中材料，颇感困难。"报章传递新闻的效力得以提升，有赖于"铁路广通，邮局遍设"。①

这里也提示我们注意，所谓"新型媒介"绝非仅限于印刷书刊，研究者注意到，如果报章在开通见识方面有这样的作用，则"物质层面的电报和铁路、轮船等或有着更直接的推动作用"，"这些新事物扩大了区域性事务的影响，使其得到跨区域的关注"。② 究竟哪一种因素更为重要，恐不易评估，这些因素原本是共同作用的，不过对此的把握确有必要扩大视野，印刷技术之外，电报等影响信息传播效率的媒介也不可忽视。1881 年，中国第一条向公众开放业务的电报长途线路——天津至上海线便已开通，在电报的使用上走在前列的《申报》，则早已刊文说明："凡遇切要之事，用电线通报，虽万里之遥片刻周知，所以有裕国便民之宏用，至于行商坐贾更不可少。"③《大公报》1902 年创办时更有这样的期许：若各省遍设官报局，"加以电报，则五洲以内若影响也；附以邮报，则万国建立若户庭也"，"皆将于报馆收其效也"。④

邮政事业同样为报章的发展提供了重要支撑。清季邮政发端于赫

---

① 孙玉声：《新闻报三十年来之回顾》，沈恩孚编《新闻报馆三十年纪念册》，上海亚东图书馆，1923，"纪念文"，第 6 页。
② 罗志田：《天下与世界：清末士人关于人类社会认知的转变——侧重梁启超的观念》，《中国社会科学》2007 年第 5 期。
③ 上海电线行主人启《电气告白》，《申报》1872 年 5 月 31 日，第 7 页。
④ 《拟仿英国泰晤士日报例各省遍设官报局以开风气说》，《大公报》1902 年 12 月 22 日，第 2 版。

德（Robert Hart）在海关总署内兼办之邮政。1896 年"大清邮政"正式开办，1906 年又成立"邮传部"。1902 年赫德在一份报告中介绍了"推广邮政"取得的成效："综计已开之总分局几及三百余处，或于省会要区，或于府、厅、州、具，均系枥比而设，节节通灵，数年以来，成效昭著。"① 需要重视的是，"邮电与新闻事业之繁荣，至有关系"，《中国新闻事业》一书即谈道：

> 明清信局兴起，近世报纸最初遂托附之以销行。及光绪时，设邮局，交通四通八达，报纸遂由邮局传递，且订专章，受有优待之例，报纸之销行受邮局之助至多也。其次为电报，乃报纸消息灵通之命脉。报纸之最初兴也，消息转录京报，至为迟滞，各地通信寄到，亦非时日。自光绪五年设立电线，消息为之大变，新闻日见敏捷，近电业日兴，又有新闻电优待之例，在传递方面已大便当。②

近代意义的报章在晚清初现时经历种种曲折，有诸多可以理解的原因。说到底，报章终究是社会的产物，映射着社会成长的点点滴滴，生活未曾改变，也难以要求报章有什么突破，即便是新事物，也难免落入"旧瓶"中。变化是渐渐发生的，研究者从传播的角度揭示出变化之由：新式传播媒介 19 世纪中叶即随着传教士与商人进入中国，并在某些港口开始商业化，但影响有限；发生重大转变之机缘，是"新式传播工具在 1895 年以后的政治化"，读书人主动利用

---

① 《1902 年 7 月 3 日（光绪二十八年五月二十八日）赫德致外务部申呈第 274 号》，中国近代经济史资料丛刊编辑委员会主编《中国海关与邮政》，中华书局，1983，第 107 页。
② 黄天鹏：《中国新闻事业》，联合书店，1930，第 103 页。

此工具，撼动了原有的政治与社会秩序。① 这是值得重视的观察，不过需加注意的是：最初对报章之定位还难以摆脱邸报的影响，报章贯彻的是"上下通""中外通"之旨趣，所谓"庶人不议"的传统，仍影响着读书人的抉择。

三　作为"场域"的"思想界"

勾画近代意义的报章在中国的出现，以及读书人初识报章时的情形，可以明确的是，当日对报章的认知与今天相较可谓大异其趣。结合当时的社会环境加以检讨，也是题中应有之义，可以更好地把握晚清"思想界"形成的意义。"思想界"的要素既然包含作为载体之媒介，以及与之发生关联的读书人，则牵涉的环节是极为广泛的。这里也有必要对所涉及的相关论述，以及前人围绕此开展的研究略加说明。事实上，将视野稍加拓展便可看出，无论是有关读书人还是报章，都在不断涌现新的话题。

"读书人"：近代中国研究历久弥新的话题

毋庸讳言，所谓"三千年来未有之变局"，受到最大冲击的是读书人，研究者对晚清以降的读书人也从不同的视野进行了阐述。20世纪90年代，余英时即指出由"士"向知识分子的转型，不仅是名称的改变，其实质的意义是知识分子从社会中心位置退到边缘，而一些边缘人物却占据了社会舞台的中心。② 读书人的角色的确呈现从中心向边缘的移动，然而，社会也在变，读书人在此过程中确立新的位置，同样不可忽视。罗志田就阐明，失去重心的近代中国，形成了一

---

① 李仁渊：《晚清的新式传播媒体与知识份子：以报刊出版为中心的讨论》，稻乡出版社，2005，第 103 页。

② 余英时：《中国知识分子的边缘化》，《二十一世纪》总第 6 期，1991 年 8 月。

股尊西崇新的大潮;"新的崇拜"形成的过程也是中国社会"权势转移"的过程,处处呈现正统衰落、边缘上升的趋势。[①] 王汎森则言及:不管军阀势力如何猖獗,商人势力如何勃兴,或读书人如何被拒于政治中心之外,但在一般人心目中,读书人仍占据最中心位置,并掌握着舆论,五四以后尤其如此。[②]

"转型时代"成为热门话题,与此也不无关系。张灏曾揭示了1895 年至 1920 年前后大约 25 年,是中国思想文化由传统过渡到现代的关键时期,主要变化有二:一是报纸杂志、新式学校及学会等制度性传播媒介的大量涌现;二是新的社群媒体——知识阶层的出现。[③] 对于新型传播媒介的涌现,也不乏研究者提出了检讨。杨国强言明晚清中国造出了一个前所未有的"言论界","思想、学理、意见、愿望都能借助于文字而化作横议"。[④] 罗志田则揭示出"五四后的中国,一个非常引人注目的现象是杂志的兴起"。[⑤] 王汎森还颇有针对性地指出:"清季的保守派似乎还不大能熟练地掌握新型传播媒介及横向组织,但是到了民初,保守派也开始组团体、办报刊,推展各种活动来与新派相抗。"一旦获得"群聚效应",形成"领导性论述","便逐渐上升到全国舞台的中央"。[⑥] 这些研究皆明示"新型媒介"的影响,还阐明其对于分析思想史上的种种现象具有重要意义。

---

① 罗志田:《新的崇拜:西潮冲击下近代中国思想权势的转移》,《权势转移:近代中国的思想、社会与学术》,湖北人民出版社,1999,第 18~81 页。
② 王汎森:《近代知识分子自我形象的转变》,《台大文史哲学报》第 56 期,2002 年 5 月。
③ 张灏:《中国近代思想史的转型时代》,《二十一世纪》总第 52 期,1999 年 4 月。
④ 杨国强:《晚清的清流与名士》,《晚清的士人与世相》,生活·读书·新知三联书店,2008,第 207 页。
⑤ 罗志田:《国家与学术:清季民初关于"国学"的思想论争》,生活·读书·新知三联书店,2003,第 308 页。
⑥ 王汎森:《傅斯年:中国近代历史与政治中的个体生命》,王晓冰译,生活·读书·新知三联书店,2012,中译本序,第 4 页。

同样值得重视的是研究中产生的"向下"视野。葛兆光明确主张，精英和经典的思想与普通的社会和生活之间，还有一个"一般知识、思想与信仰的世界"。① 晚清出现的报章，无疑构成呈现"一般知识、思想与信仰"的重要资源。李孝悌对"阅报社"及"宣讲、讲报与演说"的分析，便说明报章如何深入下层社会，影响普通人的生活。依其所见，以中国幅员的广阔，各种交通、通信、基础设施的缺乏，以及文盲人口的众多，新知识、新观念在下层社会的传播自是困难重重，但其成效也不可低估，"即使在乡镇村落，因为地方政府、士绅的努力，启蒙的理想也不是遥不可及"。②

仅就与"思想界"相关的话题来说，上述研究都指明仍有不少有待拓展的领域，近些年也有不少论著在对此进行总结，关注近代中国实际存在"多个世界"，呈现"多歧性"特质，还试图挖掘历史研究中容易忽略的非主流现象，以展示处于边缘地带的思想者发出的"执拗的低音"。③ 笔者围绕清末民初的"思想界"展开讨论，也正是尝试从新的视野发掘问题，并期望能从新的角度认识近代中国历史。

"媒介的历史包含了一个广阔的研究领域"

对于如何开展关于新型传播媒介的研究，学界存在多种看法，颇具启发性的分析是与历史进程的结合。论者针对"新教"的崛起就指明，"新教可以被视为由一种新的大众传播技术所引发的"，并且

---

① 葛兆光：《中国思想史》第 1 卷《七世纪前中国的知识、思想与信仰世界》、第 2 卷《七世纪至十九世纪中国的知识、思想与信仰》，复旦大学出版社，1998、2000。
② 李孝悌：《清末的下层社会启蒙运动：1901~1911》，河北教育出版社，2001，第 240~241 页。
③ 罗志田：《新旧之间：近代中国的多个世界及"失语"群体》，《四川大学学报》1999 年第 6 期；王汎森：《执拗的低音——一些历史思考方式的反思》，生活·读书·新知三联书店，2014。

"刻意地用一种新的、以印刷文字为基础的传播方式"。① 围绕印刷书的诞生，更不乏研究成果。一部关注"作为变革动因的印刷机"的专书，检讨了西欧从手抄书文化向印刷文化的过渡，勾画出"传播革命"具有的主要特征，以及对近代世界诞生的影响。基于此，作者也将印刷术的发明视作"尚未被公认的革命"。②

对此，自当重视费弗尔（Lucien Febvre，又译费夫贺）与马尔坦（Henri-Jean Martin）合著的《印刷书的诞生》一书，这部书籍史研究的经典之作，将"印刷书"视作"新一代的书籍"。作者试图厘清"印刷书所代表的，如何、为何不单只是技术上巧妙发明的胜利，还进一步成为西方文明最有力的推手"。该书尤其还谈到，印刷技术上的诸多发明，当然加速了书籍的生产，也为印刷世界中较晚近的产物——报纸预先铺路，这无疑是"见证印刷术对广大读者吸引力最典型的例子"。③ 彼得·伯克（Peter Burke）所著《知识社会史：从古腾堡到狄德罗》，则提示了两个关键性的时间，即1450 年前后欧式活字印刷术在德国的发明，及 18 世纪 50 年代陆续出版《百科全书》（Encyckopédie）。该书堪称一部关于"西方近代知识与社会交融史"的导引，对"销售知识"之"市场与出版界"的考察，注意到 1600 年以后开始发行的报纸和杂志，是"最足以说明资讯商业化的文学式样"。④ 关于《百科全书》，尚需提及的是将此作为"启蒙运动的生意"描绘的著作。它讲述的是一本书的历

---

① 卡伦：《媒体与权力》，史安斌、董关鹏译，清华大学出版社，2006，第 9、92 页。
② 伊丽莎白·爱森斯坦：《作为变革动因的印刷机——早期近代欧洲的传播和文化变革》，何道宽译，北京大学出版社，2010，第 3 页。
③ 费夫贺：《作者序》，费夫贺、马尔坦：《印刷书的诞生》，李鸿志译，广西师范大学出版社，2006，第 1～6 页。
④ 彼得·柏克：《知识社会史：从古腾堡到狄德罗》，贾士蘅译，麦田出版，2003，第 275～277 页。

史，涉及的问题层出不穷，单就此书所展现的印刷商、工场主、出版商、读者的生活，足可说明对于出版物的审视，著者之外，尚包括诸多环节需要厘清。①

在"新文化史"的旗帜下，书籍史、阅读史也受到重视。林·亨特（Lynn Avery Hunt）为《新文化史》一书所写"导论"已强调："目前文化史的重点在于——文本、图像和行动的——严密检视。"②对于推动"书籍史"成为文化史的主流，罗杰·夏蒂埃（Roger Chartier）做出了更多努力。夏氏收入该书的论文《文本、印刷术、解读》，以一个文本为例，"找出了一种对于作品接受意义之过程所做的不具正当性的简化"，"想恢复其真正的复杂性，需要思索三个极点——文本本身、传达文本的客体，以及了解文本的行为——之间紧相结合的关系网络"。③此外，夏蒂埃还与罗什（Daniel Roche）合作撰写了《书籍史》一文，对于过往偏重版本及数字信息的研究提出批评，指出对书籍的分析，须辅以对"读者群的社会组成"的了解，"必须记住，买了的书并不一定都阅读；反之，随着公共图书馆的发展，阅读过的书也不一定就是买来的"。④

与此相应，信息传播也构成审视近代世界诞生的重要视野。哈贝

---

① 罗伯特·达恩顿：《启蒙运动的生意：〈百科全书〉出版史（1775～1800）》，叶桐、顾杭译，生活·读书·新知三联书店，2005，第1页。稍后，达恩顿通过阐述"交流的循环"（the communication circuit），还强调对于书籍流通的每一个环节——从写作到出版，从印刷到流通，从销售到阅读——都要努力搞清楚。Robert Darnton, "What is the History of Books?" in Cathy N. Davidson ed., *Reading in America: Literature and Social History*, Baltimore: Johns Hopkins University Press, 1989, pp. 27 –52.

② 林·亨特编《新文化史》，江政宽译，麦田出版，2002，第46页。

③ 罗杰·夏蒂埃：《文本、印刷术、解读》，林·亨特编《新文化史》，第219～244页。

④ 罗杰·夏蒂埃、达尼埃尔·罗什：《书籍史》，雅克·勒高夫、皮埃尔·诺拉主编《史学研究的新问题、新方法、新对象——法国新史学发展趋势》，郝名玮译，社会科学文献出版社，1988，第322页。

马斯（Jürgen Habermas）揭示了在近世西欧社会，报刊乃"公共领域最典型的机制"，可以清楚看出"公共领域政治功能的转型"。① 本尼迪克特·安德森（Benedict Anderson）则致力于探讨"印刷资本主义"（print-capitalism）如何影响民族概念的散布与流传，阐明就民族主义的起源来说，也许没有什么东西比印刷资本主义更能加快这个追寻的脚步。② 吉登斯（Anthony Giddens）聚焦"文化全球化"的现象，同样指明这一点："如果不是铺天盖地而来的由'新闻'所传达的共享知识的话，现代性制度的全球性扩张本来是不可能的。"③

故此，围绕新型传播媒介开展研究，或当有这样的自觉——"媒介的历史包含了一个广阔的研究领域"。④ 上述对"印刷书"及报章的研究，也体现出历史学家长存于心的梦想——对"整体的历史"或"全面的历史"的追求，期望揭示近代出版文化兴起涉及的广泛层面。此亦意味着，"社会"元素的加入，促成研究者结合社会历史的变迁把握传播媒介发挥的影响。这对于思考报章在清季民国时期如何介入社会的各个方面，也大有裨益。实际上，民国时期的学者已有类似观察："在最近一世纪的时间中，新闻事业对世界政治、经济、社会及文化所起的作用，可谓无物堪于伦比。"尤其指明，新闻事业"受了近代精神与物质文明的洗礼，而完成为指引时代前进的灯塔"。⑤

对晚清中国印刷与出版文化的审视

回过头来看，围绕中国出版物的研究，可谓方兴未艾，探究传播

---

① 哈贝马斯：《公共领域的结构转型》，曹卫东等译，学林出版社，1999，第218页。
② 本尼迪克特·安德森：《想象的共同体：民族主义的起源与散布》，吴叡人译，上海人民出版社，2005，第32～33页。
③ 吉登斯：《现代性的后果》，田禾译，译林出版社，2000，第67～68页。
④ 让－诺埃尔·让纳内：《西方媒介史》，第1～2页。
⑤ 胡道静：《新闻史上的新时代》，世界书局，1946，第11页。

媒介与思想、政治、社会的互动，构成中国研究的热门话题。新型传播媒介滥觞于晚清，这段历史也引起特别关注。美国中国学领域前些年流行的"公共空间"（public sphere）与"市民社会"（civil society）概念，产生了持续影响，并促成学者们对"公共舆论"和近代媒介的关注。① 《晚期帝制中国》（*Late Imperial China*）期刊1996年推出"Publishing and the Print Culture in Late Imperial China"（"晚期中华帝国的出版与印刷文化"）专号。② 紧接着，多部专著也纷纷出版。③ 从中可以注意到，对明清书籍史的研究，已渐次超越印刷的"技术"环节，越来越聚焦于社会与文化层面。④ 受此影响，中文世界围绕明清以来书籍史、阅读史的研究也在拓展问题意识。⑤

这方面具有开拓性的工作，是李欧梵、瓦格纳（Rudolf G. Wagner）针对《申报》的研究。李欧梵较早重视探讨自晚清（也可能更早）以降，读书人如何开创各种新的文化和政治批评的"公共空间"。瓦格纳则指明《申报》作为一种新媒介，针对中国官场的一些事件进

---

① 魏斐德：《清末与近代中国的公民社会》，汪熙、魏斐德编《中国现代化问题——一个多方位的考察》，复旦大学出版社，1994，第 23 ~ 57 页。

② *Late Imperial China*, Vol. 17, No. 1, June 1996, pp. 1 - 200. 收录有弗里德曼（Jill A. Friedman）、贾晋殊（Lucille Chia）、包筠雅（Cynthia J. Brokaw）、卜正民（Timothy Brook）、周启荣（Kai-wing Chow）、贝尔（Catherine M. Bell）等撰写的六篇论文。

③ 主要包括: Kai-wing Chow, *Publishing, Culture and Power in Early China*, Stanford: Stanford University Press, 2004; Cynthia J. Brokaw and Kai-wing Chow, *Printing and Book Culture in Late Imperial China*, Berkeley: University of California Press, 2005; Christopher A. Reed, *Gutenberg in Shanghai: Chinese Print Capitalism, 1876 - 1937*, Vancouver: University of British Columbia Press, 2004。

④ Tobie Meyer Fong, "The Printed World: Books, Publishing Culture, and Society in Late Imperial China," *The Journal of Asian Studies*, Vol. 66, No. 3, August 2007, pp. 787 - 817.

⑤ 张仲民：《从书籍史到阅读史——关于晚清书籍史/阅读史研究的若干思考》，《史林》2007 年第 5 期；涂丰恩：《明清书籍史的研究回顾》，《新史学》第 20 卷第 1 期，2009 年 3 月。

行报道，使权力机制与传媒机制发生微妙关系。① 此外，还出版了多部专书。1996 年季家珍（Joan Judge）出版的《印刷与政治——时报与晚清中国的改革文化》将 19 世纪 90 年代政论性报章之兴起到 1904 年《时报》的创立，视作"中间领域"形成的关键时期。该书之所以用"中间领域"（middle realm）这一概念，是出于对"公共空间"的质疑，希望建立有别于西方的"成长模式"。② 2004 年还出版了梅嘉乐（Barbara Mittler）的《一份为中国的报纸？：上海新闻媒体的权力、认同和变化（1872～1912）》，指明《申报》作为外国人创办的报纸，可避免清政府的干涉；作为商业性报纸，又可摆脱教会的束缚，由此也推动《申报》成长为"公共舆论"，促成晚清出现"观点的自由市场"。③

上述围绕报章的研究，展示出诸多新意，不惟将媒介纳入社会变迁进行考察，还试图用多重视野梳理报章包含的信息。而围绕这些论著的争论，也表明报章研究遭遇的两难，不能忽视《时报》《申报》的影响力及鲜明特色，但据此获取的信息，能多大程度说明此一时期的问题？如不聚焦于个别报章，又如何进行深入而细致的分析？任何出版物往往皆牵涉许多环节，要勾画与之相关的方方面面，自应进行个案研究，而这样一来，要展示近代报章成长的"全面的历史"，又

----

① 李欧梵：《"批评空间"的开创——从〈申报〉"自由谈"谈起》，《现代性的追求》，生活·读书·新知三联书店，2000，第 3～22 页；Rudolf G. Wagner, "The *Shenbao* in Crisis: The International Environment and the Conflict between Guo Songtao and the *Shenbao*," *Late Imperial China*, Vol. 20, No. 1, June 1999, pp. 107–138。瓦格纳后来还集中多位成员进一步加强了这方面的研究，Rudolf G. Wagner, *Joining the Global Public: Word, Image, and City in Early Chinese Newspaper, 1870 1910*, State University of New York, 2007，全书由五篇论文组成。

② Joan Judge, *Print and Politics: Shibao and the Culture of Reform in Late Qing China*, Stanford: Stanford University Press, 1996.

③ Barbara Mittler, *A Newspaper for China?: Power, Identity, and Change in Shanghai's News Media, 1872-1912*, Cambridge, Mass.: Harvard University Press, 2004.

难以实现。关键还在于，影响信息传播的各项物质与技术进步，处于不断成长中，这也增添了分析的难度。

因此，聚焦于清季民国时期的"思想界"，也须避免以简单的方式评估"新型媒介"的影响。在讨论报章的时候，往往容易陷入"不具正当性的简化"中，似乎报章创办了，文章发表了，"影响"也就发生了。甚至还建立起同样不具正当性的"假设"——某报章流行于特定时期的某个城市，生活于这个时期这个城市的人，便会接触到这些报章，并受到"影响"。显然，这些判断建立在"想象"的基础上，难以提供有效的解释。此外，依据量化数字勾画报章营造的"思想版图"，同样需要斟酌。每份报章原本有发行时间、地点及数量的区别，并不对等，但在统计中却以一个计量单位计算，这也是分析报章之"影响"习见的方式。如何以更好的方式把握之，减少歧义，同样值得重视。

当然，本书围绕"思想界"加以检讨，并非仅仅基于中国社会的转型以及印刷、出版等机制，这些无疑皆构成"思想界"的要素，但涉及的环节实际上更为广泛。以晚清读书人对"合群"的理解来说，即不限于报章这一单一的形式，报章也许是有形的展现，与之密切相关的，还包括翻译书籍、组织学会、开办学校等活动。换言之，本书聚焦清季民国时期的"思想界"，是期望将问题引向对近代中国历史复杂局面的思考，布迪厄阐述的"场域"理论，或许是值得借鉴的分析框架与观察视野。

作为"场域"的"思想界"

在布迪厄颇为复杂的理论中，"场域"（field）是贯穿始终的一个核心概念。如其所言，可以把场域设想为一个空间，但更可以将此定义为"在各种位置之间存在的客观关系的一个网络（network），或者一个构型（configuration）"，依托"场域"进行思考，即"从关系的角度进行思考"。① 将"思想界"理解为"场域",并不为过,布迪厄原本重视"探讨知识生产的场域问题"。② 1993 年出版的《文化生产的场域》,也将"场域"这一概念运用到不同的社会文化领域。"文学场域"(literary field)、"艺术场域"(artistic field)、"文化场域"(cultural field)与"知识场域"(intellectual field),构成布迪厄论述"场域"的具体例证。③

从某种意义上看,"思想界"正近似于布迪厄阐述的"文化场域"与"知识场域",只是所牵涉的要素更为宽泛。所谓"场域",大致与"界"传达的意思近似,"~~场域"亦可视作"~~界"。只是"思想界"的内涵更显模糊,难以确立边界;所涵盖的两极,无论是报章媒介还是读书人,各自形成复杂网络,绝非单一的"文化场域"(或"文化界")与"知识场域"(或"知识界")所可表征。故此,针对清季民国时期的"思想界"进行解析,同样需要展示这一"符号"涉及的极为广泛的要素。"新文化史"在理论上博采众长,曾广为借鉴布迪厄"场域"的概念、实践的理论及文化再生产的思想。④ 依据"场域"理论分析近代中国历史,也有不少例证,如针对科举考试的研究发展出"科举场域"的理论。⑤ 对报章的分析

---

① 皮埃尔·布迪厄、华康德:《实践与反思:反思社会学导引》,李猛、李康译,中央编译出版社,1998,第 133～134、137～138 页。
② 戴维·斯沃茨:《文化与权力:布尔迪厄的社会学》,陶东风译,上海译文出版社,2006,第 249 页。
③ Pierre Bourdieu, *The Field of Cultural Production*: *Essays on Art and Literature*, in Randal Johnson ed. and introduce, New York: Columbia University Press, 1993.
④ 彼得·伯克:《什么是文化史》,蔡玉辉译,北京大学出版社,2009,第 65 页。
⑤ 艾尔曼曾借助布迪厄的理论分析科举考试。Benjamin Elman, "Political, Social and Cultural Reproduction via Civil Service Examinationed in Late Imperial China," *The Journal of Asian Studies*, Vol. 50, No. 1, Feb. 1991, pp. 7 – 28. 中国方面对此的回应也不少,参见刘海峰《科举术语与"科举学"的概念体系》,《厦门大学学报》2000 年第 4 期。

亦然，前述梅嘉乐对《申报》的研究，即说明"公共空间"实际构成一个"场域"（field），"社会上层与社会下层共同出现于此"。①

将"思想界"理解为"场域"，正是试图基于"空间"与"关系"构成的复杂网络进行分析。实际上，"新闻纸"之登陆中国，便展现出一个不同于以往的"信息世界"，而伴随这个"信息世界"的版图逐步拓展，愈益放大，也与越来越多的人发生关联。

作为近代中国"睁眼看世界"的"先时之人物"，在林则徐、魏源那里，尚未有办报之举，但已建立起单向获取信息的渠道。林则徐前往广州禁烟不久，通过"翻译西书，又购其新闻纸"，先后辑成《澳门新闻纸》与《澳门月报》。② 魏源在林则徐《四洲志》基础上编著而成的《海国图志》，也利用了不少新闻纸的信息，该书"后叙"列出不少研究"西洋舆地"的著作，其中就包括《东西洋考每月统记传》。③ 而在中文世界初创的一些报章，无论是来华西人所办还是中国士人所办，则大量采集外国报章之信息。1896 年创刊的《时务报》，最初就包含"谕旨恭录""奏折录要""京外近事""域外报译""西电照译"等内容。这也为其他报章采用。1902 年创刊的《新世界学报》，标榜"本报自备东西各报数十种，以益见闻而广取资"。④ 1904 年发行的《时报》与《东方杂志》，则更为突出。

---

① Barbara Mittler, *A Newspaper for China?: Power, Identity, and Change in Shanghai's News Media, 1872–1912*, p. 2. 作者对此的讨论，主要回应瓦格纳的相关论述。参见 Rudolf G. Wagner, "The Early Chinese Newspapers and the Chinese Public Sphere," *European Journal of East Asian Studies*, Vol. 1, Issue 1, June 2002, pp. 1–33。

② 梁廷枏：《夷氛纪闻》卷 3，中华书局，1997，第 68~69 页。关于"先时之人物"，来自梁启超对康有为之表彰。梁启超：《南海康先生传》，《清议报》第 100 册，1901 年 12 月 21 日，第 3 页。

③ 魏源：《海国图志》中册，第 1458 页。

④ 《〈新世界学报〉序例》，《新世界学报》第 1 号（壬寅第 1 期），1902 年 9 月 2 日，第 4 页。

报章本身构成一个"信息世界",这或许是"思想界"有形的展现。"场域"的边界不断扩大,还只是问题的一面,关键尤在于,这样的"场域"本身是开放的。这不仅指一份杂志涉及的广泛读者,还包括吸纳的作者。"华人如有切要时事,或得之传闻,或得之目击,无论何事,但取其有益于华人,有益于同好者,均可携至本馆刻刷,分文不取。"① 这是1861年发刊的《上海新报》做出的宣示,体现出外人创办的报章对华人的期许。中国读书人创办的报章,更希望通过此会聚同人,1897年出版的《经世报》就表示:"海内君子如有新著,盼乞随时惠寄,代登报章,觊收广思集益之效。"② 此所意味的是,除了报章之创办者,读者也加入信息的生产中,增添了"公共性"的色彩。

报章作用于社会的方式,正是这样逐步深化,而且,报章成为包含近代信息最为丰富的"载体",这也成为近代社会变迁最真实的写照。《申报》发刊50年之际曾编辑出版了《最近之五十年——申报馆五十周年纪念刊》一书,其中一篇文章有如斯之言:

> 小小一新闻纸,五十年间,思想界、物质界之进化,于是乎见焉,人心风俗之厚薄,与夫社会生活程度之高下,于是乎征焉。③

在这个意义上,也自当关注由"思想界"营造的"场域"。这既包含报章的编辑、印刷、发行所对应的"网络",也包含"阅报处"

---

① 《本馆谨启》,《上海新报》1861年11月19日,第1版。
② 《本馆告白》,《经世报》第1册,丁酉(1897)七月上,第31~32页。
③ 李嵩生:《本报之沿革》,申报馆编《最近之五十年——申报馆五十周年纪念刊》第3编,第29页。

及读者所构成的"网络"。笔者也将此作为"思想界"的基本要素。说到底,"思想界"的表征正依托于这些要素营造。

这就是本书所要讨论的"思想界"。笔者旨在将清季民国时期的"思想界"作为问题的切入点,以审视中国社会的变迁,主要关注出版媒介尤其是报章在此期间的成长,以及告别科举时代的读书人依托于新型传播媒介所确立的新角色。重要的是,伴随技术的进步,新型传播媒介成长起来,塑造出与古代世界完全不一样的"近代世界",而与之息息相关的"思想界",遂构成审视近代中国历史的一面镜子。

第一章
"合群"的诉求:"思想界"形成的背景

将"思想界"置于清季民国时期这一历史背景,自有必要关注其是如何形成的。从语言的角度,大致可给出"思想界"以及其他"~~界"作为汉语新词出现的时间。下一章将对此进行分析,以说明出现于晚清的汉语新词,实际成为把握社会演进的关键所在;"~~界"在晚清的浮现,也须结合"社会"的成长加以把握。关键尤在于,与其他"界别"相比,"思想界"略显特殊,它既与表达的载体息息相关,还与表达的主体读书人密不可分。故此,首先有必要就推动"思想界"形成的助力略加申论。

最初的动力无疑来自"合群"的诉求,只是如何"合群",依托于学校、学会还是报章,人们各有看法。在此过程中,报章作为"合群"的基础受到多方重视。

参与《时务报》创办的黄遵宪,1902 年对清季报章有此评价:"《清议报》胜《时务报》远矣,今之《新民丛报》又胜《清议报》百倍矣。"① 胡适 1923 年也说过:"二十五年来,只有三个杂志可以代表三个时代,可以说是创造了三个新时代。一是《时务报》,一是

---

① 《致梁启超书》(1902 年),吴振清、徐勇、王家祥编校整理《黄遵宪集》下册,天津人民出版社,2003,第 490 页。

《新民丛报》，一是《新青年》。"① 就推动"合群"来说，《时务报》发挥的作用自然不可低估，同时须看到有远超《时务报》并代表另一个"新时代"的报章。本书也将《时务报》视作过渡时期的产物，摆脱所谓"自改革"的束缚，报章才展现全然不同的色彩。② 随之而来，报章的定位也发生转变，渐次由沟通上下、开启民智，发展出新的职能，直至成为"权力"的彰显。因此，关注晚清读书人所表达的"合群"诉求，并以此作为问题的开端，或也能更好地揭示"思想界"实际构成多重因素营造的"场域"。

一　作为"合群"载体的报章、学会及学校

以"合群"作为"思想界"形成的主要推力，有裨于展示晚清读书人在变局中的走向。在中国古代政治传统中，"君子不党"是士大夫政治的重要标识，然士人却向有结社之习性，明清时期尤盛。③ "士"之成为"四民之首"，占据社会之中心位置，也意味着形成了具有某种组织意义上的"共同体"。士主要倚靠从宗族、宗教、学校，到行会、会馆、同乡会等"中间团体"（intermediate）。④ 这不难理解，每个人都会以某种方式卷入政治体系中，但政治生活首先体现

① 《致高一涵、陶孟和、张慰慈、沈性仁》（1923 年 10 月 9 日），耿云志、欧阳哲生整理《胡适全集》第 23 卷，安徽教育出版社，2003，第 415 页。
② "自改革"系龚自珍的用语。《乙丙之际箸议第七》，《龚自珍全集》，上海人民出版社，1975，第 6 页。研究者将此作为晚清思潮的一个主旋律。朱维铮、龙应台编著《维新旧梦录：戊戌前百年中国的"自改革"运动》，生活·读书·新知三联书店，2000。
③ 谢国桢：《明清之际党社运动考》，中华书局，1982，自序，第 1 页。
④ 余英时：《中国知识分子的边缘化》，《二十一世纪》总第 6 期，1991 年 8 月。

为集团行为，尤其是急剧变革的社会，更促成新兴的社会集团起而参政。① 晚清遭逢巨变，"合群"的诉求得以浮现；伴随科举制的废止，读书人通向政治的晋升之路被堵塞，他们渴望谋求不同于以往的身份。首先需要重视的是，晚清"合群"意识如何孕育，何以报章、学会及学校成为推动"合群"的主要载体。

"社会"缺失下的"合群"

"合群"构成晚清读书人论说的重心，原因必多。不过，尽管读书人对于"合群"的意义从各个方面都予以肯定，但实现这一目标，未必有合适的办法。其缘由，既有承袭于传统的负担，也包含对新的组织方式缺乏了解。此所显示的是，"社会"的缺失导致"合群"难以找到依托，而"社会"的成长，则与形成具有近代意义的国家观念密切相关。这也成为近代中国转型的枢机，"合群"能否实现，端赖于此。

近代意义的"国家意识"如何萌生，一向是把握近代中国变革图景的焦点问题。较有代表性的看法是，"近代中国思想史的大部分时期，是一个使'天下'成为'国家'的过程"。② 列文森（Joseph R. Levenson）上述见解已受到越来越多的挑战，但相关话题仍受到关注，并形成新的理论模式——"从文化主义到民族主义的理论"（culturalism-to-nationalism thesis）。③ 确实，摈弃"天下"观念，无论对外对内，都有潜在意义。对外是接受近代世界系以"国家"为基础——所谓"天下万国"；对内则将如何组成国家，如何安排个人与

---

① 塞缪尔·亨廷顿.《变动社会的政治秩序》，张岱云等译，上海译文出版社，1989，第 9 页。

② 列文森：《儒教中国及其现代命运》，郑大华、任菁译，中国社会科学出版社，2000，第 87 页。

③ James Townsend, "Chinese Nationalism," in Jonathan Unger ed., *Chinese Nationalism*, M. E. Sharpe, Armonk, 1996, pp. 1 – 30.

国家、个人与社会等问题，提上议事日程。缺乏对"国家"的认知，"社会"也难以找到依托，"合群"亦不易实现。

从语词的翻译来说，论者也颇为重视由"群"到"社会"的转变。王汎森注意到，"从甲午之后到义和团之间是'群'流行的时期，此后有一段时间，'群'与'社会'交迭使用；大致要到辛亥革命前四五年，'社会'一词才渐流行"。① 金观涛、刘青峰对此的辨析稍有差异，认为戊戌前后用"社会"一词翻译 society，已从日本传入中国，从"群"到"社会"的转变，大致发生在 1901 年至 1904 年间。② 但语词只是问题的一面，重要的是如何理解"社会"，如果在认知上不能有所突破，势必会影响对"社会"的接纳。

严复值得重点说说。1895 年严发表的《原强》，就发挥达尔文（Charles Robert Darwin）生存竞争之说，将社会之变迁理解为"其始也，种与种争，及其成群成国，则群与群争，国与国争"。故此，"群学治，而后能修齐治平，用以持世保民以日进于郅治馨香之极盛也"。③ 在译《天演论》时，他还说明："夫既以群为安利，则天演之事，将使能群者存，不群者灭；善群者存，不善群者灭。"④ 只是如何实现"合群"，严复备感困惑。从事翻译时，他颇早涉及此一问题，由于中西存在明显差异，甚至寻找合适的语词，都费尽心力。《原富》所加按语中，针对 corporation（今译作公司、社团、法人等）就指出：

① 王汎森：《傅斯年早期的"造社会"论——从两份未刊残稿谈起》，《中国文化》第 14 期，1996 年 12 月。
② 金观涛、刘青峰：《从"群"、"社会"到"社会主义"》，《中央研究院近代史研究所集刊》第 35 期，2000 年 6 月。
③ 《原强》，王栻主编《严复集》第 1 册，中华书局，1986，第 5、7 页。
④ 英国赫胥黎造论，严复达恉《天演论》，慎始基斋，1898，第 16 页。

此所谓联，西名歌颇鲁勒宪，犹中国之云会，云行，云帮，云党。欧俗凡集多人，同为一业一事一学者，多相为联。然与中国所谓会、行、帮、党，有大不同者。盖众而成联，则必经议院国王所册立，有应得之权、应收之利、应有之责、应行之事，四者缺一，不成为联……其事与中土之社会差同，而规制之公私，基业之坚脆，乃大有异。故其能事，亦以不同。此所以不能译之曰会，而强以联字，济译事之穷焉。①

　　"歌颇鲁勒宪"乃社会的基本形态之一，严复选择音译，即是深感中西存在差异，欧西"同为一业一事一学者，多相为联"，与中国之会、行、帮、党，"有大不同者"。

　　在稍后翻译《群学肄言》《社会通诠》等著作时，严复已接受"社会"等概念，并结合此来谈论"合群"。在为《群学肄言》一书撰写的《译余赘语》中，严复阐明理想的国家系按照"社会"进行组织，甚至传递出没有"社会"也难以有"国家"的看法："群有数等，社会者，有法之群也。社会，商工政学莫不有之，而最重之义，极于成国。"② 他还注意到"社会"的区别主要体现在组织方式的不同：

　　古之无从众也！从众之制行，必社会之平等，各守其畛畔，一民各具一民之资格价值而后可。古宗法之社会，不平等之社会也。不平等，故其决异议也，在朝则尚爵，在乡则尚齿，或亲

---

① 斯密亚丹原本，严复翻译《原富》部甲下，南洋公学译书院，1901，第 14 ~ 15 页。
② 严复：《译余赘语》，斯宾赛尔造论，严复译《群学肄言》，上海文明编译书局，1903，第 1 页。

亲，或长长，皆其所以折中取决之具也。①

这里引出的问题值得思考，关键不是译词如何确立，而是需要面对"社会"的构成。严复很清楚西方的社会分层，其基础是与国家分权的社会组织，但在中国，即便同样有帮、有会，却与之大异其趣。这既使严复感到困惑，后来也令梁启超、黄遵宪诸人大为困惑。

在1896年刊于《时务报》的文章中，梁启超揭橥"道莫善于群"之旨，强调"数人群而成家，千百人群而成族，亿万人群而成国，兆京陔秭壤人群而成天下。无群焉，曰鳏寡孤独，是谓无告之民"。② 稍后梁又明确表示："天下之有列国也，己群与他群所由分也。"认为中国与泰西之差异，是因为中国"以独术治群"，而近百年泰西各国之治，则体现在"善群术"。不过，此时的梁仍难以摆脱"天下"之樊笼，故又强调"有国群，有天下群。泰西之治，其以施之国群则至矣，其以施之天下群则犹未也"。③ 此亦表明，因为"天下"犹在，所谓"大群"之"国"，这时也未必是梁启超追求的最高目标。④

如何"合群"，在实践中也引出不少话题。1898年3月7日发刊的《湘报》，曾就成立"南学会"说明：中国有今日之结局，实由"二千年合群之公理湮塞弗明"；组织该会，"意欲尽合群之美"，即"以总会统分会，以分会统农工商矿诸会，联全省为一气，合万众为

---

① 甄克思：《社会通诠》，严复译，商务印书馆，1904，第160页。
② 梁启超：《论学校十三·学会》（变法通义三之十三），《时务报》第10册，1896年11月5日，第1页。
③ 梁启超：《说群自序》，《时务报》第27册，1897年5月22日，第1页。
④ 论者据此阐明，那时的梁启超并不主张仿效泰西之群治，反倒认为中国应超越"国群"而直接向"天下群"的目标努力。参见罗志田《天下与世界：清末士人关于人类社会认知的转变——侧重梁启超的观念》，《中国社会科学》2007年第5期。

一心"。^① 有意思的是,以"学会"相号召,未必符合时人的期待。一位会友表示:"今夫南学之设,大无益于湘省也,且徒言学会,所讲者不过天文、地理,俗儒常谈",当"废此学而改议院以广招徕"。南学会只能以此作答:"今必欲改学会为议院,必国家先立上下议院而后可,今可行乎?"^② 但这样的问题却是众所关注的,稍后又有人提出"西人治国之道最重议院",湖南也当通过努力"收西人议院之益"。南学会又这样答复:开议院之权,"操之国家,国家即能议行",吾人须重视的是,"民智不开,议者何人"。^③

耐人寻味的是,时人对"议院"的期待,其实正是南学会组织者的如意算盘。皮锡瑞1897年底的日记言及:"谭佛生等禀请开学会,黄公度即以为议院。"^④ 征诸谭嗣同致陈宝箴信函,更能看清此点。信中表示:"湘省请立南学会,既蒙公优许矣,国会即于是根基,而议院亦且隐寓焉。"^⑤ 过了一段时间,皮锡瑞算是明白了黄、谭一干人所图谋:"诸公意,盖不在讲学,实是议院,而不便明言,姑以讲学为名,以我不多事,借此坐镇。"^⑥ 此亦可见,如何"合群"还纠缠着其他因素,主事者不能不慎重考虑。同样在湖南,王先谦即以此为天下之"大患",赞许当朝"以社会与朋党二者为世切戒"。^⑦

---

① 皮锡瑞等:《南学总会复浏阳南学分会书》,《湘报》第71号,1898年5月27日,第281页。
② 《南学会问答》,《湘报》第11号,1898年3月18日,第43页。
③ 《南学会问答》,《湘报》第15号,1898年3月23日,第59页。
④ 皮锡瑞:《师伏堂日记》第2册,光绪二十三年十一月二十一日,国家图书馆出版社,2009,第478页。
⑤ 谭嗣同:《上陈右铭抚部书》,蔡尚思、方行编《谭嗣同全集》,中华书局,1981,第278页。
⑥ 皮锡瑞:《师伏堂日记》第3册,光绪二十四年正月二十五日,第21页。
⑦ 王先谦:《群论》,《虚受堂文集》卷1,光绪二十六年(1900)刻本,第13~14页。

可以说，当"合群"围绕国家、社会组织展开时，则更具敏感性。黄遵宪、孙中山、章太炎等人就不乏这方面的思考。黄遵宪1887年完成的《日本国志》，已有对"社会"的阐述："社会者，合众人之才力、众人之名望、众人之技艺、众人之声气，以期遂其志者也。"令其印象深刻的是，"凡日本人无事不有会，无人不入会"。[①]以"合力"理解"社会"，尚未能触及"会"在国家事务中扮演的角色。1898年初黄遵宪在南学会讲学，对于"合群"的认识，同样不得其法。[②] 到1902年才有转变之迹象，"合群之道，始以独立，继以自治，又继以群治"。据此黄也认识到中国本土资源颇为匮乏，合群之法，"惟族制稍有规模"，其他如同乡、同僚、同年，以及相连之姻戚、通谱之弟兄，则不过是"势利之场，酬酢之会，以此通人情而已"。"合群之最有力量，一唱而十和，小试而辄效者，莫如会党"，结果也令人忧虑，"贻害遍天下，其流毒至数世而犹未已"。为此，黄也提出理想的"合群之道"：

> 当用族制相维相系之情、会党相友相助之法，再参以西人群学以及伦理学之公理、生计学之两利、政治学之自治，使群治明而民智开、民气昌，然后可进以民权之说。[③]

孙中山、章太炎此一时期在思想上同样发生了转变。1905年孙

---

① 黄遵宪:《日本国志》卷37《礼俗志四》，上海图书集成印书局，1898，第33～34页。

② 黄遵宪一方面指出人与兽之区别体现在是否能"群"，另一方面则说明"国"体现于"合"。《黄公度廉访南学会第一二次讲义》，《湘报》第5号，1898年3月11日，第17页。

③ 《水苍雁红馆主人来简》（壬寅十一月），《新民丛报》第24号，1903年1月13日，第35～37页。

中山非常有意思地谈道："鄙人往年提倡民族主义，应而和之者，特会党耳，至于中流社会以上之人，实为寥寥。"[1] 正是借民族主义思想的成长，孙才找到"与群俱进"的"缮群"之道，即从欧美进化凭借的"民族""民权""民生"三大主义，用它们为中国之"缮群"确立了方向。[2] 1906 年章太炎也结合个人的遭遇，言及转变之缘由，尤其说明"自从甲午以后，略看东西各国的书籍，才有学理收拾进来"。[3] 这里也清楚交代了，国家意识的形成固然有传统"族类"思想的因素，所要者还是因为"收拾"了近代民族主义之学理。

对"合群"的思考推动对"国家"与"社会"的新认知，这无疑是影响深远的转变。有了近代意义的国家意识，对"社会"的认知才会逐渐清晰。1902 年出版的《新民丛报》第 11 号，以此答复一位困惑于"群"与"社会"的读者："社会者，日人翻译英文 society 之语，中国或译之为群，此处所谓社会，即人群之义耳。"编者也坦陈："本报或用群字，或用社会字，随笔所之，不能划一，致淆耳目。"显然作者更倾向于"社会"一词，故此也表示："社会二字，他日必通行于中国无疑矣。"[4] 稍后出版的《新尔雅》，还列出"释'群'"一节，对此有更清楚的说明："二人以上之协同生活体，谓之群，亦谓之社会。"[5] 将"群"与"社会"相提并论，止说明"合群"的诉求与"社会"的成长结合在一起。

学校、学会与报章："合群"的载体

尽管背负"君子不党"的古训，也未必洞悉"合群"的真正意

---

① 过庭：《纪东京留学生欢迎孙君逸仙事》，《民报》第 1 号，1905 年 11 月 26 日，第 70 页。
② 孙文：《发刊词》，《民报》第 1 号，1905 年 11 月 26 日，第 1 页。
③ 章太炎：《演说录》，《民报》第 6 号，1906 年 7 月 25 日，第 1 页。
④ 《问答》，《新民丛报》第 11 号，1902 年 4 月 22 日，第 88 页。
⑤ 汪荣宝、叶澜编纂《新尔雅》，明权社，1903，第 63 页。

义，但这并不影响读书人由此迈出重要一步，进而思考"合群"之道。晚清士人往往结合学校、学会、报馆三端展开论述，而且，选择的目标并非单一的，常常是将此三者结合起来。换言之，学会、学校与报章成为此一时期读书人思考"合群"的主要载体。

需要说明的是，类似的主张所在多有。1881 年，林乐知向美国监理会呈报如何振兴布道事业，已指明中国当下最要紧之事有三，即"设立教会大学""译书撰报""创立印书局"。① 晚清读书人聚焦于此，也是出于对西方经验的仿效。1894 年，随公使龚照瑗出使欧洲的宋育仁，将见闻整理成《泰西各国采风记》（简称《采风记》），就注意到："西国之上下通情，得力于协会（亦称社会），而辅之以报馆。"② 类似这样对"西国"的认知，只是试图推动这些要素在中国得到发展，并无特别之处。然而，士人以此作为"合群"的基础，却迥然有别，其往往借"合群"图谋欲实现的目标。

在具体实践中，读书人主要结合"合群"这一目标规划所从事的事业，尽管强调的重点未必一致。开办《时务报》之前，汪康年已有创设中国公会之议，"期于联合同志，公同研究，草拟章程。先在湖北与诸同人商议，又特至上海与诸名流集议"。所拟定的章程还包括对报章与学堂之谋划，"会中人稍多，当即设立会报，附刊于译报之后"，"筹款何处最多，即何处设学堂"，③ 同样是统筹学会、学校及报章三者。《时务报》发行后，汪康年又进一步谋划如何"合力以图之"，以奠定维新之基：

---

① 《中华基督教卫理公会百周年纪念册（1847～1947）》，百周年纪念编辑委员会，1948，第 81～82 页。
② 宋育仁编《泰西各国采风记》卷 3《礼俗》，袖海山房丙申（1896）五月石印，第 1 页。
③ 汪诒年编《汪穰卿先生传记》卷 2，杭州汪氏铸版，1938，第 4、67 页。

今日振兴之策，首在育人才。育人才则必新学术。新学术则
必改科举、设学堂、立学会、建藏书楼。然改科举，必将官制政
法尽行改革，非旦夕所能期。[1]

只是，读书人对"合群"的理解各有不同，依托的载体也颇有
差别。此一时期主要在湖南从事维新活动的谭嗣同，对此的论述偏重
于"学"，认为"假民自新之权以新吾民者，厥有三要"："一曰创学
堂，改书院，以造英年之髦士，以智成材之宿儒也"；"二曰学会，
学会成，则向之不得入学堂而肄业言者，乃赖以萃而讲焉"；"三曰
报纸，报纸出，则不得观者观，不得听者听"。[2] 康有为弟子徐勤在
《知新报》上撰写的文章，从"政""学""商"三端思考"合群之
义"，考虑的载体则指向议院、学会、公司：

合群之义有三，言政则议院，言学则学会，言商则公司，之
斯三者而已。然学校不兴，科举不变，民智未开，国是未定，则
议院未由开也。例禁未除，人心未定，举国顽嚣，知学者寡，则
学会未由开也。若夫商务公司之设，则较二者为易易矣。[3]

通过甲午之后读书人的相关言说及开展的一些活动，可以注意到
无论开办学堂、组织学会，还是创办报章，都是本于"合群"这一
中心理念。陈旭麓总结了这些努力具有的意义："开报馆"乃必需的
"传播媒介"，"兴学堂"可谓"启蒙的基石"，"开学会"则构成

---

① 汪康年：《论中国求富强宜筹易行之法》，《时务报》第 13 册，1896 年 12 月 5 日，
第 1 页。
② 谭嗣同：《〈湘报〉后叙下》，《湘报》第 11 号，1898 年 3 月 18 日，第 42 页。
③ 徐勤：《拟粤东公司所宜行各事》，《知新报》第 24 册，1897 年 7 月 10 日，第
1 页。

"信息集散中心"。① 何以此三端构成言说的重心，值得加以分析。

就晚清"自改革"确立的方针来说，学校可谓最基本的追求，期望解决"人才"问题。人们最初未必已有明确的"合群"意识，但仍把推广学校、变革科举作为思考的方向。而士人在谋划"合群"时，以学校、学会、报章为主要载体，也延续了以往的思路。帝制时代的中国，士人乃重心所在，以此作为推动变革的重点，再自然不过。

对于"士"的批评，可谓代不乏人，降至晚清，则尤甚于往昔。由于西学传播的力度不断加强，对"士"的评骘与科举制度联系在一起。颇为突出的是，"合科举于学校"渐渐落实为官方的举措。胡燏棻1895年的奏折已有"设立学堂以储人材"的主张。② 1896年李端棻所上《请推广学校折》，更产生了广泛影响，成为晚清推动学校发展的重要文献。③ 而积极谋划变法的康有为，则逐渐形成替代科举考试的变通方案——废除"八股"，改试"策论"。④ 由此可见，推广学校构成晚清士人共同追求的目标，只是考虑到落实的困难及可能造成的震荡，采取了变通的方式。关键尤在于，如同开办"学会"受制于传统之习见，兴办学校也引发诸多联想。当时对"学校"的认知并非限于教育层面，往往和议论机关结合在一起，恰如黄宗羲《明夷待访录》中对"学校"的阐述。⑤

---

① 陈旭麓：《"戊戌"与启蒙》，原刊《学术月刊》1988年第10期，此据《陈旭麓学术文存》，上海人民出版社，1990，第398~411页。

② 胡燏棻：《条陈变法自强折》，《变法自强奏议汇编》卷1，上海书局，1901，第6页。

③ 李端棻：《请推广学校折》，《时务报》第6册，1896年9月27日，第5~8页。

④ 《请变通科举改八股为策论折》（代宋伯鲁拟），1898年6月17日，姜义华、张荣华编校《康有为全集》第4集，中国人民大学出版社，2007，第81页。

⑤ 黄宗羲：《明夷待访录》，中华书局，1981，第9~13页。如沟口雄三指出的，由于把治世的原点从君主移转到万民，黄所主张的，不是培养以朝廷之是非为是非的人，而是以天下之是非为是非的人，即足以承担公论的人才。参见沟口雄三《〈明夷待访录〉的历史地位》，刘俊文主编《日本学者研究中国史论著选译》第7集，许洋主等译，中华书局，1993。

毋庸讳言，学校、学会与报章皆是因为与"西方"，尤其是与富强的关联，才为士人所重，不乏值得检讨的地方。将报章视作"清议"之代表，或将学校定位于"议论"之本，皆堪称古老传统的现代呈现。晚清以来对中国传统资源的重新发现和诠释，早已是学界关注的话题，余英时的解释是因为士子们对外来的新思想接触不久，了解不深，只有附会于传统中某些已有观念，才能发生实际意义。① 正因为如此，报纸杂志在晚清的流行，固然对于推动"思想界"的形成至关紧要，但对此的认知，一开始未必清晰。

二　报章作为"合群"的要素

约在甲午之后，开设报馆的主张逐渐流行开来。开办学会有"禁忌"，对于创办报章之举动，一开始并非皆为叫好之声，宋恕对此就不无保留。1895 年汪康年、夏曾佑等曾邀宋恕一起"议立公会，开报馆，以联络海内才士，畅发神州积弊"，他却表示"识解多歧，竟不能决！"② 之所以难以决断，正是因为"立会干禁，恐有未便"。③ 对于开设报馆，宋也有不少担忧："康长素拟开报馆于京师，恐无益处。今上海报馆有三，专以逢迎时贵、变乱是非为事。京师忌讳更甚，安可以开报馆！果开之，其逢迎变乱之弊，必更甚于上海！"④ 不管读书人有怎样的顾虑，报章毕竟有学会难以替代的作用，故也成为优先的选择。在康有为以"学会"号召于京师之际，参与此事的陈炽即强调："办事当有先后，当以报先通其耳目，而

---

① 余英时：《中国思想传统的现代诠释》，江苏人民出版社，1995，第 340～350 页。
② 《致王浣生书》（1895 年 6 月 30 日），胡珠生编《宋恕集》上册，第 531 页。
③ 《致贵翰香书》（1895 年 7 月），胡珠生编《宋恕集》上册，第 534 页。
④ 《致杨定夫书》（1895 年 11 月 7 日），胡珠生编《宋恕集》上册，第 544 页。

第一章　"合群"的诉求："思想界"形成的背景　*047*

后可举事。"①孰先孰后，或许没有那么重要，实际上，报馆之开设，又成为推动学校、学会发展的动力，共同构成"合群"的载体。

"欲开会，非有报馆不可"

甲午之后，读书人何以积极投身学会的组织和报章之创办，《湘学报》有这样的分析：经历甲午一役之创痛，"一二家人之有心计者，始敢昌言筹所以御盗之策"。不仅京师"广设学堂，创兴书局"，各省也形成"学会如林""报馆如鲫"的局面。组织学会的，"类皆一时名贤杰士，讲求西学，掇西史之精华，以求实用"；开设报馆的，"罔不广译西政，建议变法，哀哀长鸣，血泪盈简，而要皆不失为洞微烛远之士"。②结合《时务报》的发行，可大致了解创办报章时晚清读书人的思考。

围绕《时务报》的创办，汪康年之友朋多强调报馆应成为优先的选择。汪大燮致函汪康年言及："译报馆能开，甚好甚好，公会不必别立地，广学会即在万国公报馆内，可以为例，先开报馆，逐渐廓充可耳。事不可骤，名不可大，有基弗坏，自能成功。"③由此可看出，汪康年最初也是围绕学会、报馆的互动进行思考的，但汪大燮显然有进一步的考虑："学会"一层，更易遭祸患，而办报"事如得法"，则"将来即与公会合而为一"。④卢靖则向汪康年建议："会字无古今中外皆属极美之称，独中国则有会匪、会党之禁。《农会报》

---

① 《康南海自编年谱》，《中国近代史资料丛刊·戊戌变法》第 4 册，第 133 页。
② 易鼐：《论西政西学治乱兴衰俱与西教无涉》，《湘学报》第 28 号，1898 年 2 月 21 日，第 7~9 页。
③ 汪大燮：《致汪康年》（50），上海图书馆编《汪康年师友书札》（1），上海古籍出版社，1986，第 701 页。
④ 汪大燮：《致汪康年》（58），《汪康年师友书札》（1），第 717 页。

可否即名为《农学报》？务农会可否即名为务农公司？"① 邹代钧也认为学会之开办势必困难重重，反不如"以报馆为名，而寓学会于其中较妥"。②

对于创办报章，梁启超更看重此举有助于形成"重心力量"。他在写给夏曾佑的信中提及："顷欲在都开设报馆，已略有端绪，此举有成，其于重心力量颇大也。"③ 在给汪康年的信中梁也说明："我辈今日无一事可为，只有广联人才，创开风气，此事尚可半主。"④ 而且，"欲开会非有报馆不可，报馆之议论，既浸渍于人心，则风气之成不远矣"。⑤ 《时务报》发行后，罗振玉也有积极回应，指明"今欲开锢闭，则兴学校为要图，而开学校之先声，则报馆为尤急"。他称道汪康年创办《时务报》之举，"实握开风气之枢纽"，"为之惊喜欲狂"。⑥ 徐维则在给汪康年的信中，也表达了报馆与学校并重的看法：

> 鄙意以为报馆与学堂相辅而行，无学堂何以资培养？无报馆何以广见闻？东西各国报馆之多，几与学堂相埒，各立主义，不相复重，君民上下咸取资焉。近来中西学堂直省均已设立，不可不各设报馆以佐之。⑦

《时务报》创办的背景，也有值得关注之处。非惟《时务报》，

---

① 卢靖：《致汪康年》（1），《汪康年师友书札》（3），第 2983 页。
② 邹代钧：《致汪康年》（9），《汪康年师友书札》（3），第 2639 页。
③ 梁启超：《与穗卿足下书》，丁文江、赵丰田编《梁启超年谱长编》，上海人民出版社，1983，第 40 页。
④ 梁启超：《致汪康年》（4），《汪康年师友书札》（2），第 1830 页。
⑤ 梁启超：《致汪康年》（7），《汪康年师友书札》（2），第 1833 页。
⑥ 罗振玉：《致汪康年》（1），《汪康年师友书札》（3），第 3152 页。
⑦ 徐维则：《致汪康年》（1），《汪康年师友书札》（2），第 1518～1519 页。

当时出现的报章在理念上颇有共同之处，严复即勾画出此类报章之缘起及特点：

> 凡此诸报，其撰述事例可略分为二类：大抵日报则详于本国之事，而于外国之事，则为旁及；旬报则详于外国之事，而于本国之事，则为附见。阅报之人，亦略可分为二类：大抵阅日报者，则商贾百执事之人为多，而上焉者或嫌其陈述之琐屑；阅旬报者，则士大夫读书之人为多，而下焉者或病其文字之艰深。夫若是，则于求通之术，其或有未尽矣乎？①

严复指出报章"求通之术"尚有不足，接下来再做分析，内中描绘了诸多报章之"踵事而起"，表明在经历诸多曲折之后，开设报馆终于得到众多应和。

"去塞求通，厥道非一，而报馆其导端也"

众多读书人参与报章之创办，是认识到"欲开会，非有报馆不可"，尤其看重报章对于"去塞求通"的作用。"觇国之强弱，则于其通塞而已"，"去塞求通，厥道非一，而报馆其导端也"，梁启超《论报馆有益于国事》指明以报章为载体，正可以"广译五洲近事"，"详录各省新政"，实现开通风气的目标。② 这也表明此一时期读书人对报章的认知，主要考虑补充邸报之不足，尚未将此视作"社会"层面的用力。《时务报》最初引起重视，也是因为该报"敷陈剀切，援据确核，实能补塘报之不及，而兼综西报之长"。③

---

① 严复：《〈国闻报〉缘起》，《国闻报》第 1 号，1897 年 10 月 26 日，第 2 版。
② 梁启超：《论报馆有益于国事》，《时务报》第 1 册，1896 年 8 月 9 日，第 1～2 页。
③ 《山西清源局通饬各道府州县阅〈时务报〉札》，《时务报》第 32 册，1897 年 7 月 10 日，第 10 页。

追求"上下通"与"中外通",不只《时务报》如此,其他报章亦然。1897年创刊的《知新报》,原即拟名"广时务报","盖以示推广上海《时务报》之意也"。①《〈知新报〉缘起》写道:"报者,天下之枢钤,万民之喉舌也。得之则通,通之则明,明之则勇,勇之则强。强则政举而国立,教修而民智。"②1897年10月26日创刊于天津的《国闻报》,也持相似看法。针对"《国闻报》何为而设"的问题,严复明确回答"将以求通焉耳":

> 今日谋吾群之道将奈何?曰求其通而已矣。而通下情,尤以通外情为急,何者?今之国,固与各国并立之国,而非一国自立之国也。③

而报章对于"合群"发挥的作用,也渐渐受到重视。《时务报》发行后,来自同道的反馈,往往着眼于此。"吾兄办事从报入手,最为中肯。今天下未尝无有心人,苦于隔而不通,散而不聚耳。今渐通矣,聚矣。凡有同志,或至馆相访者,或以文字相赠者,吾兄宜加意牢笼,毋使倦懈,始则观听系焉,继则臭味洽焉,终且为我所用矣。"④张元济在给汪康年的信中提出了上述建议。卢靖致函汪康年,对此也做了推衍性发挥:"贵报已派至七千余分之多,近数月来当更加推广,曷嘱派报诸君将阅报衔姓里居各录一册送贵报,或分省,或分姓记录,以备不测时号召勤王之用,何如?"⑤进一步还说,何不

---

① 《本馆告白》,《知新报》第1册,1897年2月22日,第15页。
② 吴恒炜:《〈知新报〉缘起》,该文分三期连载于《知新报》第1~3册,1897年2月22日、27日、3月3日,引文见第3册,第2页。
③ 严复:《〈国闻报〉缘起》,《国闻报》第1号,1897年10月26日,第1~2版。
④ 张元济:《致汪康年》(10),《汪康年师友书札》(2),第1688页。
⑤ 卢靖:《致汪康年》(1),《汪康年师友书札》(3),第2982~2983页。

考虑"立一报会,将各报馆联为一气"。① 凡此皆看重报馆会聚同道的功能。

报章对学校、学会事务的推动

报章对于"合群"的推进,集中体现在成为学校、学会事务的中介。对于如何办好报馆,吴樵的建议是:其一,"开各种学会,报馆助其招股、聘师";其二,"出时务题最好须有禁忌";其三,"建藏书楼。此事甚易,可以有钱即办"。② 时留学日本的汪有龄也致函汪康年:"近来沪上凡设学会、设学堂、设报馆,非阁下为之倡,则不能鼓动人心,互相乐助,是各事之成败系于阁下也。"③ 这表明在时人的认知中,报章已成为推动学会、学校成长的重要载体。《时务报》的示范意义,也体现在其推动学会、学校的组织上。可见报章刊布的文字只是冰山一角,背后还涉及不少其他事务。

《时务报》发布各学会的消息,显示该报主动在推进这方面的工作;各地纷纷成立的学会,也有此需求。《时务报》第 1 册刊登的"地图公会"《译印西文地图招股章程》,表明时务报馆成为地图公会的办事机构之一。④ 此外,《时务报》多次刊登"不缠足会""务农会"的信息,还意味着报馆往往成为各会"联络点"。《务农会公启》说:"同志捐助之款,统由时务报馆代收,按旬登报,以征信实。"⑤《不缠足会告白》则这样写道:

---

① 卢靖:《致汪康年》(2),《汪康年师友书札》(3),第 2985~2986 页。
② 吴樵:《致汪康年》(25),《汪康年师友书札》(1),第 509~511 页。
③ 汪有龄:《致汪康年》(3),《汪康年师友书札》(1),第 1057 页。
④ 地图公会启《译印西文地图招股章程》,《时务报》第 1 册,1896 年 8 月 9 日,第 3 页。
⑤ 罗振玉等:《务农会公启》,《时务报》第 13 册,1896 年 12 月 5 日,"本馆告白",第 1 页。

本埠诸同志如愿入会，请到本馆填注草籍；外埠诸君如有以此会为然，愿广为劝导者，请即专函示知本馆，即当将草籍寄上，以便就近设立分会。①

《时务报》还专门列出"会报"栏，刊登各会消息。梁启超撰写的《会报叙》由衷表示："欲救今日之中国，舍学会末由哉！""此风益盛，实中国剥极而复一大关键也。"为此还介绍了桂林、长沙、武昌、苏州、上海等地次第兴起的各种学会。② 这些学会在《时务报》上刊登了不少信息，显示报章对推进"合群"工作发挥了不可替代的作用。

各学会发布的信息，也说明学会的工作往往结合学校与报章进行。1897 年康有为在广西发起和组织"圣学会"，其章程明示该会"略仿古者学校之规"，还阐明所致力的五项事情之一是"刊布报纸"。③《湘报》第 27 号刊登的《湘报馆章程》则指出：

> 本报与学堂、学会联为一气，凡各府州县、穷乡僻壤不能购报者，应请各府州县分学会会友查明市镇村落，总汇地名，函知本馆注册，酌计每处捐报数分。④

---

① 《不缠足会告白》，《时务报》第 31 册，1897 年 6 月 30 日，"告白"，第 1 页。后来创办的《湘报》也定期刊登"不缠足会"的信息，一则告白就说明："不缠足总会设于省城小东街湘报馆内，不日开办，有愿入会者请至本会注册，以便登报，其详细章程容后缮出。"《湖南开办不缠足会》，《湘报》第 26 号，1898 年 4 月 5 日，第 104 页。
② 梁启超：《会报叙》，《时务报》第 38 册，1897 年 9 月 7 日，第 27 页。
③ 《两粤广仁善堂圣学会缘起》（附章程），《时务报》第 30 册，1897 年 6 月 20 日，第 8～10 页。
④ 《湘报馆章程》，《湘报》第 27 号，1898 年 4 月 6 日，第 107 页。

其他地方的情况也差不多。宋育仁 1898 年被聘为四川尊经书院院长，便在此组织"蜀学会"，并以该会名义出版《蜀学报》（实际是之前宋在重庆创办的《渝报》的延续）。①

对于兴办学校，《时务报》更是高度重视，刊登了不少与学校相关的信息，如第 2 册即刊有《湘乡东山精舍学规章程》。② 时在家乡绍兴创办中西学堂的徐树兰在给汪康年的信中，也说明兴办学校对刊登告白的需求。③ 这还不算什么，《时务报》对兴办学校的推动，还体现在向各学塾派送该报。第 17 册《本馆告白》说明：凡已设之学堂学会，如有愿阅本报者，可函致本馆，"本馆自当送报一分，以备传观"。④ 这一做法也为其他报章承袭。《经世报》甫出版就表示："各省书院学堂，有需阅读本报者，请各向就近本分馆购取。"⑤ 而该报同样提供了学校、学会与报章互动的例证，刊登了多则告白。⑥

上述种种，明显配合着晚清士人推动的"合群"工作，而且，学会与报章还成为"集团力量"形成的重要助力。以《知新报》来说，其鲜明的政治色彩，多少具备康梁一派"机关报"的属性（详后）。可稍加补充的是，《时务报》积极拓展发行渠道，吸引广泛的读者，也促进"合群"的工作有实质性进展。

《时务报》发行后，派报处遍及全国 18 省，并走向海外，总计达到二百余处；每期销量也由最初的四千份左右，数月之间增至万

---

① 宋育仁：《蜀学会章程》，《蜀学报》第 1 册，1898 年 5 月 5 日，第 3 页。
② 《湘乡东山精舍学规章程》，《时务报》第 2 册，1896 年 8 月 19 日，第 9 页。
③ 徐树兰：《致汪康年》（2），《汪康年师友书札》（2），第 1522～1523 页。
④ 《本馆告白》，《时务报》第 17 册，1897 年 1 月 13 日，"告白"，第 2 页。
⑤ 《本馆告白》，《经世报》第 1 册，丁酉（1897）七月上，第 31～32 页。
⑥ 一则告白表明："本馆代登各省学堂、学会、报馆、书坊及修志、修谱、刻书、售书等告白。"另一则告白则说明："本城近创兴浙学会，公启章程当登第二期报章。"《本馆告白》，《经世报》第 1 册，丁酉（1897）七月上，第 31～32 页。

余份。① 而读者、作者群的拓展，也能发挥"合群"之力。《时务报》先是列有"时务报馆文编"，接收的便是读者来稿；后又列出"时务报馆译编"，刊载各种译文。《时务报》希望读者诸君寄来"发明政法或切近今日事情为主"的文字，并许诺支付稿费，也激起热烈响应。《汪康年师友书札》保留的来函，有数十通是各种人投稿或参加时务课艺的，包括当时就读于南洋公学东文普通学校的樊炳清，以及后来编辑《皇朝经世文续新编》等时务书籍的储桂山。不惟如此，还不乏士人将友人的稿件寄上，进一步扩大网络的范围。实际上，一旦创办报章，势必会走向这一步。汪有龄尤其重视报章"借劲"与"蓄势"发挥的作用，为此向汪康年建议：

> 报中论说欲其出色，在借劲，在蓄势。借他人之佳文，增本馆之声名，此借劲也；养主笔之威望，而使之不言则已，一言惊人，此蓄势也。②

为此，研究者也指出，从《时务报》和它的读者之间的互动切入，可以更好把握传播媒介如何形成晚清中国的"公共空间"，读者与报馆之间建立起不必直接碰面便可交流信息的关系。③ 尤其突出的是，"二千年士议起伏，重心都在庙堂里。以此为常态，《时务报》的出现便是一种异态"。读书人的议论"一经变为报章文字，便可周行而四达，引出交流、交汇、共鸣、回响"。④ 不过，天下士议的重心"由庙堂之内移到了庙堂之外"，还只是问题的一面，如考虑立言

① 廖梅：《汪康年：从民权论到文化保守主义》，上海古籍出版社，2001，第66～78页。
② 汪有龄：《致汪康年》（9），《汪康年师友书札》（1），第1067页。
③ 潘光哲：《〈时务报〉和它的读者》，《历史研究》2005年第5期。
④ 杨国强：《晚清的清流与名士》，《晚清的士人与世相》，第197页。

者的政治立场，则可发现更为重大的转变稍后才发生（详见下一章）。这里尚需补充的是，报章之间"互为代派"机制的形成，拓展出紧密联系的网络，同样值得重视。这也是思想界构成"场域"的关键。

三　互为代派：报章销售网络的建立

对甲午之后读书人竞相创办报章的情形，梁启超后来有这样的总结："甲午挫后，《时务报》起，一时风靡海内，数月之间，销行至万余份，为中国有报以来所未有。"继此之后，"沿海各都会，继轨而作者，风起云涌，骤十余家，大率面目体裁悉仿《时务》，若惟恐不肖者然"。① 这一系列报章的出现并非偶然，实际成为转变的象征。李提摩太在回忆中也阐明，《时务报》"作为改革派的喉舌"，"一开始就取得了极大成功，在从南到北的整个帝国激起了维新思潮的涟漪"。② 不只数量增多，关键尤在报章之间存在互相依托的关系，发挥着"合群"的效力。报章对促成"思想界"的形成，作用越发明显。

《时务报》等报章出版后，在销售上取得的成功，前已多有说明。但报章毕竟是特殊商品，所谓"生意"，远不是发行数量可以完全说明的。可稍加区分的，一是报章本身的发行情况，一是为其他书刊销售发挥的作用。《时务报》有了影响，角色也发生改变，反过来成为新创办的报章需要借助的平台。照当时的看法，"报馆之要，大

---

① 梁启超：《本馆第一百册祝辞并论报馆之责任及本馆之经历》，《清议报》第100册，1901年12月21日，第4页。
② 李提摩太：《亲历晚清四十五年——李提摩太在华回忆录》，第242~243页。

致不过访事、主笔、翻译、售报、告白及购机、择地数大端"。① 上述诸端，不少都须在上海办理。英敛之筹办《大公报》时就表示："报馆购机，当于上海，不能俟西洋，一年之久始至。"② 包天笑则说明："倘要印书，现在全国只有上海较为便利，并且出版以后，就要求销路，求销路必须到上海。"③ 开办于上海的时务报馆，为此不免承担多方面的事务，报章之构成"场域"，部分也是其自身还成为众多报章得以创办、推广的媒介。

刊登告白与代派：报章的多重角色

继《时务报》之后创办的报章，酝酿之际，往往就在《时务报》刊登启事。报章出版后，发行工作也有赖于《时务报》的"代派处"。前已述及，在澳门发刊的《知新报》，是通过在《时务报》第15册刊登的《广时务报公启》昭告天下。该报正式出版后，《时务报》又刊登告白说明，《知新报》随《时务报》"分送"。④

《时务报》负责代派的，远不止《知新报》一家。《国闻报》与《时务报》在推销上互相借助，对于形成网络也至关重要。《时务报》在筹备阶段，曾将《时务报启》广为发放，天津的王修植即是发放对象。1897年王修植、夏曾佑、严复等发起《国闻报》，也期望《时务报》能帮助推销。他们曾致函《时务报》诸君，不仅提出刊登《国闻报》创办之启事，还希望出报之后能仰仗《时务报》建立起来的派报处，"代为分送"。⑤ 王修植还向汪康年提出："《国闻报》南

---

① 汪大钧：《致汪康年》(6)，《汪康年师友书札》(1)，第599页。
② 方豪编录《英敛之先生日记遗稿》，光绪二十六年七月初七日，文海出版社，1974，第293页。
③ 包天笑：《钏影楼回忆录》，大华出版社，1971，第220页。
④ 《本馆告白》，《时务报》第20册，1897年3月13日，"告白"，第1页。
⑤ 夏曾佑、严复、王修植：《致孺博、卓如、穰卿》(1897年9月21日)，王栻主编《严复集》第3册，第506页。

皮既以为然，能否怂恿之，略仿《时务》《知新》之例，通饬各属士商看报。"① 这恐怕是《国闻报》诸君尤为羡慕《时务报》的。

《湘报》之创办，从购买机器到订购各种报章，也多仰仗汪康年。熊希龄致函汪康年说明："《湘报》风声，通省皆知，望我出报甚切，乞速办就机器寄湘。"② 另一通信还表示："湘报馆所购各种报，均荷一一寄湘，感激无已。"③ 更多报章则希望《时务报》帮助推销。1897 年陈虬等创办的《利济学堂报》，即期望援《湘报》之例，附骥于《时务报》。陈在给汪康年的信中表示："敝《学堂报》已出四册，近郡都甚风行……拟午节后四出远售，当呈大教，彼时还望大力广销。"④ 另一通信则写道：

敝报改刻已出四册，敬寄奉三十分……敢援《湘报》之例，附骥贵报，希借畅销，亦群义之一端也。⑤

太多报章有这样的需求，《时务报》甚至难以应对，为此还说明："本馆定章不附告白，惟地图公会系本馆兼理，又《农学会报》本馆亦与其列，故为登告白，余则概不附登。"⑥ 但这样的告白并没有停止刊登，第 27 册刊出《新出〈湘学报〉》告白，并说明"由本馆代售"。⑦ 第 31 册则有《知新报馆告白》，告知"本馆今仍迁回石路口时务报馆内，所有外埠来函径寄时务报馆可也"。⑧ 第 38 册刊登

---

① 王修植：《致汪康年》(7)，《汪康年师友书札》(1)，第 82~83 页。
② 熊希龄：《致汪康年》(5)，《汪康年师友书札》(3)，第 2841 页。
③ 熊希龄：《致汪康年》(9)，《汪康年师友书札》(3)，第 2843 页。
④ 陈虬：《致汪康年》(1)，《汪康年师友书札》(2)，第 1999 页。
⑤ 陈虬：《致汪康年》(4)，《汪康年师友书札》(2)，第 2001 页。
⑥ 《本馆告白》，《时务报》第 25 册，1897 年 5 月 2 日，"告白"，第 1 页。
⑦ 《新出〈湘学报〉》，《时务报》第 27 册，1897 年 5 月 22 日，"告白"，第 1 页。
⑧ 《知新报馆告白》，《时务报》第 31 册，1897 年 6 月 30 日，"告白"，第 1 页。

的告白才说明，欲购买《知新报》《农学报》等报章，可"径行寄函各馆，不必由本馆转述，庶免迟误"。①

是否刊登告白以及代为派送，更多受私人因素影响。《时务报》上述举动，是因为梁启超与汪康年在诸多问题上产生了分歧，由此，与梁关系密切的报章相应受到影响。这也表明一些报章逐步成为代表特定政治势力的媒介。创刊于澳门的《知新报》，处处比照《时务报》，却又有不同之处，系"招股集资"创办，不比《时务报》之"叠有捐款"。而且，该报主要由"康门弟子"担任撰稿人，多少具有"机关报"性质。《知新报》刊登的各学会信息、各学堂章程，明显是为了发展同道。第3册对各方拟创办报章之介绍，即以"吾道不孤"为题。② 第86册还介绍说："日本东京开办政学会，专讲求政治条理。如有志入会者，祈将姓名或别号、居址寄到会中，以便随时函商学业。"③ 正因为有更为鲜明的政治主张，《知新报》言论渐渐有超越《时务报》之势，皮锡瑞看了数册《知新报》就表示："刘桢卿等议论可观，远胜《时务报》矣。"④

报章共同构成的"网络"

《时务报》具有的示范意义，有多方面呈现。徐维则曾盛赞《时务报》，使"海内士夫咸知报馆之足以开风气、挽习尚"，"此非高明有以启之，焉能如是推广?"⑤ 不惟如此，《时务报》形成的报章体例，也成为后出报章仿效的对象。来自江苏吴县的祝秉纲在给汪康年的信中，即提及各地办报往往秉承《时务报》确立的体例。⑥ 可以说，《时务

---

① 《本馆告白》，《时务报》第38册，1897年9月7日，"告白"，第1页。
② 《吾道不孤》，《知新报》第3册，1897年3月3日，第6页。
③ 《本馆告白》，《知新报》第86册，1899年5月10日，第24页。
④ 皮锡瑞：《师伏堂日记》第3册，光绪二十四年闰三月十三日，第148页。
⑤ 徐维则：《致汪康年》(1)，《汪康年师友书札》(2)，第1518~1519页。
⑥ 祝秉纲：《致汪康年》(21)，《汪康年师友书札》(2)，第1549页。

报》更为重要的意义，还体现在塑造了那个时期所出报章之"品格"。

这也促成报章形成互为依托、借重的网络。《时务报》成为其他报章广泛借助的平台，别的报章同样施惠于该报。《时务报》创办之前发刊的《博闻报》，即为《时务报》刊登了告白。① 新的报馆开办，也意味着《时务报》有了新的代派处，前面提及的诸多受惠于《时务报》的报章即是如此。陈虬在给汪康年信中曾言及，"贵报二十六册共七十册已收到"，这显然是利济学堂报馆为《时务报》代派的份额。② 《渝报》则在川内及外省许多地方设立了代派处，一开始即表明，"本局代发《官书局汇报》《时务报》《万国公报》，并印发各种时务书"。③ 该报主笔潘清荫还向汪康年提出："《时务报》在渝代派诸处，此后似可归并敝馆一处承派。"④ 1898 年创刊的《无锡白话报》，也以时务报馆、农学报馆、蒙学报馆、苏州电报局、常州龙城书院等多处为"外埠代派处"。⑤ 可以说，报章正是在这样的互动中形成销售网络，互为借重。

四 "自改革"：与官方的互动

评估晚清读书人最初创办报章的活动，容易产生分歧。1899 年《清议报》曾写下这样的话："甲午之役，以匹夫操报章之权，倡言变法，唤起国民之精神，开豁维新之风气者，《时务》《知新》其领

---

① 梁启超：《致汪康年》（11），《汪康年师友书札》（2），第 1835 页。
② 陈虬：《致汪康年》（1），《汪康年师友书札》（2），第 1999 ~ 2000 页。
③ 《〈渝报〉章程十五条》，《渝报》第 1 册，光绪二十三年十月上旬，第 1 页。以后寄售的包括《时务报》《求是报》《译书公会报》《蒙学报》《湘学新报》《知新报》等报章。《寄售各报》，《渝报》第 15 册，光绪二十四年三月中旬，告白页。
④ 潘清荫：《致汪康年》（2），《汪康年师友书札》（3），第 2898 ~ 2899 页。
⑤ 《本报章程》，《无锡白话报》第 1 期，1898 年 5 月 11 日，告白页。

袖也。"戊戌政变发生后，"《时务》先萎，惟《知新》巍然独存"，而"《国闻报》特立于津门，《天南新报》崛起于星洲"，同声相应，始终不懈，"人心不死，诸报为巨功矣"。① 这明显忽略了上述报章可能存在的区别，关键还在如何评估所谓"以匹夫操报章之权"。实际上，报章在此间的走向，前后相较有明显区别。最初既定位于"上下通"，则显然与官方的立场颇为契合，甚至原本即是官方在推动。《中外纪闻》《强学报》《时务报》等的创办，都有必要基于晚清的"自改革"加以检讨。

官员与报章

初识报章，晚清士人确实抱持美好的期许，誉其为"三代"的"采风之制"，有助于实现"上下通""中外通"。但问题未必如此简单。较早注意到西人报章的王韬就指出，泰西日报之兴起，所要者是刊登"国事军情"，并且遍及"偏壤偏隅"。② 尤其说明："西国日报之设所关甚巨，主笔得持清议，于朝纲国政颇得参以微权。"③ 这既是报章属性使然，也是引发分歧之根源。或许王韬也认识到兹事体大，故而用"参以微权"加以淡化。实际上，当报章以这样的方式介入政治，难免引发种种争议。

从一开始，报章展现的即是两面性，既不乏官员出面办报，也发生了诸多官员与报章交恶事。1876 年 11 月上海出现的一份《新报》，以"各口诸帮公议"的名义发行，实际的创办者却是上海道台冯俊光，经费也出自道库。④ 该报明确表示为仕商服务，"于京省各报，

① 《代售澳门〈知新报〉、天津〈国闻报〉、星加坡〈天南新报〉告白》，《清议报》第 16 册，1899 年 5 月 30 日，告白页。
② 王韬：《论日报渐行于中土》，《弢园文录外编》，第 206 页。
③ 王韬：《西国日报之盛》，《循环日报》1874 年 2 月 12 日，第 3 页，转引自卓南生《中国近代报业发展史（1815～1874）》增订版，第 187 页。
④ 胡道静：《上海的日报》，《上海市通志馆期刊》第 2 卷第 1 期，1934 年，第 215 页。

则求速而且详；于西字诸报，则求译而无误。时事则查访的实，货价则探听确真"。① 这份采用中英双语的报纸，还试图影响生活在上海的洋人，被称为"道台之嘴巴"（the Taotai's organ）。② 只是未如所愿，"出版几个月之后英文内容被删除"。③

当有关政务及官员个人的事项登载于报章，各级官员却未必能够适应。《申报》创刊后，便试图厘清"国事"与"家事"，但刊登的"浙省诸事"仍引起当地官员的不满，为此《申报》还刊文强调：

> 君官之所办者，国事非家事也，一国之事当令一国皆知，何为秘密不宣乎？④

习惯了旧有政治治理方式的各级官员，要区分"国事"与"家事"，谈何容易。翁同龢对此的反映，颇说明问题。1898 年 6 月翁遭开缺回籍，年底又被即行革职，永不叙用。他在《新闻报》上读到不少对此的议论，在日记中愤懑写道："前数日《新闻报》妄议余事，今又云住鸽峰，干卿甚事而评点不已耶？"⑤ 所谓"干卿甚事"，真是一语中的。只是不再掌握机要的翁只能在日记中表达不满，再无力卷起什么纷争。

实际上，官员与报章之冲突，也所在多有。1875 年署理两江总督的刘坤一甫上任，即被《申报》批评受贿。1896 年再度被《申

---

① 《本报告白》，《新报》1876 年 11 月 23 日，告白页。
② 《三个办报之上海道》，上海通志社编《上海研究资料续集》，上海书店出版社，2002，第 322 页。
③ 白瑞华：《中国近代报刊史》，苏世军译，中央编译出版社，2013，第 93 ~ 94 页。
④ 《论新闻日报馆事》，《申报》1874 年 3 月 12 日，第 1 页；《论日报》，《申报》1874 年 11 月 7 日，第 1 页。
⑤ 陈义杰整理《翁同龢日记》第 6 册，光绪二十四年十二月十六日，中华书局，2006，第 3179 页。

报》攻击时，刘在一通信中就表达了心中之不满：申报馆"悠谬之谈，何足计较。我若斤斤与辩，彼益刺刺不休，正当置之度外"。①1878 年左宗棠与《申报》之冲突，更涉及军务大事。左处理新疆问题的意见得到朝廷支持后，面临的最大难题是解决所需 1000 万两军费，朝廷只能拿出 300 万两，加上要求海关划拨的 200 万两，剩下的 500 万两同意左举外债解决。对此，左也是痛苦万分，"夫用兵而至借饷，借饷而议及洋款，仰鼻息于外人，其不竞也，其无耻也"。②不料《申报》发表的《贷国债说》，直指左以高利借外债，"为中国古今未有之创局"，"此有心人所为痛哭而流涕者也"。③《申报》以这样的方式披露此事，在官员中激起一番议论，也引发左宗棠对报章及文人的好一通讥评，痛斥"江浙无赖十人"，"托于海上奇谈，都人士遂视为枕中秘矣。所系在颠倒是非，辩言乱政"。④ 左把矛头指向江浙文人，显是因为《申报》登载的信息使其处于政治旋涡中。

可以想见，各级官员自会针对报章施以种种手段，仅广州一地就有不少事例。1883 年《循环日报》刊载的《迭禁谣言》指明："省中官宪前出有告示，严禁造谣滋事之徒，不准刊刻新闻，沿途贩卖。"还述及南海、番禺两县会衔发布告示，"如有关碍大局及军务者，不准刊刻新闻纸"，"诚以其易于蛊惑人心也"。⑤ 邝其照 1886 年在广州创办的《广报》，1891 年因发布某大员被参消息，也引得两广

---

① 《复邹少牧山长》（光绪二十二年五月三日），《刘坤一遗集》第 5 册，中华书局，1959，第 2176 页。郭嵩焘也曾陷入与《申报》的纷争，Rudolf G. Wagner, "The *Shenbao* in Crisis: The International Environment and the Conflict between Guo Songtao and the *Shenbao*," *Late Imperial China*, Vol. 20, No. 1, June 1999, pp. 107 – 138。

② 《与吴桐云》，杨书霖编《左文襄公全集》，《书牍》卷 16，文海出版社，1983，第 64 页。

③ 《贷国债说》，《申报》1878 年 8 月 21 日，第 1 页。

④ 《答杨石泉》，杨书霖编《左文襄公全集》，《书牍》卷 15，第 55 ~ 56 页。

⑤ 《迭禁谣言》，《循环日报》1883 年 12 月 29 日，第 2 版。

总督李瀚章大怒，指斥该报"妄谈时事，淆乱是非，胆大妄为，实堪痛恨"，还责成番禺、南海两县"严行查禁"，"不准复开"。[①]

官员与报馆之冲突经常发生，也被视作影响报馆的大问题。何启、胡礼垣于1895年出版的《中国宜改革新政论议》指出："日报之设，为利无穷，然必其主笔者、采访者有放言之权，得直书己见，方于军国政事、风俗人心有所裨益。"中国之所以"不能得其利益者"，即在于"秉笔之人不敢直言故也"。为此其也表达了对"秉笔之人"的同情：

> 今有于官司之不韪而偶一及之者，则其报馆必致查封，其主笔必被拘系，不问其事之真与伪也。今有于官门之受赃而涉笔言之者，则主稿者祸不旋踵，司报者灾必及身，不问其情之虚与实也。[②]

可叹的是，这样的事例却持续不断地在增加。1902年创办的《大公报》，希望秉持"公论所在，不敢稍涉循隐"的原则，结果也导致"某某数巨公颇滋不悦，每与人论及本报，辄易其名曰大私报"。[③] 照戈公振的观察，"当时大吏之守旧者，常禁民间阅报：言论稍有锋芒，鲜有不遭蹂躏者。报律颁行以后，官厅益有所根据，凭己意以周内"。[④] 包天笑也表示，各报纸的老板，经历多起祸端后，往往"小心谨慎，自保身家，不敢惹祸"。[⑤]

"恭录上谕"的象征意义

官员与报章的冲突，乃新型传播媒介挑战过去政治治理方式的结

---

① 戈公振：《中国报学史》，第121页。
② 何启、胡礼垣：《中国宜改革新政论议》卷下，文裕堂，1895，第25~26页。
③ 《纪大私报》，《大公报》1902年8月27日，"中外近事"，第4版。
④ 戈公振：《中国报学史》，第171~172页。
⑤ 包天笑：《钏影楼回忆录续篇》，大华出版社，1973，第78~79页。

果。就报馆方面来说，自是尽力避免此类冲突，并且努力寻求自保之道。上海报纸的因应之道，即是设法"取材于本埠外报"，"转登外报，既得消息之灵便，又不负法律责任，其为华报之助力者大矣"。①不过，亦要看到的是，晚清士人最初创办报章，是在帝制的架构下谋求改革，与官员的种种冲突，是不经意间发生的，并非报馆有意为之。《时务报》刊登"谕旨恭录"等内容，即明确传递出办报者在政治上的考量。这也成为那个时期报章的基本体例。

是否登载谕旨，《时务报》也有交代。该报登载之谕旨最初系从上海各报转载，后来才转录"京报"上的内容，以免舛误。受制于当时的交通条件，谕旨往往不能及时刊登。《时务报》第18册停刊了谕旨，即是因为"京报"通过轮船运寄上海，到冬季"因封河后，官书局报久已停寄"，以致"上谕无凭登载"。次年开春后，官书局报虽已寄到，但"沪上各报早已将上谕录诸篇首"。为避免经常出现类似问题，《时务报》遂考虑以后不再登载谕旨。②然而，这一做法却遭到批评。王舟瑶当即致函汪康年："各处购尊报者，不必皆购他报，俱以未见上谕为歉，以后似宜补录。"③邹代钧也认为此举"颇失人望"，"寒素不能遍阅各种报，仅购《时务报》阅之，而无上谕，甚视为缺典"，"为销路起见，仍以录入为妥"。④为此，《时务报》第35册起又恢复刊登上谕。

大致说来，晚清士人基于维新、变法创办的报章，往往都有"谕旨恭录"及"章奏汇编"等内容。不惟如此，与官方之密切配合还有诸多体现。沈曾植曾指出："《时务报》所载国闻，自邸钞外，

---

① 姚公鹤：《上海闲话》，上海古籍出版社，1989，第130页。
② 《本馆告白》，《时务报》第23册，1897年4月12日，"告白"，第1页。
③ 王舟瑶：《致汪康年》(2)，《汪康年师友书札》(1)，第56页。
④ 邹代钧：《致汪康年函》(56)，《汪康年师友书札》(3)，第2731页。

皆南皮尚书向各省督抚署搜辑，非得之都中也。"① 《湘报》创刊后，熊希龄等请将文告公牍随发《湘报》刊刻，巡抚陈宝箴也予以批准，以为"报馆刊刻奏章公牍，所以周知时事，通晓民情"，故"所请自应准予立案"。② 以后《湘报》即不定期刊登"抚宪批示"或"抚辕批示"。由此亦可看出晚清报章成长中另一值得重视的特质，即仍恪守过去对政事的认知，甚至可以说，最初创办的报章来自朝野上下的共识，希望弥补邸抄等在信息沟通上的不足，并未赋予报章更多职责。

晚清报章"恭录上谕"的情形，也为时人所注意。《中外日报》1902 年刊登的一篇文字指出："发一社会之力，通各社会之邮，其用莫如报章。"然而，中国过去之邸钞、京报所录，"不过朝廷之谕旨，大臣之对章，无舆论也，无民情也"。以后沪上出版的报章，尽管"稍增入民间事、外国事"，但与旧有之邸钞、京报，却不甚悬殊，"盖皆便在下者稍知在上者之意向"。甚至表示："甲午以前，固无报也。"③ 姚公鹤为此也称："若仅仅以上谕刊载报首，则依然未离邸抄窠臼耳。"④ 这或许是过严的标准，而且，此未必是迎合"上意"的体现，反倒是为满足读者的需求，《申报》《万国公报》等报章，同样会"恭录上谕"或"全录京报"。说到底，仅仅以"上下通""中外通"理解报章，多少表明仍恪守所谓"庶人不议"之樊笼，只有在这一层面有所突破，对报章的定位才会有所转变。

《知新报》最初也有"上谕恭录"（后加上"上谕电传"）等栏

① 王世儒编《蔡元培日记》上册，1897 年 3 月 19 日，北京大学出版社，2010，第 60 页。此为蔡元培在日记中提及的，沈曾植 1897 年曾应张之洞之聘主持两湖书院，想必了解一些情况。
② 《抚辕批示》，《湘报》第 16 号，1898 年 3 月 24 日，第 64 页。
③ 《论中国宜注意下流社会》，《中外日报》1902 年 10 月 19 日、20 日，第 1 版。
④ 姚公鹤：《上海闲话》，第 126 页。

目，戊戌政变发生后，就不再有这方面的内容，到 1900 年 2 月出版的第 112 册才有了"京师新闻"栏，但"上谕恭录"已改作"谕旨照录"（后改为"谕旨择录"）。两相对照，不难觉察其中的政治意味。接下来还会述及，梁启超 1898 年流亡日本后创办的《清议报》，同样没有"上谕"之类的信息；主要由留日学生创办的报章，也不再"恭录上谕"。政治立场的转变，自会影响到发言方式。

"恭录上谕"只是问题的一面，与之相关，报章上还频频刊登诸如条陈、奏折及上书之类的文字。康有为上书乃维新运动中颇值关注的事件，遭遇种种曲折，表明一般士人上书言政，并不容易。为此，康在《上清帝第一书》中特别提出，"今上下否塞极矣"，"通之之道，在霁威严之尊，去堂陛之隔，使臣下人人得尽其言于前，天下人人得献其才于上"。[①] 康有为感受到的问题，正是帝制时代士人参与政治的写照。冯桂芬在《校邠庐抗议》中同样感叹："廉远堂高，笺疏有体，九重万里，呼吁谁闻。"还解释该书"名之曰《抗议》，即位卑言高之意"。[②] 而在王韬看来，始于秦时之"尊君卑臣"，实际造成种种恶果：

> 堂廉高深，舆情隔阂，民之视君如仰天然，九阍之远，谁得而叩之？虽疾痛惨怛，不得而知也；虽哀号呼吁，不得而闻也。[③]

报章出现后，书生报国有了新的渠道，借此抒发政见也构成一道

---

① 《上清帝第一书》（1888 年 12 月 10 日），姜义华、张荣华编校《康有为全集》第 1 集，第 184 页。
② 冯桂芬：《〈校邠庐抗议〉自序》，《校邠庐抗议》，光绪丁酉（1897）聚丰坊校刻，第 2～3 页。
③ 王韬：《重民》（下），《弢园文录外编》，第 23 页。

独特的风景。《申报》刊载有不少士人之上书,① 王韬在《循环日报》上登载的文字,也有这样的属性。《上潘伟如中丞》即写道:"日报立言,义切尊王,纪事裁笔,情殷敌忾,强中以攘外,诹远以师长,区区素志,如是而已。"② 当晚清读书人办起更多的报章,上书、条陈等内容也充斥其中,严复发表于《国闻报》的《拟上皇帝书》,也颇为典型。③ 当然,此类文字是难以"上达天听"的,严复此文,只是因为机缘巧合,才为皇帝了解。④

这样的内容刊发于报章,也引起种种非议,被痛斥为"东南名士之陋习"。⑤ 夏曾佑在给汪康年的信中就不无反省:"以奏折当论说,当时《国闻报》颇有之,后甚悔之。"⑥ 对于康有为之上书,谭献也颇为怀疑其效果如何:

> 康工部有为有五次上书,为大僚所格,未达九重。原文传布,登沪上报章,展阅一过。言有过于痛哭者,扼不上闻,固为沉笃之习。然以此为药,即能起笃疾,尚不敢信。⑦

---

① 如《条陈东南乡试事宜》,《申报》1876 年 5 月 6 日,第 3 页;《辩论乡场条陈》,《申报》1876 年 5 月 24 日,第 3 页。

② 王韬:《上潘伟如中丞》,《弢园尺牍》,中华书局,1959,第 206 页。

③ 严复:《拟上皇帝书》,原载《国闻报》1898 年 1 月 27 日~2 月 4 日,分九次登完。王栻主编《严复集》第 1 册,第 61~77 页。

④ 百日维新期间,严复蒙光绪召见。光绪问及严复得意之作,严即提到这通上书。光绪表示没有看过,要严复缮写一通进呈。王栻主编《严复集》第 1 册,第 61 页。之后该文由总理衙门代奏。茅海建:《戊戌变法史事考》,生活·读书·新知三联书店,2005,第 406 页。

⑤ 中华书局编辑部编《孙宝瑄日记》中册,光绪二十八年三月十六日,中华书局,2015,第 544 页。

⑥ 夏曾佑:《致汪康年》(72),《汪康年师友书札》(2),第 1383 页。

⑦ 范旭仑、牟晓朋整理《谭献日记》,光绪二十四年二月廿日,中华书局,2013,第 329 页。

之所以流行这样的方式，既是因为读书人有此愿望，也是因为报章乐于刊登此类文字。汪康年就收到不少此类请求，一位自称"不合流俗"之老书生（"现年七旬有五"），表示其"忠君报国之忱，未尝已也"，曾为"倭人侵扰"，"四上条陈"。① 《湘报》登载《南海康工部有为条陈胶事折》，还加上这样的"按语"："此南海先生第五次上书也……适从友人处得见其草之半，亟登报首，不复拘论说冠前之常例。"② 可见最初出现的报章，也契合帝制时代的政治生态。"恭录上谕"为报章普遍采用，自是贯彻"自上而下"的治理方式，而各种上书、条陈频频登载报章，则沿袭了读书人"上书言政"的传统。

只是，通过报章这样的新型媒介实现的"上下通"，仍是单向的。报章之"恭录上谕"自有助于官方信息更广泛传播，然书生通过报章"上书言政"未必有实际成效。政治治理的方式未尝改变，所谓"上书"，更多只是书生在新型媒介上的"自娱自乐"。

来自官方的襄助

"恭录上谕"成为晚清报章的一道景观，耐人寻味，牵涉如何评价这些报章的问题。无论就"报章"的形态还是"近代"的立场，或不无可议之处。以《时务报》来说，名为"报"，实际却是一份每期30页左右的书本式旬刊，而且，"既在上层说服地方大吏官购报纸，明令阅读；又在基层劝人读报，广设派报处"，计有17处官方出面，"布置官购该报"。③ 《时务报》一则告白即说明所获来自官方的襄助："本馆自出报以来，叠蒙京外大府提倡，又荷同志扶掖，现已分派至七千余分，惟各省府尚多未能遍派之处，倘该处

---

① 许恩普：《致时务报馆》，《汪康年师友书札》（4），第3612页。
② 《南海康工部有为条陈胶事折》，《湘报》第16号，1898年3月24日，第61页。
③ 廖梅：《汪康年：从民权论到文化保守主义》，第67~68、70~73页。

士商有欲代为经手者，请寄函本馆商议可也。"① 不仅在销售环节依托于官方渠道，《时务报》还直接获得不少捐助款项。一则《本馆谢启》表示："本馆草创半岁，迭承中外大府各省同志提倡保护，顷助款至一万三千余金，派报至七千余分。非借诸公大力，何以及此。"② 既如此，将《时务报》等报章与后来出版的报章稍加区分，也是必要的。

一些督抚大臣饬令官销《时务报》，也引人瞩目。时任湖广总督的张之洞，肯定报纸一项"有裨时政，有裨学术，为留心经世者，必不可少之编"，而《时务报》"实为中国创始第一种有益之报"，为此要求：

> 所有湖北全省文武大小各衙门，文职至各州县各学止，武职至实缺都司止，每衙门俱行按期寄送一本，各局各书院各学堂分别多寡分送，共计二百八十八分。③

浙江巡抚廖寿丰也发函各府县，肯定《时务报》"议论切要，采择谨严"。廖表示已代订若干，分发各级官员阅读，进而还指示各地方官以公款订购该报，分发各书院，"俾肄业诸生，得资探讨，以长智能"。④ 湖南巡抚陈宝箴在发给各府厅州县的札文中，也赞赏《时务报》"议论极为明通，所译西报，尤多关系，其激发志意，有益于诸生者，诚非浅鲜"，决定由部院公款订购该报若干份，分发全省各

---

① 《本馆告白》，《时务报》第16册，1897年1月3日，"告白"，第1页。
② 《本馆谢启》，《时务报》第17册，1897年1月13日，"告白"，第1页。
③ 《札北善后局筹发〈时务报〉价（附单）》（光绪二十二年七月二十五日），苑书义等主编《张之洞全集》第5册，第3317~3318页。
④ 《浙抚廖分派各府县〈时务报〉札》，《时务报》第18册，1897年2月22日，第11页。

书院，供诸生"次第传观，悉心推究"。① 《知新报》出版后，同样得到类似的襄助，第 42 册刊登的《贵州学政严通饬全省教官士绅购阅〈时务〉〈知新报〉札》道出："现在直隶、安徽、两湖、江浙、山西、广西诸省，均因该报有裨政学，或由官府札饬所属，或由院长劝谕诸生，官吏士民，咸知购阅。"言下之意，"地处边隅"的贵州更应购取。②

征诸其他报章，可看出这是普遍的情形，《湘报》一篇文章曾说明：

> 湘省风气之开，较他省犹神且速，为中国一大转机，抑岂非长官导之于先，士亦各抒忠义以奉其上，官绅一体，上下一气，之有以致此乎？③

湖南的情况确实更为特殊，时任学政的江标在给陈宝箴的信函中言及，为支持《湘学新报》的出版，代价不算小，"学报用费亦逾千两，本省收款仅抵刻费"，"所有纸张、刷刻、装订，每月须用百金，皆由江标填用，将来或可于省外报费内收还也"。④《湘报》之能够出版，也是因为"蒙抚宪提款津贴常年经费"。⑤

故此，也有必要将这些报章之出现，结合晚清之"自改革"加

---

① 《湘抚陈购〈时务报〉发给全省各书院札》，《时务》第 25 册，1897 年 5 月 2 日，第 7~8 页。
② 《贵州学政严通饬全省教官士绅购阅〈时务〉〈知新报〉札》，《知新报》第 42 册，1898 年 1 月 3 日，第 6 页。
③ 《芷江时务总局劝购〈时务〉〈知新〉〈农学〉〈湘学〉各报公启》，《湘报》第 105 号，1898 年 7 月 7 日，第 419 页。
④ 江标：《上陈宝箴》（五通）"其三"，汪叔子、张求会编《陈宝箴集》上册，中华书局，2005，第 602 页。
⑤ 《湘报馆章程》，《湘报》第 27 号，1898 年 4 月 6 日，第 106~107 页。

以把握。此一时期对报章的认知仍囿于帝制的架构，期望其能弥补邸抄等信息传播机制的局限性。内容上之"恭录上谕"，以及费用上对官方的严重依赖，更说明这些报章还处于过渡阶段。

"勿盛气、勿危言"：报章之发言方式

最说明问题的，是办报者发言方式也受到制约。《时务报》的创办纠葛诸多因素，有很深的政治背景，甚至发行还主要依赖地方大宪之襄助，自然会影响发言方式。甚至可以说，正是因为该报的言说对象明显针对握有权力之人，希望阐述的主张，引起多方重视，如此一来，尽管办报者随时都保持警觉，其言论仍经常招致各种压力。

还在《时务报》酝酿之际，黄遵宪就提醒汪康年、梁启超："为守旧党计，为言官计，所谓本馆论说绝无讥刺，已立脚跟踏实地矣。""吾辈事期必成，非阻力所能阻。谓此刻勿盛气、勿危言，不可以发扬蹈厉言者是也"。[1] 邹代钧在给汪康年的信中也由衷表示："此事愿公兢兢业业为之，不愿公轰轰烈烈为之。"如若不然，必有阻之者，甚或招祸，"身且不保，又何有于风气?"[2] 汪大燮在《时务报》筹备时即向汪康年建议："洋人不得不请，请其译书，即请其照料。仍用美英商字样，此必不可少。吾辈非惧祸，然万一有事，后难继也。"[3] 该报开办后，汪大燮多少有些不满，甚至认为以"时务"为报章之名，已觉不妥，"初意名为《译报》，其名未尝不足倾动人，而名实相副，何必改如此大而无当之名哉?"[4]

《时务报》发行后，影响愈益扩大，更是努力避免生事。黄遵宪在给汪康年信中，提及"都中论者仍多以报馆文为谤书"，为此特别

---

① 黄遵宪：《致汪康年、梁启超》（10），《汪康年师友书札》（3），第 2335 ~ 2336 页。
② 邹代钧：《致汪康年》（19），《汪康年师友书札》（3），第 2648 ~ 2649 页。
③ 汪大燮：《致汪康年》（70），《汪康年师友书札》（1），第 737 页。
④ 汪大燮：《致汪康年》（72），《汪康年师友书札》（1），第 742 ~ 743 页。

告诫"骂詈之辞，可省则省"。① 办报者有此担忧，阅报者也时常加以提醒。瞿鸿禨收到《时务报》后，一方面称道该报有裨于"鄙儒皆知世务，收效良非浅近"，另一方面却指出"惟有时议论恢张，不能无矫枉过正之弊"。② 对此，夏曾佑也直言："今日之报馆，一以安天下之心，一以作天下之气，有闻必录是门面语，不可实做也。"③叶澜则表示：《时务报》"论说"部分颇为"触目惊心"，不能不令人担忧，"言太切实，闻者生忌，昏蒙未启，而实患先临"。④

友朋的种种担忧皆出于爱护《时务报》，绝非无的放矢。高凤谦针对《时务报》刊登的两篇文字就表示：《民权》"用意至为深远"，但"此等之事可以暂缓，论议出之以渐，庶不至倾骇天下之耳目也"。⑤《辟韩》一文，更令其"大不以为然"：

> 君臣可废之语，既为人上所不乐闻，则守旧之徒，将持此以僭于上。不独报馆大受其害，即一切自新之机，且由此而窒。⑥

这些文字确实也引起不少麻烦。叶瀚在给汪康年的信中即透露张之洞对此的不满，为此表示："《辟韩》一篇，文犯时忌，宜申明误录，以解人言。此系吾保护报馆之意，属布告合行奉闻。"⑦ 梁鼎芬也曾致函汪康年，对《时务报》刊登诋毁张之洞文章大表质疑："徐

---

① 黄遵宪：《致汪康年》(27)，《汪康年师友书札》(3)，第 2351 页。
② 瞿鸿禨：《致汪康年》(1)，《汪康年师友书札》(3)，第 3100 页。
③ 夏曾佑：《致汪康年》(66)，《汪康年师友书札》(2)，第 1378 页。
④ 叶澜：《致汪康年》(5)，《汪康年师友书札》(3)，第 2606 页。
⑤ 高凤谦：《时务报馆诸先生》(2)，《汪康年师友书札》(2)，第 1610~1611 页。
⑥ 高凤谦：《致汪康年》(9)，《汪康年师友书札》(2)，第 1621 页。《民权》一文指《时务报》第 9 册刊登的汪康年撰《论中国参用民权之利益》；《辟韩》刊于《时务报》第 23 册，署"观我生室主人来稿"，为严复 1895 年发表于天津《直报》的文字。
⑦ 叶瀚：《致汪康年》(48)，《汪康年师友书札》(3)，第 2596 页。

文太悍直，诋南皮何以听之？弟不能无咎也。"①

不单《时务报》如此，《知新报》等报章同样有类似的遭遇。谭嗣同读了《知新报》有这样的评价："其中颇具微言大义，而妙能支离闪烁，使粗心人读之不觉。"② 未必尽然，不少同道担忧的恰恰是持论太直接。张元济致函汪康年就指出该报"太无含蓄"，"且议论时政（如纪铁路事）、臧否人物（如载公度事），均足以触当道之忌，于事仍无所济"。张还特别告诫："该报似不宜于都中求售，恐反累及贵报也。"③

《时务报》收归官办一事，更说明官方对此的支持是有限度的。不必讳言，这其中牵涉复杂的因素，既有张之洞与康有为的交恶，也有汪康年与梁启超的分歧，不管怎样，能实现对《时务报》的掌控，显然是官方乐于为之的。根据 1898 年 7 月康有为代宋伯鲁所拟奏改《时务报》为官报折，上谕要求总理大学堂大臣孙家鼐"酌核妥议，奏明办理"。④ 随后孙所上《奏遵议上海时务报改为官报折》，阐述了拟采取的办法，显然，其用意不止针对《时务报》，还有更多企望：

> 今《时务报》改为官报，仅一处官报得以进呈，尚恐见闻
> 不广。现在天津、上海、湖北、广东等处，皆有报馆，拟请饬各
> 省督抚饬下各处报馆，凡有报单均呈送都察院一分，大学堂一
> 分，择其有关时事、无甚背谬者，均一律录呈御览，庶几收兼听

---

① 梁鼎芬：《致汪康年》（42），《汪康年师友书札》（2），第 1901 页。"徐文"所指为《时务报》分多期刊登的徐勤所撰《中国除害论》。有关《时务报》论说的反响与回应，参见廖梅《汪康年：从民权论到文化保守主义》，第 121~136 页。

② 谭嗣同：《致汪康年、梁启超》（7），《汪康年师友书札》（4），第 3243 页。

③ 张元济：《致汪康年》（10），《汪康年师友书札》（2），第 1688~1689 页。

④ 《请将上海时务报改为官报折》（代宋伯鲁作，1898 年 7 月 17 日），姜义华、张荣华编校《康有为全集》第 4 集，第 331 页；徐致祥等撰《清代起居注册（光绪朝），联合报文化基金会国学文献馆，1987，第 30904 页。

之明，无偏听之蔽。①

这显示官方试图对各地出版的报章均牢牢加以控制。办报者却难以接受这样的安排。汪康年明确表示，《时务报》乃"南皮张制军提倡于先，中外诸大吏振掖于后，各省同志复相应和"，反对改为官报，理由也很充分：

> 官报体裁为国家所设，下动臣民之瞻瞩，外关万国之听闻，著论译文偶有不慎，即生暇衅，自断非草莽臣所敢擅拟。②

《时务报》的遭遇，充分说明官方对报章之接纳自有其考量，一旦突破，便会施以种种压力，相应的，考虑的也绝非一家报馆。褚成博奏称"澳门《知新报》所记各事，语极悖诞"，上谕为此要求"晓谕该馆"，"嗣后记事，务当采访真确，不得传布讹言"。③ 针对《国闻报》发布的上谕，也告诫"国闻报馆如系中国人所开，不应借外人为护符，如已归日本人经理，则不应用水师学生代为译报"。④

曾经大力支持《时务报》《湘学报》等报章的张之洞，此时也不免陷入困局中。对于办报事，张一向强调要讲究"韬略"，读到《时务报》所刊梁启超《知耻学会叙》，他就致函陈宝箴、黄遵宪，告知"阅者人人惊骇，恐遭大祸"，"若经言官指摘，恐有不测。《时务报》

① 孙家鼐：《奏遵议上海〈时务报〉改为官报折》，《昌言报》第1册，1898年8月17日，第1页。
② 汪康年：《跋》，《昌言报》第1册，1898年8月17日，第2页。
③ 《清德宗实录》卷405，光绪二十三年六月，《清实录》第57册，第290~291页。
④ 《清德宗实录》卷417，光绪二十四年闰三月，《清实录》第57册，第464页。

从此禁绝矣"。① 当各种压力接踵而至，张之洞也动作频频，希望与支持的报馆划清界限。1898 年 5 月 6 日张之洞所发《札北善局筹垫〈湘学报〉报资》，要求该局结清以前报资，以后不再行销。② 几天后，张又致电湖南学政徐仁铸，表示不再订购《湘学报》。③ 同日还致电湖南巡抚陈宝箴和按察使黄遵宪，表达了对《湘报》的不满：

> 《湘学报》中可议处已时有之，至近日新出《湘报》，其偏尤甚。近见刊有易鼐议论一篇，直是十分悖谬，见者人人骇怒……此等文字远近煽播，必致匪人、邪士倡为乱阶，且海内哗然，有识之士，必将起而指摘弹击，亟宜谕导阻止，设法更正。④

说到底，张之洞还是怕担责任。此事在湘人中也引起不小震动，皮锡瑞在日记中写道："香帅打长电报，说《湘报》非是，不应说孔子改制，而易鼐尤非所宜言。"皮不免感叹："予以为在下锢蔽终可开通，在上如此，终无开通之日，殆中国无转机乎？"⑤

戊戌政变发生后，对报馆也进行了清算。1898 年 9 月 26 日上谕

---

① 《致长沙陈抚台、黄署臬台》（光绪二十三年九月十六日），苑书义等主编《张之洞全集》第 9 册，第 7403 ~ 7404 页。

② 《札北善局筹垫〈湘学报〉报资》（光绪二十四年闰三月十六日），苑书义等主编《张之洞全集》第 5 册，第 3607 页。

③ 《致长沙徐学台》（光绪二十四年闰三月二十一日），苑书义等主编《张之洞全集》第 9 册，第 7582 页。

④ 《致长沙陈抚台、黄臬台》（光绪二十四年闰三月二十一日），苑书义等主编《张之洞全集》第 9 册，第 7581 页。张所指易鼐文，提出了这样"四策"："一曰改法以同法""二曰通教以绵教""三曰屈尊以保尊""四曰合种以留种"。易鼐：《中国宜以弱为强说》，《湘报》第 20 号，1898 年 3 月 20 日，第 77 ~ 78 页。

⑤ 皮锡瑞：《师伏堂日记》第 3 册，光绪二十四年闰三月二十五日，第 163 页。

宣布"时务官报无裨治体，徒惑人心，并着即行裁撤"。① 不日发布的上谕又表示："近闻天津、上海、汉口各处仍复报馆林立，肆口逞说，捏造谣言，惑世诬民，罔知顾忌，亟应设法禁止。着各该省督抚饬属认真查禁，其馆中主笔之人，皆斯文败类，不顾廉耻，即由地方官严行访拿，从重惩治，以息邪说而靖人心。"② 随后颁布的懿旨，还有禁会之举：

> 联名结会，本干禁例，乃近来风气，往往私立会名，官宦乡绅，罔顾名义，甘心附和，名为劝人向善，实则结党营私，有害于世道人心，实非浅鲜。③

这对于投身报章创办的读书人来说，不啻最严厉的打击。"览报纸，知太后谕，自今取士复用四书文，并诏各处封禁报馆，捕拿主笔者，可叹！"④ 孙宝瑄在日记中吐露了其压抑之情。邹代钧在给汪康年的信中，更是连连叹息："一月以来，事变迭起，株连之惑，竟及义宁，亦天不欲使我辈有所寸展也。念之良可浩叹。"⑤ 获悉汪康年希望通过"挂洋牌"使报馆躲过灾难，邹又赶紧致信表示："谕旨既封禁，且严加访拿，其怒殆不可测。挂洋牌一节，似宜谨慎。""此事关系匪轻，公慎思之，千万！"信中还言及，既然"朝旨禁会"，其原来主持的"译图公会"，也当改名"译图公社"或"舆地学社"。⑥

这还只是戊戌维新后官方采取的举措，当流亡海外的康梁等人继

① 徐致祥等撰《清代起居注册》，光绪朝第 61 册，第 31253、31255～31256 页。
② 《清德宗实录》卷 428，光绪二十四年八月下，《清实录》第 57 册，第 620 页。
③ 《清德宗实录》卷 428，光绪二十四年八月下，《清实录》第 57 册，第 622 页。
④ 《孙宝瑄日记》上册，光绪二十四年八月二十七日，第 287 页。
⑤ 邹代钧：《致汪康年》(71)，《汪康年师友书札》(3)，第 2763～2765 页。
⑥ 邹代钧：《致汪康年》(72)，《汪康年师友书札》(3)，第 2765～2766 页。

续发行报章，尤其是留日学生办起更多报章，言论越趋激烈，则官方的举措势必会进一步升级。

"官报"的开办："新瓶装旧酒"

不可否认，清廷同样期冀于建立更好的信息传播渠道，以实现"上下通""中外通"。1896 年总理衙门提出开办官书局，"专司选译书籍、各国新报及指授各种西学"，即因为认识到泰西教育人才之道，各国富强之基，无非三事："曰学校，曰新闻馆，曰书籍馆。"① 《时务报》之改为"官报"，同样以此为面上的理由。到 1901 年，管学大臣张百熙又有"创办官报"的主张，以"上下不喻意，中外不通情，皆报纸不能流通之故也"，建议各省及有洋关设立等处，"各设报馆一所"。② 不过，官报的开办却是地方走在前面。论者说明："清末官报，以地方官报开办于先，中央官报继起于后。"③

"亟应于省城地方，创设官报馆，刊布旬报，博采通人宏议、正士公论，择其可刊入报者，选取缮录，呈候本部堂核定饬发刊布。"④ 张之洞 1901 年 11 月就发出《札委王仁俊办理湖北官报馆事务》。袁世凯此一时期也有所动作。还在山东巡抚任上，袁就提出："宜通饬各省，一律开设官报局。报端恭录谕旨，中间纪载京外各省政要，后附各国新政近事以及农工商矿各种学术。"⑤ 随后，袁世凯加紧了这方面的工作，于 1902 年 12 月 25 日正式发行《北洋官报》（又名《直隶官报》）。到 1903 年，鉴于《北洋官报》的成功，清政府决定

---

① 《都城官书局开设缘由》，《时务报》第 1 册，1896 年 8 月 9 日，第 7~8 页。
② 张百熙：《敬陈大计疏》，王延熙、王树敏辑《皇清道咸同光奏议》卷 6 下，文海出版社，1969，第 373 页。
③ 赖光临：《中国新闻传播史》，三民书局，1999，第 18 页。
④ 《札委王仁俊办理湖北官报馆事务》（光绪二十七年十一月初九日），苑书义等主编《张之洞全集》第 6 册，第 4163~4164 页。
⑤ 袁世凯：《遵旨敬抒管见备甄择折》，光绪二十七年三月初七日，天津图书馆、天津社科院历史研究所编《袁世凯奏议》上册，天津古籍出版社，1987，第 272 页。

在全国推广官报。外务部在答复吕海寰、伍廷芳奏请设立南洋官报的主张时表示："推广官报，实为转移整顿之要议"，"南洋尚无官报，应令仿照办理"。① 随后，各地纷纷效仿，《东方杂志》"各省报界汇志"便刊登了不少这方面的信息。②

此亦表明，畅通的信息渠道同样是官方需要的，只是单纯维护自上而下的渠道，却有悖于报章作为新式媒介的属性。换言之，将报章限定于传递官方信息，则难免"新瓶装旧酒"。1902 年四川学政吴郁生奏称："各衙门之案牍加详，但皆储之宫中，外间无从涉览，亟应随时刊布，俾学者得所研求。"而"简易办法，实莫如广刻邸钞"。政务处对此也表示支持："嗣后凡有内外各衙门奏定各折件，拟由军机处抄送政务处，由臣等督饬在京各员逐件检阅，但非事关慎密，即发交报房一体刊行。"③ 1904 年御史黄昌年则奏请将"各衙门具奏奉旨准驳折件"，"刊布晓示"。政务处为此批复：

> 嗣后具奏折件，除事关慎密及照例核复之件，毋庸钞送外，所有创改章程及议定事件，均请于奉旨后咨送政务处，陆续发刊，以广传布。④

1906 年，御史赵炳麟又奏请设立印刷官报局，以"国家有详善官报，耳目开通，视听自一，关系非浅鲜"。⑤ 考察政治馆对此回复：

---

① 沈桐生辑《光绪政要》卷 29，崇义堂，1909，第 19～20 页。
② 《各省报界汇志》，《东方杂志》第 1 卷第 6 号，1904 年，第 146～147 页。
③ 《清德宗实录》卷 504，光绪二十八年八月，《清实录》第 58 册，第 653 页。
④ 《清德宗实录》卷 543，光绪三十一年三月，《清实录》第 59 册，第 219 页。
⑤ 《御史赵炳麟请令会议政务处筹设官报局片》（光绪三十二年十月三十日），故宫博物院明清档案部编《清末预备立宪档案史料》下册，中华书局，1979，第 1059～1060 页。

"欲开民智，而正人心，自非办理官报不可……亟应兼综条贯，汇集通国政治事宜。"①《政治官报》正是在这样的背景下于1907年11月创刊，"专载国家政治文牍"，"凡私家论说及风闻不实之事，一概不录"。② 到1911年5月，清廷宣布实行内阁官制，内阁总理大臣奕劻等又奏请将《政治官报》改为《内阁官报》（该年8月24日正式刊行）。在寻求更为有效的信息传播方式上，官方也在努力。

不过，设立官报引出的"整顿报馆"，却暴露出官方之真实意图。湖南试用道李颐就表示，中国发行之报章，除官报外，"专在指摘攻击，以遂其忌刻之私"，"今欲安内御外，非整顿报馆不可。令各省皆设官报，即可开通民智，查核由官，自无违悖"。③ 各地方官报的开办，也传递着这样的诉求。署理赣抚的夏㫷创设《江西官报》，给出了这样的解释："近来上海各报朝野传闻每多失实，其谬妄最甚者乃至离经叛道，鼓煽浮嚣，实为生心害政。""欲去其弊而收其利，允以广设官报为宜。"④ 四川总督锡良开办《四川官报》，理由也如出一辙，指出僻处西陲之四川，"各省报章书籍购寄为难"，遂致民情锢蔽，"胪言风听，更易传讹"，"尤非亟办官报，不足以正视听而息浮言"。⑤

由此可见，官报之设只是清廷加紧控制舆论的举措。官报流行后，于右任于1909年5月连续发表《向官报乞哀书》《再向官报乞

---

① 《宪政编查馆大臣奕劻等奏办理政治官报酌拟章程折》（光绪三十三年三月初五日），《清末预备立宪档案史料》下册，第1060~1062页。
② 《考察政治馆奏办理政治官报折》，《政艺通报》第六年丁未第9号，1907年6月25日，第8~9页。
③ 《湖南试用道李颐陈言安内攘外非整顿报馆不可呈》（光绪三十三年七月二十八日），《清末预备立宪档案史料》下册，第1062~1063页。
④ 《署理江西巡抚陕西布政使夏㫷片》（光绪二十九年十月二十一日），中国第一历史档案馆编《光绪朝朱批奏折》第104辑，中华书局，1996，第604页。
⑤ 《调署四川总督闽浙总督锡良折》（光绪三十年十月初八日），《光绪朝朱批奏折》第104辑，第608~609页。

哀书》《三向官报乞哀书》，表达对此的愤怒：

> 你向我挑衅，我万万不敢回付你。你的资本多，你的势力大，我独立无援，只得让你罢。我向你笑，我对社会上哭呢！①

这也是审视晚清报章发展不可忽视的环节，信息传播的渠道有多重，新兴媒介并不能完全取代旧有的渠道。只是，清廷通过创办官报以限制其他报章之发展，难以取得预期效果，反而受到其他报章之冲击。樊增祥就致函缪荃孙说明："官报月费多金，其报章实不可看，不可看而强令人出钱买看，岂不可耻……世间报纸，惟《新民丛报》最易行销，言无文则不远，谁谓笔墨无用耶？"②《南洋官报》之不景气，更是突出的例证："南洋官报局所出报章，购阅者寥寥，近来各处均愿照缴报资，不需给报。"③ 再到后来，官报是否值得出版，也遭到质疑。1911年《申报》发表的"时评"有如斯之言：

> 今我国亦有所谓官报者乎？有之则惟借上官之力，以强迫销行于各属，而其目光则惟逢迎京外一二长官，以为固位之计；其手段则惟挑剔民报一二字句，以遂其献媚之私。呜呼，如是而已。夫如是，则与其名为官报，贻报界羞，毋宁名之曰官言，较刍言当也。④

官方作用于报章的方式，昭示出晚清初识报章经历的曲折，甚至

---

① 于右任：《向官报乞哀书》，《民吁日报》1909年5月23日，第4页。
② 樊增祥：《致缪荃孙》，顾廷龙校阅《艺风堂友朋书札》上册，上海古籍出版社，1980，第111页。
③ 《官报改章》，《申报》1905年3月6日，第9版。
④ 东吴：《时评》（1），《申报》1911年7月6日，第6版。

可以说，这也成为晚清"自改革"走向失败的写照。以官方对于报章之立场作为本章之结束，正是试图说明，"思想界"的形成影响深远，其不仅意味着近代兴起的传播媒介全方位影响了历史进程，同时读书人也以前所未有的方式介入社会变革中。在这个意义上，回味章太炎在《时务报》上阐述的见解——"今之亟务，曰：以革政挽革命"，则尤可明了其中的洞见。①"思想界"的形成，也成为转变的象征。这是接下来要重点讨论的。

① 章炳麟：《论学会有大益于黄人亟宜保护》，《时务报》第 19 册，1897 年 3 月 3 日，第 6 页。

第二章

"思想界"的浮现：社会重组下的 "亚文化圈世界"

"思想界"已是频频使用的术语，甚至针对古代中国也不乏"某朝（代）思想界"的提法。此类来自后世的追溯，往往造成一种"错觉"，似乎"思想界"早已存在。这里所审视的清季民国时期的"思想界"，却不可相提并论，不仅是因为"思想界"作为汉语新词，晚清方才出现；更重要的是，"～界""～～界"的浮现，与中国社会的转型密切相关，构成"亚文化圈世界"形成的标志。而渐渐转变定位的报章，则成为"思想界"有形的呈现，明乎此，也才能更好理解"思想界"形成具有的意义。当然，有必要指出的是，语词的出现常常有滞后的情形，那些成为时代、事件命名的术语，往往晚出，被用以描绘之前的历史进程，故此也须把握这些语词的实质性蕴涵。以"思想界"来说，就有必要重视其逐渐趋于"实"的一面。这是由印刷书刊营造的舞台，各色人等"你方唱罢我登台"，作为读者的"公众"也加入其中，而古代世界还无法提供这样的"舞台"。

本章重点考察的是"思想界"如何浮现，又有怎样的象征意义。由于是围绕"思想界"进行历史性的分析，有必要从语言层面对此稍加梳理，即将相关语词置于近代中国思想演变的长程，考察在特定的时空中时人对此的阐释。这多少类似"知识社会学"在研究某些思想方向时确定的任务：关注社会进程对思想"视野"的渗透，通过重建历史和社会基础，以展示其在整个精神生活中的流布和影响。[1]昆廷·斯金纳（Quentin Skinner）也"示范"了对待历史文本应有的方式。在处理现代欧洲早期出现的一些术语时，他指出应"将其用法尽量限于它最初在文艺复兴时期的意义"，即在"比较古老而有限制的意义上加以使用"。[2]科塞雷克（Reinhart Koselleck）阐述的"鞍型期"理论，也试图从"概念"视角揭示现代世界的诞生，因为语言所展示的概念转换，不只具表象的意味，还构成推动历史发展的重要因素。[3] 这里针对晚清"思想界"的形成进行分析，也需要考察其作为汉语新词何时出现，以此为基础，或许才能更好地说明"思想界"浮现具有的象征意义——中国社会的重新组织与"亚文化圈世界"的形成。

一 晚清对"思想界"的表述

言及"界"，很容易令人联想到"世界"一词。研究汉语的学者已指出，"世界"一词是从佛经来的，本来分指时间、空间，所谓

---

① 曼海姆（Karl Mannheim）指明"知识社会学"主要分析知识与存在之间的关系。具体到语词的讨论则强调："在大多数情况下，同样的词或同样的概念，当处境不同的人使用它时，是指很不相同的东西。"曼海姆：《意识形态与乌托邦》，黎鸣、李书崇译，商务印书馆，2000，第 278 页。

② 昆廷·斯金纳：《近代政治思想的基础》上卷，奚瑞森、亚方译，商务印书馆，2002，第 3 页。

③ 方维规：《"鞍型期"与概念史——兼论东亚转型期概念研究》，《东亚观念史集刊》第 1 期，2011 年 12 月。针对汉语新词进行"历史语义学"（"概念史"）的分析，近些年中国学界已有不少尝试。方维规：《概念史研究方法要旨——兼谈中国相关研究中存在的问题》，《新史学》第 3 卷，中华书局，2009。

"三世"指向的是过去、未来和现在；而"三界"则指欲界、色界和无色界。进入大众口语后，"世界"的意义起了变化，"世"的意义消失，"界"则吞并了"世"的意义，大致保存着"十方"的意思。[1] 马西尼（Federico Masini）考察19世纪汉语外来新词，涉及"界"的新词列有"世界"，指明该词19世纪末作为日语回归借词返回中国后才被广为使用，用来表示现代意义的world。[2] 马西尼对其他"界"未加讨论，是有原因的，与"界"有关的其他汉语新词，尽管19世纪末已有少量用例，但20世纪初年才被广为使用，构成突出的语言现象。

"～～界"：源自日语的现代汉语新词

根据语言学者的研究，清末民初时，受日本等外来因素的影响，汉语中出现了大量后缀新名词，其中就包括"～～界"。[3] 近些年则将此归于源自现代日语的"后缀复合词"，在"界"（world，circles）目下举证的有艺术界、教育界、金融界、思想界、新闻界、司法界、文学界、出版界。[4] 凡此皆肯定"～～界"乃源自日语的现代汉语新词。

"界"之本义乃边陲、边境之意，按《说文》："界，境也。"《尔雅》："界，垂也。"就"～界""～～界"来说，其历史形态可溯至前述中国佛教典籍中广为流行的"世界"以及"三界"、"十

---

① 王力：《汉语史稿》，中华书局，2004，第593页。

② 马西尼：《现代汉语词汇的形成——十九世纪汉语外来词研究》，黄河清译，汉语大词典出版社，1997，第177页；附录2"十九世纪文献中的新词词表"，第240页。

③ 王立达：《现代汉语中从日语借来的词汇》，《中国语文》总第68期，1958年。实藤惠秀还将"～界"作为"中国人承认来自日语的现代汉语词汇"。参见实藤惠秀《中国人留学日本史》，谭汝谦、林启彦译，生活·读书·新知三联书店，1983，第331页。

④ 刘禾：《跨语际实践——文学，民族文化与被译介的现代性（中国，1900～1937）》，宋伟杰等译，生活·读书·新知三联书店，2002，第439页。

界"等用语。这些用语也影响到日本，到明治时期则渐渐发生变化。一方面，用以表示"全球""天下"意味的"世界"一词，明治初期即广为流行，出版了不少以此命名的书籍；另一方面，地域划分上常常使用的"界限"，也被用到讨论政治问题的书中，受"自由民权运动"的推动，学者较为关注政府权力与人民权利的"界限"。

进一步的，"～～界"逐渐用于自然领域与社会领域的划分。涉及自然领域出现了"自然界"以及"植物界"、"动物界"等语词，在天文学意义上也使用"太阳界"这样的用语。在明治 20 年（1887）前后，用以区分社会不同构成、不同界别的"～～界"，也较为普遍使用。1888 年出版的《将来的日本社会》一书显示出过渡的迹象，明显是将社会区分为不同的领域与不同的阶层，只不过用以表达"社会"意义的"～～界"还不普遍，故以"～～社会"加以区分。① 此外，同样显露过渡痕迹的则是"经济世界""金融世界"之类的表述。② 中江兆民《四民的觉醒》一书，不仅有专章讨论"实业世界"，还同时使用"政治世界"与"政治界"。③ 撇开"宗教""自然"领域不谈，单就社会领域而言，可以注意到"～～界"成为描绘"～～社会"的重要用语。这一点尤其要紧，所谓"社会"，正构成理解现代汉语新词"～～界"的要义所在。④

---

① 该书除总论外，其他回目分别检讨"政治的社会""宗教的社会""经济的社会""法律的社会""文学的社会""商业的社会""工业的社会""农业的社会""官员的社会""书生的社会""妇人的社会""医师的社会""教育的社会"。中山整尔『通俗将来の日本社会』春阳堂、1888。

② 田口卯吉『経済策』経済雑志社、1890、103、493 頁。

③ 中江兆民『四民の目ざまし』博文堂、1892、88～89 頁。

④ 这方面的讨论参见章清「「界」的虚與實——略論漢語新詞與晚清社會的演進」『東アジア文化交渉研究』別冊、2011 年 3 月。相关出版物的信息可参见日本国会图书馆"近代デジタルライブラリー"资料库。

"～界""～～界"的用例，在中文世界何时出现？一般较为重视晚清读书人在日本创办的报章。研究者即查明《清议报》出现了"经济界""思想界""政治界""宗教界"等用例。① 除此之外，创刊于上海、北京及湖南等地的报章，刊登了不少日文译稿，从中亦可发现零星例证。《时务报》即提供了"～～界"在中国较早之用例。1896年第5册"东文报译"刊载的《论英国商务渐衰》（署"日本东京古城贞吉译"），用到"商界"一词：

　　　　英商多无学术，其从学校出者极少，他国多出新式，而英商犹排斥之，株守其旧式古例，顽然不动。皆由于商界之中，未遇劲敌故也，而不知今日非复畴昔也。②

　　而且，"～～界"作为复合词，如何组合，多少有些随意性。这意味着以此"生产"的新词，并非全系翻译的产物，未必在日语中能找到对应词。③ 重要的是，明显针对"社会"进行分层的"～～界"浮现出来，大有意味，构成中国社会转型的写照。

　　所谓"三千年来未有之变局"，显著的变化之一是传统社会精英

---

① 朱京偉「『清議報』に見える日本語かちの借用語」沈國威（編著）『漢字文化圈諸言語の近代語彙の形成—創出と共有』関西大学出版部、2008、129頁。这方面的研究还可参见沈國威『近代日中語彙交流史：新漢語の生成と受容』笠間書院、1994（2008年改訂新版）；荒川清秀『近代日中学術用語の形成と伝播』白帝社、1997；陳力衛『和製漢語の形成とその展開』汲古書院、2001；等等。

② 古城贞吉译《论英国商务渐衰》（译《东京日日报》西八月十八日），《时务报》第5册，1896年9月17日，"东文报译"，第23页。

③ 不管情况如何复杂，值得思考的正是接受过程中体现的特质。今天的文化史研究对"文化传承"的分析也将重点从"给予者转向了接受者"，其理由是，"所接受的东西永远不同于最初传承的东西，因为接受者会有意或无意地解释和改变提供给他们的观念、习惯和形象等等"。彼得·伯克：《文化史的风景》，丰华琴、刘艳译，北京大学出版社，2013，第219～220页。

"绅"的特殊地位开始没落，随之出现表达社会身份新的方式。萧邦奇（R. Keith Schoppa）注意到，通常被翻译成集团或团体的汉语新词如"政界""商界""学界"等，在清末民初的报刊中不断出现，表明一个易于识别但外表相当松散的多中心的"亚文化圈世界"（界）的形成。① 这称得上见道之论，指明所谓"～～界"实与某一社会阶层的形成密切相关。

梁启超等所表述的"～～界"

关注"思想界"作为汉语新词如何被接受，当紧扣上述背景；同时须重视，与"思想界"密切相关的还有其他"界别"。故此，尽管主要围绕"思想界"展开，却当看到"思想界"与其他"界别"的表述是差不多同时出现的。此甚要紧。这里不妨结合梁启超的论述略做梳理（见表 2-1）。梁在 20 世纪初年发表的一系列文字，正呈现出"～～界"在晚清是如何被表述的。

表 2-1　梁启超所表述的"～～界"

～～界	篇名	用例	出处/时间
政界	《中国积弱溯源论》	吾尝遍读二十四朝之政史，遍历现今之政界，于参伍错综之中，而考得其要领之所在	《清议报》第 81 册,1901 年 6 月
新学界	《过渡时代论》	士子既鄙考据词章庸恶陋劣之学，而未能开辟新学界以代之，是学问上之过渡时代也	《清议报》第 83 册,1901 年 6 月
精神界形质界	《十种德性相反相成义》	自由者,亦精神界之生命也。文明国民每不惜掷多少形质界之生命,以易此精神界之生命,为其重也	《清议报》第 82、84 册,1901 年 6、7 月
教界学界	《国家思想变迁异同论》	天主教主持教令与国家之两大权,谓教界之权与俗世之权,皆上帝之所付。现今学界,有割据称雄之二大学派,凡百理论皆由兹出焉,而国家思想其一端也	《清议报》第 94、95 册,1901 年 10 月

---

① 萧邦奇:《血路:革命中国中的沈定一（玄庐）传奇》,周武彪译,江苏人民出版社,1999,第 14 页。

~ ~ 界	篇 名	用 例	出处/时间
史界 思想界	《新史学》	太史公,诚史界之造物主也。 梨洲诚我国思想界之雄也	《新民丛报》第1 号,1902 年 2 月
思想界	《〈周末学术余议〉识语》	屈子之厌世观与其国家主义,亦实先秦思想界一特色也	《新民丛报》第6 号,1902 年 4 月
思想界 生计界	《新民说十·论进步》	自汉武表章六艺,罢黜百家……而全国之思想界销沉极矣。 生计界之竞争,是今日地球上一最大问题也	《新民丛报》第10、11 号,1902 年 6、7 月
小说界	《论小说与群治之关系》	故今日欲改良群治,必自小说界革命始! 欲新民,必自新小说始	《新小说》第 1 号,1902 年 11 月
文界 新学界	《〈饮冰室文集〉原序》	先生之所以委身于文界,欲普及思想,为国民前途有所尽也。 是编或亦可为他日新学界真理之母乎? 吾以是解嘲	上海广智书局,1902 年 11 月
文界 诗界 曲界 小说界 音乐界	《释革》	今日中国新学小生之恒言,固有所谓经学革命、史学革命、文界革命、诗界革命、曲界革命、小说界革命、音乐界革命、文字革命等种种名词矣	《新民丛报》第22 号,1902 年 12 月
学界 思想界	《〈自由原理〉序》	弥勒约翰在数千年学界中之位置,如此其崇伟而庄严也。顾吾国人于其学说之崖略,曾未梦及,乃至其名亦若隐若没,近数年来始有耳而道之。吁! 我思想界之程度,叮以悼矣	上海开明书局,1903 年 2 月

资料来源:《饮冰室合集》;夏晓虹辑《〈饮冰室合集〉集外文》,北京大学出版社,2005。

　　上述所录只是 1901~1903 年梁启超"~~界"的部分用例,有一点是清楚的,这些新词虽来自日本,却也烙上了中国印痕。在读书人写作主要是文言文的时代,往往多用"~界"的简称,于是"政界""学界""文界""史界""诗界"等用语,也颇为流行。同时,梁对"~~界"的使用较为随意,未能区分历史与当下不同的语境,也没有指明此对于中国社会的意义。如针对"思想界",梁所言"我思想界之程度，可以悼矣"，是对现实的描绘，其他的表述，无论是表彰"梨洲诚我国思想界之雄也"，还是哀叹"全国之思想界销沉极矣"，均是对历史的描述，似乎中国社会早已存在一个"思想界"。当然，梁所用的"～～界"，有的后来不再使用，有的则替换为更为规范的用语。

梁启超之外，还可通过其他事例展示"～～界"如何被表述。杨度1902年在《〈游学译编〉叙》中，用到了"思想界"一词，并且是对现实的描述。其言曰："我国民若能发舒其固有之特性以竞争于思想界，使中国明年之现象，大异于今年之现象，朝夕异状，以为世界之日日新闻，增异常之色彩，此亦岂待他求也哉？"他还参照法国大革命引发的变革，以中国之"学术界""兵事界""政治界""文学界"进行对比。[1] 杜亚泉1903年编译出版的《普通植物学教科书》，在《绪言》开篇便写道：

> 今吾辈之所希望于吾国者，无非欲使吾国与欧美各国，列于对等之地位而已。然此希望果如何而可达乎？政治界、经济界、实业界，繁博难言，吾姑就学界言之。学界之内，科目繁多，吾姑就博物学科中之植物学言之。[2]

马叙伦同年发表的《日儒加藤氏之宗教新说》，也频频用到"思想界"一词，既讨论到"我邦现今之思想界"，还试图揭示"欧洲之思想界"的情况。[3] 甚至"～～界"还进入诗作中，柳亚子1904年

① 杨度：《〈游学译编〉叙》，《游学译编》第1册，1902年11月16日，第13页。
② 亚泉学馆编译《普通植物学教科书》，普通学书室，1903，第1页。
③ 马叙伦：《日儒加藤氏之宗教新说》，《新世界学报》第11号（癸卯第2期），1903年2月27日，第90页。

发表于《江苏》杂志的诗作，有这样一句："思想界中初革命，欲凭文字播风潮。"① 尤值得注意的是王国维于1905年发表的一篇文字，明显是将晚清思想人物放在"思想界"的架构中进行评价，指出七八年前，严复所译赫胥黎《天演论》出，"一新世人之耳目"，然而，"严氏所奉者，英吉利之功利论及进化论之哲学耳"，"此其所以不能感动吾国之思想界者也"。进而阐明，伴随法国18世纪之自然主义由日本介绍到中国，又激起学海波涛，"其有蒙西洋学说之影响，而改造古代之学说，于吾国思想界上占一时之势力者"，则有康有为《孔子改制考》《春秋董氏学》、谭嗣同《仁学》。② 可以说，到20世纪初年"～～界"的表述已较为普遍，并且在多重语境下使用。

严复受梁启超等人的影响，同样使用"～～界"，表明来自日语的汉语新词产生了广泛影响。梁启超在《新民丛报》上介绍严复所译《原富》一书时，批评严复的文字"太务渊雅"，非多读古书之人，殆难索解，借此还阐明"夫文界之宜革命久矣"的主张。因为严复表示"欲译最古者一书，最新者一书"，梁也以"学界"之名表示乐观其成：

> 吾欲代我学界同志要索斯编之速卒业，吾欲代我学界同志要索其所谓最新者之一书，吾更欲代我学界同志要索他诸学科中最古最新者各一书。③

严复答复梁启超提出的问题时，明确阐明其立场——"文界复

① 亚卢（柳亚子）：《岁暮述怀》，《江苏》第8期，1904年1月17日，第3页。
② 王国维：《论近年之学术界》，《教育世界》第93号，1905年2月，第2页。
③ 梁启超：《绍介新著·〈原富〉》，《新民丛报》第1号，1902年2月8日，第115页。

何革命之与有?"甚至表示:"若徒为近俗之辞,以取便市井乡僻之不学,此于文界,乃所谓陵迟,非革命也。"① 严复这里所用"文界"一词,自是袭用梁启超用语。而对梁、严二人争论文体问题有所回应的黄遵宪,1902 年致函严复,同样用到"学界""文界"。信中推崇严复说:"公于学界中,又为第一流人物,一言而为天下法则,实众人之所归望者也。"还表示"公以为文界无革命,弟以为无革命而有维新"。②

这些用例产生怎样的影响,未见严复有所表示,但自此以后,"学界"一词在其论著及书信中频频出现。在致管学大臣张百熙一通信函中,严复即多处提到"学界",认为"私家译著各书,互相翻印出售,此事于中国学界,所关非鲜"。③《群己权界论》1903 年由商务印书馆出版,严复在《译凡例》中也写道:"谁谓吾学界中,无言论自繇乎?"④ 稍后,在《〈袖珍英华字典〉序》中,严又指出是书"一时号渊博,为学界鸿宝",并肯定商务印书馆排为袖珍之本,"于学界意良厚已"。⑤

结合梁启超及其他晚清人物撰写的文字,大致可判明"～界""～～界"的使用情况,只是其内涵未必很清晰。基于社会活动领域或职业进行命名的"界别",如"政治界""生计界",还算清楚;"史界""文界""诗界"之类,关乎研究领域或体裁,也较为明确。

① 严复:《与〈新民丛报〉论所译〈原富〉书》(壬寅三月),《新民丛报》第 7 号,1902 年 5 月 8 日,第 110～111 页。

② 黄遵宪:《致严复书》(约 1902 年),王栻主编《严复集》第 5 册,第 1572～1573 页。

③《与张百熙书》(约 1902～1903 年),王栻主编《严复集》第 3 册,第 577～578 页。

④ 严复:《译凡例》,穆勒《群己权界论》,商务印书馆,1903,第 4 页。

⑤《〈袖珍英华字典〉序》,王栻主编《严复集》第 1 册,第 143～144 页。该文署"癸卯十一月",当作于 1903 年 12 月 19 日至 1904 年 1 月 16 日之间。

然而，类似"思想界"（包括"学界"）这样的语词，内涵却不够清晰，无法以职业或研究领域加以识别。而同时期出现的"舆论界""学术界""教育界""报界""出版界"等，也难以与"思想界"截然分开，说明通过新式传播媒介发出声音的，包括各个业别的人士。正是这一缘故，使得"思想界"一词收入辞典也较晚。卫礼贤（Richard Wilhelm）1911 年所编《德英华文科学字典》，才有"思想界"（Gedankenwelt, world of ideas）之用例。①

这里可略加申论的是，以某些汉语新词描述"历史"，如前述针对古代中国"某朝（代）思想界"的提法，未必合适。这倒不完全是因为晚清方有"思想界"这一用语，关键还在于，表达的载体与沟通的方式，古代与近代有着天渊之别，意味全然不同。"思想界"一词出现于晚清，正映射出那个时代发生的巨变。换句话说，"思想界"除与读书人联系在一起，更与表达的载体密不可分。所谓载体，范围十分广泛，与古代世界显出巨大差别的，是晚清出现的印刷书刊。只有依托于这样的媒介，所谓"思想界"才能构成一个舞台，展现读书人的种种表演；"公众"也可以透过这些媒介把握相关信息，并加入其中。

正因为此，"思想界"在晚清的浮现，也促成"士"向"知识分子"的转型，展现出读书人对新的角色与身份的寻求。1905 年废除科举，是一段历史的终结，从根本上摧毁了"士"这一阶层。但读书人还在，如何确立在现代社会新的角色与身份，不可避免地成为其思虑的焦点。国家与社会形成新的对应关系后，读书人的角色担当，也包

---

① Richard Wilhelm, *Deutsch-Englisch-Chinesisches Fachwörterbuch*, Tsingtau: Deutsch-Chinesischen Hochschule, 1911, p. 175. 此据中研院近代史研究所"英华字典资料库"。该资料库收录 1815～1919 年颇具代表性的早期英华字典 24 种，14 种全文录入，通过检索获得的信息多少能说明一些问题。

括诸多环节，然而"公共舆论"的形成，却成为表达身份意义最突出的一环。由此，"思想界"作为汉语新词出现，乃至形成"思想界"，实际构成读书人寻求新的角色与身份的结果。此亦意味着，对"思想界"的把握，不能回避"学界"及报纸杂志等在晚清的成长，正是这些要素在晚清的呈现，映射出"思想界"的具体内涵。通过中国社会的重组，以及"思想界"的浮现，可以注意到报章实际构成社会动员的主要媒介，并且报章所营造的"思想版图"，展现出20世纪初年中国社会有了新的组织形态及动员方式，所谓"～～界"，实际表达的是"～～社会"的含义。① 前已述及"社会"成长于读书人图谋"合群"这一背景，"～～界"的浮现，即成为"～～社会"不断成长的写照。

二 从"省界"到"业界"——
"亚文化圈世界"的形成

晚清"思想界"之浮现，既体现在新型传播媒介的成长，也是中国社会重新组织的产物。伴随近代意义的国家观念逐渐产生，社会的"组织方式"也在发生转变，前面提及的"合群"，随即落实为具体的行动，推动"集团力量"的成长。而聚集方式明显发生由"省界"到"业界"的转换，则构成"亚文化圈世界"（亦即各种社会力量）成长的重要征象。勾画此一富有意义的转变，也便于把握晚清"思想界"形成具有的意义。尤其值得重视的是，报章作为媒介，发挥着会聚同人的作用。

---

① 商务印书馆1908年出版的《英华大辞典》，针对working-classes提供的释义，就包括工党、工界、工人、劳力社会、食力社会。颜惠庆主编《英华大辞典》，商务印书馆，1908，第2678页。

"省界"构成"合群"之先声

中国人乡党观念强而国家观念弱，是孙中山多次阐述的见解。不可否认的是，没有"乡党"观念，其所领导的革命能否成气候，大可怀疑。孙中山也的确从中看到了形成集团力量的可能："中国国民和国家结构的关系，先有家族，再推到宗族，再然后才是国族，这种组织一级一级的放大，有条不紊，大小结构的关系当中是很实在的。"① 事实亦然，正是乡党观念（即"省界"）成为近代中国集团力量形成重要的诱因，最初仰赖的是分布于各城市的会馆，报章出现后，集团力量则有了新的依托。

会馆之设，是便于客居他乡的同乡人士投宿。据统计，清末民初除北京以外的 300 多个城镇中，有 1800 多座会馆。北京会馆数量之多，在全国各城市之中首屈一指，鼎盛时期多达 400 余所，往往成为同乡聚会、串联、发表政见、传播信息之地。② 正是这些会馆，成为读书人得以聚集的重要场所。戊戌维新运动发动于北京会馆集中地宣南，就体现出"借助会馆而立会，依托学会而聚众"的一面。会馆不但为维新志士提供了在京师临时住宿的场所，还促成读书人从事集会和演讲，聚集力量。③

那个时期读书人开办学校、组织学会、发行报章的活动，往往也倚靠于同乡。前面讨论的南学会，即基于地缘谋划"合群"，期望"联全省为一气，合万众为一心"。④ 宋育仁组织的"蜀学会"，更是

---

① 《三民主义》，中国社会科学院近代史研究所中华民国史研究室等编《孙中山全集》第 9 卷，中华书局，1986，第 238 页。

② 白思奇：《北京会馆与戊戌维新》，王晓秋主编《戊戌维新与近代中国的改革》，社会科学文献出版社，2000，第 341~347 页。

③ 刘桂生、岳升阳：《北京宣南士人文化空间的形成与戊戌维新》，王晓秋主编《戊戌维新与近代中国的改革》，第 328~339 页。

④ 皮锡瑞等：《南学总会复浏阳南学分会书》，《湘报》第 71 号，1898 年 5 月 27 日，第 281 页。

明确"以省垣为总会，以府厅州县为分会"。① 立足地方治理的架构组织学会，容易理解，但在此过程中凸显浓烈的"省界"意识，却颇不寻常。1897年在杭州创立的"兴浙会"，传递了这样的声音："别于地球而为亚细亚，别于亚细亚而为震旦，别于震旦而为浙江"，因此"人发其奋，震旦犹可兴，抑不能兴震旦而言兴亚细亚，不能兴一部而言兴震旦，则夸严之谈已。吾胎萌于浙，虑从其近，是以树兴浙会"。② 寻常之中的不寻常，表明集团力量的形成不仅与组织方式有关，还关乎政治立场。

推动中国读书人形成集团力量的另一重要渠道日本，更印证了这一点。向日本派遣官费留学生，本是以省为单位进行的。《游学译编》第2册登载的《湖南恳亲会草章》说明，"本会为旅居日本湖南留学生及同省游历士绅所公立"，旨在"对于同乡加厚情谊，对于同国联络声气，对于世界研究学术"。③ 其他省的情况也大致如此。实藤惠秀注意到，留日学生生活是中国国内的缩影，他们抵达日本后所去的第一个公共场所，差不多都是各地的同乡会组织。④ "省界"意识成为读书人"合群"的基础，斯时聚集于章太炎门下的众多浙籍弟子，为之做了形象说明。约在1908年，陈独秀前往拜访章太炎，逢钱玄同、黄侃在座。谈起清代汉学的发达，列举的戴震、段玉裁、王念孙诸人，多出于安徽、江苏，陈由此提起湖北没有出过什么大学者，结果黄侃大声回应："湖北固然没有学者，然而这不就是区区，安徽固然多有学者，然而这也未必就是足下。"⑤ 这多少说明时人论

---

① 宋育仁：《蜀学会章程》，《蜀学报》第1册，1898年5月5日，第1页。
② 《兴浙会序》，《经世报》第2册，丁酉（1897年）七月中，第5页。
③ 《湖南恳亲会草章》，《游学译编》第2册，1902年12月14日，"附录"，第1~6页。
④ 实藤惠秀：《中国人留学日本史》，第52、423页。
⑤ 周作人：《知堂回想录》，三育图书公司，1980，第482页。

断学术往往依据地域因素，也颇为在乎与个人身份联系在一起的"省界"。

此一时期赴日留学的学生，在日记中也记录了初涉日本时参与同乡会活动的情形。宋教仁于1904年底抵达日本，甫到东京，"在东京之湖南西路同乡会招待员，特来招待此次西路新来者也（此次西路，并余有二人）"。① 接下来宋创办《二十世纪之支那》杂志，主要谋划于"越州馆"；留学生在政治立场上产生分歧，也往往通过同乡会议决。② 同时，在日本组织的同乡会，也颇为关注本省的情况，宋教仁留下这样的记录：

> 往赴西路会。是日开会为指定执行部各员职务，余指定充当书记，指定讫，复提议与南路联合，同致书省中当道，要求送出洋游学当以县为单位，不可偏重一州一县。③

这并非孤证。黄尊三于1905年4月作为湖南官费留学生赴日，入读弘文学院，5月27日开学，5月30日那天，就有"西路同乡开欢迎会"。6月7日，"开湖南同乡大会，到会约三百余人，杨度主席，演讲道德二字，至为动听，一时散会"。④ 留日学生赴日后不仅很快进入同乡圈中，而且，遇到大事也遵从同乡会的决定。该年11月2日日本文部省颁布《关于准许清国人入学之公私立学校之规程》，激起留日学生之愤慨，黄尊三记录了湖南同乡会11月14日开会做出的应对："决定全省留日学生，一律退学回国。各省同乡会，

---

① 《宋教仁日记》第1卷，1904年12月13日，湖南人民出版社，1980，第19页。
② 《宋教仁日记》第2卷，1905年1月29日、30日，第32页。
③ 《宋教仁日记》第2卷，1905年6月4日，第71页。
④ 黄尊三：《三十年日记》，湖南印书馆，1933，第11～13页。

日来亦纷纷开会，闻多数与湖南取一致态度。"次日，西路同乡会又开会议归国事，"全体一致，赞成归国，唯自费生无资，由官费生自由捐助"。①

1905 年考取官费留学、赴早稻田大学师范科就读的朱希祖，则记录了参加浙江同乡会的情况。一则日记写道："至清风亭开嘉兴府同乡会，以送屠君篆舟（新从札幌农学农艺科卒业）归国，兼决议新章，又合三十二人摄影以作纪念。"② 正因为此，其所思所想也不免立足于浙江，一次听了表彰浙江乃"文学渊薮"的演讲，朱即表示：

> 浙江师范生百人，布满浙江各府州县，若团结而图振兴百事，则百人一动而浙江皆动，浙江一动而全国皆动，其前途甚辽远而可宝贵哉。③

由此还形成国内与国外之联动。当各省派员赴日考察学务、政务，该省之留学生也安排了不少与同乡的活动。1904 年甫就任直隶学校司（后改为学务处）督办的严修第二次赴日考察教育，"同乡及旧识来迎者甚多，不能遍谈亦不能遍识也"。因严修曾出任贵州提督学政，为此又出席"贵州诸公欢迎会"。④ 1905 年担任云南高等学堂学务视察员的陈荣昌，受邀赴日考察学务。陈抵达东京后，"同乡诸

---

① 黄尊三：《三十年日记》，第 38~39 页。
② 《朱希祖日记》上册，1906 年 4 月 22 日，中华书局，2012，第 27 页。
③ 《朱希祖日记》上册，1906 年 3 月 11 日，第 20 页。1905 年赴日留学的钱玄同，也记录了参加浙江同乡会活动的不少情况。一则日记写道："湖州同乡会于今日开会，会于清风亭，杭州同乡会亦于今日开恳亲会。"鲁迅博物馆编《钱玄同日记》第 1 卷，1907 年 2 月 4 日，福建教育出版社，2002，第 283 页。
④ 《严修东游日记》，1904 年 6 月 2 日，7 月 10 日、12 日，天津人民出版社，1995，第 152、202、203 页。

公至新桥招待者十余人"。接下来三天，"无暇出门，惟在馆接同乡诸君之来谒者，日约数十人"。到第四天，"同乡留学百余人特设欢迎会于浅草区德川花园"。陈在致辞中也转达了云南各大员"寄谕学生之语"："望各学生念本省时局之艰，鼓向前向学之力，为后来设施之具，是所至祷。"①

"省界"成为读书人集团力量形成的标志，集中体现在此一时期创办的刊物上。《译书汇编》为此特增设附录"留学界"栏目，以反映各地同乡会的活动情况。该刊第3年改名为《政法学报》，"留学界"登载的一篇短文注意到这一现象：

> 自湖南同乡会创办《游学译编》，省会竞办杂志。《湖北学生界》与《浙江潮》，及直隶之《直说》，均已陆续出版。江苏之《江苏》，亦可不日告成。其他福建则有闽学业书之刊，安徽则有劝告内地之文。凡以输入文明、扶助进步者，至殷且挚已。②

如邹鲁所说的，"时各省学生皆有学生会，会中多办一机关报"。③包天笑也言及，日本的印刷业发达，刊物容易出版，那些留日学生，便纷纷办起杂志来。而"中国各省都派有留学生到日本，他们的杂志，也分了省籍"，"各省留学生，出一种杂志，都有合于他们省的名称"。④《浙江潮》即依托浙江同乡会创办（编辑兼发行者均署"浙江同乡会"），《发刊词》指明："岁十月浙江人之留学于东京者百有一人组织一同乡会。既成，眷念故国，其心恻以动，乃谋

---

① 陈荣昌：《乙巳东游日记》，周立英点校，云南美术出版社，2007，第7~9页。
② 《〈湖北学生界〉及〈浙江潮〉之发刊》，《政法学报》第1期，1903年4月27日，第116~117页。
③ 邹鲁：《中国国民党史稿》第1篇，商务印书馆，1944，第44页。
④ 包天笑：《钏影楼回忆录》，第161页。

集众出一杂志，题曰《浙江潮》。"① 《江苏》杂志之编辑兼发行者，则均署"江苏同乡会干事"，《发刊词》还这样写道：

> 《大陆报》之发刊词曰，美哉大陆，美哉大陆。《新中国报》之发刊词曰，美哉中国，美哉中国。《浙江潮》之发刊词曰，美哉浙江潮，美哉浙江潮。于是爱江苏者，亦起而题我《江苏》杂志之发刊词曰，美哉，我江苏之人民，美哉，我江苏之人民。②

何以"省界"成为"合群"之先声，原因必多。江苏同乡会的一则启事说，本会之设，"所以考察本省情形，借资研究，为他日地方自治张本"。③ 欧榘甲 1902 年所写的《新广东》，则忧虑于当时的中国省与省之间"不相亲爱"。为此他提出，"莫如各省先行自图自立，有一省为之倡，则其余各省，争相发愤，不能不图自立"。④ 1903 年《游学译编》刊发的《劝同乡父老遣子弟航洋游学书》，固是倡导"游学外洋者，为今日救吾国唯一之方针"，仍是立足湖南思考问题，"夫一省之地，必有独立之精神，然后可以救其地之人，此独一无二之定理"。还具体说明为何须以"省界"作为开端。⑤ 同年《苏报》刊登的留日学生来函，则阐明"省界"之具体表现及成因。⑥

---

① 《〈浙江潮〉发刊词》，《浙江潮》第 1 期，1903 年 2 月 17 日，第 1 页。
② 《发刊词》，《江苏》第 1 期，1903 年 4 月 27 日，第 1 页。
③ 《调查简启》，《江苏》第 1 期，1903 年 4 月 27 日，封 2。
④ 太平洋客（欧榘甲）：《新广东》（一名《广东人之广东》），新民丛报社，1902，第 3 页。
⑤ 《劝同乡父老遣子弟航洋游学书》，《游学译编》第 6 册，1903 年 4 月 12 日，第 9 页。
⑥ 《学界风潮》，《苏报》1903 年 4 月 6 日，第 4 页。

"省界"意识的严重也诱发破除"省界"之声。内地一位读者致书浙江同乡会,"忧省界之日厉",《浙江潮》为此提出"非省界"问题。指出"省界"意识脱胎于20世纪初,《新广东》出世,"省界"问题遂"如花初萌",各省同乡恳亲会先后成立,"承流附风,遂遗其始,至今日而省界之名词已定矣"。进一步还阐明:"省界"之起,流弊众多,于今之际原本当以"国界""种界"为中国之大防,然自"省界"之说起,"国界""种界"反退处于若隐若现、似有似无之间。为此也力主成立"中国本部统一会","集留东各省人,以共除省界为目的"。① 同期刊载的一封针对浙江同乡会的投书,也发出质疑:

　　　　诸君联订此会,省界甚严,此省不能参预他省……同是支那之人,同具亡国之忧,此疆彼界,意何为者?②

　　《浙江潮》提出破除"省界",本身便是饶有趣味的事,在"省界"日厉的潮流中,浙江同乡会虽不是始作俑者,却起到推波助澜的作用。这也引起不少响应,1903年《大陆报》刊载的《离合篇》,同样批评留日学生中划分"省界"风气甚嚣尘上,"各省各倡丛报,始焉相分,分则相傲,傲则相恶,恶则相妒,于是各省分办之报,且不可以并存"。③ 到1905年,更有多家报章关注于此。《东方杂志》转录的一篇文章,讨论中国何以不能合群,以问题之一乃"省界分而彼此之情隔也"。④《民报》刊登的《今日岂分省界之日耶》,也表

---

① 文诡:《非省界》,《浙江潮》第3期,1903年3月20日,第5、17页。
② 《寓江西陈君致浙江同乡会书》,《浙江潮》第3期,1903年3月20日,第2页。
③ 《离合篇》,《大陆报》第8期,1903年7月4日,第9、11页。
④ 《论中国不能合群之原因》(录甲辰十月十五日《羊城日报》),《东方杂志》第2卷第1号,1905年,第21页。

达了类似的忧虑：凡事皆讲究"省界"，"且分省不已而分府，分府不已而分县"，势必"非至于四万万人而分为四万万国不止"。这样一来，"其何以联合大群以御外侮乎？"①《国民日日报》"南鸿北雁"栏刊登的读者投书更是强调："分省作报，吾极不谓然，且虑其相习成风，遂生划省分疆之影响。其几至微，其弊至大。"②

破除"省界"引起众声响应，说明"省界"意识是何其严重。揆诸此后的历史，也表明欲破除"省界"并不那么容易。五四时期读书人组织起来同样包含"省界"因素，甚至政治形态的组织中也留下这样的痕迹（详后）。

"业界"成为新的认同基础

破除"省界"的呼声是对同乡意识泛滥的直接反应，也反证"业界"意识得以提升。所谓"业界"，乃超越"地缘"的组织形态，与社会的分化息息相关。实际上，在检讨"省界"的同时，也在谈论"业界"。只是，即便"业界"意识提升，未必就不存在"省界"。《申报》1906年12月8日登载的《论省界之说足以亡国》指出，留日学生倡"省界"之说，还算不上什么，而近日内地各新党亦持此说，却表明问题的严重性。而且，不惟学界如此，军界、实业界内部，亦"多持省界之说"，故"省界之说为中国革新之阻力，彰彰明矣"。③尽管破除"省界"殊为不易，但并不影响"业界"成为新的认同基础。

---

① 思黄：《今日岂分省界之日耶》，《民报》第1号，1905年11月26日，第120页。
② 《同与某总教书》，《国民日日报》第52号，1903年9月27日，第1版。
③ 汉：《论省界之说足以亡国》，《申报》1906年12月8日，第2版。1907年9月徐勤致函康有为，即状告主持《时报》的狄楚青只用"苏人"，"而不欲用粤人"，"外人皆云苏省之机关，非吾粤之报，更非吾党之报"。徐勤：《致康有为书》（1907年9月5日），上海市文物保管委员会编《康有为与保皇会》，上海人民出版社，1982，第374～375页。

此也显示出近代中国集团力量形成中另一值得注意的趋向：最初读书人的聚集主要仰赖同乡之谊，随之共同的职业成为聚集基础。梁启超发表于《清议报》的《少年中国说》与《过渡时代论》，堪称呼唤新时代的文字，透露出中国社会在酝酿新的组织方式。

1900年，流亡日本的梁启超写下了《少年中国说》。面对来自欧西及日本对于中国"老大帝国"的称呼，梁明确表示"吾心目中有一少年中国在"，试图将过去与未来划一道清晰的界线，"造成今日之老大中国者，则中国老朽之冤业也；制出将来之少年中国者，则中国少年之责任也"。① 明显袭自"少年意大利"之"少年中国"，传递出的新鲜气息不难嗅出。在《过渡时代论》中，梁又表示所期许的乃"崛起于新旧两界线之中心的过渡时代的英雄"，尤其"不徒在能去所厌离之旧界而已，而更在能达所希望之新界焉"。② "新界""旧界"之说，表明梁已敏锐感受到"过渡时代"的来临，呼唤重组社会力量。

梁启超个人的经历亦说明，推动"业界"形成的主导因素是表彰所从事职业的特殊地位。1902年梁启超发表的《敬告我同业诸君》即指出：报馆有"两大天职"，"一曰对于政府而为其监督者，二曰对于国民而为其向导者"。作为舆论界的"急先锋"，梁强调报馆的作用亦属自然。关键在于，其身份认定明显包含"业界"因素，是在新的政治格局中为"同业诸君"寻求位置：

> 我国之百事未举，惟恃报馆为独一无二之政监者乎！故今日吾国政治之或进化，或堕落，其功罪不可不专属诸报馆。我同业

---

① 梁启超：《少年中国说》，《清议报》第35册，1900年2月10日，第4页。
② 梁启超：《过渡时代论》，《清议报》第83册，1901年6月26日，第3、4页。

诸君，其知此乎？其念此乎？当必有瞿然于吾侪之地位如此其居要，吾侪之责任如此其重大者，其尚忍以文字为儿戏也！①

无独有偶，周作人在回忆中也表明他与鲁迅如何跨越同乡的樊篱，有了"业界"意识。周氏兄弟最初是在同乡所办《浙江潮》上写些文章，后来逐渐认识到文学的重要性，"以为文艺是可以转移性情、改造社会的"，遂决定发刊《新生》杂志。此举虽未能成，但随后的几年，他们得到在《河南》发表文字的机会。周作人为此也将《河南》称作《新生》甲编，《域外小说集》称作《新生》乙编。②1903年创刊的《湖北学生界》，单从名称就可看作"省界"向"业界"的过渡。首期所刊文章，固然也在彰显省的意识，强调"吾辈既为湖北人，则以湖北人谋湖北，亦自有说"。不过，在这样的论说中亦可看出"业界"意识逐渐提升，认为以湖北立言，"非敢自相畛域也"，只是不得已而"援由乡及国之义，暂以湖北一省为初点"。③实际上，该刊也更为关心"学生"的位置，指明"同人为是学报也，以为今日言兵战，言商战，而不归之于学战，是谓导水不自其本源，必终处于不胜之势。且吾侪学生也，输入文明与有责焉"。④ 原因在于，"学生介于上等社会、下等社会之中间，为过渡最不可少之人"，"二十世纪之中国，学生之中国也"。⑤ 由对"某省"的期许，转向以"学生"为未来社会之希望，可视作由"省界"向"业界"过渡

---

① 梁启超：《敬告我同业诸君》，《新民丛报》第17号，1902年10月2日，第1、3页。

② 周作人：《知堂回想录》，第195～196、217～219页。

③ 《湖北调查部记事叙例》，《湖北学生界》第1期，1903年1月29日，第131～132页。

④ 张继熙：《叙论》，《湖北学生界》第1期，1903年1月29日，第5页。

⑤ 李书城：《学生之竞争》，《湖北学生界》第2期，1903年2月27日，第3、5页。

的象征，标志着代表某种社会力量的"亚文化圈世界"在孕育中。

视学生为创造未来中国的中坚力量，固是持论者本身的身份使然，但也是处于"过渡时代"的读书人在"新旧"间做出的选择。"今日者，实青年竞争之世界也。一国之中，文明之青年占多数，则其国即雄大而无敌；一国之中，顽鄙之青年占多数，则其国未有不颠蹶于朝夕之间。"[①]《新世界学报》讨论"学生潮"的文章就表达了对学生的期许。而针对学生的言说，还包含由代际意识引发的新的身份认同。《游学译编》发文指出"惟游学外洋者，为今日救吾国唯一之方针"，还将此与旧式学者划界：

> 中国以将亡而始兴学，而此授学者，又仍为老朽无学之人……使子弟受学，而异日仍然蹈此，老朽者徒党侪辈之覆辙，亦奚荣焉？若云如此而可以救国，则无须乎设学矣。[②]

"学界"之外，其他业界也差不多同时受到关注。论者已阐明，近代中国所发生的"权势转移"，主要表现在"正统衰落，边缘上升"，商人地位有突出的提升。[③] 1902 年《新世界学报》刊载的《中国商界》，明显在表达对"商界"的期许，以为世界格局由"重农主义"转向"重商主义"，自当关心中国何足以步入"商战之列"，又何足以"言商"。[④] 其他报章中，也不乏针对"商界"的论述。1903

---

① 杜士珍：《学生潮》，《新世界学报》第 12 号（癸卯第 3 期），1903 年 3 月 13 日，第 61 页。
② 《劝同乡父老遣子弟航洋游学书》，《游学译编》第 6 册，1903 年 4 月 12 日，第 2、11 页。
③ 罗志田：《近代中国社会权势的转移：知识分子的边缘化与边缘知识分子的兴起》，《权势转移：近代中国的思想、社会与学术》，第 191~241 页。
④ 杜士珍：《中国商界》，《新世界学报》第 9 号（壬寅第 9 期），1902 年 12 月 30 日，第 93 页。

年商务印书馆发行的《绣像小说》，连载了小说《商界第一伟人戈布登轶事》。① 1904 年《中国白话报》登载的《经商要言》甚至表示："天下最有活泼的精神、最有发达的能力，能够做人类的总机关，除了商，别的再也没有这种价值了。"②

尽管不能明确给出"业界"形成的标志，但"业界"逐渐成为社会动员的标志，却有据可寻。章士钊任《苏报》主笔后不久，即表示将针对该报"重加一次改良，将目次分作十界"，即按照"论说界""机关界""教育界""政事界""新闻界""通信界""纪言界""纪事界""余录界"组织文章。③ 1904 年 6 月 12 日创刊的《时报》，最初按照区域报道各方新闻，但很快将"新闻改分各类"，按照"业界"进行编辑，包括"政界纪闻""交涉界纪闻""学界纪闻""农商界纪闻"（"工业界"附）。④ 1905 年 8 月 23 日在上海创刊的《南方报》也有类似走向，第 3 号开始便按照不同"界别"组织"新闻"，包括"政界""学界""交涉界""商界""军事界""路矿界"。⑤ 而该年《万国公报》也有新的定位："公报非教会之杂志，实政界、学界及农事、工业、商务之杂志也。"⑥

一些明显烙上地缘印痕的报章，言说也在发生转换。1906 年《洞庭波》刊登的《二十世纪之湖南》，先是对湖南赞扬一番，继则阐明湖南受各省人排斥，为此表示：

---

① 忧患余生：《商界第一伟人戈布登轶事》，《绣像小说》第 6 期，1903 年 8 月 7 日，第 1~2 页。续刊于《绣像小说》第 7、8、11、14 期。
② 《经商要言》，《中国白话报》第 6 期，1904 年 3 月 1 日，第 58 页。
③ 《本馆重改良》，《苏报》1903 年 6 月 25 日，第 1 页。
④ 《本馆特别广告》，《时报》1904 年 8 月 11 日，第 2 页。
⑤ 《各省要闻》，《南方报》1905 年 8 月 25 日，第 6 页。
⑥ 范祎：《〈万国公报〉第二百册之祝词》，《万国公报》第 200 册，1905 年 9 月，第 45~46 页。

各省政界之排湘者，曰："湖南人喜生事端也。"军界之排湘者，曰："湖南人最占势利也。"学界之排湘者，曰："湖南人太无程度也。"商界工界乃至妓界之排湘者，曰："湖南人性太野蛮也。"①

这是将"省界"与"政界""军界""学界"等业界对举。1908年1月创刊的《四川》杂志也指出，该刊致力于"将政界、学界、军界、商界及同胞一切颠连困苦情形，和盘托出，公诸本志"。②1910年《云南》杂志发表的《为滇越铁路告成警告全滇》，则将此事的解决，寄望于"吾滇议员、学界、绅界、商界、军界、实业界千万人为一心"。③ 这表明，正是将"业界"视作社会的基本构成，各杂志也针对不同"界别"进行动员。

而且，这样的言说方式为士人普遍接受。孙宝瑄1906年在日记中已分别述及"政界"与"学界"，并且是在"国家""社会"语境下使用。④ 刘大鹏在1907年则注意到："近日学界之人皆以平等自由为宗旨，无父无君，此风愈盛。"⑤ 王闿运1908年在一通书信中也表示："绅界、学界之议不可用也，如可用则不至纷纷多事也。"⑥而回到语言本身，还可注意到"～界"之用例逐渐被收入各种辞

---

① 铁郎：《二十世纪之湖南》，《洞庭波》第1期，1906年10月18日，第2页。
② 《本社重要广告》，《四川》第1号，1908年1月5日，"告白页"。
③ 义侠：《为滇越铁路告成警告全滇》，《云南》第19号，1910年5月3日。张枬、王忍之编《辛亥革命前十年间时论选集》第3卷，生活·读书·新知三联书店，1977，第568页。
④ 《孙宝瑄日记》中册，光绪三十二年正月二十四日、八月十九日，第883、992页。
⑤ 刘人鹏遗著，乔志强标注《退想斋日记》，光绪三十二年十一月二十二日，山西人民出版社，1990，第156页。
⑥ 王闿运：《湘绮楼日记》第5卷，光绪三十四年十月一日，岳麓书社，1997，第2927页。此系地方兴学过程中引出的话题，以"学界""绅界"代表不同的地方势力。

典中。1908 年颜惠庆主编的《英华大辞典》，已收录"商界""政界""学界""报界""男界""工界"等反映职业或社会分层的用例。[1] 此所显示的是，"业界"已逐渐成为识别中国社会的重要面相。

三 "中等社会"及其阶级意识的萌芽

"省界""业界"之外，进一步还发展出针对"阶级"的动员，指向更广泛的社会力量。分析中国 20 世纪政治发展时，邹谠曾提出 20 世纪初期面临的全面危机是中国社会革命与全能主义（totalism）政治的共同渊源，它所意味的是，"只有先建立一个强有力的政治机构或政党，然后用它的政治力量、组织方法，深入和控制每一个阶层、每一个领域，才能改造或重建社会国家和各领域中的组织与制度，才能解决新问题，克服全面危机"。[2] 近代中国两大势力集团——国共两党的壮大，也说明针对阶级进行广泛的社会动员卓有成效，费正清（John King Fairbank）即充分肯定将无产阶级创造性地转换为"无财产阶级"对于中国革命具有深远意义。[3] 故此，"省界""业界"之后，"中等社会"所涉及的社会分层在晚清受到关注，也

---

① 颜惠庆主编《英华大辞典》，第 274、350、388、773、1394、2678 页。1913 年出版的《中国新术语》，在"界"一栏下还收有"警界""权界""军界""法界""学界""官界""工界""空界""伶界""男界""女界""报界""色界""商界""绅界""省界"。Evan Morgan, *Chinese New Terms and Expressions with English Translations: Introduction and Notes*, Published at C. L. S. Book Depot, Kelly & Waish, Limited Shanghai, 1913, pp. 193 - 194。

② 邹谠：《中国二十世纪政治与西方政治学》，《二十世纪中国政治：从宏观历史与微观行动的角度看》，牛津大学出版社，1994，第 3～4 页。

③ 费正清编《剑桥中华民国史（1912～1949）》上卷，杨品泉等译，中国社会科学出版社，1993，第 6 页。

意味着针对"阶级"的动员已在萌芽。①

"中等社会":"革命事业之起也，必有中坚"

前已述及，1905 年孙中山在东京留学生欢迎会上发表的演说，特别说明其所倡之"民族主义"，"应而和之者，特会党耳，至于中流社会以上之人，实为寥寥"。除"中流社会"之外，20 世纪初年频频出现的还有"中等社会"一词。这些提法都昭示对社会力量的重视，影响所及，针对社会进行分层，进而传递政治诉求，也构成言说的重心。

1902 年梁启超发表的《亚里士多德之政治学说》，接受亚氏关于上等社会、中等社会、下等社会之论述，指出欧美诸国立宪，所以能破坏专制、确立自由，"其始亦未有不赖中等社会之功者也"，"'最大多数人幸福'一语，诚可谓政治界之金科玉律"。② 同年发表的《雅典小志》，还对此做了具体分析：

> 各国改革之业，其主动力者恒在中等社会。盖上等社会之人，皆凭借旧弊以为衣食，其反对于改革，势使然矣。下等社会之人，其学识乏，其资财乏，其阅历乏，往往轻躁以取败，一败矣，即不能复振。故惟中等社会为一国进步之机键焉。③

前面提及的《学生之竞争》一文，实际将学生视作"中等社会"

---

① 桑兵已指明 1901～1905 年的拒俄运动，在近代中国历史上有着分水岭式的重要地位。在此之前，趋新人士与民众长期处于分离状态，经过拒俄运动，双方在观念和行动上开始寻求合拍，从而在 1905 年的抵制美货风潮中合为一体。桑兵：《拒俄运动与中等社会的自觉》，《近代史研究》2004 年第 4 期。

② 梁启超：《亚里士多德之政治学说》，《新民丛报》第 21 号，1902 年 11 月 30 日，第 11 页。

③ 梁启超：《雅典小志》，《新民丛报》第 19 号，1902 年 10 月 31 日，第 11 页。

之代表，强调"学生介于上等社会、下等社会之中间，为过渡最不可少之人"，对上等社会、下等社会"所负之责任重也"。① 1903 年杨笃生所作《新湖南》，更是意在"遍告湖南中等社会"：

> 诸君在于湖南之位置，实下等社会之所托命而上等社会之替人也。提挈下等社会以矫正上等社会者，惟诸君之责；破坏上等社会以卵翼下等社会者，亦为诸君之责。下等社会吾亟亟与之言，故必亟亟与诸君言；上等社会吾不屑与之言，尤不得不亟亟与诸君言。诸君诸君，湖南之青年军演新舞台之霹雳手，非异人任也。②

1903 年正是"革命"话语流行之际，"中等社会"这个时候引起重视，也凸显其中包含的政治意味。③《游学译编》的一篇文字明确提出："革命事业之起也，必有中坚。"如同法国革命、英国革命分别有"平民党"与"圆颅党"为"中坚"，中国之经营革命事业者，"必以下等社会为根据地，而以中等社会为运动场"，前者为"革命事业之中坚也"，后者乃"革命事业之前列也"。还具体说明：对于"中等社会"之教育有四：一曰结集特别之团体，二曰流通秘密之书报，三曰组织公共之机关，四曰鼓舞进取之风尚；对于"下等社会"之教育有三：一曰与秘密社会为伍，二曰与劳动社会为伍，三曰与军人社会为伍。④ 这也显示"中等""下等"之界限，逐渐模

---

① 李书城：《学生之竞争》，《湖北学生界》第 2 期，1903 年 2 月 27 日，第 3 页。
② 湖南人之湖南（杨笃生）：《新湖南》，张枬、王忍之编《辛亥革命前十年间时论选集》第 1 卷下册，生活·读书·新知三联书店，1960，第 615 页。
③ 陈建华：《"革命"的现代性——中国革命话语考论》，上海古籍出版社，2000。
④《民族主义之教育》（此篇据日本高材世雄所论而增益之），《游学译编》第 10 册，1903 年 9 月 6 日，第 7~8 页。

糊，"下等社会"甚至引起更多关注。《江苏》发表的《国民新灵魂》即有此反省："吾欲鼓吹革命主义于名为上等社会之人，而使之翕受，终不可得矣。"不得已，"乃转眼而望诸平民"。① 《新世界学报》登载的《中国工界》，则以工者为"下等社会"之代表，"尤贫民中之极贫者也"。②

这方面尤值重视的是1903年12月15日创刊的《俄事警闻》。第1号刊载的《本社征文广告》指出："本社拟为各种社会代筹其能尽之义务，著之论说以备采释。"同时告知"阅报诸君有熟悉此各社会情形者，请撰寄本社，当陆续选登"。该刊所征集的文字，除"普告国民"外，明显针对各"社会"阶层。③ 按照论者的分析，73篇以"告……"为题的文字，涉及的社会面极为广泛，大致分为四类，即新型知识阶层、农工商者、流氓无产者和官吏。究其实质，正是沿着三等社会论的路子进行演绎，第一类人即所谓"中等社会"，第二、三类人均属于"下等社会"，第四类人则为"上等社会"。④

《俄事警闻》针对如此广泛的社会阶层发出告示，展现出对不同社会阶层的看法。将新型知识阶层作为"中等社会"的代表，仍系当时的基调，《告留学生》表示："吾以为具有救国之能力声望者，实无逾于留学生也。"⑤ 不过，正如一封读者"投函"所肯定的，"贵社所刊警闻"，"有益于下等社会者尤多"。⑥ 《俄事警闻》确

① 壮游：《国民新灵魂》，《江苏》第5期，1903年8月23日，第7、9页。
② 马叙伦：《中国工界》，《新世界学报》第11号（癸卯第2期），1903年2月27日，第101页。
③ 《本社征文广告》，《俄事警闻》1903年12月15日，此据罗家伦主编《中华民国史料丛编》所收影印本，第2页。下同。
④ 王学庄：《俄事警闻》，丁守和主编《辛亥革命时期期刊介绍》第3集，人民出版社，1983，第162～164页。
⑤ 《告留学生》，《俄事警闻》1904年1月14日，第245页。
⑥ 洙泾杞忧子：《投函》，《俄事警闻》1904年1月2日，第153页。

实对"下等社会"有更多关注,将此作为形成集团力量之关键。《告农》就指出:"我很怪你们种田地的人,为什么自己看得这样轻?""你们顶好大家合起,请几个懂兵法的人,教教你们兵操;再请几个明白的读书人,教教你们粗浅的文理,你们人数本来多,要是本领也好了,道理也明白了,只要肯拼命去一打,俄国自然打退了。"① 稍后发表的《告工》则写道:"我们国里,除了农人,就是你们做工的最多了。""你们不配管国家的事,谁还配呢?""有多少力量,可以尽在救国上头的,就不要藏,赶紧尽了,那我们的国一定可以救回来。"② 针对"农人""做工者"的这些言说,都注意到"农""工"人数众多,推动各项事业不能不依赖于此。这样的看法也为后续开展的群众运动承袭,1905 年抵制美货运动时,不乏这样的声音,指明在半开化国度,"社会之阶级,其大略有三等,上中等社会人数较少而识见较易开通,下等社会人数较多而识见较易蒙蔽"。关键在于:

> 左右一事也,则多数人之意见往往足为一事之梗,虽贤且智,亦未如何。故下等社会之势力,乃天下最庞大而最可惊者也。③

"中等社会"与"下等社会"之议不断泛起,表明在"业界"意识萌生的同时,与社会分层息息相关的阶级意识也显露出来。1904年林獬讨论"合群"时就表示:现在明白的人,没有一个不说合群,没有一个不讲团体,但讲了大半天,群力还是不能合,团体还是不能

---

① 《告农》,《俄事警闻》1903 年 12 月 22 日,第 62、64 页。
② 《告工》,《俄事警闻》1903 年 12 月 27 日,第 102、105 页。
③ 《北京学界同志敬告全国学生文》,《大公报》1905 年 7 月 12 日,第 2 版。

结，什么缘故呢？原因在于"上流社会与下流社会不联络"。① 1906
年章太炎也联系职业与道德进行社会分层工作："今之道德，大率从
于职业而变，都计其业，则有十六种人。"而且，"其职业凡十六等，
其道德之第次亦十六等，虽非讲如画一，然可以得其概略矣"。② 进
一步还阐明："人主独贵者，其政平；不独贵，则阶级起。"③

阶级动员："贵贱界"与"贫富界"

在此背景下，阶级制度也引起重视。1904 年《警钟日报》刊登
的文字指出："中国古代贵有常尊，贱有等威，而阶级制度，亦与西
国差同"，"孰谓中国无阶级制度哉？"当使"昔之身列贱民者，亦使
之与齐民一体，以同享平等之权利，阶级制度消灭无存"。④ 与此相
关，"贵贱界"与"贫富界"的问题也被提出："贵贱界之革命，甫
告厥成功，而贫富界之革命，又已胚胎萌蘖。"⑤ 凡此皆表明时人不
仅对下层民众寄予同情，而且看到民众中蕴藏的革命热情。这也构成
"阶级动员"的先声。

"中国自古迄今，授田之法，均属失平。""处今之世，非复行井
田即足以郅治也，必尽破贵贱之级，没豪富之田，以土地为国民所共
有，斯能真合于至公。"而"欲籍豪富之田，又必自农人革命始"。⑥
刘师培 1907 年在《民报》发表的《悲佃篇》已传递上述看法。紧接
着，黄侃又在《民报》发表《哀贫民》，对"贫民"表达了真挚的
同情，"民生之穷，未有甚于中国之今日也"，当"殄此富人，复我

---

① 白话道人（林獬）：《国民意见书·论合群》，《中国白话报》第 16 期，1904 年 7
　　月 22 日，第 1~2 页。
② 章太炎：《革命之道德》，《民报》第 8 号，1906 年 10 月 8 日，第 20 页。
③ 章绛：《秦政记》，《学林》第 2 册，1910 年，"故事部"，第 41 页。
④ 申：《论中国的阶级制度》，《警钟日报》1904 年 5 月 11 日、12 日，第 2 版。
⑤ 漱铁和尚（顾灵石）：《贫富革命》，《复报》第 4 期，1906 年 9 月 3 日，第 52 页。
⑥ 韦裔（刘师培）：《悲佃篇》，《民报》第 15 号，1907 年 7 月 5 日，第 34 页。

仇雠"，"宁以求平等而死，毋汶汶以生也"。① 不只是具有革命色彩的刊物关注"贫民"，《东方杂志》1910年发表的文字也指出，"我国将来之大祸，不在外患而在内乱"，而"内乱之所由生，不在盗贼党会，而在贫民"，"欲图国家之长治久安，必于农工两业加意提倡而维持之，以冀富裕下等人民之生计"。② 次年《东方杂志》发表的文字还检讨了斯时频频发生之"民变"，说明问题的症结主要是"中国今日置多数之农民于不顾也"。③

进一步的，"革命"也依托于这种阶级论得以阐述。前已述及《俄事警闻》针对社会各阶层之立说，其中也包含对政府诸公、官吏等的言说，多是负面的。《告政府》就表示："政府者，国民之公仆也"，但究其实，"国之存亡，事之利害，漠然无动于中，厚貌饰情，以蔽庸愚之耳目，此可以称公仆之名称乎?"④《警钟日报》更是公开告白，该刊以"监督政府、扶导民党为己任"，"神奸鬼丑难逃镜中"。⑤ 而对"绅商"也逐渐另眼相看。构成社会重心的绅商，也曾被寄予厚望，"欲图救国，不能不首望于各省之绅商"。⑥ 然而，伴随阶级意识之提升，人们对绅商则转变了看法。1908年《江西》杂志针对清政府准行之地方自治就暗讽："今之称地方自治者，不曰自治，曰官治也。吾则曰非惟官治，亦绅治也。绅治、官治，一而二，二而一者也。"⑦ 同年《河南》杂志更有"绅士为平民之公敌"的言

---

① 运甓（黄侃）:《哀贫民》，《民报》第17号，1907年10月25日，第32页。
② 张肇熊:《各处宜亟兴工厂以救民穷议》，《东方杂志》第7卷第10号，1910年，第257页。
③ 采兰:《禁止遏籴以抒农困议》，《东方杂志》第8卷第4号，1911年，第4页。
④ 《告政府》，《俄事警闻》1903年12月16日，第10~11页。
⑤ 《铁良与〈警钟报〉》，《警钟日报》1904年11月24日，第2版。
⑥ 《论近日各省绅商能力渐富》，《警钟日报》1904年10月23日，第1版。
⑦ 茗苏:《地方自治博议》，《江西》第2、3号合刊，1908年12月10日。张枬、王忍之编《辛亥革命前十年间时论选集》第3卷，第413页。

论出现，指出绅士自命为国民代表，却与政府相勾结，"盖政府既利用彼，彼又利用政府，同恶相济"。文章也表达了这样的意思："呜呼，吾全国同胞亦知绅士为平民之公敌乎？""今日犹任其盘踞不去，则改良社会真无望矣。"①

与之适成对照，"平民"及下层民众具有的政治热情也日益受到重视。1908年发表于《新世纪》的文章说明：回观往迹，在"驱逐胡元"和"反抗满清"上已显现会党之能力；即若今日，"会党之势力仍足以左右中国之社会"。故今日论中国革命，不管是政治之改革，还是社会之更新，"事之前驱，舍平民揭竿斩木之外，更无他道"。该文还表示："俄国革命以'去矣，与人民为伍！'为标的，游说全国，革命风潮方能致今日之盛。"今日亦当效法此，"大呼于众曰：去矣，与会党为伍！"②汪精卫也阐明："革命之主义，非党人所能造也，由平民所身受之疾苦而发生者也。"同样将矛头指向"绅士"："绅士者，既无官守，分亦平民，然其威福与官吏无殊，而鱼肉平民或有甚于官吏。"③《国风报》1911年的一篇文章则直接呼吁"今日欲谋国家之发达，必当扫去官僚政治，而建设国民政治"，而"欲建设国民政治"，"必有平民的之政治家出于其间，始能集合草野活泼有为之人才"。④以"平民"的名义，革命的"正当性"也有了新的依凭。

"阶级意识"引发的对下层民众的肯定，是影响巨大的转变，如

---

① 扫魔：《绅士为平民之公敌》，《河南》第4期，1908年5月5日，第89~92页。
② 反：《去矣，与会党为伍！》，《新世纪》第42号，1908年4月11日，第1~2页。
③ 汪精卫：《论革命之趋势》，《民报》第25号，1910年1月1日，第3~4页。
④ 柳隅：《阀阅的之政治家与平民的之政治家》，《国风报》第2年第5期，1911年3月21日，第7页。

果说"业界"的形成仍是精英观念的写照,有了阶级视野,则集团力量的基础也发生改变,针对"阶级"进行动员成为可能的选择。以报章创办来说,20世纪初年即频频出现以特定社会阶层为阅读对象的报章,前面提及针对"学生"的言说便是重视这一阶层的体现。接下来会述及,"学生"之外,针对"妇女"等同样有不少刊物出版。可以说,无论是按照性别、职业还是年龄区分出的社会阶层,都不乏报章传达其诉求(详见第三章)。

四 "思想界"与中国社会的重新组织

略说晚清"思想界"的浮现,进一步要检讨此所象征的中国社会的重组。问题仍不妨从语言层面展开。在汉字新词大量创制时期,中日社会形态的差异,也影响到与社会密切相关的语词之接纳。如被语言学者列为明治时代新词的"财界"(ざいかい),在中国即少有使用,而是用"商界"来表达类似的意思。[①]"~~界"的频频出现(尽管有些随意性),也成为中国社会重新组织的表征,如没有对社会的重新认识,则指向社会构成的"~~界"也难以被接纳。因此,此亦绝非单纯的语言问题,而是国家与社会形成新型对应关系的写照,聚焦于那段时间创办的报章,亦可注意到这方面的言说颇为流行。

依托于"社会"的"思想界"

孟子尝谓:"诸侯之宝三:土地、人民、政事。"[②] 无论称"天

---

① 惣郷正明・飛田良文(編)『明治のことば辞典』東京堂、1986、167 頁。

② 《孟子・尽心下》。今人解其意,指出"这至少在形式上已接近西方政治学上以土地、人民、主权来界定'国家'的说法"。余英时:《国家观念与民族意识》,《文化评论与中国情怀》,允晨文化公司,1990,第18页。

下"还是"国家"，中国传统思想资源中也包含着对政治秩序的安排，尤其重视"政教所及之区"，只不过古代中国人主要"将中国看成一文化体系，而不是一定的政治疆域"。① 有了西方学理之后，如何安排一个国家的基本秩序才逐渐清晰起来。相应的，由"合群"推动的集团力量兴起，于中国社会转型也具有特殊意义。正是"社会"的成长，影响到晚清"思想界"的形成，并赋予"思想界"特有的品质。

霍布斯鲍姆（E. J. Hobsbawn）描绘了"双元革命"（dual revolution）——法国政治革命和英国革命——对于世界的意义，这场革命不只是属于这两个国家的历史事件，应视作"一座覆盖了更广泛地区的火山的孪生喷发口"。② 论者也强调，离开民族国家形成与资本主义发展这两大进程，很难去想象欧洲的历史。而且，欧洲民族国家形成的历史经验，已经对全球范围内近代国家形成的前景做了界定。③ 进入 20 世纪以后，中国读书人受西方民族国家理论影响，也立足于个人—社会—国家思考其中包含的复杂问题。"国家也者，个人之集合体也，社会亦个人之集合体也"，"凡健全之个人，思想发达，而同其利害者，即可造一政治团体，而组成国家"。④ 1903 年《大陆》杂志刊登的文字就针对"国家"做出明确的界定。尽管还不够清晰，但透露出读书人在皇权的正当性丧失后，

---

① 邢义田：《天下一家——中国人的天下观》，刘岱总主编《中国文化新论·根源篇》，联经出版公司，1981，第 452 页。

② 霍布斯鲍姆：《革命的时代：1789~1848》，王章辉等译，江苏人民出版社，1999，导言，第 1~4 页。

③ 王国斌：《转变的中国——历史变迁与欧洲经验的局限》，李伯重、连玲玲译，江苏人民出版社，1998，第 1、84 页。

④ 《中国之改造》，《大陆》第 3 期，1903 年 2 月 7 日，第 10 页；第 4 期，1903 年 3 月 8 日，第 1 页。

颇为关心在国家与个人、国家与社会间寻求一种新的安排。①

如何安排与国家密切相关的诸要素,读书人的思考有不同的出发点。1907 年杨度在《〈中国新报〉叙》中就表示,今日中国之言政治者,率多依赖政府之心,只注意于"国民所以被政治之途,而不从事于国民所以自治之道"。在其看来,此不惟不通治体,抑且增长国民之放任心而减少国民之责任心,"不知政府之所以不负责任者,由于人民之不负责任","于此而欲求政府之进步,是犹欲南行者而北其辙也"。这是将国家之重心置于负责任之"国民"——"谋国者之所宜主张者,惟国民责任论而已矣"。②《俄事警闻》终刊之际,一则"社说"也突出了对"国民"的期许:

> 一人自命为国民,一国民即可化无数国民,人人皆列为国民,聚国民之团体,即成国家之团体,然后外人不得而侮之,强敌不得而欺之。③

也不乏文章从分权角度解析此问题。1903 年《浙江潮》刊发的《敬告我乡人》指明:近世国家其行政之机关约分为"官府"与"自治体",前者为国家直接之行政机关,如外交、军事、财政之类,"皆官府所司之政务";后者为国家间接之行政机关,以地方之人治地方之事,"如教育、警察及凡关乎地方人民之安宁幸福之事皆是也"。作者的立场则显在"自治","自治之精神,在以国家之公务为

---

① 要理解其中的关键,当紧扣"普遍王权"(universal kingdom)崩溃后所发生的深远影响。Benjamin I. Schwartz, "The Chinese Perception of World Order, Past and Present," in John K. Fairbank ed., *The Chinese Order*, Cambridge, Mass.: Harvard University Press, 1968, pp. 276 - 288。
② 杨度:《〈中国新报〉叙》,《中国新报》第 1 年第 1 号,1907 年,第 1~2 页。
③ 《〈俄事警闻〉之尾声》,《俄事警闻》1904 年 2 月 25 日,第 454 页。

地方生存之目的，而以地方之力行之"。尤其指出中国地方之教育、慈善事业，以往大都由绅士处理，所缺的只是"机关之不备"，"地方之无自治机关，其犹国家之无政府，乌乎其可行也"。①

无论立足于"国民"还是"自治体"，或都不乏偏颇之见，但此二者的提出却值得关注。此所显示的是，伴随近代意义的国家观念逐渐萌生，读书人不仅着力探讨国家权力的分配问题，同时在思考政权架构下个人及社会的角色，亦即新的社会力量究竟应该在多大程度上参与到国家政权建设中。"思想界"成长于这样的背景，正说明通过报纸杂志这样的新型媒介，读书人与社会的联系有了新的依托。

"公"与"公共"的阐述

别的且不论，从"天下"走向"国家"，对"公"与"公共"的阐述也逐渐浮现，并且与过往大异其趣。由此，"思想界"也有了新的定位，被赋予"公共"属性。1908 年《东方杂志》刊登的《论地方自治之亟》极有意思地谈到，应该利用传统资源进行自治建设，"乡约之制，一市府议会之规模也；郡县之公局，一都邑议会之形势也；善堂公所，一医院卫生局之筚路蓝缕也；市镇之团练，一民兵义勇之缩本影相也；墟庙之赛会，一袚祠教堂之仪制也"。② 提出"公局""公所"等传统社会的"公共"建制，显然是"公共"意识提升的信号，只是述不得其法。

"公"与"公共"在 19 世纪末 20 世纪初成为焦点话题，与国家意识的提升息息相关。"国者，斯民之公产也；王侯将相者，通国之公仆隶也。"西洋各国，"一国之大公事，民之相与自为者居其七，由朝廷而为之者居起三"。③ 1895 年严复发表的《辟韩》已有上述见

---

① 攻法子：《敬告我乡人》，《浙江潮》第 2 期，1903 年 3 月 18 日，第 3、10 页。
② 蛤笑：《论地方自治之亟》，《东方杂志》第 5 卷第 3 号，1908 年，第 36 页。
③ 《辟韩》，王栻主编《严复集》第 1 册，第 35~36 页。

解。梁启超发表于《清议报》的几篇文字，也频频论及"公理""公例"，并且明显是在"国家"的框架下展开。如《国家思想变迁异同论》一文即强调"世界之有完全国家也，自近世始也"，中国旧思想中，"国家与人民全然分离，国家者，死物也，私物也"。欧洲新思想则体现在，"国家与人民一体，国家者，活物也（以人民非死物故），公物也（以人民非私物故）"。同时指出在立法权等环节，二者也颇有差别：前者"立法权在一人（君主），其法以古昔为标准"，后者"立法权在众人（合国民），其法以民间公利公益为标准"；前者"无公法、私法之别"，后者"公法、私法，界限极明"。①

梁启超的"国家论"，可视作"天下为公"的现代表达，强调国家乃众人之"公产"，故"人人有公同保守公产之责，人人有公同保守公产之权"。② 结合梁启超之《新民说》，则这一立场更为鲜明。《新民说》列出专章"论公德"，直指"我国民所最缺者，公德其一端也"。"公德"者，决定着"人群之所以为群，国家之所以为国"。梁试图发明一种新道德，"以求所以固吾群、善吾群、进吾群之道"，而这种新道德就是"公德"，"公德之大目的，既在利群，而万千条理即由是生焉"。③ 正如张灏所揭示的，在梁启超那里，"公德"的核心显然是"群"的概念，明确指向民族国家。④

与梁启超一样，林獬论述中国为何难以"合群"，同样以"没有

---

① 梁启超：《国家思想变迁异同论》，《清议报》第 94 册，1901 年 10 月 12 日，第 1~4 页。

② 梁启超：《俄公使论瓜分中国之易》，《清议报》第 27 册，1899 年 9 月 15 日，第 12 页。

③ 梁启超：《新民说三·论公德》，《新民丛报》第 3 号，1902 年 3 月 10 日，第 1~7 页。

④ 张灏：《梁启超与中国思想的过渡（1890~1907）》，崔志海、葛夫平译，江苏人民出版社，1997，第 110~111 页。

公德"为答案。至于公德之不立，他揭示了两层原因：一是因为专制政体，"中国的人，本没有公共的观念，他们所说的公字，都是指着皇帝一个人说的"；一是因为家族思想，"文明国的国民爱力，都是以一群为限。到了中国人，他的爱力，只晓得爱一家"。① 欧榘甲《新广东》则写道："万国人民，皆有公会私会，二者与其国家皆有绝大之关系者也。"因此，"公会者，其宗旨可表白于天下，其行为可明著于人群，公享其益，公著其利，故其会友最众"。而"西国公会，指不胜屈，其最大而显者，乃国会、议会，其他教会、学会、商会、工会以及天文地理凡百术业，莫不有会"，"凡公会众多之国，莫不强焉，此现今立宪政体诸国之现状也"。至于中国，则"公会无一，而私会遍天下也"。②

"天下为君主橐囊中之私产，不始今日，固数千年以来矣。"③ 谭嗣同在《仁学》中已发出这样的声音。《国民报》1901 年发表的文章，甚至将中国两千年之学术、政治与法律，都看作"一人一家之私教养成"。④ 像这样为彰显"公"与"公共"的意义，而将中西差异区分为"私"与"公"，构成那个时期典型的论述方式。这是值得注意的变化，有裨于落实"公"的制度建制，即所谓"公共舆论"或"公共论坛"。

"公共舆论"的催生

从时间上说，报章在中国之出现不能算晚，然而其扮演的角色、发挥的影响却是逐渐凸显的。无论是来华西人所办，还是晚清士人所办，报章最初主要发挥的是信息传播功能。既然报章与"公共舆论"

---

① 白话道人（林獬）：《国民意见书·论合群》，《中国白话报》第 16 期，1904 年 7
　月 22 日，第 1~2 页。
② 太平洋客（欧榘甲）：《新广东》，第 49~52 页。
③ 谭嗣同：《仁学》，蔡尚思、方行编《谭嗣同全集》下册，第 341 页。
④ 《二十世纪之中国》，《国民报》第 1 卷第 1 期，1901 年，第 4~5 页。

不能简单画等号，则有必要追问"公共舆论"如何催出。笔者之所以强调报纸杂志在晚清的流行，并非与"思想界"形成同步，原因正在于新型传播媒介是否构成"公共舆论"，尚需斟酌。带有"公共"色彩的"思想界"，对应的是"公共舆论"，需要报章渐次由沟通上下、开启民智，发展出监督政府的功能，直至成为某种"权力"的彰显。故此，报章是否构成"公共舆论"，也颇为关键。

《时务报》即展现出过渡时期的征象，显示晚清士人对报章的认知逐渐发生转变。当《时务报》陷入经营管理上的纷争，张謇在给汪康年的信中就指出："报馆者，以一二人之笔舌，出纳千万人之公言。此一二人者公正明白，虚怀好善，则孟子所谓'四海之内，皆将轻千里而来，告之以善'。"因此，"意见萌蘗，不出争名角利二端，日言公而日仍私，日言群而日处独，馆之败可立而待"。① 黄遵宪为此也反复说明，报馆"既为公众所鸠之资，即为公众所设之馆，非有画一定章，不足以垂久远昭耳目"。② 王修植同样针对《时务报》内部的分歧说了一番话："吾党建一业、白一议，但当论是非，不当争胜负。论是非者，文明之事；争胜负者，土蛮之习也。"③《时务报》之外，谭嗣同 1898 年所写《〈湘报〉后叙》，也肯定"报纸即民史"，关涉"是非"，也关涉"公共"。④

当然，是否有"公论"之存在，也受制于政治环境。戊戌维新失败后便不乏对"公论"之质疑，夏曾佑即言："读八月上谕以后，则舆论以康为当诛，读东洋某某报以来，则舆论又以康为无罪，公论之不可恃亦甚矣。"⑤ "公论"是否可恃，确实攸关政治环境，当梁启

---

① 张謇：《致汪康年》(4)，《汪康年师友书札》(2)，第 1803～1804 页。
② 黄遵宪：《致汪康年》(25)，《汪康年师友书札》(3)，第 2348 页。
③ 王修植：《致汪康年》(3)，《汪康年师友书札》(1)，第 78 页。
④ 谭嗣同：《〈湘报〉后叙》，《湘报》第 11 号，1898 年 3 月 18 日，第 41 页。
⑤ 夏曾佑：《致汪康年》(29)，《汪康年师友书札》(2)，第 1339 页。

超流亡日本，办起《清议报》，就突出该报"为国民之耳目，作维新之喉舌"。① 这一转变甚为关键，唯有报章的"公共性"得以展现，"思想界"也才有坚实依托。

黄遵宪强调"《清议报》胜《时务报》远矣"，从侧面印证《清议报》的立场确实变了。梁启超在《清议报》发行到100册时，即试图为报馆寻求新的定位："报馆者，国家之耳目也，喉舌也。"故为报馆者，不可不确立一最高宗旨以守之，"以国民最多数之公益为目的，斯可谓真善良之宗旨"。梁很清楚，以报纸来说，本有区别，"有一人之报，有一党之报，有一国之报，有世界之报"，今日之《清议报》尚处在"党报"与"国报"之间，将来要"全脱离一党报之范围，而进入于一国报之范围，且更努力渐进以达于世界报之范围"。② 随后在《新民丛报》发表的《敬告我同业诸君》，梁启超更是强调：

> 报馆者非政府之臣属，而与政府立于平等之地位者也。不宁惟是，政府受国民之委托，是国民之雇佣也，而报馆则代表国民发公意以为公言也。③

这明显是依托于近代意义的国家观念，卫护"公意""公言"的价值；报馆应承担"公共事务"的诉求，呼之欲出。梁启超后来在一次演说中，也明确将办报视作其与"国家"发生关系之始，而且，"对于他方面，有脱离者，亦有中断者，惟对于报界，始终无脱离或

① 梁启超：《横滨〈清议报〉叙例》，《清议报》第1册，1898年12月23日，第1页。
② 梁启超：《本馆第一百册祝辞并论报馆之责任及本馆之经历》，《清议报》第100册，1901年12月21日，第8页。
③ 梁启超：《敬告我同业诸君》，《新民丛报》第17号，1902年10月2日，第3页。

中断之时，今后且将益尽力于是焉"。①

梁启超主要针对报馆的职能发表意见，欧榘甲则区分了"议论之权"与"政治之权"，以过去的士人"只有议论之权，而毫无政治之权，君主虽阳敬之，而实阴忌之"。② 这对推动"舆论"之权的确立也甚为关键。1901 年 5 月秦力山等在东京创办的《国民报》，即昭示了鲜明的政治立场："必期有关中国大局之急务，毋取空琐，毋蹈偏私。""欲立新国乎，则必自亡旧始"。③ 该报登载的《自由不死》还指出：

> 呜呼，今日之中国，联名辑会，本干例禁，则集会结社之自由死；封禁报馆，严拿主笔，则言论思想之自由死；某书毁板，某书禁阅，则出版之自由死；忽而搜刮，忽而科派，则人民财产之自由死；民冤莫白，淫刑以逞，则人民身体之自由死；杀洋人、杀教士，则宗教之自由死；邮政局拆人书信，则信书秘密之自由死。④

上述的各项自由，不少均与出版相关，表明言论自由已成众所关心的问题。另一篇《议论一致之弊》也指明，地球上至古之国，之所以数千年无进步，正由于"一一国之议论"，而"禁异端邪说之国，其民必愚"。⑤ 《中国灭亡论》一文还特别提及："世界文明之邦，其民之所以能革独裁专制之乱政"，岂有他哉，必先有豪杰之

---

① 《梁任公对报界之演说》，《东方杂志》第 14 卷第 3 号，1917 年，第 183 页。
② 太平洋客（欧榘甲）：《新广东》，第 52 页。
③ 《倡办〈国民报〉简明章程》，《国民报》第 1 卷第 1 期，1901 年，第 1 页；《亡国篇》，《国民报》第 1 卷第 4 期，1901 年，第 4～5 页。
④ 《自由不死》，《国民报》第 1 卷第 1 期，1901 年，第 1～2 页。
⑤ 《议论一致之弊》，《国民报》第 1 卷第 1 期，1901 年，第 2～3 页。

士，"以化导一国之舆论公议，而日进于文明，以结成一公党，为彼野蛮政府之劲敌"。① 这里言及的"公议""公党"，也颇值得注意，可看作在社会环节用力。

《苏报》在这方面也提供了值得重视的例证。该报 1896 年创刊于上海，那个时候还是一份有着日本背景的报纸，1900 年陈范接管后，色彩随之发生转变。1903 年章士钊出任该报主笔，政治色彩更趋于"革命"。后来章甚至说明："内地报纸以放言革命自甘灭亡者，《苏报》实为孤证。此既属前此所无，后此亦不能再有。"② 《苏报》的"大改良"，主要体现在对报馆新的定位："凡诸君子以有关于学界、政界各条件，愿以己见借本报公诸天下者，本报当恪守报馆为发表舆论之天职，敬与诸君子从长商榷。"③ 甚至指出，报馆之为物，自文明之眼窥之，"当视如国会议院之一部分"。以报馆比之于国会议院，固属不周，但以报馆代表某种权力的意识却甚为分明，为此也指出：

> 吾国报馆之无价值久矣，迁就于官场，迁就于商贾，迁就于新旧党之间，下至迁就于荡子狎客，而稍有不用其迁就者，必生出种种之反对。④

《苏报》稍后发表的《读〈新闻报·自箴篇〉》，更显示与沪上其他报纸如《申报》《新闻报》《中外日报》等有明显区别。此文发表之日正值"苏报案"发生，之所以抨击《新闻报》，是因其"赞成

---

① 《中国灭亡论》，《国民报》第 1 卷第 3 期，1901 年，第 5 页。
② 章士钊：《苏报案始末记叙》，中国史学会主编《中国近代史资料丛刊·辛亥革命》（1），上海人民出版社，1957，第 388 页。
③ 《本报大注意》，《苏报》1903 年 6 月 2 日，第 1 页。
④ 《论报界》，《苏报》1903 年 6 月 4 日，第 1 页。

定报律之说，束缚他人言论自由，而以平和为主义"。为此也强调："本报之宗旨，诚不敢自信，诚不敢自匿，而于趋俗之劣手段，蝇狗之诡策，则固避之如遗，而与该报大相径庭者也。"① 由此可见，随着报纸杂志的流行，对"公共"的认知逐渐逼近"舆论"这一环节，并且"舆论"作为社会利益的代言者，也得以揭示。对于"苏报案"，各报章不只是追问"章炳麟、邹容之罪，在文明之国又果何罪也耶"，还将报馆之"公论"与国民之前途联系起来："报馆之公论不伸，则国民之前途必碍，是此案之关系于国民前途者，又乌可以道理计耶！"②

"苏报案"发生于租界，舆论方面的反应未必具有典型性，但多少表明"公共舆论"的培育有赖于"社会"的成长。1904 年 6 月 12 日发刊的《时报》，不单以"公"相标榜，且以此强调须排除"党见"，"取重于社会"。其"发刊例"第一条即说明："本报论说以公为主，不偏徇一党之意见。"③《南方报》1906 年刊登的文章也写道："凡政府之立法行政所恃之以转移全国者，首在博社会信用之心，而后收机关活泼之效。"④ 进一步还指出欲使人民有信任政府之心，"公诸舆论"乃不可缺少的一环：

> 舆论者，事实之母，亦即一国政令之所从出。在欧美各立宪国之用人行政，无不以舆论之向背，为政府方针之转移。独吾中国数千年来，行野蛮之专制，视舆论如毒蛇猛兽……使政府果能以舆论为有价值之物，自宜降心以相从，而国家亦隐受其福。⑤

---

① 《读〈新闻报·自箴篇〉》，《苏报》1903 年 6 月 30 日，第 1~2 页。
② 《苏报案》，《黄帝魂》，中国国民党党史史料编纂委员会，1968，第 251、256 页。
③ 《〈时报〉发刊词》，附"发刊例"，《时报》1904 年 6 月 12 日，第 2 页。
④ 菱：《论政府之信用》，《南方报》1906 年 10 月 12 日，第 1 页。
⑤ 菱：《论政府之信用（续）》，《南方报》1906 年 10 月 13 日，第 1 页。

从什么时候开始，近代中国哪些报章可以称为"公共舆论"呢？这仍需要多加斟酌。"公共舆论"的形成，"阅读公众"这一环节也不可或缺，报纸杂志尤其面临如何赢得"公众"的问题（详后）。结合一些报纸杂志的自我期许，可了解其转变之迹。

1902 年 6 月 17 日创刊于天津的《大公报》，以"无私"展现其代表"公意"的立场。报名取"忘己之为大，无私之谓公"之意，由严复题写，同时在报头上方特加一法文名称 l'Imparlial（意为"无私"）。从一开始，该报即致力于传递这样的认知——报馆之多少与国民之智愚、国家之强弱实有不可分割的关联，并推崇英国《泰晤士报》登载的文字，"皆备弥求备，精益求精"，"议院之言论纪焉，国用之会计纪焉"，"文甫脱稿，电已飞驰，一日而籀读者三十万"。[①] 特别提示《泰晤士报》"读者三十万"，表明《大公报》发行伊始已有培育"阅读公众"的自觉，呼吁农工商贾、妇人孺子各色人等，"莫不能阅报，莫不视报为《三字经》，为《百家姓》，为《感应篇》，为《阴骘文》，为《聊斋志异》，为《三国演义》"。[②] 此亦可看出，经历多年发展，中国一些报章逐渐成长为"公共舆论"，而且，这不只是一种"自诩"，一种"姿态"，也确实构成了一种"立场"。

分析晚清"思想界"的形成，也须把握"公共舆论"如何成长起来。也许很难给出具体标准，以断定哪些报章可以看作"公共论坛"。何为"公共"？谁的"公共"？在在值得深思。将"公共领域"与"市民社会"引入中国近代历史研究，之所以引起较大歧义，就在于忽略了西方"公共"概念和中国有关"公"的解释之间的距离，

---

① 《拟仿英国泰晤士日报例各省遍设官报局以开风气说》，《大公报》1902 年 12 月 22 日，第 2 版。

② 《论阅报之益》，《大公报》1902 年 7 月 7 日，第 1～2 版。

使得晚清已有"公共领域"的说法显得有些"时代措置"（anachronism）。[①] 需要面对的是，"公"与"公共"在中国过去也不乏各种言说，但仅仅肯定"公"的意义远远不够，关键尤在如何保证"公"的落实。围绕"天下"辩论此，自属先天不足；当"天下"转换为"国家"，对"公"的阐述方进入新的天地。唯有把"国家"理解为"公共生活"，才能避免将"公"与"公共"作为一种"姿态"，所谓"公共舆论"也才有落脚点。

换个角度看，正是因为"舆论"之权得到广泛认同，办报者也会反省如何更好地利用这一权力。1903 年《同文沪报》登载的《论立言之不可不慎》指明：

> 报章者，所以主持公道者也，为褒为贬，务准之以春秋之义，而不容稍间以私见，致或涉于偏……言之失当，即使有其事，有其理，尤非所宜，而况夫无其事无其理者哉。[②]

1905 年《时报》刊登的《敬告当世之言论家》也写道："夫言论而所谓自显也、自是也、自轻也、自挟无私也，其害虽皆足以消灭言论之功效，然尚未足以因此而转生恶果也。"而如果"用心于言论之外，借言论以便其私图"，则为害尤烈。[③] 这也显示出关键的转变，报章之主持者对于"舆论"的重要性已有充分认识。

影响所及，当政者也须面对公众对"舆论"的期许。"国势不振，实由于上下相睽，内外隔阂，官不知所以保民，民不知所以卫

---

① 艾尔曼：《中国文化史的新方向：一些有待讨论的意见——代中文版序》，《经学、政治和宗族：中华帝国晚期常州今文学派研究》，赵刚译，江苏人民出版社，1998，第 1～20 页。
② 《论立言之不可不慎》，《同文沪报》1903 年 2 月 14 日，第 1 版。
③ 冷：《敬告当世之言论家》（上、下），《时报》1905 年 10 月 6 日、11 日，第 2 页。

国"，故当"仿行宪政，大权统于朝廷，庶政公诸舆论，以立国家万年有道之基"。① 1906 年，名义上接受君主立宪的清政府做出了上述宣示。1910 年《国风报》刊登的《立宪政治与舆论》，则肯定"我国数千年之独裁政治，固将一进而为舆论政治矣"，同时提醒"我国今日之舆论，势力则诚有势力矣，然果正当与否，我国民不可不深察也"。② 这些或都令我们对于当时如何认知"舆论"有真切感受。当然，清廷对此所做调整，是屡经挫败的产物，绝非那么容易接受"公共舆论"。

五 "思想界"的潜流：来自官方的反应

"恭录上谕"成为晚清读书人最初创办报章的显著标志，不免令人生疑，这是否算得上近代意义上的报章？与之适成对照，戊戌维新之后出现的报章，尤其是创刊于日本的，展现的色彩却大相径庭，读书人围绕国家—社会—个人展开论说，动摇着过去的认知。无论是"革命"还是"立宪"的主张，都传递出对国家政治秩序新的构想，并推动社会力量的成长。清政府难以接受这样的改变，采取种种举措进行钳制，反过来说明新的社会势力在崛起，尤其是依托报章的读书人逐步掌握了令官方感到惧怕的力量。

报章"色彩"之转变

戊戌变法失败后，流亡海外的康有为、梁启超仍能掌握一些报章，其中已迁回澳门的《知新报》，以及 1898 年 5 月邱菽园在新加坡创办的《天南新报》，成为传递康梁活动的主要媒介。随后梁启超

① 《电传上谕》（七月十三日内阁抄奉），《申报》1906 年 9 月 3 日，第 2 版。
② 长舆：《立宪政治与舆论》，《国风报》第 1 年第 13 期，1910 年，第 1、4 页。

在日本创办的《清议报》，更产生了广泛影响，尤其重视探索报馆新的定位。《〈清议报〉全编》重刊之际，《新民丛报》刊出一则告白指出：《清议报》历经戊戌之政变、己亥之立储、庚子之国难，"实为中国存亡续绝之所关"，而"举国报馆皆噤若寒蝉，惟本馆孤掌独鸣"。① 到民国元年，言及《清议报》，梁启超甚至用到"明目张胆，以攻击政府"的说辞：

> 戊戌八月出亡，十月复在横滨开一《清议报》，明目张胆，以攻击政府，彼时最烈矣。而政府相疾亦至，严禁入口，驯至内地断绝发行机关，不得已停办。②

由上述报章提供的信息可获悉，尽管清政府有查禁之举，但报章营造的网络仍在持续发挥作用。《知新报》此一时期登载的告白，即大力推荐流亡海外的维新人士创办的报章，注明"本馆代售"《光绪圣德记》《天南新报》《闽报》《清议报》《国闻报》等书刊。③ 还大量转载《清议报》《天南新报》《国闻报》的文字，继续发布维新人士的活动。此外，尽管"谕旨照录"，但往往加上按语进行反驳，如刊出通缉康梁之谕旨后，编者所加按语不无嘲讽之意，甚至说出"尔能悬赏拿人，人亦能悬赏拿尔"。④

《知新报》色彩之转变，也体现在刊发的文字上。该报第 74 册登载的《论中国变政并无过激》，指出戊戌维新"其不得为持之过激

---

① 《重印〈清议报〉全编广告》，《新民丛报》第 46～48 号合刊，1904 年 2 月 14 日，"告白页"。
② 梁启超：《鄙人对于言论界之过去及将来》，《庸言》第 1 卷第 1 号，1912 年，第 3 页。
③ 《本馆告白》，《知新报》第 82 册，1899 年 4 月 1 日，第 24 页。
④ 《谕旨照录》，《知新报》第 113 册，1900 年 3 月 1 日，第 2 页。

也，彰彰明矣"。① 紧接着又刊文阐明光绪皇帝所行新政，"要皆利民便民之要务"，故此，"幽我民父，乱我新政，实分中国之大蠹，毒生民之巨贼也"。② 由于此时所能利用的主要是报章，《知新报》也发文重新思考报章的社会职能，直抒己见成为重要的选择：

> 今日所以知政治人心风俗者，何恃乎？曰恃报而已矣。余既遍读中国之报，借悉各省之吏治舆情、人心士气，因得以悉今日中国之情状，遂推而读东西各国之报，于其进步之等差，亦若有粗得其梗概者焉。③

在日本出版的报章尚能在国内流通，也值得一说。《清议报》最初建立的代派处计有23地32处，内地的代售点主要在租界内。④ 第39册特意用大字刊出告白，言明其上海总代派处设于同文沪报馆，"凡欲阅本报者祈往该馆购取可也"。⑤ 该报特殊的政治色彩，自然影响其在国内的流通，由于获得该报不易，甚至发生代派处将报价抬高之事。⑥

林语堂注意到，"在日本出版的新闻刊物的影响力日趋强大，尽管官方下令查禁，但这些报刊依然以独特的方式到达中国的学生阶层"。⑦ 这些书刊流通的信息，不乏具体的事例。陈庆年1899年4月在日记中写道："饭后翻看日本所出《清议报》数册，即梁启超所

---

① 《论中国变政并无过激》，《知新报》第74册，1898年12月13日，第1页。
② 《续论中国变法并非过激》，《知新报》第76册，1899年1月2日，第4页。
③ 《论读报可知其国之强弱》，《知新报》第101册，1899年10月5日，第2页。
④ 《本馆各地代派处》，《清议报》第2册，1899年1月2日，告白页。
⑤ 《本馆告白》，《清议报》第39册，1900年3月21日，告白页。
⑥ 《本馆告白》，《清议报》第20册，1899年7月8日，告白页。
⑦ 林语堂：《中国新闻舆论史》，王海、何洪亮等译，中国人民大学出版社，2008，第90页。

为，所作文自称'任公'。南皮师已嘱汉报馆不必代售。"① 这里便明示《清议报》曾由汉报馆"代售"。宋恕也有这样的观察，梁启超所著《戊戌政变记》、《光绪圣德记》及《清议报》，"虽经鄂督严禁，然他省督抚皆不示禁，天津、上海等处售者甚多。李合肥且公然对人赞赏，并传语梁卓如'嘱其珍重'，官幕私买者络绎不绝，执政竟无法禁断之也"。② 张棡在日记中也有"阅《戊戌政变记》"的记录，还表示："此书刊自东洋，与《清议报》同，禁者禁，而行者仍行，盖中国之无权也久矣。"③

据那段时间与梁启超过从甚密的何擎一提供的说法："《清议报》刊行后，清吏屡禁之，其时驻沪为之转输内地者何擎一也。""所编《戊戌政变记》，书坊不敢公然出售，亦由何擎一转输内地，己庚之间已销流两千部"。④ 汪康年及中外日报馆也成为《清议报》等报章重要的销售渠道，当时身处安徽祁门的夏曾佑，即通过汪康年获得该报。在一通信中夏就表示："《清议报》尚出否？若出，望源源寄来，然须慎密。"⑤ 另一通信又说明："《清议报》望陆续（卅三起）寄来，然须封固，急须一看。"⑥ 从夏后来的一通信可以了解到，"各物与《清议》亦均如数收到"。⑦

夏曾佑并非孤证，汪康年还为身处浙江和陕西的友人代为订购

---

① 陈庆年：《戊戌己亥见闻录》，《近代史资料》总第 81 号，中国社会科学出版社，1992，第 126 页。
② 《致孙仲恺》（1899 年 12 月 30 日），胡珠生编《宋恕集》下册，第 694 页。
③ 温州图书馆编《张棡日记》第 2 册，光绪廿六年八月廿六日，中华书局，2019，第 536 页。
④ 丁文江、赵丰田编《梁启超年谱长编》，第 171~172 页。
⑤ 夏曾佑：《致汪康年》（45），《汪康年师友书札》（2），第 1356 页。
⑥ 夏曾佑：《致汪康年》（47），《汪康年师友书札》（2），第 1357 页。
⑦ 夏曾佑：《致汪康年》（56），《汪康年师友书札》（2），第 1365 页。不单《清议报》，其他类似性质的报章，也主要通过汪康年购买。夏曾佑：《致汪康年》（64），《汪康年师友书札》（2），第 1376 页。

《清议报》等报章。孙诒让写给汪的信中提出："《清议》《东亚》两报均拟一购读，不审尊处肯为一购否？"很快孙也收到两报，并有不错的评价："两报均佳，兹奉上十番，祈饬送该馆，属其按期交局，寄瑞安金带桥敝宅，如另有费金，亦必照缴也。"① 孙希望通过以订阅的方式购买这些报章，但可能未必如其所愿，为此孙不断写信催促，几经周折，孙诒让倒也收到了这些报章。② 远在陕西的叶尔恺同样委托汪康年等采购书籍，在一通信中写道：

> 前函所请掉换之书，事如可行，即恳另易《浙江潮》《游学译编》之类，望酌行之。《新民丛报》本年大为减色，其下半年报请不必订，或只订一部可也。③

汪康年之外，还不乏其他渠道。蔡元培阅读的《清议报》，主要通过农学报馆邮寄。其 1899 年日记写道："农报馆寄《农学》《清议》等报至。"④ 一些不那么敏感的报章，还可通过其他途径订阅，1901 年蔡即在杭州的养正书塾"定《译书汇编》一年"。⑤ 出任南洋公学特班教习后，他还以《新民丛报》刊登的内容为月课题，表明该报并不难获取。⑥

可以说，清政府虽严加封禁，《清议报》仍能以洋行、商号为掩

---

① 孙诒让：《致汪康年》（6、7），《汪康年师友书札》（2），第 1477～1478 页。
② 孙诒让：《致汪康年》（8、9、10、11），《汪康年师友书札》（2），第 1479～1480 页。
③ 叶尔恺：《致汪康年》（21），《汪康年师友书札》（3），第 2480 页。这里提及的《浙江潮》，也由中外日报馆总派。蒋方震：《致汪康年》，《汪康年师友书札》（3），第 2917 页。
④ 王世儒编《蔡元培日记》上册，1899 年 3 月 28 日，第 105 页。
⑤ 王世儒编《蔡元培日记》上册，1901 年 4 月 4 日，第 164 页。
⑥ 题为"《新民丛报》公民自治篇举广东人自治之成绩，各依其例，以所居本省之事证之"。王世儒编《蔡元培日记》上册，1902 年 5 月 7 日，第 199 页。

护，发行至汉口、安庆、上海、福州、天津、广州、苏州、北京等重要城市。其后的《新民丛报》更是极一时之盛，销行之广，难以确计。在康梁的支持下于1904年创办的《时报》，创刊号上即有《新民丛报支店发兑各种新书》的告白，紧接着又刊出《〈新民丛报〉第四五六七八号合本要目预告》。① 《申报》上也刊登有《第四年〈新民丛报〉已到》的告白：

> 本报开办数载，久为士大夫所称许，故销售至一万四千余份，现第四年第一期报已到，定阅者争先恐后，此诚民智进步之征也。阅报诸君，务请从速挂号是幸。②

当时在陆师学堂求学的汪希颜在给其弟汪孟邹的信中就表示："在上海购得新书、新报数种，日夕观览，大鼓志气，大作精神，大拓胸襟，大增智慧"，"其得力最多者为日本新出之《新民丛报》"。信中还说明："兄既自购一份，又为吾弟另办一份，负欠典衣，在所不顾，而此报终不可不阅也。"③ 曹聚仁在回忆中也述及《新民丛报》"散播之广，乃及穷乡僻壤"，"我们家乡去杭州四百里，邮递经月才到，先父的思想文笔，也曾受梁氏的影响；远至重庆、成都，也让《新民丛报》飞越三峡而入，改变了士大夫的视听"。④

僻处湖北鄂城的朱峙三，在日记中也详细记录了如何获取这些报章。1902年一则日记写道："下午由袁夏生借到郑赤帆所购时务新

---

① 《新民丛报支店发兑各种新书》，《时报》1904年6月12日，第1页；《〈新民丛报〉第四五六七八号合本要目预告》，《时报》1904年6月14日，第1页。
② 上海四马路《新民丛报》支店启《第四年〈新民丛报〉已到》，《申报》1906年3月25日，第1版。
③ 汪原放：《亚东图书馆与陈独秀》，学林出版社，2006，第2页。
④ 曹聚仁：《文坛五十年》，东方出版中心，2006，第31页。

书，如《中国魂》《新民丛报》之类，精神为快，可以开文派又一格矣。"① 1903 年又有这样的记录："晚间夏生来坐，云郑赤帆在日本寄回许多革命书报等等。又《警世钟》《革命军》《猛回头》三种是给邑人阅看者。"② 过了一段时间还言及，"今日下午在郑宅借来《江苏》《新广东》《浙江潮》各二册，又《扬州十日记》一本，《嘉定屠城记》一册。"③ 阅看这些书刊，朱峙三也受到影响："连日看郑宅借来之《新广东》《浙江潮》杂志，昌言革命排满，并无忌讳，印刷精良醒目。夜间看看，尤为有味，心目开朗，有时会令人流涕，令人愤怒不可止。"④ 只是需避人耳目，"此等杂志鼓吹革命"，"白昼惹人恐不利，予故晚间阅四小时乃寝"。⑤

留日学生数量众多，影响中日之间的书刊流通，到日本留学的学生有阅读国内报章的需求，而在日本创办的报章也希望发行到国内。宋教仁创办《二十世纪之支那》，首先想到如何推销的问题，于是致函警钟社、中外日报馆、时报馆、中国日报馆，"皆为杂志事，欲其代登章程于彼之报内也"。⑥ 即便是政治立场颇为激进的报章，也努力在国内建立发行通道。《民报》的一则告白说明："本社自出报以来已及四期，蒙内地各埠欢迎，已销至万份，实深感谢。"⑦ 后来的一则社告还表示："本报开办已半年，内地各埠代派处尚有报费未寄到者，请速即惠邮本社编辑部处，否则暂时停寄。此外各省各埠如有欲为本报代派者，三十分以上皆以八折算，其定阅全年者，须预交报

① 严昌洪编《朱峙三日记（1893～1919）》，光绪二十八年四月十八日，华中师范大学出版社，2011，第 102 页。
② 严昌洪编《朱峙三日记（1893～1919）》，光绪二十九年九月二十日，第 126 页。
③ 严昌洪编《朱峙三日记（1893～1919）》，光绪二十九年十一月初三日，第 129 页。
④ 严昌洪编《朱峙三日记（1893～1919）》，光绪二十九年十一月十二日，第 131 页。
⑤ 严昌洪编《朱峙三日记（1893～1919）》，光绪三十年十一月二十二日，第 158 页。
⑥ 《宋教仁日记》第 2 卷，1905 年 1 月 24 日，第 29 页。
⑦ 民报社：《告白》，《民报》第 4 号，1906 年 5 月 1 日，封底。

资邮费。"① 宋教仁 1906 年的日记则交代了其中之详情："偕何小柳至新智分社，晤其社长宫崎德太郎，相谈代售《民报》（于上海新智社）事。宫崎言《民报》内容太激烈，甚危险，实不敢代售。"由此可推知《民报》曾委托新智分社代派，遭到拒绝后，宋又赶紧致信黄炎培，"黄为代蔡子民之责任者，余属其至新智社取回不能代售之《民报》也"。②

对"康党"之追剿

上述报章在政治立场上显示的危险倾向，清政府不可能不注意到，只是这些报章各有其"保护伞"，清政府要采取措施，未必那么容易。在日本创办的刊物自不必说，即便在国内出版的报章，或依托于租界，或以外国的名义，都使清政府多少有些顾虑。但以追剿"康党"的名义，清政府仍有不少动作，《清议报》尤其受到关注。

通过张之洞的函电、信札，可知悉此事如何一步步发展起来。曾经以极大热情推动报章发展的张之洞，在对报章的打压中成为"要角"，多少是承受了来自清廷的压力。戊戌维新刚落幕，电寄张的谕旨即申明："湖南省城新设南学会、保卫局等名目，迹近植党，应即一并裁撤。会中所有学约、界约、札说、答问等书，一律销毁，以绝根株。着张之洞迅即遵照办理。"③ 为此张赶紧致电当地官员，要求"南学会应即日停撤"。④ 当《清议报》等报章在政治立场上越趋激烈，张之洞通过其个人渠道也多所努力。1899 年 3 月他致电日本驻上海总领事小田切，指明"《清议报》系康梁诸人所作，专为诋毁中

---

① 民报社：《社告》，《民报》第 5 号，1906 年 6 月 30 日，封底。
② 《宋教仁日记》第 3 卷，1906 年 1 月 17 日，第 120～121 页。
③ 《清德宗实录》卷 428，光绪二十四年八月下，《清实录》第 57 册，第 616 页。
④ 《致长沙陈抚台、俞藩台、李臬台》（光绪二十四年八月二十二日），苑书义等主编《张之洞全集》第 9 册，第 7661～7662 页。

国朝政，诬谤慈圣"，"务祈婉商贵政府妥筹良策，尤须禁其妄发议论"。① 次年 2 月张又致电在日本的钱恂，说明天津的《国闻报》、上海的《中外日报》《便览报》《苏报》《沪报》、汉口的《汉报》等，"皆日本保护"，希望钱拜访日本外务部，"务请其速电驻华公使及各领事，切告各报馆事事务须访实，勿信逆党讹言刊报，勿用康党主笔"。②

张之洞还曾致函时任军机大臣的鹿传霖，指出《清议报》《知新报》《天南新报》等报章，"猖獗已极，专以诋毁慈圣及鄙人为事"，而"在廷诸公未必知也"。③ 此举当有借重鹿传霖之意。实际上，清廷这方面的动作一直在持续，1900 年 2 月 14 日所颁上谕言明："不论何项人等，如有能将康有为、梁启超辑获送官，验明实系该逆犯正身，立即赏银十万两。"还告诫如有在国内购阅《清议报》等报章者，将"一体严拿惩办"。④ 依此上谕，熟悉内情的张之洞也做了特别部署，要求江海关道知照税务司"严行稽查"，"将来无论何省寄来之报，如有言语悖逆，意在煽乱者，断不准其进口销售"。还转饬汉阳府夏口厅，"如有购阅悖逆报章及递送者，严行查拿惩办，并禁止、不准续开报馆，如有将屋租与报馆者，查封入官"。⑤ 应该承认，

---

① 《致上海日本总领事小田切》（光绪二十五年二月初八日），苑书义等主编《张之洞全集》第 9 册，第 7740～7741 页。论者已阐明，张之洞此一时期主要借助小田切与日本政府传递不利于康有为的信息，希望"把康有为形象丑化，以达到驱逐康梁出日本的目的"。孔祥吉、村田雄二郎：《对毕永年〈诡谋直纪〉疑点的考察——兼论小田切与张之洞之关系及其进呈〈诡谋直纪〉的动机》，《广东社会科学》2008 年第 2 期。

② 《致东京钱念劬》（光绪二十六年正月十一日），苑书义等主编《张之洞全集》第 10 册，第 7900～7901 页。此事钱有回复："外务即电彼使，饬国闻、沪、汉三报慎言，余无权。"《钱守来电》（光绪二十六年正月十六日），苑书义等主编《张之洞全集》第 10 册，第 7901 页。

③ 《致鹿滋轩》，苑书义等主编《张之洞全集》第 12 册，第 10235 页。

④ 《清德宗实录》卷 458，光绪二十六年正月，《清实录》第 58 册，第 9～10 页。

⑤ 《札江海关道遵旨禁止购阅悖逆报章并禁止代为寄递、续开报馆》（光绪二十六年二月初七日），苑书义等主编《张之洞全集》第 5 册，第 3972～3973 页。

张在查禁书刊的每个环节都考虑得很周全。

可以想见的是，伴随"革命"声浪的高涨，清政府种种举措势必也会加强。1904 年 5 月鹿传霖致函各省督抚，要求查禁各种"悖逆"书报，指出南方各书坊报馆所寄售书报，"种种名目，骇人听闻，丧心病狂，殊堪痛恨"，"务希密饬各属，体察情形，严行查禁，但使内地无销售之路，士林无购阅之人"。① 而张之洞在该年 12 月则有《札北臬司通饬各属查禁逆书》，这次针对的是《警世钟》《猛回头》等书：

> 无论坊贾居民，概不准将《警世钟》《猛回头》等逆书行销传送。如先经存有是书者，立即送官销毁，倘敢故匿不报，或翻印传布，一经查出，定即治以应得之罪。②

清廷这些举措，是否达到预期目标，很难一概而论。1903 年 1 月创刊的《湖北学生界》，因为挂着"湖北"之名，张之洞有更多关注，为此致电驻日公使蔡钧等人，要求对学生严加管辖，如不能安分守己，则"停给学费"，直至"撤回"。③ 这非但没有效果，反倒为这份杂志做了很好宣传："《湖北学生界》出版后，内地人士目为后生小子之作，阅者甚少。张宫保忽电告学生总监督严禁其出版，四方闻之，乃大惊异，飞函定阅，不下数十。现首期已再版矣，各处办报者安得各有一张宫保为之介绍推广乎？"④《天南新报》登载的文字还

---

① 《致各督抚信》（光绪三十年三月二十三日），中国第一历史档案馆编《光绪宣统两朝上谕档》第 30 册，广西师范大学出版社，1996，第 55 页。
② 《札北臬司通饬各属查禁逆书》（光绪三十年十一月初三日），苑书义等主编《张之洞全集》第 6 册，第 4256 ~ 4257 页。
③ 《致东京蔡钦差、总监督汪京堂、湖北监督卞守绰昌》（光绪二十八年十二月初一日），苑书义等主编《张之洞全集》第 11 册，第 8970 ~ 8971 页。
④ 《纪〈湖北学生界〉》，《苏报》1903 年 2 月 28 日，第 4 页。

表示:"《新民丛报》之流通久矣。风行中外,脍炙一时,当为今日华字报界中之首座,即吾党阅之,当不以某为左袒也。"在作者看来,"张之洞以大聪明人,久深阅历,岂不知报纸之所以饷我国民者,其程度如何,《新民丛报》之足以饷我国民者,其程度又如何,此则张之洞自有天良,而不能不爱之者。乃愈爱之,愈忌之,愈欲禁之"。① 在上海出版的《扬子江》杂志,还刊文调侃道:

> 当督抚查禁之命令下,而各埠书肆之生涯日以盛,存储之货,为之一空,现尚纷纷贩运。盖书与报苟能具有受人查禁之资格,则其价值,不问可知。②

不可否认,在这样的阴影笼罩下,读书人势必受到冲击。朱峙三最初听闻"省城教育普及社售革命书,被封禁",一个月后则看到报章的消息:"武昌省城教育普及社出售禁书,已被封,因有《警世钟》《革命军》等之故也。"③ 宋恕 1900 年 4 月在一通书信中,更是言及"帝党"案引起的腥风血雨:"两湖于秋后已禁阅各报,甚严。"令其感到万幸的是:"弟自戊戌八月后立即辞时务讲席,去岁有某报馆以月三十金延请作论而谢不敢应,盖知其必起大狱也。"④ 即便在日本出版的报章,宋恕也认为未必可自保,为此特别提醒:"现《江苏》杂志、《浙江潮》等皆为大逆之报,明反皇朝,可嘱曙不可买阅。"⑤ 皮锡瑞 1903 年受聘湘抚赵尔巽任职学务处编辑所,有机会接

---

① 黄世仲:《论张之洞之禁〈新民丛报〉》,《天南新报》1903 年 3 月 25 日,第 2 版。
② 破园:《查禁书报之效果》,《扬子江》第 2 期,1904 年 7 月 13 日,第 40 页。
③ 严昌洪编《朱峙三日记(1893~1919)》,光绪三十一年正月十六日、二月十六日,第 161、162 页。
④ 《致孙仲恺书》(1900 年 4 月),胡珠生编《宋恕集》下册,第 701 页。
⑤ 《致孙季穆书》(1903 年 11 月 3 日),胡珠生编《宋恕集》下册,第 736 页。

触各种报章，但它们是否适合学生阅读，皮也不得不多加留意。一则日记写道："阅报，所见《汉声》一卷，似非诸生所宜阅也。"稍后一则日记又表示："取《汉声》及《游学译编》阅之，有违碍，即不示诸生。"①

照顾燮光后来的总结："自戊戌以还，有报馆之禁，各埠报章为之一衰，其海外流传者颇多偏激谬妄之谭，不足以贻学者。"② 说起来，即便没有查禁事，读书人也未必能接受《清议报》激烈的言论。汪有龄就表示："卓如所著《清议报》，内有直揭南皮隐私语，并斥李木斋公使反复无常。虽非出诸捏造，亦大不宜，今后恐谅卓如者愈少矣。"③ 徐兆玮在日记中则说明："检读近人所为《清议报》《知新报》，指斥朝政，无所忌讳，不禁废书三叹。"④ 而严复对于《清议报》所持之立场也多有不满：

> 每次见《清议报》，令人意恶……平心而论，中国时局果使不可挽回，未必非对山等之罪过也。轻举妄动，虑事不周，上负其君，下累其友，康、梁辈虽喙三尺，未由解此十六字考注语；况杂以营私揽权之意，则其罪愈上通于天矣。⑤

后来严复闻知《清议报》刊登夏曾佑"吊六君子诸诗"，且注明"录天津《国闻报》"，更是表示：夏"身为州县，名在禁书中，有是

---

① 皮锡瑞：《师伏堂日记》第 5 册，光绪二十七年九月廿八日、十月初九日，第 368、377 页。
② 顾燮光：《例言》，徐维则辑，顾燮光补《增版东西学书录》，署"光绪二十八年十二月印行"，第 4 页。
③ 汪有龄：《致汪康年》(23)，《汪康年师友书札》(1)，第 1093 页。
④ 《己亥日记》，光绪二十五年三月廿二日，《徐兆玮日记》(1)，黄山书社，2013，第 57 页。
⑤ 《与张元济书》(5)，王栻主编《严复集》第 3 册，第 533 页。

理耶?"为此严也指出,此举"徒祸身家,于时无毫末之益,即以正道言之,亦为违反也"。① 实际上,夏曾佑对于当时报章之大骂张之洞,也并不认可,他认为"今中国之大臣,其可恶甚于南皮者何限!"尤其还担心,若张因此激愤,"必尽力以抵抗,放手而为真小人"。②

正是纠缠着这样一些因素,晚清"思想界"的成长及产生的深远影响,也值得高度重视;尤其是"界"这一字眼,不可轻易放过。"思想界"及其他"界别"出现于19世纪末20世纪初,与中国社会的转型密切相关,构成"亚文化圈世界"逐步形成的重要标志。在此过程中,作为新型传播媒介的报章逐步转变定位,成为"合群"的主要载体,这对晚清"思想界"的催生发挥了至关重要的作用。而告别科举时代的读书人,也依托于"思想界"这一潜在的舞台,获得了有别于"士"的新的身份。重要的是,晚清形成的"思想界"逐步呈现其"公共性"——公众加入其中——成为"社会"发出声音的写照,这是帝制时代所不具备的特质,于中国社会的演进更是影响巨大。只不过,对于此一时期"思想界"的影响力,还不宜过高估计。这既是因为在王权的架构下对于来自"社会"的声音仍有强大的控制力,同时晚清由报章所营造的"思想版图"还颇为有限,其作用于社会及个人的方式,还有可拓展的广泛空间。接下来审视民国时期的"思想界"亦可发现,由"隐性"走向"前台",构成"思想界"进一步成长与发展的标志。

① 《与张元济书》(8),王栻主编《严复集》第3册,第538页。《清议报》刊有《吊六君子文》,并未署名,注明"录天津《国闻报》"。《清议报》第30册,1899年10月15日,第21页。
② 夏曾佑:《致汪康年》(66),《汪康年师友书札》(2),第1377~1378页。

第三章

由隐性走向前台的"思想界":
"思想版图"的拓展

晚清对"思想界"的阐述并不清晰,未曾赋予其具体的内涵。正因此,也有必要从两个方面继续追踪:一是将问题延伸到民国时期,检视"思想界"后续的表述较之晚清有什么不同;二是转换讨论的方向,关注与"思想界"密切相关的要素。有一点当无疑问,"思想界"除与读书人的角色联系在一起,还与作为新型传播媒介的印刷书,尤其是报纸杂志不可分割。离开这些出版物,所谓"思想界"是难以把握的。

高长虹撰文论及出版界,即颇有意思地谈道:"我们普通虽然也说什么文坛,什么思想界,实则仔细一考较时,才都是妄言妄听,并没有那么一回事。"尤其是追问"文坛"建立于何处,"思想界"在三界的哪一层,则必瞠目不能对答。依其所见,所谓"文坛","实则说的只是这本诗集呀,那本小说呀,又一本杂感呀之类";所谓"思想界","其实也只说的几本书,或几种定期刊物,此外便什么也没有"。① 这倒是值得重视的提示,可以换一个角度考察"思想界"如何成长。本章拟重点揭示"思想界"如何由隐性走向前台,尤其关注民国时期"思想版图"呈现的格局。"思想界"浮现于晚清,其

---

① 高长虹:《1926 年北京出版界形势指掌图》,《走到出版界》,泰东图书局,1929,第 84 页。

"思想版图"并不明晰，民国以后情况有了较大改观，"思想界"作用于社会与个人的方式，有了全新的面貌。

一 民国时期报章所呈现的"思想版图"

经历晚清的发展，至民初时，人们对报章的定位已不可同日而语。1912 年梁启超在一次演讲中，联系 18 年前投身之报业，不免感触良多："今国中报馆之发达，一日千里，即以京师论，已逾百家，回想十八年前《中外公报》沿门丐阅时代，殆如隔世；崇论闳议，家喻户晓，岂复鄙人所能望其肩背。"① 该年 12 月梁创办《庸言》杂志，即有不俗的成绩。梁向家人报告说："第一号印一万份，顷已罄，而续定者尚数千，大约明年二三月间，可望至二万份，果尔则家计粗足自给矣。"② 此亦可看出，进入民国以后出版市场确实大为改观，阅读报章更受到重视，徐宝璜就提出："在民智开通之国的英美，有不看书者，无不看报者。新闻纸之有用于人，几若菽粟水火之不可一日无。其势力实驾乎学校教员、教堂牧师而上之。"③ 而且，在当时的言说中，更加明确将报章及读书人与"思想界"结合起来。郑振铎总结 1919 年中国的出版界，对"定期出版物的发达"表示"乐观"，却对多数文人感到"悲观"，为此也指出："中国的思想界，还是如此不长进。"④ 既如此，有必要勾画从晚清到民国由报章营造

---

① 梁启超：《鄙人对于言论界之过去及将来》，《庸言》第 1 卷第 1 号，1912 年，第 4～5 页。
② 梁启超：《与娴儿书》（1912 年 12 月 18 日），丁文江、赵丰田编《梁启超年谱长编》，第 661 页。
③ 徐宝璜：《发刊词》，《北京大学日刊》1919 年 4 月 21 日，第 3 版。
④ 郑振铎：《一九一九年中国的出版界》，《新社会》第 71 期，1920 年 1 月 1 日，第 9 页。

的"思想版图"呈现怎样的格局，以评估报章作用于社会及个人的方式。

这里提出"思想版图"，为的是在近代中国的历史脉络中展示报章出版的情况。这样的"思想版图"之所以值得揭示，乃是因为"空间"及"时间"系报章展现影响力的要素之一。当然，困难也可以想见，张灏审视"转型时代"，也试图描述中国"制度性传播媒介"的出现与成长的情形，但所依据的各种数字资料却难以周全。[①]不过，为便于问题的展开，仍需通过一些量化的资料对民国时期报章发展的状况加以说明。

民初报业"风起云涌，蔚为大观"

民国肇造后中国报章的情况，目前可依据俄国人波列伏依（C. A. Лолевой）1913 年发表在海参崴《东方学院丛刊》上的中文报章目录加以了解。该目录以 1911～1912 年为断，记录了中国本土和境外重要城市出版的 487 种中文报章名录，其中不足 200 种是民国以前所出，约 300 种为民国初年创办。这一资料的利用，可以更好地把握民初报章的情况。之前对此的判断，多援戈公振《中国报学史》和赖光临《七十年中国报业史》，该二书所记录的报章，远少于俄国人的记录。[②] 初版于 1927 年的《中国报学史》，是研究中国报章的开山之作，保存了不少当时的资料，大致从分期、性质等环节勾画出民初报业"风起云涌，蔚为大观"的情况。不过，作者也认为："民国以来之报纸，舍一部分之杂志外，其精神远逊于清末。盖有为之记者，非进而为官，即退而为营业所化。"[③]

---

① 张灏：《中国近代思想史的转型时代》，《二十一世纪》总第 52 期，1999 年 4 月。
② 周振鹤：《一九一三年俄人波列伏依的中文报刊目录》，《出版史料》1993 年第 2 期。
③ 戈公振：《中国报学史》，第 178～181、196 页。对于"报界之现状"，该书主要援引当时的两份资料加以描绘。见第 358～359 页。

除此而外，还可根据西文、日文的出版物了解民国初年报章发行的情况。1923 年出版的英文《中华年鉴》（*The China Year Book*），根据邮政总局截至 1921 年底的资料，统计出各地报章的情况（括号内为另出英文杂志）：安徽 18 种，浙江 78 种（1），直隶 41 种（2），北京 164 种（2），福建 47 种（1），河南 14 种，湖南 37 种，湖北 40 种（1），甘肃 3 种，江西 21 种，江苏 116 种，上海 80 种（41），广西 23 种，广东 115 种，贵州 6 种，山西 32 种，山东 42 种（1），陕西 8 种，云南 27 种，四川 41 种（1），南满 15 种，北满 40 种（5），总计 1008 种（55）。[①] 日文方面，最值得重视的是日本外务省针对中国各地报章进行的调查。调查从 1908 年开始，长达 30 年未曾中断，成为了解中国报章"数量最大与最集中的资料"。[②] 日本其他机构也做过类似调查，如南满铁道株式会社 1926 年出版的《支那新闻一览表——附北京上海通讯社》即述及该年中国报业的情况：69 个市县创立了新闻业（包括开设报馆、通讯社或设立通讯员），计有中文报章 296 种，日文 36 种，英文 27 种，俄文 11 种，法文 3 种，其他文字 3 种，合计 376 种，通讯社 111 家。[③]

有关外文报章的情况，可稍加补充的是，1934 年发刊的《报学季刊》，创刊号上就列出《外人在华新闻事业调查表》（民国 22 年）。[④] 胡道静撰写的《外国在华报纸》，介绍了"珠江流域的英文

[①]　H. G. W. Woodhead ed. , *The China Year Book*, *1923*, The Tientsin Press, Ltd. , 1923, Chap. Ⅸ, pp. 152 – 199.

[②]　周振鹤：《日本外务省对中国近现代报刊的调查资料》，《复旦学报》1994 年第 6 期。

[③]　《支那新闻一览表——附北京上海通讯社》，该书由南满铁道株式会社北京公所研究室于大正 15 年（1926）出版。此据王润泽《北洋政府时期的新闻业及其现代化（1916 ~ 1928）》，中国人民大学出版社，2010，第 30 ~ 33 页。

[④]　《外人在华新闻事业调查表》（民国 22 年），《报学季刊》第 1 卷第 1 期，1934 年，第 125 ~ 127 页。

报纸""黄河流域的英文报纸""在中国的法文报""在华的日文报纸"。① 赵敏恒所著《外人在华的新闻事业》，则概述了日本、英国、美国、法国、德国、俄国等国用本国文字在中国创办的报章及通讯社的情况。罗文达（Rudolf Löwenthal）《中国宗教期刊》主要勾画各宗教报章的情况。② 后来的研究者根据上述资料做了更为系统的梳理，西文方面目前可依据的是《晚清西文报纸导要》。③ 针对日文报章也有不少研究，据估计，自 1882 年至 1939 年，日本在华创办的 141 种报纸中，日文的有 106 种。④

中文出版的年鉴也能说明一些问题。1924 年商务印书馆出版的阮湘等编《第一回中国年鉴》，在"教育宗教"栏列有"报纸"一目，列出"中国各地著名报纸表"。其中北京 13 种，天津 5 种，奉天 2 种，吉林 3 种，黑龙江 2 种，济南 11 种，太原 6 种，开封 3 种，西安 4 种，上海 11 种，南京 10 种，杭州 7 种，兰溪 1 种，安庆 10 种，芜湖 3 种，汉口 13 种，长沙 5 种，常德 4 种，南昌 3 种，成都 4 种，重庆 5 种，泸县 2 种，昆明 1 种，福州 9 种，广州 30 种，潮州 5 种，梧州 2 种，香港 5 种。⑤ 这份资料自是极不完整的，不仅统计的对象有限，更不足取的是有的按省份统计，有的则按城市统计。

---

① 胡道静：《新闻史上的新时代》，第 24 ~ 33 页。
② Chao Thomas Ming-heng（赵敏恒），*The Foreign Press in China*，Shanghai：China Institute of Pacific Relations，1931，收入《最近太平洋问题：太平洋国际学会第四届大会报告书》，中国太平洋国际学会，1932，第 405 ~ 483 页；Rudolf Löwenthal，*The Religious Periodical Press in China*，Peking：The Synodal Commission in China，1940。
③ Frank H. H. King and Prescott Clarke，*A Research Guide to China-coast Newspapers*，*1822 – 1911*，Cambridge，Mass. : Harvard University Press，1965.
④ 黄福庆：《近代日本在华文化及社会事业之研究》，中研院近代史研究所，1997，第 274 页。尚可参见周佳荣编著《近代日人在华报业活动》，三联书店（香港）有限公司，2007。
⑤ 阮湘等编《第一回中国年鉴》，商务印书馆，1924，第 1966 ~ 1970 页。

《申报年鉴》等资料提供的数字

民初报章的情况难以把握，原因必多，政治上的混乱带来的是治理上的无能力。南京国民政府成立以后，加强了对报章的管理，报章发行往往需要登记备案。《申报年鉴》主要依据这些资料编纂，大致能反映20世纪30年代报章的情况。担任《申报》总经理的史量才，解释了出版《申报年鉴》的缘由："统计之足征，盖驾文字纪载而上之也。"①

1933年第一次出版之《申报年鉴》便有"出版"一节，列出"全国杂志分类统计表"、"全国主要日报调查"（据民国20年8月国民党中央宣传部登记册编制）、"全国报纸及通信社分省统计表"（据民国20年8月国民党中央宣传部日报及通信社登记册编制），统计出17省7市大报261种，三日刊32种，五日刊4种，周报14种，小报32种，通信社163家。"各省市曾转部登记新闻纸杂志统计表"（民国21年5月内政部警政司第三科制）则提供了登记在册的各地报章的情况（见表3-1）。

表3-1　各省市曾转部登记报纸杂志统计

省市	报纸	杂志	合计
浙江	79	4	83
江苏	37	4	41
湖北	121	6	127
江西	22		22
福建	15	1	16
山西	12	1	13
安徽	7	2	9

---

①　史量才：《申报六十年发行年鉴之旨趣》，《申报年鉴（1933）》，申报年鉴社，第1~3页。

省市	报纸	杂志	合计
河南	6	1	7
绥远	4	1	5
山东	3	1	4
河北		1	1
贵州	3		3
吉林	2	1	3
湖南			
广东			
青海			
云南			
四川			
陕西			
甘肃			
察哈尔		1	1
热河			
宁夏			
新疆			
辽宁			
西康			
广西			
南京	48	13	61
上海	11	45	56
北平	45	6	51
青岛	9		9
威海卫		1	1
总计	424	89	513

资料来源:《申报年鉴（1933）》,第 R3 页。

这是完全不足说明问题的数字。《年鉴》对此有所解释:"本表所列各省市新闻纸、杂志种数系就业经依法核准登记者查明填制。"

因此，该数字只能说明向宣传部登记的报章实微不足道，官方也未能对报章实施有效管理。表 3－1 所列上海出版的报纸、杂志分别是 11 种和 45 种，合计 56 种，而《年鉴》所附《一年来之上海出版界》一文，提供的数字就远不止这些："上海战后，杂志之出版，一时有雨后春笋之势。在二十一年夏秋两季，见于报纸广告之杂志数在百种以上，其中新出者约及半数。"①

1934 年出版的《申报年鉴（第二次）》，继续了这方面的工作，尤其说明面对"新闻纸类依法声请登记者为数寥寥"的情形，"内政部乃通行各省市政府转饬各未经登记之新闻纸杂志，限于文到一周内依法声请登记"，并且咨行交通部转饬邮政总局，"如无登记证者，即取消其享有便利邮递之特权"。有此强硬举措，"各省市陆续核转到部者，日必数起"，所获数据也大为改观："截至二十二年十一月止，各省市已经核准登记给证之新闻纸杂志社，计二千九百九十四家；其中外人所办之新闻纸类，亦为数不少。"② 据此也统计出 1932 年 11 月至 1933 年 10 月经核准登记之报纸杂志数目（见表 3－2）。

表 3－2　各省市报纸杂志登记统计一览

省市	报纸	杂志	合计
江苏	314	62	376
浙江	266	54	320
安徽	77	8	85
江西	49	2	51
福建	36	8	44
湖北	300	33	333
湖南	161	32	193
河南	67	33	100

① 《一年来之上海出版界》，《申报年鉴（1933）》，第 R4、R8 页。
② 《申报年鉴（第二次）》，申报年鉴社，1934，第 1150～1151 页。

省市	新闻纸	杂志	合计
山东	59	15	74
山西	26	27	53
陕西	8		8
河北	116	78	194
绥远	10	1	11
甘肃	12	4	16
宁夏	2		2
广东	37	20	57
广西	11	3	14
云南	12	3	15
贵州	4		4
四川	63	10	73
吉林	2	1	3
察哈尔	12	2	14
威海卫	3	2	5
青海	2		2
上海市	143	258	401
青岛市	31	6	37
南京市	211	106	317
北平市	125	67	192
总计	2159	835	2994

资料来源：《申报年鉴（第二次）》，第1150~1151页。

较之第一次《申报年鉴》，第二次提供的数字要可靠得多。不过，尽管数量增加不少，仍不能令人满意："在厚约两三英寸的一部《年鉴》中，'出版'方面，仅仅占了八页。"这样的资料只能说明《申报》的"无人"和《申报年鉴》的"无价值"。[1]

---

[1] 王道：《关于〈申报年鉴〉里"出版"与"学术"的几句话》，谭天编《现代书报批判集》第1辑，书报合作社，1933，第143~144页。至1936年，《申报年鉴》共出版了四次，上海沦陷后，《申报年鉴》未能连续出版，仅在1944年出版了一期（详后）。

值得补充的是，晚清以来中国报章蓬勃发展，催生了不少专门研究，往往也通过数字呈现由报章营造的"思想版图"。胡伸持考察中国的报纸就指出："全国的报纸中间能够销到十万份左右的不过是《申报》、《新闻报》、《大公报》（津沪两馆合计）这三种罢了。""跟日销二百余万份的日本《朝日新闻》《每日新闻》等相比，差得太远。"[①] 赵君豪《中国近代之报业》，则关注内政部的统计情况：国内报纸经申请登记者，1927 年不过 628 种而已，1938 年登记之总数则为 1031 种，约增 65%。[②] 据此可知，由于对报章发行的统计来自不同的系统，研究者往往只取其一，难以反映全面的情况。

由于统计时段选择不同、对象各异，仅仅通过数字勾画民国时期由报章营造的"思想版图"，显然不够。这里也无意从量上全面审视民国时期报章的发展；即便数字可靠，每份报章还存在发行时间、地点及量的区别，包含数字无法展示的更为丰富的内容。譬如，《申报》《东方杂志》等与那些发行量有限或仅出一两期的报章相比，无论从哪方面都不能视同一例，但在统计时却只能以一个计量单位计算。可以说，依据量化资料勾画民国时期报章之"思想版图"，几乎做不到，能提供的信息也很有限。因此，有必要进一步揭示报章所展示的结构性特征，即在各地出版、发行的情况以及从业者的情况；尤其需重视把握报章之类别，其有怎样的诉求，针对哪个社会阶层发言。由这些因素揭示报章之发展，或许才能多维度地呈现报章营造的"思想版图"。

二 "思想版图"的结构与节奏

首先有必要审视报章所营造的空间格局，以展示"思想版图"

---

① 胡伸持：《关于报纸的基本知识》，生活书店，1937，第 119 页。
② 赵君豪：《中国近代之报业》，商务印书馆，1940，第 98 ~ 100 页。

的结构与节奏。柯文（Paul A. Cohen）阐述的"中国中心观"，试图将中国划分为更小的研究"单位"进行把握。[1] 这既有助于推动从"边缘"看"中心"，呈现近代中国历史复杂的图景，同时表明，针对"边缘"立说，尤其是本于"地方"的视野，并不容易。当然，并非只有报章展现出"空间"和"时间"上的特质，推动近代中国"现代性"成长的卫生、教育、司法等要素，同样如此。论者对民国时期高等教育的解析，即重视区分空间分布上呈现的不同类型。[2] 这亦是审视清季民国时期"思想界"不可回避的问题。

"中心"与"边缘"：地方性报章之成长

报章营造的"思想版图"存在中心与边缘之别，容易理解。报章的发行，原本有从"中心"向"边缘"拓展的问题；就接受来说，同样存在从"中心"向"边缘"的渗透，使地处"边缘"的读书人有机会接触到中心城市发行的报章（详见第七章）。这里主要关注由报章连接起的"中心"与"边缘"。这涉及两个基本环节，一是各大报通过建立通讯员制度，对各地新闻进行报道；二是相关人士推动在各地广开报馆。

《申报》创刊后，不惟积极推动在各地建立发行渠道，还重视在地方建立通讯员制度。1882年9月该报刊登的《招延访事人》，告知拟在江宁、镇江、芜湖、九江、长沙、沙市、宜昌、成都、重庆、贵阳等地各聘请一人，"采访新闻，随时寄示"，"俾十八省之民风土俗，轶事奇文，均得罗列报中，以供诸君披阅"。[3] 同时对各地广开报馆，《申报》也有期许，"倘能于各行省及大都会之处，遍设此馆，

①　柯文：《在中国发现历史——中国中心观在美国的兴起》，林同奇译，中华书局，1989，第165页。
②　叶文心：《民国时期的大学校园文化（1919～1937）》，冯夏根等译，中国人民大学出版社，2012，导言，第2～5页。
③　申报馆主启《招延访事人》，《申报》1882年9月6日，第1页。

则南北不至有风尚之殊，山泽不至有情事之隔"。① 1893 年 5 月《字林汉报》也发文呼吁地方上宜广开报馆：

> 若能于各省地方多开报馆，使普天之下皆知阅报之益，则将来恶者可化而为善，莠者悉变而为良。畏清议者，不敢作吕端之糊涂；广见闻者，不难为子产之博物，其有裨于人心世道，岂夫浅鲜哉。②

就信息传播来说，地方是不可或缺的一环，时人对报章的总结即注意到："中国的报纸，大概可分为两种：一为地方性的，例如《杭州日报》《汉口日报》等是；一为全国性的，例如上海之各大报等是。"③ 以上海报纸作为"全国性"的代表，正说明上海占据中心地位。照雷铁厓的分析，由于掌握"言论机关之报纸"，以"造成舆论"，"故上海为全国之导师，而上海报纸又为上海全埠之导师"。④ 姚公鹤对此则有这样的议论：

> 全国报纸以上海为最先发达，故即在今日，亦以上海报纸为最有声光。北京称上海报为南报，而广东及香港南洋群岛称上海报为沪报，凡事非经上海报纸登载者，不得作为征实，此上海报纸足以自负者也。⑤

---

① 《汉口创设昭文新报馆》，《申报》1873 年 8 月 13 日，第 2 页。
② 《论中国各省宜广开报馆》，《字林汉报》（汉口），1893 年 5 月 5 日。此据《湖北新闻史料汇编》1985 年第 3 期，第 20 页。
③ 樊仲云：《中国报纸的批评》，黄天鹏编《新闻学演讲集》，现代书局，1931，第 55 页。
④ 雷铁厓：《论上海报纸观察广东义师之误》，原刊《光华日报》（槟榔屿）1911 年 5 月 22 日，此据唐文权编《雷铁厓集》，华中师范大学出版社，2011，第 238 页。
⑤ 姚公鹤：《上海报纸小史》，《东方杂志》第 14 卷第 6 号，1917 年，第 197 页。

上海确立报业之中心地位，意味着各种势力欲借重报章，往往选择上海，甚至可以说，报章等传播媒介过于集中于上海，还导致"地方"的式微。1920年《东方杂志》刊登的《地方报之编辑》，即寄望于地方报章得到更好的发展，并且内容上当以"地方"为本位："今日我国之地方报，大都滥载中央或全国或世界各地之记事，鲜有以地方为本位者。其甚者，剪裁地方人已阅过之京沪报以充篇幅，故地方人之稍具常识者，只阅京沪报而不阅地方报。"作者试图说明："在一国之都会发刊之报纸，与在地方城市发刊之报纸，无论其资本多寡、规模广狭，而其发刊之目的及其内容，均应有多少之差别。"①

时任职于燕京大学新闻系的聂士芬（Vernon Nash）、罗文达，从四个方面揭示中国报业发展存在的"阻力"：交通不便利，国内文盲太多，检查制度不统一，人民贫穷订不起报。尤其阐明，受这些因素的影响，中国报纸的销路多在沿海大都市：

> 京、沪、粤、平、津五处报纸的销售量，差不多占全国总数三分之二。这五个地方的人口，约八九百万，占全人口百分之二。然则其余三分之一的报纸，实全人口百分之九十八共同分配之。②

这确实成为问题，胡道静为此也阐述了在地方推动报纸发行的重

---

① 任白涛：《地方报之编辑》，《东方杂志》第18卷第17号，1920年，第96～100页。
② 聂士芬、罗文达：《中国报业前进的阻力》，《报人世界》第6期，1936年12月，第1～3页。该文原系英文，译自 *The Chinese Social and Political Science Review*, Vol. 20, No. 3, Oct. 1936, pp. 420–423。

要性。① 关键还在于，尽管地方报章的创办逐渐形成规模，但结合发行来看，销数较多的往往还是创办于中心城市的大报，地方报章之销售很不理想。1936 年出版的《江西年鉴》述及江西报章之发展，即以南昌为例说明"江西新闻杂志事业，因受经济影响，尚在幼稚时代"：

> 南昌为江西政治中心，新闻杂志事业自较各县发达。据最近调查，共有报社二十余家、杂志二十种。报社以《民国日报》经费较裕，销数较多，而以《工商日报》历史为最久。各报每日销数最多者不过五十余份，少者仅数百份，合计亦不过万余份。②

所谓"中心"与"边缘"，既有中心城市与地方的差异，还有南北、东西的不同，检讨地方报章的成长也多围绕此展开。熊少豪《五十来年北方报纸之事略》注意到："当《申报》《循环日报》之兴，中国北部尚无报纸。迟之又久，直至前清末叶，报纸始稍稍发现。"到民国元年，北方之报纸才渐成规模，"北京首创之报馆，不下三四十家；天津一隅，数亦不鲜。所可惜者，各报非有政党之关系，即属政府之机关"。③ 管翼贤《北京报纸小史》则说明："北京自庚子年后，始有报馆之设，然仅具模型而已。至光绪末，北京始有报馆数家。"相较于上海等城市，京师之地的报章也较晚才出现，而且政治因素成为掣肘，管也评价说："新闻事业之良窳与进退，端在

---

① 胡道静：《普建地方报要求之冉喊出》，《战时记者》第 1 卷第 8 期，1939 年，第 6 页。

② 江西省政府统计室编辑《江西年鉴（第一回）》，编者印行，1936，第 1238 页。

③ 熊少豪：《五十来年北方报纸之事略》，申报馆编《最近之五十年——申报馆五十周年纪念刊》第 3 编，第 24 页。

政治之新旧以为定耳。"①

政治因素影响到北京、天津等北方城市，对于其他地方更构成直接的影响。检讨晚清民国时期各地报章发展的情况，除前述各种资料，还可依据一些零星材料稍加说明。这里可略说两湖、福建、山西、绥远等地的情况，以把握报章在地方的成长。

两湖地区报章的发展自不算晚，《长沙报纸史略》指明："开湖南报纸之先河者，为逊清光绪丁酉戊戌间之《湘学新报》与《湘报》。"其还描绘了湖南报章后续的发展，所列《民元以来历年长沙报纸一览》，介绍了 1912～1931 年长沙出版的报章。②《长沙市通讯社小史》还进一步说明中心与边缘信息传播机制是如何建立的：

> 前清末季，报纸虽日渐发达，然新闻之来源，辄由馆中特置访员，日事采访，司其职者，大都属之手民。故所得新闻，除再版公文外，其余多系市井琐闻。迨于光绪丙午丁未之际，偶有馆外之人投寄新闻者。然以政府及社会人士对于新闻记者多加鄙视，设有不慎，且拘捕随之。故当时业此者，均讳莫如深，坚守秘密，因之亦无从溯考。所可知者，彼时担任沪汉各报驻湘通讯员。③

这里述及的正是最初连接起地方信息的通讯员，只是，成效未必令人满意。蔡寄鸥以秀才资格来武汉参加科举考试与书院考试，得到这样的印象："这个时期，可以说是武汉新闻史的盘古纪。谈到内部

---

① 管翼贤：《北京报纸小史》，《新闻学集成》第 6 册，中华新闻学院，1943，第 279、282 页。

② 李抱一编《长沙报纸史略》，《长沙市新闻记者联合会年刊》第 1、2 册合订本，1933 年 2 月，第 1～25 页。

③ 杜否予、黄性一合编《长沙市通讯社小史》，《长沙市新闻记者联合会年刊》第 1、2 册合订本，1933 年 2 月，第 30 页。

的设备，当然是因陋就简。所出的报，也就幼稚得极其可怜了。"尤其是，"只有登文章诗赋和简单的新闻，并没有登广告的篇幅。间或有之，也只有行情、戏目，和几家西药房卖药的广告而已"。不仅生产"新闻"的条件有限，而且，"新闻"的来源，还完全依赖于《申报》和《湖北官报》进行"再生产"：

> 拿上海寄来的《申报》随便剪下几条，就算是本报的专电。拿湖北官报局所办的《湖北官报》作鉴本，上面有皇帝的谕旨，有宫门抄，有各省督抚的奏折，随便抄下几条，就算是紧要的特约新闻。至于本地消息，那就全靠编辑人自己的采访了……每日采访的新闻，只是从巷尾街头，抄得几张招贴，从茶楼、酒馆窃听得几句传言，再加上自己的意见，渲染一下。①

福建发刊的报章，1904 年《警钟日报》刊登的《福建报界沿革表》有这样的介绍："南清要地"的福建由于"士气犹未振兴，民智犹未发达"，报界之发展未能如意。20 年前英国牧师傅氏曾创办《厦门报》，两日一出，然"阅者寥寥，未久而废"。近数年尽管也算是"报社林立"，然"一起一蹶，收效未可预期"。由此，作者也说明创办《福建日日新闻》的由来，并期望此报能立于长久："夫福州为省会之区，官署骈立，学堂遍设，绅士如鲫，商贾若云，而无一日报以贯通上下之情，岂不奇哉，岂不奇哉！"②

略说南方的福建，再来看看北方的山西。张鸾友对此有这样的总结："山西之有新闻事业，实肇始于前清光绪之末叶，当时晋省人

---

① 秋虫（蔡寄鸥）：《武汉新闻史》，中日文化协会，1943，第 13~15 页。
② 《福建报界沿革表》，《警钟日报》1904 年 12 月 30 日，第 4 版。所列出的调查材料，主要是作者所掌握的福建历史上创办的各种报章，计有 14 种，多数已不存。

士，目击朝政腐败，已潜伏革命思想，乃于光绪三十二年，集资创办《晋学报》，以为鼓吹革命之工具，此为晋省之有报之始。"迨民国肇兴，民权发达，新闻事业如雨后春笋，相继勃起"，"其间刊行之报纸，多至三十余种，然皆随起随仆，其较为有历史者，亦仅三四种而已"。尤为特别的，该文勾画出"地方"生产"新闻"的机制如何建立起来，这是单纯的数字无法说明的：

> 民十之前，均系剪裁平津各报，实无精彩可言，每日发行，多者不过两三千份，社会人士对之甚少兴趣。民十之后，首由《晋阳日报》经理梁巨川努力改革，采用京津通讯社快稿，并增加北京专电，向邮局办理立卷，始向新闻事业之正途发展。各报相继仿行，因之太原报纸销路乃逐渐扩张。民国二十年，各报社再度进步，以外埠通讯快稿为辅助之材料，同时添设无线电收报机，采集新闻资料，并另由京沪平津等处拍发专电，因之太原各报之新闻，乃得与京沪平津各报，同时供世人之阅读。惟山西偏处西北，民气锢塞，新闻界虽极努力，而销路仍不甚广。现在发行最多之报纸，亦不过四五千份。而内部设备，犹诸多简陋，除晋阳、并州、山西、太原四日报自行印刷外，余皆由印刷商代印，基础尚未臻巩固也。①

最后再看看各种统计中较少涉及的绥远的情况。《报学季刊》曾刊文说明：绥远作为"文化落后僻处边陲的地方"，报纸之发展也远远落后于其他地方，"民元之前概付缺如"，"民元二年才有了报纸"。

---

① 张赞友：《山西的新闻事业》，《十年》，申时通讯社创立十周年纪念特刊，1934年7月。此据杨光辉等编《中国近代报刊发展概况》，新华出版社，1986，第441~444页。

《归绥日报》作为绥远最早之报，还是外人带来，"其主事者为成都周颂尧氏"。周氏于1913年创办该报，原为石印，"后来众议院议员绥人王定圻，以身列同盟会，由党方购回铅印机一部，仅能出一小张，这是铅印机第一次输入绥远"。[①] 以此来说，时间确是够晚，技术条件更不能和沿海大城市相提并论。

由此亦可看出，报章营造的"思想版图"存在严重的不平衡性，确实可说形成了"多个世界"。1934年创刊的《报学季刊》，努力展现各地新闻事业的发展概况，还绘制出不少"地图"，如《全国期刊出版地点百分比》《全国定期刊物刊期统计图》《全国定期刊物类别统计图》，随后还刊登有《全国各省市通讯社数量统计图》《全国各省市报社数量统计图》（见图3－1、图3－2、图3－3、图3－4、图3－5）。这些统计图可视作对近代中国由报章营造的"思想版图"形象的说明。

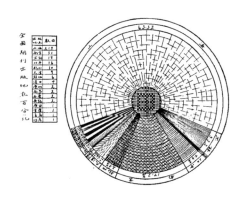

图3－1　全国期刊出版地点百分比

资料来源：《报学季刊》第1卷第2期，1935年。

---

① 杨令德：《各地新闻事业之沿革与现况·绥远》，《报学季刊》第1卷第2期，1935年，第95页。

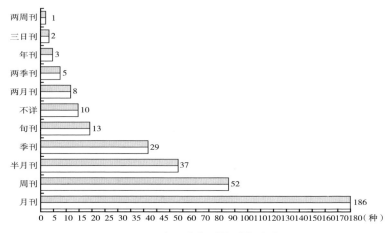

图 3 - 2　全国定期刊物刊期统计

资料来源：《报学季刊》第 1 卷第 2 期，1935 年。

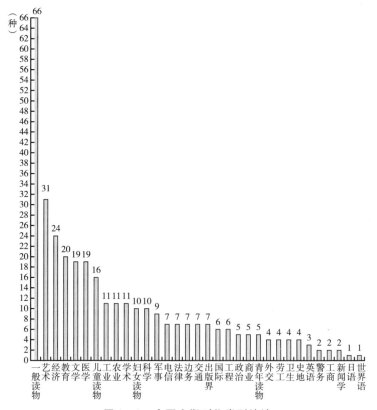

图 3 - 3　全国定期刊物类别统计

资料来源：《报学季刊》第 1 卷第 2 期，1935 年。

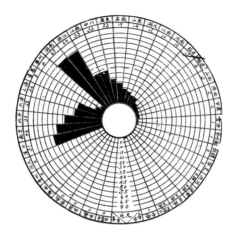

图 3-4 全国各省市通讯社数量统计

资料来源：《报学季刊》第 1 卷第 4 期，1935 年。

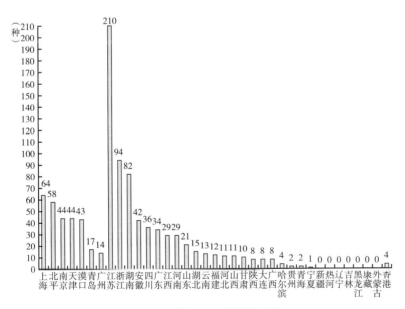

图 3-5 全国各省市报社数量统计

资料来源：《报学季刊》第 1 卷第 4 期，1935 年。

对于如何推进地方报纸的发展,《报学季刊》也阐述了不少看法。马元放提出:报纸发达端赖以下一些条件:"(一)须政治修明,言论得以自由。(二)须教育普及,人人感觉有阅报的必要。(三)须商业繁盛,增进广告的来源。(四)须交通便利,增加消息及运输的敏捷。"比照这些条件,"办报固甚困难,而办地方报更为困难"。① 随后,该刊又指出发展边疆新闻事业的重要性,新闻工作者尤其应"抱大无畏之精神,'到边疆去!'"② 这也引起高度重视:"在国难日深的今日,为求民族解放计,非使各地新闻事业打成一片不可。""全国新闻事业构成一个有系统的改革进程,才有实效可言。"③

对地方性报章的描绘,上述资料不免烙上"后见之明"的印痕,并且在类似"诉苦"的基调中凸显现时的发展;"进步论"也贯穿于这样的历史叙述中。由于回忆者的立场迥异,角度也不同,延续的历史记忆,未必是展示"思想版图"的合适资源。而且,报章之出版与流通也存在差别,某地未出版报章,并不意味着当地的人就不能接触到报章,毕竟各大报皆在努力拓展发行渠道,"思想版图"本是由报章之出版与发行共同营造的。

不管怎样,通过报章呈现近代中国的"思想版图",地方性报章是不可或缺的一环。其成长也对应着关键的两极,既是"国家政权建设"成效的体现,即"中心"向"边缘"渗透;同时成为一面镜子,映射出地方的特性,因此,关键尤在于以怎样的视野看待地方,

---

① 马元放:《改善地方报纸之意见》,《报学季刊》第 1 卷第 1 期,1934 年,第 37 ~ 39 页。

② 绮云:《对于发展边疆新闻事业之意见》,《报学季刊》第 1 卷第 2 期,1935 年,第 91 页。同期还刊有君良《发展边疆及内地新闻教育》,第 92 ~ 93 页。

③ 陈前村:《边疆内地与都市的新闻协作》,《报学季刊》第 1 卷第 1 期,1934 年,第 79 ~ 80 页。

并赋予其位置。① 赵君豪即指出"地方报纸发达"与国民政府落实"国家政权建设",有不可分割的关系,"最显著者约有二端":

> 内地民众,地方观念极深,除一家一乡外,对于整个国族之意识,向极漠视,兹借报纸之启发,知整个国族之安危,为一乡一邑安危之关键;国族之利害实高于一切,此其一。既知国族之利害高于一切,复以外侮日亟,任何人皆具有救亡图存之责任,于是每个人俱发奋振作,思尽一己之责任,此其二。②

勾画报章营造的"思想版图",离不开对各地出版报章的把握,同样重要的还包括发行情况,边陲之地是否能够获得中心城市出版的报章,也是需要重视的信息。这在官方提供的统计数字中较为缺失,有赖于通过各书局、报馆提供的资料去复原(详后)。当然,报章能否涵盖"中心"与"边缘",是社会发展程度的重要指标,而能否将相关数据完整呈现,也是政府"社会控制力"的体现。南京国民政府成立后,对报章之管理较过去确实有所推进,然而从《申报年鉴》等资料展现的情况看,仍难以令人满意。

"国家政权建设"与"社会动员"

在数量上或难以判明民国时期报章发展的具体情形,但根据近代中国历史演进的线索,勾画报章发展的节奏与结构性转变还是可能的。戈公振大致从分期、性质等环节勾画出民初出版界的图景:"以时期论,则可分为欧战以前与欧战以后;以性质言,则可分为学术与

---

① 吉尔兹(Clifford Geertz)指明,所谓"地方性","不仅指地方、时间、阶级与各种问题而言,并且指情调而言——事情发生经过自有地方特性并与当地人对事物之想象能力相联系。"吉尔兹:《地方性知识:阐释人类学论文集》,王海龙、张家谊译,中央编译出版社,2004,第273页。

② 赵君豪:《中国近代之报业》,第98页。

政论与改革文学思想及批评社会之三大类。"① 这里所言"时期"与"性质"，正揭示出"思想版图"展现的节奏与结构。原因无他，空间、时间之外，影响"思想版图"的，还包括"国家政权建设"与"社会动员"等环节，这也是中国社会重新组织的具体体现。晚清以来报章的发展，原本受政治热情鼓动，"合群"的诉求成为推动晚清读书人创办报章之动力所在，民国初肇，培育出新的出版物，亦属自然。李大钊即指明："共和建造以来，海内言论界各标帜志，立论建议，策嘉谋猷。"② 换言之，报章出版的"节奏"往往紧密配合历史进程，遭逢政治变革，报章之创办即会形成高潮。大致可分为下列不同类型。

其一，配合"国家政权建设"创办的各类报章。第一，新建政权的各级机关报取代前清官报大量出版，名称大多由清末之"官报"而改称"公报"。最具代表性的是 1911 年 12 月北洋政府创办的《政府公报》（最初称《临时公报》，1912 年 5 月改为《政府公报》），一直到 1928 年 6 月才停刊。其他政府部门出版的各种公报亦不少，"部有部公报，省有省公报，一省之内，厅局又各有公报。其他如参议院、众议院，亦莫不有公报"。③ 据调查，1899～1919 年出版的各种公报 113 种，辛亥前出版 49 种，辛亥后出版 64 种。④ 第二，承袭晚清以来的兴学潮，许多教育类报章相继涌现。1911 年前出版 27 种，

---

① 戈公振：《中国报学史》，第 185 页。

② 李大钊：《是非篇》，《言治》第 1 年第 4 期，1913 年，此据《李大钊文集》上册，人民出版社，1984，第 59～60 页。

③ 戈公振：《中国报学史》，第 59 页。

④ 陈新段、史复洋：《近代公报类期刊简介》，丁守和主编《辛亥革命时期期刊介绍》第 5 集，人民出版社，1987，第 579～602 页。需要说明的是，从报刊创刊的时间可区分清末民初各出版了多少，然刊物有其延续性，清季出版的报刊有不少民国以后继续出版，故上述数字并非指民初有多少报刊发行。参见《清末官报汇编》，全国图书馆文献缩微复制中心，2006。

1912～1919 年创刊的有 97 种。① 第三，服务于政党的报章大量出现。据张玉法调查，民初有 312 个政治性党会，刊布报纸杂志也成为各政党最普遍的宣传方法。②

上述报章的出现皆对应着民初的政治形势，颇有助于了解这一时期由报章营造的"思想版图"（第四章讨论政治势力对报章之利用，再做进一步说明）。地方报章的发展也受上述因素的影响，尽管起步不同，但大体上遵循相似的轨迹，此亦是各类"公报""官报"构成报章大宗的缘由所在，往往是传递官府消息的报章率先出版。宋绮云总结陕西新闻纸的成长就说明："陕西新闻事业之发创，不迟于任何省份。惟以交通政治经济落后的关系，进步特别迟缓。清光绪中叶，即有《秦中官报》，传达官府消息，虽仅为辕门抄而已，然亦陕西报纸之滥觞也。"③ 吴景贤对安徽新闻事业的总结，更揭示出这一特点：

> 安徽出版物之以"杂志"为名的，应以清光绪三十四年（1908）安徽学务公所编印之《安徽学务杂志》为最早。但是若用严格的态度去分析，该刊当仍应归入偏重传递政府命令消息的公报之属。惟其中却也有不少的论著译述文章，可供学术研究的参考。先后刊行三年多的时间，共计出版二十余期，为安徽杂志之滥觞。④

1931 年出版的《东北年鉴》也指明："每一机关，多有其工作之

---

① 张小平、陈新段、史复洋：《辛亥革命时期的教育期刊简介》，丁守和主编《辛亥革命时期期刊介绍》第 5 集，第 547～578 页。
② 张玉法：《民国初年的政党》，岳麓书社，2004，第 35、178、203 页。
③ 宋绮云：《陕西新闻纸的回顾》，《十年》，申时电讯社创刊十周年纪念特刊，1934 年 7 月。此据杨光辉等编《中国近代报刊发展概况》，第 562～563 页。
④ 吴景贤：《安徽之新闻纸与杂志》，《学风》第 5 卷第 2 期，1935 年，第 5 页。

报告、实际之记述、未来之计划，每月汇刊，衰然成册，类此者若四省政府之各厅、各路局等，并皆有之。"正因为此，"普通杂志"不免受到影响，"既因购读力之缺乏，销行不畅，而资力有限，稿件不多，以故未能发达持久，与公家出版物抗衡，亦势则然矣"。① 湖南的情况则表明，伴随"党务"工作的推进，各种"宣传品之编印"也构成地方报章之显著一环。②

其二，围绕各"界别"开展动员出版的报章。前已述及，"～～界"在 20 世纪初的报章中已频频出现，直接以"界"作为杂志名称的也不少。民国时期则尤甚以往，各出版机构出版的杂志，同样体现出对各"界别"的重视，成为呈现民国时期"思想版图"不可忽视的一环。商务印书馆自 1897 年创办以来，陆续出版了不少刊物，针对的受众涵盖不同的社会阶层，明显是围绕各"界别"争取受众。③ 成立于 1912 年的中华书局，陆续编辑出版了八大杂志：《大中华》《中华教育界》《中华实业界》《中华学生界》《中华妇女界》《中华童子界》《中华小说界》《中华儿童画报》，这些杂志也突出了"界"的色彩，既考虑到不同的"业界"，还按照性别、年龄区分出不同的"社会阶层"。

这方面尤可注意的是女性与学生报章的出版。女性报章以 1898年 7 月 24 日在上海问世的《女学报》为先声。《中国女学拟增设报馆告白》写道：

中国女学不讲已二千年矣，同人以生才之根本在斯，于是倡

---

① 东北文化社年鉴编印处编纂《东北年鉴》，编者印行，1931，第 1444 页。

② 先是有《党务周刊》之发行，出版 28 期后，又改为《党务半月刊》。湖南省政府秘书处统计室编纂《湖南年鉴（民国 24 年）》，湖南省政府秘书处，1935，第68 页。

③ 商务印书馆编《商务印书馆志略》，编者印行，1929，第 32 页。

立女学堂，现定四月十二日开塾，已登报告白外，欲再振兴女学会，更拟开设官话女学报，以通坤道消息，以广博爱之心。[1]

《上海〈女学报〉缘起》也说明，此举是将"女学堂、女学会、《女学报》三件事情，一并举行"，"好比一株果树，女学会是个根本，女学堂是个果子，《女学报》是个叶，是朵花"。[2] 这与前述晚清士人阐述的"合群"高度契合，只是更明确针对"女性"。

《女学报》揭开了晚清女性报章的帷幕，不过，如何区分"女性报章"并不容易，无论是按照编辑、作者进行识别，还是根据内容及诉求区分，都会引出问题。[3] 大致说来，清末总计约出版近 30 种女性报章，民国时期一般估计在 150 种左右。[4] 之所以出现这样的趋向，是为了针对"女界"进行动员，秋瑾为《中国女报》所撰发刊词就指出：

> 具左右舆论之势力，担监督国民之责任者，非报纸而何？吾今欲结二万万大团体于一致，通全国女界声息于朝夕，为女界之总机关，使我女子生计活泼，精神奋飞，绝尘而奔，以速进于大光明世界，为醒狮之前驱，为文明之先导，为迷津筏，为暗室

---

[1] 《中国女学拟增设报馆告白》，《湘报》第 87 号，1898 年 6 月 15 日，第 348 页。

[2] 上海女史潘璇撰《上海〈女学报〉缘起》，《女学报》第 1 期，1898 年 7 月 24 日。

[3] 包天笑在回忆中说明，编辑《妇女时报》时，发现来稿中"真正由妇女写作的，恐怕不到十分之二三，有许多作品，一望而知是有捉刀人的"，结果，"凡是可以涉及到妇女界的，都可以写上去；还有关于儿童、家庭等等，都拉进《妇女时报》去了"。《钏影楼回忆录》，第 362 页。有关晚清女性问题的浮现以及女性期刊的创办情况，可参见 Joan Judge, *The Precious Raft of History*: *The Past*, *the West*, *and the Woman Question in China*, Stanford：Stanford University Press, 2008。

[4] 史和、姚福申等编《中国近代报刊名录》，福建人民出版社，1991。另参见《中国近现代女性期刊汇编》，线装书局 2006 年陆续出版，总计 305 册，收录女性期刊约 110 种。

灯，使我中国女界中放一光明灿烂之异彩。①

有意思的是，正类似于破除"省界"声音的浮现，围绕"女界"进行动员，到新文化运动时期也有不同看法，反证出此类报章确实颇为流行。康白情就提出要"溃决"社会的藩篱，先要从"女界"打破起："女子若要做'人'，便应该脱离他们的特殊社会而加入普通社会，即是'人'的社会中，无论什么'界'，都要有女子的足迹。"故此，"这个不祥的名词'女界'，就应该随着他的实质，首先打破"：

> 男女绝对的平等，那有什么所谓"界"？"女界"这个名词，就是对于普通社会为特殊社会而成立的，就是不承认女子是"人"。你想"人"的社会中，有学界、工界、商界、教育界等等，其中都不含"女"的意义；而所谓"女界"，除了"性"的区别外，又不含旁的意义。可见"女"而有"界"，绝不是新时代的产物了。②

再来看针对"学生"创办的杂志。清季出版的杂志已不乏针对"学生"立说者，民国时期学生这一群体更受到高度重视。③ 商务印书馆和中华书局均以"学生"为名义创办杂志，也算是迎合了这样的潮流。商务印书馆1914年出版的《学生杂志》表示："吾信未来之学生，确有左右社会进退文化之关系。"故"馨香祷祝学生社会之

---

① 秋瑾：《发刊词》，《中国女报》第1期，1907年1月14日，第3页。
② 康白情：《女界之打破》，《少年中国》第1卷第4期，1919年，第47页。
③ 研究者以此加以总结——"从学生运动到运动学生"。吕芳上：《从学生运动到运动学生：民国八年至十八年》，中研院近代史研究所，1994。

日进无疆，以扬国光"。[1] "学生社会"之说，既体现出针对社会进行的分层，也传递出对学生寄望殷殷，"既为时势所造，尤当为造时势者"。[2] "吾侪之责任重，吾所希望于学生诸君者亦愈殷"。[3] 中华书局 1915 年创刊的《中华学生界》，同样立足国家与社会赋予学生特有的责任：

> 苟人人不自消灭其本能，而各自发挥于正当之一途，则国家虽弱必强，社会虽窳必良。此其责惟今日受教育之学生任之。[4]

其三，宗教性质的报章也展现新的气象，成为构筑民国时期"思想版图"不可或缺的一环。基督新教对于催生中国报章之作用，已无须说明，教会内部亦将此作为重心所在。《中华基督教会年鉴》1918 年刊文说明："中国近数年来，各处教会之中，书报机关，渐次林立，沪上一隅，尤较各省为盛。"[5] 据调查，1890 年以前公开发行的 76 种中文期刊，宗教期刊占 40 种。到民国时期，"非教会书局出版物的增长率比教会书局快得多"，然而到 1921 年基督教期刊仍有 107 种。[6]《中国宗教期刊》则统计出：天主教报章 1918 年有 22 种，到 1939 年则有 152 种。新教报章则呈现这样的成长轨迹：1890 年 15 种，1907 年 13 种，1921 年 57 种，1933 年 211 种，1938 年 258 种。[7]

---

① 我一：《学生解》，《学生杂志》第 1 卷第 1 期，1914 年，第 3 页。

② 蠡生：《学生之诤友》，《学生杂志》第 1 卷第 1 期，1914 年，第 4 页。

③ 君言：《学生之责任》，《学生杂志》第 1 卷第 2 期，1914 年，第 17 页。

④ 沈恩孚：《学生之修养》，《中华学生界》第 1 卷第 1 期，1915 年，第 1 页。

⑤ 来会理：《基督教书报公会》，中华续行委办会编《中华基督教会年鉴》第 5 期，广学书局，1918，第 162 页。

⑥ 中华续行委办会编《中华归主——中国基督教事业统计（1901～1920）》，中国社会科学院世界宗教研究所，1985，第 98 页。

⑦ Rudolf Löwenthal, *The Religious Periodical Press in China*, pp. 6 - 8, 79 - 82.

其他宗教团体也在出版报章，佛教尤值一说。[①] 1912 年创刊于上海的《佛学丛报》，揭开了佛教界创办刊物的序幕。不涉凡尘的佛教办起刊物，自是新鲜事，而新型传播媒介如何影响佛教的发展，结合《佛学丛报》也略可知悉。一是文字，"立义取乎平易，行文只求条达，不敢以幽深之理，奥衍之文，惊世骇俗"；二是广泛吸纳外稿，"海内外同志，不吝投稿，本社极表欢迎"；三是注重读者的反馈，"凡读者诸君，对于佛学，不耻下问者，本社当尽情奉答"。[②] 1920 年太虚创刊于杭州的《海潮音》月刊，是延续时间最长的佛教刊物，该刊之要义如下：

> 海潮音非他，就是人海思潮中的觉音。若依这句话分析起来，便可知道那"海"是宇宙间人类公共的；那"潮"是人海中一个一个时代所产生的，更有些属于现今这个时代的意思；那"音"是人海思潮中能觉悟的，更有些属于佛法、属于觉社的。[③]

民国成立后，为推进佛教复兴，全国性组织也在积极筹划。在此过程中，同样把组织报馆、发行刊物作为工作之重心。1912 年创设的"中华佛教总会"，系近代中国第一个统一的全国性佛教组织，制定的《中华佛教总会章程》，宣示了"组织报馆"的主张："报馆为

---

① 就整个民国时期来说，佛教期刊数量已很可观。《民国佛教期刊文献集成》收集了 148 种期刊，全编为 209 卷（含目录索引 5 卷），其总量与历代藏经集成相当。黄夏年主编《民国佛教期刊文献集成》，全国图书文献缩微复制中心，2006。之后，又陆续收集到《集成》未收或未收全的刊物 100 多种，合编成 86 卷（含目录索引卷）。黄夏年主编《民国佛教期刊文献集成·补编》，中国书店，2008。两书共收入民国佛教期刊 233 种（其中完整的多达 154 种）。

② 《凡例》，《佛学丛报》第 1 期，1912 年 9 月 1 日，第 3~5 页。

③ 《〈海潮音〉月刊出现世间的宣言》，《海潮音》第 1 期，1920 年 3 月 10 日，第 1~2 页。

言论机关，文明枢纽，拟先办宗教月报，借鼓吹实力，发明佛理，以救正人心，维持道德。"① 1936 年公布的"中国佛教会章程草案"，也展示出该组织对出版刊物的重视，希望"出版并摄制各种有关佛教之刊物及影片、声片等"。进一步还说明：

> 总会每旬出版会刊一期，刊布一切有关佛教之评论、公牍，会员意见，各地新闻时事，寺庵与会员情况，及总分会重要会务记载，暨各种应行公告事宜，按期寄发各级分会，以期互通消息，共图宏法昌教，推进会务。②

可以说，近代佛学的成长也曾借重新型传播媒介，甚至不乏僧人认为佛教的发展之所以不理想，原因之一即在于"佛教刊物不能造成主张一致的舆论，给与全国教徒非教徒以最严正公直之批评与指导"。③ 而在复兴佛教的声浪中，"办佛教刊物"也受到高度重视："吾人果欲使中国今日佛教复兴，'刊物'诚不可少者。"原因在于，"今日世界弘扬文学者，办有文学刊物；弘科学者，有科学刊物出版；心理学、哲学……皆然。可见刊物之重要，况佛教幽深之学理乎？"④ 这其中，太虚入室弟子法舫对此可谓用力甚勤，曾三度主编《海潮音》月刊。1930 年法舫为此也撰文说明，"佛法在世间，当然不能离世间的一切而施设"，故此，"佛教在这个时代，想作广大的发展，必须是要宣传"。⑤

---

① 《中华佛教总会章程》，《佛学丛报》第 1 期，1912 年 9 月 1 日，第 2 页。
② 《中国佛教会章程草案》，《佛学半月刊》第 132 期，1936 年 8 月，第 13～15 页。
③ 大醒：《民国十八年的中国佛教》，《现代僧伽》第 2 卷第 43、44 期合刊，1930 年，第 13 页。
④ 渔光：《复兴中国佛教刍议》，《佛海灯》第 1 卷第 7 期，1936 年，第 4 页。
⑤ 法舫：《中国佛教的现状》，《海潮音》第 15 卷第 10 期，1934 年，第 31 页。

据蒋维乔1935年的总结，佛教方面之撰述，"杂志类之年刊、季刊、月刊，各省佛教团体编印者，不下数十种"。[①] 不惟如此，在佛教书刊的流通上，也有举措。1929年创办的上海佛学书局，努力"将各地出版之佛经及一切佛学书报，尽行罗致"，"使留心佛乘者，无辗转购求之劳"。[②] 随后又创办《佛学半月刊》，有意识地开展推广工作：

> 自刊行以来，屈指二年，赠阅定购，共近万数，实为吾国佛学刊物流通之最广者。然敝局顾念吾国幅员之广大，人民之众多，区区此数，实未足以供全国之需求。特再发弘愿，为进一步之推广计划，务使国内多数青年同胞，皆有得阅本刊之机会。[③]

近代中国由报章营造的"思想版图"，其结构性特征大致如上述。这既是近代中国社会重组的标志，也显示出报章对于社会的影响不断深化。当然，"思想版图"展示的结构受多重因素的影响，并不固定，战争影响下"思想版图"的变迁，便值得加以补充。

国难背景下的"思想版图"

政治作用于报章的方式前已有所论述，甚至可以说，舍此多少会影响对"思想版图"的把握。民国肇建，自是一个特殊时期，"九一八"引发的国难，也催生了不少政论杂志，当时总结"杂志界"的一篇文字就言明："《时代公论》《独立评论》《鞭策》《再生》及其他好多的周刊，都生气勃勃的起来批评政府，鼓励民心，是国民党执

---

① 蒋维乔：《十年来之中国佛教》，《光华大学半月刊》第3卷第9、10期合刊，1935年，第142页。
② 《上海佛学书局概况》，《佛学半月刊》第40期，1932年10月，第214～215页。
③ 上海佛学书局发行部启《〈佛学半月刊〉推广计画》，《佛学半月刊》第41期，1932年11月，第219页。

政以来的一个言论热烈时期。"① 战争结束后，创办的杂志也所在多有，形成读书人参政议政之高潮："左一个宣言，右一个纲领，煞是热闹，看去大有智识分子不出奈苍生何的样子。"② 可见政治影响于报章者，既促成报章的成长具有节奏性，还导致"思想版图"呈现结构的变迁。

战争惊动了中国社会，更震毁了苦心经营多年的文教事业，报章出版的基本格局同样受到影响。中国文化教育事业的发展，本有地区分布不均衡的现象，大学也好，报章也好，皆主要集中于沿海大城市。不幸的是，这些学府林立、文化事业集中的都市，处于抗日战争之前线，受害也最烈。③ 由此演出极为悲壮、惨烈的一幕——教育、文化大迁徙，"专科以上学校，除极少数归并或停办或留在原地外，几乎全部西迁，学术与文化研究机关亦全部西迁"。④ "此种学术文化上之浩劫，实为中外空前所未有。"⑤

报章出版、发行的情况如何呢？1937 年出版的《抗战与新闻事业》，已提出这样的问题："全面抗战期间的新闻事业，将如何完成其本身抗战的使命？"作者明确表示：

要造成抗战高于一切的舆论，代表各派别利益的各个新闻事

---

① 毕树棠：《中国的杂志界》，《独立评论》第 64 号，1933 年 8 月 20 日，第 12 页。

② 李纯青：《知识分子的时代使命》，李纯青、张东荪等：《知识分子的新方向》，中国建设出版社，1949，第 1 页。笔者曾考察"胡适派学人群"，亦可说明这一特征。参见章清《"胡适派学人群"与现代中国自由主义》修订版，上海三联书店，2015。

③ 吕芳上：《抗战时期的迁徙运动——以人口、文教事业及工厂内迁为例的探讨》，胡春惠等编《纪念抗日战争胜利五十周年学术讨论会论文集》，珠海书院亚洲研究中心，1996，第 26 页。

④ 孙本文：《现代中国社会问题》第 2 册，商务印书馆，1946，第 261 页。

⑤ 《第三次全国教育会议决议案提要》（3），《教育通讯》第 2 卷第 37 期，1939 年，第 12 页。

业者，就必须先把派别的利益放在抗战之下，无条件拥护抗战，不在抗战期间的报纸上提出政治问题，求贯彻派别自身的主张。

同时阐明当"力求报纸的大众化"，"在平时，报纸的政党派别化，及其离开大众，只代表一种势力的做法，是无可非难的。但在这抗战期间，却有深入社会各阶层的必要"。[①] 时人还注意到："近代文化集中在经济发达的通商大埠，或政治中心的都市，所表现的是日报、期刊，专作研究的学术机关。"而伴随战事的进展，文化中心由上海、南京等中心城市陆续往内地迁移，先是迁移到武汉，随着武汉危机日迫，报章也继续西迁。[②]

有关战时报业发展的情况，《战时中国报业》一书有所展示。书中列出"全国各省市报社通讯社统计表"，并且注明"表中数字以拥护抗战建国者为限"（见表3-3）。

表3-3　全国各省市报社通讯社统计

省市	报社	通讯社
重庆市	16	4
江苏省	10	2
浙江省	65	14
安徽省	36	1
江西省	41	26
湖北省	26	1
湖南省	93	46
四川省	80	34
云南省	32	4
贵州省	14	4
广东省	72	20

---

① 王新常：《抗战与新闻事业》，商务印书馆，1937，第1~2页。
② 望云：《两年来的国内文化界》，三民周刊社印行，无出版日期，第1、6~8页。

省市	报社	通讯社
广西省	36	4
福建省	36	8
河北省	2	
山东省	2	1
河南省	46	5
山西省	2	1
陕西省	23	3
甘肃省	15	6
宁夏省	3	
青海省	4	
绥远省	2	
西康省	16	2
新疆省	17	
总数	689	186

资料来源：程其恒编著，马星野校订《战时中国报业》，桂林铭真出版社，1944，第171~172 页。原文总计数字有误，现数据系重新相加的结果。

1944 年出版的《申报年鉴》也可补充一些资料。当然，这个时间点出版于上海，这些报章的立场可想而知，诸如"大东亚战争""和平区"等用语，也烙上特别的政治印痕。其中提及，1940 年"和平区"的报纸 102 种，计华北 27 种，华中 68 种，华南 7 种，到1943 年，"虽不无增减，但其总的数量，依旧是一百余家"。该书登载的"近年杂志界概况"还指出："当事变爆发之初，吾国的杂志界一时曾由蓬勃气象转入停顿状态。"[1] 受战事影响，不少杂志中止发行（见表 3 - 4）。

---

① 《申报年鉴（1944）》，第 995、1006~1009 页。

表 3 - 4　中止发行的杂志

国别	奉令停止发行者	自动中止发行者
华籍	55	31
美籍	10	1
英籍	9	1
苏联籍	2	2
德籍	4	1
国际	5	
合计	85	36

资料来源:《申报年鉴（1944）》，第 1006 ~ 1007 页。

　　蒋梦麟在回忆中言及，九一八事变以后，随着国民党威权的南移，北大、清华、南开即是以文化力量争持于平津的中坚。三校最后南迁昆明，更显示了中国读书人深知在侵略者的刺刀下绝无精神自由的希望，于是克服南迁流难的艰辛，到大后方续图百年之计。[①] 国难之际，报章营造的"思想版图"发生改变，既是战事的需要，也是读书人为文化续命的产物。此亦说明，在近代的通信条件下，报章的作用无法替代，构成国家政治生活中重要一环。当抗战结束，报章的发行又呈现新一轮高潮，即为明证。

　　仅以上海一地来看，《上海年鉴（1947 年）》根据社会局的调查揭示出："自抗战军兴，各大报格于环境，自动停刊或迁移内地出版，胜利后陆续返沪复刊。"特别说明 1946 年上海所出版期刊之总数约 420 种，"其数量实较过去任何年度为多"。该书还提供了书业的情况，同样是"日有进展"，出版社很快发展为约 70 家，"胜利后由内地出版社迁沪者多至数十家，益以上海原有出版家之努力，发行之单行本数，逾数千种，销售数量约在 500000 册左右"。只是，由于物

_____

① 蒋梦麟:《西潮》，业强出版社，1991，第 222 页。

价不断上涨，纸张及排印工一再调整，出版业的发展也不免受制于此，"普通一册书籍所包括之成本，版税约占百分之十五，纸张及排印工百分之三十，营业费百分之三十，再加上折扣，欲求获利，实至不易"。[①] 这还只是上海一地的情况，其他城市大致差不多，同样说明战争的影响。

由于报章受发刊年限、发行范围及数量的影响甚巨，难以确立对等的信息关系，因而要通过某种方式呈现其图景，无疑困难重重。不过，经由以上的梳理，我们对于民国时期由报章营造的"思想版图"，还是可以获得基本的认知。这张"思想版图"若置于地理版图，或还不足以完全展示报章的"星罗棋布"，但报章无疑在飞速成长中，不再局限于少数大城市或沿海城市，也并非由少数社会阶层所操控。相应的，审视民国时期由报章营造的"思想版图"，也大致可了解什么因素主导了报章之兴起，其发展又呈现"思想界"怎样的趋向。最基本的，这样的"思想版图"，可以展现民国时期报章区别于清季的情况，空间的拓展之外，报章作用于社会及个体的方式也在发生改变。

三　隐然已存在的"思想界"

"思想界"作为汉语新词，20世纪初年已有不少用例。只不过，何谓"思想界"，并没有明确的指称；甚至未能区分历史与当下的情形，似乎中国早已存在"思想界"。凡此种种，皆说明对"思想界"的把握，仍不够清晰。差不多10年后，时人眼中的"思想界"便已隐然存在，并且广泛用于各种论述中。这样的变化足以说明一些问

---

① 周钰宏编《上海年鉴（1947年）》，华东通讯社，1947，第17~22页。

题。颇有学者倾向于这样的看法，19世纪90年代中叶至20世纪最初10年里发生的思想变化，应被看成比五四时代更为重要的分水岭。[1] 将晚清与五四联系起来，其意义不只表明"没有晚清，何来五四"，[2] 打通这两个时段，可以从更为长程的时段认识近代中国。以"思想界"来说，即是一个不断延续的话题，尤为突出的是，对思想人物的评价已热衷于此展开，康有为、梁启超、章太炎以及五四之辈，均被置于"思想界"进行评论。此亦意味着，"思想界"作为一个"场域"或者"舞台"的意义，得到进一步强化。

"思想界"成为臧否人物的维度

对于历史上那些可以作为时代命名的事件，人们总是有更多关注，五四就是如此。作为中国文化史上重要的分界点，其影响也不断延续，并左右着对诸多问题的审视。不过，有"趋新"之名的五四，学术舞台并非完全由"新人"所垄断。如余英时所揭示的，不仅康有为、梁启超、章太炎、严复等均还健在，而且依旧活跃于学术思想的第一线；同时，传统儒学仍是学界的主流，以章太炎、刘师培为首的古文经学派，与以康有为、廖平为代表的今文经学派，呈"双峰并峙，二水分流"的局面。此外，以精密的思想方法、新颖的学术观点开拓新的学术疆域的王国维，也卓然成家。[3] 不无意味的是，到民国时期，"思想界"已成为臧否思想人物的维度，并且发生在两代学人之间。

---

[1] 张灏：《梁启超与中国思想的过渡（1890~1907）》，第218页。

[2] 参见王德威《被压抑的现代性：没有晚清，何来五四？》，《学人》第10辑，江苏文艺出版社，1996，第219~237页。王后来又将"没有晚清，何来五四"作为《被压抑的现代性：晚清小说新论》一书导言（宋伟杰译，北京大学出版社，2005，第1~19页）。

[3] 余英时：《中国近代思想史上的胡适——〈胡适之先生年谱长编初稿〉序》，《重寻胡适历程——胡适生平与思想再认识》，广西师范大学出版社，2004，第157~220页。

作为晚清"思想界"重要代表的梁启超，即以这样的方式被表彰。胡适总结自己的成长历程，自言"个人受了梁先生无穷的恩惠"。[①] 1912年梁启超结束14年的流亡生涯从日本归国，胡适在报上读到有关消息，特别表彰梁"其功在革新吾国之思想界"，甚至指出："使无梁氏之笔，虽有百十孙中山、黄克强，岂能成功如此之速耶！近人诗'文字收功日，全球革命时'，此二语惟梁氏可以当之无愧。"[②] 梁启超显然也接受了"思想界"这一说法，还以此自我期许。1918年底，梁启超一行人动身前往欧洲之际，友朋间曾有一场通宵达旦的谈话，相约以后决然舍弃所迷梦的"政治活动"，"要从思想界尽些微力"。[③] 后来，胡适又语梁启超，"晚清'今文学运动'，于思想界影响至大，吾子实躬与其役者，宜有以纪之"。这也成为梁撰写《清代学术概论》的"动机"之一。这部完成于1920年的著作，也立足"思想界"为思想人物定位。内中评价康有为，乃今文学运动之中心，其《新学伪经考》诸所主张，"实思想界之一大飓风也"。又指出："晚清思想界有一彗星，曰浏阳谭嗣同"，其脱尽旧思想之束缚，"前清一代，未有其比也"。对于自己，梁则表示"启超之在思想界，其破坏力确不小，而建设则未有闻"，因此，"可谓新思想界之陈涉"。[④] 1923年梁所写《五十年中国进化概论》，又将近代以来中国思想的演化分为三期，特别表彰第二期的康有为、梁启超、章炳麟、严复等辈，"都是新思想界勇士，立在阵头最前的一排"。[⑤] 这显示出，思想人物之尊荣往往体现在能否于"思想界"获得相应

---

① 《四十自述》，《胡适作品集》第1集，远流出版公司，1986，第55页。
② 《胡适留学日记》(1)，《胡适作品集》第34集，第111页。
③ 梁启超：《欧游心影录》，《教育公报》第7年第6期，1920年，第51~52页。
④ 《清代学术概论》，朱维铮校注《梁启超论清学史二种》，第1、64、73~75页。
⑤ 梁启超：《五十年中国进化概论》，《饮冰室合集》第5册，"文集之三十九"，中华书局，1989，第43~45页。

位置。

不仅晚清人物被置于"思想界"加以评说，五四时期卓有影响的思想人物，当时就在"思想界"的架构里被表彰。1919 年 7 月毛泽东在《湘江评论》发表《陈独秀之被捕及营救》表示："我们对于陈君，认他为思想界的明星。"① 胡适也撰文介绍吴虞是"'四川省只手打孔家店'的老英雄"，乃"中国思想界的一个清道夫"。② 胡适同样被人期许，钱玄同就鼓动胡说，尽管"不致于如吴老先生那样激烈"，但"我们实在希望你也来做'思想界底医生'"，并且要针对《华国》和《学衡》"打些思想界底防毒针和消毒针"。③ 鲁迅也不例外，曾以这样的身份被肯定——"新中国的思想界领袖"。④

与之适成对照，有时候"思想界"也会为人所用，用以攻讦对手，尤其到"后五四"时期，活跃于五四时期的思想人物，即不免被置于"思想界"加以评说。1925 年 8 月 4 日，北京《民报》刊登发刊广告，内称"特约中国思想界之权威者鲁迅"等先生"随时为副刊撰著"，后来有人便以此讽刺鲁迅。陈源表示："鲁迅先生一下笔就想构陷人家的罪状。他不是减，就是加，不是断章取义，便捏造些事实。他是中国'思想界的权威者'，轻易得罪不得的。"⑤ 为此，

---

① 毛泽东：《陈独秀之被捕及营救》，《湘江评论》第 1 期，1919 年 7 月 14 日，第 6 页。

② 胡适：《〈吴虞文录〉序》，《民国日报·觉悟副刊》1921 年 6 月 24 日，第 2～3 版。

③ 钱玄同：《致胡适》（1925 年 5 月 10 日），耿云志主编《胡适遗稿及秘藏书信》第 40 册，黄山书社，1994，第 351～356 页。

④ R. M. Bartlett：《新中国的思想界领袖鲁迅》，石孚译，原刊美国 *Current History*，Oct. 1927，译文载《当代》第 1 卷第 1 编，李何林编《鲁迅论》，北新书局，1930，第 145～148 页。

⑤ 西滢（陈源）：《致志摩》，收入《闲话的闲话之闲话引出来的几封信》，《晨报副刊》1926 年 1 月 30 日，第 58 页。

鲁迅也在多家报刊发表《所谓"思想界先驱者"鲁迅启示》，加以辩驳。① 明显是针对胡适在《独立评论》上的文字，邹韬奋也以深文周纳的方式指出："日本人奉为'中国现代思想界之泰斗'的胡适之先生，最近因赴美讲演和出席太平洋国际学会，途经上海，听新闻记者发表谈话，极力赞美华北停战协定。"并表示，胡适最近发表的"高谈"，也不得不令人感到"这位'思想界之泰斗'的'思想'实在有不可思议的奇异!"② 这些或都说明，到民国时期"思想界"已成为各种话题的背景。

《新青年》对"思想界"的阐述

从晚清到民国，对"思想界"的认知，是否发生了转变呢？这是通过"文本"分析才能回答的问题。要认知当时所谓"思想界"，不妨结合《新青年》所提供的例证，尽管难以涵盖五四时期对"思想界"的阐述，却可以说明一些问题（见表3-5）。

表3-5　《新青年》所表述的"思想界"

作者	篇名	例句	卷次/时间
彭德尊	《艰苦力行之成功者:卡内基传》	由此观之,卡氏非独实业界之英雄,抑亦学术界之恩人,思想界之伟人也	第1卷第1期,1915年
李亦民	《安全论》	虽由儒家学说垄断思想界,有以阻塞之。而所以任其阻塞,不能抉破藩篱者,则偷安之根性,为之司命也	第1卷第4期,1915年
李平一	《致独秀》	吾国青年体育孱弱之原因虽种种,而要以思想界有两种旧说,为害尤烈	第2卷第3期,1916年

---

① 《所谓"思想界先驱者"鲁迅启示》,《语丝》第108期,1926年2月4日,第24页。同时刊登于《莽原》第23期,1926年12月10日,第963~964页。

② 韬奋:《听到胡博士的高谈》,《生活》第8卷第25期,1933年,第1页。

作者	篇名	例句	卷次/时间
陈独秀	《袁世凯复活》	若夫别尊卑重阶级,主张人治,反对民权之思想之学说,实为制造专制帝王之根本恶因。吾国思想界不将此根本恶因铲除净尽,则有因必有果	第2卷第4期,1916年
傅桂馨	《致独秀》	苟非崇尚绝对,则何至董仲舒之徒有罢斥百家,使臣民专奉孔子一人之请愿,而使神州思想界黯然无光,以迄于今兹也	第3卷第1期,1917年
常乃惪	《我之孔道观》	孔子所以必引忠孝以入己说者,殆由当时报恩之观念,已广布于学者思想界中,不可遽灭	第3卷第1期,1917年
胡晋接	《致独秀》	此次欧战结果,恐欧洲学者之思想界,尚有不适于用,而亟待革新者	第3卷第3期,1917年
凌霜	《托尔斯泰之平生及其著作》	托尔斯泰之关系于近世思想界、文学界、道德界、宗教界,既如此其深且切,其能转移学者之心理,自不待言	第3卷第4期,1917年
陶履恭	《女子问题》	事实之未明,真理之未昌者,今日我国思想界、言论界之现象也。而关于女子问题,缄默尤甚	第4卷第1期,1918年
胡适	《旅京杂记》	研究西洋哲学史,还有一层大用处:还可以救正今日中国思想界和言论界的"奴性逻辑"	第4卷第3期,1918年
傅斯年	《中国学术思想界之基本误谬》	今欲起中国学术思想界于较高之境,惟有先除此谬……欲探西洋学术思想界之真域,亦惟有先除此谬,然后有以相容,不致隔越	第4卷第4期,1918年
刘半农	《随感录》(七)	盖第一种洋货,固未能在外洋学得什么;第二种洋货,又悉为外洋学术界、思想界所吐弃不屑称道之人物	第4卷第4期,1918年
朱希祖	《白话文的价值》	若打破古例,输入外来的新语,则文学的思想界,正如辟了数国的新疆土,又添了数国文学上的新朋友,岂不有趣	第6卷第4期,1919年
李大钊	《我的马克思主义观》(上)	唯物史观……已足以认他在人类思想有效果的概念中,占优尚的位置;于学术界、思想界有相当的影响	第6卷第5期,1919年

作者	篇名	例句	卷次/时间
李大钊	《由经济上解释中国近代思想变动的原因》	欧洲的文明、思想，又随着他的经济势力以俱来；思想界也就起了绝大的变动	第 7 卷第 2 期，1920 年
陈独秀	《自杀论》	所谓近代思潮是古代思潮底反动……在我们中国底思想界自然还算是新思潮	第 7 卷第 2 期，1920 年
陶孟和	《新历史》	自从达尔文用自然淘汰的道理说明进化，开思想界的新纪元，我们得到许多益处	第 8 卷第 1 期，1920 年
费哲民	《致独秀》	近一年来新文化的运动，都说是受《新青年》杂志的觉悟……思想界的变迁，可谓革新中国的好现象了	第 8 卷第 1 期，1920 年
李达	《马克思还原》	当时思想界的倾向，在文艺方面已由自然主义转入新罗曼主义	第 8 卷第 5 期，1921 年

注：分别取自各期《新青年》杂志，仅选择了若干例证。

《新青年》对"思想界"的阐述，是新文化运动时期认知"思想界"的一个缩影。有一点与晚清可谓一脉相承——对"思想界"的阐述，无分古今与中外。其他刊物同样如此，罗家伦刊于《新潮》的文章也是在历史与当下的语境下阐述"思想界"，认为"中国思想界的大变化有两个时期：一是'战国'，一是'现在'，其余几千百年间虽有种种的小改变，但是大致都是一个模形"。[1] 还可以注意到，"学术界""言论界""知识界""教育界"等，往往与"思想界"并列相称，难以严格区分。此亦昭示"思想界"的内涵逐渐清晰起来，"学术""知识""教育"各界的浮现，表明伴随大学制度的建立，

---

[1] 罗家伦：《近代中国文学思想的变迁》，《新潮》第 2 卷第 5 号，1920 年，第 874 页。

身处大学之人逐渐成为"思想界"的主体;"学术""知识""教育"也成为言说的重心。

此外,这一时期流行的"青年界",也意味着新旧之争、代际之争愈益激烈。前已述及,梁启超20世纪初年对"少年中国"的阐述,传递出对"过渡时代"的期许;学生阶层也得到特别重视。这一时期值得重视的变化则是频繁出现"青年界"之称,表明社会"界别"已有新的划分,突出了代际之别。《新青年》"通信"栏即不乏这方面的内容,一通来信即肯定该刊使"吾青年界得一良友"。[①]"读者论坛"登载的《青年学生》也指出:"居此学生之青年界,以为当有一种'春日载阳''万象昭苏'之概。"[②]

凡此种种,皆意味着"思想界"在民国时期同样构成值得重视的"话语"。影响所及,各种言说中都明示了"思想界"隐然存在,且针对"思想界"不乏评说。

对"思想界"的期许

五四时期"思想界"由隐性走向前台,主要载体仍是报章。杨端六表达对中国"言论界"的希望,即肯定报章"不失为思想界之指针",成为"左右思想界之力"。[③] 实际上,民国时期读书人在思想的养成阶段往往就受惠于所读报章,对于报章的得失更有深切体会,因此,逐渐成长起来的新的一代如何看待报章及其所发挥的效应,也值得关切。

与民初的历史演进息息相关,"共和幻象"乃读书人创办报章之诱因,也成为塑造"思想界"的底色。鲁迅深有感触地说过一番话,揭示出民国成立后的景象,距离人们的期望甚远:"见过辛亥革命,

① 淮山逸民:《通信》,《新青年》第3卷第1号,1917年,第16页。
② 罗家伦:《青年学生》,《新青年》第4卷第1号,1918年,第70页。
③ 端六:《对于言论界之希望》,《东方杂志》第18卷第2号,1921年,第4页。

见过二次革命，见过袁世凯称帝、张勋复辟，看来看去，就看得怀疑起来，于是失望、颓唐得很了。"① 这也难怪，随着王权的崩溃，一个古老帝国行之有效的统治方式失去效应，要在较短的时间重建社会秩序，既不可能，也不现实。正是对政治的极度失望，推动读书人投身杂志的创办，并思考如何成就理想的报章。

胡适对《星期评论》的表彰，颇为关心"组织问题"，涉及"思想界"如何构成，又如何发挥效应。他特别提及美国的政论家和思想家想用一种"思想界的组织"来做改造舆论的事业，创办了《新共和国》（The New Republic），最初只销售 835 份，但不到两年就销到几十万份，"成为世界上一种最有势力的杂志"。胡适试图说明，该周刊有这样的成效，关键在于从一开始即有意识进行"有组织的宣传事业"，而中国的"思想界"也当效法此。因为《星期评论》用"本社同人"名义发表团体的改造方针，胡适也视作"中国舆论界的空前创举"：

> 我们诚诚恳恳的祝他做一个中国的"新共和国"，更希望《星期评论》的榜样能引起中国舆论界的觉悟，渐渐的废去从前那种"人自为战"的习惯，采用"有组织的宣传方法"，使将来的中国真成一个名实相副的新共和国。

对于舆论界的弊端，胡适也有所评述："西洋的舆论界，哪一家报馆里没有几层楼的藏书藏报？"反观中国，上海那几位最"红"的主笔先生，一个人每天要做几家报纸的社论或时评，"从来不做学问

---

① 《南腔北调集·〈自选集〉自序》，《鲁迅全集》第 5 卷，人民文学出版社，1961，第 347 页。

的研究，也不做社会的考察"，"这种'舆论家'的主张还有什么价值可说呢？"① 对"思想界"是否研究问题，胡适颇为看重，并非面对《星期评论》才如此。在《多研究些问题、少谈些"主义"！》这篇更具影响的文字中，胡适也把不研究问题看作"中国思想界破产的铁证"。② 后来他还表示，办一个像《新共和国》这样的杂志，乃是其"十年来的梦想"。③

据此可看出，民国时期对"思想界"的认知，同样集中于创办的刊物，并且不乏批评的声音传递出来。《新潮》"书报介绍"栏针对《新青年》就说明，"青年人最需要的，有三种事物：第一是主义，第二是知识，第三是用这知识、本这主义所得的生活"。为此也指出"中国最可怕的情状，莫过于出版界的消沉"。④ 罗家伦还发出这样的感叹：其一，"中国近年来杂志太多，不能全看"；其二，"这班杂志，忽生忽灭，不知上年出版的今年是否继续出版"。⑤ 杂志太多，只是问题的一方面，关键还在内容是否有可取之处。

正是由于读书人的不断反省，新文化运动时期由报章呈现的"思想版图"，也有明显的分界。1922 年《晨报副刊》总结思想界的文章，以 1918 年为界加以区分，此前主要关注"时事问题"，此后则主要讨论"学理问题"，"这种风气，《新青年》杂志实开其先"。⑥《新潮》《少年中国》等杂志，也秉持同样的精神。吴康刊于《新

---

① 胡适：《欢迎我们的兄弟〈星期评论〉》，《每周评论》第 28 号，1919 年 6 月 29 日，第 1 版。

② 胡适：《多研究些问题、少谈些"主义"！》，《每周评论》第 31 号，1919 年 7 月 20 日，第 1 版。

③ 《致高一涵》（1924 年 9 月 8 日），《胡适全集》第 23 卷，第 437 页。

④ 记者：《新青年杂志》，《新潮》第 1 卷第 2 号，1919 年，第 355 页。

⑤ 罗家伦：《今日中国之杂志界》，《新潮》第 1 卷第 4 号，1919 年，第 623 页。

⑥ 甘蛰仙：《最近四年中国思想之倾向与今后革新之机运》，《晨报副刊》1922 年 12 月 3 日，第 2 版。该文为连载稿，此系续篇。

潮》的《从思想改造到社会改造》就表示：

> 说到中国今日的思想界，真是一言难尽！旧偶像未去，新偶
> 像又来；我们今日不欲求社会改造则已，欲求社会改造，必不可
> 不先将这思想界模糊纷乱的空气摧陷廓清。[1]

傅斯年也曾对此加以检讨，指出中国国民的思想主要受三种主义
主宰：第一是形式主义，第二是前定主义，第三是命定主义，"这三
体是造成中国思想界所以为中国思想界的，是造成中国人的生活所以
为中国人的生活的"。[2] 结合《新潮》"通信"栏提供的信息，还可
发现此构成社员共同的关怀。何思源介绍说：美国凡关系思想及科学
的杂志，往往有"思想的纪事"栏目，中国的杂志都是片断的论文，
缺乏系统纪载，《新潮》应当"添加'思想界纪事'一门"，以作为
"《新潮》思想史"的记录。罗家伦对此表示赞同："中国思想界现在
的变更极快，苟无系统的纪载，则不但使同时的人不明现在的趋向，
而且使以后的人不晓得我们这个时代的实在情形。"[3] 据此可以注意
到，新潮社成员颇为关注"思想界"的载体，对此的反省往往结合
教育界、学术界、出版界展开。

《少年中国》也值得加以分析。少年中国学会创始人之一的王光
祈，力主该学会有两种事业要积极推进，一是"革新思想"，二是
"改造生活"。对于前者他所设想的是在"教育""出版""新闻"诸
环节下手。述及"出版事业"，王就指明："现在中国的出版界，真

---

① 吴康：《从思想改造到社会改造》，《新潮》第 3 卷第 1 号，1921 年，第 27 页。
② 傅斯年：《附启》，顾诚吾：《对于旧家庭的感想》，《新潮》第 1 卷第 2 号，1919 年，第 170 页。
③ 何思源来信，罗家伦答，《新潮》第 2 卷第 4 号，1920 年，第 839 ~ 840 页。

是贫乏极了!"为此强调少年中国学会"发了一个宏愿,要从事出版事业","将来除了将自己求学的心得,随时编著外,凡外国有新书出版,亦将次第译出,介绍于国内的社会"。① 陈启天在《什么是新文化的真精神》中,同样强调"思想"的力量,"有思想的几种新方法才易产生新教育、新学术、新文艺、新制度出来",指明当在两方面努力,一是"由垄断的思想到解放的思想",二是"由迷信的思想到科学的思想"。②

就围绕"思想界"的阐述来说,对比晚清与民国时期,有一点再清楚不过——"思想界"由隐性走向前台。晚清时期梁启超等针对"思想界"阐述时,并没有清晰的言说对象;到民国时期,读书人笔下的"思想界"似乎已确切存在,并且具体指向所创办的各种报章,以及在报章上撰文的读书人。同时,尽管"思想界"与"学术界""出版界""新闻界""教育界"仍纠葛在一起,边界也不那么明晰,但并不难理解其具体所指。甚至可以说,上述各"界"难以明确区分,恰说明"思想界"与此有着密切关联。针对"思想界"各种批评声音不断涌现,同样是"思想界"走向前台的明证。

---

① 王光祈:《"少年中国"之创造》,《少年中国》第 1 卷第 2 期,1919 年,第 5 页。
② 陈启天:《什么是新文化的真精神》,《少年中国》第 2 卷第 2 期,1920 年,第 4 ~ 5 页。

第四章

"思想界"的多重色彩：报章与学术

将"思想界"视作"场域"，有必要关注构成"场域"的政治、学术等至关重要的元素，正是这些元素，使"思想界"呈现出多重色彩。最基本的，近代报章之登陆中国，构成传播西学的主要载体，凸显出鲜明的"学"的色彩，成为推动近代知识成长的主要媒介。与之适成对照，"思想界"也烙上政治的印痕，尤其是舆论背后的政治角力，同样是审视"思想界"难以绕开的话题。《湘报》1898 年登载的《〈时务报〉书后》一文，有如斯之言："报之例有三，曰政，曰学，曰议。"① 可以说，报章与学术，政治与思想，乃呈现"思想界"多重色彩的基本元素。本章先就"报章与学术"，稍加申论。

晚清"思想界"的形成前文已道及，其内涵并不清晰，尤其与"学界"纠葛在一起；民国时期对"学术思想界"的关注，更表明"学"的分量在提升。这本不难理解，此乃报章不断成长的结果，也与读书人广泛创办报章密切关联。因此，有必要检讨报章如何构成新学之载体，对于近代知识的成长又发挥了怎样的作用。曹聚仁曾据此分析"文坛"，指出"一部晚清中国文学史，从侧面来看，又正是一部新闻事业发展史"，而且，"中国的文坛和报坛是表姐妹，血缘是

---

① 汪恩至：《〈时务报〉书后》，《湘报》第 99 号，1898 年 6 月 30 日，第 393 页。

很密切的"。① 也许问题并不如此单纯，但点出"文坛""报坛"密切相关，有裨于认清近代学术的成长对于新型媒介的仰赖。本章也试图说明，与"学"的结合乃晚清以来报章成长的"生意经"，到民国时期，当大学成长为学术重镇，更影响着报章的"生意"，不仅发展出纯粹言"学"的杂志，分科知识往往还构成报章的主要栏目。解析清季民国时期的"思想界"，此亦是题中应有之义。

一 "学战"意识下对"报章"的认知

如论者所揭示的，逐渐认识到中西竞争最终是一场"学战"，是晚清自觉重视这场文化竞争的体现。② 明显由"商战"发展而来的"学战"，传递的是对技艺背后之"学"的重视，而"学"之载体，固然包含各翻译机构的出版物，但报章的作用也十分突出。前面勾画的来华西人创办的报章，就构成传播"西学"的主要载体，如李提摩太所指明的，"欧洲各国报馆林立，各国利弊无不周知，故新学中以报馆为教育人材之一端"。③ 进一步的，晚清士人创办的报章是否有同样的诉求？答案是肯定的。这些报章，以实现"上下通""中外通"为主要目标，"学"亦涵盖其中。

"有一学即有一报"

追溯晚清士人较早创办的报章，不可否认，围绕上下与中外的沟通大做文章乃主要基调，前述 1874 年王韬在香港创刊的《循环日报》，便体现出这一特质。不过，此中也不乏偏重于论学的。《述报》

---

① 曹聚仁：《文坛五十年》，东方出版中心，1997，第 8、83 页。
② 王尔敏：《商战观念与重商思想》，《中国近代思想史论》，社会科学文献出版社，2003，第 198～322 页；罗志田：《新的崇拜：西潮冲击下近代中国思想权势的转移》，《权势转移：近代中国的思想、社会与学术》，第 18～81 页。
③ 李提摩太：《〈时事新论〉弁言》，《时事新论》，广学会，1894，第 1 页。

为 1884 年 4 月 18 日在广州创刊的一种石印报纸，对于报章仍强调"能使上下消息，一气相通，中外情形，了如指掌"，但也展示出对西学的重视，特别说明报章是了解"西学"更好的媒介，尤胜于"西学书籍"：

> 西学书籍，每苦无从入手，且价值昂贵，购读不易。本馆聘请精通中西学问之人，逐日依次翻译登录，由浅入深，有径可寻，删去浮词，务求简括。有志实学者，得此既可为入门之资，又可省买书之费。

看得出，该报的主持者已完全了解报章不同」一般的"书籍"，也尝试介绍西学新的方式，最突出的是因为利用石印技术，所介绍的西学，往往配有图画，便于理解。编者也自信此为"日报中之创格"，"诸君赐阅，自知与别报不同"。① 创刊号上展示的是颇为壮观的"西国格致书院"，当给读者留下深刻印象。

甲午以后，晚清士人创办报章的热情不断高涨。在此之前，由新教传教士推动的西学东渐已走过不少年头，江南制造总局翻译馆等译书机构的出版活动，也取得了不俗的成绩。同样是对"学"的看重，当晚清士人掌握了报章这一新的媒介，也颇为重视以此传播西学。1895 年何启、胡礼垣出版的《中国宜改革新政论议》就指出："若夫医学则另设一报，化学则另设一报，电学则另设一报，军装战舰等无不另设一报，不惟详言其事，而且细绘其图，此又利世利民，而欲与天下共趋于上者也。"② 冯自由也注意到，最初广州、香港出版的各

---

① 《〈述报〉缘起》，《述报》1884 年 4 月 18 日，第 1 版。
② 何启、胡礼垣：《中国宜改革新政论议》卷上，第 40 ~ 41 页。

报，只记载琐碎新闻，"绝不知新学为何物"。《时务报》《知新报》相继出版，竞言新学，方改变广州、香港各报之色彩。① 这样的观察未必确凿，但通过《时务报》等报章可注意到，人们对西学的认知也影响到报章的言说，笼统的西学逐渐被理解为"分科之学"，士人也纷纷倡导"有一学即有一报"。

《时务报》创刊号上刊载的梁启超《论报馆有益于国事》，以西人之大报为例说明，报中所载，包罗万象，报章也因此分为不同的类别：

> 言政务者可阅官报，言地理者可阅地学报，言兵学者可阅水陆军报，言农务者可阅农学报，言商政者可阅商会报，言医学者可阅医报，言工务者可阅工程报，言格致者可阅各种天、算、声、光、电专门名家之报。有一学即有一报，其某学得一新义，即某报多一新闻。

所谓"有一学即有一报"，各行各业皆有可阅之报，这是梁启超描绘的理想状态，将"学"与"报"联系起来，也甚为彰著。由此，梁肯定报馆之益，可以"奋厉新学，思洗前耻"，尤其点出报章"旁载政治、学艺要书，则阅者知一切实学源流门径，与其日新月异之迹，而不至抱八股、八韵、考据、词章之学，枵然而自大矣"。②

随后出版的不少报章同样展现出对"学"的重视。《知新报》之创办，源于"《时务报》所译西报，详于政而略于艺"，期望能"略

---

① 冯自由：《广东报纸与革命运动》，《革命逸史·初集》，中华书局，1981，第113页。
② 梁启超：《论报馆有益于国事》，《时务报》第1册，1896年8月9日，第1～2页。

依《格致汇编》之例"，"专译泰西农学、矿学、工艺、格致等报，而以政事之报辅之（约言艺者六，言政者四）"。① 梁启超在《〈知新报〉叙例》中也说明："东西各国之有报也，国家以之代宪令，官府以之代条诰，士大以之代著述，商民以之代学业，郁郁乎，洋洋乎，宗风入于人心，附庸蔚为大国，何其盛也。"为此还阐明，《时务报》尽管好评连连，但"篇幅隘短，编志漏略，记事则西多而中少，译报则政详而艺略，久怀扩充，未之克任"。②

1897 年于长沙创刊的《湘学新报》（旬刊，自第 21 册起改名为《湘学报》），同样指明中国通商以来，风气渐开，各地次第开设报馆，但"言政者多，言学者少；言改政者多，言广学者少"，寄望该报"讲求中西有用诸学，争白灌磨，以明教养，以图富强，以存遗种，以维宙合"。为此，该报还有意识地与《时务报》《万国公报》加以区分："海内建议变法之文，如《时务报》《万国公报》俱粲然可观，本报专从讲求实学起见，不谈朝政，不议官常，盖学术为致治之本，学术明，斯人才出。"其"大旨"区为六门：曰史学，曰掌故之学，曰舆地之学，曰算学，曰商学，曰交涉之学，为的是"将中西有用之学，先择已译之书，敷陈梗概，俟门径粗通，即拟选译，以求精深之学"。③

次年，长沙又创办了《湘报》，同样肯定报章对于推进"学"发挥的作用，"政学、格致万象森罗，俱于报章见之，是一举而破二千余年之结习，一人而兼百人千人之智力，不出户庭而得五洲大地之规模"，"其使中国为极聪强极文明之国，吾于是决其必然矣"。④ 谭嗣同《〈湘报〉后叙下》则指明相较于学堂、书院、学会，"报纸"的

---

① 《广时务报公启》，《时务报》第 15 册，1896 年 12 月 25 日，"告白"，第 2 页。
② 梁启超：《〈知新报〉叙例》，《知新报》第 1 册，1897 年 2 月 22 日，第 3～4 页。
③ 《〈湘学新报〉例言》，《湘学新报》第 1 册，1897 年 4 月 22 日，第 1～4 页。
④ 唐才常：《〈湘报〉叙》，《湘报》第 1 号，1898 年 3 月 7 日，第 1 页。

影响尤为突出：

> 报纸出则不得观者观，不得听者听。学堂之所教，可以传于
> 一省，是使一省之人，游于学堂矣；书院之所课，可以传于一
> 省，是使一省之人，聚于书院矣；学会之所陈说，可以传于一
> 省，是使一省之人，晤言于学会矣。且又不徒一省然也，又将以
> 风气浸灌于他省，而予之耳，而授以目，而通其心与力，而一切
> 新政新学，皆可以弥纶贯午于其间而无憾矣。且夫报纸，又是非
> 与众共之之道也。①

直接以"新学"名义创办的报章，也于 1897 年 7 月出现。由
《新学报》发布的《公启》可了解，该报源自之前创设的新学会，
"俾使天下学子群相观摩，以求精进日新之益"，体例"约分四科，
曰算，曰政，曰医，曰博物"。② 此外，该年在重庆创办的《渝报》，
也定位于开"风教之先"，所重视的凡四端："一曰教，二曰政，三
曰学，四曰业（学亦可称业，业亦资于学，今分士所执为学，农工
商所执为业），而归重以卫教为主，明政为要。"而且，"讲学无论中
西，取其切于实用，如天文、地舆、兵法、医学、算学、矿学、格、
化、光、声、重、汽、电各种学"。③

晚清士人创办的报章逐步加入"学"的成分，既是"兴学"成
为风潮的直接反应，也是读书人广泛介入其中的缘故。而且，不单形
成"有一学即有一报"的认知，成长中的"专门之业"，也依托报章
得以介绍，成为推动分科知识成长的助力。

---

① 谭嗣同：《〈湘报〉后叙下》，《湘报》第 11 号，1898 年 3 月 18 日，第 41 页。
② 《〈新学报〉公启》，《新学报》第 1 册，1897 年 8 月，第 1~2 页。
③ 宋育仁：《学报序例》，《渝报》第 1 册，光绪二十三年十月上旬，第 8 页。

报章与"专门之业"

1897 年《国闻报》发刊时，参与其中的严复借此总结了甲午以后报章发展的概貌，指出继《时务报》后，"踵事而起者，乃有若《知新报》《集成报》《求是报》《经世报》《萃报》《苏学》《湘学》等报；讲专门之业者，则有若《农学》《算学》等报。虽复体例各殊，宗旨互异，其于求通之道则一也"。[①] 所谓"专门之业"，正是报章推动分科知识成长的写照。《农学报》与《算学报》的出现，为个中之典型。严未提及的《利济学堂报》，亦可归于此。该报 1897 年 1 月 20 日正式发刊，"医学独详"，占据相当篇幅。[②]

《农学报》原名《农学》，1897 年 5 月创刊，第 15 册起才固定报名为《农学报》；18 册前为半月刊，之后改为旬刊。罗振玉等人创办此刊，为的是将"开发民智"的工作落于实处，以"报馆为农会最要之一端，会中诸事，合先从报馆办起"。秉持"农学为富国之本"，该报关注的重点也围绕"农学"展开：其一，"以明农为主，兼及蚕桑畜牧，不及他事"；其二，"专译东西农学各报及各种农书"。[③] 张之洞曾评价说："上海《农学报》多采西书，甚有新理新法，讲农政者宜阅之。"[④]

《算学报》是黄庆澄个人创办并编撰的报章，先是设馆于浙江温州，后又设分馆于上海。初为石印，第 3 册起改为木刻，共计发行了 12 册。黄师从著名学者孙诒让，在其交友圈中，既有同籍学者陈虬、陈黻宸和宋恕，还包括在上海结交的张焕纶（张聘其为上海梅溪书院教习）。因为得到安徽巡抚沈秉成的赏识，黄庆澄 1893 年受派到日本考察，历时两月，回国后整理出《东游日记》出版。俞樾曾赞誉

---

① 严复：《〈国闻报〉缘起》，《国闻报》第 1 号，1897 年 10 月 26 日，第 2 版。
② 《〈利济学堂报〉例》，《利济学堂报》第 1 册，1897 年 1 月 20 日，第 1 页。
③ 《农会报馆略例》，《时务报》第 22 册，1897 年 4 月 2 日，"告白"，第 1 页。
④ 《劝学篇·外篇·农工商学第九》，苑书义等主编《张之洞全集》第 12 册，第 9754 页。

黄庆澄"研精算学，于中西之法皆能贯而通之"。① 而黄之创办《算学报》也自有其考量：

> 本报专择近日算学中最切要者演为图说，俾学者由浅而深，循序而进，即穷乡僻壤，无师无书，亦可户置一编，按其图说，自寻门径。本报实为开风气起见，区区苦心，识者鉴之。②

"农学""算学"之外，还可注意杜亚泉创办的杂志。经历甲午之创痛，杜也"翻然改志，购译书读之"。他获得江南制造总局翻译馆所译"化学"若干种，不禁感叹"天下万物之原理在是矣"，于是"穷日力以研究之"。③ 1900 年杜亚泉到上海办起"亚泉学馆"，并编辑《亚泉杂志》，由商务印书馆代印。尽管学馆、杂志，均以其名字命名，却并非其独立支撑，所涉及的学科也不是单一的，而是"西艺"或"普通学"，并以此为本根之所在。杜之所以提倡"西艺"，直接针对的是张之洞《劝学篇》所谓"西政为上，西艺次之"的看法，强调"政治学中之所谓进步，皆借艺术以成之"。④ 这里的"艺术"即是斯时所言之"技艺"，具体指向"诸科学"。⑤《亚泉杂志》只出版了 10 册就画上了句号，不过，这并不影响杜亚泉继续这方面的努力，1902 年得到父亲支持后，他又开办起普通学书社，创办《普通学报》《中外算报》，后被聘为商务印书馆编译所理化部主任。

---

① 俞樾：《序》，《算学报》第 1 册，1897 年 7 月，第 1 页。
② 黄庆澄：《公启》，《算学报》第 1 册，1897 年 7 月，告白页。
③ 此系《亚泉杂志》第 10 册附录的一篇文字，文末署"亚泉又志"。《亚泉杂志》第 10 册，光绪二十七年四月廿三日，第 8 页。
④ 杜亚泉：《〈亚泉杂志〉序》，《亚泉杂志》第 1 册，光绪二十六年十月廿三日，封二。
⑤《本馆谨启》说明："此书辑录格致、算化、农商、工艺诸科学。"《本馆谨启》，《亚泉杂志》第 1 册，光绪二十六年十月廿三日，目录页。以后每册均刊登。

结合上述数种介绍"专门之业"的杂志，可以看出，晚清读书人通过报章阐述"学"，构成那个时期重视"学战"的写照。1898年杨昌济刊于《湘报》的文字就指出：

> 振兴商务，固为今日之要图，而商务之本源，尤在于农工之学，其必先振兴夫二者，而后商务可得而言也。①

不过，明显偏重于述"学"之报章，也遇到诸多困难，《算学报》《亚泉杂志》难以为继，表明这一类杂志多少有些"曲高和寡"。顾燮光即评价说："《亚泉杂志》中言格致诸学，颇多新理，然非稍有门径者，不能获益，似不如《汇报》中所列西学设为问答浅显易解也。"② 伴随科举新章的推行，此类杂志才获得难得的机遇（详见第八章）。

可以说，萌芽于晚清的专业性或专科性报章，要成长为"学报"，还有相当一段时间，尽管上述报章有明确的专业属性，内容上也不无可议之处。《农学报》所涉及的远不止农学；《算学报》也烙上那个年代的痕迹——基于启蒙的诉求审视算学。到 20 世纪二三十年代，专业性杂志伴随学科的制度性建设才真正发展起来（详后）。

二　分科观念左右下的"报章"

所谓"专门之业"，只是"分科之学"的另一种表述。追踪晚清报章的发展，亦当重视分科观念的成长。前已提及"　　界"之用例

---

① 杨昌济：《论湖南遵旨设立商务局宜先振兴农工之学》，《湘报》第 153 号，1898年 9 月 13 日，第 609 页。
② 顾燮光：《例言》，徐维则辑，顾燮光补《增版东西学书录》，第 3 页。

滥觞于晚清，且明显在两个层面进行"界"的命名，其一关乎"社会"的成长，主要围绕社会活动领域或职业进行，如"政治界""生计界"之类，揭示中国社会的重新组织；其二则与"学"密切相关，关乎研究领域或体裁，如"史界""文界""诗界"之类，昭示出各分科之学的成长。前面讨论的《亚泉杂志》刊有《昨年化学界》的译稿，同样是"～～界"在晚清较早的用例。① 此亦透露出晚清报章对应着近代知识成长的背景，作为"学"之载体的报章，展现出对分科知识的高度重视，读书人对此的认知各有差别，甚至引发激烈争辩。

梁启超论学的转向

任达（Douglas R. Reynolds）曾说明："中国在 1898 至 1910 这 12 年间，思想和体制的转化都取得令人注目的成就。但在整个过程中，如果没有日本在每一步都作为中国的样本和积极参与者，这些成就便无从取得。"② 对于推动晚清思想变革日本发挥的影响，确实值得重视。不只是前已述及的语言问题，梁启超等人的"东学背景"，也值得关注。③ 尤为突出的是，晚清读书人在日本创办报章，构成推进学科知识成长的重要一环。

梁启超到日本后，对学科知识的认知走上一个新阶段，令其尤为感兴趣的是：

---

① 《昨年化学界》，署"王琴希先生来稿，译日本物理学校杂志"，《亚泉杂志》第 3 册，光绪二十六年十一月初八日，第 1～2 页。此外，还有"动物界"、"植物界"与"无机界"的用例，以区分不同的学科。《博物学总义》，《亚泉杂志》第 8 册，光绪二十七年三月二十三日，第 2～3 页。

② 任达：《新政革命与日本——中国，1898～1912》，李仲贤译，江苏人民出版社，1998，第 7 页。

③ 参见狭间直樹（编）『共同研究梁啓超：西洋近代思想受容と明治日本』みすず書房、1999；中文版《梁启超·明治日本·西方：日本京都大学人文科学研究所共同研究报告》，社会科学文献出版社，2001；Joshua A. Fogel, *The Role of Japan in Liang Qichao's Introduction of Modern Western Civilization to China*, Berkeley: University of California Berkeley, 2004。

日本自维新三十年来，广求智识于寰宇，其所译所著有用之书，不下数千种，而尤详于政治学、资生学（即理财学，日本谓之经济学）、智学（日本谓之哲学）、群学（日本谓之社会学）等，皆开民智、强国基之急务也。

反观中国，治西学者固微，译出各书，皆"偏重于兵学艺学，而政治资生等本原之学，几无一书焉"。① 这个说法未必符合西学东渐的实际情况，梁以此立说，表明有了新的选择。他也依据日本现行中学校之普通科目，指出各分科知识"皆凡学者所必由之路，尽人皆当从事者也"，而且，"大抵欲治政治学、经济学、法律学等者，则以历史、地理为尤要；欲治工艺、医学等者，则以博物、理化为尤要"。② 此时的梁启超对近代知识的认知有了较大突破，尤其是了解到不同的"知识分科"，颇为关切如何加以选择。

这也促成梁启超创办的报章逐渐加强对分科之学的阐释。《清议报》最初设定的专栏"万国近事""猛省录""闻戒录"等，学科意识并不明显，但第 11 册刊登的《本报改定章程告白》，明确表达了对"政治学""理财学"的重视，希望多刊登相关内容：

本报宗旨专以主持清议、开发民智为主义，今更加改良，特取东西文各书报中言政治学、理财学者，撷其精华，每期登录数叶。因政治等学为立国之本原，中国向来言西学者，仅言艺术及事迹之粗迹，而于此等实用宏大之学绝无所知，风气不开，实由于此。本馆既延请通人，多译政治、理财学之书，今复先按期登

---

① 梁启超：《论学日本文之益》，《清议报》第 10 册，1899 年 4 月 1 日，第 3 页。
② 梁启超：《东籍月旦》，《新民丛报》第 9 号，1902 年 6 月 6 日，第 111～113 页。

第四章　"思想界"的多重色彩：报章与学术　199

录，以供众览。①

《清议报》刊登的论学文章并不算多，1902 年创办的《新民丛报》有了较大改观，立意于"仿外国大丛报之例，备列各门类，务使读者得因此报而获世界种种之智识"。该报最初规划的门类，也成为学科意识提升的明证，不少皆与学科相关。② 稍后梁启超创办的《新小说》，甚至以"学科"作为"小说"之分类。③ 不惟如此，《新民丛报》第 26 号刊登的一篇文字，还注意到"数月来差强人意之一现象，则丛报发达是也"：

> 上海《新世界学报》最早，《大陆报》次之，东京湖南学生所出之《游学译编》次之，而《译书汇编》亦以第二年第九期以后改译为撰，而今年正月东京湖北学生有《湖北学生界》之设，浙江学生有《浙江潮》之设，闻江苏学生亦将自出一报，计划已熟，今正在编印中云。半年之间，彬彬踵起……学界之活动气，可征一斑。④

---

① 《本报改定章程告白》，《清议报》第 11 册，1899 年 4 月 10 日，"告白"，第 1 页。

② 包括图画、论说、学说、时局、政治、史传、地理、教育、宗教、学术、农工商、兵事、财政、法律、国闻短评、名家谈丛、舆论一斑、杂俎、问答、小说、文苑、绍介新著、中国近事、海外汇报、余录等。《本报告白》，《新民丛报》第 1 号，1902 年 2 月 8 日，告白页。

③ 第 1 号之栏目就包括"历史小说""政治小说""科学小说""哲理小说""冒险小说""侦探小说"等，《新小说》第 1 号，1902 年 11 月 14 日，目录页。

④ 《丛报之进步》，《新民丛报》第 26 号，1903 年 2 月 26 日，第 81~82 页。梁启超这里提及的，远不能涵盖这方面的情况。1903 年 2 月出版的《湖北学报》，即以教育学、史学、地学、外交学来安排内容，并说明"中外学科门类繁多，兹暂择其最足扩张识力培固国基者四门，编录成册"。《〈湖北学报〉例言》，《湖北学报》第 1 集第 1 册，1903 年 2 月 12 日，第 1~2 张。同年 4 月出版的《湖南学报》，也以经学、伦理、理化、数学、教育、地理、东文学安排内容。《叙例》，《湖南学报》第 1 帙，1903 年 4 月 27 日，第 1~2 页。

所谓"学界之活动气，可征一斑"，明显是将报章作为反映学界活动的主要载体。1907年2月，还出版了何天柱主持之《学报》，明确道出："言中学西学者，妄也；言新学旧学者，妄也。"强调《学报》所介绍之学，乃生于今日而为中国国民之一分子、为世界人类之一分子者，所"不可不学"。①而《学报》尚未问世，梁启超预先就在《新民丛报》上加以介绍，肯定该报"可谓中国学术上报章之先河也"。②

最为突出的是各刊物往往按照"界别"组织文章，较多涉及"学界""政界""商界""军界""民界""医界""女界""出版界""教育界""留学界""实业界"等栏目。1906年留日学生创办的《新译界》，甚至全部按照"界别"安排栏目，展现出"学""界"之合流，包括"政法界"（政治、经济、法律）、"文学界"（哲学、宗教、历史、地理）、"理学界"（天文、地质、人种、博物、理化、数学）、"实业界"（家业、工业、商业）、"教育界"（教育行政、教育学、教育史、女学）、"军事界"（陆军、海军）、"外交界"（交涉、条约）、"时事界"（中国时事、外国时事）。③直接以"～～界"作为杂志名称的，除前述《湖北学生界》《新译界》，尚有《东京留学界纪实》《实业界》《中国新女界杂志》《铁路界》等。如征诸前述商务印书馆、中华书局出版的杂志，这样的倾向更为明显。

在此背景下，"无人不学"及"学无界说"的论调，也将斯时对"学"的重视展现出来。1907年《新闻报》刊登的《论中国人之学问》阐明："学战之世，农有学，工有学，商有学，政治有学，教育

---

① 何天柱：《〈学报〉叙例》，《学报》第1年第1号，1907年，第3~4页。
② 梁启超：《新出现之两杂志》，《新民丛报》第88号，1906年10月2日，第17页。另一杂志为杨度1907年1月20日创办的《中国新报》。
③ 范熙壬：《〈新译界〉发刊词》，《新译界》第1号，1906年，第22~25页。

有学，军士有学，下至废人残疾，无不有学。质言之，则无人不学，不学不可以为国。"① 同年《南方报》登载的《学界无界说》则指出：古代四民之分，界限截然，"此我中国两千年来锢蔽之积习，强分界线而卒无以破除之所致"。在作者看来，"学固有界乎哉？苟以界论，则无古无今无中无外，自君主或大统领，以至庶民，莫不当学，即莫不在此界中"。因此，"学界者，无界者也，纳中国之人而尽归之学界而后不愧为中国新学之世界"。② 不过，所谓"学无界说"，也揭示出晚清读书人在近代知识成长中遭遇的困惑，学有分科已难以回避，但如何"界说"，倒成为不小的问题。

借重报章之"东学"与"国学"

在日本创办的报章成为介绍分科知识的主要载体，意味着晚清在近代知识的采集上已发生由"西学"到"东学"的转向。"西学""东学"乃至稍后频频出现的"新学"，不只是提法的转换，实包含着方向性的转变，绝非无关紧要。不惟如此，这一时期还兴起对"国学"的讨论，往往也通过新型媒介以振兴"国学"。这里可结合一些关注于"学"的报章，说明其中值得重视的趋向——学术对报章的借重。

创刊于1900年12月的《译书汇编》，在留日学生创办的刊物中具有独特地位，"时人咸推为留学界杂志之元祖"。③ 该刊第1期封面所列之"本编要目"，均以"学"为标识，涉及政治学、行政学、法律学、政治史学、政理学各书。同时刊布的《简要章程》还表示："政治诸书乃东西各邦强国之本原，故本编亟先刊行此类，至兵农工

---

① 《论中国人之学问》，《新闻报》1907年1月9日，"论说"，第1页。
② 师石：《学界无界说》，《南方报》1907年7月25日，第1页。
③ 冯自由：《励志会与〈译书汇编〉》，《革命逸史·初集》，第98~99页。

商各专门之书，亦有译出者，以后当陆续择要刊行。"① 有意思的是，第 2 期刊登的《简要章程》，涉及各学科的提法已有所调整，"经济"为"理财"所替代，"政理"也改为"哲学"。这正说明知识分科的成长颇为曲折，即便已按照学科进行分栏，还需要不断修正。

1902 年 11 月创刊于东京的《游学译编》，"专以输入文明，增益民智为本"。杨度为此也阐明："今日之世界，以学战，以工商战，兵者特其护此者耳。"还明确表示：

> 今日西洋各国之格致学、哲学、政法学、生计学种种发达之象，至于此极者，皆由前此数十辈巨儒硕子之学说来也。②

该刊"以译述为主"，首列"学术"，其次分别为"教育""军事""实业""理财""内政""外交""历史""地理"等，同样显示出分科知识的影响。为此还强调，为今之计，当使"游学者与不游学者，日以学术相责"，"然后群起而谋国"。③

一些未必直接标榜"学"的刊物，同样凸显这方面的内容。《浙江潮》第 4 期刊发的文章，指出教育国民为"报馆最重之责任"，故"政法也，经济也，社会也，伦理也，凡夫一学一说，有关乎人文之发达者，必奋笔直书，以灌输于国民之脑"。④ 1905 年 6 月创刊之《二十世纪之支那》，也刊文说明"一国之文明，系于一国之学术，而学术之程度，恒视其著述之多少为差"。该文结合欧美及日本的情

---

① 《简要章程》，《译书汇编》第 1 期，1900 年 12 月 6 日，第 1 页。
② 杨度：《〈游学译编〉叙》，《游学译编》第 1 册，1902 年 11 月 16 日，第 3～4、7 页。
③ 《〈游学译编〉简章》，《游学译编》第 2 册，1902 年 12 月 14 日，封二。
④ 筑髓：《论欧美报章之势力及其组织》，《浙江潮》第 4 期，1903 年 5 月 16 日，第 16 页。

况，对中国也进行了反省：

　　夫杂志者，促民德民智民力之进步，挑发而引导之活机也，以今日之支那与欧美日本相较，宜有以挑发引导我国民者，实非倍蓰不为功，乃百不逮其一。①

留日学生创办的报章致力于介绍"东学"，并按照分科对近代知识进行把握，乃时势使然。其他方面学术的推进与振兴，同样借重报章。前面提及佛学刊物的流行，表明居处庙堂的佛学搭建起沟通社会的津梁，渐渐与现实世界的"学"合流；即便是传统学问，也一改"高头讲章"的形态，以报章的方式进行宣讲。"振兴国学"是晚清推进学术发展的重要一环，通过新的媒介使"国学"发扬光大，颇为引人注目。

1902 年 2 月邓实、黄节等人在上海创办的《政艺通报》，倾力于"使天下皆知爱吾学以爱吾国，则学存而国可不亡"。② 一如刊物名称所昭示的，该刊大致分为政、艺两个部分，上篇言"政"，下篇言"艺"，一度还增加"史学文编"为中篇（后易名为"政史文编"）。邓实解释了何以依托于报章的缘由所在："国民之政治思想何以养？养之以新闻杂志……西哲谓新闻杂志为新国民之前导，未来世之豫史，诚哉。"具体说来：

　　本篇负杂志之资格，犹多未尽杂志之义务，然其欲发明泰西

---

① 卫种：《〈二十世纪之支那〉初言》，《二十世纪之支那》第 1 期，1905 年 6 月 24 日，第 1~2 页。
② 邓实：《第七年〈政艺通报〉题记》，《政艺通报》戊申第 1 号，1908 年 2 月 16 日，第 1 页。

大政治家合群、独立、自治、人格、法治国各精新之理，输入政治思想于我国民，以期起东方病夫于二十世纪，未尝不三致意也。①

该刊发表的《新闻纸与杂志之关系》一文，更显示对报章期许之高，强调"新闻杂志之进步与人智之进步相倚伏者也"，欧美人智大开，虽下流社会之人亦嗜阅报纸与杂志，"销行之数日广一日，所得利益因亦加多，诸科专门之学者，遂乐从事于此"。反观中国，"甚形幼稚"，"于工商业之实况，学术技艺之改良，毫无当焉"。②

在此基础上，邓实等人又积极推动学会的组织，1905 年 1 月在上海成立国学保存会。该会之设立国粹学堂，尤其是以《国粹学报》"为本会机关"，更展现出通过新的媒介以振兴国学。③ 之所以将目光聚焦于"国学"，黄节有这样的说明，"国界亡则无学，无学则何以有国也"。而"同人痛国之不立，而学之日亡也，于是瞻天与火，类族辨物，创为《国粹学报》一编"。④ 该刊实际也成为会聚同人的园地，"欲与我国学人讲习实学，俾收切磋之益。海外通儒，如有专家著述，皆可惠寄本馆代为刊登"。⑤

利用新型媒介振兴学术，是《政艺通报》及《国粹学报》尤其值得重视的方面，如对比稍后发起的南社，不难看出彼此的差别。

---

① 邓实：《论政治思想》（一名《〈政艺通报〉发行之趣意》），《政艺通报》癸卯第 1 号，1903 年 2 月 12 日，第 1～2 页。

② 《新闻纸与杂志之关系》，《政艺通报》癸卯第 12 号，1903 年 7 月 24 日，第 1～2 页。

③ 《国学保存会简章》，见邓实《国学保存会小集叙》，《国粹学报》第 1 期，1905 年 2 月 23 日，第 1 页。

④ 黄节：《〈国粹学报〉叙》，《国粹学报》第 1 期，1905 年 2 月 23 日，第 1 页。

⑤ 《〈国粹学报〉略例》，见《〈国粹学报〉发刊辞》，《国粹学报》第 1 期，1905 年 2 月 23 日，第 1 页。

1909 年柳亚子、高旭和陈去病等成立于苏州的南社，同样出于振兴"国学"而聚集同道。高旭在《南社启》中说明："国有魂，则国存；国无魂，则国将从此亡矣！"为此表达了这样的意愿："欲一洗前代结社之积弊，作海内文学之导师。"[①] 不过，尽管这里说明"一国之事，非一二人所能为，赖多士以赞襄之"，"南社"的核心人物不少也参与其他杂志的创办，但其本身没有发行作为"机关"之杂志，只是出版《南社丛刻》（简称《南社》），发表社员的作品。此为不定期出版物，线装，自 1910 年 1 月至 1923 年 12 月，只出版 22 集，显然不具杂志之属性。[②] 名流汇聚的南社，影响力不那么昭彰，亦反证报章与"学"的关联，不可谓不大。

《新民丛报》与《新世界学报》的争论

晚清读书人于 20 世纪初年创办的报章，学科色彩甚为浓厚，但对各分科知识的认知，不可能一开始就很清晰；尤其是确立各分科的边界，难度更大。同样创刊于 1902 年的《新民丛报》与《新世界学报》，因为对学科的理解存在歧义，发生了激烈争辩。

《新世界学报》出版于上海，"以通古今中外学术为目的"，"取学界中言之新者为主义"，尤其强调"本报名《新世界学报》，犹言'新学报'"，"乃吾学界中四千年未有之一大开辟也"。该刊也自觉承载传播学术的职责，指明"本报以丛集各专门家，博取约言，俾学者识门径，亦以资海内教科之用"。职是之故，该刊对分科之学的阐述也颇为突出，所涉及的学科门类极为广泛，栏目均以"～学"或"～～学"命名，包括经学、史学、心理学、伦理学、政治学、法律学、地理学、物理学、理财学、农学、工学、商学、兵学、医学、算

---

① 高钝剑（高旭）：《南社启》，《民吁日报》1909 年 10 月 17 日，第 5 页。
② 郑逸梅编著《南社丛谈》，上海人民出版社，1981，第 75～88 页。

学、辞学、教育学、宗教学等 18 门。经学一门之设颇耐人寻味，显然，编辑者已感受到在学科架构下经学位置的尴尬，才将其置于首门，并以这样的方式加以界定："六经皆先王之政典也，体要具存，而亦必有其用焉。"①

《新世界学报》创刊后，引起梁启超的重视，指出该刊"新说名论，络绎不绝"，"实可为我报界进步之征，且可为我思想界、文界变迁之征"。然而，对于该刊之"分门别类"，他却认为"颇欠妥惬者"，尤其心理学一门，"最为鄙意所不敢苟同"，因"其心理学门皆论哲学也"。此外，"其各篇之归类，亦颇有不满鄙意者"："第三号以《劝女子不缠足启》一篇入政治学，已为无理，又以《论英日联盟保护中韩》一篇入法律学，更名实混淆之极矣。"当然，梁对于"各学"之难以"界说"也表示理解：

> 各学界说，虽在泰西诸国学术极发达者，犹难论定，况我国之始萌芽乎！是固不可以苟求也。②

《新世界学报》对《新民丛报》的质疑做了回应，坦陈"鄙报分类诚欠妥惬，但我国学界，久付陆沉，必欲撮古今之全，达内外之邮，辗转寻思，卒未得其妥惬之处"。对于一些具体的问题，也做出了解释。关于 Philosophy，文章表示："中人向解哲学颇狭，鄙意如英文之 Philosophy，日人虽译为哲学，中人宜译为理学。"针对 Psychology，文章又说明："英文之 Psychology 为心理学，以读我中国

---

① 《〈新世界学报〉叙例》，《新世界学报》第 1 号（壬寅第 1 期），1902 年 9 月 2 日，第 1~5 页。

② 梁启超：《〈新世界学报〉第一、二、三号》，《新民丛报》第 18 号，1902 年 10 月 16 日，第 99~101 页。

古书，亦似多窒碍难通之处，则亦以古人之文，皆以范围一切故也。"此外，对于该刊设置之"门类"也做了解释，言明进行学科安置面临诸多难题，常常是不得已而为之。①

对此做高下之判明，未必合适。从双方的交锋来看，主要是对各学科的认知有歧义。稍后《民报》与《新民丛报》大打笔战，也牵涉对学科认知的分歧。《民报》第6号登载的一篇文章说明："吾视今之人，往往以为论理非吾侪所知……近今张言知论理学，而数胠之矜以为珍鲜者，无过于《新民丛报》。"最后还写道："徒以人为可欺，遂至自白其谬于天下，计毋乃太左乎？今为正言以锡，若曰自此以后，慎毋谈论理学。"② 以"知识"的名义攻讦对手，也算是那个时期突出的现象，尤其是论辩中涉及的如何认识历史资源、如何看待"东译"等问题，为这场论争增添了别样的色彩（详后）。

"今世一切事业，大率分科发达，盖现象日趋复杂，而一现象之范围中，其所函愈富，而所造愈深，非有专门，不能以善其事也，即杂志亦何莫不然？"③ 梁启超1911年这席话，正揭示出晚清报章的成长与"学"密切相关。报章不仅构成新学的载体，对"学"的推进亦通过报章反映出来。当然，晚清对"学"的阐述，乃特殊历史时期的产物；报章所扮演的角色，需要基于特定的社会文化背景才能理解。这既是来华西人将报章"援西入中"的结果，也是晚清士人热情接纳西学的结果。

---

① 《答〈新民丛报〉社员书》，《新世界学报》第8号（壬寅第8期），1902年12月14日，第115~117页。
② 县解：《就论理学驳〈新民丛报〉论革命之谬》，《民报》第6号，1906年7月25日，第66、78页。
③ 沧江：《〈法政杂志〉序》，《法政杂志》第1年第1期，1911年，第1页。

三 西学汇编资料中的"报章"

所谓西学东渐,对西学的介绍绝非仅仅依托于报章展开,同文馆、江南制造总局翻译馆,以及广学会、益智书会等机构在传播西学中扮演的角色,也不可忽视。突出报章发挥的影响,乃是因为报章构成传播西学的重要媒介,也是读书人了解西学的主要途径。在晚清出版的诸多西学汇编资料中,往往列有"报章"一类,自然,其所辑录的资料不少源自报章刊发的文字。这也显示出报章作为传播西学重要载体的一面。

"采西学"之门径

如何"采西学",是西学传入中国后读书人持续关心的问题,办报者对学科知识的认知已产生诸多分歧,于读者来说更是困难重重。为此,偏重于分科知识的杂志,往往设置"问答"之类的栏目,解答读者的问题,《格致汇编》即是个中之典型。该刊设有"互相问答"栏回答读者问题,不乏读者询问:"各书院所翻译之书,如格致、算学、光学等,事欲先明其大旨,当先购买何书以为入门?"①前面讨论的《亚泉杂志》,同样以此解答读者有关化学、算学等知识的问题。除此而外,晚清读书人还有源自传统的因应之道,以多种方式介绍"采西学"之门径。

1896 年梁启超编纂《西学书目表》,便是回应门人提出的问题——"应读之西书及其读法先后之序",希望通过辨析"各书之长

---

① 《格致汇编》第 2 年第 10 卷,1877 年,"互相问答"第 186 条,第 13 页。上海土山湾印书馆 1898 年 2 月 16 日创刊的《汇报》,也设有"答问"栏目。

短，及某书宜先读，某书宜缓读"，使初学者可"略识门径"。① 书前之《读西学书法》还阐明："译出西书数百种，虽其鲜已甚，然苟不审门径，不知别择，骤涉其藩，亦颇繁难矣。"② 由此可看出，晚清士人在分科观念影响下，接纳西学时颇为关注"门径"。这也促成各种西学汇编资料的出版，它们试图通过晚清读书人所熟悉的形式介绍西学。实际上，不独中国如此，夏蒂埃对"没有围墙的图书馆"的考察，也揭示出"汇编"有助于了解书籍的出版与阅读："数量庞大的文集'图书馆'，连同百科全书形式的出版品和字典，构成十八世纪大型出版生意的主体。"③

人们关注"采西学"之门径，实际是以"中学"想象"西学"的结果。张之洞所著《书目答问》一书在晚清颇有影响，一开篇即清楚交代是书因何而作："诸生好学者来问应读何书，书以何本为善。偏举既嫌挂漏，志趣学业亦各不相同，因录以告初学。"④ 这于了解晚清所确立的治学之道，不无裨益。如朱维铮指明的，从 18 世纪起，治学先治目录，读书讲求版本，在学者中已蔚为风气。目录学、校勘学、辨伪学、辑佚学等，也早成显学。⑤ 之所以如此，无非是为读书寻求"门径"。张之洞为此还举证说明："将《四库全书总目提要》读一过，既略知学问门径矣。析而言之，《四库提要》为读群书之门径。"⑥ 西学传入中国以后，习西学如何入门，也成为读书

---

① 梁启超：《〈西学书目表〉序例》，《时务报》第 8 册，1896 年 10 月 17 日，第 4、6 页。
② 梁启超：《读西学书法》，夏晓虹辑《〈饮冰室合集〉集外文》下册，第 1159 页。
③ 夏蒂埃：《书籍的秩序：欧洲的读者、作者与图书馆（14~18 世纪）》，谢柏晖译，联经出版公司，2012，第 76~79 页。
④ 张之洞：《书目答问略例》，陈居渊编《书目答问二种》，生活·读书·新知三联书店，1998，第 5 页。
⑤ 朱维铮：《〈书目答问二种〉导言》，陈居渊编《书目答问二种》，第 12 页。
⑥ 张之洞：《輶轩语》一，陈居渊编《书目答问二种》，第 304 页。

人关切的问题。

正是本于此，西学传入中国初始，中国士人即以传统类书的形式汇集西学，最值得关注的是李之藻所辑之《天学初函》。该书分为两编：一为理编，主要包括介绍天主教理及世界地理的书；一为器编，为论数学、天文、水利各科的译书。每编收书 10 种，共计 20 种，1628 年刊刻。① "理编"与"器编"，颇合"道""器"之分的意味，反映出那个时代对西学整体的把握。此也说明汇编并非无关宏旨，而是在表达"见识"。

晚清针对西学进行汇编工作，更成为自觉的行为。1888 年出版的《西学大成》，是较早出现的一部，明确表示为"有志泰西经济"却"苦无门径可寻"之学者编定，"有志者苟得是编，各随其质之所近，专习一门，亦可成家。若因之触类旁通，以驯致于大成，则易如反掌"。② 文廷式 1896 年初还曾"请旨编类成书"，表达了这样的用意：

> 窃愿皇上尊列圣之宏规，修百王之坠典，特开文馆，汇纂西书。凡今日切要事宜，邦交为一类，国用为一类，商务为一类，兵学为一类，广搜博译，提要钩元，分别部居，加以论断……先辑已译之书，续翻未译之书。随译随编，日新月积。③

文指出应以今日之"切要事宜"为中心，广搜博译，并按照不

---

① 李之藻：《刻〈天学初函〉题辞》，《天学初函》（1），台湾学生书局，1965，第 1 页。
② 《例言》，王西清、卢梯青编《西学大成》，上海醉六堂书坊，1895，第 1 页。该书 1888 年最初由大同书局出版。
③ 文廷式：《外交日繁请编类成书以资典学而开治法折稿》，汪叔子编《文廷式集》上册，中华书局，1993，第 81 页。

同的分类"汇纂西书",以便更好地把握西学。张之洞一向认为"丛书最便学者","欲多读古书,非买丛书不可"。① 他也把这样的经验引入对西学的把握,1889 年延聘王韬"搜罗外洋书籍,详加采择,依类编纂",还聘请精通中西文字的傅兰雅、布茂林(Charles Budd)等"广购洋书,选择翻译"。② 张之洞此举自是看到以丛书形式汇刻西书,更有便于推广西学。

因应"采西学"的需求,晚清也频频展开了针对西学的汇编工作,顾燮光在《译书经眼录》中曾述及其间发生的转变:

> 清光绪中叶,海内明达惩于甲午之衅,发奋图强,竞言新学,而译籍始渐萌芽。新会梁氏著《西学书目表》及《读西书法》,学者方有门径。老友徐君以逊病其略焉,乃仿提要例而有《东西学书录》之作,蔡孑民先生叙之。是时燮光醉心新学,日以读译书是务。为补其阙,由徐君合印以行,而孑民先生复识之。③

这里提及的,只是其中之卓有影响者。《西学书目表》《东西学书录》等资料,显示了斯时学者在整体上对西学的把握,主要秉持各有分科的立场对其书进行编纂。由于报章成为"学"之重要载体,在各种西学汇编资料中,"报章"也成为类别之一。这是将"报章"作为"西学"组成部分的重要体现,值得加以分析。

---

① 张之洞:《书目答问》卷 5,陈居渊编《书目答问二种》,第 250 页。
② 《札北盐道筹拨纂洋书经费》(光绪十九年五月十七日),苑书义等主编《张之洞全集》第 4 册,第 3133~3134 页。该书总称《洋务辑要》,到 1897 年基本完成,不过没有刊刻,积稿凡 107 册,收藏于上海图书馆。周振鹤:《知者不言》,生活·读书·新知三联书店,2008,第 24~29 页。
③ 顾燮光:《自序》,《译书经眼录》,杭州金佳石好楼,1935,第 1 页。

西学书目、提要中的"报章"

西学汇编资料的出现，是中西交流进展到一定阶段的产物，较早出现的《西学大成》《洋务丛钞》等汇编资料，并没有涉及报章，但以"书目""提要"等形式出版的各种汇编资料，不少有了"报章"的分类，梁启超的《西学书目表》，即颇为典型。

在《〈西学书目表〉序例》中，梁启超明确说明："译出各书，都为三类：一曰学，二曰政，三曰教。"还坦率表示：

> 西学各书，分类最难。凡一切政皆出于学，则政与学不能分。非通群学不能成一学，非合庶政不能举一政，则某学某政之各门不能分。

除教类之书不录外，梁将其余诸书分为三卷。上卷为西学诸书：算学、重学、电学、化学、声学、光学、汽学、天学、地学、全体学、动植物学、医学、图学；中卷为西政诸书：史志、官制、学制、法律、农政、矿政、工政、商政、兵政、船政；下卷为杂类之书：游记、报章、格致。[1] 下卷命名为"杂类之书"，并分出"报章"一类，自令人困惑（"游记""格致"亦然），以"西人议论之书"或"无可归类之书"加以说明，也表明梁并未找到妥帖的办法。不过，由其中所收《中西闻见录》《格致汇编》《万国公报》《中西教会报》等报章，不难理解梁的用意。简言之，在按照"西学""西政"分类的书目中列出"报章"，未必合适，但从"采西学"来看，又很恰当。梁启超曾评价《格致汇编》"多有出

---

[1]　梁启超：《〈西学书目表〉序例》，《时务报》第 8 册，1896 年 10 月 17 日，第 4 ～ 5 页。

于所翻各书之外者"，据此不难看出，这是肯定报章在西学传播上别有一功。①

继《西学书目表》之后，徐维则 1899 年辑有《东西学书录》一书，同样列出"报章"一目，并指明："欲知各国近政，必购阅外报，英之《泰晤士报》及路透电音，日本之《太阳报》《经济杂志》，于各国政要已具大略。"除言明报章有助于了解各国政情，还道出报章在传播西学上占据独特地位，提供了最新的知识：

> 声光化电诸书中译，半为旧籍，西人凡农矿工医等学，每得新法必列报章。专其艺者分类译报，积久成帙，以飨学者，最为有益。②

《东西学书录》一书，后由顾燮光补，改名《增版东西学书录》。该书 1902 年出版时，顾从分科之学的角度，述及各报章特殊的贡献：

> 兵家言南洋公学译之，商务书江南、湖北两商务报译之，格致学《汇报》《亚泉杂志》译之，农学则《农学报》译之，工艺则《工艺报》译之，蒙学则《蒙学报》译之。③

顾燮光后来还编有《译书经眼录》一书，"著录各书由前清光绪二十八年至三十年止"，总计 25 类目中也包含"报章"。是书正式出版于 1927 年，但编成于 1904 年，大体反映的是 20 世纪初年的认知。

---

① 除肯定《格致汇编》之价值外，梁还表彰了《西国近事汇编》和《万国公报》。梁启超：《读西学书法》，夏晓虹辑《〈饮冰室合集〉集外文》下册，第 1167 页。
② 徐维则：《例目》，徐维则辑《东西学书录》，署"光绪二十五年三月局印"，第 1 页。
③ 顾燮光：《例言》，徐维则辑，顾燮光补《增版东西学书录》，第 3 页。

在该书《自序》中，顾也充分肯定报章在介绍"东学"方面发挥的作用："留东学界，颇有译书，然多附载于杂志中，如《译书汇编》《游学汇〔译〕编》《浙江潮》《江苏》《湖北学生界》，各类考其性质，皆借译书，别具会心。"①

从形式上看，"书目""书录"之编纂可谓早已有之，各种西学书目的出现，也是为指示"西学门径"。《西学书目表》堪称代表，在著录方面列有书名、撰译年代、撰译人、刻印处、卷数、价格，还加上了"圈识"与"识语"，评论其优劣，介绍阅读方法。其他各书，也通过书目展示出对西学的认知。可资对照的是张之洞《书目答问》等著述，赵惟熙曾纂有《西学书目答问》，单从书名即可看出与之的关联；其《略例》也说明"仿南皮张孝达前辈《书目答问》之例"。② 这方面的书还有不少，同样将报章作为传播西学的重要媒介。《广学会译著新书总目》首列《大同报》《教会公报》《女铎报》。③ 黄庆澄《中西普通书目表》，列有"西学汇刻紧要书"，特别提到《格致汇编》乃"西学之渊薮也"，还指明"报章游记，无论佳否，其中必有扩人闻见处，最宜多备"。④

汇编报章文字的资料

不仅西学书目、提要中展示出对"报章"的重视，其他形态的西学汇编资料中，也对"报章"的意义有所呈现。这些因应于科举改制编纂的汇编资料，往往紧扣"西学"这一主题，又与对富强的追求联系在一起，因此也不乏以"经济""时务""富强"等命名的。其特点是重新组织问题，或针对西学书籍进行摘录，或汇集刊于

① 顾燮光：《自序》，《译书经眼录》，第1页。
② 赵惟熙：《〈西学书目答问〉略例》，《西学书目答问》，贵阳学署，1901，第1页。
③ 广学会编《广学会译著新书总目》第1号，《近代译书目》，北京图书馆出版社，2003，第667页。
④ 黄庆澄：《中西普通书目表》，署"光绪戊戌七月算学报馆自刻"，第12页。

报章上的文字。这些汇编资料也有助于我们认识时人对报章等新型媒介的看法。

上海中西译书会所印《分类各国艺学策》，广泛收集各书院及名人"艺学之策"，"以资揣摩之助"。总计 29 类目中，列出有"日报"一类。[①] 鸿雪斋所出《中外经世策论合纂》，在"外务部"中也专列有"报章"。[②] 即便未列出"报章"一目，但所辑资料不乏取自报章者。1902 年鸿文书局出版的《万国政治艺学全书》（政治丛考），总计 180 卷，明确说明："采书之外兼译近时东西报"，"从外国报译出者不胜枚举"。[③] 同年出版的《新学备纂》，标明了资料来源，显示《格致汇编》不少文章被选入。[④] 1903 年出版的《新学大丛书》，主要"搜集中东名著，取其有关目前经国之旨者，编辑成书"。[⑤] 从首列之"政法"不难发现，前几篇即为发表于《新民丛报》《湘学报》的文章。

在各种"经世文编"资料中，报章文字同样被广泛接纳。自晚清至民国初年，有多达 20 余种经世文编相与赓续。这一现象的出现，固可说经世致用思想已深入人心，也是因为对"经世"之理解，代有不同。因此，经世致用思想既是中西思想沟通的重要津梁，各种经世文编资料，也成为审视西方知识如何被接引的重要维度。

1898 年陈忠倚辑《皇朝经世文三编》卷 55《邮政》录有几篇与

---

① 陈文洙：《序》，《分类各国艺学策》，中西译书会光绪辛丑（1901）仲冬印，第 1～2 页。卷 24《日报》收有《论阅报有益于人》《新闻纸之益》《新闻纸原始说》《中国宜开西文报馆说》《中国宜官设日报馆》《报中杂论跋》《中国各报馆始末》《论报馆》。
② 听秋旧庐主人辑《中外经世策论合纂》，鸿雪斋，1902 年石印，第 1～2 页。
③ 《政治丛考编辑大意》，《万国政治艺学全书》（政治丛考），鸿文书局，1902 年石印，第 3 页。
④ 渐斋主人编《新学备纂》，开文书局，1902 年石印，序，第 1 页。
⑤ 《例言》，明夷编《新学大丛书》，积山乔记书局，1903 年石印，第 1 页。

报章相关的文字，因为标明了文章作者，可以判断汇集的是一批开风气之先的人物对此的主张。① 同年麦仲华所辑《皇朝经世文新编》卷21《杂录》也收有梁启超《论报馆有益于国事》、谭嗣同《报章文体说》等文字。② 1901 年出版的邵之棠编《皇朝经世文统编》，在各种经世文编中，是收文最多、内容最广、子目最细的一种，其中卷15《文教部》设"报馆"一目，所收文字单看标题即表明斯时对报章之认识，并且不难判明其作者及所刊报章。③ 此外，1902 年出版的何良栋辑《皇朝经世文四编》、④ 求是斋校辑《皇朝经世文编五集》、⑤ 甘韩辑《皇朝经世文新编续集》，⑥ 也均收有论述报章之文字。

晚清出版的上述西学汇编资料，看起来是按照知识分科对中译西书进行分类，究其实，却并非如此单纯。无论是类目的安置还是采集西书的方式，都关乎晚清"采西学"的基本立场，更攸关科举考试"改试策论"的变革。只有了解当时的大势，才能理解这些资料何以

---

① 包括《纪西国送信章程始末》（李提摩太）、《泰西讲求邮政》（薛福成）、《泰西邮政考》（郑观应）、《驿站》（郑观应）、《中国邮政应如何办理论》（罗毓林）、《邮政策》（王益三）、《日报上》（郑观应）、《日报下》（郑观应）、《知新报缘起》（吴恒炜）。陈忠倚辑《皇朝经世文三编》卷 55《邮政》，宝文书局石印，1898。

② 麦仲华辑《皇朝经世文新编》卷 21《杂录》，大同译书局，1898。

③ 收有《论报馆有益于国事》、《日报论略》、《论日报之益》、《开设报馆议》、《论通民情莫善于日报》、《论日报大有关于商务》、《论中国宜官设报馆》、《扩充报务议》、《论都中创行公报事》、《新闻纸论》、《算学报》（四则，黄庆澄）。邵之棠编《皇朝经世文统编》卷 15《文教部》，宝善斋，1901。

④ 收有"会章""善举""报馆"三组文字，"报馆"包括《论官报》《中国振兴日报论》两篇文章。何良栋辑《皇朝经世文四编》卷 32《礼政》，鸿宝书局，1902。

⑤ 收有下列文字：《都城官书局开设缘由》（京都官书局报）、《官书局奏开办章程》（京都官书局报）、《论报馆有益于国事》（阙名）、《报馆》（陈次亮）、《观泰晤士报馆记》（译西报）、《鄂督张饬行全省官销时务报札》（阙名）、《论商务报缘起之故》（詹垲）。求是斋校辑《皇朝经世文编五集》卷 21《官书局·报馆》，宜今室，1902。

⑥ 所收文章包括：《论报馆最有益于学子》（陈衍）、《论中国宜设洋文报馆》（陈衍）、《泰西新报源流表并序》。甘韩辑《皇朝经世文新编续集》卷 21《杂纂》，商绛雪参书局，1902。

在晚清大量出现，又为何以这样的方式编排。而无论是对报馆的论述还是刊登于报章的文字，均收录于上述汇编资料中，说明报章构成晚清"采西学"之重要一环；于"报章"推进学术的意义，或许也有必要"另眼相看"。

四　大学·刊物·社会：报章的
另一种"生意"

晚清时报章构成西学的主要载体，除此而外，不可忽视的是报章与学校的结合。尤其是进入 20 世纪，开办新式学堂蔚然成风，这也使报章获得新的机遇。汪康年此时有"重兴报务"的愿望，吴士鉴为此建议多在"振兴学术"上下功夫，因"各省学堂既设，销售尤易"。① 大学出现以后，报章与此的结合越发紧密，也孕育出影响报章的另一种"生意"。正是学术生态的转变，促成部分报章更具鲜明的"学术"色彩。

《新青年》的另一种"生意"

大学与刊物结合，使民初思想界呈现出有别于晚清的图景，仅从《新青年》（第一卷名《青年杂志》）的成长便能看出这一趋向。作为"生意"，该刊最初的确可用惨淡经营来形容。据汪原放回忆，陈独秀 1913 年亡命至上海，找到汪孟邹，表达了出一本杂志的想法，并表示"只要十年八年的功夫，一定会发生很大的影响"。但当时的亚东正在印行《甲寅》杂志，经济上甚为棘手，没有力量做，于是介绍给群益书社。《青年杂志》最初每期只印 1000 本，只发行了 6

---

①　吴士鉴：《致汪康年》（11），《汪康年师友书札》（1），第 288～289 页。

号，便停刊了半年，甚至找到合适的代印者，都颇感困难。① 对此，陈也是颇为沮丧的，"本志出版半载，持论多与时俗相左，然亦罕受驳论，此本志之不幸，亦社会之不幸"。② 然而，陈独秀担任北京大学文科学长后，该刊也获得转机。

蔡元培任命陈独秀为北大文科学长，还与《新青年》有关。照蔡的说法，是其"三顾茅庐"，才邀得陈独秀出山。1916年冬天，还在法国的蔡元培接到教育部电，促其回国出长北大。到北京后，他先访医学专门学校校长汤尔和。汤表示："文科学长如未定，可请陈仲甫君；陈君现改名独秀，主编《新青年》杂志，确可为青年的指导者。"这也契合蔡的想法："我对于陈君，本来有一种不忘的印象。""现在听汤君话，又翻阅了《新青年》，决意聘他。"对于蔡的相邀，陈独秀起初断然回绝，"因为正在办杂志"。蔡则表示："那没关系，把杂志带到学校里来办好了。"③ 获此消息，汪原放诸人不禁议论道："陈仲翁任国立北京大学文科学长好得多了，比搞一个大书店，实在好得多。"④ 这是在议论大学、书店哪个更重要，未料想彼此之间还有关系。陈主持北大文科后发行的《新青年》第3卷，显示出与大学的紧密结合，任职北大的胡适、钱玄同、高一涵、李大钊、刘半农、沈尹默、陶孟和及周氏兄弟，都成为刊物之要角。

《新青年》走进北大，孕育出另一种形态的杂志，那就是与"学"的结合落实到大学。陈独秀创办该刊，原本期望提升青年对于"物情学理"的兴趣，"通信"栏也主要反馈读者之"问学"。但这

---

① 汪原放：《亚东图书馆与陈独秀》，第37、33页；汪孟邹：《致胡适》（1918年10月5日），耿云志主编《胡适遗稿及秘藏书信》第27册，第278~279页。
② 陈独秀：《答陈恨我》，《新青年》第2卷第1号，1916年，第7页。
③ 蔡元培：《我在北京大学的经历》，《东方杂志》第31卷第1号，1934年，第99页；唐宝林、林茂生编《陈独秀年谱》，上海人民出版社，1988，第75页。
④ 汪原放：《亚东图书馆与陈独秀》，第37页。

不足以引起学界的重视。在张国焘看来，尽管《新青年》1915 年已创刊，但"北大同学知道这刊物的非常少"，直到 1917 年春陈任北大文科学长，才能在学校和书摊上买到该刊。① 周作人则言及："初来北京，鲁迅曾以《新青年》数册见示，并且述许季茀的话道，'这里边颇有些谬论，可以一驳'。"他却"觉得没有什么谬，虽然也并不怎么对"，也就是一个普通刊物，"看不出什么特色来"。1917 年刊物有了新的发展，关键即在陈独秀当上了北大文科学长，"这与北大也就发生不可分的关系了"。②

正是作为学术重镇的北京大学，使《新青年》成为不一样的杂志，并且影响及于其他杂志。汪孟邹 1919 年 4 月在给胡适的信中写道："近来《新潮》《新青年》《新教育》《每周评论》销路均渐兴旺，可见社会心理已转移向上，亦可喜之事也。"听闻胡适等人拟出版《新中国》杂志，汪也表示："敝馆愿任上海总经理之事，不识可否？条件如何？请速函达。如以为可，请将敝馆刊入末页，以便买客周知为荷。"③《新青年》第 6 卷第 5 号刊登的一则广告，也点出该刊已成为"中国最有价值的出版物"：

> 买的一天多一天，从前各号，大半卖缺，要求再版的，或亲来，或通信，每天总有几起。因此，敝社发行前五卷再版的预约券，把前三卷先出，供读者的快览，后两卷因印刷来不及，到二次才能兑清。预约的时间，不能过久，若蒙光顾，还请从速。④

---

① 张国焘：《我的回忆》上册，东方出版社，2004，第 37 页。
② 周作人：《知堂回想录》，第 333～355 页。
③ 汪孟邹：《致胡适》（1919 年 4 月 23 日），耿云志主编《胡适遗稿及秘藏书信》第 27 册，第 289～290 页。
④ 《〈新青年〉（自一卷至五卷）再版预约》，《新青年》第 6 卷第 5 号，1919 年，扉页。

正是因为《新青年》杂志在销路上有了保证，编辑部与群益书社也重新在议定条件。① 由此不难发现，编辑部已完全掌握主动，以多方维护编辑人员的利益。而且，这还只是在第 7 卷"试行"，到第 8 卷还可"修改"。只是还没等到那一天，编辑、发行双方已分道扬镳。《新青年》第 7 卷第 6 号封面上，自创刊起一直标注的"上海群益书社印行"的字样不见了，第 8 卷第 1 号发行时，封面已直接注明"上海新青年社印行"。与之相应，此前占据不少篇幅的群益书社的广告，也消失得无影无踪。合作的双方走到这一步，原因必多，但《新青年》在编辑发行上不再依赖于出版社，无疑是其中之关键。②

大学中人广泛介入刊物的创办

较之晚清，民初最引人注目的变化，是大学中人广泛介入刊物的创办。以北大来说，截至 1920 年底，该校之"定期出版品"包括：《北京大学月刊》《北京大学日刊》《北京大学学生周刊》《新潮》《数理杂志》《音乐杂志》《绘学杂志》《批评半月刊》《评论之评论》；北大师生在校外还另外创办了十多种杂志。③ "要救国，就要组织团体，发行一种刊物，作为行动的第一步。"④ 张国焘所描绘的，正是当日流行的选择。这里可略说斯时颇有影响的新潮社与少年中国学会，以及各自出版的刊物《新潮》与《少年中国》。

新潮社 1918 年岁末由傅斯年、罗家伦、顾颉刚等北京大学学生

① 拟定的《〈新青年〉编辑部与上海发行部重订条件》未曾刊于《新青年》，原件手迹刊北京历史博物馆主编《中国近代史参考图片集》下册，上海教育出版社，1958，第 161 页。围绕此的争论，参见叶淑穗《对〈一篇新发现的鲁迅手稿〉的质疑》，《鲁迅研究月刊》2012 年第 4 期。

② 由"新发现的一组书信"大致可还原围绕此事的纷争。欧阳哲生：《〈新青年〉编辑演变之历史考辨——以 1920～1921 年同人书信为中心的探讨》，《历史研究》2009 年第 3 期。

③ 《出版品》，《北京大学日刊》1920 年 12 月 17 日，第 7 版。

④ 张国焘：《我的回忆》上册，第 43 页。

发起成立。其最初的组织形式，即是一个杂志社，体现出"社团"与"期刊"的共生关系：

> 同人等集合同趣组成一月刊杂志，定名曰《新潮》。专以介绍西洋近代思潮，批评中国现代学术上、社会上各问题为职司。[①]

为此，傅斯年还不无意味地表示："北京大学之生命已历二十一年，而学生之自动刊物，不幸迟至今日然后出版。"[②] 指明同人一致的看法是"学生应该办几种杂志"，"我们将来的生活，总离不了教育界和出版界，那么，我们曷不在当学生的时候，练习一回呢"。[③] 对于"本志之第一责任"，傅也做了这样的解读："对于本国学术之地位有自觉心，然后可以渐渐导引此'块然独存'之中国同浴于世界文化之流也。"[④]

《新潮》杂志对学术的推动，可谓不遗余力。尽管如此，杂志刊行后，仍不断有检讨的声音，表示对此前出版的杂志，"我们自己觉得十分不满意"，为此"预备把原有之杂志社扩充为一学会"，"于杂志之外，发刊丛书，即定名为'新潮丛书'"。[⑤] 傅斯年更是坦陈《新潮》自有其"短处"，因此，其他杂志的批评，同样适合于自身：

> 我们原是学生，所以正是厚蓄实力的时候。我不愿《新潮》在现在铮铮有声，我只愿《新潮》在十年之后，收个切切实实

---

① 《新潮杂志社启事》，《北京大学日刊》1918 年 12 月 13 日，第 2 版。
② 傅斯年：《〈新潮〉发刊旨趣书》，《新潮》第 1 卷第 1 号，1919 年，第 1 页。
③ 傅斯年：《〈新潮〉之回顾与前瞻》，《新潮》第 2 卷第 1 号，1919 年，第 199 页。
④ 傅斯年：《〈新潮〉发刊旨趣书》，《新潮》第 1 卷第 1 号，1919 年，第 2 页。
⑤ 《新潮社纪事》，《新潮》第 2 卷第 2 号，1919 年，第 401 页。

的效果。我们的知识越进，人数越多，而《新潮》的页数越减，才见我们的真实改善。①

少年中国学会成立于 1919 年 7 月，一开始即确定以《少年中国》作为机关刊物，基本宗旨则浓缩为"本科学的精神，为文化运动，以创造'少年中国'"。② 作为学会灵魂的王光祈，主导了这样的编辑理念，明确说明"吾辈所主张者"有二：其一，就政治改革论，则为"社会的政治改革"，反对"政治的政治改革"；其二，就社会改革论，则为"社会的社会改革"，反对"政治的社会改革"。③ 与新潮社相似，少年中国学会对于会员在学术上也有要求，须选择当时大学开设的如文科、理科、工科之一种研究之，其至规定："凡会员若于认定专习科目中途更改时，须提出理由书报告于大会。"④

毋庸讳言，少年中国学会内部对此的认识，并非完全一致。李大钊就有别的诉求："我所希望的'少年中国'的'少年运动'，是物心两面改造的运动。"⑤ 偏重于行动的恽代英也表示："若是我们为预备做事而去求学，那便要问这所求的学，于做事有什么关系。""求学而不顾社会的需要，若非求学不成，便是成而无益于社会。"⑥ 最初学会的工作倒是更多偏向于"学"，后来才产生较大分歧。刘仁静1923 年发表的《对学会的一个建议》，言及发生在学会内部的种种争

---

① 傅斯年：《〈新潮〉之回顾与前瞻》，《新潮》第 2 卷第 1 号，1919 年，第 204 页。
② 《〈少年中国〉月刊的宣言》，《少年中国》第 1 卷第 3 期，1919 年，扉页。
③ 王光祈：《"社会的政治改革"与"社会的社会改革"》，《少年中国》第 3 卷第 8 期，1922 年，第 53 页。
④ 《少年中国学会规约修正案》，《少年中国》第 3 卷第 2 期，1921 年，第 61 ~ 62 页。
⑤ 李大钊：《"少年中国"的"少年运动"》，《少年中国》第 1 卷第 3 期，1919 年，第 3 页。
⑥ 恽代英：《怎样创造少年中国？》（下），《少年中国》第 2 卷第 3 期，1920 年，第 3 ~ 4 页。

论，也透露同人中不乏主张"学会宜偏于讲学一面"。①

大学教师与学生主办的刊物展现"学"的色彩，再自然不过，只是，刊物成为大学主要的"成绩"，却难以令人满意，也与蔡元培所期许的有不少距离。在就任北京大学校长的演说中，蔡表示："大学者，研究高深学问者也。"并反复告诫学生，大学不同于专门学校，学生须抱定宗旨，为求学而来。如果欲达做官发财之目的，则另有不少专门学校，又何必来此大学。② 他力图重新定位大学，显示出读书人为寻求新的角色迈出重要一步。

这也成为那一代读书人努力的方向。蔡元培将大学定位于"囊括大典网罗众家之学府"，遂采取"思想自由""兼容并包"的办学方针，为北大网罗不少专心向学且学有所长之士，使北大很快成为学术重镇。然而，北大在学业上的进展，却难以得到认可。1920 年北大开学典礼上，胡适就表示，北大这些年挂着"新思潮的先驱""新文化中心"的招牌，但面对学术界的破产，面对自己在智识学问上的贫乏，应该感到惭愧；北大的学术水准，也不能以两年间只能出版5 期月刊、5 种著作、1 种译著来体现。③ 李大钊同样认为北大在学术上的贡献"实在太贫乏"，"只有学术上的发展值得作大学的纪念"。④ 鲁迅 1925 年评述北大的成绩，也肯定在思想革命方面的作用，而不及于学术：第一，"北大是常为新的、改进的运动的先锋"；

① 刘仁静：《对学会的一个建议》，《少年中国》第 4 卷第 7 期，1923 年，第 5 页。

② 《北京大学校长蔡孑民就职之演说词》，《环球》第 2 卷第 1 期，1917 年，第45 页。

③ 陈政记《胡适之先生演说词》，《北京大学日刊》1920 年 9 月 18 日，第 3 版。到1922 年北大 25 周年校庆，胡适也再三痛陈北大"开风气则有余，创造学术则不足"，认为号称最高学府就应该有与其名声相当的具有世界性贡献的学术，但实际却依旧是 99% 的稗贩。陈政记录《教务长胡适之先生的演说》，《北京大学日刊》1922 年 12 月 23 日，第 2 版。

④ 李大钊：《本校成立第二十五年纪念感言》，《北京大学日刊》1922 年 12 月 17 日，第 3 版。

第二，"北大是常与黑暗势力抗战的，即使只有自己"。①

不管怎样，大学中人广泛介入报章的创办，赋予了刊物"学"的色彩，也影响到其他刊物。蒋梦麟将蔡元培入长北京大学喻为"在静水中投下知识革命之石"，②身处大学校园的读书人投身刊物的创办，自然能引起更多读者的兴趣。当时在北大德文系就读的冯至在回忆中言及，《语丝》和《现代评论》的北大背景，是这两个刊物"极一时之盛"的原因。③这也直接构成对商业性杂志的冲击，促成许多报章、书局邀请大学中人参与，搭建大学与社会沟通之桥。商务印书馆在此背景下便进行了调整，吸纳不少学界人士帮助商务（详后）。《大公报》这方面的努力更是无出其右者，其推出了十余种学术周刊。萧乾进该报工作时，发现这家报纸懂得"读者要看的不仅仅是新闻，还得多方面充实版面，以满足知识界"，于是推出了多种周刊：

> 这些刊物的编者和作者，大多是当时平津各大学的教授。再加上《大公报》所举办的"星期论文"，它与高校的关系可以说是十分密切，从而也使它成为学术界与广大读者之间的一道桥梁。通过与高等学府的合作，报纸本身的格调和价值均有所提高。④

受此影响，其他各方出版的杂志往往也注重"学"，并按照学科

---

① 鲁迅：《华盖集·我观北大》，《鲁迅全集》第 3 卷，第 117 页。
② 蒋梦麟：《西潮》，第 120～121 页。
③ 冯至：《但开风气不为师——记我在北大受到的教育》，北京大学校刊编辑部编《精神的魅力》，北京大学出版社，1998，第 16 页。
④ 萧乾：《我当过文学保姆——七年报纸文艺副刊编辑的甘与苦》，《新文学史料》第 3 期，人民文学出版社，1991，第 24～47 页。

组织文章。1919 年创刊的《解放与改造》刊出启事，凡关于哲学、心理、社会、伦理、政治、经济、教育、法律、生物、文学等著述，"皆所欢迎"。① 《东方杂志》1920 年、1921 年设有"读者论坛"，读者的反馈也期待多"介绍西洋最新的学说"，认为分门别类的杂志尽管有些"驳杂不纯"，但"人手一册，比较读专门著作所得多些"。② 1925 年出版的研究新闻学的著作，对于报章担当的使命也有这样的期许：

> 负担介绍学术惟一利器之报纸，自然是要为着人类的需要，应运而生；近且得于各科学术中，特占一席，所以报纸的产生，用学者的眼光来说，报纸的使命是：沟通人类的思想，普遍世界的幸福，调和相互的歧视，亦无不可。③

推而论之，整个新文化运动也是以出版事业为基础的。蒋梦麟 1932 年出版的《过渡时代之思想与教育》一书，点出了刊物与思想变动的密切关系：

> 回溯民七至民十一年之间，从文字上而使吾国思想界生转变者，有《新青年》，其文学革命、思想革命之鼓动，影响青年最大。其后北京之《每周评论》、上海之《星期评论》，和其它的刊物，亦不无相当之势力。④

---

① 《本刊启事一》，《解放与改造》第 1 卷第 3 号，1919 年 10 月 1 日，扉页。
② 毕立：《我所要求于本志的意见》，《东方杂志》第 17 卷第 11 号，1920 年，第 95～96 页。
③ 伍超：《新闻学大纲》，商务印书馆，1925，第 2 页。
④ 蒋梦麟：《引言》，《过渡时代之思想与教育》，商务印书馆，1932，第 3 页。

时人对出版界的分析也指出：举凡革命主张的鼓吹、世界思潮的介绍、现代文学的提倡、新兴艺术的引进、科学精神的展开、哲学理论的探讨，"其所持的工具，莫非为报章、杂志、书籍"。而且，世界各国莫不如此，"盖因近代印刷术的发达，差不多成了压倒其它一切的文化流传的工具，所以出版事业也成了促进文化的主要动力"。①

1933 年出版的《申报年鉴》，列有"全国杂志分类统计表"，由此亦可看出当时出版的杂志较为重视"学"（见表 4 – 1）。

表 4 – 1　全国杂志分类统计

杂志类别	种数
图书馆学	20
出版报告	7
书评及读书法	7
哲学	3
耶教	20
佛教	12
道教	2
教育	111
体育	10
儿童读物	17
中等读物	2

资料来源：《申报年鉴（1933）》，第 R1 ~ R2 页。

1935 年出版的《上海市年鉴》，也这样总结"上海出版界之趋势"："其一，为有系统之丛书继续编印；其二，为杂志之盛行；其三，为翻印古书之潮流。"尤其说明："杂志方面，可谓极其发达，除《东方杂志》《新中华》《申报月刊》《人文》《现代》《文学》等

---

① 杨涛清：《中国出版界简史》，上海永祥印书馆，1946，附录《对于中国出版界之批判与希望》，第 75 页。

著名之杂志，于编制印刷方面均有所改进外，其它各学术团体所刊行之杂志，及一般文艺刊物，纷纷出版，数量颇多。"① 可见到 20 世纪 30 年代专业性杂志得以迅猛发展。

对比晚清亦可看出转变之缘由。伴随学科知识的成长，尤其是有了大学、研究机构等制度性建制，读书人有了新的安顿之所，报章之色彩由此也得以改变。这表明，读书人肇端于 20 世纪初年的对新的角色的探索，主要体现在对"学术社会"的追求。所谓学术社会，实来自那个年代读书人的自诩，是要在转型社会重建知识的庄严，让学术构成未来社会的重心，同时重新确立读书人的位置。② 相应的，"思想性"杂志之外，还不乏"专业性"杂志；由"思想界"与"学界"的不同提法，亦可略见其分野，一些读书人能够"躲进小楼成一统"，潜心于学术的追求。然而，问题随之而来，重视学术社会的建设，势必影响到对"思想界"的营造，甚而导致读书人游离于学术与政治之间。

五 "学高于政"："思想革命"的流行

民国时期"思想界"的成长，展现出读书人与报章的联系越发密切，只是问题的一面，此外还有另一面——报章的流行深刻影响着读书人的"话语"（discourse）。前已述及，进入民国后，报章已发生结构性转变，伴随政党活动的兴盛，孕育出各种政论性刊物。而读书人创办的思想学术性杂志，则主要流行于 1918 年以后。显然，对现

---

① 上海市年鉴编纂委员会编纂《上海市年鉴（1935 年）》，上海市通志馆，1935，第 T12 ~ 17 页。
② 这方面的分析，参见章清《"学术社会"的建构与知识分子的"权势网络"——〈独立评论〉群体及其角色与身份》，《历史研究》2002 年第 4 期。

实政治的失望乃读书人创办杂志的诱因，也塑造了民初思想界特有的色彩。因此有必要进一步讨论，报章作为一种特殊载体，如何影响读书人思考问题的方式，乃至方向。"思想革命"观念的流行，即值得加以分析。此所意味的是，读书人广泛投身报章，尤其是大学与刊物紧密互动，促成读书人更为重视"思想"的影响力。

"不问政治"的选择

新文化运动发生，部分即是读书人对现实政治极度失望的结果。当时成立的很多团体，往往竞相标榜"不党"、不涉及"政界"，此无补于政治秩序的改善，也显而易见。不过，这样的政治走向于报章的影响颇大，最初是政治热情左右报章之沉浮，随后出现的报章，则受思想文化因素的主导。如果说晚清思想界有功于"共和"，那么"共和幻象"则促成民初思想界以新的方式重组，更加重视"学"，并推动新文化运动的展开。

出现这种情况，与"政治"在中国的衰落息息相关。章太炎1908年发表于《民报》的《代议然否论》已指出："综观二千岁间，学在有司者，无不蒸腐臭败；而矫健者常在民间，方技尤厉。"为此也颇为关切学术如何"不与政治相丽"。① 民国建立后，政治上经历的种种乱象，更导致人们对政治的失望。杨荫杭观察到，"民国以来，官之声价低，而商之声价增"。原因在于，"政事之失败，虽不尽由于政客，而政客之腐败为主要原因，故举世皆以政客为诟病"。② 杨树达则以个人的经验表明，读书人每以从政为畏途，"见纯洁士人一涉宦途，便腐坏堕落，不可挽救；遂畏政治如蛇蝎"。③

---

① 章太炎：《代议然否论》，《民报》第24号，1908年10月10日，第14页。
② 老圃（杨荫杭）：《政客与商客》，《申报》1921年9月27日，第20页。杨荫杭在《申报》刊发的这些文字又收入《老圃遗文辑》，长江文艺出版社，1993。
③ 杨树达：《积微翁回忆录》，上海古籍出版社，1986，第1页。

梁启超在民国以后的动向，更昭示政治如何影响读书人的抉择。1912 年梁启超归国后，仍选择办报为业，但主要精力却投入实际政治中，不断碰壁之后，才试图去发现超越政治的因素。1915 年中华书局发行《大中华》杂志，受聘担任主任撰述的梁启超发出这样的感叹："我国民积年所希望所梦想，今殆已一空而无复余。"他将该刊定位于"赞助我国民从事个人事业社会事业者于万一"，并竭力说明政治不是事业的全部：

> 谓政治一时失望，而国民遂无复他种事业，此大惑也。且政治者，社会之产物也，社会凡百现象皆凝滞窳败，而独欲求政治之充实而有光辉，此又大惑也。①

在同期刊发的《吾今后所以报国者》中，梁启超更是表示："吾二十年来之生涯，皆政治生涯也。"然而，"吾自今以往，除学问上或与二三朋辈结合讨论外，一切政治团体之关系，皆当中止"。②

梁启超作为晚清思想界的翘楚，对于民国之缔造，功莫大焉。他在此时的反省，显示民初政治给予其颇多刺激。梁一生都在从事文字报国的工作，现在旧话重提，有几分无奈，也预示着他在重新思考文字报国的问题。吴虞对此的思考，也不乏类似看法。正所谓"吾日三省吾身"，吴在日记中不止一次宣示其宗旨乃"专主研究学术，不问政治"。1917 年写道："余去年即有不入党、不任主笔之宣言，今年又加不谈政事一条。"1920 年又自勉："予平

---

① 梁启超：《发刊辞》，《大中华》第 1 卷第 1 期，1915 年，第 14~16 页。
② 梁启超：《吾今后所以报国者》，《大中华》第 1 卷第 1 期，1915 年，第 1~4 页。

日宗旨不入党，不任主笔，不以文字谈法律、政治，近年尤以不涉足政界为要件。"①

　　新文化运动也正是在此背景下开启的。1915 年陈独秀办起《青年杂志》，明确告白"批评时政，非其旨也"。② 在 1916 年的一篇文字中，陈还将明中叶以来所发生的变化区分为七期，第七期乃是指"民国宪政实行时代"，并强调"此等政治根本解决问题，不得不待诸第七期吾人最后之觉悟"。原因在于，"伦理思想，影响于政治，各国皆然，吾华尤甚"，"吾敢断言曰：伦理的觉悟，为吾人最后觉悟之最后觉悟"。③ 胡适归国后的选择，也颇有代表性。胡适的思想与志业定型于留美的 7 年，按其自诩，他选择了哲学为职业，文学为娱乐，对政治只是"超然的兴趣"（disinterested-interest）。④ 这可理解为胡适在政治关怀与学术志业之间找到了沟通的契机，获得暂时安顿。在《非留学篇》这篇或许是留学时期最重要的文章中，胡也严厉批评中国留学政策偏重实业而轻视文科是"忘本而逐末"。他反诘道："吾国人所受梁任公、严几道之影响为大乎？抑受詹天佑、胡栋朝之影响为大乎？晚近革命之功，成于言论家、理想家乎？抑成于工程之师、机械之匠乎？"⑤ 胡适也以此规划自己的角色，在给一位大学教授的信中写道："没有通向政治体面与政治效率的捷径。""让我们去教育我们的人民，让我们为我们的后代打下一个他们可以依赖的

---

① 中国革命博物馆整理《吴虞日记》上册，1917 年 3 月 2 日、6 月 11 日，1920 年 9 月 25 日，四川人民出版社，1986，第 288、315、557 页。
② 《青年杂志》第 1 卷第 1 号，1915 年，"通信"，第 2 页。
③ 陈独秀：《吾人最后之觉悟》，《青年杂志》第 1 卷第 6 号，1916 年，第 2、4 页。
④ 唐德刚在《胡适口述自传》中将此译作"不感兴趣的兴趣"，新近关于胡适的研究，主张译作"超然的兴趣"，这更符合胡适对政治的态度。江振勇：《舍我其谁：胡适》第 1 部，新星出版社，2011，第 351 页。
⑤ 胡适：《非留学篇》（二），《留美学生年报》第 3 本，1914 年 1 月，第 12～13 页。

基础。"① 这样，胡归国以后做出相应选择，也顺理成章：

> 一九一七年七月我回国时，船到横滨，便听见张勋复辟的消息；到了上海，看了出版界的孤陋、教育界的沉寂，我方才知道张勋的复辟乃是极自然的现象，我方才打定二十年不谈政治的决心，要想在思想文艺上替中国政治建筑一个革新的基础。②

胡适标榜"二十年不谈政治"，旨在彰显"思想文艺"的重要性。这也代表着民初各方人士的见解。1913 年吴稚晖、蔡元培、李石曾、汪精卫等聚谈时皆有这样的感受："惟一之救国方法，止当致意青年有志力者，从事于最高深之学问，历二三十年沉浸于一学。"而"专门名家之学者出，其一言一动，皆足以起社会之尊信，而后学风始以丕变"。③ 不过，这并非意味着对政治冷漠，而是对政治与思想文化的关系有了新的认识。

实际上，关注现实政治本是《新青年》能聚集一群读书人并影响舆论的重要因素，只不过最初是以"伦理思想"的突破作为政治改革的先声。陈独秀把中国问题归为"伦理之觉悟为最后觉悟之觉悟"，以及胡适"要想在思想文艺上替中国政治建筑一个革新的基础"，都很难区分究竟是政治的还是文化的。《新青年》重视思想文化上的问题，也只是为澄清政治的迷雾，未必真的"不谈政治"。照胡适的说法，1919 年以前，《新青年》大致还是"不谈政治而专注意文艺思想的革新"；有意不谈政治，主要受其影响，"陈独秀、李大

---

① 《胡适留学日记》(3)，《胡适作品集》第 36 集，第 250 页。
② 胡适：《我的歧路》，《努力周报》第 7 期，1922 年 6 月 18 日，第 4 版。
③ 吴稚晖：《四十九岁日记选录》，《吴敬恒选集·序跋游记杂文》，文星书店，1967，第 221 页。

钊、高一涵诸先生都很注意政治的问题"。① 陈独秀的几分报怨，也能证明此："本志同人及读者，往往不以我谈政治为然。"然而，"政治问题，往往关于国家民族根本的存亡，怎应该装聋推哑呢？"况且，"此种根本问题，国人倘无彻底的觉悟，急谋改革，则其他政治问题必至永远纷扰，国亡种灭而后已！国人其速醒！"②

正是有这样的分歧，《新青年》群体也陷入"分裂"危机。1919年12月《新青年》第7卷第1号出刊，据称是代表"全体社员共同意见"的一则宣言，即昭示内部成员之间的裂痕。一本已发行到第7卷的杂志，表示"本志的具体主张，从来未曾完全发表"，已足使人惊讶；既说社员持论各不相同，却又"要将全体社员的公共意见，明白宣布"，更值得玩味。合理的推断是，《新青年》内部已出现不谐之音，且引起了社会上种种猜疑，否则大可不必在这个时候宣示什么"公共意见"。从宣言本身也不难发现，在一些基本问题上，包括与现实政治的关联以及杂志的未来走向，《新青年》内部确实已产生巨大裂痕。③ 这是《新青年》经历一系列风波，其内部出现潜在的分裂倾向时，成员之间重新寻求共识的表现。渐渐趋远的《新青年》同人，试图通过发表"宣言"找寻沟通的契机，于是重新举起"民众运动"与"社会改造"的旗帜，还表示要和各派政党"绝对断绝关系"。但这样的沟通收效甚微，其成员间的裂痕也难以弥合。④

因此，问题远非要不要谈政治那样简单。对新文化一代来说，创办刊物并非意味着远离政治，而是确立思想具有超越政治的优先性，

① 胡适：《纪念"五四"》，《独立评论》第149号，1935年5月4日，第5页。
② 陈独秀：《今日中国之政治问题》，《新青年》第5卷第1号，1918年，第1页。
③ 《本志宣言》，《新青年》第7卷第1号，1919年，第1、3页。
④ 有关《新青年》分裂及"后五四时期"的一些情况，这里无法展开。参见章清《1920年代：思想界的分裂与中国社会的重组——对〈新青年〉同人"后五四时期"思想分化的追踪》，《近代史研究》2004年第6期。

为此也竖起"思想革命"的大旗。

从"学战"到"思想战"

"今之时代,为思想战之时代。"杜亚泉 1915 年的一篇文字明确传递了这样的意思,指明 18 世纪民权思想之普及、19 世纪民族思想之发达,波及中国,而有辛亥之役,"吾国之思想战,盖以此为著矣"。① 前已论及,逐渐认识到中西竞争最终是一场"学战",是晚清士人认知中西文化重要的突破,杜亚泉所说的"思想战",其语境与晚清流行的"学战"自不可相提并论。明显由"商战"发展而来的"学战",传递的是对技艺背后之"学"的重视;"思想战"的浮现,则体现为对社会变革的看重,并突出"思想"的作用。

黄远生在撰写的一系列文字中,就将问题的症结引向"思想界"。还在 1916 年初,黄在《东方杂志》发表的《国人之公毒》即明确表示:所谓"公毒","一言蔽之曰,思想界之笼统而已"。正是因为"中国今日之输入外国制度与学术也,一切皆以笼统主义笼统之",所以有了这样的结果:

> 中国之政治还是中国之政治,并未变法;中国之学术文章还是中国之学术文章,并未有何种新学。若其有之,则吾国人之思想界,宜已剧变,不至颓废腐朽如此也。②

紧接着下一期《东方杂志》,黄又发表《新旧思想之冲突》一文,开篇即谓:"自西方文化输入以来,新旧之冲突,莫甚于今日。"尤其肯定了"思想"的重要性:

---

① 伧父(杜亚泉):《论思想战》,《东方杂志》第 12 卷第 3 号,1915 年,第 4 页。
② 远生:《国人之公毒》,《东方杂志》第 13 卷第 1 号,1916 年,第 10~11 页。

吾人须知，新旧异同，其要点本不在枪炮工艺以及政法制度等等，若是者犹滴滴之水、青青之叶，非其本源所在。本源所在，在其思想。夫思想者，乃凡百事物所从出之原也。宗教哲学等等者，蒸为社会意力，于是而社会之组织作用生焉，于是而国家之组织作用生焉，于是而国际界之组织作用生焉。①

照汪敬熙稍后的总结，自《国人之公毒》发表后，"有许多人都同声说，我们中国各种坏处的根原就是思想界，并且又说，如想改革中国，第一步就须改革思想"。②《新潮》杂志发表的不少文章，便在传递这样的声音。因为《新潮》最初几期缺乏这方面的内容，较为倾向"文学"方面，顾颉刚还表示"失望"，认为"我们目的是'改造思想'"，应多发表"思想问题"的文字。③顾的"失望"可能是多虑了，《新潮》这方面的文字并不算少。"因为思想的来源，是一切运动的原动力；没有思想未曾改变而行动可以改变的，所以我们文化运动的目的是——'以思想革命，为一切改造的基础'。"罗家伦即指明政治运动应与思想运动互相促进，"当行的方法"约有四端：（1）对于现在的定期出版品，不在乎数的增多，而在乎量的改革；（2）宣传的印刷品应当增多；（3）西洋有系统的著述，应当从速翻译介绍；（4）专门学者的培养，刻不容缓。罗还强调：

我们作文化运动的最后觉悟，是要知道现在中国没有一样学

① 远生：《新旧思想之冲突》，《东方杂志》第13卷第2号，1916年，第1~2页。
② 汪敬熙：《什么是思想?》，《新潮》第1卷第4号，1919年，第557页。
③ 顾颉刚：《致傅斯年》（1919年2月21日），《新潮》第1卷第4号，1919年，第710页。

问，可以在世界上站得住位置的；无基本文化的民族，在将来的世界上不能存在的！[1]

当时出版的很多杂志有类似的标榜。《新中国》1919 年创刊时，其《发刊词》就指出："新思想为造新政治、为造新道德、为造新学术之前提。"[2] 同年创办的《闽星》则提出"思想界的改造"问题，原因在于，"世界的进化和人类的思想很有密切的关系。思想的变迁到了什么程度，进化的现象，自然为其写真，达到那个境地了"。[3] 更有杂志差不多已陷入"思想决定论"的窠臼，言明"一切社会底进步，都起于思想底进步"。[4]《时事新报》讨论思想界两大潮流的文字，还把思想之优先性作为前提，指明"诸君大概都知道改革社会，是要改革思想的"，"思想变了，那学术社会政治一定跟着变"：

> 凡稍能看报纸杂志的人，大概都知道从"五四运动"以来，中国发生了"新文化运动"，随着新出版物一天多一天，所鼓吹的，一言以蔽之，是新思想。分言之：把这思想用到文学上来，便是新文学；把这思想用到政治上去，便是新政治（平民政治）；把这思想用到社会上去，便是新社会（互助社会）。[5]

鼓吹思想的优先性，或可看作强调"学高于政"的传统思维模

---

① 罗家伦：《一年来我们学生运动底成功失败和将来应取的方针》，《新潮》第 2 卷第 4 号，1920 年，第 858~861 页。
② 李耆：《发刊词》，《新中国》第 1 卷第 1 号，1919 年，第 3 页。
③ 陈炯明：《发刊词》，《闽星》第 1 卷第 1 号，1919 年，第 1 页。
④ 《本志宣言》，《评论之评论》第 1 卷第 1 号，1920 年，第 4 页。
⑤ 陈问涛：《中国最近思想界两大潮流》，《时事新报·学灯副刊》1923 年 4 月 29 日，第 1 页。

式的影响。林毓生分析"五四"一代"借思想文化以解决社会根本问题"的思想方式，也将问题导源于此。[①] 然而勾画报章与读书人的互动，却可以看到问题的另一面——报章的作用。报章之所以吸引各方人士投身其中，是看重这一媒介的作用，"思想革命"话语由此流行开来，也是题中应有之义。可以说，解释新文化运动时期"话语"的流行，或不能忽视报章对读书人基本生活形态产生的重大影响。不过，尚须虑及的是，报章营造的"思想界"，既影响读书人论述方向的转变，也留下可资检讨的问题。关键在于，"思想革命"的观念不仅流行于五四时期，后五四时期仍在。舒衡哲（Vera Schwarcz）对"五四记忆"的阐述，便注意到"思想革命"的观念在持续延续。[②] 这是需要进一步分析的。

---

① 林毓生：《中国意识的危机》增订本，贵州人民出版社，1988，第 45 ~ 51 页。
② 薇娜·舒衡哲：《"五四"：民族记忆之鉴》，中国社会科学杂志社编《五四运动与中国文化建设——五四运动七十周年学术讨论会论文选》上册，中国社会科学出版社，1989，第 147 ~ 176 页。

第五章

"思想界"的多重色彩：报章与政治

"思想界"浮现于晚清，由于与报章密切相关，从一开始其"公共性"便昭示无疑。伴随近代意义的国家观念形成，国家—社会的分野，也为"公共舆论"预留了成长的空间，来自"社会"的声音即通过此传递。正是缘于此，作为"思想界"主要载体的报章出现于晚清，即不无政治意味，为成长中的"思想界"涂抹上浓浓的"政治"底色。然而，报章之于"政治"又显示出暧昧性，不少报章对于政治往往避之唯恐不及，展现出"非政治化"的倾向。故此，分析"公共舆论"所受"政治"的影响及影响于"政治"者，或能更好地把握清季民国时期"思想界"成长的曲折，以及培育"公共舆论"的困境。

简言之，"思想界"的多重色彩，也表现为与政治难以割舍的关系。一方面，"公共舆论"的培育乃近代国家与社会新型关系的产物，使旧有的政治秩序不免受到动摇；另一方面，"公共舆论"的形成又拓展了"思想界"的"公共性"，反过来影响国家的政治生活。这些纷繁复杂的问题皆使"思想界"呈现多重色彩，以学术相标榜的读书人，尽管常常祭起"不谈政治"的戒约，还是难免卷入"思想冲突"中；更何况"思想界"也有"主义"，试图主导现实政治的发展，规划未来的方向。凡此种种，皆说明了"思想界"的"政治性"，各种政治势力对此的借重，也成为现代政治生态的写照。

一　读书人的组织与"思想冲突"的加剧

有关"思想界"与政治的关联，首先值得检讨的是读书人的"政治"，尤其是所引发的"思想冲突"。无论晚清还是民国，"思想界"都是由各种形态的"集团力量"共同营造的，所不同的是，民国时期读书人的聚集，刊物之外增加了大学这一场所，并且，共同的学术理想以及对现实政治的立场，往往成为聚集的纽带。而这一切，又与王权的瓦解、共和的确立息息相关。职是之故，使"思想界"更加清晰的，即是"思想冲突"的加剧。晚清通过刊物聚集起来的读书人，并非没有冲突，《新民丛报》与《民报》的论争即为显例。差别在于，晚清时的思想舞台还有限，各种争端的影响也限于一定范围。进入民国以后，"思想界"与"思想冲突"已难以割离，进入人们视野的往往是不同思想派别之间的冲突。这也构成"思想界"有形的展现。

"留学国界、政治党派、省界"

关于民国时期读书人如何聚集起来，1922 年 4 月丁文江与胡适的通信提供了值得注意的视角。信中言及筹建"文化研究所"事，拟定由北京大学、北京高等师范学校及地质学会、天文学会等多家机构的人员组成，丁明确表示："用人应该绝对破除留学国界、政治党派、省界。"① 显然，这里要"破除"的，实是既成的"有"，昭示

---

① 丁文江：《致胡适》（1922 年 4 月 8 日），中国社会科学院近代史研究所中华民国史研究室编《胡适来往书信选》上册，中华书局，1979，第 195 页。

"留学国界"、"政治党派"与"省界"构成了当时读书人聚集的重要因素。尽管大学的不断成长,尤其是学术上愈益明显的"新派""旧派"之分,为突破"省界"创造了条件,但征诸这段历史,"省界"因素仍在发挥效应,对于读书人的组织同样产生重要影响。

进入近代,读书人走出偏于一隅的村镇,到都市发展,构成社会流动的一种常态,而"同乡"关系仍是重要依凭,晚清如此,民国时期亦然。周氏兄弟到北京后长期住在南半截胡同的"绍兴会馆",帮助他们在北京拓展事业的,则是老乡蔡元培。"新民学会"十余人初到北京,由于湖南各县多在京设有会馆,于是会员也分住在各县会馆。① 胡适的事例,更说明"乡情"不失为其一生所倚靠的主要社会资源。1918 年入京未久,他便担任了绩溪会馆的董事,1920 年又参加旅京皖人组成的"皖事改进会",时与老乡酬酢往来。② 在晚年回忆中,胡适念兹在兹的仍是这样的身份——"我是安徽徽州人"。③

作为学术重镇的北京大学,也显示出乡情对于读书人聚集产生的影响。《北京大学日刊》刊登的启事,固有按照专业或兴趣招募会员的告示,如"数理学会""书法研究会"之类,但也不乏传递浓厚乡情气息的启事。一则《致本校苏籍教职员公启》,告知拟举行"分预科同乡全体第一次恳亲大会","借敦乡谊"。④ 这多少说明在读书人流动中,家乡仍是重要的联系渠道,来自家乡的关切无所不在。康白情注意到:在北大这个社会里,存在着许多"团体","同乡会"尤其令人注目,数量在一百个以上,"组织这种会的,其热心和毅力,以地域分之,大抵以广东、浙江、福建、湖南等处的学生为最强,而

---

① 罗章龙:《椿园载记》,生活·读书·新知三联书店,1984,第 8 页。
② 耿云志:《胡适年谱》,(香港)中华书局,1986,第 63 ~ 64 页。
③ 胡适还表示,陈独秀 1919 年那次被捕入狱,仰仗一大群安徽同乡的关系,才被保释出狱。唐德刚译注《胡适口述自传》,《胡适全集》第 18 卷,第 148、350 页。
④ 《致本校苏籍教职员公启》,《北京大学日刊》1917 年 12 月 1 日,第 4 版。

以江苏、山东、云南、四川等处的为最弱"。① 新潮杂志社最初组成时，来自山东的傅斯年、杨振声、徐彦之分别担任主任编辑、书记、主任干事，占据职员之一半。② 学生如此，教员也不例外。蔡元培通往北大之路，浙江关系就发挥了不小的作用，时人也"深以浙人盘踞"为恨，甚至提出，"欲办好北大，非尽去浙人不可"。③

正是因为民国时期读书人组织起来同样包含"省界"因素，不乏文章对此加以检讨。《少年中国》第 4 卷第 10 期曾附录"关于国家主义的讨论种种"，一篇文字就呼吁各方应"消灭县界、省界乃至五族之界别，而融合成为一个伟大的中华民族"，种种狭隘的"地方主义"，不惟表现于"省界"，还有"县界"，"不惟普遍于工商阶级，就是受过高等教育之所谓知识阶级，也不能免此"。④ 在国家主义乃至世界主义的声浪中出现针对"省界"的批评，表明"共同体"的意识也在发酵，助长了"思想派别"的形成。

丁文江言及"留学国界"问题，表明大学的成长以及《新青年》《新潮》等杂志的流行，促成读书人的聚集由"地缘"向"共同体"转向。《新青年》作者群的拓展成为一种象征，该刊第 1 卷作者几乎全为安徽籍或与皖政界和文化界关系密切者，第 2 卷作者则大都是原《甲寅》《中华新报》的编辑或作者，透露出《甲寅》与《新青年》的渊源。而自陈独秀主持北大文科后发行的《新青年》第 3 卷，撰

---

① 康白情：《北京大学的学生》，《少年世界》第 1 卷第 1 期，1919 年，第 52 页。
② 《新潮杂志社启事》，《北京大学日刊》1918 年 12 月 13 日，第 2 版。
③ 杨树达：《积微翁回忆录》，第 70、72 页。
④ 导之：《我国现时需要世界主义的教育吗?》，《时报》1923 年 11 月 29 日，"教育世界"第 1 版；又见《少年中国》第 4 卷第 10 期，1924 年，附录"关于国家主义的讨论种种"，第 4 页。

稿人则主要是北大教员和学生，表明该刊迅即成为北大革新力量的阵地。① 《新潮》亦如此，同系、同级乃至同宿舍的因素，渐渐突破"同乡会"樊篱。康白情、俞平伯与傅斯年同是 1916 年文科"国文门"学生；顾颉刚因为是傅的室友而进入这个团体，顾后来又把中学同学叶圣陶、王伯祥、郭绍虞介绍入社。② 这表明共同的使命感逐渐成为读书人聚集的基础，傅斯年就介绍《新潮》是"集合同好"的杂志，"用这知识上的接触做根本，造成这个团体"。③

在此背景下，"思想界"明显区分为"新""旧"两个阵营。"思想界"的"趋新"，最集中的体现是读书人中弥漫的"挟洋自重"之风，"留学国界"成为重要的标签。胡适曾表示，《新青年》成员中，"只有孟和和我是曾在英美留学的，在许多问题上我们两人的看法比较最接近"。④ 周作人则暗示，刘半农因为没有正式学历，为留学英美的同人看不起。刘受了这个刺激，遂发愤去挣一个博士头衔来，以出心头的一股闷气。⑤

留学生逐渐成为世所瞩目的精英，在许多方面表现出来。丁文江 1912 年 5 月的一通信函道及，当其家乡陷入因革命造成的极度惊恐时，他被当地士绅要求组织一支地方保安队，原因是丁到过外国，"有能力做世界上所有的一切事情"。⑥ 在学术圈，"外国关系"对读

---

① 陈万雄：《五四新文化的源流》，生活·读书·新知三联书店，1997，第 19 ~ 20 页。
② 顾颉刚：《回忆新潮社》，张允侯等编《五四时期的社团》（2），生活·读书·新知三联书店，1979，第 124 ~ 126 页。
③ 傅斯年：《〈新潮〉发刊旨趣书》，《新潮》第 1 卷第 1 号，1919 年，第 1 页；《〈新潮〉之回顾与前瞻》，《新潮》第 2 卷第 1 号，1919 年，第 202 页。
④ 《丁文江的传记》，《胡适作品集》第 23 集，第 52 页。
⑤ 周作人：《知堂回想录》，第 358、502 页。
⑥ 《丁文江来函》，骆惠敏编《清末民初政情内幕——〈泰晤士报〉驻京记者袁世凯政治顾问乔·厄·莫理循书信集》（上），刘桂梁等译，世界知识出版社，1986，第 539 页。

书人的声望也发挥着微妙作用。胡适能够成为学界中心人物，"留美学生"的身份外，杜威（John Dewey）这一"外国因素"也至关重要。杜威访华称得上当时学术圈的一件大事，胡适曾嘲讽北京学界频频闹出"挟洋自重"的风波，如哥伦比亚大学同学会为杜威夫妇饯行，就演出争主席的笑话。① 其实，胡适又何尝能完全"免俗"，他的《中国哲学史大纲》上卷出版时，封面上特别题署"胡适博士著"。而身披国际知名学者光环的杜威访华，更无疑提高了其最杰出的中国门生胡适的地位。②

欧美同学会等组织的活跃，也预示着留学国界成为学术圈新的基础，并且影响不限于学术。顾维钧曾倾力将留美同学会与留法比德会及留英同学会合组为"欧美同学会"，强调该会的组成"丝毫没有政治目的"，旨在"通过举办演讲会、慈善事业和社会福利事业，使公众受益"。③ 然而，正是留学这一背景，难免使聚集于欧美同学会的成员"思出其位"。1917 年《东方杂志》刊发的一篇文字，即指出留学生乃"一国之领袖，一国之救主"，原因在于，"科举既废，吾国政界军界学界，莫不取材于留学生。游学一途，实为今日登仕版膺政位之终南捷径；将来之官吏，即今日之留学生"。该文提供的对在京 1655 名归国留学生的调查，显示留学生大量涌入政界，占到 1024 人，其他如学界 132 人，报界 16 人，军界 56 人，医界 23 人等。④ 这也意味着，归国留学生除成为学术圈的精英之外，不少还跻身政治

---

① 《胡适的日记》手稿本，第 1 册，1921 年 7 月 1 日，远流出版公司，1990，该书系影印出版，未标识页码，下同。

② 罗志田：《再造文明的尝试：胡适传（1891～1929）》，中华书局，2006，第 177～178 页。

③ 《顾维钧回忆录》第 1 册，中国社会科学院近代史研究所译，中华书局，1983，第 135～138 页。

④ 《青年会与留学生之关系》，《东方杂志》第 14 卷第 9 号，1917 年，第 196～197 页。

圈。照理说，学术圈与政治圈各有活动的场所，但由于留学生在斯时的特殊地位，类似欧美同学会这样的组织又成为他们密切沟通的渠道，因此，学术圈中人与跻身政治权力核心中的一些人，便有了千丝万缕的联系。

这样的联系渐渐被赋予"政治"的意味，再正常不过，尤其是政治的风暴不断袭来，即便身处学界的读书人也颇难安于其位，卷入各种政治纷争中，亦属自然。

社会势力对大学之渗透

民国时期读书人同样通过组织学会、创办报章的方式聚集起来，发出自己的声音，如此一来，尽管标榜"不谈政治"，但社会的观瞻，却是另一回事。而被报章文字评骘的各种社会势力，也会施加影响于报章，甚至延伸到读书人的工作场所——大学校园。这也引发一系列问题，大学教员的社会责任如何体现？大学又担负怎样的责任？《新青年》《每周评论》《新潮》等由北京大学教员与学生创办的杂志，就被牵扯进这样的纷争中。1919 年 2 月出刊的《新青年》第 6卷第 2 号，登载了这样一则启事：

> 近来外面的人往往把《新青年》和北大混为一谈，因此发生种种无谓的谣言。现在我们特别声明：《新青年》编辑和做文章的人虽然有几个在大学做教员，但是这个杂志完全是私人的组织，我们的议论完全归我们自己负责，和北京大学毫不相干。①

发表这样的启事，自是已感受到种种流言，表明读书人对于介入政治引出的一系列问题，不免有所顾虑。然而，发表这样的声明于事

---

① 《〈新青年〉编辑部启事》，《新青年》第 6 卷第 2 号，1919 年，扉页。

无补，也是可以预料的，《新青年》的对手乃至坊间，都不可能不把杂志与大学联系在一起。据陈独秀所言，因为看见《新青年》登有几篇大学教习的文章，便对大学"造了种种谣言"，而且，他们"决不拿出自己的知识本领来正正堂堂的争辩，总喜欢用'倚靠权势''暗地造谣'两种武器"。① 在稍后致胡适的信中，陈针对惩办被捕学生事又说明："彼等为自卫计，恐怕要想出一个相当的办法。"因此，"整顿大学，对付两个日报、一个周报，恐怕是意中的事"。②

重要的是，因为有了杂志，各种纷争也以新的方式展现。就社会的观感，那些贴上大学标签的读书人，无疑更引人注意，而通过报章，大学校园之风潮也很容易传入社会。1919年2月26日《神州日报》即以通信的形式，谓"北京大学文科学长陈独秀即将卸职"，盖因"言论思想多有过于激烈浮躁者，于学界前途大有影响"。3月3日，又指出"陈独秀已决计自行辞职"。对于胡适、陶孟和、刘半农三教授，"蔡校长以去就力争"，教育部方"准其留任"。随后又刊登消息："北京大学文科学长陈独秀近有辞职之说，记者往访蔡校长，询以此事，蔡校长对于陈学长辞职一说，并无否认之表示。"③《公言报》则在3月18日刊文道出：北大新派学者"前后抒其议论于《新青年》杂志"，"近又由其同派之学生组织一种杂志曰《新潮》者，以张皇其学说。《新潮》之外，更有《每周评论》之印刷物发行"。复指出，与新派对峙者"有旧文学一派"，视新派怪诞不经，"亦组织一种杂志，曰《国故》。组织之名义出于学生，而主笔政之健将，教员实居其多数"：

---

① 陈独秀：《关于北京大学的谣言》，《每周评论》第13号，1919年3月16日，第3版。
② 陈独秀：《致胡适》（1919年5月7日），《胡适来往书信选》上册，第42页。
③ 《学海要闻》（半谷通信），《神州日报》1919年2月26日，3月3、9日，第2版。

二派杂志，旗鼓相当，互相争辩，当然有裨于文化；第不言忘其辨论之范围，纯任意气，各以恶声相报复耳。①

《神州日报》散布有关北大的种种消息，身为校长的蔡元培自不能袖手，当即致函《神州日报》，申明"陈学长并无辞职之事，如有以此事见询者，鄙人必绝对否认之"。② 于《公言报》刊登的文字，蔡也表示"不能不有所辨正"。此文刊登时附有林纾致蔡元培函，故蔡以答复林纾的方式，要求《公言报》"照载"。蔡主要阐述了新文化运动的方向问题，关于大学本身则主要强调两点：一是对于各种学说，循"思想自由"原则，取"兼容并包"主义；二是对于教员，以学术造诣为主，"其在校外之言动，悉听自由，本校从不过问，亦不能代负责任"。③

社会的压力不只施诸北大教员，学生也不能免。按傅斯年的说法，《新潮》问世不过 8 个月的时间，遭遇三重困难，其一是"经济方面的波折"，其二是"发生了许多反动"，其三是"惹出了一个大波浪"，引出"查办蔡校长、弹劾傅总长的议案"。④ 时任教育总长的傅增湘，与蔡元培的往返函件，涉及不少内幕。傅在信中说明："自《新潮》出版，辇下耆宿对于在事员生不无微词。"希望能"遵循轨道，发为议论"，"倘稍逾学术范围之外，将益启党派新旧之争，此

---

① 《请看北京学界思潮变迁之近状》，《公言报》1919 年 3 月 18 日。相似的内容之前曾刊登于《申报》，静观：《北京大学新旧之暗潮》，《申报》1919 年 3 月 6 日，第 6 版。

② 蔡元培：《蔡校长致〈神州日报〉记者函》，《北京大学日刊》1919 年 3 月 19 日，第 4 版。《每周评论》曾汇集各报章对此的反应，编为特别附录"对于新旧思潮的舆论"刊出。

③ 蔡元培：《蔡校长致〈公言报〉函并附答林琴南君函》，此篇及附件先后发表于《公言报》1919 年 3 月 18 日及 4 月 1 日；《北京大学日刊》1919 年 3 月 21 日，第 1~4 版；《新潮》第 1 卷第 4 号，1919 年，第 715~724 页。

④ 傅斯年：《〈新潮〉之回顾与前瞻》，《新潮》第 2 卷第 1 号，1919 年，第 201 页。

则不能不引为隐忧耳"。蔡元培则指明"局外人每于大学内情有误会之处","若持《新潮》《国故》两相比拟，则知大学中笃念往旧，为匡掖废坠之计者，实亦不弱于外间耆贤也"。不过，涉及发言方式问题，蔡也承认此乃"明言戆论"，"当即以此旨喻丁在事诸生，嘱其于词气持论之间加以检约"。令其担心的是："批评原无可虑，所虑乃在出乎其位，牵及感情之言。"①

所谓"出乎其位"，实从两个方面提示了大学与报章的关系：其一涉及角色定位，其二关乎发言方式。民国时期"思想界"的独特风貌，或即在于"学界"与报章难以区隔。"世间清净去处，莫如学界"，然而，"学之中也亦有'客'焉，所办者曰'学务'，而无事不提议，无电不列名，则其人固非教育家，不过'学客'而已矣"。"若挂学校之招牌，而自成一阶级，自创一政派，则学殖荒矣。若更为政客所利用，东设一机关，西设一事务所，终日不读书，但指天画地，作政客之生涯，则斯文扫地矣。"② 杨荫杭对此的观察，尽管未言明，但部分针对的即是办报之读书人。问题的关键并非大学师生投身杂志的创办，而在于这些杂志往往"思出其位"，卷入种种政治风波中。影响所及，"思想界"也划分为不同的营垒，"新派"与"旧派"，"我们"与"他们"，越发分明。

"思想界"的具象化："新派"与"旧派"

"思想界"的分化，晚清已逐渐浮现，读书人因"改良"与"革命"等立场的差异，划分为不同的派别。但毕竟受思想舞台的限制，

---

① 《傅增湘蔡元培往返函件》，北京大学档案，全宗号七，目录号1，案卷号117。王学珍、郭建荣主编《北京大学史料》第2卷（1912~1937）下册，北京大学出版社，2000，第2744~2745页。

② 老圃（杨荫杭）：《政客与学客》，《申报》1921年9月29日，第18页。

冲突更多发生在内部，于社会的影响并不那么显著。民国以后，思想舞台拓展，思想冲突也被加速放大，前面提及的大学风潮，时人感受的即是"京城思想界陡起冲突，谣诼丛生，不可捉摸"。[①] 各派势力通过报章互相攻击，乃至杂志内部人员之间的"分裂"，构成"思想界"一道独特的景观。影响所及，"思想界"的面貌也"具象化"。

《新民丛报》与《民报》的冲突，显示出对立的双方如何依凭报章进行"笔战"。冯自由曾列出各埠两党机关报名录，说明海外各埠革命党与保皇党之冲突，如何"日益剧烈"，"两党机关报之大小笔战，尤无时无地无之"。[②] 陶菊隐对于两派之争则有这样的评价："各有怀抱，各走极端，伐异党同，轧轹日甚。"[③]

梁启超1906年本有游学欧洲的计划，但未能成行。他在给徐佛苏的信中写道：本欲今年停报而出游，"惟今方与彼党争舆论之动力，故丛报不能不办"。[④] 不过，尽管梁有不能罢争之理由——"第三者之观听"不可不重视，但还是努力于"息争"，故此在给徐佛苏的另一通信函中也表示："公所谓作一来函登报，以停止论战者，此甚妥，望早成之。"[⑤] 徐佛苏为此做了不少努力，私下与《民报》一方进行了沟通，还在《新民丛报》第11号发表《劝告停止驳论意见

① 隐尘：《新旧思想冲突平议》（1），原刊《民治日报》，此据《每周评论》第17号，1919年4月13日，"特别附录"，第2版。
② 冯自由：《中华民国开国前革命史》上编，中国文化服务社，1946，第51~53页。在冲突激烈的时期，《民报》的主要篇幅即为批驳《新民丛报》的文章所占据。壁上客编《立宪论与革命论之激战》，中西编译局，1906。
③ 陶菊隐：《一段老话》，《政海轶闻》，华报馆，1934，第6页。
④ 梁启超：《与佛苏我兄书》（光绪三十二年春），丁文江、赵丰田编《梁启超年谱长编》，第362~363页。
⑤ 梁启超：《致徐佛苏书》（光绪三十二年春），丁文江、赵丰田编《梁启超年谱长编》，第363页。

书》，但收效甚微。①处在下风的一方，在刊物登载这样的文字，已是示弱的表示，而处于上风的《民报》一方，却恨不能痛打落水狗。②

《新民丛报》与《民报》的论争，置于近代中国思想演进的长程观之，确属常态，每一时期都会发生相似的一幕，只不过缘由各不相同，程度也有异。进入民国以后，由于更多的刊物、更多的人卷入其中，确实是高潮迭现，而且，单纯按照"新派""旧派"加以识别，还未必合适。高长虹曾撰文说明："中国之有明显的思想运动，是从《新青年》开始的。"还揭示出同属"新派"的刊物也存在分歧：

> 《语丝》《现代评论》《向导》《醒狮》《创造》这几种刊物，都是各自一派的，而且都是相互反对的，几乎是绝对不能归在一类的样子。但是要从思想上去观察，却仍然是一类的。③

上述刊物内部的"分裂"，以及刊物之间发生的笔战，表明"新派"之"分化"同样引人瞩目。1920年瞿秋白就指出"新派思想"中"潜伏的矛盾点"已"渐渐发现出来"——尽管未曾言明所"发现"的究竟是什么。在其看来：

---

① 宋教仁在日记中记录了与徐的沟通，以及其本人的努力。《宋教仁日记》第6卷，1907年1月10日、11日，第322、323页。

② 针对此文，《民报》第9号、第10号分别发表了精卫《与佛公书》、弹佛《驳〈劝告停止驳论意见书〉》，加以驳斥。1907年，梁启超著《国文语原解》一书成，在给蒋观云的信中表达了对章太炎学问之赏识，并希望能将"政见"与"学问"加以区隔，也未见下文。梁启超：《致蒋观云先生书》（光绪三十三年二月），丁文江、赵丰田编《梁启超年谱长编》，第378页。

③ 高长虹：《思想上的新青年时期》（1926年11月14日），《走到出版界》，第141～152页。

中国社会思想到如今，已是一大变动的时候……反动初起的时候，群流并进，集中于"旧"思想学术制度，作勇猛的攻击。等到代表"旧"的势力宣告无战争力的时期，"新"派思想之中，因潜伏的矛盾点——历史上学术思想的渊源，地理上文化交流之法则——渐渐发现出来，于是思潮的趋向就不像当初那样简单了。[1]

实际上，"新派"中存在的派系之争，早已有所表现。在北大校园，由于掌控行政的汤尔和、蒋梦麟等在人事安排上党同伐异，被指为"浙派之植党揽权"。[2] 与之对抗的，则有沈尹默、李石曾、顾孟余等所代表的"法国文化派"。[3] 胡适进北大主要靠陈独秀援引，陈离去后，胡适也逐步培植自己的人脉，即后来鲁迅所谓"现代评论派"。进而还出现以个人命名的"派"。1926 年下半年鲁迅南下厦门、广州，在厦门大学、中山大学均与顾颉刚卷入纷争，甚至闹到有你无我、你来我走的地步，报上就有"胡适之派和鲁迅派相排挤"的说法。[4] 此外，学生方面也被指出有"两种大的倾向"，"越发分明"：

---

[1] 瞿秋白：《新俄国游记》，商务印书馆，1922，第 32 页。

[2] 吴虞注意到这一现象，因而评论说："蒋梦麟诸人运动汤尔和复职，竟未成功，然浙派之植党揽权，固可见也。"《吴虞日记》下册，1924 年 1 月 24 日，第 154 页。

[3] 胡适在日记中记录了与陈源晤谈时所获得之印象："通伯又谈北大所谓'法国文化派'结党把持，倾轧梦麟的情形，闻之一叹。梦麟方倚此辈为心腹朋友呢！我虽早窥破此辈的趋势，但我终不料他们会阴损下流到这步田地！"《胡适的日记》手稿本第 5 册，1925 年 1 月 17 日。上述事例，可参见桑兵《近代中国学术的地缘与流派》，《历史研究》1999 年第 3 期。

[4] 顾颉刚：《致胡适》（1927 年 2 月 2 日、4 月 28 日），《胡适来往书信选》上册，第 422、430 页。顾在日记中解释了其中之缘由，《顾颉刚日记》第 2 卷，1927 年 3 月 1 日，联经出版公司，2007，第 22 页。鲁迅在给李小峰的信中也言及，其离开厦门大学，鼓浪屿的日报《民钟》就登出消息，指出这是因为"胡适之派和鲁迅派相排挤，所以走掉的"。《华盖集续编·海上通信》，《鲁迅全集》第 3 卷，第 298 页。

前者是新潮社，"隐然以胡适之先生为首领"，"渐渐倾向于国故整理的运动"；后者是国民杂志社，"显然是社会主义——尤其是布尔扎维克主义的仰慕者"。①

瞿秋白指出"思想界"存在"新""旧"之争，也是时人普遍的看法，少年中国学会会员魏时珍同样以"新旧两派"描绘思想界的情形。② 胡适 1925 年应《朝鲜日报》之邀撰写的一篇文字，也述及中国思想界发生的新旧冲突，其将梁漱溟《东西文化及其哲学》的出版及"科学与人生观"论战，视作"思想冲突"的具体表现。③这表明当日"思想界"逐渐凸显相异的"思想的立场"，报纸杂志在"思想冲突"中发挥着越来越重要的作用。

同时，"新派""旧派"之争，难以避免政治势力的影响。《国民公报》表达了这样的担心："顽旧的思想，在今日的时候还是这样弥漫，那前途的影响，保不定要发生与帝制一般的危险！"④ 《成都川报》也对新派予以声援："《新青年》的持论未允，和他辩论，是可以的。认《新青年》是洪水猛兽，非消灭不可，那万万不敢赞成。"⑤这些皆表达了对政治势力介入"思想冲突"的担忧。而征诸其他事例也不难判定，民国时期的"思想界"，其醒目的标志，即是"思想界"的派别之争愈演愈烈，政治的影响也无处不在。

"思想界"的联合战线："我们"与"他们"

1922 年周作人在《晨报副刊》发表的《思想界的倾向》，流露

---

① 黄日葵：《在中国近代思想史演进中的北大》，《北大廿五周年纪念刊》1927 年 12 月 17 日，第 48～49 页。
② 魏时珍：《旅德日记》，《少年中国》第 3 卷第 4 期，1921 年，第 40 页。
③ 胡适：《当代中国的思想界》，《朝鲜日报》1925 年 1 月 1 日。此据《胡适全集》第 20 卷，第 555～558 页。
④ 毋忘：《最近新旧思潮冲突之杂感》，原刊《国民公报》，此据《每周评论》第 17 号，1919 年 4 月 13 日，"特别附录"，第 1 版。
⑤ 因明：《对北京大学的愤言》，原刊《成都川报》，此据《每周评论》第 19 号，1919 年 4 月 27 日，"特别附录"，第 4 版。

出这样的看法："我看现在思想界的情形，推测将来的趋势，不禁使我深抱杞忧，因为据我看来，这是一个国粹主义勃兴的局面；他的必然的两种倾向是复古与排外。"[1] 胡适读了此文，却有异议，"这种悲观的猜测，似乎错了"，尤其是"把'不思想界'的情形看作了'思想界'的情形"。在其看来，"那些'参禅炼丹，或习技击，或治乩卜'的人，难道真是'思想界'中人……这样的笨伯也当得起'思想界'的雅号吗？"[2] 胡适区分"不思想界"与"思想界"，涉及如何看待"思想界"，照其确立的标准，则"思想界"并非谁都当得起。稍后胡适又撰文指出：中国之思想界，"根本的毛病还在思想的方法"，从极左到极右，都看不见"自己想过的思想"，也看不见"根据现实状况的思想"。[3] 这同样涉及如何划分"思想界"，依据的则是"思想的方法"。胡适未自我标榜，却暗示出他与其他思想派别的分歧。

出于同样的考量，有关"思想界"的"反动"，此一时期也成为关注的重心。杨贤江 1924 年撰文指出："有一种现象，其影响足以麻痹青年学生的神经，使他们感觉不灵，竟会对于有灭国亡种的祸患熟视而无睹的，便是思想界的反动——我名之为第三期的复古运动。"[4] 张闻天同样注意到，"近年来复古的运动即反革命的运动，一天一天强盛起来，把全社会闹得乌烟瘴气，不像东西，使我们这种确实明白的思想没有大发展的可能"。甚而还指明这表现在"尊孔社""同善社""悟社"等的"妖言惑众"；表现在前江苏省省长齐耀琳禁止学

---

① 仲密（周作人）：《思想界的倾向》，《晨报副刊》1922 年 4 月 23 日，第 3～4 版。
② Q. V.（胡适）：《读仲密君〈思想界的倾向〉》，《晨报副刊》1922 年 4 月 27 日，第 1 版。
③ 胡适：《从思想上看中国问题》，《胡适全集》第 21 卷，第 414 页。
④ 杨贤江：《今年的"五四"和第三期复古运动》，《民国日报·觉悟副刊》1924 年 5 月 5 日，第 2 版。

生购买新出版物；表现在东南大学所出版的《国学丛刊》中。这种种莫名其妙的思想与行动，"都是这种复古的即反革命运动的代表"。^① 据此亦可看出当日之"思想市场"，确实展现出五花八门的情形，如何看待传统也存在严重分歧。影响所及，"文化立场"成为区分思想派别的关键所在，导致"思想界"的分裂。

不过，"思想界"既有不同思想派别的对垒，也有思想派别之间的"联合"。"我们"与"他们"的分野，透露出"思想界"也形成了"联合战线"。

胡适作为新派的代表，区分"老辈"与"我辈"的意识，在其留学期间即已萌生。归国前夕，他读到《伊利亚特》（*Iliad*）中的诗句"You shall see the difference now that we are back again"（"如今我们已回来，你们请看分晓罢"），心中激动不已，当即在日记中表示"可作吾辈留学生之先锋旗"。^② 归国以后，1919 年 3 月的一次讲演，胡适又吟诵这一诗句。他针对之前章太炎在演讲中对青少年的弱点提出的一些告诫，表示章所说的都是消极的忠告，他要从积极方面提出几个观念。说完这些，他又极富深意地用英语诵读了《伊利亚特》中的诗句。^③ 胡适在这样一个场合刻意区分"我们"与"你们"，与其说是对听众说的，毋宁说是对章太炎所代表的前辈学人说的，显示出学术圈的代际纷争已愈演愈烈，尤其是对待传统文化的立场有明显差异。^④ 由此造成的"我们"与"他们"的区分，构成新文化运动

---

① 张闻天：《从梅雨时期到暴风雨时期》，《少年中国》第 4 卷第 12 期，1924 年，第 8 页。

② 《胡适留学日记》（4），《胡适作品集》第 37 集，第 194～195 页。

③ 参见章太炎谈话、王光祈笔记《今日青年之弱点》，《少年中国学会会务报告》第 1 期，1919 年 3 月 1 日；胡适《少年中国之精神》，《胡适全集》第 21 卷，第 169 页。

④ 这里无法展开，更详细的讨论参见章清《现代中国知识分子"代际意识"的萌生及其意义》，《近代中国与世界》第 1 卷，社会科学文献出版社，2005，第 123～150 页。

一道独特的景象。

约在 1921 年初，也正是《新青年》内部闹分裂的时候，胡适写了封措辞严厉的信给陈独秀，列举了梁启超一方所做的事，将"我们"与"他们"的畛域悉数道来：

> 你难道不知我们在北京也时时刻刻在敌人包围之中？你难道不知他们办共学社是在"世界丛书"之后，他们改造《改造》是有意的？他们拉出他们的领袖来"讲学"——讲中国哲学史——是专对我们的……你难道不知他们现在已收回从前主张白话诗文的主张……你难道不知延聘罗素、倭铿等人的历史？①

胡适颇有些责怪陈不能区分"我们"与"他们"，足证其牢固树立了这种意识。后来鲁迅、周作人与陈源之间发生笔战，胡适又表示这是朋友中最可惜之事，"我们岂可自己相猜疑，相残害，减损我们自己的光和热吗？"意思很明确，对有别于"他们"的"我们"来说，"横竖是水，可以相通"，也因此，"'他们'的石子和秽水，尚且开始容忍，何况'我们'自家人的一点小误解，一点子小猜疑呢？"②

值得思考的是，"我们"与"他们"的区分描绘出"思想界"怎样的图景。余英时曾指出，在中国近代思想史的脉络下讨论"保守"与"激进"，首先要看到其文化意义，思想冲突往往体现为对传统文化的看法，"中国现代思想史上最有势力的两个流派——自由主

---

① 胡适：《致陈独秀》（约 1921 年初），《胡适来往书信选》上册，第 119～120 页。
② 胡适：《致鲁迅、周作人、陈源》（1926 年 5 月 24 日），《胡适来往书信选》上册，第 377～380 页。

义和社会主义——大体上都对传统持否定的立场，文化保守派则始终没有影响力"。① 究竟哪一派更具影响力，或见仁见智，但将政治立场与文化立场略做区分后，"新派"之间的趋同则更加清晰。最明显的无过于，《新青年》《少年中国》内部出现分化后，仍存在思想上的"联合战线"，共同面对的则是"东方文化派"。

对于新文化运动"保守主义"的反应，学术界已多有所论，如艾恺（Guy Salvatore Alitto）所揭示的，梁启超《欧游心影录》、梁漱溟《东西文化及其哲学》和张君劢《人生观》，受到学术界广泛关注，对传统中国文化精髓的眷求，对现代工业化西方的反感，"他们都有着共同的论题和态度"。② 是否存在所谓"东方文化派"，尚需进一步分析，然而，透过创办的刊物也可寻摸种种迹象。梁启超欧游归来后，颇有在学术上再出发之势头，也在规划出版工作，《解放与改造》改名事，即显露一些值得重视的信息。蒋百里在给梁的信中表示，改名后的第一期杂志拟关注"新文化运动问题"，并强调：

> 吾辈对于文化运动本身可批评，是一种自觉的反省，正是标明吾辈旗帜，是向深刻一方面走的（文字上用诱导语气亦不致招人议论）。③

重点是"标明吾辈旗帜"。1920 年 9 月《改造》出刊时，明确

① 余英时：《中国近代思想史上的激进与保守》，《钱穆与中国文化》，上海远东出版社，1994，第 188~222 页。
② 艾恺：《最后的儒家：梁漱溟与中国现代化的两难》，王宗昱、冀建中译，艾恺审订，江苏人民出版社，1993，第 76 页。
③ 蒋方震：《致任师书》（1920 年 7 月 2 日），丁文江、赵丰田编《梁启超年谱长编》，第 911~912 页。

表示"本刊所鼓吹在使文化运动向实际的方面进行",还确立了思考文化新的基调:"浅薄笼统的文化输入,实国民进步之障……中国文明实全人类极可宝贵之一部分遗产"。① 梁启超后来也撰文称,这几年看似蓬勃的"新思潮""新文化运动",查其内容,最流行的莫过于政治上、经济上的这样那样的主义,可看作"西装的治国平天下大经纶";次流行的莫过于哲学上、文学上的这种那种的精神,可视作"西装的超凡入圣大本领"。②

因此,尽管"东方文化派"来自对手的涂抹,但也有明确的同道与对手。在梁漱溟看来,陈独秀《人生真义》、李大钊《今》和胡适《不朽》,这些"所谓《新青年》一派的人生观都不能让我们满意",因其中所讲"完全见出那种向外要有所取得的态度"。③《东西文化及其哲学》出版后,蒋百里致函梁启超表示:"顷见梁漱溟《东西文化》一书,此亦迩来震古烁今之著作,渠结末之告白,大与吾辈自由讲座之宗旨相合。"为此,蒋也希望梁启超约梁漱溟一起担任讲座。④ 1923 年"科学与人生观"论战后,张君劢同时针对胡适与陈独秀的意见加以驳诘,也多少说明一些问题。⑤

无论称为什么派,展现于"思想界"的则是"联合战线"很快被提出来。最初之提议,出自少年中国学会,还不是"排他性"的。刘仁静就指出:少年中国学会应走向"由感情的结合到主义的结

① 《发刊词》,《改造》第 3 卷第 1 期,1920 年,第 5 页。
② 梁启超:《科学精神与东西文化》,《晨报副刊》1922 年 8 月 24 日,第 1 版。
③ 梁漱溟:《合理的人生态度》,《漱溟卅前文录》,商务印书馆,1926,第 194 ~ 195 页。
④ 蒋方震:《与任师书》(1921 年 11 月 26 日),丁文江、赵丰田编《梁启超年谱长编》,第 941 页。
⑤ 张君劢:《〈人生观之论战〉序》,郭梦良编《人生观之论战》,泰东图书局,1923,第 7 ~ 10 页。

合"，尤当谋划"思想界的联合战线——光明运动同盟"。① 这样的"联合战线"，恰类似《新青年》闹分裂时通过发表宣言寻找沟通之契机，解决的是"团结"问题，既为化解内部成员间的"裂痕"，也为面对共同的"敌人"。

《新青年》同样演出这一幕——有分也有合。约在1919年4月，李大钊在给胡适的信中就谈到"团结"问题，提出应该把《新青年》、《新潮》和《每周评论》的人结合起来，"为文学革新奋斗"，"在这团体中，固然也有许多主张不尽相同"，但只要"都要向光明一方面走是相同的"。总之，"《新青年》的团结，千万不可不顾"。② 当然，如前已述及的，种种努力都未能阻止《新青年》之"分裂"。1920年1月陈独秀离开北京到了上海，同时将《新青年》带到上海编辑出版。主要由陈望道、李达、李汉俊等担当编辑工作的《新青年》，逐渐成为宣传俄国革命和马克思主义的刊物，遭查禁后，最后只好移到广州出版。虽说《新青年》这个旗帜还在，但这个群体的分道扬镳，却无可挽回。《新青年》南迁后，胡适曾表示有意另创一个专事哲学与文学的杂志，未能实现。1922年5月胡适倒是创办了一份以"努力"命名的周刊，而会聚该刊的要角，也不乏原《新青年》杂志中人。

《新青年》同人思想分化后，仍不乏联合的主张，而且具有明显的"排他性"，是秉持文化立场谋划"思想界的联合战线"。1923年陈独秀提出，"在扫荡封建宗法思想的革命战线上"，相信"唯物史观"和相信"实验主义"的，"实有联合之必要"，应结成"思想革

---

① 刘仁静：《对学会的一个建议》，《少年中国》第4卷第7期，1923年，第1~2页。
② 《致胡适》（约1919年4月），《李大钊文集》下册，第936页。

命上的联合战线"。① 稍后邓中夏对思想界进行划分，也将"新派"区分为"科学方法派"和"唯物史观派"（分别以胡适、丁文江与陈独秀、李大钊为代表），认为后两派应该"结成联合战线"，"一致向前一派进攻、痛击"。② 当陈独秀提出思想界联合战线的设想后，邓中夏马上接过话题，认为"不特是必要，而且是应该"，还将胡适等作为"革命派"的势力范围。比较"唯物史观"与"实验主义"，邓中夏认为不同之中有略相同的几点，因此"我们应该结成联合战线，向反动的思想势力分头迎击，一致进攻"。③

思想界联合战线之议，显示共产党人也有"我们"与"他们"的区分。这自是未成之议，但被点出可合组"联合战线"的双方，却不乏相通之处。正因为此，在政治上已显出种种歧见的双方，在思想文化上还能联合起来共同面对"敌方"，表明此一时期思想界营垒的划分，主要依据文化立场而非政治立场。

1923 年李大钊撰文指出，思想界本来很盛的退落、循环的历史观，于今又有"反动复活的趋势"；章士钊、梁启超辈便有"退反于退落的或循环的历史观的倾向"。④ 陈独秀更是明确表示将"东方文化"当作特别优异的东西保护起来，"岂不是自闭于幽谷！"他点到了张君劢、梁启超、章士钊、梁漱溟等人，以讽刺的方式指出："我虽不认识张君劢，大约总是一个好学深思的人；梁任公本是我们新知

---

① 陈独秀：《思想革命上的联合战线》，《前锋》第 1 期，1923 年 7 月 1 日，第 67 页。

② 邓中夏：《中国现在的思想界》，《中国青年》第 6 期，1923 年 11 月 24 日，第 4～5 页。

③ 邓中夏：《思想界的联合战线问题》，《中国青年》第 15 期，1924 年 1 月 26 日，第 9 页。

④ 李守常：《时》，《晨报五周年纪念增刊》1923 年 12 月 1 日，第 5 页。邓中夏也分出"东方文化派"，认为该派可分为三系，梁启超、张君劢、张东荪等为一系，梁漱溟为一系，章行严为一系。邓中夏：《中国现在的思想界》，《中国青年》第 6 期，1923 年 11 月 24 日，第 3 页。

识的先觉者；章行严是我的廿年老友；梁漱溟为人的品格更是我所钦佩的。"但是，"他们提倡那些祸国殃民亡国灭种的议论"，比曹锟、吴佩孚更为可恶，"我们不得不大声疾呼的反对"。陈还清楚划出彼此的界限："梁漱溟说我是他的同志，说我和他走的是一条路，我绝对不能承认。"[1]

瞿秋白这一时期也延续了五四的见解，指出"东西文化的差异，其实不过是时间上的"——是"时间上的迟速，而非性质上的差别"，"东方文化派"竭力维护的文化，"早已处于崩坏状态之中"。[2]对照胡适针对《东西文化及其哲学》的批评，亦可见双方持论的一致性。胡也强调，各民族文化所表现的"不过是环境与时间的关系"，具体地说：

> 各民族都在那"生活的本来的路"上走，不过因环境有难易，问题有缓急，所以走的路有迟速的不同，到的时候有先后的不同。[3]

于此可见，所谓"思想界的联合战线"并没有具体落实，但"我们"与"他们"的分别，又表明隐约存在这样的"联合战线"。双方均将故对的一方纳入相应的谱系，显示出此一时期的思想界，"文化立场"构成识别的重要基础，故此对于思想界的"分化"，也有必要辨析政治立场与文化立场的差异。以《新青年》同人来说，"后五四时期"确有"分化"的迹象，各自有了新的发言台，尤其在

---

① 陈独秀：《精神生活，东方文化》，《前锋》第 3 期，1924 年 2 月 1 日，第 79 页。
② 屈维它（瞿秋白）：《东方文化与世界革命》，《新青年》季刊第 1 期，1923 年 6 月 15 日，第 67、71 页。
③ 胡适：《读梁漱溟先生的〈东西文化及其哲学〉》，《读书杂志》第 8 期，1923 年 4 月 1 日，第 4 页。

政治上逐渐确立不同的路线与目标，但这并不影响双方在文化立场上继续保持基本的认同。

"打发他们去"！

然而，这只是问题的一面，很快的，"我们"与"他们"的区分有了不同的意味，创造社的崛起，便充分说明这一点。创造社甫亮相，就把矛头指向新文化运动："自新文化运动发生之后，我国新文艺为一二偶像所垄断，以致艺术之新兴气运，渐灭将尽，创造同仁奋然兴起打破社会因袭，主张艺术独立，愿与天下之无名作家，共兴起而造成中国未来之国民文学。"[1] 郭沫若后来还将创造社的"异军突起"做了这样的说明：

> 前一期的陈、胡、刘、钱、周主重在向旧文学的进攻，这一期的郭、郁、成、张却主要在向新文学的建设……他们第一步和胡适之对立，和文学研究会对立，和周作人等语丝派对立，在旁系上复和梁任公、张东荪、章行严也发生纠葛，他们弄到在社会上成了一支孤军。[2]

这也将新一轮"代际之争"展现得淋漓尽致，特别是创造社进入后期，与1927年成立的太阳社共同竖起"革命文学"的旗帜后，与五四一代的纷争更趋白热化。

成仿吾《从文学革命到革命文学》算得上点题之作，明确提出：新文化运动的第一项工作为"旧思想的否定"，第二项工作为"新思想的介绍"，然"胡适之流才叫喊了几声就好像力竭声嘶般的逃回了

---

① 创造社同人：《纯文学季刊〈创造〉出版预告》，《时事新报》1921年9月29日，第1版。

② 郭沫若：《文学革命之回顾》，《文艺讲座》第1册，1930年4月10日，第85页。

老巢"，所以"不上三五年就好像寿终正寝"。① 冯乃超也质疑这个"文化上的新运动"究竟获得了什么：不过两年，《红楼梦》的考证，《儒林外史》的标点，风靡天下了，"这又有什么意义?""考古! 疑故!! 动地般敲着退军的鼙鼓，博上革命的责任就此告终了。" 提到鲁迅，用了"这位老生"的字眼，认为鲁迅反映的只是社会变革期中落伍者的悲哀，"是常从幽暗的酒家的楼头，醉眼陶然地眺望窗外的人生"。② 崛起的"创造社"一群，又同样将五四一代归入落伍者行列。

创造社与太阳社完全是拿鲁迅祭旗，好像不把鲁迅打倒，他们就没有出头之日。创造社曾经酝酿过与鲁迅联合，连广告也刊布了，却未能成功。这是因为成仿吾不同意，以为"老的作家都不行了，只有把老的统统打倒，才能建立新的普罗文艺"。③ 钱杏邨更是对人说过，"我们只有扳倒了鲁迅和茅盾，才能出头"。④ 于是"资产阶级代言人""封建余孽""不得志的法西斯蒂"等，都加到鲁迅头上，以至于有人质疑，一本杂志有半本是攻击鲁迅的文章，却大书"创造社"字样，看来"只是为要抬出创造社来"。⑤

这种"我们"意识，看起来也是很浓的，郭沫若有一篇《我们的文化》，像各种口号之堆积，以天马行空式的语言，不断强调"世界是我们的，未来的世界文化是我们的"。⑥ 几年前曾发生于胡适与

---

① 成仿吾：《从文学革命到革命文学》，《创造月刊》第 1 卷第 9 期，1928 年，第 3 页。
② 冯乃超：《艺术与社会生活》，《文化批判》第 1 号，1928 年 1 月 15 日，第4页。
③ 《郑伯奇谈"创造社""左联"的一些情况》，鲁迅博物馆鲁迅研究室编《鲁迅研究资料》（6），天津人民出版社，1980，第 102～103 页。
④ 冯乃超：《革命文学论争·鲁迅·左翼作家联盟》，《新文学史料》第 3 期，人民文学出版社，1986，第 195 页。
⑤ 画室：《革命与智识阶级》，《无轨电车》创刊号，1928 年 9 月 25 日，第 50～51 页。
⑥ 郭沫若：《我们的文化》，《拓荒者》第 1 卷第 2 期，1930 年，第 707 页。

梁启超间的一幕，又在郭沫若、胡适间"重演"。郭完成于1929年的《中国古代社会研究》，竭力显示与胡适的区别，标榜"现在却是需要我们'谈谈国故'的时候"了。其对前辈学者也有肯定，指出"在目前欲论中国的古学，欲清算中国的古代社会，我们还是不能不以罗、王二家之业绩为其出发点"。但罗、王毕竟是过去人物，构不成争夺学术霸权的对手，而对仍活跃于学术思想舞台的胡适，却没那么客气：

> 胡适的《中国哲学大纲》，在中国的新学界上也支配了几年，但那对于中国古代的实际情形，几曾摸着了一些儿边际……所以我们对于他所"整理"过的一些过程，全部都有重新"批判"的必要。①

以后，郭沫若也一直把胡适作为学术上的主要对手。在《十批判书》后记里，他承认所写的《孔墨的批判》恐怕会使许多人"矇惑"，但又明确表示，他不想"畏缩"，因为"今天已经不是宋儒明儒的时代，但也不是梁任公、胡适之的时代了"。②

郭沫若还只是就胡适的资格发问，认为没有唯物论的观念，"连'国故'都不好让你轻谈"。③ 到成仿吾那里，则是掷地有声的，"打发他们去！"目标很明确：

> 在意识形态上，把一切封建思想、布尔乔亚的根性与它们的代言者清查出来，给他们一个正确的评价，替他们打包，打发他

① 郭沫若：《中国古代社会研究》，上海新新书店，1930，序，第1～4页。
② 郭沫若：《十批判书》，群益出版社，1947，后记，第420页。
③ 郭沫若：《中国古代社会研究》，序，第6页。

们去。①

　　"学术"上的争斗不算什么，这样的清算还提升到政治层面。1928 年彭康撰文做"近几年来中国思想界底总结算"，明确表示，写这篇文字，"不客气地说要把它算个总账，一笔勾销"。② 当胡适通过创办《新月》月刊会聚同人，掀起"人权运动"，彭康又发文区分"我们的文化运动与胡适等的文化运动"："胡适以新文化运动者的立场批评国民党，证明国民党在历史上及现在的施设上都是反动。"但"封建势力说资产阶级是反动，资产阶级又说封建势力是反动，而无产阶级呢，更说封建势力、资产阶级和一切反无产阶级的东西都是反动"。归根结底：胡适早已是"思想上的落伍者"、"自己也是反动的"。③

　　"思想界"的"代际"纷争，是思想冲突最直观的展现。无论标榜"我们"与"他们"的区别，还是明确提出"打发他们去"，都显示冲突颇为激烈。这也为当时的报章所注意。1922 年《东方杂志》刊登的《思想界的老前辈》注意到："近来有许多正统派的学者，喜欢拿老前辈的资格，去批评新思想。"不过文章也指出："思想界的老前辈，也不是可以一笔抹煞的……他们常常是老年人和青年人的连锁，因为有他们的鼓励，青年人才能增加进取的勇气。因为有他们的解释，老年人才能领会青年人的权能。"④ 而勾画五四及"后五四"时期"我们"与"他们"的分野，可以看出，"思想界"已成为各

---

①　成仿吾：《打发他们去！》，《文化批判》第 2 号，1928 年 2 月 15 日，第 1～2 页。

②　彭康：《科学与人生观——近几年来中国思想界底总结算》，《文化批判》第 2 号，1928 年 2 月 15 日，第 22 页。

③　彭康：《新文化运动与人权运动》，《新思潮》第 4 期，1931 年 2 月 28 日，第 3、7 页。

④　坚瓠：《思想界的老前辈》，《东方杂志》第 19 卷第 17 号，1922 年，第 3～4 页。

方争夺的"舞台",而且,"政治立场"渐渐超越"文化立场",成为识别"思想派别"的关键。正因此,"思想界"也以特有的方式作用于"政治",而且越发昭著。

二 "思想界"的"主义"

"思想界"成为各种"思潮"展示的舞台,只是问题的一面,尚有必要进一步追问,"思潮"的纷争因何而起?与各种"思潮"息息相关,甚至可视作更为极端化的表现,是接下来需要检讨的"主义"。无论何种"思潮",均在传达对学术问题与社会问题的立场,以"主义"相标榜,则更烙上政治的印痕。研究者已指明,20世纪20年代堪称形成了一个"主义时代","希望以某种主义去指导、规范政治、思想、文化、教育的活动","标志着近代中国思想、学术意识形态化的开端,也是近代中国转型时代的结束"。[①] 对"思想界"的审察,也难以回避"主义"。近代报章既有以"公共"立言的一面,但不可否认的是,思想纷争的背后往往牵涉对"主义"的不同选择,甚而不乏刊物自主选择成为某种"主义"的传声筒,思想与政治由此也更紧密地结合在一起。

滥觞于晚清的"～～主义"

转入对"主义"的讨论,首先需要说明,语言学者所谓"后缀词",除"～～界"外,还包括"～～主义""～～学"等,并且同样具有游离性和不确定性,显示出超越语词的一面。为此,对于"～～界"与"～～主义"也有必要结合起来进行把握,前者展示出

---

① 王汎森:《"主义"与"学问"——1920年代中国思想界的分裂》,许纪霖主编《启蒙的遗产与反思》,江苏人民出版社,2010,第221～255页。

晚清社会重新组织的一面，后者则将思想界的选择机制充分展现出来。确如陈力卫所言："在近代知识建构的过程中，再没有比'主义'这个词更具有代表性的了。"①

"～～主义"的浮现，同样是值得重视的语言现象。1881 年出版的井上哲次郎《哲学字汇》，已按照道、原理、主义对译西文 Principle，并提供"矛盾主义""同一主义""事理充足主义"等例词；还将 Altruism，Egoism，Federalism 分别译作"利他主义""自利主义""联邦主义"，表明-ism 作为"～～主义"的词缀，已大致确立。② 中文世界接受"主义"一词，约在 19 世纪末 20 世纪初，传递的是明确的诉求（约"主张""立场"解）。1897 年出版的《实学报》表示："本报之设，以求学问、考核名实为主义，博采通论，广译各报。"③《清议报》发刊后不久，也特别说明："本报宗旨专以主持清议、开发民智为主义。"④ 1900 年创刊之《开智录》，则"以争自由发言之权，及输进新思想以鼓盈国民独立之精神为第一主义"。⑤ 差不多同时，"～～主义"的用法也出现。梁启超 1899 年发表的《答客难》，即已用到"国家主义"与"世界主义"。⑥

① 陈力卫：《"主义"概念在中国的流行及其泛化》，《学术月刊》2012 年第 9 期。
② 井上哲次郎『哲學字彙』東京大學三學部、1881、4、28、35、71 頁。需要说明的是，-ism 作为词缀，该书还译作"论""说""学派"等；另外，Protection 也译作"保护主义"。除前揭陈力卫《"主义"概念在中国的流行及其泛化》，还可参见沈國威『近代日中語彙交流史：新漢語の生成と受容』、195～200 頁。
③ 王仁俊：《〈实学报〉启》，《实学报》第 1 册，1897 年 8 月 28 日，第 1 页。
④ 《本报改定章程告白》，《清议报》第 11 册，1899 年 4 月 10 日，"告白"，第 1 页。
⑤ 《开智会录缘起》，《开智录》"改良第一期"，1900 年 12 月 21 日，第 3 页。
⑥ 其中写道："任公曰：有世界主义，有国家主义，无义战、非攻者，世界主义也；尚武敌忾者，国家主义也。世界主义，属于理想，国家主义，属于事实；世界主义，属于将来；国家主义，属于现在。"梁启超：《自由书·答客难》，《清议报》第 33 册，1899 年 12 月 23 日，第 3 页。稍前发表的文字，还有"破坏主义""突飞主义"的用例。梁启超：《饮冰室自由书·破坏主义》，《清议报》第 30 册，1899 年 10 月 15 日，第 6 页。

1903 年出版的《新尔雅》一书，在"释教育"条下，还提供了对"主义"的解释："决定意思之实行，标明一种之方针者，谓之主义。"① 该书用到的"～～主义"，有数十种之多，大致能反映当时的认知。

与"思想界"类似，"主义"也有其语境，需紧扣社会之转型加以理解。渐渐形成的"思想界"，往往因社会组织与社会动员的需求表现出对"主义"的浓厚兴趣。1903 年创刊的《大同日报》言及："泰东西名哲之言曰：凡欲兴国强国者，必有会党，必赖会党。无会则无团体，无党则无主义。"② 这里清楚交代了"主义"浮现的背景，以之作为推动新的集团力量形成不可或缺的一环。一篇讨论欧洲"三大主义"的文字还明确指出：世界各国所发生的变革，"皆无一非有大愿力大主义存乎内"。③ 1906 年梁启超在致康有为的信中，对此也有清楚阐述，事关改保皇会为帝国宪政会，梁表示：

> 东西各国之言政党者，有一要义：曰党于其主义，而非党于其人，此不刊之论。而我今日欲结党，亦必当率此精神以行之者也。今此报告文全从先生本身立论，此必不足以号召海内豪俊也。④

---

① 紧接着这段文字述及的"主义"，就包括开发主义、教化价值主义、唯物主义、自然主义（又别为客观的自然主义、主观的自然主义）、道德主义、道德的实有主义、伦理的实有主义、人道主义、实利主义、形式主义、禁欲主义、国家主义、世界主义、个人主义、公众利用主义、利己主义、爱他主义、厌世主义、快乐主义、悲观主义、幸福主义等。汪荣宝、叶澜编纂《新尔雅》，第 56～58 页。
② 《〈大同日报〉缘起》，见《秘密结社之机关报纸》，《新民丛报》第 38、39 号合本，1903 年 10 月 4 日，第 152 页。
③ 雨尘子：《近世欧人之三大主义》，《新民丛报》第 28 号，1903 年 3 月 27 日，第 21 页。
④ 梁启超：《与夫子大人书》（光绪三十二年十一月），丁文江、赵丰田编《梁启超年谱长编》，第 374 页。

凡此种种，皆揭示出 20 世纪初年"主义"的流行，与中国社会"合群"意识的提升密切相关，期望在社会重新组织之际，通过"主义"以推动集团力量的形成。

在种种"主义"滥觞之际，前面提到的《开智录》《游学译编》等也成为对各种"主义"多有阐述的刊物。《开智录》首期便载有日本大井宪太郎所著《自由略论》，指出当"播种自由、平等之新主义，以一变社会之思想"，故"新主义之万不可不研究"。并且强调："其法如何？演说、著书、开报，其大旨也。"① 杨度《〈游学译编〉叙》也曾论述各种"主义"，指明欧洲 18 世纪以来，"或主世界主义，或主个人主义，或主实利主义，或主感觉主义"，"各挟其专精独到之理论，以争雄于学界"。②

梁启超更是堪称那个年代阐述"主义"的典范，各种"主义"在其文字中频频出现。值得重视的是，这一时期所出现的"～～主义"用例，不乏随意性，但对一些"主义"，梁启超却有明确论述。1902 年发表于《新民丛报》的文字指出："古今言治术者，不外两大主义：一曰干涉，二曰放任。""大抵中世史纯为干涉主义之时代，十六七世纪为放任主义与干涉主义竞争时代，十八世纪及十九世纪之上半为放任主义全胜时代，十九世纪之下半为干涉主义与放任主义竞争时代，二十世纪又将为干涉主义全胜时代。"对于中国所当取法的"主义"，梁也发表了这样的见解：

> 今日中国之弊，在宜干涉者而放任，宜放任者而干涉。窃计治今日之中国，其当操干涉主义者十之七，当操放任主义者十之

---

① 大井宪太郎著，冯自由译述《自由略论》，《开智录》"改良第一期"，1900 年 12 月 21 日，第 3 页。

② 杨度：《〈游学译编〉叙》，《游学译编》第 1 册，1902 年 11 月 16 日，第 1～2 页。

三，至其部分条理，则非片言能尽也。①

据此可知，晚清士人之所以重视"主义"，是以此观照世界历史进程，探讨中国未来的方向。梁启超对"国家主义"与"民族主义"显然更为青睐，1901 年的《国家思想变迁异同论》就指出，"民族主义者，世界最光明、正大、公平之主义也"，"凡国而未经过民族主义之阶级者，不得谓之为国"。② 次年的一篇文字说得更清楚："夫平准竞争之起，由民族之膨胀也。而民族之所以能膨胀，罔不由民族主义、国家主义而来。""故今日欲救中国，无他术焉，亦先建设一民族主义之国家而已。"③

这意味着晚清"～～主义"的浮现，包含思想界做出的选择，民族主义及国家主义构成主导性的思想。1903 年《江苏》刊文说明，"吾国实有由专制而变为民主之大希望"，而"欲达此莫大之目的，必先合莫大之大群；而欲合大群，必有可以统一大群之主义"。尤其表示："吾向者欲觅一主义而不得，今则得一最宜于吾国人性质之主义焉，无他，即所谓民族主义是也。"④《大同日报》更是传达出这样的思考："民族主义尚不暇及，何论于社会主义、大同理想哉？"⑤ 这表明晚清对"主义"的接引自有一套逻辑，"自由主义""社会主

---

① 梁启超：《饮冰室自由书·干涉与放任》，《新民丛报》第 17 号，1902 年 10 月 2 日，第 63 ~ 65 页。

② 梁启超：《国家思想变迁异同论》，《清议报》第 95 册，1901 年 10 月 22 日，第 2 ~ 3 页。

③ 梁启超：《论民族竞争之大势》，《新民丛报》第 5 号，1902 年 4 月 8 日，第 35 ~ 36 页。

④ 竞盦：《政体进化论》（续第 1 期），《江苏》第 3 期，1903 年 6 月 25 日，第 50 页。

⑤ 《〈大同日报〉缘起》，见《秘密结社之机关报纸》，《新民丛报》第 38、39 号合本，1903 年 10 月 4 日，第 161 页。

义"也让位于能激发读书人更多热情的"民族主义"与"国家主义"。①

有必要补充的是，尽管 20 世纪初年对"主义"的阐述还停留在认知层面，但在实践环节，作为政治动员符号的"主义"，也已显露端倪。1905 年创刊的《民报》，明确竖起"民族主义""民权主义""民生主义"的旗帜，"要为缮吾群所有事，则不可不并时而弛张之"。② 这里已言明"主义"具有"政治动员"的意义。

五四时期的"主义癖"

在五四这个"趋新"的大舞台，各种"主义"也呈现此起彼伏的景象，更加紧密地与政治选择结合在一起。施存统 1920 年的一篇短义曾提出："我们小要存一个'以一个主义支配世界底野心'。"③ 施所批评的，正是实存的"有"。马君武也痛批读书人中流行的"主义癖"，"无论何种主张，皆安上主义二字。其中每每有不通可笑的，又有自相冲突的"。如 nationalism，孙中山称为民族主义，《醒狮》同人则叫作国家主义，却未料以民族主义相号召的国民党，竟以尊奉国家主义的青年党为仇敌。④ 沈定一则将这样的行径形容为"传播主义，维持生活"，他愤愤写道："只是借传播主义来维持生活，就活现一个择肥而噬的拆白党。"⑤ 这些都点出"主义"在五四时期的具体表现。

---

① "社会主义""自由主义"等差不多同时得到阐述，但受到的重视远不及"民族主义""国家主义"，尤其未能作为优先的选择。相关讨论参见章清《"国家"与"个人"之间——略论晚清中国对"自由"的阐述》，《史林》2007 年第 3 期。

② 孙文：《发刊词》，《民报》第 1 号，1905 年 11 月 26 日，第 2 页。

③ 施存统：《我们底大敌，究竟是谁呢？》，《民国日报·觉悟副刊》1920 年 11 月 7 日，第 2 版。

④ 马君武：《读书与救国——在上海大厦大学师生恳亲会演说》，《晨报副刊》1926 年 11 月 20 日，第 45 页。

⑤ 沈定一：《告青年》，《劳动与妇女》第 3 期，1921 年 2 月 27 日，第 3 页。

五四时期"主义"的流行，确有上述指陈的问题，不过，"主义"成为政治选择的象征，却不能回避。李大钊、陈独秀对此的论述就说明"主义"是如何被界定的，他们看重其作为推动"多数人的共同运动"的重要环节。李这样写道："一个社会问题的解决，必须靠着社会上多数人共同的运动。"要想使一个社会问题成为多数人共同的问题，则必须"先有一个共同趋向的理想、主义，作他们实验自己生活上满意不满意的尺度"。① 陈独秀说得更明确："我们行船时，一须定方向，二须努力。""但现在有一班妄人误会了我的意思，主张办实事，不要谈什么主义，什么制度"，"我敢说，改造社会和行船一样，定方向与努力二者缺一不可"。② 李、陈阐述的见解，多少说明成长中的中国共产党人如何以"主义"作为政治努力的方向，尤其重视"主义"在政治动员上具有的效力。③

　　胡适呼吁"多研究些问题，少谈些'主义'"，也是有感而发："因为深觉得高谈主义的危险，所以我奉劝在新舆论界的同志道：'请你们多提出一些问题，少谈一些纸上的主义。'""不要高谈这种主义如何新奇，那种主义如何奥妙。"胡适不仅忧虑"主义"往往使人心满意足，还看到其中潜藏的危机：

　　　　这种口头禅很容易被无耻政客利用来做种种害人的事。欧洲政客和资本家利用国家主义的流毒，都是人所共知的。现在中国

---

① 李大钊：《再论问题与主义》，《每周评论》第 35 号，1919 年 8 月 17 日，第 1 版。
② 陈独秀：《主义与努力》，《新青年》第 8 卷第 4 号，1920 年，第 2～3 页。
③ 论者即强调李大钊对其抱持"主义"的说明，预示着激进的中国共产主义运动在意识形态上的方向与内容。林毓生：《"问题与主义"论辩的历史意义》，刘青峰编《胡适与现代中国文化转型》，香港中文大学出版社，1994，第 3～10 页。

的政客，又要利用某种主义来欺人了。①

这席话也展现出五四时期值得注意的现象。胡适有此担心，就是
"主义"的积极鼓吹者，也不免对"主义"可能产生的误导有所提
醒。"你说要鼓吹主义，他就迷信了主义底名词万能；你说要注重问
题，他就想出许多不成问题的问题来讨论。"② 陈独秀发出这样的感
叹。李大钊则困扰于"主义"是否有大家都明白的意思，"世间有一
种人物、主义，或是货品流行，就有混充他的牌号的纷纷四起"。他
举例说："民本主义"在日本很流行，于是"民本的军国主义""君
主民本主义"就闹个不清，卖药的广告，也说"民本主义"；"社会
主义"流行，就有"皇室中心的社会主义""基督教的社会主义"的
出现，"这都是'混充牌号'"。③ 因此，"主义"流行的背后，昭示
的是政治立场的选择。结合胡适与李大钊围绕"问题与主义"的论
辩，以及《新青年》群体的分裂，可注意到其背后的因素主要还是
政治，攸关"思想界"对政治的选择。

回头看《新青年》之分裂，究其实质，焦点仍是"政治"。而
且，问题的关键不在是否谈政治，而是如何"谈"。陈独秀毫不讳言
要"谈政治"，是因为有了明确的"理想"与"主义"："许多人所
深恶痛绝的强权主义，有时竟可以利用他为善；许多人所歌颂赞美的
自由主义，有时也可以利用他为恶。""若仍旧妄想否认政治是彻底
的改造，迷信自由主义万能，岂不是睁着眼睛走错路吗？"④ 胡适未
必忌讳"谈政治"，只是尚未形成具体的"理想"与"主义"，故仍

① 胡适：《多研究些问题、少谈些"主义"!》，《每周评论》第 31 号，1919 年 7 月
20 日，第 1 版。
② 陈独秀：《青年底误会》，《新青年》第 9 卷第 2 号，1921 年，第 2 页。
③ 常（李大钊）：《混充牌号》，《每周评论》第 16 号，1919 年 4 月 6 日，第 4 版。
④ 陈独秀：《谈政治》，《新青年》第 8 卷第 1 号，1920 年，第 5 页。

主张"谈政治"要基于"研究的结果"。① 因此，《新青年》之陷于"分裂"，合理的解释，乃是其"色彩"越来越"过于鲜明"。

搜诸"后五四时期"的历史，也不难发现，"问题与主义"之争，或自由主义与社会主义的论辩，并不意味着"历史的终结"。以对社会主义的看法来说，也未见有什么严重分歧。② 实际上，《新青年》同人的思想背景与价值取向并不完全相同，分歧其实早已潜埋，只是遮掩在启蒙的诉求下；而随着"主义"慢慢浮出水面，无法再掩饰。不过，此时的"分裂"主要由陈独秀的出走表现出来。至于思想界的"分化"，主要体现在《新青年》群体的瓦解，追踪"后五四时期"的情况，才能评估是否形成不同的思想派别。

"少年中国学会"的抉择

《新青年》群体由于"主义"的原因"分裂"，少年中国学会也曾纠缠于此。该学会最初努力避免"主义"引发分歧，并且在不谈"主义"的情形下确立了团体的认同，然而最终仍不免走向分裂。这进一步说明"思想界"的"主义"构成突出的问题，置身其间的读书人，因为摆脱不了政治，也不得不在"主义"上做出抉择。

王光祈对少年中国学会宗旨的说明，尽管仍不免套用"主义"一词，并将"创造的、社会的、科学的"的生活，命名为"少年中国主义"，但所阐述的要义，还是鲜明表达了对"主义"的警惕。依其所见，当时的中国首先要"解决一切主义的先决问题"，即需要一番"预备工夫"。言下之意，中国还没有到谈"主义"的时候，"我

---

① 胡适：《欢迎我们的兄弟·〈星期评论〉》，《每周评论》第 28 号，1919 年 6 月 29 日，第 1 版。

② 罗志田：《胡适与社会主义的合离》，《学人》第 4 辑，江苏文艺出版社，1993，第 7 ~ 49 页。另参见章清《现代中国自由主义与社会主义的合离：自由知识分子关于社会主义的历史图景》，瞿海源等主编《自由主义的发展及问题》，桂冠图书公司，2002，第 195 ~ 253 页。

们若是能够创造生活，无论什么主义我们都有办法。若是无创造能力，无论什么主义，都是没有办法"。① 不接受"主义"，也是因为少年中国学会部分成员更重视行动，《北京同人提案》就指出：在当下武人横行的时代，"我们不要躲在战线后，空谈高深的主义与学理，我们要加入前线，与军阀及军阀所代表的黑暗势力搏战"。② 不过，这也会造成负面影响，为此不少会员坦言，学会也好，杂志也好，"所最缺乏的就是一种特别的精神，显著的色彩"。③

少年中国学会对"主义"所持立场，同样透露其中的关键在于政治。该会既不标榜"主义"，对于政治也持排斥态度。《少年中国学会规约修正案》明示凡会员不得"与各政党接近"，或"既入本学会后，又加入政党"。王光祈为此还重申："主张社会活动，反对政治活动，为本会精神之所在。"④ 然而，由于"政治活动"极为含混，也不免在会员间引发歧见。学会另一要角曾琦表示："社会活动者，吾党之宗旨也。政治活动者，吾党之禁条也。本此方针以谋进行，所谓主义亦在其中矣。"⑤ 王崇植对于学会有关政治活动的禁忌，也明确表达了不同意见："在政府未完全废止时，我深认社会上应有一部分人，起而为政治活动。"⑥ 因为政治不良而反对政治活动，确实难以获得广泛认可。

王光祈不得不缓和自己的看法，在给左舜生的信中说明："我们所反对之政治活动，其意义专限于'做现在的官吏议员'，此外一切

---

① 王光祈：《"少年中国"之创造》，《少年中国》第 1 卷第 2 期，1919 年，第 1 ~ 2 页。

② 《北京同人提案》，《少年中国》第 3 卷第 11 期，1922 年，第 76、79 页。

③ 苏甲荣：《编辑余谭》，《少年中国》第 2 卷第 7 期，1921 年，第 68 页。

④ 《少年中国学会规约修正案》，《少年中国》第 3 卷第 2 期，1921 年，第 62 ~ 63 页。

⑤ 曾琦：《彻底主义与妥协主义》，《少年中国》第 3 卷第 8 期，1922 年，第 47 页。

⑥ 《会员通讯》，《少年中国》第 3 卷第 12 期，1922 年，第 59 页。

政治活动，我们皆极赞成。"同时在致"本会同志诸兄"的信中，他还表示接受学会内部渐渐有了共识的政治主张——"反帝""反封建"。① 进一步，协调不同的"主义"也成为需要面对的问题，刘仁静就提出：

> 我相信学会同人对于改造中国的见解，虽然最终目的不同，但是目前的手段，大家终可归纳到一个范围。现在同人无论他是国家主义者、共产主义者、无政府主义者，都承认打倒军阀与国际帝国主义是中国目前的政治要求，即是明证。②

这里也透露出少年中国学会不标榜"主义"，主要是会员各有坚持，难以调和。而且，少年中国学会最初确立的宗旨，终究也难免破灭。从该会成长起来的共产主义者、国家主义者，不乏其人，还有不少会员以退出学会的方式，表达对某一"主义"的信奉。张申府宣布退出学会的信函即表示：对资本制度恶果的痛恨，几于不可终日，"对于社会主义自然要绝对的信奉"；共产主义是社会主义的精华，"对于共产主义自然要更绝对的信奉"。原因在于，"社会主义资本主义之间，更没有第三者"，因此，"一个人不是自觉的或不自觉的党了这边，便自觉的或不自觉的党了那边。无所谓温和派，无所谓超然党"。③ 此亦可见，"政治"也好，"主义"也罢，是五四时期的读书人难以回避的问题。

"主义"代表的是思想的立场、政治的抉择，进一步还成为政治势力的标志。丁文江撰文质疑国民政府的"剿匪"，并要求"正式承

---

① 《会员通讯》，《少年中国》第4卷第2期，1923年，第1~2页。
② 刘仁静：《对学会的一个建议》，《少年中国》第4卷第7期，1923年，第3页。
③ 《编辑室杂记》，《新青年》第9卷第6号，1922年，第115页。

认共产党不是匪，是政敌"，就是因为共产党"有组织，有主义，有军队枪械"。① 因此，"思想界"的"主义"也映射出近代中国的政治图景，不单政治势力会贴上"主义"的标签，一份刊物，尤其是政论性的刊物，也难免会烙上这一印痕，有的愿意竖起所持之"主义"；即便刻意显示代表"公共"立场的刊物，同样会被贴上"主义"的标签。可见"思想界"成为"主义"的"传声筒"还只是问题的一面，另一面则是政治势力对"思想界"的借重。

三　政治势力如何借重"思想界"

中国社会重新组织之际，报章之创办往往成为动员的象征，而针对特定的社会阶层发出诸如"敬告××"的声音，也成为流行的表述方式。与之相应，政治势力也会利用报章。一是作为政治势力，本身需要创办报章以宣示自己的主张，以此作为开展政治活动的基础；二是需要借重其他报章，通过发表"致报界"之类的文字，进行广泛的社会动员。艾森斯塔特（S. N. Eisenstadt）阐述现代化初期的社会动员时，特别以"大规模的和多种目标的、专门化的（非生态的和非血缘的）群体和组织的兴起"为基本特征之一。② 亨廷顿（Samuel P. Huntington）也强调，在进行现代化的社会里，"建立国家"需要创建有效的官僚机构，更重要的是建立一个能组织新集团参政的有效的政党体系。③ 晚清以降所展开的社会动员，即昭示报章被广泛利用，尤其是那些原本有政治色彩的报章，更在政治动员方面

---

① 丁文江：《所谓"剿匪"问题》，《独立评论》第 6 号，1932 年 6 月 26 日，第 3 页。
② 艾森斯塔特：《现代化：抗拒与变迁》，张旅平等译，中国人民大学出版社，1988，第 61 页。
③ 塞缪尔·亨廷顿：《变动社会的政治秩序》，第 433 页。

发挥着重要影响，成为不可缺少的工具。

政党："与政府相持不下者"

对于现代意义上的"政党"何时在中国兴起，还有不同的看法，可以肯定的是，20世纪初年"政党"已构成言说的中心，并以此作为解决中国问题的根本。《清议报》1901年刊载的《政党说》就表示："欧西各国政治，皆操之于政党。政党者，聚全国爱国之士，以参预一国之政；聚全国舌辩之士，以议论一国之政者。"为此还强调，吾国国民，"苟不忍吾国之亡，则必大声疾呼，号召国之志士，联为大群"。所谓"大群"，指的即是"立一中国三千年来所未有之大党"。① 同年《国民报》刊登的《中国灭亡论》更是道出：世界文明之邦，首在其"结成一公党为彼野蛮政府之劲敌"。由此还推论出，中国之问题无他，"惟无政党之故"。文章检讨了中国过去的政治势力，往往皆"聚众而遂其攻掳劫夺之私愿而已"，"党且不可，何况于政党"。同时对时人"于守旧、维新之下，加一党字之称"，也不以为然，"但闻浮名，未见实际"，"非真有党也"，"吾不知守旧者于何年何日，曾于何处，布结党之仪式；维新者亦于何年何日，曾于何处，宣言结党之宗旨"。②

对政党的重视，仍是寻求集团力量汇聚的表现，19世纪末20世纪初年创办的报章，不少即以此作为办刊之宗旨。前面提及的《大同日报》，在回答"《大同报》何为而作"时，明确指出是缘于"中国数千年无会党，以是数千年无政党"。该报由欧榘甲创办于旧金山，其宗旨有二："一曰改良义兴本党之组织，由私会而升为公会，由民党而进为政党；二曰联合义兴会外之各会，凡有志于救中国者，

---

① 《政党说》，《清议报》第78册，1901年5月9日，第1页。
② 《中国灭亡论》（续前期），《国民报》第1卷第3期，1901年，第2、5页。

不论其会之大小，其党之众寡，皆联络之，以期收提携之益，响应之功。"① 对于报章的作用，张静庐有这样的说明：

> 新闻纸有制造舆论、宣传主义的能力，所以中国的革命，实与中国的新闻纸有密切的历史的关系。中国的新闻纸的主张革命，当推光绪二十五年在香港出版的《中国日报》为最早。而与辛亥革命有直接关系的《苏报》《国民日日报》《警钟日报》《复报》《民报》，和至今犹脍炙人口的《民权》《民立》等报。②

1905 年创刊之《民报》，即自觉借此宣导"主义"，以形成集团力量。胡汉民检讨中国政治衰落之原因就指出："欲明国家之性质，其最重者为分子团体之关系，而吾国政界之蒙昧，亦于此点为最甚。"③ 在立宪声浪高涨之际，各种政治势力也在探讨如何组织政治团体，将问题之症结归于"政党"："今者中国之存亡，一系于政党之发生与否，是政党问题者，实今日最重要之问题也。"而"当政党发生之日，政府之所以待之者，有唯一之方法焉，曰承认政党是已"。"苟欲真正立宪，其必自承认政党始矣。"④

从上述言说中可感受到当时人对于政党的看法，他们既参照了西方经验，又小心翼翼地与中国的"朋党政治"划清界限。历史的因袭确实成为推动政党发展之阻力所在，章太炎 1908 年撰写的《代议然否论》，即将西方政党与中国古代朋党合为一谈，"国有政党，非

① 《〈大同日报〉缘起》，见《秘密结社之机关报纸》，《新民丛报》第 38、39 号合本，1903 年 10 月 4 日，第 150、153 页。
② 张静庐：《中国的新闻记者与新闻纸》下编，现代书局，1928，第 21 页。
③ 胡汉民：《述侯官严氏最近政见》，《民报》第 2 号，1906 年 8 月 2 日，第 11 页。
④ 与之：《论中国现在之党派及将来之政党》，《新民丛报》第 92 号，1906 年 11 月 30 日，第 38~39 页。

直政事多垢黩，而士大夫之节行亦衰。直令政府转为女间，国事夷为秘戏"。① 后来发表的《诛政党》一文，更是对康有为、梁启超、张謇、杨度、严复等当世党人一一抨击，"近世朋党者，新党所从出，政党又新党之变相"，"操术各异，而兢名死利，则同为民蠹害，又一丘之貉也"。同时反复提及历代党祸留下的教训："历观史册，凡四代有党，汉明以之亡国，唐宋以之不振，朋党之祸，天下亦彰明矣。"② 以朋党比之现代政党，固是太炎之误解，然民初的混乱局面，又表明形成新型集团力量确实陷入种种困局。何谓"政党"，"政党"如何开展活动，在在都是问题。白鲁恂（Lucian W. Pye）以"共和幻象"（phantom republic）描绘革命光辉的式微，也揭示出落实"政党政治"殊为不易。③

"报界"的政治色彩

前已述及，通过报章汇聚政治力量，甲午以后已有所表现。随着各种政治势力逐渐成长起来，图谋结社与组党，创办报章也成为必不可少的一步。白瑞华即有这样的分析："几乎在1900~1911年期间创办的所有日报都属于政治运动中的党派所有。"④ 1904年《警钟日报》甚至用"报战"一词，以说明报章之政治倾向及代表的政治立场：

> 报战者，异性社会相战之代表也。大抵旧社会以保守习惯为主义，新社会则以改良习惯为主义。其主义之相冲突，而不能不

---

① 章太炎：《代议然否论》，《民报》第 24 号，1908 年 10 月 10 日，第 15 页。
② 章太炎：《诛政党》，原刊《光华日报》1911 年 10 月 26 日、28 日、31 日，此据汤志钧编《章太炎年谱长编》上册，中华书局，1979，第 358 页。
③ Lucian W. Pye, *The Spirit of Chinese Politics: A Psychocultural Study of the Authority Crisis in Political Development*, New Edition, Cambridge, Mass.: Harvard University Press, 1992, p. 3.
④ 白瑞华：《中国近代报刊史》，第 145、147 页。

战，则报战随之而起。①

1907年《复报》刊载的文字，还言明"报界"在政治选择上已分为立场鲜明的两派：一派"以扑灭政府为第一义"，《民报》《复报》《洞庭波》《汉帜》可为代表；一派则谓"满洲政府，即可认为中国政府，第要求立宪，劝告开明专制斯可矣"，《新民丛报》即属于此派。② 汪康年也注意到："近来政界中人，濡染新名词，又感于时为报章所扼，于是间有言及机关报者，似颇有规仿泰西之意。"他所担心的是，时人于此"但知其名，未叩其实也"，"为机关报者，亦非漫然为人指使也，必其志意本同，又尽知其党中之内容，乃肯为之"。照其所见，眼下之中国显然没有这样的政党，也难有真正的"机关报"。③

这也构成各种政治力量成长的写照，结合一些政治势力对报章的借重，可发现报章之创办往往与政治势力的形成同步发生，报界之政治色彩自也越发浓烈。

以康梁这股力量来说，所组织的"政闻社"即有了鲜明的团体色彩。该社是在立宪呼声日益高涨的背景下，由梁启超出面组织，1907年10月在东京召开了成立大会（次年2月该社迁往上海），马相伯任总务员，徐佛苏和麦孟华为常务员，主持日常工作。差不多同步发生的，是《政论》杂志的创办，明显是为"政党"做准备。该刊第1号刊登的大隈重信《〈政论〉序》，指明"乘清国改革之气运，

---

① 《说报战》，《警钟日报》1904年3月16日，第1版。

② 奇零人：《中国新报》，《复报》第10期，1907年6月15日。张枏、王忍之编《辛亥革命前十年间时论选集》第2卷下册，生活·读书·新知三联书店，1963，第815页。

③ 汪康年：《说机关报》，《京报》光绪三十三年二月十七日，此据汪林茂编校《汪康年文集》上册，第88～89页。

政党必当发生"，"故发行此杂志以为其准备"。① 这一层意思，稍前梁启超在给徐佛苏的信中说得更明确：

> 此社非如新民社之为出版物营业团体之名称，而为政治上结合团体之名称，现在所联结者，即先以纳诸政论社中，将来就此基础结为政党。②

《政论》杂志也很好地发挥了媒介作用，在上海出刊的第 1 号登载了《政闻社宣言书》《政闻社社约》《政闻社社员简章》，算是为该社的亮相起到宣传作用。《政闻社宣言书》阐明了这样的意思，改革政治，"必当有团体焉，以为表示之机关"，而且，"政治团体之起，必有其所自信之主义，谓此主义确有裨于国利民福而欲实行之也"。③ 马相伯也表示："政闻社者，非一二人创立之政闻社，实全国同志共同组织之政闻社。故政闻社之前途，不系于一二人，而系于社员全体。"④ 了解该社的成长，有裨于我们把握 20 世纪初年组织的政治团体如何看待报章的作用，其中包含的"政治"与"经济"上的考虑，尤值重视。

政闻社成立后，1907 年冬季即计划开办《江汉日报》。这是图谋在武汉发展势力的举措，在政治上无疑是重要一步，然而经济上的困难，一开始也显露无遗。担当此一工作的侯雪舫在给梁启超的信中说明："《大江日报》非得确凿巨款不可冒然开办也。"尤其是报社"带

---

① 大隈重信：《〈政论〉序》，《政论》第 1 号，1907 年 10 月 7 日，第 1 页。
② 梁启超：《与佛公书》（1907 年 5 月 16 日），丁文江、赵丰田编《梁启超年谱长编》，第 396 页。
③ 政闻社：《政闻社宣言书》，《政论》第 1 号，1907 年 10 月 7 日，第 7、9 页。
④ 马相伯：《政党之必要及其责任》，《政论》第 3 号，1908 年 4 月 10 日，第 1 ～ 2 页。

有政闻社支部之性质",则其他报馆所无之"酬应费","必不能少"。① 照其推算,"非确有两万元,至少万五千元,不能着手开办"。② 作为报馆之经营者,将经济问题置于首位,无可厚非,然而,于思考"政闻社"前途的首脑来说,"经济"毕竟不是全部,更要看重报章的"政治"作用。马相伯就表示:"社会以经济为要,不独我社然也。不才不担经济,亦断不以此相困。"③ 更为激烈的声音发自东京的社员:"吾社进行方针,以开办斯报为第一下手。"这才是真正需要考虑的,岂能以其他理由致所图谋之事"中辍"。④

梁启超组织政闻社的活动,揭示了政治势力如何看重报章之作用。此时的梁扮演的是一身而二任的角色,既是一股政治势力的代表,又兼有舆论界代表的身份,因此,也展现出极有意思的一幕,一方面需通过发行报章提升所属政治势力的影响,另一方面也会为其他政治势力所借重。梁启超在民国成立后与袁世凯的沟通,即体现出这一点。

"非有多数舆论之拥护,不能成为有力之政治家","善为政者,必暗中为舆论之主,而表面自居舆论之仆"。⑤ 梁启超在给袁世凯信中传递的上述看法,是其从事政治活动的真切体会,寄望于袁世凯重

---

① 侯延爽:《致梁任公先生书》(光绪三十四年二月十二日),丁文江、赵丰田编《梁启超年谱长编》,第 454 ~ 455 页。

② 侯延爽:《致佛苏我兄书》(光绪三十四年二月十三日),丁文江、赵丰田编《梁启超年谱长编》,第 455 页。

③ 马相伯:《致任公先生书》(光绪三十四年春),丁文江、赵丰田编《梁启超年谱长编》,第 457 页。徐佛苏阐述该报必办的理由,同样以"政治"的需要高于"经济"。徐佛苏:《致任公先生书》(光绪三十四年三月十五日),丁文江、赵丰田编《梁启超年谱长编》,第 464 页。

④ 政闻社同人:《致任公先生书》(光绪三十四年春),丁文江、赵丰田编《梁启超年谱长编》,第 466 ~ 467 页。

⑤ 梁启超:《致袁项城书》(1912 年 2 月 23 日),丁文江、赵丰田编《梁启超年谱长编》,第 617 页。

视 "舆论"。而袁所看重的正是梁代表 "舆论" 的身份,表示愿意为梁启超 "在沪组大报馆"。① 不过,梁身边的人未必甘愿成为政治的 "附庸",更多考虑的是自身作为政治势力如何通过办报来表达政见。1912 年 4 月,汤觉顿致函麦孟华,报告其返国后所见所闻,就讨论到梁归国后当有的选择:

> 同人对于我公行止,主归者多,惟断不可入政界,入党派,结党亦宜少待。但迁《国风》归,或办一法政大学,以为立足点,渐渐与社会接洽,为一无形之团体,待时机已熟,然后生发他种事业。此事仆亦极以为然。②

麦孟华的态度更为坚决,致梁启超信中表达的三层意思,都力主维护自身的独立性。其一,对于到天津办《国风》事,明确提出反对,"欲办旬报,则仍在东发表政见足矣,何必人在津(人在东与在津何异),然后能发政见耶?" 其二,对于 "南北合办一报,邀公主持" 事,更是坚决表示:"此无论必不能成,即成亦两姑之妇,且公之地位,岂有为人喉舌之理。" 其三,对于梁将《东方日报》认作 "吾党机关" 事,麦也认为乃 "大误":"谓为机关,则认贼作子,倘已告海外,则更恐误事。" 最后还提醒说:"公于此等事,不可不有斟酌,不可率臆而谈也。"③

梁启超在选择上之所以陷入诸多纷扰,正是源于其既代表着舆论

---

① 梁士诒:《致任公先生电》(1912 年 3 月 15 日),丁文江、赵丰田编《梁启超年谱长编》,第 619 页。
② 汤觉顿:《致孟远兄长书》(1912 年 4 月 2 日),丁文江、赵丰田编《梁启超年谱长编》,第 624 页。
③ 麦孺博:《致任公先生书》(1912 年 5 月 29 日),丁文江、赵丰田编《梁启超年谱长编》,第 621 页。

一方，又代表着一股政治势力。在有机会进入政府后，梁对此也有进一步认识。

梁启超 1912 年回国后，曾两度出任阁员，先司法，后财政，遇到诸多挫折后，不能不感叹政治之复杂性："吾之政策，适成为纸上政策而已。""以吾之摇笔弄舌以论此项政策者垂十年，今亦终于笔舌而已……故吾益劝世之言论家，毋为费此光阴也。"[1] 洪宪帝制失败后，又不乏催其出山的声音，梁启超为此言明，"若在言论界"，或"尚有一日之长"，"较诸出任政局，尤有益也"。他也以"在野之政治家"相勉：

> 立宪国之政治事业，原不限于政府当局，在野之政治家，亦万不可少，对于政府之施政，或为相当之应援补助，或为相当之监督匡救，此在野政治家之责任也。[2]

梁启超的遭遇不是孤立的事例，还不乏其他从报界中走出的政治人物，孙玉声即有"报界多政治人才"的看法。[3] 问题的关键仍在于，报章的出现改变了政治治理、政治参与的基本形态，掌握舆论的报界中人容易为人所知，卷入实际政治亦属平常。

政界之津贴报馆

与之相应，晚清民国时期政治人物津贴报馆，也成为普遍行为。此事之被关注，发端于戊戌政变发生后的议论。《知新报》1899 年 6 月发表的《自祸说》，揭开了"以疆吏之尊""贿报纸以乱是非"之一幕："政变事起，有某疆臣贿报章笔政，力言新党之罪者，每报五

---

① 梁启超：《余之币制金融政策》，《大中华》第 1 卷第 3 期，1915 年，第 1~2 页。
② 《纪梁任公先生谈话（第一次）》，《大中华》第 2 卷第 8 期，1916 年，第 1 页。
③ 孙玉声：《报界多政治人才》，《报海前尘录》，第 94 页。

百金。"① 该年岁末，宋恕在一通信函中也表示："上海申报馆得执政贿二十万，一味颠倒是非。盖执政以《申报》牌子最老，行销最远，故独行重贿，其计毒矣！"② 稍后又言及："《申报》主笔受贿，不齿于人类！《新闻报》客冬以前亦大著公论，近被某大臣以三万金买其主笔，渐讳京中隐情，然不如《申报》之甚。"③ 在特定政治氛围中产生的议论，未必可靠。不过，政治势力通过津贴报馆以影响舆论，却时有发生。

姚公鹤即指出："上海报界之有政治意味，当以前清季世某上海道购买某报始。继是而官僚购报之风盛行，其不能全部购买者，则又有津贴之名，报纸道德一落千丈矣。"④ 胡道静也将此作为报馆接受政界"津贴"之始，指出《时务日报》易名为《中外日报》后，到1908 年，因经济不充，由苏松太兵备道蔡乃煌资助，"是为我国报界受政界津贴的开始"。不惟如此，蔡还派其乡人到报馆监督，"编辑者都感觉到不方便，纷纷他去"，主持该报的汪康年遂于同年 8 月"将报馆全部售于蔡"。⑤

这方面的事例可谓多矣。1910 年《东方杂志》刊发的《上海报界之一斑》，公布了这样的调查信息："查上海现行之《中外日报》《舆论时事报》《申报》，或纯系官款，或半系官款，其按月由官津贴之款，更多少不等。且有外国文之《上海泰晤士报》，尤勒派衙署局所，以及官立学堂，担任贴款。"编辑为此还加一按语说明：

① 《自祸说》，《知新报》第 90 册，1899 年 6 月 18 日，第 3 页。
② 《致孙仲恺》（1899 年 12 月 30 日），胡珠生编《宋恕集》下册，第 693 页。
③ 《致孙仲恺》（1900 年 4 月），胡珠生编《宋恕集》下册，第 701 页。
④ 姚公鹤：《上海闲话》，第 129 页。
⑤ 胡道静：《上海的日报》，《上海市通志馆期刊》第 2 卷第 1 期，1934 年，第 257 页。

报纸者，人民之喉舌也，官吏之监史也，然上海今年之报界，则《舆论报》《沪报》被官买回归并，《民呼》《民吁》两报，接踵被封被停，而又有官办之《商报》。①

到民国时期，情况尤甚。《申报》1913 年 7 月 9 日刊登的《湖南公款滥费之调查（续）》，其中包括津贴报馆一项，涉及"各处官股"的信息，包括"民权报馆二千元，《世界新闻》二千元，《中华民报》二千元"。② 次日更登出《各报馆津贴一览表》，总计列出长沙、上海、北京、汉口等地 33 家报馆所享受津贴的明细。不过，详情也不得而知，调查报告亦说明，这些享受津贴的报馆"多有名无实"，此举只是"分肥"而已。③

为特定的政治目的借助了报馆也时有发生，袁世凯之利用报界再典型不过。其中《亚细亚日报》最为著名，不仅带头改用"洪宪"年号，还称呼袁为"今上"，记者署名甚至以"臣记者"自居。为此，《大公报》即刊文指出，"回溯帝政时代，报纸虽不若今日之多，而属于御用报纸性质者，不过宫门抄、《谕折汇存》、《华制存考》、《政治官报》数种而已"，"不谓专制去而共和来，报界之变迁，每况愈下，至于斯极，不可谓非报纸之厄运也"。④ 帝制取消以后，舆论方面也颇为关注"筹备帝制时耗去之无数巨款"，尤其是"津贴报馆、收买各种言论及运动等费"。⑤

地方报章之成长，也掺杂着这样的因素。1919 年 3 月《申报》刊载了一则来自扬州的信息，指出"现各警区以公费无多而继起办

① 《上海报界之一斑》，《东方杂志》第 6 卷第 12 号，1910 年，第 408、410 页。
② 《湖南公款滥费之调查（续）》，《申报》1913 年 7 月 9 日，第 6 版。
③ 《湖南公款滥费之调查（二续）》，《申报》1913 年 7 月 10 日，第 6 版。
④ 无妄：《闲评一》，《大公报》1913 年 6 月 3 日，第 3 版。
⑤ 《内阁不认筹备帝制报销》，《申报》1916 年 5 月 14 日，第 2 张。

报者不少，殊难津贴"，于是议决"除看报酌给报资外，所有报馆津贴一概取消，以资节省"。此无疑说明，"扬州舆论机关"相当一段时期得到来自官方的津贴。① 一篇讨论福州报章的文字也述及，"今日新旧报纸计有十余家之多，其中言论色彩，无非歌颂李厚基，恭维各官吏而已。简言之，大都为福建现在官吏之留声机、御用纸耳"。② 湖南《大公报》创办人之一张平子则言及，赵恒惕主持湖南军务期间，以巨资补贴报馆，"大报每月二千元至三千元，小报每月一千元至一千五百元，通讯社及杂志等每月二百元至五百元不等"。张所在湖南《大公报》更为特殊，得到八千元支票，希望以《大公报》的资格"在拥护政府方面为各报倡"。③

晚清民国时出现的津贴报馆的现象，不能一概而论。所谓"御用报纸"固然不少，但官方之津贴报馆，尤其是地方上此类行为，也有不少是鼓励办报、阅报的结果。有时候，办报者也会求助于政府。《时事新报》进行反袁宣传时，梁启超就通过友人联络云南军政府，希望获得经费上的支持。④ 由于报界在经济上难以自立，希望得到政府的补助，在所难免。《申报》1922 年刊登的文章《京报界不忘政府补助》即说明："报馆之发达与否，与国家有莫大的关系，是以各国政府莫不津贴报馆。"⑤ 或许可以说，这同样算是报章之"政治经济学"，也是讨论政治势力借重报章不可回避的一环。

正是因为纠葛着这些复杂因素，尽管津贴报馆的行为屡遭诟病，

---

① 《取消津贴报馆》，《申报》1919 年 3 月 27 日，第 2 张。
② 婴武：《福州报界调查录》，《民国日报》1919 年 6 月 3 日，第 2 版。
③ 张平子：《我所知道的湖南〈大公报〉》，《湖南文史资料》第 23 辑，湖南人民出版社，1986，第 174～193 页。
④ 梁启超：《致亮侪我兄书》（1916 年 1 月 29 日），丁文江、赵丰田编《梁启超年谱长编》，第 753～754 页。
⑤ 《京报界不忘政府补助》，《申报》1922 年 7 月 23 日，第 7 张。

却难以杜绝。胡适 1922 年在《努力周报》发表的时评，曾鲜明表达这样的看法：

> 报馆的津贴是十年来中国舆论界的一大污点，他的害处比那摧残言论自由的法令还要大无数倍。摧残自由的法令至多不过是把舆论当作仇敌看待，而津贴与收买竟是把报馆当作娼妓猪狗了！北京一处的报馆通信社的津贴，竟至十二万五千元之多。上海一处已查出的有□□报的八万，又有由交通大学经费内拨付的三万，这真是骇人听闻的事！①

实际情况又如何呢？《晨报》1925 年 11 月曾发文披露，参政院、国宪起草委员会、军事善后委员会、财政善后委员会、国民会议筹备会、国政商榷会等六大机关组成的"联合办事处"，从财政部申领 2 万元作为"宣传费"，以津贴各报馆及通讯社：其中"超等" 6 家，各 300 元或以上，包括参政院支持的《顺天时报》《益世报》《京报》，财政部支持的《东方时报》，国政商榷会支持的《黄报》和国宪起草委员会支持的《社会日报》。总共涉及 125 家报馆及通讯社，其中日报 47 家，晚报 17 家，通讯社 61 家，涉及金额 14500 元。② 对此，不少报人也并不回避这一点。1923 年邵飘萍就表示："北京之报馆通信社，多则多矣，而有确实基础与言论之能勉成自由独立者，仍属少数。于是政治上每一大问题发生，必有如何收买舆论之宣传……是诚我言论界之大耻奇辱。"③ 张季鸾也直言："华北报纸，

①　Q（胡适）：《这一周》，《努力周报》第 8 期，1922 年 6 月 25 日，第 1 版。
②　《请看六机关之宣传部》，《晨报》1925 年 11 月 19 日，第 6 版。该文还醒目标识出这样的内容："津贴百余家报馆通信社，虚靡国帑万数千元之巨。落选者群起反对，经手人翻悔已迟。"
③　邵飘萍：《北京报界之宜自警惕》，《京报》1923 年 12 月 7 日，第 2 版。

除小报尚能经济独立外，鲜有不靠津贴过活者。"① 凡此皆道尽报馆的基本生态实在不堪。

"发通电"与"致报界"

前已述及，基于"业界"展开社会动员，是近代中国"集团力量"形成的显著标志，由此也推动各"界别"纷纷创办报章传递自己的声音。报业的发展同样推动"报界"的形成，促其成为社会界别之一。1919 年在上海成立的中华全国报界联合会，入会者就涵盖了全国的主要报章。② 燕京大学新闻学系 1932 年编辑出版的《中国报界交通录》，更讨论"有心发展报业之士"，应如何推动"报界"之成长。③ 此外，上海日报公会也编有《上海之报界》，指明"文明之利器，印刷物尚已，而报纸之作用，则尤有加焉。报纸者，无微不包，无远弗届，无孔不入，无人不需之物也"。④ 报界如何组织起来、扮演怎样的角色，不是这里可讨论的。重要的是，报界具有的力量，是各种政治力量皆不可小觑的；各种政治势力对报界的借重，在晚清民国时期也颇为引人注目。

不知从何时起，"发通电""致报界"成为政治势力表达其主张的惯用手法。如前所说，电报作为信息传播的重要发明，晚清即有所利用，以此传递新闻自不必说，电报还广泛利用于政治治理中，官方往往通过此发布政令。清末民初"通电"的流行，还包含别样的政治意味，成为特定政治氛围中针对"公众"宣誓主张的手段。由于

---

① 张一苇（张季鸾）：《华北新闻界》，《报学月刊》第 1 卷第 2 期，1929 年，第 73 页。
② 《中华全国报界联合会的有关资料》（1920 年 6 月 3 日），中国第二历史档案馆编《中华民国档案史料汇编》第三辑，"文化"，江苏古籍出版社，1991，第 632 ~ 637 页。
③ 燕京大学新闻学系编辑《中国报界交通录》，编者印行，1932，第 i 页。
④ 上海日报公会编《上海之报界》，编者印行，1929，第 1 ~ 2 页。

政治治理的架构未能完全确立，"遇事动辄集会演说，动辄通电"，也成为当时表达政见的基本方式。① 1905 年为抵制美约事，《申报》即刊登了多通"公电"，如《北京学界公电》《山西商学界拒约公电》等。② 1906 年 12 月，张謇、汤寿潜、郑孝胥等联合江苏、浙江、福建三省商学界 200 多人在上海成立预备立宪公会，通过"发通电"表达诉求，也成为重要手段。1908 年 6、7 月间，该会即多次电请"决开国会，以二年为限"。③

有意思的是，"通电"往往直接诉诸"各报馆"，既是为相关信息能刊登报章，亦表明"报界"作为社会力量的代表受到重视，所谓"致报界"，实际成为"致公众"的代名词。1912 年 4 月黎元洪致袁世凯、孙中山等人的通电，要特别加上"各省都督、各报馆公鉴"的字样。④ 1912 年 7 月同盟会为驳斥共和党通电而发出的"致报界电"，也将当时惯用的政治手段暴露出来。同盟会以此表达心迹："有清失政，天下共起，本会亦勉随国人后，略效驰驱。无非欲建立民国，扫除专制。"为此驳斥共和党"通电"，居心险诈，不留余地，"一纸谬传，全局动摇"。⑤ 还可注意的是，政治人物为化解各种举措产生的纷扰，也常常借助"报界"来解释"政见"。1912 年时任财政总长的熊希龄为借款事，在《神州日报》发表专电，将"此中艰难曲折"，"详陈于左右"，以请"共筹解急之策"。还特别致书"北

---

① 熊月之：《张园：晚清上海一个公共空间研究》，张仲礼主编《中国近代城市企业·社会·空间》，上海社会科学院出版社，1998，第 352 页。

② 《北京学界公电》，《申报》1905 年 9 月 9 日，第 3 版；《山西商学界拒约公申》，《申报》1905 年 11 月 4 日，第 3 版。此外，《汇录各埠士商致上海商会曾少卿各函电》还辑录其他商会团体的"公电"，《申报》1905 年 7 月 29 日，第 3 版。

③ 《再纪人民之国会运动》，《时报》1908 年 7 月 4 日，第 2 版。

④ 《黎元洪致袁世凯孙中山等通电》（1912 年 4 月 7 日），黄彦、李伯新编《孙中山藏档选编（辛亥革命前后）》，中华书局，1986，第 584 页。

⑤ 《共和党之罪状 同盟会本部致报界电》，《民权报》1912 年 7 月 25 日，第 2 版。

京报界",表明"借款迟速,关系国家生死问题,非仅利害问题"。因为此事引出不少纷争,外界将矛头指向总理、外长,故熊要尽力解释:"近日各报所载,反以此事责备国务院之唐总理、外交部长胡总长,实不免于误会。"①

这还不算什么,最为著名的是黎元洪发出的与袁世凯桴鼓相应的通电。② 胡汉民写下这样的"恶评":"黎不通文史,饶汉祥为掌秘书。所撰函电,但求骈偶堆砌,多占篇幅,而纰缪不通,则在所不计。言之不能成理,则矫为淫啼浪哭,全博社会对于弱者之同情。"③ 邵力子甚至以"两个妖孽"来形容黎、饶二人:"国家将亡,必有妖孽。""黎元洪每打一次电报,只是饶汉祥在那里卖弄才情。"④ 不惟如此,所谓"电报战",更将当时通过"发通电"以影响舆论的政争表现出来。吴佩孚属善用"电报"之辈,白坚武1922年接受吴的聘任,参与军机要务,即经常扮演为吴代拟电报的角色。⑤ 张一麐在《直皖秘史》一书中则具体分析了直皖相争时所发电文:"文电四出,无非暴人之短,扬己之长,且互揭阴私,和盘托出,光怪陆离,大有可观。"⑥ 论者也指出文职官僚与军阀的关系颇值关注,这些文人成为"军阀的幕僚",于是"用文言文替军阀发通电"也构成一道独特的风景,可以带来一点"儒者之风"。⑦

---

① 《熊总长布告借款情形并请共筹解急之策电》《熊总长与北京报界论借款书》,《神州日报》1912年5月26日,第2、3版。

② 沈云龙:《黎元洪评传》,文海出版社,1972,第28~39页。

③ 《胡汉民自传》,传记文学出版社,1987,第76页。

④ 邵力子:《两个妖孽》,《民国日报》1923年3月26日,"随感录",第4版。

⑤ 一则日记写道:"余代吴公拟电三通,致孙中山、伍秩庸、李协和,请息争北来,词甚廉退诚恳,天下为公之事,当然从大处说。"杜春和、耿金来整理《白坚武日记》,1922年6月11日,江苏古籍出版社,1992,第363~364页。

⑥ 张一麐:《直皖秘史》,荣孟源、章伯锋主编《近代稗海》第4辑,四川人民出版社,1985,第65~66页。

⑦ Diana Lary, "Warlord Studies," *Modern China*, Vol. 6, No. 4, 1980, pp. 157 - 179.

学界人士通过发通电表达政治诉求，同样值得注意。民国建立后，章太炎经常以"发通电"的方式，表达对国事的看法。如1917年6月，章就借《民国日报》连续发出几道通电。① 论者还揭示出，"从1932年1月到1933年夏天，马相伯和政界元老章太炎、熊希龄、沈恩孚等，左一道'三老通电'，右一道'二老宣言'，都是谴责国民党当政后厉行一党专制，政治腐化透顶，官僚贪污空前"。② 新闻从业人员也不例外，包天笑对比黄远庸、邵飘萍各自之擅长，指出就发通电来说，邵无疑更胜一筹："以文笔而言，飘萍何能及远庸……可是发通电，则飘萍独擅胜场，精密而迅忽，无能出其右者。"③ 正是因为发通电往往成为袒露心迹的行为，林语堂为此不无幽默地表示："爱国本是好事，兄弟也是中国人，爱国之诚，料想也不亦常在报纸上发通电的要人之下。"④

近代学人亦注意到这一现象，"民国以来，盛行宣言通电的一类文字，其实就是古代檄移露布之类"。⑤ 杨荫杭因此也将"善拟电报"看作中国人的"一种天才"，"观于南北诸人物电报中之文章，则固盛世之音也。后之良史，如以此类电报编入'民国史'，则民国生色矣"。⑥ 其具体表现在："今日各省督军、巡阅使，大率有文人政客为之羽翼，故所发电报，必妆点门面语，虽盗跖其行，亦必曾史其言，所谓宣传也。"⑦ 正是基于此，杨还提出"电报研究法"的问题，指

---

① 包括《章太炎先生申冯罪电》《章太炎君等以三事昭告天下电》《孙章两先生严斥中立电》，以及同一日发出的《孙章两先生主张彻底澄清电》《孙章两先生致陈竞存电》等，《民国日报》1917年6月6日、7日、8日、10日，均刊于第2版。

② 朱维铮：《近代中国的历史见证——百岁政治家马相伯》，朱维铮主编《马相伯集》，复旦大学出版社，1996，第1218页。

③ 包天笑：《钏影楼回忆录续篇》，第67页。

④ 林语堂：《机器与精神》，《中学生》第2号，1930年2月，第1页。

⑤ 刘麟生：《中国文学概论》，世界书局，1936，第22页。

⑥ 老圃（杨荫杭）：《天才》，《申报》1920年11月23日，第16页。

⑦ 老圃（杨荫杭）：《读五代史（三）》，《申报》1922年9月30日，第20页。

出"吾人处于电报战争之时代，势不能屏电报而不观"。但如同律师所谓"无谎不成状"，读今日之所谓"通电"，"盖亦无谎不成电"。①

这算得上政治运作的新气象。正是这样的机制发挥着重要影响。民国初创之际，当政者针对报界也有诸多演讲，既表彰报界在此过程中发挥的作用，又何尝不是通过报界来传达自己的政治理念。1912年9月14日黄兴在北京报界欢迎会上的演讲指出："此次改革政体，虽由五大族行动一致，实赖报界鼓吹之力。"② 稍后孙中山在上海报界公会欢迎会的演说更是表示："革命成功，全仗报界鼓吹之力。今民国成立，尤赖报界有言责诸君，示政府以建设之方针。"③ 孙在革命生涯中，确曾多次蒙报界之襄助。1896年伦敦蒙难，自使馆释出后孙即驰函申谢英国朝野"相援之情"："予此次被幽于中国公使馆，赖英政府之力，得蒙省释。并承报界共表同情，及时援助。"④

正是看重报章的媒介作用，政治人物也在思考如何更好地掌控舆论。新文化运动期间，作为革命者的孙中山即在调整论述的重心。他为《建设》杂志撰写的《发刊辞》，将中国社会之乱象归于"革命破坏之后，而不能建设"，而"所以不能者，以不知其道也"。他也深信，发刊《建设》杂志，可以"鼓吹建设之思潮，展明建设之原理"，并"广传吾党建设之主义，成为国民之常识"。⑤ 五四学生运动发生，孙更是发现"革新思想"与"革新事业"有关联，尤其注意到热心青年所办各种出版物，使社会蒙绝大之影响，"虽以顽劣之伪

① 老圃（杨荫杭）：《电报研究法》，《申报》1922年4月26日，第18页。
② 《报界欢迎黄克强》，《中华民报》1912年9月20日，第7版。
③ 血儿笔述《孙先生政见之表示》，《民立报》1912年10月13～20日，又题作《建设民国之政见——在上海报界公会欢迎会的演说》，《孙中山全集》第2卷，中华书局，1982，第495页。
④ 孙中山：《伦敦被难记》，《孙中山全集》第1卷，中华书局，1981，第85页。
⑤ 孙文：《发刊辞》，《建设》第1卷第1号，1919年，第1页。

政府，犹且不敢撄其锋"。为此他也检讨国民党之事业，"尚自慊于力有不逮者，即印刷机关之缺乏是也"。故"从速设立一大印刷机关，诚不可谓非急务矣"。① 孙中山这番话点出政治势力如何看重"思想界"，是从行动者的角度赋予舆论特别的意义。此亦表明，正是"思想界"之存在，不单思想者强调"思想"之优先性，行动者也在积极回应。廖仲恺致信胡适时就表示："我辈对于先生鼓吹白话文学，于文章界兴一革命，使思想借文字之媒介，传于各级社会，以为所造福德，较孔孟大且十倍。"② 朱执信说得更直截了当：舆论就是需要"煽动"——"天下有不由煽动之舆论乎？"③

用不着特别指明，以政党发展来说，民国时期尤其值得重视的是国共两党，对此多加讨论，显然不可能。可稍加说明的是，列宁主义式的意识形态政党，皆重视针对"阶级"展开动员，自然会更加看重报章之作用。蒋国珍于 1927 年出版的《中国新闻发达史》一书，专列出一节讨论"现在中国的报纸"，特别说明：

> 中国报界新近注意的事项，是以广东国民党的宣传机关报为中心。国民党去年的宣传定期刊物，计有八十三种，如广东的广州《民国日报》、广州《国民新闻》、Canton Gazette（前二者现各发行数万份）、上海的《民国日报》、北京《国民新闻》，但后者因奉军占领北京已不能发行。今北伐军克复长江一带，各地国民党系报纸之追踪而起，也是意中事啊。④

---

① 《致海外国民党同志函》（1920 年 1 月 29 日），《孙中山全集》第 5 卷，中华书局，1985，第 210~211 页。
② 廖仲恺：《致胡适》（1919 年 7 月 19 日），《胡适来往书信选》上册，第 64 页。
③ 朱执信：《舆论与煽动》，《建设》第 1 卷第 1 号，1919 年，第 73 页。
④ 蒋国珍：《中国新闻发达史》，世界书局，1927，第 73 页。

南京国民政府成立后，更加强了意识形态的控制，所谓借助于报界者，更多体现在"指导"报界。一开始就有设立机关报的筹议，恰逢上海《商报》停刊，接收了其一切设备的国民党，遂据此于1928年2月在上海创办《中央日报》，孙科任董事长，宣传部部长丁惟汾任社长。何应钦撰写的《本报之责任》，指明"本报为代表本党之言论机关报，一切言论，自以本党之主义政策为依归"。① 该年6月，国民党中央通过"设置党报条例草案"、《指导党报条例》、《补助党报条例》等文件，随后公布的《设置党报条例》明确规定："为发扬本党主义，使民众了解政策政纲及领导舆论起见，中央各级宣传部得设置日报、杂志或酌量津贴本党党员所主办之日报杂志。"②

《中央日报》最足代表国民党官方言论，成为国民党试图控制舆论的一个缩影。一年以后该报迁往南京，明确受国民党中央宣传部党报委员会领导，宣传部部长叶楚伧任该委员会主席，兼任中央日报社社长。叶对于该报的编辑方针也阐述了这样的看法："照着一个党报去办，要摆开堂堂之阵，竖起振振之旗，不必伪装，不必虚饰。"③ 不仅社长身份特殊，担任该报之"总主笔"也不寻常。陶希圣1943年担任该职时，是以侍从室第五组组长的身份，由陈布雷按蒋介石指示亲自转达任命。还都以后，陶已被聘为总统府国策顾问，又奉命任宣传部副部长，仍兼任复刊后的《中央日报》总主笔。据陶希圣回忆，蒋介石对于作为党报的《中央日报》常加以指导，认为该报的言论与新闻应该参与机密而不能泄露机密，应该知道政局

---

① 何应钦：《本报之责任》，《中央日报》1928年2月10日，第4版。
② 《设置党报条例》，《国民政府行政院内政部内政公报》第1卷第8期，1928年，第10页。就津贴一项来说，《中央日报》的经费主要来自中央的津贴。《本社自开办到现在的经济报告》，《中央日报》1928年10月31日，第2版。
③ 1942年陶百川出任该报社社长，曾向叶请示办报方针，叶毫不迟疑地做了上述指示。陶百川：《困勉强狷八十年》，东大图书公司，1984，第172页。

而不应该抢新闻。① 陶也不无自豪地说：

> 《中央日报》社总主笔室经常为上海《申报》与《新闻
> 报》、天津《国民日报》、北平《华北日报》、武昌《武汉口报》
> 各报驻京特派员往还会商之场所。此诸报每日头条新闻，往往决
> 定于兹室。②

国民党之外，研究者揭示中国共产党的成立史，也指出五四时期的新思想与传播媒介的关联："要考察马克思主义这一外来思想是如何传播和被接受的，则必须探讨使其成为可能的当时的文化状况，特别是思想传播的主要途径即印刷传媒的状况。"③ 中国共产党成立伊始，就将如何引导"舆论"纳入考虑的重点。1921 年 4 月，日本著名文学家芥川龙之介在上海拜访李汉俊，李向芥川说明："吾人所该努力者，唯社会革命之一途。"而"欲进行社会革命，则不能不依靠宣传"。芥川颇为关心"除了宣传手段之外，是否有余力艺术？"李的回答也很是干脆："几近于无。"④ 李汉俊上述看法，绝非代表个人的意见，中国共产党成立以来的种种努力，都表明其对"舆论"的重视。

1921 年中共一大通过的《中国共产党第一个决议》，对于"宣传"工作明确提出："一切书籍、日报、标语和传单的出版工作，均

---

① 陶希圣：《报人本色的布雷先生》，《传记文学》第 28 卷第 4 期，1976 年，第 5 ~ 9 页。

② 陶希圣：《八十自序》（下），《传记文学》第 34 卷第 1 期，1979 年，第 127 ~ 140 页。

③ 石川祯浩：《中国共产党成立史》，袁广泉译，中国社会科学出版社，2006，第 3 页。

④ 芥川龙之介：《上海游记》，陈生保译，高慧勤、魏大海主编《芥川龙之介全集》第 3 卷，山东文艺出版社，2005，第 655 页。

应受中央执行委员会或临时中央执行委员会的监督。"还具体阐明：
"不论中央或地方出版的一切出版物，其出版工作均应受党员的领
导。""均不能刊载违背党的原则、政策和决议的文章。"① 随后推动
出版的刊物，往往具备机关刊物的性质。1921 年 8 月创刊的《劳动
周刊》提出："我们的周刊不是营业的性质，是专门本着劳动组合书
记部的宗旨为劳动者说话，并鼓吹劳动组合主义。"② 次年 9 月创办
的《向导》，也烙上政治机关报的印痕，参与其中的郑超麟就说明，
"《向导》周报本是中国共产党专为'国民革命'运动而创办的刊
物"，"国际路线通过了，党内意见一致了，整个工作都朝这个方向
进行"，《向导》"就成为正式党报了"。③ 1923 年 6 月已成为中共机
关刊物的《新青年》，也发表了"新宣言"，"谨再郑重宣告于中国
社会"：

> 《新青年》曾为中国真革命思想的先驱，《新青年》今更为
> 中国无产阶级革命的罗针。④

实际上，作为政党其动员力如何，还端赖于对"舆论"的控制。
正是看到了"舆论"对于政治势力的重要性，研究者对近代中国政
党的研究，也重视分析该党掌控舆论的情况。费约翰（John
Fitzgerald）分析"国民革命中的政治、文化和阶级"，用两章篇幅论
及一个政党如何贯彻"一种声音"，以及为此设置的"唤醒的机构"。

---

① 《中国共产党第一个决议》，中央档案馆编《中国共产党八十年珍贵档案》上册，
中国档案出版社，2001，第 39 页。
② 《发刊词》，此据《上海劳动组合创办〈劳动周刊〉》，《共产党》第 6 号，1921 年
7 月 7 日，第 62 页。
③ 《郑超麟回忆录》上卷，东方出版社，2004，第 211 页。
④ 《〈新青年〉之新宣言》，《新青年》季刊第 1 期，1923 年 6 月，第 6 页。

书中将国共之间的纷争视作"不同梦想之间的冲突","相互间展开竞争，而且与对立的政治运动和社会团体展开竞争"。国共两党都确信，自己的答案将有助于唤醒人民，"正是他们在梦想和唤醒方面的努力，决定着未来是什么样子"，"决定了何种梦想终将变成现实"。①王奇生分析中国三大政党北伐前后的宣传工作也指出：国民党最不擅长理论宣传，虽有广州、上海的《民国日报》等大型党报，但两报均侧重新闻报道，不似中共的《向导》《新青年》《中国青年》以及青年党的《醒狮》那样专门致力于意识形态宣传。②

这也显示依托报章开展的社会动员构成政党竞争的重要一环，在时人的观察中，国民党方面确实是有所欠缺的。顾颉刚 1927 年致函罗家伦，即建议已进入政府的罗能在南京办一个刊物，"宣传三民主义及新思想"，原因在于：

> 近数年来，惟共产党最会宣传，故一班有政治兴味的青年胥崇信共产主义。醒狮派虽无工作而亦能宣传，故青年信之者亦有人。若国民革命成功之后，国民党只从事于政治之工作而不鼓吹新思想，则必不能吸得将来青年的信仰。③

沉浮于军阀政治中的白坚武，对于国民党的"宣传"工作也不无微词："国民党当政以来，理论宣传较军阀有进矣，然国家仍无上

---

① 费约翰：《唤醒中国：国民革命中的政治、文化与阶级》，李恭忠、李里峰等译，生活·读书·新知三联书店，2004，第 502 页。
② 王奇生：《"革命"与"反革命"：一九二〇年代中国三大政党的党际互动》，《历史研究》2004 年第 5 期。
③ 《致罗家伦》（1927 年 6 月 9 日），《顾颉刚书信集》卷 1，中华书局，2011，第 251 页。

下相守之信条。"① 国难之际，白更有这样的愤激之言："余意国民党必以宣传开会等事亡其党，若彼辈长执政，必亡民国。"②

正是政治势力对报界的借重越发突出，引起有识之士的高度警惕。张謇在《复扬州报界联合会函》中表达了这样的意思："报纸为舆论之代表，始意甚善"，然而，"自政治家多所利用，而报乃有庞杂之嫌矣"。③ 对于舆论的效力，也不乏质疑之声，潘光旦《说为政不在多言》便指出这一点：

> 发宣言，拍通电，以至于快邮代电，在善草檄文露布的中国人当然更容易成为拿手戏，不须多说。比较新颖的是近年来我们对于宣传、宣传的方法，以及宣传的工具如同报章、杂志、小册子之类的信仰。政府要推行一种政策，以为经过一番宣传就一定可以减少民众的阻力。党派要推广一种主张，也以为一经宣传，便可以造成一派舆论。其实问题并不如此简单。

在潘看来，"舆论这东西究属有不有，也是一个问题"，尤其是"口号标语一类的宣传方法，其效力更自□以下，不值得计较"。还造成很大流弊：一是"思想与吐属的刻板化"；二是"语言代替了工作"。④ 胡适1928年写下的《名教》一文，也感叹国民党治下的中国"已成了口号标语的世界"，尽管在党国领袖的心目中，口号标语是"一种宣传的方法、政治的武器"，但究其实，"不过是一种出气泄愤的法子罢了"。为此胡也提醒国民党之衮衮诸公，"治国不在口

---

① 杜春和、耿金来整理《白坚武日记》，1928年9月8日，第583页。
② 杜春和、耿金来整理《白坚武日记》，1932年1月24日，第957页。
③ 《复扬州报界联合会函》(1923年9月20日)，张謇研究中心、南通市图书馆、江苏古籍出版社编《张謇全集》第1卷，江苏古籍出版社，1994，第555页。
④ 潘光旦：《说为政不在多言》，《自由之路》，商务印书馆，1946，第373~374页。

号标语，顾力行何如耳"。①

徐宝璜则将当政者为控制舆论制定的"新闻政策"视作严重的问题予以检讨，指明所谓"新闻政策"实际成为"新闻手段"，"有造谣与挟私的意味"："政党之机关报，为达一时之政治目的起见，往往对于敌党之领袖，造一篇大谣言，登之报上，以混乱一时之是非。""或每日于新闻栏内，为输灌不利于敌党之感想于阅者脑海中起见，将一原来五六行即可登完之新闻，'特别放大'，成一篇淋漓痛快、洋洋千言、攻击敌党之大文章。"对于此类明目张胆造谣挟私之"新闻政策"，徐也从"报界"的立场提出质疑："虽政党可视为政治活动之利器，但自报界全体观之，则绝无存在之余地，非打消不可。"② 1940 年出版的《阅读书报杂志的经验》一书，也不忘提醒阅报诸君：中国报纸的基本特点是"政治的背景"，"报纸原是社会公共的言论机关，就言论说应该代表舆论的，但事实却大谬不然。中国几乎没有一种可以真正代表民意的报纸，大都含有政治的背景"。③

政治、思想与学术的交相辉映，展现了"思想界"的多重色彩。凡此，或许都不该以任何轻率的方式加以对待。关于"学"与"治"的关系，龚自珍时已有"一代之治，即一代之学"的看法。④ 张之洞《劝学篇·自序》对此也阐述了独到的见解："世运之明晦，人才之盛衰，其表在政，其里在学。"⑤ 近代中国展现的是中国走向"现代"的历程，政治、思想、学术及其他的元素同样在走向"现代"。正因

---

① 胡适：《名教》，《新月》第 1 卷第 5 号，1928 年，第 9、12 页。
② 徐宝璜：《新闻学大意》，徐宝璜、胡愈之：《新闻事业》，商务印书馆，1923，第 32 页。
③ 红风编著《阅读书报杂志的经验》，博文书店，1940，第 68 页。
④ 龚自珍：《乙丙之际箸议第六》，《龚自珍全集》，第 4～5 页。
⑤ 《劝学篇·自序》，苑书义等主编《张之洞全集》第 12 册，第 9705 页。

为还处于成长中，所谓"思出其位"，也是题中应有之义。重要的是，报章作为新型的传播媒介，无论是政治、思想还是学术，往往附载于此，纠缠在一起也有充足的理由。换言之，由于新型传播媒介改变了政治治理的基本方式，如何恰当地运用媒介也成为当政者思虑的要害所在。可以说，政治势力之借重报章只是问题的一面，而"主义"的泛滥，还显示出主导思想变革的读书人也难以回避政治问题。关键尤在于，不仅思想难免为"主义"所侵蚀，政治也不免落入成王败寇的逻辑中，至于"学术"，更不易逸出"学"与"术"的樊篱。职是之故，读书人竭力维护的"公共舆论"，其成效也难以令人满意。

可以说，"思想界"的多重色彩，正映射出清季民国时期的政治、思想以及学术均处于转型中，对此一时期"思想界"的认识与评估，也当考虑这样的复杂因素。

第六章

书局·报章·读书人：共同的“生意”

　　“思想界”作为“场域”，由多重“网络”构成。第四章分析了作为学术载体的报章，不可忽略的是，报章实际呈现的是整个出版业的状况，与书局也形成交互影响的网络，构成彼此依托的“生意”：一方面书局出版的书籍，需要在报章登载广告；另一方面报章之印刷、发行，也往往依赖书局提供的支持。商务、中华自不必说，这些书局都出版了不少杂志；《新民丛报》《新青年》等杂志，则分别与广智、群益书局形成互相借重的关系。审视清季民国时期的“思想界”，这同样是重要环节，有必要加以申论。

　　实际上，报章之外，书籍也构成“思想界”另一重要的载体，并且共同影响着读书人基本的生活形态。这样的关联性是如何形成的，又具有怎样的意义，单就“生意”层面也值得考虑。所谓“生意”，尤其是烙上“知识经济”印痕的出版业，自然不是简单的“买”与“卖”的关系。前已提及结合《百科全书》的出版探讨“启蒙运动的生意”的论作，此书对印刷商、工场主、出版商、读者的讨论表明，对于“出版物”的审视有诸多环节需要厘清。论者在检讨中国帝制晚期的书籍与士人文化时也提出：“思想史家倾向于关注书籍的内容，急于解释‘一个思想者’如何、为什么形成对一组事件的看法。”事实上书籍本身可以传递更多的东西，而不能“仅仅被视为一种商品或一种信息载体"。① 因此，晚清以降出版业形成的"生意"，也构成认知"思想界"的重要面相。

一 作为"生意"的报章

报章自有其"生意经"，无论其定位如何，都有如何推销的问题。销售是否成功，关乎报章能否维持基本的读者，甚至决定着报章能否生存下去。前面讨论到的《遐迩贯珍》等报章，即因遭到华人的漠视而难以为继，而《申报》《万国公报》在销售上则算得上成功的例证，培养了报章最初的一群读者（详后）。中国读书人创办报章之初，上述报章也具有示范意义，《时务报》就展现出报章的"销售"绝非单纯的"生意"。

《时务报》的"经营"

晚清读书人创办报章伊始，就遭遇如何销售这一全新的问题。《中外纪闻》与《时务报》即是个中之典型，对官方的依赖是颇为明显的，同时需要借助种种关系网络。而外人创办的《申报》《万国公报》等具有的示范意义，即在于这些报章不仅培养起读书人阅读报章的习惯，还建立起派送渠道，可以为新发行的报章提供襄助。

《时务报》为人所知，即始自在《申报》上刊登告白。1896 年 6 月 22 日至 24 日连续三天刊登的《新开时务报馆》，告知"本馆拟专发明政学要理及翻各国报章，卷末并附新书。坐落上海石路南怀仁里，择日开张，先此布闻"。② 从 8 月 5 日起又连续四天在《申报》刊登告白，介绍《时务报》的印刷发行情况：

---

① 周绍明：《书籍的社会史：中华帝国晚期的书籍与士人文化》，何朝晖译，北京大学出版社，2009，"中文版代序"，第 Ⅱ ~ Ⅲ 页。
② 《新开时务报馆》，《申报》1896 年 6 月 22 日，第 4 页。

本报定于七月初一出版，石印白纸，慎选精校，每本三十二叶，实价一角五分，每月三本。定阅全年每月取回印资四角二分，先付报资者每年收洋四元，本馆按期派人分送不误。如欲购者，请至本馆挂号可也。再本报在各省均有代派之处，倘有欲购阅本报而就近无处可购，可即将报资信资寄交本馆，当即按次照寄不误。①

《时务报》的销售则依托于《申报》《万国公报》所建立的发行渠道。黄遵宪写给汪康年、梁启超的信中就说明：可委托代派《万国公报》者及格致书院代为销售，亦可考虑联络其他各报，"此报别具面目，申沪各报应不虑其掺夺也"。不过黄也提请注意：《时务报》系"集捐资作公款"，"凡销售、承揽、开张一切商业公家言，此报中不可用"。②

后来与严复等创办《国闻报》的王修植便是汪康年联络的对象之一，在给汪的信中王有这样的答复："惠赐《时务报启》二十本，当即分赉同人，莫不欲先睹为快。"还建议可依赖已有的发行渠道进行推广，"即归送《申报》《京报》人经手，于贵馆推广销路，最为相宜"。③吴德潚也建议《时务报》"附申报馆或万国公报馆摆印代送，但需自己有经理人，可省开局购器种种费用。翻译可托金陵洋务局兼办"。④之所以都考虑借助于《申报》《万国公报》，概因晚清读书人最早接触的即是上述报章，并且这些报章已经在地方上有所流通，负责筹备《湘报》的刘善涵就说：

---

① 《时务报馆》，《申报》1896 年 8 月 5 日，第 4 页。
② 黄遵宪：《致汪康年、梁启超》(10)，《汪康年师友书札》(3)，第 2334~2335 页。
③ 王修植：《致汪康年》(2)，《汪康年师友书札》(1)，第 77 页。
④ 吴德潚：《致汪康年》(5)，《汪康年师友书札》(1)，第 383 页。

敝省阅报风气未开，从前所阅者，不过《申》《汉》二报，然百人中不过数人而止。受业曾在美华书馆购得《公报》一千二百分，每月一百分，在敝省太平街人和豆豉号发售，牌记刊入《公报》首，近日销路颇开。才俊之士，争先快睹。

为此刘也向汪康年建议："尊报倘有定值，请由万国公报馆径寄人和发售，每月暂寄百分，以后寄数多寡，以销路畅滞为断。"① 不惟如此，同样是受外人创办报章启发，不少人还建议《时务报》可多考虑"商贾"的需求，以便于销售。邹代钧就表示："此报名贵已极，读书人无不喜阅，惟不便于商贾。盖于卷尾编列货物价值表，既无伤于书之体例，而大腹富商必乐观也，未始非畅销之一道。"② 陈三立也有同样的建议："鄙意若附刊货价表数纸，使商贾亦可购览，销售较广。"③

《时务报》在内容上、发行上都效仿《申报》《万国公报》等由外人创办的报章，这正类似于继《时务报》之后创办的《国闻报》《知新报》等，需借助于前者，或者刊登告白，或者依托其发行。但这绝非"生意"的全部，外人建立起的发行渠道，未必能满足需求，在此过程中也发展出特别的"生意经"。毕竟《时务报》等报章的出现，有全然不同的意味，读书人既有的"权势"或"交谊"网络，发挥了重要作用。汪康年与友朋间的书信往来就揭示出，在《时务报》正式发行前，他对于如何销售该报，并承担其他书刊的销售，早已有考虑。而无论是汪康年还是其他报馆成员，原本有多重身份，交谊网络极为丰富。正由于此，《时务报》等报章甫一发行，便成为

---

① 刘善涵：《致汪康年》（2），《汪康年师友书札》（3），第 2881 页。
② 邹代钧：《致汪康年》（23），《汪康年师友书札》（3），第 2659 页。
③ 陈三立：《致汪康年》（13），《汪康年师友书札》（2），第 1983 页。

各类信息发布的平台。

从《时务报》创办初期登载的几则启事，大致能了解一份报章所依赖的诸多环节。启事涉及《本馆办事诸君名氏》《各处代收捐款诸君名氏住所》《各处派报处所》《本馆价目》《助资诸君名氏》《译印西文地图公会告白》《湖南矿务分局告白》，由此可看出，《时务报》开办的经费主要依赖于"捐款"。它也刊有告白，只是并没有说明刊登告白所需费用，而且，各种告白并非单纯的"生意"，多少包含友情赞助之意。由《时务报》刊登的《各处派报处所》亦可看出，最初的销售并无一定之规则，既依托于传统书坊，还借助于新的销售网络。① 通过第 22 册的一则《本馆告白》，可以了解该报委托邮政局发行的情形。② 这表明晚清成长中的邮局也是值得重视的报章发行渠道，只不过这样的机制未必成熟。

从单纯的"生意"来说，自是要考虑《时务报》的发行收入能否抵销支出。《时务报》无疑是特殊的，从一开始即广泛接受捐赠，其"生意"状况，绝非一般报章可以相提并论。因为接受捐赠，该报发行后须不定期公布收支情况，据此可知：该报支出部分，印刷费用占据了大头，其次则是办事人员、主笔、翻译等人员的薪资，再有就是购买东西文报章、书籍的费用。收入部分，主要是助资银、本馆自收报资银、代派处经收报资银、售书银等项目。按研究者的分析，"《时务报》出版以后，销量日升，报资已代替捐款，成为报馆主要收入来源，报馆资金运作逐渐走向正常化"，而"造成报馆亏损的主要原因，是大量报资难以收回"。③ 这确是实情，该报不时登载催款的告白，表明办报者对此最为揪心，也无法真正解决。

---

① 《本馆告白》，《时务报》第 3 册，1896 年 8 月 29 日，"告白"，第 1 页。
② 《本馆告白》，《时务报》第 22 册，1897 年 4 月 2 日，"告白"，第 1 页。
③ 廖梅：《汪康年：从民权论到文化保守主义》，第 62～65 页。

从该报的收支来看，最令人意外的是刊登告白的收益完全没有在账目中体现，反倒有 30 多元的"付登告白费"。不能据此推断《时务报》刊登告白没有收益，其最初刊登的《湖南矿务分局告白》，便包含"生意"的意味，只不过费用是以"捐助"方式支付给报馆。1896 年应湖南巡抚陈宝箴邀请在长沙创办矿务总局的张通典，在给汪康年的信中，一方面称道"报馆告成，我公坚忍之力也"，另一方面则表示"敝局谨助四百元，俟矿务大兴，再当尽其力之所至耳（贵馆报出时，当代销一百分）"。[①] 尽管没有要求刊登告白，但《时务报》发行后刊出该局之告白，也算是一种回报。此外，该报一开始刊登的"安的摩尼"的告白，也不无收益。此事是由邹代钧安排的，委托报馆代售该产品。除言明"登报各费，可归报销"，还有对汪康年个人的"酬谢"。[②] 可见《时务报》刊登的告白，掺杂着其他一些因素，与一般意义上之商业告白颇有差别。

对于告白，报馆主事者似乎也没有从商业上多加考虑，黄遵宪就指出"本馆告白至连篇累牍，殊觉不便"。他的意见是"只好缩用一叶"，而且"告白最以简明为宜，不可多用虚文，以淆视听"。[③] 倒是报馆外的人认为应多加刊登，曾担任天津武备学堂算学总教习的卢靖便表示："告白为报馆利源所在，贵馆不刊，是自塞其利源也。"但"不可如申沪各报，不分美恶雅俗是非而滥登耳"。有裨于学人的内容，"似宜刊之"，有利可图，还可用于"办译书、立学堂诸大事"。[④] 该报为此也做过努力，只是收效不那么明显。

具体到销售环节，更有可议之处。张朋园根据《时务报》提供

① 张通典：《致汪康年》(6)，《汪康年师友书札》(2)，第 1771 页。
② 邹代钧：《致汪康年》(21)，《汪康年师友书札》(3)，第 2653 页。
③ 黄遵宪：《致汪康年》(15)，《汪康年师友书札》(3)，第 2338 页。
④ 卢靖：《致汪康年、蒋黼、罗振玉》(2)，《汪康年师友书札》(3)，第 2986 页。

的信息，说明该报 1896 年所销在 8000 份左右，1897 年升至 11000 份，若加上少许未能统计的零星数目，总计约在 12000 份，较之当时甚有影响力的《万国公报》发行数，超过 3 倍之多。① 除前述官方渠道之外，《时务报》主要靠各地代售处推销，代订（购）者也扮演着重要角色。1896 年出任南京钟山书院讲席的缪荃孙，在《时务报》尚未刊行之际，即帮忙宣传，"送《时务报》公启廿分"与徐积余。② 因为与书业关系颇深，缪派送的《时务报》还涉及再次分送、代售，一则日记就述及收到第 1 册后的分发："分《时务报》四十分与积余，十分与礼卿，廿分与聚卿，十六分送各典（追回三分），十分与苏盫，自留一分，燮生一分，仲我一分，可园一分，吴彬藩一分。"③《时务报》第 2 册收到后，又"分送徐四十、刘三十分"。④

与罗振玉等人发起成立农务总会的朱祖荣，交谊颇广，其一人也介绍了十余人订购《时务报》等报章。⑤ 被时人称为"清末四公子"之一的吴保初，则自行购得 30 份，"以次递传"，"限三日专足走取原报外，不索分文，其有愿自购者，有愿助款者，各听其便"。⑥ 身为京官的刘光第，在给家乡旧识的信中表达了对《时务报》的赞赏：有裨于"吾川士商周知中外时务"，值得"广为流通，以开固陋"。⑦

---

① 张朋园：《梁启超与清季革命》，中研院近代史研究所，1999，第 194 ~ 195 页。
② 《艺风老人日记》（一），"丙申日记"，六月七日，张廷银、朱玉麟主编《缪荃孙全集·日记》（1），凤凰出版社，2014，第 418 页。
③ 不日又记："刘聚卿索《时务报》十册。"《艺风老人日记》（一），"丙申日记"，七月六日、十二日，张廷银、朱玉麟主编《缪荃孙全集·日记》（1），第 422、423 页。
④ 当日还分别赠送友人龙松岑、袁砅秋各一二分。《艺风老人日记》（一），"丙申日记"，七月十四日，张廷银、朱玉麟主编《缪荃孙全集·日记》（1），第 423 页。
⑤ 朱祖荣：《致汪康年》（1、2、3），《汪康年师友书札》（1），第 221 ~ 224 页。
⑥ 吴保初：《蕲同人阅〈时务报〉小启》，《北山楼集》，黄山书社，1990，第 85 页。
⑦ 《自京师与自流井刘安怀堂手札》（1896 年 9 月 26 日），《刘光第集》编辑组编《刘光第集》，中华书局，1986，第 267 页。

为此建议："《时务报》早到重庆，不知尊处在阅看否？现在《渝报》开办，谅已得睹，然不如《时务报》详备。看报大长学识，切不可省报费而不看也。"① 上述种种，揭示出晚清报章在销售环节的特殊之处。

《时务报》有特殊的"生意"经，其他报章在商业上也有诸多考量。《知新报》第47、48册刊出《永安保人险公司告白（美国）》。②第112册《本馆告白》还具体说明：

> 本报于五洲大小各埠皆周通遍达，凡中外仕商有欲登布告白者，请到面订或致函商酌，均无不可。本馆志在利人，价银格外廉取。又本馆承接大小印件，花边色纸，一切具备，价亦相宜。如意者请到账房面议。③

《湘报》创办后，刊登的告白，不少与书局及书籍销售相关，也不乏其他商品，如第20号刊登有"裕源绸缎布庄""广丰森绸缎洋货布庄""新开九和绸缎庄"的告白，表明地方上的各种商品，得以通过报章销售。④ 1898年创刊的《无锡白话报》，在联络地方商业活动方面也颇为用心，创刊伊始即表示："凡医卜星相的住处，各书画家、篆刻家的仿单与新开店面、新到货物，一切古董玩器，本馆都可代登告白。"⑤ 以此而论，报章出版后，确实介入广泛的生意中，尤其影响于地方商业活动。

---

① 《自京师与自流井刘安怀堂手札》（1897年2月25日），《刘光第集》，第281～282页。
② 《本馆告白》，《知新报》第47册，1898年3月22日，第25页。随后刊登了《本馆承刊告白价目》，《知新报》第57册，1898年6月29日，第1页。
③ 《本馆告白》，《知新报》第112册，1900年2月14日，第37页。
④ 由第27号刊登的《湘报馆章程》可获悉具体的情形。《湘报馆章程》，《湘报》第27号，1898年4月6日，第107页。
⑤ 《本报章程》，《无锡白话报》第1期，1898年5月11日，告白页。

依托于个人的得与失

继《时务报》之后，晚清读书人创办报章的热情逐渐高涨，这些报章也不乏依托个人销售的情况，缪荃孙代为派送的即有《知新报》《农学报》《湘学报》《蒙学报》等，蔡元培在日记中也提供了这方面的信息。此时蔡授职翰林院编修，有广泛的交谊网络，曾为多家报章"代派"。1897 年 6 月 20 日日记提及："农学会寄来报二十册（第二期）。"6 月 29 日又记："《农学报》第三期到……风气大开，各论迭出，自强之基，肇于是矣。"① 不日又写道："得蒋伯斧书，寄来《农学报》八十份，凡百四十册。"② 此外，《经世报》也委托蔡元培"代派"，日记留下这样的记录："得钟生书，寄来《经世报》百册。"③ 这些零星的信息，大致说明蔡"代派"《农学报》《经世报》的情形。而如何转交这些报章，蔡元培在日记中也有所说明。1898 年 4 月 9 日日记写道："致陶欣皆户部书，附《农学报》十册，由化石桥齐氏转递。"④ 接下来的 6、7 月间，蔡元培还承担了《湘学报》《蒙学报》《萃报》等多份报章的"中转"工作。⑤ 据此可悉当日报章发行对个人渠道的依赖。蔡在日记中没有说明"费用"问题，显然，这种派送报章的方式往往导致收回"报资"之不易。

通过友人拓展销售，本属不那么正规的做法，表明报章草创阶段在发行上遇到不少困难，而这也导致收回报资成为难题。缪荃孙代派

---

① 王世儒编《蔡元培日记》上册，1897 年 6 月 20 日、29 日，第 69 页。
② 王世儒编《蔡元培日记》上册，1897 年 7 月 1 日，第 69 页。
③ 王世儒编《蔡元培日记》上册，1897 年 8 月 26 日，第 71 页。
④ 王世儒编《蔡元培日记》上册，1898 年 4 月 9 日，第 89 页。
⑤ 蔡元培后来回到绍兴办学，至此日记中才没有再提及代派上述诸报事。到 1900 年又有代派《亚泉杂志》的记录。王世儒编《蔡元培日记》上册，1900 年 12 月 24 日、27 日，第 139 页。

的《时务报》，这方面的问题倒是有妥善解决，其丙申（1896）年底的日记述及："寄完今年《时务报》"，"与汪穰卿结帐，找十七元四角五分，一年《时务报》报价清缴"。① 丁酉（1897）一则日记又说明："与时务报馆结帐，还报馆各帐二百十元（《知新报》亦在内，清）。"② 但更多事例显示的是，《时务报》在寻找合适的代售处及收回报资方面，皆困难重重。同样在南京任职的谭嗣同，在该地觅代售报处就遇到不少麻烦，还要担心所托之人"将卖价骗去"。③ 其他地方，更不理想。时任职江西的汪立元坦陈："托提塘销报一层，他省情形弟则不知，若江省似乎难以得力。"按照以往的经验，"提塘向有京报寄送各县，往往收费不到，即再三函催，亦多置之不理"。④ 在河南为《时务报》进行"代派"的陈其镠，同样言明：

> 销路不但不见起色，更为减少。现在省中不满四十分，加以外州县卅余分，统计不过七十分光景。而报资之难收，有出省者，或有事故他往者，则报资便化为乌有。⑤

其他报章也遭遇类似问题。江标致函汪康年说明："承代销各报，以公处为大宗，汉口、江南次之，余皆不足言。然销路虽广，而垫款甚巨，几有力穷之势，奈何！"⑥ 孙诒让还指出黄庆澄因创办

---

① 《艺风老人日记》（一），"丙申日记"，十二月十五日，张廷银、朱玉麟主编《缪荃孙全集·日记》（1），第446页。
② 《艺风老人日记》（一），"丁酉日记"，十一月九日，张廷银、朱玉麟主编《缪荃孙全集·日记》（1），第490页。
③ 谭嗣同：《致汪康年》（8），《汪康年师友书札》（4），第3244页。
④ 汪立元：《致汪康年》（5），《汪康年师友书札》（1），第1023页。
⑤ 陈其镠：《致汪康年》（1），《汪康年师友书札》（2），第2007页。
⑥ 江标：《致汪康年》（14），《汪康年师友书札》（1），第254～255页。

《算学报》，"负累甚巨，足见办事之不易"。① 陈虬在给汪康年的信中，对《利济学堂报》的状况也表示担忧："敝《学堂报》分售有二千分之多，实销仅减半，而收数竟不及四成，并寄售各报亦在内，利源有限，挹注太多。敝院去岁亏折竟至数千金，想贵报外无一报不折本也。"② 陈所谓除《时务报》外，"无一报不折本"，大概就是晚清读书人自办报章的经营情况，单从"生意"来说，颇为艰难。

梁启超在经历一些尝试与困难后，对于办报涉及诸多环节有了基本的认识。1897 年康有为到桂林后，与唐景崧、岑春煊等发起组织圣学会，为此致函梁启超，商议在广西设学、译书、办报、筑路等事。梁表示"在桂拟办四事，超惟于学堂一端以为然"，其他三事则"皆有异议"，尤其对开设报馆大不为然：

> 报馆一举，超于此一年经手办时务、知新、公论三馆（此馆情状详后），于其中情节颇详知之，而因以谓桂中必不可行也。

梁很清楚设立报馆需要大量经费支撑；资金缺口往往需要仰赖告白为之"弥缝"。而桂林风气未开，商务未兴，实难解决这些问题。梁还指出，即便是《时务报》《知新报》，在销售上也有难以解决的困难，那就是道路、邮政还不甚便捷。③

① 孙诒让：《致汪康年》（2），《汪康年师友书札》（2），第 1473 页。
② 陈虬：《致汪康年》（3），《江康年师友书札》（2），第 2001 页。《利济学堂报》的情况还不算严重，《渝报》出报后，惠函索取者不少，派出一千余份，但"收到报费者不过百份"。《本馆告白》，《渝报》第 9 册，光绪二十四年正月中旬，告白页。
③ 梁启超：《致康有为书》（光绪二十三年三月三日），丁文江、赵丰田编《梁启超年谱长编》，第 79 页。

以此看来，晚清读书人最初创办的报章，就"生意"一层来说是较为惨淡的，发行渠道不畅自是重要原因，而"派送"出去的报章难以收回报资，更使报人陷入无法解决的困局。不过，报章之"生意"涉及范围颇广，也是需要关切的问题。关键在于，报章之"生意"并非仅仅体现在自身的"销售"上，也不能限于"经济"层面的考量。报章构成书籍销售的重要一环，大有益于书籍的推销，这也是值得重视的"生意"。

二　书籍与报章的关联

书籍与报章之结合从时间上说不算晚。前已说明，中国出现的报章一开始就成为传播西学的载体，与书籍发生关联自是题中应有之义。裨治文（Elijah C. Bridgman）1832 年 5 月在广州创办的英文月刊《中国丛报》，或许是最早登载这方面信息的报章，一开始就设有"书评"栏，介绍了《中国的穆斯林》一书。[1] 1872 年出版的英文杂志《中国评论》，则在"学界消息"栏报道了不少书刊。[2] 来华西人创办的中文报章，也自觉进行这样的工作，《遐迩贯珍》连载过不少书，《六合丛谈》则设有"新出书籍"栏。

这也是西方世界早已有之的形式。"泰西诸国凡书坊接有托其印售之新书"，往往"印毕即取多本分寄送新闻纸并月报、季报各局"。[3] 艾约瑟（Joseph Edkins）所著《西学略述》描绘了上述情形。花之安《自西徂东》一书也揭示出："凡新出之书，则无论属于某家

---

① "Mohammedans in China," *The Chinese Repository*, Vol. 1, No. 1, 1832, pp. 6–15.

② *The China Review: Or Notes & Queries on the Far East*, Vol. 1, No. 2, 1872, p. 134. 参见王国强《〈中国评论〉（1872~1901）与西方汉学》，上海书店出版社，2010，第 507~585 页。

③ 艾约瑟：《西学略述》，总税务司，1886，第 42~43 页。

书肆，亦宜寄送一本于报馆观阅，方便告白……夫买书、著书、卖书既各有所便，则书籍易以流通，自足为学人博雅之助矣。"① 书籍、报章皆与读书人密切相关，揭示其中所涉及的点点滴滴，也有助于把握晚清读书人面临的新的"知识世界"。

《申报》的"示范"意义

报章作为特殊的"出版物"，刊登告白是突出的一环，各种商品得以展示，报馆也以此获得办报所需之资。最初出现的报章之所以遇到不少困难，除销售份额有限外，便在于招登告白殊属不易。孙玉声即指明："报馆开支浩大，欲图牟利甚难，其赖以维持基础，得资发展者，实以报中所登广告之收入为大宗。"然而，当风气未开之时，一般商界人士并不知登报之益，那些自恃有百数十年历史的老店，更是认为"生涯本甚茂盛，无须登报宣传"。通过长期努力，这一状况才逐渐改变，"各药房洞悉登报之益，首先刊载，各书局等继之，其收效果俱甚宏，各业始皆络绎而至，咸知有登报之必要"。② 《申报》在这方面的努力，也具有示范意义："吾国昔者不知广告为何物"，当《申报》一纸风行，方改变了广告的情形，"报纸所到之区，即广告势力所及之地，且茶坊酒肆，每借报纸为谈资，消息传播，谁不洞知……是故新闻纸愈发达，广告之作用亦愈宏"。③

作为特殊商品的书籍，既能在告白中占据一定的分量，其内容本身往往还成为报章之一部分。无论哪种情形，对于书籍的传播都起到重要作用。《申报》创刊不久，即已开始刊登各书坊的告白，如尚义堂书坊的一则告白，告知"本号常有四书五经、《史记》、才子等书，

---

① 花之安：《自西徂东》卷4《智集》，第274页。
② 孙玉声：《招登广告之难》，《报海前尘录》，第11页。
③ 薛雨孙：《新闻纸与广告之关系》，申报馆编《最近之五十年——申报馆五十周年纪念刊》第3编，第45页。为此，《申报》也不断改进广告，以发挥更好效益。《七十五年来：本报的广告发行及其他》，《申报》1947年9月20日，第22版。

并法帖字典之类发售，其板十分清楚，倘贵客赐顾者，请至兴让街中便是，其价格外相宜"。① 紧接着《申报》刊登的《招刊告白引》说明："夫告白一事，俗之所不能免，而事事有相关者也。" 还提及士人著述与此的关联，指明新闻纸之"告白"，大有助于书籍的流传：

> 士人著述宏富，欲供诸同志以流传四方者，往往求者不可必得，而著者无由遍布也。有新闻纸以告白之，而未见其书，先明其义，人人得而知之，其获益岂浅鲜哉。②

如前所述，《申报》为迎合应试士子刊登了不少与科举相关的信息，而与之相关的书籍在该报刊登告白，也并不鲜见。1874 年刊登的《广策纂要》，说明该书在都门琉璃厂书坊，及苏州、上海扫叶书坊发兑，"宜家置编，列诸座右，以资考订"。③ 除此之外，《申报》还采取多种形式助力书籍的销售。1872 年刊登的《拟制造局新刻西学书十三种总序》，介绍沪上制造局，"爰延深于西学者数人，分曹日译，计积数年之功，费数万之资，现已印行之书，则有十三种焉。美矣，备矣，于西学已可谓大集其成矣"。④《中西闻见录》出版后，《申报》也予以介绍，说明该刊"杂录各国近事，以及天文、地理、格物之学，议论宏通，皆有根据"。⑤ 这些文字并不属于告白，但发挥的作用甚至超过告白。

尤有甚者，《申报》从一开始就介入书籍的出版中，最初面向沪

---

① 尚义堂书坊启《书坊店》，《申报》1872 年 5 月 6 日，第 7 页。
② 《招刊告白引》，《申报》1872 年 5 月 7 日，第 1 页。
③ 古讽稨斋主人：《广策纂要》，《申报》1874 年 3 月 13 日，第 4 页。
④ 《拟制造局新刻西学书十三种总序》，《申报》1872 年 8 月 1 日，第 1 页。
⑤ 《书〈中西闻见录〉后》，《申报》1872 年 9 月 26 日，第 1 页。

上文人征集的文稿，集为《瀛寰琐纪》出版。① 1874 年刊登的《访书告白》，还说明"本馆现欲购求书籍数种，以图摆印。如有存藏者，幸即惠临敝馆，出示佳书，或则善价相偿，或则新书奉赠，悉凭尊意可也"。② 随后又刊出《览书》启示，表达"出价购稿"的愿望：

> 本馆以印刷各书籍发售为常，如远近诸君子有已成未刊之著作，拟将问世，本馆愿出价购稿，代为排印，抑或俟装订好后送书百部，以申酬谢之意，亦无不可。总视书之易售与否而斟酌焉。③

与之相关，《申报》还为读书人刻印书籍，承担"书局"之责。一则《代客印书》的告白说明："本馆可代客印书，即照字数定价，较之刻字，费亦更廉，且板字极明，印刷又甚捷便，如各书铺有赐顾者，请来面议可也。"④

由上述事例不难看出，一家报馆往往在诸多环节与书籍发生关联。1872～1877 年，申报馆出了 50 余种书，蔡尔康所撰《〈申报馆书目〉序》就介绍说：

> 迩日申江以聚珍板印书问世者不下四五家，而申报馆独为其创。六载以来，日有搜辑，月有投赠，计印成五十余种，皆从未刊行及原板业经毁失者。⑤

---

① 《刊行〈瀛寰琐纪〉自叙》，《申报》1872 年 10 月 11 日，第 1 页。
② 《访书告白》，《申报》1874 年 11 月 13 日，第 1 页。
③ 申报馆：《览书》，《申报》1875 年 10 月 18 日，第 1 页。
④ 《代客印书》，《申报》1873 年 2 月 4 日，第 5 页。
⑤ 蔡尔康：《〈申报馆书目〉序》，《申报馆书目》，申报馆，1877，第 1 页。

申报馆之所以能开展这样的工作，除具备印刷条件外，还得通过《申报》的发行渠道售书之便。一则告白就指出："本馆所排印各书籍，俱精雅可喜，除在上海售外，其余各外埠即由卖《申报》人经手，如诸君子欲购阅者，祈早惠顾可也。"①

可稍加补充的是，新式书局成长过程中，报章也发挥了不小的助力。20 世纪最初的几年，《申报》便以这样的方式介绍了不少书局及书刊。1901 年推出的"新书雅觊"栏，介绍了商务馆印书赠书。② 后又开设"志谢赠书"栏（后改为"谢赠"），首期刊载的是商务印书馆所赠《代数学》二册、商务所出《绣像小说》第 25～29 册，以及《国粹学报》第 1 期。③ 1906 年《赠书志谢》则言明："顷承文明书局遗赠《最新详阐微积教科书》二册，演草既详，绘图又精，教者便于指授，学者易于会心，以之为高等省学课本，实为繁简得宜，浏览一周，书此鸣谢。"④ 后来，更以此"绍介新著"，一则《谢赠》就介绍了广智书局、商务印书馆、浦东中学校所赠书刊。⑤ 这样的做法一直延续下来，前面讨论的一些杂志即以这样的方式在《申报》介绍，如 1915 年 5 月介绍了《科学》杂志与《甲寅》杂志，10 月则介绍了群益书社出版的《青年杂志》。⑥

《申报》上述做法，乃晚清民国时期报章普遍的举措。举例来说，1889 年出版的《万国公报》第 1 册，即刊出《墨海书局各书价

---

① 《新印各种书籍出售》，《申报》1875 年 7 月 29 日，第 6 页。
② 《新书雅觊》，《申报》1901 年 3 月 13 日，第 3 版。以后不断调整，有诸如《惠书鸣谢》《惠书致谢》《新书快睹》等名目。
③ 《志谢赠书》，《申报》1905 年 3 月 11 日，第 5 版。
④ 《赠书志谢》，《申报》1906 年 3 月 24 日，第 4 版。
⑤ 《谢赠》，《申报》1908 年 11 月 28 日，第 5 版。
⑥ 《介绍新著》，《申报》1915 年 5 月 27 日，第 12 版；《赠书志谢》，《申报》1915 年 10 月 1 日，第 11 版。

目》，以告白的方式推销各书。① 《万国公报》与广学会建立起密切的关联，除了为其带来新的作者外，于出版本身也产生重要影响。《自西徂东》《中东战纪本末》《文学兴国策》《五大洲女俗通考》《泰西新史揽要》等书，皆是在《万国公报》连载，然后再由广学会出单行本。这些书出版后，《万国公报》又刊登告白加以介绍，报馆与学会实已结为一体。

作为书籍买卖平台的《时务报》

晚清读书人创办报章后，更促成报章与书籍的关联愈益紧密。有一点值得强调，今日已将报章与书籍截然划分为不同的类型，然在晚清，二者之界限却不那么清晰。不少报章出版后，会对存报加以利用，将报章转换为"书籍"。《时务报》第 24 册刊登的《本馆告白》说明："去岁余存之报前订成三巨册者，计共千分，现已销罄。尚拟再印一千五百分，以待购取。"② 第 34 册《本馆告白》又道："本馆现已将《时务报》第一册起重行精校，缩付石印。"③ 装订成的《时务报》采用的是线装书式。另外一些报章还曾将刊发的文字，以汇编的方式进行编辑、销售，也是将"报章"转换为"书籍"的例子，《国闻报》《湘报》《清议报》《新民丛报》等均曾采取这一方式。

可以说，报章与书籍的关联在多个层面都有所体现，一份报章实际搭建起一个销售平台，一方面报馆自身发行的书报需要其他的报馆或书局帮忙推广，另一方面它也是其他报章与书籍的重要销售媒介。在《时务报》的推动下，书籍的买卖有了新的平台、新的机制。吴樵在一通信函中就向汪康年建议："各处时务书、新译书，揭其纲

---

① 《墨海书局各书价目》，《万国公报》第 1 册，1889 年 2 月，封面页。
② 《本馆告白》，《时务报》第 24 册，1897 年 4 月 22 日，"告白"，第 1 页。
③ 《本馆告白》，《时务报》第 34 册，1897 年 7 月 29 日，"告白"，第 1 页。

领，大凡价值，何处可购，登报最好。"①

《时务报》在筹备时已在规划翻译西书，刊登于《申报》的告白特别奉告："本报并有新译各书附印报后，如《铁路章程》《造铁路书》《华盛顿传》《西国学校课程》《俄罗斯经营东方本末》等书，皆新出希见之本，于讲求实学裨益不浅。"正式发行后，对于西学书籍的翻译、销售也发挥了重要作用，其角色并非单一的。黄遵宪致函汪康年即言及当重视译书事业，"第一问译何类之书，第二问何类之书应用何本"，并告诫"此事必须与傅兰雅、李提摩太之属确商购定，乃可与人讲定翻译事宜"。② 这也容易理解，除尽力推进学校、报章、学会之开办，译书同样是晚清读书人看重的维新事业。《经世报》刊登的《报馆不如译书议》甚至表示，"译报能觇变，而译书能达经"，"如有君子以译报之力，为译书之役，一人受其瘁，而万流蒙其乐"。③ 1901 年 3 月《同文沪报》刊登的告白，也指明"举学校、报馆、译书数事而张大之"，乃"合大群"之关键。④

借助于报章，书籍的译介与销售也展现出新的气象。《时务报》创刊时刊登的地图公会《译印西文地图招股章程》说明："本会现由上海时务报馆兼办，凡欲购股票者，请向时务报馆挂号。"⑤ 对此的回应颇不少，地图公会因此也可以解决印刷地图需要的资金。除襄助合作伙伴开展印务之外，《时务报》还广泛开展译印书籍的活动。第7 册刊发的《本馆告白》言明："一俟存款稍裕，即当译印西书，推

---

① 吴樵:《致汪康年》(28)，《汪康年师友书札》(1)，第 521 页。

② 黄遵宪:《致汪康年》(27)，《汪康年师友书札》(3)，第 2352~2353 页。

③ 马用锡:《报馆不如译书议》，《经世报》第 6 册，丁酉 (1897 年) 八月下，第 16 页。

④ 《东亚益智译书局叙例》，《同文沪报》第 304 号，1901 年 3 月 10 日，第 1 版。

⑤ 地图公会启《译印西文地图招股章程》，《时务报》第 1 册，1896 年 8 月 9 日，"告白"，第 3 页。

广译报。"① 而《时务报》主办者所撰书籍率先得以销售，第 8 册就刊出《西学书目表附读西学书法》一书的告白：

> 此书为梁卓如孝廉训门人之作，所列书将四百种，区分门类，识别优劣，笔记百余条，专言西学书源流门径，有志经世之学者，不可以不读也。现由本馆代印寄售，每部二本实洋三角，并在上海各书坊及各省代理《时务报》处分售。②

黄遵宪的《日本国志》也依托《时务报》进行销售。黄给汪康年的信中便在商定该书如何印刷、发行，还言及，《日本杂事诗》也在改订中，"他日亦付报馆也"。③ 黄相信，《日本国志》已成书十年，"附《时务报》而行，谅必消流，此时闻声相思者甚多也"。④

更大宗的是代售、代印的书籍。《时务报》第 15 册刊载的《本馆代售书目》，表示已建立起销售书籍的平台，所售书包括《天文地理歌略》《钦定满洲源流考》《钦定皇舆西域图志》《传音快字》《中国亟宜改革政法论》。⑤ 随后又增加了《墨子间诂》《安徽全图》《安徽舆图表说》等书。⑥ 代印书籍方面，第 40 册《本馆告白》有这样的说明：

> 中外通人如有新著或新译有用之书，向无刻本，愿交本馆付

---

① 《本馆告白》，《时务报》第 7 册，1896 年 10 月 7 日，"告白"，第 2 页。
② 《西学书目表附读西学书法》，《时务报》第 8 册，1896 年 10 月 17 日，"告白"，第 1 页。
③ 黄遵宪：《致汪康年》(28)，《汪康年师友书札》(3)，第 2355 页。
④ 黄遵宪：《致汪康年》(31)，《汪康年师友书札》(3)，第 2358 页。
⑤ 《本馆代售书目》，《时务报》第 15 册，1896 年 12 月 25 日，"告白"，第 2 页。
⑥ 《本馆告白》，《时务报》第 18 册，1897 年 2 月 22 日，"告白"，第 1 页。

印者，本馆均可代办。印出后当奉赠二百部，如已有刻本，嘱为重印者，当奉赠百部。如系尤为精要之书，并可酌赠。①

这也得到积极回应。时任湖北武备学堂提调兼自强学堂总稽查的姚锡光，委托《时务报》代售其所撰《东方兵事纪略》一书。② 张之洞抚晋期间所设令德堂培养的杨之培，则表示撰有算书数种，"今先以《流数新术》稿本四册寄呈，以备先印"。③

因为广泛开展书籍代印的工作，《时务报》还要设法阻止书籍被别的书商"翻卖"。书商为牟利翻刻书籍，在晚清极为普遍，广学会出版的新书，"湖南、四川、广东等处，类皆有人私行翻刻，希图销售"。不过该会对此倒并不十分介意："若辈夺人之书，图己之利，固属大干禁例，然揆其用意，实多欣喜之心，且又知读书人有愿购之心，不然彼又何乐而为之也。"④ 《时务报》译印西书后，便在《本馆告白》中言明："凡本馆所刊之报及书籍，不许他家翻印及改换面目易名刊刻。如有印刻者，当即禀官究理。"⑤ 后又刊登一则地方官员的告示，说明"嗣后时务报馆如有印出各项要书，尔等不得擅行翻印，出售渔利，致干究罚"。⑥ 《时务报》之所以"禀请关道出谕禁止翻印"，是因为已有石印书局"私将本馆所印《西学书目表》翻印出售"。⑦

由此可看出，开设一家报馆，往往需添置印刷设备，并建立销售

---

① 《本馆告白》，《时务报》第40册，1897年9月26日，"告白"，第1页。
② 姚锡光：《致汪康年》（2），《汪康年师友书札》（2），第1263页。
③ 杨之培：《致汪康年》（1），《汪康年师友书札》（3），第2361~2362页。
④ 《上海广学会第十年年会论略》，《万国公报》第108册，1898年1月，第16页。
⑤ 《本馆告白》，《时务报》第7册，1896年10月7日，"告白"，第2页。
⑥ 《苏松太关道吕观察告示照录》，《时务报》第19册，1897年3月3日，"告白"，第1页。
⑦ 《本馆告白》，《时务报》第19册，1897年3月3日，"告白"，第1页。

渠道，相应的，报馆的出版工作并非局限于报章，而是广泛涉足出版业。毛慈望提供的例证，充分说明作为《时务报》的读者如何通过这一平台购读书报。① 《汪康年师友书札》保留了毛致汪康年、梁启超的五通信，第一通信，毛表示希望购买梁启超《西学书目表》《读西学书法》，以及康有为的《四上书记》，还表示："'广时务报'闻已出版，亟欲快睹，惜都中尚无售本，现在共出几册？敬求汇寄。"② 第二通信，毛说明收到"寄来《西学书目表》三部，共六册"；"又蒙递到《知新报》第四、五、六、七两册"。毛除表达谢意外，还"敬求补寄第一、二、三册，俾成全璧"。③ 第三通信，毛道出此前曾托人转递一函，"恳代购张文端《聪训斋语》、薛叔耘《筹洋刍议》、黎莼斋《拙尊园丛稿》、马眉叔《适可斋记言》《记行》"。因未能及时收到，故毛又寄来一信，重申前信的内容，还说明："廿五期报后告白称，林乐知现有《中东战纪本末续编》之刻，曾否出书？都中尚无售本，千祈费神代购一部，同前书一并赐下，祷切盼切。"④ 第四通信言及："前函奉求代购各书，今已数月，未蒙惠寄，想因公冗，偶致遗忘。兹再另纸开列书目，敬祈费神照购，附便寄赐。"⑤ 第五通信，毛告知"昨由菊生兄处递到代购各书"，又提出新的购书要求。⑥

　　这还只是一位读书人购买书刊的情况，仅由此便不难看出《时务报》发挥的作用，已远远超出报章本身，实际成为众多书刊发行的"媒介"。

---

① 毛慈望，河南武陟县人，光绪十五年进士，初官工部屯田司主事，后改礼部光禄司主事。此据《汪康年师友各家小传》，《汪康年师友书札》(4)，附录，第4014页。
② 毛慈望：《致汪康年、梁启超》(1)，《汪康年师友书札》(1)，第 27~28 页。
③ 毛慈望：《致汪康年、梁启超》(2)，《汪康年师友书札》(1)，第 28 页。
④ 毛慈望：《致汪康年、梁启超》(3)，《汪康年师友书札》(1)，第 29 页。
⑤ 毛慈望：《致汪康年》(4)，《汪康年师友书札》(1)，第 30 页。
⑥ 毛慈望：《致汪康年、梁启超》(5)，《汪康年师友书札》(1)，第 31 页。

代售书籍：晚清报章共同的选择

《时务报》构成书籍销售的平台，绝非孤证，前面讨论到的《知新报》《湘学新报》《经世报》《新世界学报》等报章，除代售其他报章外，同样会代售书籍。《大公报》创刊时登载的《本馆特白》，也交代了在这方面更为周全的考虑："各报附录书籍，多限于篇幅，虽陆续排登，骤阅之，每突然而起，戛然而止，殊觉味同嚼蜡。本馆附录各件，其篇幅过长不能全录者，总期成一片段，不致有闷葫芦之叹。"还向同道提出："如有新撰新译书籍，或创意欲撰欲译之书，亦可告知本馆，登报绍介，普告学者"。①

在办报理念上更倾向于"学"的《知新报》，第 9 册刊出告白："本馆所定购之各国艺报，顷已陆续到齐，自后当多译刊布，且增译各种要书，每次附刻数页，以广见闻。"② 实际上，从一开始《知新报》便按照"农事""工事""商事""矿事""格致"等栏目组织稿件，所刊布的文稿不少有连载性质。第 19 册《本馆告白》还介绍拟采取的新举措："篇幅则照旧加倍，多刊农工商矿格致等报，所有外间送来文稿，亦选择附印，并译各种要书，每次附数页于后，以符前说。"③ 紧接着下一册便开始连载《东方商埠述要》。④ 此外，《知新报》也承担代售书刊的工作，此时已流亡日本的梁启超，即通过该报介绍其推进的出版工作。第 112 册的告白介绍说："日本善邻译书局专译各书阐明新法，所译成数种，本馆俱有寄售。"列出的《日本维新史》《国家学》《战法学》《日本警察新法》，即是梁启超等在日本翻译、出版的书籍。⑤ 随后该报又刊出梁启超《戊戌政变记》发售

<hr>

① 《本馆特白》，《大公报》1902 年 6 月 17 日，第 1 版。
② 《本馆告白》，《知新报》第 9 册，1897 年 4 月 2 日，第 15 页。
③ 《本馆告白》，《知新报》第 19 册，1897 年 5 月 22 日，第 15 页。
④ 《本馆告白》，《知新报》第 20 册，1897 年 5 月 31 日，"告白"，第 1 页。
⑤ 《本馆代售新书》，《知新报》第 112 册，1900 年 2 月 14 日，第 37 页。

的告白。①

　　《湘学新报》和《湘报》也广泛介入书籍的销售中。《湘学新报》表示："本报初立规模，暂将中西有用之学，先择已译之书，敷陈梗概，俟门径粗通，即拟选译，以求精深之学。"而对"学"的介绍，还考虑如何方便读者购买："每学后择录切要书目一二条，附以提要、价目、刻本，俾学者得识门径，便于访购。"②《湘报》也刊登了不少与书籍相关的告白，如第3号刊有新学书局的告白，注明"开设长沙省城南阳街兴文里，内发兑各种算学时务书籍"。③第8号又刊登有经济书局之告白，说明该局出版"各种经史读本、时务、算学诸书，并可领刻书籍主人章"。④第19号介绍了《新刻〈西学通考〉》，第27号则刊出《本馆寄售上海时务新书目录》。⑤

　　尚可补充其他报章的情况。《经世报》第1册发行时，以《代登告白》的方式介绍了不少书籍，其一为《实学斋文编》，注明"是编为杭郡诸生讲求时务之作，由林迪臣太守选定刊发，每季一册，仿《格致汇编》例也，定价每册一角二分，不折不扣"。另一为《春在堂全书》，介绍"是书为德清俞荫甫先生作，以说经说子为大宗，而诗文笔札丽焉"。所刊登的《本馆寄售书目》，包括《春在堂全书》

---

①　《〈政变记〉发售》，《知新报》第113册，1900年3月1日，封面。此外，《知新报》还曾刊登一些赠书信息，介绍了《新政始基》《菽园三种》等书。《本馆告白》，《知新报》第55册，1898年6月9日，第26页；《本馆告白》，《知新报》第57册，1898年6月29日，第29页。

②　《〈湘学新报〉例言》，《湘学新报》第1册，1897年4月22日，第3～4页。该册以书目提要的方式，介绍了《万国史记》《泰西新史揽要》《校邠庐抗议》《乾隆府厅州县图志》《学算笔谈》《富国策》《通商约章类纂》等书。

③　《新学书局》，《湘报》第3号，1898年3月8日，第8页。

④　《经济书局》，《湘报》第8号，1898年3月15日，第32页。

⑤　《新刻〈西学通考〉》，《湘报》第19号，1898年3月26日，第76页；《本馆寄售上海时务新书目录》，《湘报》第27号，1898年4月6日，第108页。

《利济学报》《万国时务策学大全》。① 《新世界学报》第 1 号登载有《选报发行所广告》《开智书室广告》，及上海编译局刊登的《〈各国种类考〉出版广告》。② 第 5 号刊登的则是《选刻闱艺》《谟罕默德传》《各国种类考》《中俄界纪》《选报》等书刊的告白，还列出《本馆寄售书籍时报价目》。③

凡此种种，都说明报章与书籍的密切关联，由此还推动报馆与书局合二为一。1897 年，梁启超联合同道集股创办大同译书局于上海，时人将其看作由《时务报》开办的。这多少说明外间对《时务报》的期许，包含译书这一面。欧阳焜对此表示："贵馆近创大同译书局，尤为方今急务……诸君子如此用心，功不在禹下矣。"④ 尽管该书局并非《时务报》开办，但该报发挥的作用不可小视。《大同译书局叙例》刊于《时务报》第 42 册，算是预告书局之开办。⑤ 书局办起来后，梁启超又致函汪康年："译书局将来印出各书，拟常在报末登告白。"⑥《时务报》第 51 册出刊时，封面题有"本期附送大同译书局书目"，并在告白页以两页篇幅列出具体书目。⑦

《时务报》与书局的合作或许还是初步的，《清议报》《新民丛报》与书局的合作则更为紧密，表明读书人已将推动报章与书局的发展视作共同的事业。而书局也广泛介入报章出版中，商务印书馆、中华书局、亚东图书馆皆出版了大量杂志。

---

① 《代登告白》，《经世报》第 1 册，丁酉（1897 年）七月上，第 32 页。
② 《告白》，《新世界学报》第 1 号（壬寅第 1 期），1902 年 9 月 2 日，封三。
③ 《告白》，《新世界学报》第 5 号（壬寅第 5 期），1902 年 10 月 31 日，封底。
④ 欧阳焜：《致汪康年》(2)，《汪康年师友书札》(3)，第 2891 页。
⑤ 梁启超：《大同译书局叙例》，《时务报》第 42 册，1897 年 10 月 16 日，第 3~4 页。
⑥ 梁启超：《致汪康年》(25)，《汪康年师友书札》(2)，第 1850 页。
⑦ 《大同译书局将已刻及译出之书价目列后》，《时务报》第 51 册，1898 年 2 月 11 日，"告白"，第 1~2 页。

《清议报》《新民丛报》与广智书局

梁启超在日本创办的《清议报》，堪称晚清报章发展的新起点。《时务报》还可看作谋求"自改革"的报章，在销售上颇依赖官方渠道，《清议报》却改变了这样的格局，既创办于日本，在政治上自然少了许多禁忌，在销售上也需要建立新的渠道。该报展示的发行及印刷等方面的信息确实颇为特别：发行兼编辑人署冯镜如，要特意加上"英国人"的头衔，印刷人则标明为日本人铃木鹤太郎。

创刊时刊登的《横滨〈清议报〉叙例》，除阐述该报之宗旨外，还列出相关"规例"，涉及作者、发行等问题。作者方面，一开始就表明接受外稿，除"论说"由自聘之主笔撰述，"日本及泰西论说，则由寄稿或译稿采登"。① 而在首期之《本馆告白》中，便广为招揽"代派者"："如有愿为本报代派处，乞函致本馆，自当随时付呈。"同时还涉及"告白"事，告知"本刊承刊告白价目"。② 不过，处于草创阶段的《清议报》，最初也是"奉送"居多，第6册《本馆告白》说明："本报第一二册所刊奉送字样，因开办伊始，示求推广，越今派出已万数千份，本馆实不胜应酬之繁。"其当然也期望改变这一状况："兹拟凡定阅报章者，务请照册数赐足，阅报诸君想不惜此区区也。"③

《清议报》甫出版即刊出告白价格，显示出对此的重视，只是一开始难以有什么收益。最初刊登的告白，友情成分居多，经济上也无法评估。如第9册告白刊登的内容，一是《恭颂黎领事德政》（古巴阆埠华商公启），二是《檀香山戒鸦片烟分会告白》（由该会董事

---

① 《横滨〈清议报〉叙例》，《清议报》第1册，1898年12月23日，第2页。
② 《本馆告白》，《清议报》第1册，1898年12月23日，告白页。
③ 《本馆告白》，《清议报》第6册，1899年2月20日，告白页。

启），可视作维新派在海外活动的产物。① 大致说来，《清议报》刊登的告白更多是介绍内部人士的著述，以及所从事的其他活动。如第8册刊登的两则告白即是如此，一是《光绪圣德记出书》，二是《大同学校告白》。② 第10册还刊有《〈华英字典〉出售》的告白，说明该书由冯镜如增订，"如有愿购者，请函来本馆或径向代售处购取可也"。③ 此外，《戊戌政变记》《仁学》也通过各种方式在《清议报》上介绍。④

除了销售自行印刷、发行的书籍外，《清议报》还通过寄售的方式销售书刊。第51册刊登的《本馆寄售各书报价目》，含《戊戌政变记》《新编东亚三国地志》《验方新编》《华英字典》《知新报》《同文沪报》《天南新报》《苏报》《国闻报》《中外日报》等书报。⑤ 这说明在日本出版的报章，也形成了互助的机制，彼此刊登告白，以扩大宣传。此外，《清议报》也为友朋的书籍变相进行宣传，一则《惠书鸣谢》写道：

> 南海何君沃生、三水胡君礼垣合撰《〈劝学篇〉书后》，特蒙惠寄到馆，接读之下，具服议论通明，识见宏远，诚近时不多得之书也，不胜感谢。⑥

《清议报》发行到100册，建立起与1901年创办于上海的广智

---

① 《告白》，《清议报》第9册，1899年3月22日，告白页。
② 《告白》，《清议报》第8册，1899年3月12日，告白页。
③ 《告白》，《清议报》第10册，1899年4月1日，"告白"，第2页。
④ 《〈戊戌政变记〉成书告白》，《清议报》第11册，1899年4月10日，"告白"，第1页。《本馆告白》，《清议报》第44册，1900年5月9日，告白页。
⑤ 《本馆寄售各书报价目》，《清议报》第51册，1900年7月17日，告白页。
⑥ 《惠书鸣谢》，《清议报》第22册，1899年7月28日，告白页。

书局的密切联系，刊出的《广智书局已译待印书目》，占据 4 页篇幅，说明"以上诸书本局已经译出过半，两三月后一齐印行，奉告海内同志勿复译为盼"。另外还刊有该书局其他书籍的告白，也有两页篇幅，告知"以上各书本年十二月一日概出版，欲购取者，请函告上海大马路本局可也"。① 此外，该册还刊有《上海广智书局编辑〈万国通志〉》《上海广智书局印售地图目录》《本馆新刊书目告白》。以这样一种方式刊登广智书局所出书籍的告白，自是不寻常，了解书局成立的背景，可知悉这是梁启超推动书籍出版的重要工作。只不过，《清议报》只发行了 100 册，广智书局与报章之互动通过《新民丛报》才得以更好展现。

1902 年创刊的《新民丛报》，一开始便显示出与广智书局的紧密联系。与《清议报》一样，《新民丛报》一开始就列出《广告价目表》：一页七元，半页四元，一行（四号十七字起码）二毫。② 还刊出一则广告，表明"本报志在传播文明，故于海内通人新著新译各书，欲一一介绍之于我学界"，"凡自著自译自印之鸿编，每出版必惠寄一本，俾得提要论次，以广其传"。③ 除此而外，《新民丛报》第 1 号即设有"绍介新著"栏，介绍了《原富》《仁学》《李鸿章》三种书。④ 由此可看出，《新民丛报》创刊伊始，即同步在销售书籍，其"代派处"也多依托于书局与报馆。⑤

---

① 《广智书局已译待印书目》，《清议报》第 100 册，1901 年 12 月 21 日，第 1 ~ 4 页，告白页。
② 《广告价目表》，《新民丛报》第 1 号，1902 年 2 月 8 日，"目录"，第 2 页。
③ 《告白》，《新民丛报》第 1 号，1902 年 2 月 8 日，"告白"，第 118 页。
④ 《绍介新著》，《新民丛报》第 1 号，1902 年 2 月 8 日，第 113 ~ 117 页。第 1 号之后要到第 4 号才又有《绍介新著》，只介绍了《和文奇字解》一种。到第 6 号时，《绍介新著》增加了不少篇幅，介绍的书刊更多，广智书局印行的即有三种。《绍介新著》，《新民丛报》第 4 号，1902 年 3 月 24 日，第 103 ~ 106 页；第 6 号，1902 年 4 月 22 日，第 91 ~ 99 页。
⑤ 《本报各代派处》，《新民丛报》第 1 号，1902 年 2 月 8 日，封三。

广智书局作为《新民丛报》的"上海总代发行所"，二者实际形成互相依存的关系。广智书局发行的书籍可以借此推广，《新民丛报》则可依赖书局建立的渠道。换言之，广智书局实际担当《新民丛报》派报处的角色，其收益则体现在《新民丛报》刊登的告白。从第 7 号开始，《新民丛报》的书刊广告明显增加，《上海广智书局出版图书广告》占据两页篇幅。再有一页，分为两栏，分别是《李鸿章》及《再版〈小学新读本〉》、《再版〈幼稚新读本〉》的广告。封底内页则是《世界近代史》（近刊）的广告，还说明："浮田著《西洋上古史》现已开译过半，敬告海内诸君勿复译为幸。梁启超谨白。"①

不仅如此，《新民丛报》与广智书局在文稿的组织上也合为一体。章太炎东渡日本后，即同时为二者供稿，在给吴君遂的信中言及："屏居多暇，仍为广智删润译稿，闲作文字登《丛报》中，以供旅费而已。"② 因为彼此的关系或许太过密切，难免引起纷争。别的且不论，梁启超的书由广智书局出版，书局所出书又刊登广告于梁所编刊物，这样的"生意"不免难以计算。1902 年 4 月梁启超在一通书信中，便指出书局、杂志皆令其操心："弟无日不念译局，诚恐弟行后，《丛报》、译局两皆减色，而今年赢利或反不及去年。"而二者在经济上也存在种种纠葛，即所谓"报欠弟款，弟欠局款，故局欠报款耳"。③ 这也是书局、报章合为一体之证明，一旦出现经营上的

① 《告白》，《新民丛报》第 7 号，1902 年 5 月 8 日，告白页。广告价格也有调整，《改正广告价目表（论前加倍）》注明："一页十元，半页六元，一行（四号十七字起码）二毫八仙。"
② 《与吴君遂》（1902 年 3 月 18 日），《章太炎全集》，"书信集"上，上海人民出版社，2015，第 115 页。
③ 梁启超：《与勉兄书》（1903 年 4 月 1 日），丁文江、赵丰田编《梁启超年谱长编》，第 314 页。

问题，往往彼此牵连。

《清议报》与《新民丛报》搭建的与书局密切合作的方式，是普遍存在的情况，揭示出晚清思想界值得重视的一环。如《民报》同样刊登有不少书局的广告，第9号刊登的一则广告说明："本书局开设日本东京，发兑沪上书庄及东京留学界所出版各书并东西文书籍。"① 这些报章由于特定的政治倾向，还难以完全反映晚清书刊市场的情况，由其他事例可进一步了解作为"生意"的报章，与书局及卖书者形成怎样的关联。

包天笑曾在多家书局任职，在回忆中介绍了晚清书局、报馆的情况。供职金粟斋时，该书局与《中外日报》建立起这样的关系，"金粟斋出版的书，必须在《中外日报》登广告。后来因为金粟斋没有办发行所，出了书也就由《中外日报》寄售了"。② 他也述及金粟斋译书处之所以难以维持，正是"它的经济基础不曾打好"。③ 为此包也表示："金粟斋是注定要失败的，我们也不能辞其责，这便是当时我们对于出版事业实在是外行。"最后的工作，则是与"常年刊登义务广告"的中外日报馆商定，"金粟斋已印就出版的几部书，托中外日报馆代售，一起交给他们经理"。④

自1906年至1919年，包天笑又在《时报》服务了14年。狄楚青创办的《时报》，最初几个月，封面全是各书局的书目广告。照包的看法，正是因为与书局实现了很好的合作，《时报》在上海激烈竞争的新闻界也能占据一席之地。⑤ 对于书局与报章形成的互惠关系，包天笑也颇为认同，指出狄楚青对于有正书局，"全力经营"，花于

---

① 大华书局：《广告》，《民报》第9号，1906年12月1日，封底告白页。
② 包天笑：《钏影楼回忆录》，第229页。
③ 包天笑：《钏影楼回忆录》，第237~238页。
④ 包天笑：《钏影楼回忆录》，第239、240页。
⑤ 包天笑：《钏影楼回忆录》，第424~425页。

书局的时间、精力，"还比《时报》多"。"到《时报》困穷，入不敷出，而有正书局却岁有盈余，于是挖肉补疮，以其盈余，补其不足，《时报》得以支持数年下去，也很靠有正书局为之扶助"。① 狄楚青后来创办《小说时报》，也因此有了很好的条件：

> 有一个有正书局的出版所，又有一个很好的印刷所，铅印石印齐备，办一个杂志，也较为方便。又有《时报》上不花钱可以登广告。②

这些零星信息揭示出晚清出版业的新气象，书局与报章形成互助机制，有裨于各自的成长。而书籍的买卖者，也离不开这样的机制。王维泰《汴梁卖书记》述及："迩来新书日杂，大半书贾谋利，杂凑成编。尤其甚者，离奇怪诞，不可为训。故略述有用书，缀以简明语，为选择新书者先路之导。"这也获得了购书者的赞许，希望书商"能一星期出一纸，分正编、附录、存目三项，登之报章，俾同志咸知取舍"。③

此亦表明，书籍之销售有赖于将相关信息"登之报章"。这在时人眼中，甚至不乏质疑之声，严复为此即表示："上海所卖新翻东文书，猥聚如粪壤。但立新名于报端，作数行告白，在可解不可解间，便得利市三倍。此支那学界近状也。"④ 沪上出版市场之难以令人满意是不可回避的问题，不过，这也明示出版业离不开印刷、销售等环节。

---

① 包天笑：《钏影楼回忆录》，第 414 ~ 415 页。
② 包天笑：《钏影楼回忆录》，第 358 页。
③ 王维泰：《记交际》，《汴梁卖书记》，开明书店，1903，第 43 页。
④ 《与熊季廉书》（1903 年 1 月 31 日），孙应祥、皮后锋编《〈严复集〉补编》，福建人民出版社，2004，第 237 页。

新文化运动的"生意经"

进入民国以后,文化市场已有所改变,新式教育的推进为新式书刊培育了更多作者、读者,同时,书刊的编者、作者不少任职于大学、中学,也提升了新式书刊的水准。影响所及,新式书刊的出版构成出版业一道独特的景观。《申报》1919 年即刊文介绍《新青年》《大学月刊》《新潮》《国民》等 13 种刊物为"传达新思想之机关",尤其赞誉《新青年》"在中国思想迁变史上占有重要权威,出版已历五年之久,提倡新文学,鼓吹新思想,研究社会之改革实际问题,通前到后一丝不懈,销路颇广"。①

专门经营新式书刊的书店也由此成长起来,亚东图书馆即颇为典型。该馆最早卖的不过《甲寅》《新青年》《每周评论》《新潮》等几种刊物,"'五四'以后,大不相同了,新出的期刊雨后春笋一般","不但代卖,还总经理了好几种期刊"。② 因为陈独秀的关系,该馆还获得经理北京大学出版部所出图书的机会,表明其成长有了新的依托。③ 结合《甲寅》《新青年》这两份刊物可获悉,杂志与书局或"分工"合作,或合为一体。

章士钊 1914 年在东京创办的《甲寅》,发行至第 4 期后选择与亚东图书馆合作。章为此直言:"社务丛脞,益以屡病,出版愆期,至用惭歉。""今为分工计,以印刷、发行两事析与上海亚东图书馆代为理治,仆只任编辑一部,心一意专,庶可期诸久远。"随后亚东

---

① 静观:《最近传达新思想之机关》,《申报》1919 年 9 月 28 日,第 6 页。
② 汪原放:《亚东图书馆与陈独秀》,第 40 页。从《申报》刊登的广告亦可知,委其"代理"的期刊也不少,如同济医工学校的《自觉月刊》和同德医学校的《同德医学》。《申报》1920 年 5 月 14 日,第 2 版。
③ 汪原放:《亚东图书馆与陈独秀》,第 40 页。《申报》刊登的亚东图书馆的广告写道:"本馆经理北京大学出版部书籍,印有目录,函索即寄。"《申报》1919 年 4 月 11 日,第 7 版。

图书馆发布了《甲寅》第 5 期的预告："不日即可出版。自后凡蒙爱读诸君惠购，请直接向敝馆接洽，其一切收款、发报等事，皆由敝馆完全负责。"①

陈独秀 1915 年创办的《青年杂志》，展现的是另外的情形，该刊与书店的合作是书店选择的结果。据此可以了解民国时期的出版物，较之晚清同样存在"生意经"。前已述及该刊最初的经营颇为惨淡，不过这只是问题的一面，所谓"生意"不能限于杂志本身的"销售"，尚需结合出版杂志的书局加以考虑。群益书社之所以愿意发行《青年杂志》，除私人原因外，部分也是可以通过此刊推广书籍。该刊创刊号上，群益书社刊登的书籍信息，有十几页的篇幅，以后，每期也刊登不少书籍广告，绝大多数为群益书社的出版物，少量是其他杂志与亚东图书馆的书籍广告。更说明问题的是，《青年杂志》创刊号上刊登的《通信购书章程》，还告知"凡购买本版书籍者，概照定价七折计算"。② 群益书社由此获益，不可不提。而书局建立起的发行渠道，对杂志的销售也至关重要。《青年杂志》列出的《各埠代派处》，计有 49 个省市的 76 家书局。③ 这当是群益书社建立的发行渠道，据此大致可推断《青年杂志》借助这样的渠道可能发行到何地。这同样是不可忽略的"生意"。

与之适成对照，《新潮》杂志却有不同的际遇。该刊经费来自校方，"印刷需款若干、售书得价若干"，这些经营刊物必须了解的环节，负责编辑出版的社员，"照例是不问的"。④ 北京大学出版部主持发行工作，"发行面是非常狭小的"，"代销处也只限于本校、北京的

① 汪原放：《亚东图书馆与陈独秀》，第 29～30 页；《爱读〈甲寅〉者鉴》，《申报》1915 年 4 月 25 日，第 5 版。
② 《通信购书章程》，《青年杂志》第 1 卷第 1 号，1915 年，封底。
③ 《各埠代派处》，《青年杂志》第 1 卷第 2 号，1915 年，封底。
④ 《新潮社的最近》，《北京大学日刊》1922 年 12 月 27 日，第 3 版。

一些高等学校及书报摊";外埠由于"不登广告,只靠同道的几个杂志互相介绍,知道的人不多"。经营、发行不善导致恶性循环:

> 因印刷费的拖欠而影响了出版物的愆期,因出版物的愆期而本社失信于读者,影响到书刊的销路;因销路的减少而经济来源更加呆滞,印刷费遂付清无期,终至印局不肯再接受本社的印件。①

这正道出一份刊物的经营牵扯诸多环节,某一环节处理不当往往会产生连锁效应。顾颉刚曾说明,由于最初不能依托于书局,《新潮》的发行颇受影响,社员之间的通信主要关注如何与书店打交道。② 顾在日记中也留下不少设法销售杂志的记录:"至国民图书馆,托代售《新潮》十册,并取年帐。""至文津书林,晤周松云,询代售《新潮》事。"③ 为此,寻求与书局的合作也成为新潮社的选择,陈独秀、胡适等出于对《新潮》的关心,说服亚东图书馆接手。只是,亚东接手不久,《新潮》的出版已近尾声,难以有所作为。其结果也可想而知,据鲁迅透露,在新潮社停止活动时,曾"大吹大擂"预告的出版物,"至今还未出版",尚有不少存货留下,包括"一万部《孑民先生言行录》和七千部《点滴》"。④

这也表明,所谓"生意"不能限于杂志本身,还有必要结合出版杂志的书局加以考虑。创刊于1904年的《东方杂志》,因为商务

① 李少峰:《新潮社始末》,中国社会科学院近代史研究所编《五四运动回忆录》(续),中国社会科学出版社,1979,第209页。
② 《顾颉刚日记》第1卷,1919年1月14日,第67页。
③ 《顾颉刚日记》第1卷,1919年1月25日,第80页。
④ 鲁迅:《导言》,鲁迅编选《中国新文学大系·小说二集》(赵家璧主编《中国新文学大系》第4集),良友图书印刷公司,1935,第4页。

印书馆的关系，一开始就有良好的发行渠道。也因此，《东方杂志》刊登的书籍广告占据的篇幅更多，仅第1期就达20多页，重点介绍的是"历史类教科书""地理类教科书""国文类教科书"等，还用两页的篇幅刊登《日本金港堂图书发售告白》。同时，该刊也设有"新书介绍"栏目，第1期介绍的书籍包括《社会通诠》《群己权界论》《教授学及管理法纲目》《高等小学中国史教科书》，除《教授学及管理法纲目》一书由上海会文堂发行外，其他三书均由商务发行。① 由此不难看出，商务印书馆对于书籍与报章之出版，早已积累了不少经验。《东方杂志》的成功，自有商务印书馆的因素；商务印书馆出版的书籍，在推销上也仰赖于其所出版的杂志。

新文化运动时期商务印书馆之所以加强杂志的发行，也有这样的考量，甚至可以说，商务印书馆算得上结合书刊拓展出版业最成功的例证。此一时期主持商务印书馆的张元济，在日记中就透露出书局对出版杂志的考虑。湖南士人1915年创办的《船山学报》希望商务印书馆"代售"，张元济在日记中即清楚交代："不登报无销路，催交报费方可代登。"② 实际上，商务印书馆同样依赖刊物的告白，其出版物，除在自己发行的书刊上做告白，也会依托别的媒介，尤其是日报。1916年12月张元济在日记中说明："《英语周刊》每期登《申报》《时报》各二日。试办一月，看有无成效。并印传单。"③《东方杂志》创刊号刊登的《最新初等小学国文教科书》的告白，还做了这样的提示："欲知本书详细情形者请观二月十三、十四、十五日《中外日报》告白。"④ 商务印书馆重点推出的图书，都会利用《申

---

① 《新书介绍》，《东方杂志》第1卷第1号，1904年，第255～256页。
② 张人凤整理《张元济日记》上册，1916年6月7日，河北教育出版社，2001，第94页。
③ 张人凤整理《张元济日记》上册，1916年12月4日，第190页。
④ 《〈最新初等小学国文教科书〉出版》，《东方杂志》第1卷第1号，1904年，封面。

报》《新闻报》《时报》等日报刊登告白。如"最新教科书"出版之际，就以不小的篇幅持续在《申报》上刊登告白，介绍所出各科各级教科书。① 刊物同样如此，《东方杂志》便以"志谢"方式在《申报》上介绍。② 由此还带来意想不到的结果，商务印书馆欲了解创办初期刊印的各种新书，也只能依据《东方杂志》刊登的书籍广告，"汇集分类，编成完整目录"。③

张元济日记中留下的记录还表明，新文化运动时期不少杂志希望仰仗商务印书馆。1917 年 5 月 11 日记：《农学杂志》由吴稚晖、汪精卫、蔡元培介绍，希望"由本馆代为出版"。商务印书馆评估下来，可有两种办法，一为买稿，一为分利，最终接受的是"分利"之法，"如销二千，可有薄利"。④ 同年 10 月 30 日又记：章士钊拟将《太平洋》交由商务印书馆代印发行，"或将其编辑招为本馆杂志编辑"。张元济与高梦旦商议后，"拟照后层办法"。⑤ 稍后还言及，蔡元培来函说明"大学设研究会，拟出杂志，与本馆合办"。张元济同意订一年契约，核算成本后，"余利彼得十之六，我得十之四"。⑥

商务印书馆也会拒绝一些"生意"，尤其注意避免政治上、人事上的纠葛。康有为要求代售《不忍》杂志及其所著书，张元济即设法婉拒。⑦《国民》杂志也托人介绍，希望由商务印书馆印行，张又商之高梦旦，担心该刊"与《新潮》杂志各为派别，恐启争端"，

① 《上海商务印书馆最新教科书出版》，《申报》1905 年 4 月 25 日，第 6 版；《上海商务印书馆各种教科图书广告》，《申报》1906 年 3 月 16 日，第 8 版。

② 《志谢〈东方杂志〉》，《申报》1905 年 4 月 8 日，第 5 版。

③ 王云五：《商务印书馆与新教育年谱》，台湾商务印书馆，1973，第 37 页。

④ 张人凤整理《张元济日记》上册，1917 年 5 月 11 日，第 292 页。

⑤ 张人凤整理《张元济日记》上册，1917 年 10 月 30 日，第 396 页。

⑥ 张人凤整理《张元济日记》上册，1917 年 11 月 7 日，第 400 页。

⑦ 张人凤整理《张元济日记》上册，1918 年 2 月 23 日，第 487 页。后来还言及："康长素函询能否代售《不忍》杂志、《共和平议》，作函却之。"张人凤整理《张元济日记》上册，1918 年 3 月 26 日，第 512 页。

"不如婉却"。① 大致说来，张元济坚持承印外间所出杂志"不能不严"，须考虑"著作人之资格""杂志之内容""销路及信用"。②

朱联保对上海的图书出版业有这样的总结："期刊出版社，数目甚多，单独出版的旋生旋灭。""其中由大中型书店所出的期刊，自有各项有利因素而能长期刊行。"③ 这大致可解释何以诸多杂志希望委托商务印书馆代办发行工作。商务印书馆建立起其他书局难以比肩的发行渠道，其分支馆设于国内外各地，还专门设立了发行所，"为发行图书文具之总机关"。当然，商务印书馆也高度重视广告，设有中国商务广告公司，"承接华洋商号刊登本馆出版杂志书籍中之广告，兼为客商办理商业上各项宣传事务"。④

与之相应，杂志的名声也会带给出版社诸多益处。汪原放就表示，原本籍籍无名的亚东图书馆，最初"生意很不好"，自1915年印行《甲寅》杂志，"亚东图书馆的名字已经叫人认识了"。到五四前后，因为"经理北京大学出版部的书籍，发行《建设》《少年中国》《新潮》等杂志，出版《尝试集》《三叶集》等书"，"出版才上了路"。⑤ 为此，出版社也会为一些杂志展开竞争。胡适等1922年创办的《努力周报》，得到商务印书馆大力支持，照胡适的解释，此举"并非谋'红利'，乃是'商务'里面几位朋友赞成我们的奋斗牺牲的态度，故为友谊的帮助"。然而，这与胡适等学界"中坚人物"为商务印书馆所借重有很大关系。该报停刊后，胡适等人为"复兴"该报做了不少努力，拟改为《努力月刊》，又引来出版机构的竞争，

---

① 张人凤整理《张元济日记》下册，1920年2月28日，第954页。
② 张人凤整理《张元济日记》下册，1920年3月3日，第956页。
③ 朱联保：《漫谈旧上海的图书出版业》，《文史资料存稿选编》第23辑，"文化"，中国文史出版社，2002，第382页。
④ 商务印书馆编《商务印书馆志略》，第16～18页。
⑤ 汪原放：《亚东图书馆与陈独秀》，第29、39页。

亚东甚至表示"愿意借贷来承办此报"。①

报章与广告的结合成为常态，也引来了质疑之声。《东方杂志》刊登的《广告与道德》提出："吾人一闻广告，辄生鄙夷龌龊之想，其因盖有二，一由吾国习尚，以自炫求售为耻；一由吾人所见之广告，龌龊为多。""报纸志在改良社会，乌可博蝇头之利，贻全国之戚耶。"文章择录了美国两家杂志制定的"禁例"，说明以此施诸中国报纸，"恐现有广告，大半皆在裁禁之列"。② 张静庐也以一个出版人的身份对此进行了总结：

> 在几百几千种杂志中，要使你的刊物从那里窜出来，决不是一件容易的事。第一，要使各地的读者都晓得有这样一本东西（买与不买是另一问题）；第二，要使它能达到每一家贩卖书店（卖得掉与卖不掉是另一问题）；第三，要使读者怎样会拿出钱来买你的杂志（满意不满意是另一问题）。③

经历 20 年的出版生涯，张静庐对于报人的角色也有不同的看法。张坚持认为自己是"出版商"而非"书商"；"'钱'是一切商业行为的目标。然而，出版商人似乎还有比钱更重要的意义在这上面。"令其苦恼的是，二者之分别，"不仅社会上一般人弄不明白，就连地方当局和主管的上级机关也没有将它划分清楚"。④

这里表明报业、出版业作为商业上的"界别"，自有其特殊之处。张静庐的评说提示我们注意，审视清季民国时期的"思想界"，

---

① 《致高一涵》（1924 年 9 月 8 日），《胡适全集》第 23 卷，第 437 页。
② 人：《广告与道德》，《东方杂志》第 16 卷第 2 号，1919 年，第 217～218 页。
③ 《在出版界二十年——张静庐自传》，上海杂志公司，1938，附录，第 2～3 页。
④ 《在出版界二十年——张静庐自传》，附录"写在后面"，第 4～5 页。

除关注有形的载体——各种书刊之外，还应当关注从事这些行业的人员。

三 另一种"生意"：新式书局与读书人

新式书局与读书人的结合，就构成另一种值得重视的"生意"，甚至改变了读书人基本的生活形态。新式书局的成长，同样可归诸新型传播媒介与"学"的结合，尤其是大学的建立，促成读书人与书局的结合更趋紧密。由此，新式书局也成为读书人新的安身立命之所，以文字谋生，成为读书人可能的选择。

既言及书局，值得补充的是，构成西方近代印刷业三大要素的石印法、铅印法、蒸汽机印刷等新式印刷技术的传入，改变了书业的基本形态。1889 年《北华捷报》刊文介绍上海石印书业，特别说明上海石印书业"正快速发展成为一项重要的行业"，投资该行业的商家"盈利颇丰"。[①] 次年《益闻录》刊登的《论石印书籍》，也指出"石印一法最宜于古迹名墨以及佳殿板佳制，其价值之廉超铅版而过之"。[②] 所谓"价值之廉"甚为关键。科举改制也促成此一行业的大发展，1901 年《集成报》即描绘了"石印畅销"的情形："扬城石印书坊只有三家，自废除八股后，人皆争购时务新书，近又岁试在即，买者愈众，以致石印书价值飞涨，该三书坊皆利市十倍。"[③] 陆费逵总结中国之出版业、印刷业，同样指出石

---

① "Photo-Lithographic Printing in Shanghai," *The North-China Herald*, Vol. XLII, No. 1138, Miscellaneous Articles, May 25, 1889, p. 633. 此文的摘译，题作《上海石印书业之发展》，见张静庐辑注《中国出版史料补编》，中华书局，1957，第 88~89 页。

② 《论石印书籍》，《益闻录》1007 号，1890 年 10 月 15 日，第 476 页。

③ 《石印畅销》，《集成报》第 18 期，1901 年 10 月，第 27 页。

印业"印书多而营业盛",极大提高了出版效率,读书人因此有了新的谋生之所:

> 在发行所或印刷所另辟一室,专门从事校阅。总校一人,一定要翰林或进士出身,月薪三十两。分校若干人,举人或秀才出身,月薪十两左右。搜觅到一种书,经理决定要印,便照像落石,打清样校对,校过便印订,所以出书是很快的。[①]

印刷技术对出版业的推动与促进,这里无法展开,其构成"生意"重要一环,却无可置疑。[②] 前面论及的配合科举改制出版的西学汇编资料,即多采用石印法。《点石斋画报》成为支付稿酬的先驱,也是因为点石斋率先以石印法印刷科举用书、《康熙字典》等,盈利丰厚。技术改变带来的是迥异于以往的"知识生产"新形态,也将"生意"引向读书人。

新学书籍的需求不断提升

因应"采西学"的需要,晚清各种新式出版物蔚为大观。报章之外,新学书籍也大量出版。各地官书局成立后,广学会的出版物即因此获得前所未有的际遇。1897 年广学会召开的第九次年会就说明,所得款项,"尤为从前所未有"。原因在于,"北京设立官书局,其中多实以泰西有用书籍;各省闻风兴起,群向本会购办"。还特别提及,"闻江苏、湖南两学政,于按试之际,选西学中首要数事以命题,故迩来读书之子,于本会林乐知先生所译《文学兴国策》一书,

---

① 陆费逵:《六十年来中国之出版业与印刷业》,张静庐辑注《中国出版史料补编》,第 275 页。

② 最新的研究揭示了新教传教士通过创立和经营西式中文印刷所,将西式印刷技术逐步引入中国的过程。苏精:《铸以代刻:传教士与中文印刷变局》,台大出版中心,2014。

亦多纷纷购致"。"又闻两湖制军张香帅，近亦多所嘉许，并允将来力为捐助，用译各种投时之书籍，以补从前所未备"。①

原本只是一份报章的《时务报》，也由此发挥了另一层作用。由于各地对西学书籍的需求甚旺，上海作为全国最具影响力的书报市场，成为购书的首选之地。各方通过《时务报》及汪康年这一渠道，购买的书籍就不少。邹代钧在一通信中表示收到汪康年代购的七大箱书，因为之前所寄款项"所余尚多"，为此又说明除资助时务报馆四百元外，"所余之款，祈代为再购书籍"，尤其是"制造局官板书"。② 翰林院编修黄绍箕在给汪康年的信中也透露："两湖书院增试时务，而书籍太少，弟曾请南皮师多购，师应允。"故此黄也请汪康年、梁启超代为购买各种新书。③ 为天津西学官书局购买书籍的王修植，则希望汪康年代为担保，因其委托格致书室代办购书事宜，"总要现银到手，方许寄津"，"于敝书局殊为不便"。④ 汪康年业师石德芬还多次致函汪，介绍人来上海购买书籍。⑤

各地频频创办报章、开办新式教育，也对购买各种新书及印刷设备有很大需求，同样希望得到《时务报》的帮助。身处重庆的江瀚与汪康年的通信，就将不少事托付于汪。第一通信江瀚说明："有新译泰西之书，亦望惠寄，需价若干，当如数奉赵也。"⑥ 第二通信江又强调："字模务望速购寄渝，至恳至恳。请代购之新译西书及有关时务者，凭尊意酌买可也。价若干，随即补呈，决不致误，盖敝学正

---

① 《上海广学会第九次年会论略》，《万国公报》第98册，1897年3月，第26~27页。
② 邹代钧：《致汪康年》(22)，《汪康年师友书札》(3)，第2654~2655页。
③ 黄绍箕：《致汪康年》(7)，《汪康年师友书札》(2)，第2304页。
④ 王修植：《致汪康年》(3)，《汪康年师友书札》(1)，第78页。
⑤ 石德芬：《致汪康年》(7、9)，《汪康年师友书札》(1)，第209、211页。
⑥ 江瀚：《致汪康年》(1)，《汪康年师友书札》(1)，第259页。

以此提倡故也。"① 第三通信江瀚则表示汇来渝平纹银六百两，除此前议定的字模外，其他事项也希望汪帮助解决。② 在广东开设书肆、售卖时务书籍的孙士颐，除了请汪康年订购《时务报》及该馆所印书籍之外，还希望帮助购买沪上各机构所出书籍："如有新出书籍，务请速购寄。粤为风气先，不可落人后着也。购价逐节应付，不致有误。""《格致汇编》如有全份者，请购寄数部。"③

各地对译书的需求，映射出学术风气的转变，由此也促成图书市场的转型。不可回避的是，尽管对新书的需求甚大，但就整个书业来说，远谈不上发达。开明书店主持人夏颂莱1902年在南京卖书，结果是，"所销之书，以历史为最多，其原因有二：一、是史皆事实，故译笔率皆畅达，便于省览；二、此次科场，兼问各国政事，故不得不略求其端绪"。④ 这里提到"科场"的作用，甚为关键，书籍的销售往往受制于此，如没有科举改制的推动，书业市场也很难有大的改变。《东方杂志》1905年所刊《论中国书报不能发达之故》，即点出新式书刊的"生产"存在种种问题：

> 今我国之新闻家，凡国家之政令、宫廷之内情，乃反抄袭于东西报纸，是则我国之内容，外人反较国民为先觉，有是理乎。⑤

尽管各地纷纷成立译书局，试图改变书刊出版的状况，并图谋由此所产生的"生意"，但译书事业的开展，尤其是找到合适的"译

---

① 江瀚：《致汪康年》(2)，《汪康年师友书札》(1)，第260页。
② 江瀚：《致汪康年》(3)，《汪康年师友书札》(1)，第261～262页。
③ 孙士颐：《致汪康年》(2)，《汪康年师友书札》(2)，第1409～1412页。
④ 公奴：《金陵卖书记》，张静庐辑注《中国现代出版史料甲编》，中华书局，1954，第384～385页。
⑤ 鹤谷：《论中国书报不能发达之故》，《东方杂志》第2卷第1号，1905年，第10页。

才"，谈何容易。张元济进入商务印书馆前，曾受盛宣怀委托主持南洋公学译书院。①1899 年 3 月他致函严复，即在问询有关译书事。严复在回信中明确表示："如能月以四百金见饷，则仆可扫弃一切，专以译事为生事矣。"②不日，严复再度致函张元济，就张关心的开设译书院事，依次详答，"以备采择"，还特别指明："译才难得，公所深知；南洋公学有心为此，如必得佳书，非用复之言，殆不能至。"③

新书业的成长在晚清遭遇不少困难，进入民国以后，仍屡遭诟病。1915 年《图书月刊》即刊文指出："自西力东渐以来，学人竞争译述，出版日众，四方之业印刷者，踵起以应需要，递嬗进化，以有今日。视昔之木板雕刻，值昂而靡时者，为进步矣。"然而，兴学二十年来，"出版之业，匪惟不能媲美于欧陆，且远不逮日本"，"仅有之新书若干种中，尤以游戏小说为最多数，法律政治类略见一二，言道德科学者，则百不得一"。④一直到 20 世纪 30 年代，还不时有"新书业前途暗淡""新书业之厄运"等言说浮现。《敬告新书业家》一文就不无意味地指出："照目前的情势看来，中国出版事业，似乎很发达了。"然而，危机却潜伏其中，"许多资本不大的书店，若非它愿意蚀本、关门，就不得不想出许多卑鄙的方法来赚钱；弄到读者的信用益失，新书的销路呆滞！"文章也强调，要挽救新书业的危机，只有"以文化事业为前提"。⑤这也许算不上特别的见解，重要的是，在文化事业发展过程中，作为出版环节的书局、出版家同样在

---

① 张人凤、柳和城编著《张元济年谱长编》上卷，上海交通大学出版社，2011，第 83 页。
② 《与张元济书》（约 1899 年 3、4 月），王栻主编《严复集》第 3 册，第 526 页。
③ 《与张元济书》（1899 年 4 月 5 日），王栻主编《严复集》第 3 册，第 526~530 页。
④ 《出版业与常识》，《图书月刊》第 1 期，1915 年 2 月，第 1 页。
⑤ 羚郎：《敬告新书业家》，《中国新书月报》第 1 卷第 3 号，1931 年，第 1~2 页。相关论述参见王维《新书业前途暗淡》，《民国日报》1930 年 3 月 25 日，第 3 张；昭绶：《新书业之厄运》，《晶报》1930 年 11 月 27 日，第 2 版。

行动。

正是这样的出版格局，推动了书局与学界的广泛联系，构成另一种"生意"。商务印书馆与读书人的交往，即是值得重点解读的事例。

商务印书馆与读书人

商务印书馆（以下简称"商务"）1897 年由夏瑞芳、鲍咸恩、鲍咸昌、高凤池等在上海发起创办，成长于"维新"的背景，"以编译书报为开发中国急务"。① 张元济 1902 年进入商务，更是促成这家书局的成功"转型"。刚进入商务，张的印象是："这个商务印书馆是个'怪'物，一方面似乎搜罗人才，多出有用的书，而另一方面却是个变相的官场，处处讲资格，讲人情，'帮派'壁垒森严。"② 这正道出商务真实的一面，亦说明需要有特别才干的人方能驾驭这个庞大的"帝国"。张入主商务后，未必能撼动"旧人"，但通过发掘学界的资源，吸纳有识之士介入馆中的具体事务，大大促成了出版界与学界的互动。

在用人上，张元济努力网罗有学界资格者，为此不惜与高凤池等人产生分歧。高主张"宜用旧人，少更动"，张却坚持"非用新人、知识较优者，断难与学界、政界接洽"。③ 张元济之所以重视与学界的合作，也是时势使然。新文化运动兴起后，原来的杂志格局被打破，商务出版的杂志也遭到严厉批评。陈独秀先后两次撰文批评《东方杂志》，罗家伦的批评除涉及《东方杂志》外，还涉及《教育

---

① 杜业泉：《鲍咸昌先生事略》，原载《鲍咸昌先生哀挽录》，改题为《记鲍咸昌先生》，商务印书馆编《商务印书馆九十年——我和商务印书馆》，编者印行，1987，第 9～10 页。

② 茅盾：《商务印书馆编译所和革新〈小说月报〉的前后》，商务印书馆编《商务印书馆九十年——我和商务印书馆》，第 154 页。

③ 张人凤整理《张元济日记》上册，1916 年 9 月 6 日，第 157 页。

杂志》和《妇女杂志》。① 商务受到的冲击，直接反映在杂志的销售额上，从 1917 年的 14.6 万元减少到 1918 年的 11.1 万元。② 1919 年清查图书盘存，积压的历年杂志竟有 11 万余册。③ 在此情况下，商务也不得不加以应对。《东方杂志》受到质疑最多，"只能维持现状"的主编杜亚泉，让位于陶保霖（陶死后由钱智修接任主编）。其他杂志也纷纷做出调整：《教育杂志》聘请李石岑任编辑（后由周予同编辑），《小说月报》换作沈雁冰、郑振铎主持，《学生杂志》《妇女杂志》则分别改由杨贤江、章锡琛编辑。④ 这样的调整，使商务在期刊市场重新具备竞争力。⑤

张元济与学界人物的交往也极为用心，与胡适结交即是突出的事例。1917 年 10 月 29 日张在日记中写道："蒋梦麟来谈，学界需要高等书。谓一面提高营业，一面联络学界。所言颇有理。余请其开单见示，以便酌情定延请。胡适，号适之，与梦麟甚熟。"⑥ 此中透露的信息再清楚不过，对于联络学界张一向看重，蒋有此建议，张便请其推荐人选，大概蒋所推荐的胡适张不甚熟悉，故在日记中留下这样的记录。1918 年 2 月 2 日的日记又言及："胡适之寄来《东方》投稿一篇，约不及万字……与梦翁商送五十元。"⑦ 张之用心，也使胡适感

① 陈独秀：《质问〈东方杂志〉记者——〈东方杂志〉与复辟问题》，《新青年》第 5 卷第 3 号，1918 年，第 206 ~ 212 页；《再质问〈东方杂志〉记者》，《新青年》第 6 卷第 2 号，1919 年，第 148 ~ 161 页；罗家伦：《今日中国之杂志界》，《新潮》第 1 卷第 4 号，1919 年，第 623 ~ 632 页。
② 张人凤整理《张元济日记》上册，1918 年 12 月 26 日，第 671 页。
③ 张人凤整理《张元济日记》下册，1919 年 3 月 14 日，第 732 页。
④ 参见茅盾《商务印书馆编译所和革新〈小说月报〉的前后》，商务印书馆编《商务印书馆九十年——我和商务印书馆》，第 189 ~ 190 页；张人凤、柳和城编著《张元济年谱长编》上册，第 573、607 ~ 608 页。
⑤ 周武：《论民国初年文化市场与上海出版业的互动》，《史林》2004 年第 6 期。
⑥ 张人凤整理《张元济日记》上册，1917 年 10 月 29 日，第 395 ~ 396 页。
⑦ 张人凤整理《张元济日记》上册，1918 年 2 月 2 日，第 469 ~ 470 页。此为胡适所撰《惠施公孙龙之哲学》，《东方杂志》第 15 卷第 5、6 号，1918 年。

到满意，很快又寄来《庄子哲学浅释》。① 稍后胡适在致母亲的信中，对于获得的酬报也甚是欣喜："昨日商务印书馆又送来第二次稿费现洋四十五元，正好应用。这时候的四十五元，真抵得八十五元的票子。"②

商务与读书人的沟通，很快推进到与大学的合作上，1918 年 7 月张元济在北京期间，即广泛结交大学中人。7 月 8 日蔡元培来谈，说明大学教员拟就现有教科书先行改良，问商务能否接受照改，张当即表示："极所欣盼，即酬报一层，将来亦应致送，虽不能丰，亦应尽所当为。"③ 第二天，张元济赴北京大学会晤蔡元培、陈独秀、马幼渔、胡适等人，谈及三事，一世界图书馆事，二编辑教育书事，三改订本版教科书事。后又参加"北京大学丛书"编译茶话会，对于撰写书稿之体例、字数、出版周期等问题，张元济都一一作答。蔡还表示，大学须办月刊，将来拟归商务印刷，张也答应了。④ 后来还发生一事，表明张对于与大学的合作是颇为看重的。北京大学委托商务代办西书，内有三家商务有特别折扣，为此办事人员"拟改缮发票给与普通折扣"，这样"总分馆可各沾利益"。张却认为大可不必如此，要求"仍将原发票交阅，更坚大学之信，可博得后来生意"。⑤

张元济与学界人士的沟通，为的是提升商务的品质。为此他也将学界的意见反馈于同人，希望更多人汲取。1919 年 11 月 18 日在公司会议上，张便将"在京中所闻，学界对于本馆编辑、营业、印刷

---

① 张人凤整理《张元济日记》上册，1918 年 3 月 1 日，第 493 页。《庄子哲学浅释》刊《东方杂志》第 15 卷第 11、12 号，1918 年。

② 《致母亲》（1918 年 3 月 8 日），《胡适全集》第 23 卷，第 180 页。

③ 张人凤整理《张元济日记》上册，1918 年 7 月 8 日，第 556 页。

④ 张人凤整理《张元济日记》上册，1918 年 7 月 9 日，第 556～558 页。所议论的书稿即是后来由商务出版的"北京大学丛书"，月刊则为《北京大学月刊》。

⑤ 张人凤整理《张元济日记》上册，1918 年 8 月 27 日，第 578 页。

及组织不满意之点，并希望改良之意，详述一过"。① 随后，张元济还希望聘请胡适加入商务。1920 年 3 月 8 日张在日记中表示："拟设第二编译所，专办新事。以重薪聘胡适之，请其在京主持。每年约费三万元，试办一年。"② 1921 年 4 月，高梦旦受张委托赴北京，力劝胡适辞去北大教职，来沪任商务编译所所长。胡适"婉转辞谢"了商务的盛情相邀，但答应夏天到上海考察三个月。③ 7 月 16 日胡适按承诺抵沪考察，商务知道不能留下胡后，转而希望其"替他们做一个改良的计划书"。④ 接下来的日子，胡适对于编译所的工作多有谋划，并推荐王云五担任编译所的工作。9 月 30 日，胡适完成了万余字的商务改革报告书，涉及设备、待遇、政策、组织四个方面的问题。⑤

商务对胡适之"礼遇"，只是张元济重视学界代表人物之一例。值得一说的是，张对于学界之"权势网络"有清晰把握，因此，尽管张本人品评人物自有其立场，但为了书局的利益，并不偏重哪一方。与梁启超的合作，便说明这一点。

梁启超经历短暂的政治生涯，又思回归学术。1918 年他致函陈叔通，表达了与商务合作的意向："顷复思出杂志，专言学问，不涉政论，即以通史稿本分期付印。"同时言及张君劢、蒋百里、徐振飞诸人，"亦颇著有成书"，故欲与商务商议印刷发行问题。⑥ 以后，梁又提出了不少出版计划，希望得到商务的支持。1920 年 4 月 10 日，张元济致书梁启超，表示"敝处拟岁拨两万元，先行试办，仰蒙采

---

① 张人凤整理《张元济日记》下册，1919 年 11 月 18 日，第 899 页。
② 张人凤整理《张元济日记》下册，1920 年 3 月 8 日，第 958 页。
③ 《胡适的日记》手稿本，第 1 册，1921 年 4 月 27 日。
④ 《胡适的日记》手稿本，第 1 册，1921 年 7 月 18 日。
⑤ 《胡适的日记》手稿本，第 2 册，1921 年 9 月 30 日。
⑥ 梁启超：《致陈叔通君书》（1918 年 7、8 月间），丁文江、赵丰田编《梁启超年谱长编》，第 863 页。

纳。梦旦又言在津与公晤谈，尊意欲更为久大之计划，属加拨两万元，为两年之布置，鄙意当属可行"。并问及"可否将两年之计画预为筹示，以便与同人商定"。① 5月3日又致函梁，商议聘请柏格森（Henri Bergson）来华演讲费用事，说明"共学社编译垫款办法，已由梦公拟具概略寄去"，"发行杂志、代印游记，亦于同时奉复"。② 因为得到商务的鼎力支持，旅欧归来的梁启超对推进"共学社"的工作，更加信心满满。他在给同人的信中表示："社中主要业务，在编译各书，已与商务印书馆定有契约，经费略敷周转。"③

胡适、梁启超之外，张元济与傅增湘、章太炎等也有不少沟通。在刊刻旧籍方面，张颇为借重精于此道的傅增湘，对于傅的"搜讨之劳"，报以充分"礼遇"："鄙意公任搜讨之劳，而反取少数，于理未协。最好购定之后由公匀配，各得一半。如以经济关系不以弟多取为赚，则匀作三分。公取其一，弟得其二，亦无不可。前日已兑去千元，专备此项之用。至于托购之书，自当略与此数相埒。"④ 以后商务出版旧籍，傅也倾力相助，尤有功于《四部丛刊》的出版。⑤ 章太炎则托人拜会张元济，言及"前在文社印《章太炎全集》，现已售尽再版。太炎禁其再版，欲略加订正，托本馆印行"，张亦告知"有代印、租版、购稿三项，其中一项为宜"。⑥

张元济接触的绝非仅仅是梁启超、胡适等学界"权势人物"，与

---

① 张人凤、柳和城编著《张元济年谱长编》上卷，第589页。
② 张人凤、柳和城编著《张元济年谱长编》上卷，第592页。所言杂志为《解放与改造》，游记则系梁所撰《欧游心影录》。
③ 梁启超：《致伯强亮侪等诸兄书》（1920年5月12日），丁文江、赵丰田编《梁启超年谱长编》，第909页。
④ 《致傅增湘》（1912年6月），张树年、张人凤编《张元济书札》增订本下册，商务印书馆，1997，第1056页。
⑤ 围绕《四部丛刊》的出版，张元济与傅增湘频频沟通。二人自1912年以来的通信，后辑为《张元济傅增湘论书尺牍》，商务印书馆，1983。
⑥ 张人凤整理《张元济日记》上册，1916年7月28日，第124页。

其他知识团体接触并扶持其出版工作的亦不少。1920年4月在商务的支持下，中华学艺社恢复出版《学艺》杂志。学艺社不收稿费，亦不出印刷费，营业盈亏由商务负责。此后该社还在商务出版了《学艺论文集》《学艺丛书》《学艺汇刊》《文艺丛书》等，均照此办理。类似于这样的合作，所在多有，于商务发现可用之才，起到不小作用。学艺社即是如此，"学艺社的基干社员为周昌寿、杨端六、何公敢、江铁、林植夫（原名骈）等，都先后聘在编译所任职，给以相当的信任，使得发挥其能力"。①

张元济与朱希祖、丁文江的交往，还显示商务对学术研究的大力援助。1923年张致信朱希祖，言及"购求志书"事，"如北京大学有意收罗，敝处亦可相助"。② 过了一段时间，张报告此事大有进展，只要北大方面将清单交下，"即可通知各该省之分馆及代理，按单收买"。③ 与丁文江的沟通则为地质调查所事，1922年8月23日丁前往拜访张元济，言及地质调查所的考古工作，丁表示现在"一无经费，甚愿有志古学者集会，筹出若干，约三千元。拟确查殷墟所在，将来即从事开掘，倘有所获，共议保存"。张当即表示"须与好古者言之，沪上恐无多人，余可担任五百元"，"并允备函介绍往见罗叔蕴"。④ 次年9月13日丁文江致函张元济，报告了此事推进的情况，并附上"古物研究社简章"，介绍"该社以发掘搜集研究中国之古物为宗旨"。不日张即回函丁文江，并汇去五百元。⑤

① 郑贞文：《我所知道的商务印书馆编译所》，商务印书馆编《商务印书馆九十年——我和商务印书馆》，第209页。
② 《致朱希祖》（1923年1月30日），张树年、张人凤编《张元济书札》增订本上册，第310~311页。
③ 《致朱希祖》（1923年5月15日），张树年、张人凤编《张元济书札》增订本上册，第312页。
④ 张人凤整理《张元济日记》下册，1922年8月23日，第1106~1107页。
⑤ 张人凤、柳和城编著《张元济年谱长编》上卷，第684页。

商务印书馆与学界的密切联系，自构成"生意"的重要一环。研究者注意到，新文化运动以来，"期刊丛生，出版者与大学教师之间的联系趋向紧密"，商务介入进来，从而扩展并补足了其业务范围，"1919 至 1931 年间有 26 种期刊创刊或首次发行"。[①] 商务印书馆作为"文化帝国"，最值得注意的是出版了大量的图书和报章，而且构成相互依赖的"生意"。商务发行的《图书汇报》刊发的《论登书籍及广告的利益》即指出："要登效力确实最能永久的广告，莫如书籍及杂志。"经过历次试验，商务"销路最畅、极有效力的书籍杂志二十余种，为登载广告无上利器、扩充营业第一要籍"。[②] 一方面，杂志依托书局建立起的发行渠道可以保障销路；另一方面，广泛发行的报章又成为刊登书籍广告最好的媒介。胡愈之曾明言商务之所以愿意出版这些报章，"就是为了做书籍，特别是教科书的广告"。[③] 章锡琛则结合《教育杂志》指明，该刊"以讨论教育学术为名，实际的目的是把它作为推广教科书的工具，通过杂志与各学校取得联系"。[④] 通过发行期刊集合有鲜明身份属性的读者，然后针对这一群体销售书籍，自构成重要的"生意经"。

同时，读书人与书局的合作方式也值得重视。无论是为读书人出版书籍，还是邀请读书人担纲杂志的主编，都意味着书局加强了与读书人的联系。学者的支持，往往能拯救一家书局，或者为书局带来极大利益。后来任职光华书局的张静庐说："光华书局的创立，我们要

---

① 戴仁：《商务印书馆：1897～1949》，李桐实译，商务印书馆，2000，第 109～110、112 页。

② 梅：《论登书籍及杂志广告的利益》，《图书汇报》第 101 期，1920 年，第 67 页。

③ 胡愈之：《我的回忆》，江苏人民出版社，1990，第 279～280 页。

④ 章锡琛：《漫谈商务印书馆》，商务印书馆《商务印书馆九十年——我和商务印书馆》，第 114 页。庄俞也坦陈："推销教科书，全在平时与教育界有相当的联络。"庄俞：《谈谈我馆编辑教科书的变迁》，商务印书馆编《商务印书馆九十年——我和商务印书馆》，第 67 页。

感谢郭沫若先生的热忱协助……愿意将新著的《三个叛逆的女性》和在许多刊物上发表过编纂起来的《文艺论集》交给光华印行。同时，更以最低的条件——五十元一期编稿费，编辑一种半政论半文艺的杂志《洪水》半月刊。"① 当然，读书人与书局的合作，是书局的"生意"，也未尝不是读书人的"生意"。

四　读书人的"生意经"

所谓"三千年来未有之变局"，影响于读书人者，最要紧的无过于废科举。遭逢这段被"终结"的历史，读书人受到的冲击不可谓不大。然而，新的机会也在孕育，报章及新式书局的兴起，即成为读书人联系社会新的渠道。本乎此，读书人获得新的"晋升的阶梯"，身份意义得以重新确立；同时，"以文字谋生"，也成为读书人可能的抉择。1923 年《晨报副刊》刊载的一篇文字，就颇有意味地言及古今读书人写作上的区别："古人著书为传世，今人著书为卖钱。"② 话虽极端，但从另一个侧面揭示出新型媒介兴起后读书人生活形态受到的影响，对此加以分析，有裨于从新的角度检讨 20 世纪的读书人。

"以文字谋生"之缘起

"作文受谢"在中国也算有悠久的传统，宋人洪迈《容斋随笔》有言："作文受谢，自晋宋以来有之，至唐始盛。"③ 只是，过去之"润笔"，有特定的文体，多为"墓志铭"之类的文字。而当印出的书籍有利可图，也会许以报酬，科举考试就催生出这样的

---

① 《在出版界二十年——张静庐自传》，第 113 页。
② 臧启芳：《出版与文化》，《晨报副刊》1923 年 8 月 9 日，第 1 版。
③ 洪迈：《容斋随笔》上册，上海古籍出版社，1978，第 285 页。

机会。①《儒林外史》讲述了这样的故事，科场不顺的"马二先生"，成为八股文"选家"，靠书商所付报酬为生。科场书之外，明末清初流行才子佳人小说，作者也因此获得不菲的稿酬。② 不过，这与读书人通过近代形成的"发表"机制获得报酬，不可相提并论。

值得重点检讨的是近代报章如何促成"以文字谋生"的机制。为撰稿者提供酬报，并非与近代报章之兴起同步发生，要晚不少时日。当然，伴随报章之出现，同步产生了任职于报馆的人员，担任主笔、编辑、翻译等工作，通常称之为"职业报人"。这里关注"以文字谋生"，所要讨论的是读书人通过"发表"论作获得利益的情形。

问题不妨从《申报》创办时刊布的《本馆条例》说起，条例既言及该报如何分送，以及刊登告白所需费用，还有两条涉及文章刊发事宜，意思很明确，在报章发表文字是没有什么酬劳的，"概不取酬"已算是很好了。③ 这仍然吸引不少文人骚客投稿。只是读书人多少还不习惯这样的方式，为此《申报》还提醒来稿不能"仅标别号"，"嗣后赐函务将姓名住址另列一行，以副仰止之意"。④ 报纸在诗词歌赋之外，为读书人提供了一个发表自己感悟的场所。因为苏州鸦片烟馆开设愈广，流毒愈甚，一位读书人就发来文字，"以为贵馆中采风问俗者之一助"。⑤ 生活在晚清的读书人，或许即是以这样的方式开始与报馆发生关联，最初并没有经济上的考虑。

---

① 周启荣分析了文人尤其是参加科举考试的士子如何广泛参与商业性质的出版活动。K. W. Chow, "Writing for Success: Printing, Examinations, and Intellectual Change in Late Ming China," *Late Imperial China*, Vol. 17, No. 1, 1996, pp. 120—157。

② 何谷理研究明清的插图本小说，也阐述了商业出版活动对小说阅读造成的影响。Robert Hegel, *Reading Illustrated Fiction in Late Imperial China*, Stanford: Stanford University Press, 1997。

③ 《本馆条例》，《申报》1872 年 4 月 30 日，第 1 页。

④ 《本馆告白》，《申报》1872 年 8 月 3 日，第 5 页。

⑤ 《苏州禁鸦片烟馆说（附来书）》，《申报》1872 年 9 月 14 日，第 1 页。

不惟《申报》如此，在此前后出版的其他报章亦然。如《万国公报》也曾刊载一则启事，告知读者"如有鸿篇巨制欲刊本报者，请送至中西书院林先生处，自当选录报中，以志嘉惠。除告白外，不取分文"。① 这差不多成为一段时间的"通例"，很多报章会接受"投稿"，"不取分文"已算是对投稿者的嘉勉。

随着报业竞争加剧，作文获得酬谢渐渐成为风气，《点石斋画报》成为其中之先驱。该报原本由商业因素推动，1884年中法战争爆发，"好事者绘为战捷之图，市井购观，恣为谈助"，点石斋也看到其中蕴含的商机。②《点石斋画报》甫出版，"购阅者踵趾相接，几于应接不暇"。③ 为此点石斋主人连续数日在《申报》发布告白，广泛征集画稿，并许以"笔资"：

> 特请海内大画家，如遇本处有可惊可喜之事，以洁白纸新鲜浓墨绘成画幅，另纸署明事之原委，函寄本斋。如果惟妙惟肖，足以列入画报者，每幅酬笔资洋两元。④

《点石斋画报》通过刊登告白征求画稿，并公开声明付给"笔资"，是否成为晚清报章支付稿酬最早的例子，还难以判定。⑤ 而且，"画稿"有其特殊性，与"以文字谋生"也略有不同。重要的是，报章面临的商业竞争，为撰文者提供了获利的机会。一旦有报章率先进

---

① 《万国公报馆启》，《万国公报》第12册，1890年1月，第24页。
② 尊闻阁主人：《序》，《点石斋画报》第1号，光绪十年四月，第1~2页。
③ 点石斋主人：《代登画报告白启》，《点石斋画报》第4号，光绪十年五月中浣，"告白一"。
④ 点石斋主人：《请各处名手专画新闻启》，《申报》1884年6月4日，第1版。
⑤ 王韬《淞隐漫录》在《点石斋画报》第6号开始连载，便得到了稿酬。王韬：《致盛宣怀》（13），王尔敏、陈善伟编《近代名人手札真迹——盛宣怀珍藏书牍初编》第8册，香港中文大学出版社，1987，第3382页。

行尝试，稿酬制很快就推展开去，渐渐成为通例。商业性的报章之外，尤值得注意的是读书人创办的报章是如何走向这一步的，这里可略说《时务报》的尝试。

前已言及，晚清士人创办一份报章通常需订购数十种外文报章，并聘请通西文、日文者担任翻译工作，《时务报》便是如此，这也推动了另一种"润笔之资"的形成。陈贻范课余在《时务报》"忝司译务"，每月获得薪金30元。① 柯鸿年接受《时务报》委托的翻译工作，对于译费更是提出"月给必需五十元之谱"。② 张之洞曾委托汪康年找人校对一书的译稿，汪找陈寿彭帮忙，陈对于润资也有要求。③

不仅"译书"有利可图，为报章撰文也渐渐被许以"润笔之资"。《时务报》在这方面也有所尝试，先是刊出告白，表示可以接收外稿；随后又发布征文，征集"课艺"，并许以润资。通过发表以求润笔之资，于晚清读书人来说还是新鲜事，不少投稿人没有直接提出要求，似乎能发表已很满足，但也不乏投稿者直接要求润资。汪康年保留的信札中有数十通涉及投稿或参加时务课艺的，反映出读书人这方面的考量。不过，《时务报》是否推动晚清稿费制度的形成，同样难以判断，但这样的尝试，显然收到积极效果。《时务报》改官报后汪康年另外办起《昌言报》，黄庆澄就提出：

> 尊报改为《昌言报》甚善，惟此后论说宜悉招外稿。果能得朴实痛切之作，且可按篇酬润，则所费者少，所得者多矣。④

---

① 陈贻范：《致汪康年》（1），《汪康年师友书札》（2），第 2014～2015 页。
② 柯鸿年：《致一琴》，《汪康年师友书札》（2），第 1275 页。"一琴"为李维格的字。
③ 陈寿彭《致汪康年》（1、19、21），《汪康年师友书札》（2），第 2021～2022、2039～2040、2040～2041 页。
④ 黄庆澄：《致汪康年》（5），《汪康年师友书札》（3），第 2317～2318 页。

黄所谓"所费者少，所得者多"，正指明其中的关键。报章许以作者润酬，于双方都是大有裨益的事，稿酬制度由此渐渐形成，亦属自然。

不少报章对此有所尝试，只是办法各异。1898 年《湘报》刊出《湘报馆办事人姓名》说明："除本馆自行撰文外，其有寄文来本馆者，谨择尤雅，一律登报。"① 对投稿者在利益上也有所考虑，以花红的形式支付稿酬："如以新著论议及访求确实新闻新事函知本馆酌核照登者，每届年终计算所寄之文多寡，准于本报剩余利项下抽提两成作为花红，分寄各报友，以为酬劳之资。"② 除该馆主笔外，《湘报》也刊发了不少投寄的稿子。③

当支付稿酬渐成通例，稿酬便成为办报的主要成本。《时务报》支出经费中，未列出稿酬，想必即便有，也不会成为太大负担。除办事人员的经费之外，译费占了不少，黄遵宪还表示，该报"一二年拓充后，总须以百金聘翻译也"。④ 后来的情况却大有不同，1907 年梁启超言及《新民丛报》承担的稿费："每册约五万言，每千字以三元起算，其费为一百五十元，若销三千本，而报费能收足，则略足以相抵，若多销一千则盈余五十元。"难怪梁要强调："办报固为开通社会起见，亦必须求经济可以独立维持。"⑤

报章之外，书局更是以此吸纳书稿。前述《申报》刊登的《搜书》启示，或许算得上变相支付稿费。书局在竞争中以此作为获取书稿之举措，也很快普遍起来。1901 年《同文沪报》刊文介绍说，

---

① 《湘报馆办事人姓名》，《湘报》第 22 号，1898 年 3 月 31 日，第 87 页。
② 《湘报馆章程》，《湘报》第 27 号，1898 年 4 月 6 日，第 107 页。
③ 《各友惠寄文稿先编目录以志感谢》，《湘报》第 30 号，1898 年 4 月 9 日，第 120 页。
④ 黄遵宪：《致汪康年》(27)，《汪康年师友书札》(3)，第 2352 页。
⑤ 梁启超：《致佛苏先生书》(光绪三十三年六月)，丁文江、赵丰田编《梁启超年谱长编》，第 384～386 页。

东亚益智译书局致力于"选译有裨实用之书,以开民智为急务",各方人士"译出之书",愿交本局刊行,"当酌送润笔之资或提每部售价二成相酬"。① 1902 年《新民丛报》刊登的"上海泰东时务编译印书局"开张布告,也表明该局"专收名家译稿、维新志士著述未刊稿,酬润格外从丰"。② 这些针对读书人发布的征集书稿的告示,意味着那个时期形成了一个书籍的市场,读书人可以通过卖稿谋生。

严复这方面的考量堪称先觉。1900 年前后,严复与任职南洋公学译书馆的张元济商讨翻译《原富》等书事宜时,就涉及稿酬等问题。张许以两千两购买《原富》一书的译稿,但严还提出"润酬"之外的版税问题:"他日出售,能否于书价之中坐抽几分,以为著书者永远之利益。"③ 从严复给张元济的信中可以判定,张同意以"以售值十成之二见分",而严还要求"有一字据","以免以后人事变迁时多出一番唇舌"。④ 1902 年严复致函夏曾佑,又表示《群学肄言》一书同样考虑与商务"分利","如何分利,如何保护版权,均须菊明以示我"。⑤ 1903 年严复翻译的《社会通诠》交由商务印书馆出版,双方也订立了出版合同,明确规定"稿主"与"印主"各自的权责。⑥

严复不只为个人争利,还将此作为中国亟待解决的问题。1903年大学堂饬令各省官书局自行刷印教科书目,引出一些误会,以此为"撤毁版权之据",严复感到问题严重,遂致函管学大臣张百熙,指

---

① 《东亚益智译书局叙例》,《同文沪报》第 304 号,1901 年 3 月 10 日,第 1 版。

② 《告白》,《新民丛报》第 10 号,1902 年 6 月 20 日,告白页。

③ 《与张元济书》(约 1899 年 11 月 11 日),王栻主编《严复集》第 3 册,第 534 页;《与张元济书》(1900 年 3 月 2 日),王栻主编《严复集》第 3 册,第 538 页。

④ 《与张元济书》(1901 年 9 月 18 日),王栻主编《严复集》第 3 册,第 543~544 页。

⑤ 《与夏曾佑书》(1)(1902 年 12 月 27 日),孙应祥、皮后锋编《〈严复集〉补编》,第 262 页。

⑥ 张人凤、柳和城编著《张元济年谱长编》上卷,第 129 页。

第六章 书局·报章·读书人:共同的"生意"   *355*

明"版权者，所以复著书者之所前耗也"，"国无版权之法者，其出书必希，往往而绝"。① 该年清政府设立的商部，也试图解决频频发生的中外版权纠纷问题。张元济获悉后，组织编译人员将《大不列颠百科全书》第十版中的相关内容整理出版，"以备采择，聊以尽吾当尽之义务耳"。② 这样的努力未必有什么效果。严复曾考虑译事如"可资生计"，即"弃万事从之"，也受阻于难以杜绝的"翻印"："每一书出，翻印者猬聚蜂起，必使无所得利而后已。何命之衰耶!"③

尤值一说的是，这一时期兴起的"新小说"，更推动"稿酬"制度走向成熟。按照包天笑的说法，"当时报纸，除小说以外，别无稿酬的。写稿的人，亦动于兴趣，并不索稿酬的"。④ 这样的判断并不确切，但包之所以有此看法，亦是因为小说于推动稿酬制度之形成作用颇大。1902年梁启超创办《新小说》，发布的《本社征文启》说明："除社员自著自译外，兹特广征海内名流杰作绍介于世。"所公布的"征文例及润格"如下：

> 章回体小说在十数回以上者及传奇曲本在十数出以上者，自著本甲等每千字酬金四元，自著本乙等每千字酬金三元，自著本丙等每千字酬金二元，自著本丁等每千字酬金一元五角；译本甲等每千字酬金二元五角，译本乙等每千字酬金一元六角，译本丙等每千字酬金一元二角。⑤

① 《与张百熙书》(2)，王栻主编《严复集》第3册，第577~578页。
② 商务印书馆主人：《序》，《版权考》，商务印书馆，1903，第1页。
③ 《与夏曾佑书》(1902年12月27日)，孙应祥、皮后锋编《〈严复集〉补编》，第262~263页；《与熊季廉书》(1904年4月23日)，孙应祥、皮后锋编《〈严复集〉补编》，第251页。
④ 包天笑：《钏影楼回忆录》，第349页。
⑤ 《本社征文启》，《新小说》第1号，1902年11月14日，告白页。

这样的办法也为后出之小说类刊物所承袭。商务印书馆 1910 年创办《小说月报》，同样表示征集的稿件，"中选者当分四等酬谢。甲等每千字酬银五元，乙等每千字酬银四元，丙等每千字酬银三元，丁等每千字酬银二元"。[①] 可以说，围绕小说创作逐渐形成一个支付酬金的市场，这于读书人也颇有吸引力，"卖文为生"成为可能的选择。[②]

如时人所观察到的，十余年前之八股世界，"近则忽变为小说世界"，由于形成了"市场"，甚至不乏人视小说为"利薮"。[③] 1905 年吴趼人发表的小说《恨海》，曾风靡一时，其过程则颇为惊人，"仅十日而脱稿，未尝自审一过，即持以付广智书局"。[④] 鲁迅也提及极有意思的一幕，收集在《坟》中、发表于《河南》的几篇作品，"因为那编辑先生有一种怪脾气，文章要长，愈长，稿费便愈多，所以如《摩罗诗力说》那样，简直是生凑"。[⑤] 周作人则述及，小说之"译稿"也颇有市场，1906～1908 年，他根据英文翻译了三本小说，其中两种由商务印书馆出版，分别获得 200 元、120 元的稿费。[⑥]

如陆费逵所总结的，从清末到民国，上海图书市场已逐渐形成一个通用的稿费标准：每千字 2 元至 4 元，五六元的很少，小书坊甚至收每千字 5 角至 1 元的书稿。[⑦] 支付稿费也有多种形式，善于经营的商务印书馆采取的是特殊方式。以《东方杂志》来说，1910 年刊登

---

① 《征文通告》《征文悬赏》，《小说月报》第 1 期，1910 年 10 月 27 日，第 2 页、封底。
② 斯时颇有影响的一部小说，"楔子"部分就借小说中人物，讲述了作品是如何付诸印刷的。我佛山人：《二十年目睹之怪现状》，"第一回 楔子"，《新小说》第 8 号，1903 年 9 月，第 49 页。
③ 寅半生：《〈小说闲评〉叙》，《游戏世界》第 1 期，1906 年 4 月，第 1 页。
④ 趼（吴趼人）：《杂说》，《月月小说》第 1 年第 8 号，1907 年，第 209 页。
⑤ 《坟·题记》，《鲁迅全集》第 1 卷，第 153 页。
⑥ 周作人：《知堂回想录》，第 207～212 页。
⑦ 陆费逵：《六十年来中国之出版业与印刷业》，张静庐辑注《中国出版史料补编》，第 281 页。

的《投稿规则》说明："本杂志论说、调查二门，并拟收容来稿。"但又指出"刊登之稿当酌赠商务印书馆书券"，其中"一等每千字五元，二等四元，三等三元，四等二元，特别之件另议，不登者不在此议"。① 1913年发布的《本社悬赏征文略例》则告知"征文当选者其酬谢列下"："（甲）酬现金自五十元至十五元，（乙）酬书券自十五元至五元。"② 随后还刊出《本社投稿简章》，重点说明：

> 投寄之稿经揭载后，本社当酌赠书券以志感谢。约每千字由五元至二元，其短篇杂作亦当以本杂志为酬。如有特别巨制及热心赞助本杂志之寄稿家，本社尤当特别酬报以副盛意。③

茅盾回顾其在商务的经历，也说明这样的制度一直在执行，并扩及其他杂志。1917年茅盾被安排去助编《学生杂志》，主要审阅来自全国各地中学生、初级师范生的投稿。他对这些投稿并不满意，尤其学生的稿子"疑是教师们修改润色过的"。但主编朱元善却将此和经营联系在一起，一则稿子一旦登出，无论学校还是教师、学生，都觉得光彩，就成了这个杂志的"义务推销员"；二则学生来稿录取了，不付现金报酬，只送书券，用这些书券买商务出版的书，"这又为商务的书籍推广了销路"。④ 这也是当时各杂志普遍采用的办法，算得上培养读者的机制，其中所包含的"生意经"，令人印象深刻。

包天笑、张静庐等人的故事

随着报业竞争的加剧，文字可以卖钱，渐渐成为风气，不少人将

---

① 《投稿规则》，《东方杂志》第7卷第1号，1910年，告白页。
② 《本社悬赏征文略例》，《东方杂志》第10卷第1号，1913年，扉页。
③ 《本社投稿简章》，《东方杂志》第10卷第6号，1913年，目录页。
④ 茅盾：《商务印书馆编译所和革新〈小说月报〉的前后》，商务印书馆编《商务印书馆九十年——我和商务印书馆》，第162页。

此作为一种谋生的手段，清季民国时期都不乏这样的例证。包天笑、张静庐等人在回忆中都涉及这方面的内容。

包天笑1901年创办《励学译编》，文章大半由社员译自日文，还得到留学日本的朋友杨廷栋、杨荫杭等的帮助，"稿费一层是谈不到的，大家都是义务性质，而青年时代，发表欲也颇为强盛"。① 其个人的卖文生涯，发端于翻译的两部小说，后来都售给文明书局，"版权是一百元"。这样的经历提起其翻译小说的兴趣来，认为这既是"自由而不受束缚的工作"，所得稿费，也不是小数字。据其所言，从文明书局所得一百元，按照其当时的生活程度，除了到上海的旅费，还"可以供几个月的家用"，真是"何乐而不为"。②

当包天笑略有文名，别的报章请其加入，就涉及薪资待遇问题。《时报》给出的条件是：每月写论说六篇，其余写小说，每月薪水80元。照当时的"行情"来说，条件自是不错，包的一位同乡，入申报馆当编辑，薪水不过28元。③ 这还不算，时报馆的工作落实后，包天笑又接受了《小说林》的聘任，每月有40元收入。这样他每月有120元的固定收入，"家庭开支与个人零用，至多不过五六十元而已，不是很有余裕吗？"④

包天笑之外，还可说说另一出版人张静庐的故事。张的自传描绘了他"从酒保到编辑"的经历。他的哥哥和朋友合开了一家小酒馆，张被叫来充当"外账房"，每月薪水4块钱。16岁那年，他在阅读上发生了转向，开始接触报章，此后的三年间（1914～1916）开始尝

---

① 包天笑：《钏影楼回忆录》，第166页。
② 包天笑：《钏影楼回忆录》，第173～174页。
③ 包天笑：《钏影楼回忆录》，第317页。
④ 除了报馆的工作，包天笑还曾在上海的几所女子学校教书，生活自然更有保障。包天笑：《钏影楼回忆录》，第324～325页。

试写作，所写的东西，主要属小说和笔记一类。写得多，投稿的地方也多了，《中外日报》的副刊刊登最多。这期间发生了颇有意思的一幕：有一天，他忽然接到一位天津朋友的来信，并附上了在天津出版的《公民日报》，上面居然刊载着他的小说。"在当时，外埠的报纸转载上海报纸上的文字，原是很通行的，尤其是像《中外日报》，根本销不到平津一带去，将这种报纸上所登的文字转载过来，更不容易被读者所揭穿"。张静庐为此去信质询，却意外收到该报回信，表示愿聘其为副刊编辑，还特别说明："因社中经费支绌，请半尽义务，月致车费四十金。"张这样描绘当时的心境："天呀！这是做梦么？'四十元'，这在我是做梦也想不到的。"①

这样的事例，实际成为民国时期读书人的常态。茅盾也谈及其收入情况，从 1918 年末始，《时事新报》副刊《学灯》以及《解放与改造》半月刊，都陆续约其写稿，收入自然增加不少。而在商务的月薪已增至 50 元，在《学生杂志》上所写稿件还不算在内，"向各处投稿的收入，平均每月也有四十元左右"。② 不过，有满意的，也有失落的。陈源就表示："做文章应当受稿费，是我素来的主张，可惜'事与愿违'……我回中国后，在文字上得到的数目，统共有六十七元，都是《晨报》之赐。"③

报章这一新型媒介所产生的经济效益，远不止此，参股办报也可以获取不错收益。蔡元培 1901 年的日记曾提及：张元济邀请参股办

---

① 《在出版界二十年——张静庐自传》，第 49~50、54~55 页。
② 茅盾：《商务印书馆编译所和革新〈小说月报〉的前后》，商务印书馆编《商务印书馆九十年——我和商务印书馆》，第 177 页。
③ 西滢：《闲话》，《现代评论》第 3 卷第 65 期，1926 年，第 12 页。照当时的看法，也有拿高额稿费的，"中国当今的大文豪梁启超与胡适之二氏，卖文最高价额为每千字二十元"。罗汉素：《著作人所得的稿费》，《艺术界周刊》第 15 期，1927 年 4 月 30 日，第 8~10 页。

报，"凡任《外交报》资本者，各先出银三百圆"。① 结合其他信息可知，该报"由他人集资创办，不募外捐，计共集股本银五千圆正"，"如有盈余，按十成均派：五成归股东，二成酬办事，三成归公积"。② 次年4月的日记中，蔡说明"《外交报》股银付毕"。③ 以后一段时间，蔡的日记缺失，要到1906年才开始又有日记。该年的日记说明："收《外交报》官盈利一百二十六元三角。"④ 此外，编辑杂志的收益也值得一提，《青年杂志》最初的经营颇为惨淡，不过，群益书社每月提供编辑费和稿费二百元，对主编陈独秀来说也是一笔不错的收入。⑤

梁启超与商务印书馆

要说读书人新的谋生手段，最可靠的还是依托于大的书局、报馆。晚清民国时期，梁启超算得上依赖报馆与书局谋生的代表，若说与报馆、书局合作最多的读书人，舍梁外，迨不作二人想，报馆与书局的报酬也构成其主要的生活来源。不过，梁启超毕竟有多重身份，介入的事务也非一般读书人可比，故其生活状况未必有典型意义。

或许难以想象，像梁启超这样的读书人，生活还经常处于困窘中。1909年的多通书信显示，梁为解决经济上之窘困，不得不卖文为生。他在致梁启勋的信中说明："此数月间，兄大从事于著述以疗饥。"⑥ 又致函徐佛苏："为饥所驱，不得不卖文以求自活，精力耗于

① 王世儒编《蔡元培日记》上册，1901年12月11日，第189页。
② 张人凤、柳和城编著《张元济年谱长编》上册，第108～109页。
③ 王世儒编《蔡元培日记》上册，1902年4月8日，第197页。
④ 王世儒编《蔡元培日记》上册，1906年3月19日，第202页。到1911年《外交报》才"清帐"。王世儒编《蔡元培日记》上册，1911年5月26日，第216页。
⑤ 汪原放：《亚东图书馆与陈独秀》，第33页。
⑥ 梁启超：《与仲弟书》（宣统元年五月二十五日），丁文江、赵丰田编《梁启超年谱长编》，第490页。

此中，余事坐是阁置。"① 到 1910 年，梁启超还告知徐佛苏，近三四年，其在横滨、神户两处"负债至数千金"，而"惟恃《国风报》定阅者稍多，或可了此"。实际又如何呢？嗣后三个月，梁启超曾还银二百两，后来还是由徐代还此款。徐佛苏为此也不免感叹："此可见昔年先生办报养家，境遇艰苦。"②

到 1911 年，梁启超与商务印书馆有了合作计划，这对于其解决生计问题助益不少。梁答应将所著《台湾游记》《财政原论》二书的版权让与商务，张元济也乐于推动，表示"最好用租赁版权办法"，总之，"公所委托，苟力所能及，断不致稍有推诿也"。同时，梁也允每月为商务的杂志撰写一文，张则许以每千字七元的酬报，"选题立论，悉听裁酌"。③ 梁启超 1918 年回归学术后，与商务印书馆有更广泛合作。1922 年 10 月张元济复函梁启超言及："前订撰文之约，即自本月为始。"还特别指明："千字二十元，乞勿为人道及，播扬于外，人人援例要求，甚难应付。"④ 据张另一通信大致能判定，商务每月支付梁的稿酬约为 300 元。⑤ 梁也提供了不少稿子给商务，刊登于《东方杂志》。

和晚清读书人相比，单就稿酬的收益来说，梁启超自属名列前茅

---

① 梁启超：《致佛苏我兄书》（宣统元年八月十一日），丁文江、赵丰田编《梁启超年谱长编》，第 492 页。

② 梁启超：《致佛苏先生书》（宣统二年二月二十六日），丁文江、赵丰田编《梁启超年谱长编》，第 508 页。徐佛苏为此信写有一跋，交代了内中之详情。丁文江、赵丰田编《梁启超年谱长编》，第 508～509 页。

③ 张元济：《致任公同年书》（宣统三年四月十四日），丁文江、赵丰田编《梁启超年谱长编》，第 546 页。

④ 《致梁启超》（1922 年 10 月 22 日），张树年、张人凤编《张元济书札》增订本下册，第 1030 页。

⑤ 信中表示："每月应呈三百元，仍属天津分馆按月送至尊府，想蒙察入。"此款想必即是商务支付梁的稿酬。张元济：《致梁启超》，1923 年 12 月 17 日，张树年、张人凤编《张元济书札》增订本下册，第 1030 页。

者（小说家除外）。进入民国以后，梁有一段官场的经历，又曾受聘担任清华国学研究院导师，也算有了短暂的大学教授生涯，而来自报馆、书局的酬报，仍是其主要的收入来源。1925 年 8 月梁启超致函家中孩子，提到这一年的收入情况："今年家计总算很宽裕，除中原公司外，各种股份利息都还照常。执政府每月八百元夫马费，已送过半年，现在还不断。商务印书馆售书费两节共收到将五千元。从本月起清华每月有四百元。"① 由此不难发现，梁启超通过商务售书所获得的收益，已属不小的数目（当然，书局的收入并非固定）。

围绕书局、报章、读书人，似乎说了太多的"生意"。不必回避，这正是出版业商业化的体现。民国时期对中国出版业的检讨，已注意到"因近代印刷术的发达，差不多成了压倒其他一切的文化流传的工具"，而且，"因为今日是资本主义的时代，所以出版事业也曾带着商业的性格"。② 就本书所涉及的主题来看，报章如何影响读书人基本的生活形态，也当构成思考的方向之一。原因在于，报章作为联系个体与社会的"公共平台"，既改变着读书人与社会的联系方式，也为读书人提供了新的"晋升的阶梯"。换言之，新型报章不仅成为读书人与国家、社会发生关系之始，而且改变了读书人基本的生活形态，"以文字谋生"，成为正当的选择。对比科举制度下的读书人，如此巨大的变化，同样堪称"三千年来所未有"。完全可以说，新型传播媒介既推动了"思想界"的成长，同时使告别科举时代的读书人依托于此获得了新的身份。

---

① 梁启超：《给孩子们书》（1925 年 8 月 3 日），丁文江、赵丰田编《梁启超年谱长编》，第 1049～1050 页。

② 杨涛清：《中国出版界简史》，附录《对于中国出版界之批判与希望》，第 75～81 页。

第七章

"思想界"的另一面：读书人表达方式的转变

"思想界"的形成，影响是多方面的，读书人表达及写作方式的转变，也是需要重视的面相。读书人为文总有所预设。是针对当下的社会立言，还是撇开现实性的考虑？用学术性的语言，还是大众接受的语言？晚清以降报章的流行，也影响读书人的写作方式。此亦构成"思想界"具有"公共性"的关键，甚至可以说，没有写作方式的转变，哪有什么"思想界"？不仅如此，近代知识在中国的成长，与此也息息相关。将中国的思想运动比附于"文艺复兴"与"启蒙运动"，尽管存在不少分歧，但也展示出思想运动共同面对的问题。[①]彼得·伯克对意大利文艺复兴的研究就揭示出，有一些障碍把普通民众排除在此一时期的文学与艺术世界之外：包括"语言的障碍"、"读写能力的障碍"以及普通民众买不起书籍和绘画的"经济的障碍"，而文艺复兴则体现出"各种表现形式和思想从精英阶层向普通阶层民众传播"，包括"社会层面和地理层面的扩散"。[②]清季民国时期的思想界在成长中同样展现出这一幕。

如同晚清对报章之接纳颇有曲折，读书人为报章撰文也引出不少

---

① 余英时：《文艺复兴乎？启蒙运动乎？——一个史家对五四运动的反思》，余英时等著《五四新论：既非文艺复兴，亦非启蒙运动》，联经出版社，1999，第1~31页。

② 彼得·伯克：《文化史的风景》，第141~142页。

纷扰，甚至专门针对"报章文体"（或称"报章文字"）有诸多评说。报章走向公众引出了这样的问题，原因必多，关键在于"文章之道"于中国读书人有着特殊意义。因此，问题展开之前，有必要对此稍加说明，明乎此，或才能更好地理解文体的问题何以在晚清激起轩然大波。实际上，读书人为报章撰文是涉及其基本生活形态改变的大事，伴随此所涌现的"报章文体"，更是冲击着向来作为文化传统基石的语言文字，检讨"报章文体"引出的"是与非"，也有裨于把握读书人表达方式转变所具有的深远意义。

一 作为"三不朽"之"立言"

中国古人向有所谓"三不朽"之说："太上有立德，其次有立功，其次有立言，虽久不废，此之谓不朽。"（《左传·襄公二十四年》）千百年来这也成为规范读书人的基本准则，不仅明确划分了其中递进的境界，还以三者兼得为人生至善至美之境。不过三者兼得的困难，亦愈益为人所感知。曾国藩就表示：所谓"三不朽"者，"古今曾有几人？"故此，"吾辈所可勉者，但求尽吾心力之所能及，而不必遽希千古万难攀跻之人"。[①] 到新文化运动时期，胡适在阐述其人生观时，仍沿袭了"三不朽"的看法，只是提出了"社会的不朽论"来弥补原说的不足。[②]

"立言"既作为"三不朽"之一，则可以想见做文章于古人来说，确算得上很严重的事。所谓"文章千古事，得失寸心知"，传递出过去人物对此的谨慎态度。读书往往也与此结合在一起，鲁迅有关

---

① 《致沅弟》（同治三年八月五日），《家书》卷 10，李瀚章编纂《曾文正公全集》第 8 部，吉林人民出版社，1995，第 5457~5458 页。
② 胡适：《不朽——我的宗教》，《新青年》第 6 卷第 2 号，1919 年，第 98 页。

少读中国书的言论，就表达了这样的意思："少看中国书，其结果不过不能作文而已。"① 通过晚清几位读书人的事例，可了解做文章的重要影响，其与成就道德、成就事功难以分割。

曾国藩："文章与世变相因"

近代名臣曾国藩可归于成就"三不朽"之典范，道德、事功方面不用说，"立言"方面，也孜孜以求，"早岁有志著述，自驰驱戎马，此念久废，然亦不敢遂置诗书于不问也"。② 在戎马倥偬的岁月中，曾甚至常常因为不能读书而沮丧不已。③

曾国藩在家书中，也展示了如何训练读书人的例子。作为家中长子，曾对诸弟在学业上的进展，负有指导之责。在写给父母的信中，即随时禀报诸弟在学业上的进展。写给诸弟的信中，则时常根据各人的不同情况，指导其如何读书，如何作文，不时告诫"诸弟总须力图专业"。④ 在其认知中，"进德"与"修业"算是靠得住的事，所谓"进德"，无非是"孝弟仁义是也"；"修业"，则"诗文作字是也"。⑤ 曾国藩在为学上的基本立场，在一通书信中也有所说明：

> 义理之学最大，义理明则躬行有要，而经济有本。词章之学，亦所以发挥义理者也。考据之学，吾无取焉矣。⑥

---

① 鲁迅：《青年必读书》（十），《京报副刊》第 67 号，1925 年 2 月 21 日，第 8 版。
② 《与李竹语》（咸丰八年十二月初八日），《书札》卷 7，《曾文正公全集》第 4 部，第 2031 页。
③ 《致沅浦九弟》（咸丰八年五月三十日），《家书》卷 6，《曾文正公全集》第 8 部，第 5248 页。
④ 《致诸弟》（道光二十二年九月十八日），《家书》卷 1，《曾文正公全集》第 8 部，第 5021 页。
⑤ 《致诸弟》（道光二十四年八月廿九日），《家书》卷 2，《曾文正公全集》第 8 部，第 5062 页。
⑥ 《致诸弟》（道光二十三年正月十七日），《家书》卷 1，《曾文正公全集》第 8 部，第 5034 页。

正因为此，对于制艺之文曾国藩多少有所保留。科举考试作为读书人晋升的阶梯，规范着读书人的为文之道。在与诸弟的信中，曾对此即多有论说："吾所望于诸弟者，不在科名之有无，第一则孝悌为端，其次则文章不朽，诸弟若果能自立，当务其大者远者，毋徒汲汲于进学也。"① 之所以时常告诫"勿为时文所误"，为的是提醒诸弟不能忽视看书："此时无论考试之利不利，无论文章之工不工，总以看书为急务。"他还结合个人的经验现身说法："今年以来，无日不看书，虽万事业忙，亦不废正业。"②

诸弟之外，曾国藩同样关心子侄辈的成长，尤其对曾纪泽奇望殷殷。了解到纪泽"近日看《汉书》"，曾就表示："余生平好读《史记》《汉书》《庄子》《韩文》四书，尔能看《汉书》，是余所欣慰之一端也。"同时不忘提醒："尔于小学、古文两者皆未曾入门，则《汉书》中不能识之字、不能解之句多矣。""若小学、古文二端略得途径，其于读《汉书》之道思过半矣。"③ 对于读书之法，曾又指明"看读写作四者，每日不可缺一"。④ 还具体论及文章之道，照曾国藩的见解："无论古今何等文人，其下笔造句，总以珠圆玉润四字为主。无论古今何等书家，其落笔结体，亦以珠圆玉润四字为主。"⑤

"文章与世变相因"，曾国藩此言，可谓见道之论。⑥ 可以说，曾

---

① 《致诸弟》（道光二十四年五月十二日），《家书》卷2，《曾文正公全集》第8部，第5057页。
② 《致父母》（道光二十四年九月十九日），《家书》卷2，《曾文正公全集》第8部，第5063页。
③ 《致纪泽》（咸丰六年十一月初五日），《家书》卷5，《曾文正公全集》第8部，第5216页。
④ 《致纪泽》（咸丰八年七月二十一日），《家训》卷上，《曾文正公全集》第8部，第5513页。
⑤ 《致纪泽》（咸丰十年四月二十四日），《家训》卷上，《曾文正公全集》第8部，第5528页。
⑥ 《〈欧阳生文集〉序》，《文集》卷3，《曾文正公全集》第3部，第1591页。

不仅注意到文章之道的发展轨迹，而且据此践行，并施加影响于诸弟及子侄辈。

张之洞：读书期于有成

曾国藩主要在家书中向诸弟及子侄辈传达对文章之道的认知，晚清另一名臣张之洞，则是在四川提督学政任上针对莘莘学子表达自己的见解。此一时期撰就的《輶轩语》，即专为士子而讲述，"分为三篇：上篇语行，中篇语学，下篇语文"。①

《輶轩语》一书，大体涵盖了过去对道德文章的看法，希望能规范士子读书之道。其中言及读书期于有成，当"戒早开笔为文"，同时"戒早出考"。原因在于，"胸中尚无千许字，何论文辞，更何论义理哉？"而"多读书，多读古文，多读时文，沛然有余，再使操觚，自然可观"。② 该书"语文"部分，张之洞对于"时文""试律诗""赋""经解""经文""策""古今体诗""古文""骈体文"各种文体，乃至"字体"，均有所说明。如言及"时文"就强调：

> 宜清（书理透露，明白晓畅）、真（有意义，不剿袭）、雅（有书卷，无鄙语，有先正气息，无油腔滥调）、正（不俶诡，不纤佻，无偏锋，无奇格）。③

张之洞1874年在成都创办尊经书院，也坚称在该书院"不课时文"。④ 张指示书院学子"应读何书，书以何本为善"所作《书目答问》，更是指示学术门径之书。该书按经、史、子、集分说，而在

---

① 张之洞：《輶轩语》（一），陈居渊编《书目答问二种》，第283页。
② 张之洞：《輶轩语》（一），陈居渊编《书目答问二种》，第286页。
③ 张之洞：《輶轩语》（二），陈居渊编《书目答问二种》，第313页。
④ 《创建尊经书院记》（光绪二年十一月），苑书义等主编《张之洞全集》第12册，第10080~10081页。

"别录"部分,列有"群书读本",指出"此类各书,简洁豁目。初学讽诵,可以开发性灵,其评点处颇于学为词章者有益"。这里也明示了这些书有裨"学文之用",其中所列书目,亦系当时通行的"学文"之书。①

基于"文章"评骘人物

曾国藩、张之洞之外,尚可结合其他例子予以说明。不难发现,对过去的读书人来说,所谓"立言"往往是最重要的事,依据"文章"评骘人物也成为常态。

在清末官场,文廷式向以"敢言"著称,在日记中即常常通过"文章"评价读书人。读到王韬的《普法战纪》,他有这样的评价:"其中用'乘舆'等字,颇非体例;又文章冗杂,无甚足取。"② 读了《汪梅村诗词集》,文又指出是书"词笔尤近粗率"。③ 在一通书信中,文廷式出于对"文章之道"的坚守,针对近时文人也有不少恶评:

> 迩来尤不爱文士,恶其浮言无实,是己非人,断断于不可知
> 之事以相胜负……事趋于密,文趋于繁,不独中国为然,外国亦
> 有此弊,所不逮者虚实之间耳。④

对于如何撰文,文在日记中也阐述了自己的想法:"经史之学,以考据而明;诗文之才,则不由考据,在养胸中之性情,而多读古文

---

① 张之洞:《书目答问》"附一别录",陈居渊编《书目答问二种》,第 260 页。
② 《丙子日记》(1),1876 年 2 月 6 日,汪叔子编《文廷式集》下册,第 1055 ~ 1056 页。
③ 《湘行日记》,1888 年 4 月 3 日,汪叔子编《文廷式集》下册,第 1122 页。
④ 《致于式枚书》(2),汪叔子编《文廷式集》下册,第 1178 页。

之名作，以求其神志气韵之所才。"① 日记中的一段记述也算得上夫子自道——"读书绝不作著述想"。②

再来看看成长中的一位读书人的立场。作为王闿运的得意弟子，杨度在日记中也常常放言高论，不乏评价他人文字的记录。1897 年 10 月 15 日写道："偶阅八家文，真乃儿戏，余幼时甚能此。"③ 不日又记："看湖南本科闱墨，迄无佳文。"④ 杨度的经历还说明，读书人作文往往受科举的制约，他 1898 年参加会试遭受挫败，也根源于其醉心于骈文，在科考中难以用规范之体应试，结果可想而知："十三艺全散，与十三艺全骈皆犯科场条约，已知不能中矣。"⑤ 杨度对自己的期许也颇高，1899 年一则日记写道："检理昔诗，可登集者唯百余首，文乃不满二十首。古人著书数十万言，犹吾年也，不能不恨修名之不立。"⑥ 这也显示出昔时一位读书人对待文章的态度，常发生所谓"毁少作"之事。

连带着"开笔"也被慎重对待。徐一士曾提及，在其童年经验中，"做文章"是何等重要的事。幼承庭训的徐，"童心忽作动笔之想"，于是裁纸为小册子数本，心存惶恐地尝试了一番。这一"胆大妄为"之举，也招致他人的另眼相看。⑦ 钱玄同同样言及幼年"进学"之痛苦经历。约 4 岁时，"先子取《尔雅·释诂》诸文，书签粘壁，指使识字"。到 1899 年 13 岁时，"初作四五七字对"，"颇觉其苦，不能成句矣，又苦于诘屈不贯"。次年"正月学作试帖诗，五月

---

① 《南轺日记》，1893 年 8 月 26 日，汪叔子编《文廷式集》下册，第 1142 页。
② 《南轺日记》，1893 年 9 月 6 日，汪叔子编《文廷式集》下册，第 1147 页。
③ 北京市档案馆编《杨度日记》，1897 年 10 月 15 日，新华出版社，2001，第 63 页。
④ 《杨度日记》，1897 年 10 月 17 日，第 64 页。
⑤ 《杨度日记》，1898 年 3 月 29 日，4 月 2 日、5 日、6 日，第 85 页。
⑥ 《杨度日记》，1899 年 4 月 22 日，第 133 页。
⑦ 徐一士：《自序》，《一士类稿》，文海出版社，1966，第 23 页。

始作八比文，亦苦于艰涩不成句"。到 1901 年，继续学作试帖诗，"苦不能成，遂取《大题文府》等抄之"。[1] 胡适在《四十自述》中则述及，1904 年初到上海时，因为"不曾'开笔'做文章"，被编在差不多最低的一班。[2]

正是因为看重"文章之道"，晚清读书人在撰文之际往往承受不小压力。长期任职商务印书馆的庄俞（字我一）曾出版《我一游记》，在"弁言"中就说明："当予少时，学八股试帖，不成；改学散文及近体诗，垂老又不成。"庄俞自称"性好游"，以所见闻，写为诗或游记，但"自知其诗不类诗，文不类文"，"倘有以作风如何，派别如何议我者，将愧煞我矣"。[3] 徐兆玮对于撰文的思考，则点出"桐城文章"对晚清读书人的影响：

> 玮于古人文素未究心，近岁稍有志向学，以桐城、湘乡为师，而才力窘弱，往往辞不足达其理，理又不能举其辞，刻意简炼而不知已伤于芜秽也。[4]

再以读书人"文集"的编订来看，无论是自编还是他编，都会郑重其事。王闿运言及著作之刊刻便由衷写道："拙著《八代诗选》早已刻成，刻手极劣，不足寄赠，尚须重刻。"[5] 邹伯奇存稿之编订，也需要考量诸多问题。其弟邹仲庸所写序言，不多的篇幅，交代了不少过去读书人所看重的事：受"述而不作"的影响，著述本就不多；

---

① 钱玄同：《钱德潜先生年谱稿》，《钱玄同日记》第 12 卷，附录 2，第 7531~7540 页。
② 胡适：《四十自述》第 1 册，亚东图书馆，1933，第 88 页。
③ 庄俞：《我一游记》，商务印书馆，1936，弁言，第 1~2 页。
④ 《己亥日记》，光绪二十五年三月三十日，《徐兆玮日记》（1），第 62 页。
⑤ 王闿运：《致刘巡抚》，《笺启》卷 4，马积高主编《湘绮楼诗文集》，岳麓书社，1996，第 950 页。

将著述刊刻还需解决资金问题。最后系由著名学者陈澧从遗稿中选一部分，以《邹征君存稿》之名刊出。① 出生于江西南昌之魏元旷，在民国时期编辑《南昌文征》，也是因为"古之人作者所著或不传"，其编辑该书为的是"只鳞片羽借是以留"，"不没其文采，与其心思才智之所在"。② 实际上，普通读书人所撰文字，也鲜少有机会刊刻。刘大鹏1919年就述及："予自编辑书篇以来，数十年于兹矣。但所编之册，只可供自己之好，原不足以人阅。"③ 其留下的近20种著述，仅部分乡土文献曾刊刻，个人著作只是在友朋间传阅。④

"制艺之文"的影响

检讨晚清读书人对文章之道的看法，不可忽略的是科举考试的影响，前面论及曾国藩、张之洞皆强调"勿为时文所误"，说明最难避免的正在于此。汪士铎曾指明文章之道的要义所在："文以记政事、讲道德、载人物为质，徒文虽工无益也。"⑤ 然制艺之文衍生的诸多弊端，并不易于摆脱。而读书人作文讲求"先王之道"，讲求"义法"，也是科举制度影响文章的具体体现。王韬即遭遇这样的处境："余有所作，即示人，人亦不欲观，咸轻视余，若以余不知文章为何物者……呜呼！彼之所谓文章者，时文耳，所谓要言者，俗事耳；宜其与余初不相入也。"⑥ 王未必认同"时文"，但所做文章，却不免为他人挑剔。可见制艺之文仍左右着对文章的评价，对此的检讨，则引

① 邹仲庸：《〈邹征君存稿〉序》（同治十二年十二月），《邹征君存稿》，邹达泉拾芥园同治十三年（1872）刻本，第1页。
② 魏元旷：《〈南昌文征〉序》，《南昌文征》，成文出版社，1970，第1页。
③ 刘大鹏遗著，乔志强标注《退想斋日记》，1919年1月20日，第269页。
④ 刘大鹏遗著，乔志强标注《退想斋日记》，1930年3月12日，第406页。
⑤ 汪士铎：《说作文》，《汪梅村先生集》卷5，光绪七年（1881）刻本，第4页。
⑥ 王韬：《〈弢园尺牍〉续钞·自序》，《弢园尺牍》，中华书局，1959，第175页。

发对如何撰文的思考。

可以说，科举考试对于规范读书人的为文之道，有决定性影响。林纾曾表示："文人因科名之故，以盛年无限之精力，沉酣于八股中。及宦成名立，始锐意为古文。"① 胡适则有"科举一日不废，古文的尊严一日不倒"之看法。② 科举考试对文体的严格要求，通过梁章钜《制艺丛话》即不难知悉，其中特别提及来自雍正、乾隆的谕旨，雍正十年（1732）晓谕考官："所拔之文务令清真雅正，理法兼备。"乾隆三年（1738）复准："凡岁科两试以及乡会，衡文务取清真雅正，以为多士程式。"为此梁也说明：

> "清真雅正"四字，代圣贤立言者非此不可，宜乎圣训相承，规重矩袭，永为艺林之矩矱、制义之准绳矣。③

在此背景下还形成了不少垂范之作，《钦定四书文》之编，即是方苞受命选录有明及清朝诸大家时艺并加以批评之作，"以为主司之绳尺，群士之矩矱"。④

邓云乡也据此分析八股文的历史作用：在制度上把"四书"作为制艺命题，并范围书籍，"既实际，又方便，又自然能使孔孟言论深入人心"。如命题范围扩展至"五经"，考生难以应付，试官出题亦不好掌握。⑤ 然而，看起来是方便士子与试官的考试形式，却衍

---

① 林纾·《论文十六忌》，《畏庐论文》，商务印书馆，1934，第 43 页。
② 胡适：《五十年来中国之文学》，申报馆编《最近之五十年——申报馆五十周年纪念刊》第二编，第 19 页。
③ 梁章钜：《制艺丛话》，上海书店出版社，2001，第 13 页。
④ 方苞：《钦定四书文·凡例》，《景印文渊阁四库全书》第 1451 册，台湾商务印书馆，1986，第 4 页。
⑤ 邓云乡：《清代八股文》，河北教育出版社，2004，第 195 页。

生出禁锢知识的弊端，历代皆不乏批评。在顾炎武看来，"文章无定格，立一格而后为文，其文不足言矣"。他甚至将此与秦始皇焚书相提并论，"八股行而古学弃，《大全》出而经学亡"。① 有道是"上之所取在是，则下之所趋亦在是"。李塨也指明，"既以八股为科举，则天下惟知习此之为学，惟知习此之为士"。② 所谓"代圣贤立言"，还导致"以数千年以后之人，追模数千年以上发言人之语意"，并且在写作上严守"清真雅正"。③ 如俞樾所述及的，"凡人欲立言传后，不必作八股文字；凡作八股文字，不过乡会两试借作敲门砖耳"。他还以个人经验阐明，"仆从前治举业时，每代阅文者设想"。④

正是参与科举考试最要者是揣摩主考官的意图，导致考生只观有裨于科考之书，其他书籍均置之一旁。皮锡瑞1895年的日记述及，江西一考生"二十年不读书，以剿袭得列第一"，为此不免感叹："八股之不足得人，如是哉！"⑤ 这样的事例并不罕见，完全排斥最基本书籍的例证，也所在多有。王士祯《香祖笔记》言及清初诗人宋琬早岁在私塾的一段经历，反映出在投身科考的士子那里，《史记》也难入法眼。⑥ 文廷式则提及1886年回到老家江西萍乡遭遇的一幕："欲假《汉书》，而县中竟不可得。"尤可叹息的是，"学政之奏陈江西文风者，则每举萍乡为最"。⑦

---

① 顾炎武著，黄汝成集释《日知录集释》卷16《程文》；卷18《书传会选》，第595~596、651~652页。
② 李塨：《平书订》卷6《取士第四》，中华书局，1985，第45页。
③ 商衍鎏：《清代科举考试述录》，生活·读书·新知三联书店，1958，第227页。
④ 俞樾：《与王康侯女婿》，《春在堂全书》，光绪九年（1883）刊本，《春在堂尺牍》（三），第5~6页。
⑤ 皮锡瑞：《师伏堂日记》第2册，光绪二十一年七月初九日，第93页。
⑥ 王士祺：《香祖笔记》卷8，上海古籍出版社，1982，第149页。
⑦ 《旋乡日记》，1886年8月12日，汪叔子编《文廷式集》下集，第1112页。

这也成为晚清废除八股、改试策论的主要理由。"吾中国之塞智摧权腐心亡种亡教以有今日者，其为斯乎！其为斯乎！"① 唐才常《时文流毒中国论》发出这样的追问。康有为《请废八股试帖楷法试士改用策论折》则指出：八股之弊，主要表现在于吸纳新知全无办法。② 事实上，科举改革势在必行，也是受到西学冲击。以发表于《万国公报》的文字看，振兴学校、补充各学科知识，即成为来华西人针对科举改革阐述的主张。1881 年，狄考文（Calvin W. Mateer）《振兴学校论》提出，学问之要在"增人所知之事，广人所明之理"，格物、化学、天文、数学等"文学大端"，"何弗列于学堂之功课，与文章并考，俾致知之实学得速行于中华哉?"③ 次年林乐知撰写的《中国专尚举业论》则言明，今日中国之危机，正体现在"天下智慧才艺之士一一束缚于举业、制义、试律之中"，纵不能将举业之制废，亦当如唐那样"多其科目"；或参考宋"十科取士之制"。更当如泰西之法，分设天文、地舆、格致、农政、船政、理学、法学、化学、武学、医学各科。④

改革科举所形成的方案——"废除八股，改试策论"，所要解决的正是这一问题。与之相关，报章之兴起，也引出如何传播知识、传播思想的问题，同样逼出对文字的思考。逐步接受报章的读书人，也面临重大转向，需要因应新型媒介的特质，在写作方式上进行调整。文章既是"千古事"，这样的转变也值得谨慎对待。

---

① 唐才常：《时文流毒中国论》，《湘报》第 47 号，1898 年 4 月 29 日，第 185 页。
② 《请废八股试帖楷法试士改用策论折》（1898 年 6 月 17 日），姜义华、张荣华编校《康有为全集》第 4 集，第 78～79 页。
③ 狄考文：《振兴学校论》，《万国公报》第 14 年第 653 卷，1881 年，第 23 页；第 14 年第 655 卷，1881 年 9 月 10 日，第 38 页。
④ 林乐知：《中国专尚举业论》，《万国公报》第 15 年第 704 卷，1882 年，第 28～29 页。

二　新型媒介与表达方式的转变

知识传播促成新型媒介的出现，并影响着表达方式的转变，在两种文明的沟通中展现得尤为充分。来华西人之援西入中，无论是宣扬教义还是传播知识，都面临如何契合本土的现实，尤其需要考虑针对的受众。将报章等新型媒介援引进来，部分也是基于这样的需求。这样的问题对于过去的读书人来说，即便存在，却并不严重，所撰写的"制艺之文"，自有明确的阅读对象；此外的文字，立意于"藏之名山"，得三五知己，亦足矣。但报章媒介出现后，首先需要考虑阅读对象，由此也逼出文字问题，这促成读书人写作方式发生重大转变。戈公振曾大致总结其间所发生的变化：清季文字，受桐城派与八股之影响，重法度而轻意义；自魏源、梁启超等出，绍介新知，滋为恣肆开阖，而"留东学子所编书报，尤力求浅近，且喜用新名词，文体为之大变"。①

传播新知逼出文字问题

来华西人之援西入中，首先遭遇文字问题。1819 年马礼逊在向伦敦传道会提交的报告中，介绍自己从事的翻译工作，就述及面临的困难：

> 中国文人对于用俗语，即普通话写成的书是鄙视的。必须用深奥的、高尚的和典雅的古文写出来的书，才受到知识分子的青睐，因此只有极小一部分中国人才看得懂这种书。正如中世纪黑暗时期那样，凡是有价值的书，都必须用拉丁文写出，而不是通

---

① 戈公振：《中国报学史》，第 131 页。

俗的文字。①

　　来华西人初到中国的困惑，传达出"文字"问题是在中国从事传教工作面临的最大挑战。这同样是传递新知、新思想面临的问题，理雅各编译的《智环启蒙塾课初步》1856 年在香港出版，被用作英华书院课本，就反映出这方面的努力。②

　　这与创办报章面临的问题大致相似，同样都需要面向广泛的受众；用心于"文字"功夫，成为不得不做出的努力。《申报》创刊初期，对于文字有这样的说明："作新闻日报者，每日敷衍数千言，安能求其句雕字琢，词美意善……并非欲藏之名山传之其人也。果能如是，则作者、售者、阅者之职均已尽，其他则非所知也。"③ 这确属实情，也揭示出报章的出现对"文字"表达方式的影响。

　　晚清读书人同样在思考如何表达的问题。在 1887 年完成的《日本国志》一书中，黄遵宪已阐明文字与文体皆应因时而变，"欲令天下之农工、商贾、妇女、幼稚皆能通文字之用，其不得不于此求一简易之法"。④ 到 1891 年，黄又在《人境庐诗草·自序》中说明，"欲弃去古人之糟粕，而不为古人所束缚，诚戛戛乎其难"，然而，"虽不能至，心向往之"。⑤ 梁启超将黄列为"诗界革命"之先驱加以表彰，也不无理由。而当晚清读书人尝试写作报章文字时，更会思虑于此。最早刊发文字于报章者，要算王韬、郑观应等一批"先时之人

---

①　马礼逊夫人编《马礼逊回忆录》，第 154 页。

②　有关《智环启蒙塾课初步》的出版及影响，可参见沈國威·内田慶市（編著）『近代啓蒙の足跡——東西文化交流と言語接触：「智環啓蒙塾課初步」の研究』関西大学出版部、2002。

③　《辨惑》，《申报》1874 年 10 月 19 日，第 1~2 页。

④　黄遵宪：《日本国志》卷 32《学术志二》，第 15 页。

⑤　《人境庐诗草·自序》，吴振清等编校《黄遵宪集》上册，第 79 页。

物"，只是他们对于发表于报章的文字与平时作文有什么不同，还未曾多加考虑。

伴随《时务报》等一系列报章之出现，这方面的问题越发突出。梁启超曾特别表彰西人之报章，"犹恐文义太赜，不能尽人而解，故有妇女报，有孩孺报"。① 可见从一开始便重视报章如何为更多人接受。梁本人的文字自是获得不少赞誉，稍后加入《时务报》的章太炎，所写文章却引发不少争议。叶瀚指出章的文字太过"艰涩"，"观者颇不悦目"，"操笔人宜嘱其选词加润为要"。② 耐人寻味的是黄遵宪此时的看法。黄同样主张"作文能使九品人读之而悉通，则善之善者矣"，为此指出章太炎的文字，乃"文集之文，非报馆文"。不过，他却视时务报馆聘请章太炎等人为"大张吾军"之举，这是因为此时的报章还面临另一重考验，"都中论者仍多以报馆文为谤书"。③ 此亦可见，黄之所以发出模棱两可的意见，另有深意在，为避免报章受到"轻视"，采用"文集之文"，未尝没有益处。

这也揭示出报章流行后引发的问题，关乎报章本身如何定位。办报者如期望赢得更多的读者，便不能不考虑表达方式的问题。实际上，报章出现后，经常遭遇难度太深之批评。黄庆澄在汪康年处见到《蒙学报》，有"大佳"之誉，肯定"此报将来销路不在《时务报》之下"，并表示愿意承担"代派"工作。④ 却未料各方仍认为该报文辞"太深"，导致"销场颇滞"。⑤ 张楣也有同样的感受：《蒙学报》"颇有可开童智处，而艰深处亦尚有之"，反倒是读了《申报》上刊载的《泰西教法》《女学堂议》，令其感觉"较之《时务报》中《不

---

① 梁启超：《论报馆有益于国事》，《时务报》第 1 册，1896 年 8 月 9 日，第 1 页。
② 叶瀚：《致汪康年》（42），《汪康年师友书札》（3），第 2589 页。
③ 黄遵宪：《致汪康年》（27），《汪康年师友书札》（3），第 2351 页。
④ 黄庆澄：《致汪康年》（2），《汪康年师友书札》（3），第 2316 页。
⑤ 黄庆澄：《致汪诒年》（3），《汪康年师友书札》（3），第 2317 页。

缠足会议》《倡女学议》，颇觉明白晓畅"。① 王修植则言及《国闻日报》和《国闻汇编》因为文字问题遭遇迥异，前者"每天销一千五百张"，后者"阅者多以文义艰深为嫌，每期仅售至五六百分，实在赔本不起，现已停止不印，专办《日报》"。②

由此不难看出，读书人介入报章之创办，当即遭遇如何选择表达方式的问题，办报者往往会在文字的"明白晓畅"上有所追求。1898 年《时务报》改"官办"后，汪康年另外办起《昌言报》，汪有龄为此建议："所登论说，宜求明白晓畅，易于感人。"③ 1902 年创刊的《新世界学报》，也说明"本报议论，取其达意辄止，不为艰深晦涩之言"。④ 尽管如此，问题并没有真止得到解决，高凤谦一席话指出症结之所在：

> 欧洲报馆之盛由渐而致，非一朝一夕之故。中国识字之人十一，读书之人百一，阅报之人千一，非数年后风气大开，阅报人数未必遽增，即主持报事者亦难其选。⑤

有关晚清的识字率，尚有不少争议，核心是如何定义"识字能力"。⑥高凤谦所指陈的，也道出"读书""阅报"对文字的要求各异。无论

---

① 《张枬日记》第 1 册，光绪廿四年正月初六日、二月初五日，第 387、392 页。
② 王修植：《致汪康年》（7），《汪康年师友书札》（1），第 81 页。
③ 汪有龄：《致汪康年》（21），《汪康年师友书札》（1），第 1090 页。
④ 《〈新世界学报〉序例》，《新世界学报》第 1 号（壬寅第 1 期），1902 年 9 月 2 日，第 4 页。
⑤ 高凤谦：《致汪康年》（9），《汪康年师友书札》（2），第 1623 页。
⑥ 按照罗友枝的估计，18、19 世纪时的中国，能粗通文字者（functional literacy 或 basic literacy），男性中有 30% ~ 45%，女性则只有 2% ~ 10%。Evelyn Sakakida Rawski, *Educational and Popular Literacy in Ch'ing China*, Ann Arbor: University of Michigan Press, 1979, p. 140. 如何定义"识字能力"，是该书出版后引发众多争议的核心问题，对相关问题的辨析参见刘永华《清代民众识字问题的再认识》，《中国社会科学评价》2017 年第 2 期。

怎样，这是晚清读书人真切感受到的问题，由此也推动了白话报章的成长及"演说""讲报"的流行。

白话报章之发展

报章的流行催生了文体的改革，还促成白话报章之发展。分析那个时期创办的报纸杂志，可注意到从业人员往往结合开通民智思考报章的功能。从时间上说，白话的主张不算晚，按照孙玉声的说法，"白话报之最初发起者，曰民报，系申报馆出版"。① 这里提及的《民报》，乃1876年4月5日《申报》所出定位于"民间"、定位于"稍识字者"的增刊。② 《申报》刊登的《劝看〈民报〉》明确交代，增设该报"原非为文人雅士起见，只为妇孺佣工粗涉文理者设也"。③

晚清士人创办白话报章，主要流行于1897年后。据一项统计，1897年至1918年间出版的白话报刊达170余种（部分采用白话的报刊未计算在内），其中1897~1911年约111种，1912~1918年约59种。北京一地，1912年到1918年即出版了27种。④ 这份统计资料并不完整，研究者在一些报纸的记载及广告中，另外辑出20份出版于1900~1911年的白话报刊，并且说明"在各地的报纸资料中继续梳爬，一定还可以发现更多在五四之前印行的白话报刊"。⑤ 重要的是，由此还引发不少对报章的思考。

---

① 孙玉声：《白话报与夜报》，《报海前尘录》，第22页。这还有待斟酌，按照白瑞华提供的资料，传教士创办的报章最早注意到使用"平白文理"。白瑞华：《中国近代报刊史》，第75页。
② 申报馆：《招人代售新报》，《申报》1876年3月28日，第1页。
③ 申报馆：《劝看〈民报〉》，《申报》1876年5月19日，第2页。
④ 蔡乐苏：《清末民初的一百七十余种白话报刊》，丁守和主编《辛亥革命时期期刊介绍》第5集，第493~538页。
⑤ 李孝悌：《胡适与白话文运动的再评价——从清末的白话文谈起》，《清末的下层社会启蒙运动：1901~1911》，附录一，第254~255页。

1898 年，裘廷梁发表的《论白话为维新之本》，即标榜"崇白话而废文言"，中国之所以"有文字而不得为智国，民识字而不得为智民"，"此文言之为害矣"。文章还举证了"白话之益"的体现，凡八条。① 1900 年，陈荣衮在《知新报》发表的《论报章宜改用浅说》也强调："中国风气之开，多赖报纸之力，然得失未尝相掩焉。"原因何在？"中国报纸多用文言，此报纸不广大之根由，而铁路未筑，邮政未善，读书识字人少，犹属一孔之见也。"进而指出：固执文言不肯变通的硕学鸿儒，欲永使不懂文言的"农、工、商、贾、妇人、孺人"处于"不议不论"的地位，"盲弃其国民矣"。②

这也表明白话报章的兴起紧扣晚清社会的转型，是社会动员的需求培育出面向更广泛受众的报章，这一过程当在前述"合群"的诉求中加以理解。上海文明书局 1903 年出版的《童子世界》即指出，此前创办的报章尚有未尽如人意之处，该报既名之为《童子世界》，故"文字务期浅近，令思想幼稚者得达于文明之极点，人人有权利思想，有一般国民之资格"。③ 因此，白话报章之盛行，与针对孩童、女子办报，可谓异曲同工。

1897 年 11 月在上海创刊的《演义白话报》，明确表达了这样的看法："中国人要想发愤立志，不吃人亏，必须讲究外洋情形，天下大势，必须看报；要想看报，必须从白话起头，方才明明白白。"④ 裘廷梁 1898 年 5 月创办的《无锡白话报》更是指明：

> 欲民智大启，必自广兴学校始。不得已而求其次，必自阅报

---

① 裘廷梁：《论白话为维新之本》，《中国官音白话报》第 19、20 期合刊，1898 年 8 月 27 日，第 1～4 页。

② 陈荣衮：《论报章宜改用浅说》，《知新报》第 111 册，1900 年 1 月 11 日，第 1 页。

③ 《本报告白》，《童子世界》第 1 期，1903 年 4 月 6 日，告白页。

④ 《白话报小引》，《演义白话报》第 1 期，1897 年 11 月 7 日，第 1 页。

始。报安能人人而阅之，必自白话报始。①

裘对此的思考可谓"先觉"，较早把问题引向对阅读的思考。《时务报》刊行后，他致函汪康年："诸君子创开报馆，曾未及岁，每期销至万四千册，可谓多矣，然尤不逮中国民数万分之一。"还表示："他郡县吾不知，以无锡言之，能阅《时务报》者，士约二百分之九，商约四五千分之一，农、工绝焉。推之沿海各行省，度不甚相远。"② 且不论裘的观察是否符合事实，判断是否准确，但问题之存在却不能否认。

《无锡白话报》在内容的安排上，也颇为用心。裘毓芳《劝看白话报》具体说明："这报是专门拣各样有用的书，与各种报上新奇有益处的事情，一齐演成白话。"③ 主要针对《中西纪闻》《万国公法》《农学新法》《化学启蒙》《富国策》《养民新法》《泰西新史揽要》等书进行"演义"。选择《万国公法》，是因为"现在外国与中国交涉，常要说公法怎样，所以中国人不能不知道些公法了"。该报还以这样的方式介绍该书：

> 西洋有部书，名叫《万国公法》，凡各国的君主，无论与别国打仗、讲和、相交，一切事体，都要照着《万国公法》的说话去做。④

---

① 裘廷梁：《〈无锡白话报〉序》，《无锡白话报》第 1 期，1898 年 5 月 11 日，第 1 页。该报出版 4 期后，改为《中国官音白话报》，1898 年 6 月 19 日出版了第 5、6 期合刊。

② 裘廷梁：《致汪康年》(2)，《汪康年师友书札》(3)，第 2625～2626 页。

③ 裘毓芳：《劝看白话报》，《无锡白话报》第 1 期，1898 年 5 月 11 日，第 4 页。

④ 窦士镛演《万国公法》，《中国官音白话报》第 7、8 期合刊，1898 年 6 月 29 日，第 1 页。

进行知识"演义"的，不乏其他报章。1901 年 1 月创刊的《杭州白话报》，在一年的时间里，"自做的书有五种"，"从各种报里演出来的有四种"，"从各种书里演出来的有四种"。① 1901 年 10 月发刊的《苏州白话报》，也仿效《杭州白话报》开设"演报"栏，将相关论述"演"为"白话"。② 譬如，在该报连载的《富强起源》和《对清策》，即分别"演"自傅兰雅、应祖锡所译的《佐治刍言》和添田寿一的《对清策》。

显而易见，白话报章大量涌现，虑及的是如何吸引更多读者，影响所及，白话报章也渐渐有了明晰的受众。1902 年创刊的《启蒙通俗报》说明："本报为中等人说法，文义浅显，兼列白话。"③ 更极端的观点还时有流露，林獬创办《中国白话报》就直陈："如今这种月报、日报，全是给读书人看的，任你说得怎样痛哭流涕，总是对牛弹琴，一点益处没有的。"因此，"现在中国的读书人，没有什么可望了，可望的都在我们几位种田的、做手艺的、做买卖的、当兵的以及那十几岁小孩子阿哥、姑娘们"。当然，文章也该写给他们看。④ 1904 年在芜湖创刊的《安徽俗话报》，也明确告知"这报的好处"：

> 一是门类分得多，各项人看着都有益处；二是做报的都是安徽人，所说的话，大家可以懂得；三是价钱便宜，穷人也可以买得起。还有多少好处，一时也说不尽。⑤

---

① 江东雄次郎演说《本报一年期满总论》，《杭州白话报》第 1 年第 33 期，1902 年，第 1~4 页。

② 《简明章程》，《苏州白话报》第 1 册，1901 年 10 月 21 日，"告白"。

③ 《改良〈启蒙通俗报〉第二年新广告》，《启蒙通俗报》第 1 年第 19 期，1902 年，"告白"。

④ 白话道人（林獬）：《〈中国白话报〉发刊辞》，《中国白话报》第 1 期，1903 年 12 月 19 日，第 2、4 页。

⑤ 陈独秀：《开办〈安徽俗话报〉的缘故》，《安徽俗话报》第 1 期，1904 年 3 月 31 日，第 3 页。

白话报章在京津地区也有很好反响。前已提及，1902年创刊于天津的《大公报》，发行伊始已有培育"阅读公众"的自觉，希望各色人等，皆知"阅报之益"。该报第1号即设有"附件"版，多用"演说体"，"使文理不深之人观看"。英敛之在日记中也提及自己担任此项工作："连日如常，每日俱演白话一段，附于报后，以当劝诫，颇蒙多人许可，实化俗之美意。"①从1904年开始，《大公报》还每日随报附赠《敝帚千金》白话专版，希望此举能"破除国民愚昧谬妄之见识，唤起国民合群爱国之精神"。②

1904年8月创办于北京的《京话日报》也颇具影响。该报由彭翼仲创办，"通篇概用京话，以浅显之笔，述朴实之理，纪紧要之事"。发行数一度超过一万份，成为当时北京销路最大、影响最广、声誉最隆的一份报纸。③先行一步的《大公报》也对《京话日报》大力扶持，连续刊登《请看〈京话日报〉》的广告，表彰该报"通幅概用京话，以浅显之笔，达朴素之理，纪紧要之事务，令雅俗共赏，妇雅咸宜"。④及至该报遭查封，英敛之仍撰文称："北京报界之享大名者，要推《京话日报》为第一。"⑤

值得补充的是，在白话报章兴起的同时，"演说"也受到重视。二者尽管形式不同，用意则一。前面提及的《论报章宜改用浅说》一文，已阐明以浅说作报还不能解决问题，需配合多开小学堂，多开演说社。⑥1905年《华字汇报》转载的一篇文字也表示："开智之术，以笔以舌以教，三者盖缺一不可。中国行其二矣，学校也，报章

---

① 方豪编录《英敛之先生日记遗稿》，光绪二十八年五月十八日，第516页。
② 英敛之：《〈敝帚千金〉序》，《大公报》1904年4月16日，第1版。
③ 方汉奇《京话日报》，丁守和主编《辛亥革命时期期刊介绍》第5集，第57~69页。
④ 《请看〈京话日报〉》，《大公报》1904年8月13日，第2版。
⑤ 英敛之：《北京视察小录（续）》，《大公报》1907年11月27日，第2版。
⑥ 陈荣衮：《论报章宜改用浅说》，《知新报》第111册，1900年1月11日，第3页。

也。"" 欲有以济学校报章之穷，补学校报章之力所不逮，而其影响、其效验足以贯彻上中下社会而无所沮滞者，决不能无借于口舌之功，此演说之所以为开通风气第一要具也。"① 该文以四川为推动"演说"的先行者，恐不确，1904 年由演说练习会编辑、发行的《白话》，第1 期便刊载了《演说练习会简章》。② 同期还刊登了秋瑾的《演说的好处》，指出"开化人的智识，非演说不可"。③ 该刊登载的文章皆用白话，且每一句都用空格隔开。

之所以要补充演说流行的情况，是因为演说在知识传播上发挥了重要作用。换言之，尽管阅读报章逐步构成读书人成长的重要一环，但聆听演说产生的影响，也不可忽视。西德尼·甘博（Sidney David Gamble）旅居中国期间留下的《北京的社会调查》注意到："1902 年教育革命开始不久，北京开办了许多私人讲演所，向人们传授一些受过教育的人的新思想。讲演附设的阅报室也经常开放。"④ 1918 年针对京师公众阅报所的调查亦说明："京师公众阅报所大半附设于宣讲所内，计由京师学务局设立者九处。"⑤ 这也是值得重视的信息，新文化运动形成的影响机制，就包括演说这一环（详后）。

如黄远庸所解释的，晚清白话文运动的内在动因是为了通上下之情，因而主张以与"一般人生出交涉"的"浅近文艺"作为传播"现代思潮"的利器。⑥ 这也产生了实际效果，《大公报》附设"官

---

① 《论四川改宣讲为演说之宜仿行》，原刊《岭东日报》，此据《华字汇报》1905 年7 月 31 日，第 5 页。

② 《演说练习会简章》，《白话》第 1 期，1904 年 9 月 24 日，第 1～2 页。

③ 秋瑾：《演说的好处》，《白话》第 1 期，1904 年 9 月 24 日，第 4 页。

④ 西德尼·甘博：《北京的社会调查》（上），陈愉秉等译，中国书店，2010，第 146～148 页。

⑤ 《京师公众阅报所》，中国第二历史档案馆编《中华民国档案史料汇编》第三辑，"文化"，第 129～130 页。

⑥ 黄远庸：《通讯·释言·其一》，《甲寅》第 1 卷第 10 号，1915 年，第 2 页。

话"一门后，便获得积极回应："因为其说理平浅，最易开下等人之知识，故各报从而效之者日众。"① 1904 年《警钟日报》的一篇文章，更是将白话报章之成长视为"白话之势力与中国文化相随而发达之证也"：

> 白话报者，文明普及之本也。白话报推行既广，则中国文明之进步固可推矣。中国文明愈进步，则白话报前途之发达，又可推矣。②

实际上，对报章文字有所要求并非仅限于这一时期，到五四时期，《东方杂志》"读者论坛"的一篇来函，仍提到杂志的语言问题："言自言，文自文，达情表意，很不容易。"杂志是为更多人看的，"不是单单为着上流社会的人浏览的，是普及的，不是局部的"。如此看来，"杂志上面的文章，应当力求浅显，不必深奥才好"。③ 这也说明报章这一媒介，自出现那天起，就有一种自觉：要为更多人所接受。

三　围绕报章文字的争辩

在帝制时代的中国，文字乃身份的象征，报章出现后使读书人的写作方式发生转变，并推动文字的变革，这只是问题的一面。接受与否，免不了诸多曲折，甚至任职于报馆，也会有种种压力。包天笑初入报界，其岳丈便极力反对，认为"当报馆主笔（从前不称记者），

---

① 英敛之：《本馆特白》，《大公报》1905 年 8 月 20 日，第 1 版。
② 《论白话报与中国前途之关系》，《警钟日报》1904 年 4 月 25 日、26 日，第 1 版。
③ 毕立：《我所要求于本志的意思》，《东方杂志》第 17 卷第 11 号，1920 年，第 97 页。

就是暗中操人生死之权的，最伤阴骘"。① 陶菊隐在决定从事新闻记者的工作时，父亲、叔父也竭力劝阻，以"报馆究非正业"，"求学为宜"。② 戈公振解释了个中之缘由：按照社会普通心理，"报社之主笔访员，均为不名誉之职业。不仅官场仇视之，即社会亦以搬弄是非轻薄之"。③ 这些后来成为著名报人的人士，在职业选择时的困惑，并非过虑。这一职业在斯时确实并不被世人所看好，《申报》早期主笔雷缙就指出，当时的读书人大都醉心科举，无人肯从事于新闻业，"惟落拓文人、疏狂学子，或借报纸以发抒其抑郁无聊之意兴"。④ 甚至不乏极端的看法，辜鸿铭对报纸颇为鄙视，甚至与秦始皇之"焚书坑儒"联系起来：

> 余以为当日秦始皇所焚之书，即今日之烂报纸；始皇所坑之儒，即今日出烂报纸之主笔也。势有不得不焚、不得不坑者。⑤

即使已委身报馆，在当时似乎也并非理想的选择。梁启超有机会任职湖南时务学堂，黄遵宪就致函汪康年，希望汪能成全，"学堂之设，学会之开，亦公平日志意所在"，"屈于报馆，乃似乎用违其才。学堂人师为天下楷模，关系尤重"。⑥

换一个角度看，即便读书人创办发行白话报章，也并不意味着打破士大夫阶层与下层民众之间的屏障。胡适曾描绘不相关联的两幕：

---

① 包天笑.《钏影楼回忆录》，第 83 页。
② 陶菊隐：《记者生活 30 年》，中华书局，2005，第 4 页。
③ 戈公振：《中国报学史》，第 101 页。
④ 雷缙：《申报馆之过去状况》，申报馆编《最近之五十年——申报馆五十周年纪念刊》第三编，第 27 页。
⑤ 辜鸿铭：《烂报纸》，《张文襄幕府纪闻》卷下，1910 年铅印本，第 7 页。
⑥ 黄遵宪：《致汪康年》(34)，《汪康年师友书札》(3)，第 2360 页。

"一幕是士大夫阶级努力想用古文来应付一个新时代的需要；一幕是士大夫中的明白人想创造一种拼音文字来教育那'芸芸亿兆'的老百姓。"① 由此社会也被分作两部分，一边是应该用白话文的"他们"，一边是应该做古文古诗的"我们"。② 对于在此过程中一度独领风骚的"文体"，钱基博也指明梁启超、章士钊诸人，仍"袭文言之体"，不免"或有明而未融之处"。尤其是章氏之逻辑文学，"浅识尤苦索解"。③ 实际上，读书人接受报章文字同样颇有周折，发生在几个读书人身上的故事，便透露出其中之枢机。

严复与梁启超的争辩

严复与梁启超围绕此的争辩，展现出晚清读书人接受报章文字并不那么顺利，值得作为典型的事例分析。研究者曾以达尔文（Charles Robert Darwin）与赫胥黎（Thomas Henry Huxley）类比严复与梁启超，认为后者推动"启蒙"更有力。④ 很大程度上，这是由两人写作方式的区别造成的。梁之所以产生更大影响，在讲究"文章之道"的国度，即是由于为文之力度。皮锡瑞有这样的评说："梁氏文笔甚畅，使予为之，不能如此透彻，才力之相去远矣。"⑤ 李肖聃言及梁启超连载于《时务报》的《变法通议》也表示："老师宿儒，新学小生，交口称之。"甚至岳麓书院山长王先谦，亦"令诸生购阅此报，称为忧时君子发愤而作也"。⑥ 这些都指明"文字"乃梁成名

① 胡适：《导言》，胡适编选《中国新文学大系·建设理论集》（赵家璧主编《中国新文学大系》第 1 集），第 13 页。
② 胡适：《五十年来中国之文学》，申报馆编《最近之五十年——申报馆五十周年纪念刊》第二编，第 19 页。
③ 钱基博：《中国现代文学史》，世界书局，1933，第 425 页。
④ 小野川秀美：《晚清政治思想研究》，林明德、黄福庆译，时报文化出版公司，1982，第 295 页。
⑤ 皮锡瑞：《师伏堂日记》第 2 册，光绪二十三年十一月二十九日，第 484～485 页。
⑥ 李肖聃：《星庐笔记》，岳麓书社，1983，第 5 页。

之主要依凭，只是未必皆为赞誉之声，严复即有不同看法。

结合梁启超 1897 年致严复的书信可知悉，严针对梁刊于《时务报》的文字不乏批评，为此梁也做了解释："当《时务报》初出之第一二次也，心犹矜持而笔不欲妄下，数月以后，誉者渐多，而渐忘其本来。""每为一文，则必匆迫草率，稿尚未脱，已付钞胥，非直无悉心审定之时，并且无再三经目之事。"这意味着，梁对于在报章所发表的文字也不无遗憾，然而，考虑到"不过报章信口之谈，并非著述，虽复有失，靡关本原"，又不免"自恕"。梁所持理由似也很充分：报章之文不过是"为中等人说法"。① 稍前一通书信中，梁启超还自信满满地表示"弟必不以所学入之报中"，"今直恨所著之书未成，刻书之资未允耳。他日鄙志苟遂，则将焕然成巨帙，藏之名山，传之其人"。②

严复在文字上的坚守，不仅反映在对梁启超文字的批评，也表现在选择士大夫所好的文字从事翻译。吴汝纶曾推崇严复"雄于文"，肯定"其书乃骎骎与晚周诸子相上下"，"文如几道，可与言译书矣"。③ 严复并非没有考虑报章文字问题，1898 年他在《国闻报》发表的《说难》，也指明"报馆之文章至难也"，令其不满的是，"支那之设报馆三十年矣，向见各报，其论事也，诡出诡入，或洋洋数千言，而茫然不见其命意之所在"。照其所见，办报者须秉持这样的立场："就吾所闻，敬告天下，平心以出之，正志以待之。"④ 稍后门生

---

① 梁启超：《与严又陵先生书》，《饮冰室合集》第 1 册，"文集之一"，第 107～108 页。1898 年皮锡瑞答叶德辉质疑时，同样指出报章之文字算不得"著书"，"并不足以言文"。皮锡瑞：《致叶德辉》，见《叶吏部答皮孝廉书》，"附来书"，苏舆编《翼教丛编》卷 6，上海书店出版社，2002，第 172 页。
② 梁启超：《与穰卿、颂谷书》（光绪二十二年十月十三日），丁文江、赵丰田编《梁启超年谱长编》，第 59 页。
③ 吴汝纶：《〈天演论〉吴序》，英国赫胥黎造论，严复达恉《天演论》，第 1 页。
④ 严复：《说难》，《国闻报》1898 年 8 月 6 日，第 1～2 版。

熊季廉奉上撰写的两篇文章，严复又表示，"此事固不可以文字计较短长"，然"言为心声，不可不加之意也。况以言感人，其本已浅；言而不工，感于何有？"并直言熊文之瑕疵："下笔太易，语多陈俗，一也。过为激发之音，闻者生倦，二也。义俭辞奢，以己之一幅当能者之一行，三也。"①

有意思的是，梁启超在有了更多的办报实践后，越发洞悉作为传播思想的文字当细加考量。于是，1902 年梁启超在《新民丛报》介绍严复所译《原富》一书时，反过来批评严之译文"太务渊雅"，由于刻意模仿先秦文体，极不便思想之传播：

> 此等学理邃赜之书，非以流畅锐达之笔行之，安能使学僮受其益乎。著译之业，将以播文明思想于国民也，非为藏山不朽之名誉也。文人结习，吾不能为贤者讳矣。②

对此，严复也做了辩解："仆之于文，非务渊雅也，务其是耳。""若徒为近俗之辞，以取便市井乡僻之不学，此于文界，乃所谓陵迟，非革命也。"他还强调，所翻译的乃"学理邃赜之书"，"非以饷学僮而望其受益也，吾译正以待多读中国古书之人。使其目未睹中国之古书，而欲稗贩吾译者，此其过在读者，而译者不任受责也"。③

对于自己推动的"新文体"，梁启超后来也有所论述：尽管遭到老辈的痛恨，"诋为野狐"，然其文"条理明晰，笔锋常带感情，对于读者，别有一种魔力焉"。④ 在此过程中，梁启超并非没有迟疑，

① 《与熊季廉书》（约 1901 年），孙应祥、皮后锋编《〈严复集〉补编》，第 229 页。
② 梁启超：《绍介新著·〈原富〉》，《新民丛报》第 1 号，1902 年 2 月 8 日，第 115 页。
③ 严复：《与〈新民丛报〉论所译〈原富〉书》，《新民丛报》第 7 号，1902 年 5 月 8 日，第 110～111 页。
④ 《清代学术概论》，朱维铮校注《梁启超论清学史二种》，第 70 页。

耐人寻味的是，他对于同门与乃师的文字取双重标准，透露出对浅近之文字，并没有那么有信心。1896 年底，他于澳门致函汪康年诸人，因为此前答应为《时务报》提供文章，却"日日无暇晷"，于是从麦孟华处乞得一文以"塞责"，还颇有意思地谈道："孺博之学，宏达瞻博，其为文雄深秘奇，远非弟所可望。若令其稍降格，不事研炼，略使平易可晓，真报馆之异才矣。"① 所谓"稍降格"，在梁看来是为报馆撰文需要面对的。正因此，涉及乃师康有为，其看法却大为不同：

> 先生之著书，与吾党之著书有异。先生之著书，以博大庄严为主，其当著者，则《伪经考》《改制考》《大义记》《微言记》，及其他言教精焉之书。②

据此可看出，在这样一个过渡时期，读书人为文还是持两重标准，仍恪守着著述之庄严，梁启超仍以过去的标准看待康有为之著述（梁本人也心向往之），并将此与他们一干人在报馆发表的文字加以区分。这也是当时普遍认同的文字之道，严复所持的看法，即是如此。有趣的是，梁提醒康著述当慎重，而严则劝说梁为文当慎重。

《新民丛报》时期梁启超的言论影响力达到顶峰，他向康有为禀报："此间自开《新民丛报》后，每日属文以五千言为率，因此窘甚。"③ 即便如此，梁对其文字仍没有自信。1902 年何擎一辑梁数年

---

① 梁启超：《致穰卿、颂阁、云台足下书》（光绪二十二年十一月四日），《汪康年师友书札》（2），第 1848 页。

② 梁启超：《致康有为书》（光绪二十三年三月三日），丁文江、赵丰田编《梁启超年谱长编》，第 81 页。

③ 梁启超：《与夫子大人书》（光绪二十八年四月），丁文江、赵丰田编《梁启超年谱长编》，第 273 页。

所作文为《饮冰室文集》，梁启超为该书撰写的序文，便由衷表示：吾辈之为文，不过"应于时势，发其胸中所言"，也"只能以被之报章，供一岁数月之邮铎而已，过其时，则以覆瓿焉可也"。① 1906 年在与徐佛苏的通信中，梁又区分出"著书之体"与"报章文字"，仍视"报章文字"为难以留存之文。言及"已成过半"的《中国法理学发达史论》，他表示已打算将此刊于《新民丛报》，不过却强调：

> 彼文将来欲以印单行本（因用力颇勤，近于著书之体，不纯为报章文字，故欲存之），不愿率以贻误学人。欲乞公于阅报时加批评于眉端，或赐纠正，或发明（所搜集材料颇富，苦法学上之学力幼稚，不能尽发名），俾单印时改正，感且不朽。②

这并非梁个人的看法，1907 年英敛之将其自撰文字汇为一书，之所以取《也是集》之名，是因为内中多为报上发表的文字。而马相伯为该书写序，则是要将此与"报馆之文"加以区分，同样点出"报馆之文"弊端多多，肯定"《也是集》决无是矣"。③

天下文章"未有如报章之备哉灿烂者也"

严复与梁启超的论辩，凸显出晚清读书人所面临的写作方式上的抉择，转变的契机正是报纸杂志的流行。谭嗣同这方面倒是更为积极一些，他甚至认为："居今之世，吾辈力量所能为者，要无能过撰文登报之善矣。"④ 这也成为后来发表于《时务报》一篇文章的主要意

---

① 梁启超：《〈饮冰室合集〉自序》，丁文江、赵丰田编《梁启超年谱长编》，第 293～294 页。
② 梁启超：《与佛苏我兄书》（光绪三十二年三月），丁文江、赵丰田编《梁启超年谱长编》，第 358 页。
③ 《〈也是集〉序》，朱维铮主编《马相伯集》，第 69 页。
④ 谭嗣同：《致汪康年》（4），《汪康年师友书札》（4），第 3238 页。

思。该文针对文章体例进行疏别，将辞赋等"不切民用者"排除在外，而以报章之文为"总宇宙之文"，盛赞天下文章"未有如报章之备哉灿烂者也"。①

然而，更多读书人展示的，是在经历一番曲折后才接纳报章文字。宋恕受聘报馆后即大为纠结。由于秉持读书人以往对"立言"的看法，宋对在报章上撰文顾虑重重，《自强报》邀其担任主笔，他就提出 24 款"条约"。向报馆提出这些条件，固是宋恕之性情使然，也是因其把别的工作放在更重要位置。他明确表示，因为"现有自阅及代阅数处书院课卷，兼不欲废经史之披览，停未就之撰述"，故此，"所有交阅译文，不能细加阅改，但能办到'观大意，削大谬'六字"。还强调不敢受"主笔"之名，暂自名曰"权主笔"：

> 生平未曾学作报纸文字，恐所作不入格，然以贵报宗旨大异俗报，两公志趣大异俗士之故，乐于从命。虽然，未敢遽自居于主笔也，姑权乎！②

同时，政治因素也是宋恕不能不考虑的。《自强报》后改名《经世报》，宋恕又应经世报馆之聘担任"著论"，为此又表达了对此的种种疑虑："清议之无权也久矣！""子将为清乎？则子之报必无幸矣！子将幸子之报乎？则必清其名、浊其实而后可矣。"③后来在致梁启超信中，尽管宋表达了对《清议报》的认可，指出"《清议报》

---

① 谭嗣同：《报章文体说》，《时务报》第 29 册，1897 年 6 月 10 日，第 3 页；《时务报》第 30 册，1897 年 6 月 21 日，第 4 页。
② 《致胡、童书》（1897 年 3 月 29 日），胡珠生编《宋恕集》上册，第 570～571 页。
③ 《记应经世报馆摄著论之聘缘始》（1897 年 7 月 19 日），胡珠生编《宋恕集》上册，第 272 页。

期期读，字字读，撰译皆胜《时务报》万倍，恨不能销于内地"，然而对于自己的文字发表于该报，却又很谨慎。函中录有其《寄怀饮冰子》七言十章，为此也说明：

> 拙诗可登《清议报》，但乞执事勿告中、东人——言是弟作，以处窄天地之中实无可奈何，不能不胆怯也。①

宋恕后来也算接受了报章文字，看了《新世界学报》，从文字的角度颇有佳评。为此致函陈黼宸："十余年来经吾目者数百千人，而入吾品者不过二三十人，而神品则惟列章余杭、蒋诸暨、梁新会、夏仁和四子"，"今读《新世界学报》，乃增足下而五矣"。②

杨度接受报章文字，同样经历不少曲折。戊戌时期，因为上谕有所谓"民间如有能制洋器与著书二十万言以上者予官"，对"中华文字"一向看重的杨度，在日记中就表示："洋务有何可谈？乃必二十万言……至其无用，固不待言矣。"③到日本创办刊物后，杨度不免思考文字问题。《〈游学译编〉叙》言及："同人之译是编也，将以为扶植老大、培植幼稚之助也。"为此还"约以数事"，曰"不著论说""杂采书报""不美装潢"。做出这样的调整，是因为杨度对于中国的语言文字，此时已有所检讨："凡一国之语言文字，歧而为二者，其国家之教育、人民之进化，必不能普遍于全国上下。""有利于国民，即为有用之文字，岂以体裁之大小而为之区别乎？"并且强调：

---

① 《致饮冰子书》（1899 年 9 月 23 日），胡珠生编《宋恕集》上册，第 603～604 页。
② 《与陈介石书》（1902 年 10 月 11 日），胡珠生编《宋恕集》上册，第 612 页。
③ 《杨度日记》，1898 年 8 月 19 日，第 104 页。

我国民之不进化，文字障其亦一大原因也。夫小说文字之所以优者，为其近于语言而能唤起国民之精神故耳。①

梁启超、严复围绕报章文字的争辩，以及宋恕、杨度等接受报章文字的曲折，乃晚清读书人接纳报章文字的写照。报章对于文字改革的推进，也甚为昭著。《知新报》1900年发布告白说明："本馆今年新改体例，论说文字务取浅白，期于人人共晓，故尽人皆可购阅。"②《湖北学生界》则批评那些"以奇古渊邃自矜"的所谓"专门名家"，不过是"为一己之名誉计，非为国人谋公共之幸福也"，强调"夫文字者，在以吾之思想传于人之脑筋，在以吾之精神达于人之灵魂"，读书人要做到"今日所学，明日即思饷诸国人"。③

由此可见，追求白话报章，并非孤立的行为。问题之所以聚焦于文字，盖因此为构成传播知识、开启民智的关键。高凤谦1908年撰文批驳了"偏重文字之害"："世界万国，视文字之重者，无如我国；而识文字之少者，反无如我国。"④ 进入民国以后，饱经风雨的梁启超，对于在"言论界"扮演角色，也更为自信，表示其立言宗旨，在"浚牖民智，熏陶民德，发扬民力，务使养成共和法治国国民之资格"，此乃"十八年来初志，且将终身以之者也"。⑤

真著作"必不能于杂志中求"

为报馆撰文，一开始还只是部分读书人所能接受，知识界普遍接受此种做法尚存在不少阻力。甚至报馆之文，还被贴上特殊的标签。

---

① 杨度：《〈游学译编〉叙》，《游学译编》第1册，1902年11月14日，第2、18～19页。
② 《本馆告白》，《知新报》第112册，1900年2月14日，第37页。
③ 张继熙：《叙论》，《湖北学生界》第1期，1903年1月29日，第7～8页。
④ 高凤谦：《论偏重文字之害》，《东方杂志》第5卷第7号，1908年，第30页。
⑤ 梁启超：《鄙人对于言论界之过去及将来》，《庸言》第1卷第1号，1912年，第5页。

姚锡光读了林乐知译、蔡尔康辑《中东战纪本末》就指出：是书之作，"每篇皆浓圈密点如时文，如批点小说，其笔墨则报馆窠臼，殊无足取"。① 在清季颇享文名的张尔田，在给夏承焘的信中，对于杂志刊登诗词之作更是表示："每见近出杂志，必有诗词数首充数，尘羹土饭，了无精采可言。"还愤激写道："仆有恒言：真学问必不能于学校中求，真著作亦必不能于杂志中求。"② 对所谓"真学问""真著作"的捍卫，也成为抗拒报章文字的一道防线，并产生了持续影响。1922 年《东方杂志》登载的一篇检讨近二十年中国旧学进步的文章，同样批评"阅杂志之少壮诸君"难以了解"专门旧学"，为此还提出，"今日专门旧学之进步，实与群众普通旧学之退步为正比例"。③ 作者将此作为"奇异之现象"，正昭示学术的影响与表达的载体息息相关。

尤为突出的是，报章出现后还引出新名词问题。高凤谦注意到："今之言保存国粹者，大抵有积极、消极二主义。其持消极主义者，曰禁用新名词以绝莠言也；其持积极主义者，曰设立存古学堂以保旧学也。"高倒是持较为开通之立场："今之所谓新名词，大抵出于翻译，或径用东邻之成语，其扞格不通者，诚不可胜数。"然而，不能因噎废食，弃之不用，"世界交通，文明互换，外来之事物苟有益于我国者，既不能拒绝之"，又何必"计较于区区之名词"。④ "新名词"的流行，正构成晚清思想学术演进引人瞩目的一环，既和新知

---

① 《姚锡光江鄂日记》（外二种），1896 年 5 月 22 日，中华书局，2010，第 106 ~ 107 页。
② 《天风阁学词日记》，《夏承焘集》第 5 册，浙江古籍出版社、浙江教育出版社，1997，第 326 ~ 327 页。
③ 抗父：《最近二十年间中国旧学之进步》，《东方杂志》第 19 卷第 3 号，1922 年，第 33、38 页。
④ 高凤谦：《论保存国粹》，《教育杂志》第 1 年第 7 期，1909 年，第 547 ~ 548 页。

识的传播密切相关，同时与报章作为新型媒介的流行也难以割裂开来。报章文字之接受已成问题，可以想见，烙上东瀛色彩的新名词更会引出不少风波。

1902 年创办的《政艺通报》就有这样的背景。邓实观察到这样的现象：

> 海市既开，风潮震撼，吾国不学之士、无良之民，浸淫于蟹行之书，病祖国言文之深邃，反欲尽举祖宗相传以来美丽风华、光明正大之语言文字废之而不用，而一惟东西之言文是依，以为夷其言语文字即足以智民而强国。

在其看来，"一社会之内，必有其一种之语言文字焉，以为其社会之元质，而为其人民精神之所寄，以自立一国"。为此也明确表示："文言者，吾国所以立国之精神而当宝之以为国粹者也。灭其国粹，是不啻自灭其国。"[①]

1905 年创刊的《国粹学报》，也鲜明表达了对流行的"东瀛文体"的排拒："本报撰述，其文体纯用国文风格，务求渊懿精实，一洗近日东瀛文体粗浅之恶习。"[②] 刘师培对于文字发展呈现的"由文趋质、由深趋浅"的趋势，并不否认，甚至认为，"以通俗之文推行书报，凡世之稍识字者，皆可家置一编，以助觉民之用，此诚近今中国之急务也"。然而，"古代文词，岂宜骤废"。[③] 相应的，刘所接受的"变革"也有一定限度，明确将日本文体输入中国视作"中国文

---

① 邓实：《鸡鸣风雨楼独立书·语言文字独立第二》，《政艺通报》癸卯第 24 号，1904 年 1 月 17 日，第 1 页。
② 《〈国粹学报〉略例》，《国粹学报》第 1 期，1905 年 2 月 23 日，第 1 页。
③ 刘光汉：《论文杂记》，《国粹学报》第 1 期，1905 年 2 月 23 日，第 6~7 页。

学之厄"。① 黄节在《〈国粹学报〉叙》中甚至指明：英俄灭印度、裂波兰，亦"皆先变乱其言语文学，而后其种族乃凌迟衰微"。甲午之后，日本的影响逐渐深入，不免令人忧心："亡吾国学者，不在泰西而在日本乎？"②

随后章太炎等组织的国学讲习会，对"国学"之拯救也落实于"文"："道敝文丧，由来已久，而今世尤为岌岌。"还将问题归于代科举而兴之"新学"，"前之业科举者，不敢排斥国学，而今之业新学者，竟敢诋国学为当废绝"。③ 说起章太炎，在捍卫中国语言文字方面的努力，可谓无人能出其右。1906 年章在演说中指出：语言文字、典章制度、人物事迹三端，为中国特别的长处。④ 稍后发表的《论语言文字之学》也表达了这样的见解："今欲知国学，则不得不先知语言文字。"进而阐明："文辞之本，在乎文字，未有不识字而能为文者。"⑤ 正因为此，章太炎对自己的文字也颇为自负，时人评定近世文人，曾将章列入，并与谭嗣同、黄遵宪并列，结果引来其一番议论，认为选文者所选不过是自己的"浅露"之作，"仆之文辞，为雅俗所知者，盖论事数首而已"。还表示既未敢与谭嗣同、黄遵宪"二子比肩"，也不欲与王闿运、康有为"二贤参俪"。⑥

章太炎在写给钱玄同的信中，更是对当时流行的为文方式提出尖锐批评，认为"文辞之坏"，严复、康有为尚无罪，林纾、梁启超则

① 刘师培：《论近世文学之变迁》，《国粹学报》第 26 期，1907 年 3 月 4 日，第 4 页。
② 黄节：《〈国粹学报〉叙》，《国粹学报》第 1 期，1905 年 2 月 23 日，第 2 页。
③ 国学讲习会发起人：《国学讲习会序》，《民报》第 7 号，1906 年 9 月 5 日，第 124 ~ 125 页。
④ 章太炎：《演说录》，《民报》第 6 号，1906 年 7 月 25 日，第 11 页。
⑤ 章太炎：《论语言文字之学》，《国粹学报》第 24 期，1907 年 1 月 4 日，第 1 ~ 2 页。
⑥ 《与邓实》（1909 年 2、3 月间），《章太炎全集》，"书信集"上，第 343 页。

难逃其咎："人学作文，上则高文典册，下则书札文牍而已。""然林纾小说之文，梁启超报章之格，但可用于小说报章，不能用之书札文牍，此人人所稔知也。"尤其还说明："小说多于事外刻画，报章喜为意外盈辞，此最于文体有害。"① 在别的地方，他还具体指明梁启超所谓"文界革命"，实不过"参合倭人文体"，更造成严重的后果。② 直至晚年，章太炎仍对此念念不忘：

> 文求其工，则代不数人，人不数篇，大非易事，但求能入史，斯可矣。若梁启超辈，有一字入史耶？③

学堂不得废弃中国文辞

文章之道影响于读书人，无过于科举考试，晚清"废除八股，改试策论"，自也促成文风之丕变。朱峙三 1903 年的日记说明，包括《新民丛报》《中国魂》之类的文体，被士子视为科举利器，"今科各省中举卷，多仿此文体者"。④ 王理孚也有这样的观察：《新民丛报》"销行特广"，原因在于，"其时清廷科举未废，一般学子多携此册入场，借以获隽者，不乏其人"。⑤ 不单科举新章会影响文风，开办新式学堂也不例外。在此过程中，如何看待文章之道及报章文字，也成为主事者不得不关心的问题。

张之洞、陈宝箴 1898 年 7 月《会奏妥议科举新章折》，力主在

① 《与钱玄同》（1910 年 10 月 20 日），《章太炎全集》，"书信集"上，第 186～187 页。
② 章太炎：《诛政党》，原刊《光华日报》1911 年 10 月 26 日、28 日、31 日，此据汤志钧编《章太炎年谱长编》上册，第 354 页。
③ 孙至诚：《谒余杭章先生纪语》，《制言》第 25 期，1936 年 9 月 16 日，第 2 页。
④ 严昌洪编《朱峙三日记（1893～1919）》，光绪二十八年十二月初十日，第 103 页。
⑤ 《所藏〈清议报〉〈新民丛报〉〈甲寅〉杂志目录提要》，张禹、陈盛奖编《王理孚集》，上海社会科学院出版社，2006，第 145～146 页。

科举考试改制中，将"报馆之琐语"，"严加屏黜，不准阑入"，并强调"八股之格式虽变，而衡文之宗旨仍与'清真雅正'之圣训相符"。[①] 在开办学校的呼声日益高涨之际，管学大臣张百熙负责制定各学堂章程，多次向张之洞请教。张之洞为此特别指明：

> 中国文章不可不讲。自高等小学至大学，皆宜专设一门。韩昌黎云"文以载道"，此语极精，今日尤切。中国之道具于经史，经史文辞古雅，浅学不解，自然不观。若不讲文章，经史不废而自废。[②]

凸显这一立场的，无过于张百熙、荣庆、张之洞共同制定的《奏定学堂章程》（癸卯学制），1904 年 1 月 13 日颁布的这一章程，算得上划时代的文献，如何坚守"中体西用"之原则，使办学"端正趋向"，严拒一切"邪说诐词"，也成为内中之"学务纲要"关注的要点。其中有两条内容，均与文章之道有关。其一，"学堂不得废弃中国文辞，以便读古来经籍"。为此，要求"各省学堂均不得抛荒此事"，于中国文辞，"仍以清真雅正为宗，不可过求奇古，尤不可徒尚浮华"。其二，"戒袭用外国无谓名词，以存国文，端士风"。相应的，也强调"夫叙事述理，中国自有通用名词，何必拾人牙慧?"[③]

---

① 张之洞、陈宝箴：《会奏妥议科举新章折》，汪叔子、张求会编《陈宝箴集》上册，第 765 页。

② 《致京张冶秋尚书》（光绪二十八年正月三十日），苑书义等主编《张之洞全集》第 11 册，第 8745 页。

③ 张百熙、荣庆、张之洞：《奏定学堂章程·学务纲要》，湖北学务处，1904，第 12 ~ 15 页。多贺秋五郎《近代中国教育史资料》收有清末有关教育改革的主要资料，并附有解说，可资参考。多贺秋五郎『近代中國教育史資料·清末篇』日本学術振興会、1972。

张之洞本人在办学实践中，对此也颇为看重。1907 年 7 月的《创立存古学堂折》仍坚称："国文者，本国之文字、语言、历古相传之书籍也。即间有时势变迁不尽适用者，亦心存而传之，断不肯听而渐灭。"① 胡思静还记录了张之洞晚年对新学、新词的疑惑：

> 自新名词盛行，公牍奏稿揉和通用，之洞尤恶之。一日，部员进稿中有"公民"二字，裂稿抵地，大骂。然新政倡自湖北，废科举、专办学堂，事极孟浪，实由之洞主持。既提倡在先，不能尽反前议，袖手嗟叹而已。②

这也表明新名词引发的问题，颇为突出。王国维 1905 年撰写的《论新学语之输入》，堪称对此最为深刻的反省，揭示出"近年文学上有一最著之现象，则新语之输入是已"。对于两种截然对立的观点——"好奇者滥用之，泥古者唾弃之"，王的意见是"两者皆非也"，并指明这一现象是由接受新知所带来的言语上的变化："言语者，思想之代表也，故新思想之输入，即新言语输入之意味也。"因此，"讲一学，治一艺，则非增新语不可。而日本之学者，既先我而定之矣，则沿而用之，何不可之有"。而且，"处今日而讲学，已有不能不增新语之势，而人既造之，我沿用之，其势无便于此者矣"。③

新知识与新名词

王国维对"新术语"的分析，揭示出这一语言现象攸关"新知

---

① 《创立存古学堂折》（光绪三十三年五月二十九日），苑书义等主编《张之洞全集》第 3 册，第 1762 页。

② 胡思静：《国闻备乘》，荣孟源、章伯锋主编《近代稗海》第 1 辑，第 301 页。《申报》1907 年登载的一篇文字，也将矛头直指张之洞。盈：《奏请章奏禁用新名词》，《申报》1907 年 3 月 2 日，第 4 版。

③ 王国维：《论新学语之输入》，《教育世界》第 96 号，1905 年 4 月，第 1～5 页。

识"的传播。来华西人对此也深有体会，1904 年林乐知即有"新名词不能不撰"的看法："在未教化之国，欲译有文明教化国人所著之书，万万不能。以其自有之言语，与其思想，皆太单简也。"具体到中国，尽管中国之文化"开辟最早"，但"至今日而译书仍不免有窒碍者"，原因无他，"中国之字，不过六万有奇，是较少于英文十四万也"，"译书者适遇中国字繁富之一部分，或能敷用，偶有中国人素所未有之思想，其部分内之字必大缺乏，无从移译"。① 这也成为催生汉语新词的基本缘由。1903 年出版的《新尔雅》一书，列出这样一些类目：释政、释法、释计、释教育、释群、释名、释几何、释天、释地、释格致、释化、释生理、释动物、释植物。此亦透露出，新名词、新概念集中产生于新的知识领域。② 1913 年上海美华书馆出版的一本小册子，也直接传递出新名词来自对新观念的引介。③

梁启超提供了何以会接受新名词的例证。他曾表示："吾近好以日本语句入文，见者已诧，赞其新异。"④ 不过，他将新名词之出现视作难以阻挡的趋势："社会之变迁日繁，其新现象、新名词必日出，或从积累而得，或从交换而来。"关键在于，"言文合，则言增而文与之俱增。一新名物、新意境出，而即有一新文字以应之。新新相引，而日进焉"。⑤ 对于新名词的流行，梁也发挥了不小的作用，

---

① 林乐知著，范祎述《新名词之辨惑》，《万国公报》第 184 册，1904 年 5 月，第 23 ~ 24 页。
② 汪荣宝、叶澜编纂《新尔雅》，目录页。
③ Ada Haven Mateer, *New Term for New Ideas: A Study of the Chinese Newspaper*, Shanghai: American Presbyterian Mission Press, 1913. 后来的研究者也袭取了这一看法，将此用作书名。Michael Lacker, Iwo Amelung, and Joachim Kurtz, eds., *New Terms for New Ideas: Western Knowledge and Lexical Change in Late Imperial China*, Leiden: E. J. Brill, 2001. 中译见郎宓榭、阿梅龙、顾有信《新词语新概念：西学译介与晚清汉语词汇之变迁》，赵兴胜等译，山东画报出版社，2012。
④ 梁启超：《夏威夷游记》，《饮冰室合集》第 7 册，"专集之二十二"，第 190 页。
⑤ 梁启超：《新民说十·论进步》，《新民丛报》第 10 号，1902 年 6 月 20 日，第 4 页。

1902 年黄遵宪即致函梁启超表示，《新民丛报》发行后，"中国四五十家之报，无一非助公之舌战，拾公之牙慧者，乃至新译之名词，杜撰之语言，大吏之奏折，试官之题目，亦剿袭而用之"。[①] 由此，新名词也引起众多关注，1903 年《浙江潮》刊登的《新名词释义》，对新名词持开通的立场，"举其非吾所素习者，而一一解之，斯诚今日吾辈之义务，无可容辞者矣"，但同时指明：

> 名词之解释不明，其害之流入于社会者，影响甚大。权利无定解，则必有以权力、权势谓当崇拜者矣。自由无定解，则必有以杀人淫酒为不当受人约束者矣。失之毫厘，谬以千里，其为害之大，又何可言也。[②]

基于接纳新知识而引入新名词，看起来理所应当，然而，原本就质疑新知的，则不免另有考量。事实上，在讲求文章之道的中国，新名词往往成为排拒新知最好的理由，而且，知识之外，往往还牵涉政治、文化因素。1898 年刊于《申报》的一篇文字给出这样的理由：对新名词"所甚以为不然者"，一曰"君民平权"，一曰"尽废旧学"。[③]

尤有甚者，由于新名词有日本的背景，更演化出抗拒"东瀛文体"的一幕。问题的复杂性还在于，尽管新名词的出现未必皆可归诸报章，但在时人的认知中，却明显将此与报章联系在一起，这样对新名词的反省又和报章文体纠缠在一起。

"数十年来，吾国文章，承受倭风最甚"，"及留日学生兴，《游学译编》，依文而译，而梁氏之《新民丛报》，考牛奉为秘册，务为

---

① 《水苍雁红馆主人来简》，《新民丛报》第 24 号，1903 年 1 月 13 日，第 45 页。
② 斟癸：《新名词释义》，《浙江潮》第 2 期，1903 年 3 月 18 日，附录，第 1 页。
③ 《变法当先防流弊论》，《申报》1898 年 6 月 13 日，第 1 版。

新语，以动主司"。① 柴萼这番话，指明新名词的主要推力，是伴随报章流行所出现的报章文字。王先谦1898年致书湖南巡抚陈宝箴，也将问题置于这样的背景下，甚而要求停止刊行《湘报》：

> 自时务馆开，遂至文不成体，如脑筋，起点，压、爱、热、涨、抵、阻诸力，及支那、黄种、四万万人等字，纷纶满纸，尘起污人……今奉旨改试策论，适当厘正文体、讲求义法之时，若报馆刊载之文，仍复泥沙眯目，人将以为我公好尚在兹，观听淆乱，于立教劝学之道，未免相妨。

王先谦将问题归于报馆之出现，故强调："报馆有无，不关轻重。此事无论公私，皆难获利。《湘报》题尤枯窘，公费弃掷可惜。"并且，"官评舆诵，莫不以停止为宜"。② 不过，王所期许的"改试策论"，不但无助于"厘正文体"，反倒是加速了这一进程。科举改制影响于文章者，一点都不逊色于报章的出现（详后）。

与王先谦持相似立场的还不乏其人，叶德辉表达了差不多同样的意思：

> 自梁启超、徐勤、欧榘甲主持《时务报》《知新报》，而异学之诐词、西文之俚语，与夫支那、震旦、热力、压力、阻力、爱力、抵力、涨力等字，触目鳞比，而东南数省之文风，日趋于诡僻，不得谓之词章。③

---

① 柴萼：《新名词》，《梵天庐丛录》第14册，卷27，中华书局，1926，第33~34页。
② 王先谦：《致陈右铭中丞》，《虚受堂书札》卷1，光绪三十三年（1907）长沙王氏刊本，第38~39页。
③ 叶德辉：《〈长兴学记〉驳义》，苏舆编《翼教丛编》卷4，第103~104页。

在与他人的通信中，叶更是难抑愤懑之情："有桐城湘乡文派之格律谨严，而后有今日《时务报》文之藩篱溃裂。"尤其说明"支那""起点"等用语之"可笑"，"非文非质，不中不西"。① 王先谦、叶德辉等共同拟定的《湘省学约》，也集中抨击了新名词，尤其提及《湘报》上出现的热力、涨力、爱力、吸力等词，"摇笔即来，或者好为一切幽渺怪僻之言，阅不终篇，令人气逆"。② 在晚清颇负文名的樊增祥，同样阐述了对"当世无文章"的忧虑："比来欧风醉人，中学凌替，更二十年，中文教习将借才海外矣。吾华文字至美而亦至难，以故新学家舍此取彼。"③ 作为地方官，樊也曾创办报章，但仍恪守"言之无文，行之不远"，故对报章文字不无恶评："中国文字自有申报馆而俗不可医……迨戊戌以后，此等丑怪字眼，始络绎堆积于报章之上。"他甚至表示，"本司在陕，誓以天帚扫此诟污"，"以后凡有沿用此等不根字眼者，本司必奋笔详参，决无宽贷"。④

进一步的，道德与学风之不良，也和新名词联系在一起，似乎新名词要担此责任。1904 年，《东方杂志》即刊文将新名词和士大夫的道德与学风联系在一起："吾国未有新学以前，国中士夫，虽黑暗，虽腐败，然旧道德犹存也……自此种新名词出，于是前此之顾忌讳饰而为之者，今则堂然皇然，有恃无恐，是则未有新学，犹有旧之可守；既有新学，并此几微之旧而荡亡之矣。"⑤ 1906 年，《申报》也发文将"新名词输入"与越发突出的"民德堕落"联系起来：

---

① 叶德辉：《与石醉六书》《答友人书》，苏舆编《翼教丛编》卷6，第163、175～176 页。
② 《湘省学约》，苏舆编《翼教丛编》卷5，第153 页。
③ 樊增祥：《批署高邮州学正王同德世职王伟忠禀》，《樊山政书》卷20，中华书局，2007，第592 页。
④ 樊增祥：《批学律馆游令拯课卷》，《樊山政书》卷6，第161 页。
⑤ 《今日新党之利用新名词》，《东方杂志》第1卷第11号，1904 年，第75～76 页。

自新名词输入中国，学者不明其界说，仅据其名词之外延，不复察其名词之内容，由是为恶为非者，均恃新名词为护身之具，用以护过是非。而民德之坏，遂有不可胜穷者矣。①

对新名词持最严厉批评立场的，大概要算彭文祖《盲人瞎马之新名词》一书。该书将新名词与新学结合在一起，并据此讥讽所谓"新人物"："我国新名词之起源，于甲午大创以后，方渐涌于耳鼓，此留学生与所谓新人物（如现之大文豪梁启超等）者，共建之一大纪念物也。"书中对当时流行的新名词，提出 59 个，逐一检讨，甚至认为"新名词之为鬼为祟，害国殃民，以启亡国亡种之兆"。② 在为该书撰写《序文》时，张步先还描绘了其中之成因，以及问题之严重性：

凡治其国之学，必先治其文。顾吾国人之谈新学也有年矣，非惟不受新学之赐，并吾国固有之文章语言，亦几随之而晦。③

与彭文祖过于激烈的立场相比，黄摩西所编《普通百科新大辞典》，倒是从语言层面进行了分析，以"吾国新名词大半由日本过渡输入，然所用汉字有与吾国习用者相同而义实悬殊者，又有吾浑而彼画易涉疑似者"。并强调该书以"种种专门学书籍为基础，中外兼核，百科并蓄"，"一切学语以学部鉴定者为主"，"取通行最广者"。④ 这里提及"学部"之鉴定，说明此一问题已引起学部之重视，

---

① 汉：《论新民（名）词输入与民德堕落之关系》，《申报》1906 年 12 月 13 日，第 2 版。
② 彭文祖：《盲人瞎马之新名词》，东京：秀光社，1915，第 4~5 页。
③ 张步先：《序文》，彭文祖：《盲人瞎马之新名词》，第 1 页。
④ 《凡例》，黄摩西编撰《普通百科新大辞典》第 1 册，国学扶轮社，1911，第 1~2 页。

406

其时严复"适领名词馆于学部",也欣然为该书写序,指明"今夫名词者,译事之权舆也,而亦为之归属",故此,该书之编纂,"其所以饷馈学界,裨补教育,与所以助成法治之美者,岂鲜也哉?"①

围绕新名词的争辩并非局限于晚清,到民国时期仍在继续发酵。新文化运动以"文学革命"为先声,自会涉及人们对新文体与新名词的看法。钱玄同一改此前对新名词的质疑,表彰梁启超"输入日本新体文学,以新名词及俗语入文,视戏曲小说与论记之文平等","实为创造新文学之一人"。② 胡适也肯定梁启超"不避日本输入的新名词",故此,"他的文章最不合'古文义法',但他的应用的魔力也最大"。③ 不过,新派阵营中对此并非全是叫好之声,刘半农即针对钱玄同的意见表达了不同看法。④

新派之间已有分歧,则旧派中人对此的看法,可想而知。1914年《申报》刊载的《创办古报简章》,内中说明,投稿"禁用新名词,禁引外国掌故"。⑤ 可见此一问题持续引起关注。而康有为、林纾等人此一时期对此的批评,也颇值重视。

康有为在戊戌时期堪称使用和传播新名词的先驱,然而,当"新名词"流行开来,他却有了不同看法。1910年康告诫梁启超,其"掇拾东文入文",罪臭大焉,将来必成攻讦之箭垛,"何不即作一文

---

① 严复:《〈普通百科新大辞典〉序》,黄摩西编撰《普通百科新大辞典》第1册,第3~5页。
② 钱玄同:《致陈独秀》(1917年2月25日),《新青年》第3卷第1号,1917年,第6页。钱1905年底赴日留学,对于新名词一开始也并非全是负面的评价。他对新名词失去好感,主要涉及"新名词"之"入史"。谈到曾鲲化之书,钱就表示:"曾氏之《中国历史》,体例未错,而喜用新名词,太远国风,且考据多讹,恨矣。"《钱玄同日记》第1卷,1906年5月4日,第130页。
③ 胡适:《五十年来中国之文学》,申报馆编《最近之五十年——申报馆五十周年纪念刊》第二编,第8页。
④ 刘半农:《我之文学改良观》,《新青年》第3卷第3号,1917年,第4~5页。
⑤ 警众:《创办古报简章》,《申报》1914年4月26日,第14版。

自忏而攻用东文者"。① 1913 年康有为又撰文严厉批评新名词："吾中国若自立不亡，则十年后必耻用日文矣；若犹用之而不耻，则十年后中国亦必亡矣。"② 在 1917 年撰写的皇皇大文《共和平议》中，康也坚持这样的看法：

> 吾国以一字为音，故有律有节，万国所无。而今则弃之，自争用蟹行书外，则皆用日本文法名词。于是取消、取缔、手段、手续之名词，满公私文牍中。③

作为古文名家的林纾，则为反对新名词者所借重。1909 年国学扶轮社编印的《林严文钞》，表彰林纾、严复在反对新名词方面，"无疑同人"，是"起而正之"的典范。④ 从林纾那段时间的文字看，他确也对此有所检讨，指出为文之道，当"取义于经，取材于史，多读儒先之书，留心天下之事，文字所出，自有不可磨灭之光气"，而"自东瀛流播之新名词，一涉文中，不特糅杂，直成妖异，凡治古文，切不可犯"。⑤ 1918 年商务印书馆印行了林纾选评的《古文辞类纂选本》，对于所生活时代文运之衰，林也表达了诸多不满："所苦英俊之士，为报馆文字所误，而时时复搀入东人之新名词。"⑥

① 《与梁启超书》（1910 年 8 月 5 日），姜义华、张荣华编校《康有为全集》第 9 集，第 151 页。
② 康有为：《中国颠危误在全法欧美而尽弃国粹说》，《不忍》第 7 册，1913 年 8 月，第 36 页。
③ 康有为：《共和平议》第 2 卷，《不忍》第 9、10 册合刊，丁巳（1917）十二月，第 49 页。
④ 皞皞子：《〈林严合钞〉序》，《林严文钞》，国学扶轮社，1909，第 1 页。
⑤ 林纾：《论文十六忌》，《畏庐论文》，第 48 页。
⑥ 林纾：《序》，林纾选评《古文辞类纂选本》卷 1，商务印书馆，1918，第 1 页。

对"新名词"的分歧，还影响到后世对新文化的看法。《东方杂志》1921年刊文指出："所谓新文化，非仅撷拾一二新名，即已蒇事，其要尤在于探新文化之精蕴，以应用之于吾人之实际生活。"① 次年杨荫杭在《申报》发表的文章也表示："今世风俗，最重新名辞，识时务者，类能运用一二。"不惟指出滥用新名词在文化上的种种表现，还说明此在政治上也广为借用，"中华民国虽不能革其旧染之污而自新，然其所用名辞，固未尝不日日新又日新也"。②

"文字功"

报章出现后既引发文风之丕变，重新评估读书人的文章也成为题中应有之义。可以料想的是，涉及文章之论，则不免见仁见智；各有其"成见"，也难以避免。

1911年发表于《光华日报》题作《文字功》的文章，秉持"革命"立场："革命虽重实行，不重空言，然理论足以复实事生，则今日革命军赫赫之功，亦当推源于文字。"赞誉章太炎"所著《訄书》，发挥透辟，于是而革命之学说，如怒芽苗生，日渐加长矣"。③ 民国肇建，为章太炎请勋文字更是道出，动摇"君权之说"，使人心之"倾向共和"，"不得不归功于十余年来之言论"，而"言论之中坚，则当以章炳麟称首"。故此，"章炳麟之功，有非寻常所可比者"，"比于孙文、黄兴，殆难相下"。④ 与之适成对照，1925年考入清华大学国学研究院师从梁启超的吴其昌，则将赞誉之词归于梁启超，指

---

① 慧心：《新文化前途之消极的乐观》，《东方杂志》第18卷第12号，1921年，第3页。
② 老圃（杨荫杭）：《新名辞》，《申报》1922年6月26日，第20页。
③ 《文字功》，《光华日报》1911年11月16日，此据汤志钧编《章太炎年谱长编》上册，第361页。
④ 《孙武、胡瑛、孙毓筠、王庚等为章太炎请勋之原呈》，《新闻报》1913年5月27日，第2~3版。

明戊戌以前至辛亥以前（约 1896~1910 年），"任公诚为舆论之骄子，天纵之文豪也"，"经梁氏等十六年来的洗涤与扫荡，新文体（或名报章体）的体制、风格，乃完全确立。国民阅读的程度，一日千里，而收获到神州文字革命成功之果了"。①

就文章之影响来说，章太炎也好，梁启超也罢，皆当得上面种种溢美之词，只是此种赞誉往往有特定的立场，"公正性"不免受到影响。但此类话题各方都有兴趣，也留下不少资料。徐一士《一士类稿》言及晚清民国的读书人，即注重对其为文之检讨。徐氏这样评价章太炎："综其生平，立言多可不朽。虽以个性之特强，有时不免流于偏执，甚且见讥为章疯子，然小疵难掩大醇，今日盖棺论定，此老自足度越恒流，彪炳史册。"② 陈赣一所著《新语林》，对于近代文人也多根据文字加以评估。涉及章太炎，誉之为"学术文章，海内称最，针砭政治之文，深切峻厉，读者拍案叫绝"。又评价梁启超的文字，"阅览博闻，于书无所不通，文才纵横，有过人之识，无不尽之言"。于严复，则肯定其"贯通中外，所译《天演论》《原富》《名学》诸书，文笔雅驯，罕有其匹"。③

据此可注意到，晚清民国时期读书人在写作上，同样处在"过渡时代"。读书人的发表往往集中于报章，即便有了大学，最初对于教员的成果发表也没有明确要求，大学中人表达言说的载体主要还是各种期刊。"中国旧无杂志，与之不相习，故罕能利用之。"1918 年张申府在一篇文字中不仅指明这一点，还比较了古今学者之区别：

---

① 吴其昌：《梁启超》，胜利出版社，1944，第 29 页。
② 徐一士：《谈章太炎》，《一士类稿》，第 65 页。
③ 陈赣一：《新语林》卷 3《文学》，1922，第 10、13 页。该书未标出版方，只注明协兴印刷公司印刷，文明书局寄售。

古之学者毕一生之力，汇其所学，成一大典，以为不朽之业。今之学者学有所得，常即发为演讲，布诸杂志，以相讨论，以求增益。一二年所得，罕有刊成书册者。治一学，而欲知新，而欲与时偕进，乃非读其学之杂志不可。①

后来，张申府还列出其撰写的主要文字，包括"从 1911 年到 1948 年期间曾投稿过的报纸期刊等""我出过的单行本书及小册子等""主编过的期刊杂志"。② 从这个清单不难看出，民国时期的读书人和期刊的关系是何等密切，《独秀文存》《胡适文存》等这一时期最具影响力的"单行本书及小册子"，大体也是由发表于期刊的文字汇集而成。事实上，此一时期的大学，学术上的成绩也主要体现在创办的刊物或发表于期刊上的文字上，为此还引起读书人的担忧。熊十力在给蔡元培的信中即言及：

今日优秀之才，多从事于杂志；以东鳞西爪之学说鼓舞青年，对于精深之学术，不能澄思渺虑，为有系统之研究。默观今日各校学生，每日除照例上课外，人人读杂志，人人做杂志（此举大数言，不能说无例外）。长此不改，将永远有绝学之忧。③

然而，要解决此一问题，却不那么容易，关键在于读书人接触报章后也会有发表的热情。掌握报章的汪康年不断被提这样的要求，一通来信就言及，其亡友之遗著，颇希望能得到汪的帮助，刊登于报

---

① 张申府：《劝读杂志》，《新青年》第 5 卷第 4 号，1918 年，第 433 页。
② 《所忆》，《张申府文集》第 3 卷，河北人民出版社，2005，第 565～607 页。
③ 熊十力：《致蔡元培》，《新潮》第 2 卷第 4 号，1920 年，第 828 页。

章，并表示："时报、大公报馆已由弟处送去，京师各报馆则仍求大力主持。"① 所谓"书列于报章"，不仅自负的杨度有此期许，也成为晚清以降读书人普遍的向往与追求。②

四 笔走偏锋："思想界"的另一面

自报章在晚清逐渐流行后，中国读书人的书写方式较之以往有了革命性改变，主要文字均依托报章发表。梁启超之"暴得大名"，部分就在"语言笔札之妙"。但报章文字之"匆迫草率"，也不可回避，不仅其特有的表达方式招来种种质疑，进一步还影响对舆论之权的审视。故此，文字上之"笔走偏锋"，也成为"思想界"的另一面。

杨度1907年已有"舆论即武力"的论辩，有人责难杨说："观各国往事，其仅以舆论而奏功者甚鲜。"杨则答复："谓无兵力而仅有舆论之决不能成者，乃过甚之词也。"③ 由于报章往往成为社会势力的代言者，时人也以"报战"名之，甚至指出"个人之思想，以言论表之，社会之思想，以报表之"，而"观报战之胜负，而各社会势力之消长可知矣"：

> 吾国报界，尚为幼稚时代，然上海、香港、天津诸报，足以代表各种社会之势力而相与剧战者，于近年为烈，此亦足见吾国各社会新旧消长之机。④

---

① □康：《致汪康年》，《汪康年师友书札》（4），第3719页。
② 《杨度日记》，1899年1月3日，第120页。
③ 杨度：《金铁主义说（续）》，《中国新报》第1年第4号，1907年，第22、25页。
④ 《说报战》，《警钟日报》1904年3月16日，第1版。

影响所及，各报章为争夺读者，彰显自己的主张，为文风格也呈现出鲜明特色。梁启超毫不讳言："业报馆者既认定一目的，则宜以极端之议论出之，虽稍偏激焉，而不为病。"① 如此一来，笔走偏锋不仅不为过，还是士持舆论者必须善于掌握的。

不可否认，对此也不乏反省之声。"秉笔之人，不可不慎加遴选……挟私讦人，自快其忿，则品斯下矣，士君子当摈之而不齿。"② 日报渐入中土之际，王韬已发出这样的警示。何启、胡礼垣则注意到日报"好为过当之词，多做托大之语"，故此，"只可为见闻之助，不可为决断所凭"。③ 因为对"自由"的看法存在差别，1902 年黄遵宪也提醒梁启超说，"公所唱自由，或故为矫枉过直之言"，然"大不可也"，"一言兴邦，　言丧邦，芒芒禹域，惟公是赖，求公加意而已"。④ 该年严复对于"政论"之作，同样有严厉批评：

> 今世学者，为西人之政论易，为西人之科学难。政论有骄嚣之风（如自由、平等、民权、压力、革命皆是），科学多朴茂之意。且其人既不通科学，则其政论必多不根，而于天演消息之微，不能喻也。此未必不为吾国前途之害。⑤

各种警醒之言，不能阻挡读书人之间激烈的争辩。读书人在报章上撰文，意味着获得了公开论辩的舞台，文字犀利有力者大放异彩，再正常不过。这正是"思想界"形成带来的后果，"思想界"具有了

① 梁启超：《敬告我同业诸君》，《新民丛报》第 17 号，1902 年 10 月 2 日，第 5 页。
② 王韬：《论日报渐行于中土》，《弢园文录外编》，第 207 页。
③ 何启、胡礼垣：《中国宜改革新政论议》卷下，第 28~29 页。
④ 《水苍雁红馆主人来简》，壬寅十一月，《新民丛报》第 24 号，1903 年 1 月 13 日，第 46 页。
⑤ 严复：《论教育书》，《外交报》壬寅第 8 号，1902 年 5 月 12 日，第 28 页。

"公共"的属性。

然而，要区分"公""私"之界限实属不易，也引发各种不同的反应。1907年郑孝胥即与《中外日报》《时报》发生了令其颇为不满的纷争。事情起因于两报对郑孝胥"借赈之议，大相攻击"，于是郑致函主持两报的汪诒年、狄楚青："公等因论事意见不合，宜以私函往复，不宜登报宣布，使天下轻议我辈之价值。"[1] 言下之意，这些纷争都可以"私函往复"解决，完全没必要走到"登报宣布"那一步。1911年熊希龄则与《国报》闹得甚是不欢。针对该报报道山东警务案失实事，熊致函该报主笔，希望辨明真相，未料其回函又被刊于该报。这于熊来说，乃"不以为友反以为仇"，故再次致函《国报》，表达了难以遏制的愤怒："若挟意气报私仇，持此以为凶器，复与独夫民贼何异！"[2]

关键还在于，利用掌握的报章主导舆论，也是报馆的利益所在。胡思敬特别揭示出报馆之"网利之术"："民之所畏者官，官之所畏者，一曰言路，一曰报馆。"并道明"善宦之人，未有不联络报馆者"。[3] 由一些例证不难发现，所谓"笔走偏锋"，于"思想界"来说已是常态，处于激烈的变革时期，更难以避免。尽管不能相提并论，但亦有相似之处——对法国大革命的研究，同样阐明"语言是揭开法国大革命偏离正道的关键"。[4]

《新民丛报》与《民报》的争论

《新民丛报》与《民报》的争论，即展示出晚清读书人剑拔弩张

---

① 劳祖德整理《郑孝胥日记》第2册，1907年4月2日，中华书局，1993，第1083页。
② 《辨明〈国报〉所载失实之处致邹仁术书》（1911年8月30日），周秋光编《熊希龄集》上册，湖南人民出版社，1996，第426~427页。
③ 胡思敬：《国闻备乘》，荣孟源、章伯锋主编《近代稗海》第1辑，第308~309页。
④ 林·亨特：《法国大革命中的政治、文化和阶级》，汪珍珠译，华东师范大学出版社，2011，第31~33页。

的情态。张朋园总结了双方如何通过各自创办的报章大打笔战，"其针锋相对，壁垒森严，前所未见"。① 从各自的言说中亦可品味出，双方皆将此视作争夺话语权的"生死之战"。革命派一方，孙中山在《敬告同乡书》中义正词严地表示："革命保皇事，决分两途，如黑白之不能混淆，如东西之不能易位。"② 而在另一方，梁启超致函康有为时也言及"革党现在在东京占极大之势力，万余学生从之者过半"，"真心腹之大患"。进而指出："今者我党与政府死战犹是第二义；与革党战，乃是第一义。有彼则无我，有我则无彼。"③

论辩双方的文字不仅充满火药味，而且立说往往以"公众"的名义——"为天下辩"。还在 1903 年，针对康有为在海外鼓噪的中国只可行立宪不可行革命的看法，章太炎便撰写了致康有为公开信，重点突出这一层意思：康之为文使"天下之受其蛊惑"，则"吾可无一言以是正之乎"。④ 1906 年章出狱主持《民报》后，更是拉开与《新民丛报》决战的架势。时东游日本的楼思诰（汪康年外甥）在给汪康年的信中，不时报告所观察到的情形，其中一通写道："孙、康两党之势，近已孙胜而康败"，"其向之附于康派者，亦渐有离心"。⑤ 当然，梁启超之笔也是铿锵有力的，同样充满火药味。他也认定对方之立言只是"盗取一节"，"冀以欺天下之无识者"。⑥

对于这场笔战，陶菊隐《政海轶闻》从文字的角度有所分析，

---

① 张朋园：《梁启超与清季革命》，第 152 页。
② 《敬告同乡书》（1903 年 12 月），《孙中山全集》第 1 卷，第 232 页。
③ 梁启超：《与夫子大人书》（光绪三十二年十一月），丁文江、赵丰田编《梁启超年谱长编》，第 373 页。
④ 《与康有为》（1903 年 5 月），《章太炎全集》，"书信集"上，第 42 页。
⑤ 楼思诰：《致汪康年》（39），《汪康年师友书札》（4），第 3967 页。
⑥ 梁启超：《杂答某报》，《新民丛报》第 86 号，1906 年 9 月 3 日，第 5、24 页。

肯定梁启超"文采斐然，为海内外论坛巨擘"，"然阅者悦其文之美而鄙其见之陋"。《民报》出，"一鸣惊人，传诵遍于海宇"。① 李剑农解析《民报》占据优势的原因，也从文字上进行了说明："梁启超的笔端固然'常带感情'，对方汪精卫的笔端却也常为感情所充满……梁若要掉中国书袋，章炳麟的中国书袋要比他的还要充实而有光辉。"② 还有不少人对当时笔走偏锋的情形表示了忧虑："今之号称志士者，陈义惟恐其不高，立言惟恐其不激，其所以自信者，吾必有以主于中国也。"③ 孙宝瑄1908年在日记中还尖锐批评说：

> 今之所谓舆论，乃最不可恃之一物也，皆社会中极浅之知识所制造而成。何也？天下最普通人占多数，其所知大抵肤浅，故惟最粗最浅之说，弥足动听。而一唱百和，遂成牢不可破之舆论，可以横行于社会上，其力甚大，虽有贤智，心知不然，莫敢非之。④

这一切，显出"思想界"所呈现的思想交锋已愈演愈烈。前已提及王国维在《论近年之学术界》将晚清思想人物置于"思想界"的架构里进行了评价，不宁唯是，王对斯时读书人的写作方式也进行了深刻反省，着力于区分"学术"与"政治"。在他看来，"欲学术之发达，必视学术为目的，而不视为手段而后可"，然而，通过康有为等人可发现，政治实际主导了学术，康氏之于学术，"非有固有之兴味，不过以之为政治上之手段"，"此其学问上之事业，不得不与

---

① 陶菊隐：《一段老话》，《政海轶闻》，第7页。
② 李剑农：《中国近百年政治史》，国立师范学院史地学会，1942，第141页。
③ 国学讲习会发起人：《国学讲习会序》，《民报》第7号，1906年9月5日，第27页。
④ 《孙宝瑄日记》下册，光绪三十三年十二月二十四日，第1209页。

其政治上之企图，同归于失败者也"。对于"各种杂志接踵而起"带来的负面结果，王国维也进行了说明："其执笔者，非喜事之学生，则亡命之逋臣也。此等杂志，本不知学问为何物，而但有政治上之目的。"①

王国维对晚清思想的检讨，尽管是着眼于"学术"与"政治"的分野，但何尝不是针对"思想界"而言。"思想界"甫形成就遭遇这一幕，无疑耐人寻味。原因在于，报章等新型媒介的涌现，为"学术"拓展了更广阔的舞台，但最终牺牲的似乎反倒是"学术"，而且无论是参与者还是旁观者，随后都有回归"学术"的呼声。因此，对于形成"思想界"有着重要影响的要素，还体现在表达方式的转变上，昭示于公众的便是思想交锋的加剧。以往读书人评论人物，具有很强的私人性，是在不公开的文字中吐露，年深日久之后，才被后人发掘出来。而选择报章，却意味着全新的表达方式，作者可以直截了当阐明自己的看法，甚至为了追求文字的效果，往往秉持所谓"矫枉必须过正"。于此，"思想界"所具有的公开性也体现出来，读书人之间的紧张关系日显突出。

"杂志狂"与"新文化潮流"

民国时期报章的流行，同样展示出读书人借助报章的一面。胡适"文学改良"的主张发端于留美期间朋友间的辩论，或许彼此都难以说服对方，于是想到了报章这一"试金石"。胡适致函陈独秀说明，关于文学改良之主张（所谓"八事"），"或有过激之处，然心所谓是，不敢不言。倘蒙揭之贵报，或可供当世人上之讨论。此一问题关系甚大，当有直言不讳之讨论，始可定是非"。② 这是利用报章化解

---

① 王国维：《论近年之学术界》，《教育世界》第 93 号，1905 年 2 月，第 3~4 页。
② 胡适：《寄陈独秀》，《新青年》第 2 卷第 2 号，1916 年，第 3 页。

纷争的一面。然而，通过报刊制造舆论，同样不能免，最形象的一幕，无过于《新青年》为提倡白话文发表的"双簧信"。

胡、陈有关"文学革命"的主张发表后，一开始并未激起很大反响，于是《新青年》导演了这样一出戏，由钱玄同化名王敬轩致信《新青年》编者，列举反对文学革命的种种理由，然后由刘半农撰写答书，对那些理由加以痛斥。为制造效果，来书以古文写成，还在标题后有模有样的加上批语——"圈点悉依原信，本社志"。① 不仅如此，"故为矫枉过直之言"，在随后出版的《新青年》还不断展现，紧接着钱玄同发表了《中国今后之文字问题》，尖锐地提出："欲使中国不亡，欲使中国民族为二十世纪文明之民族，必以废孔学、灭道教为根本之解决；而废记载孔门学说及道教妖言之汉文，尤为根本解决之根本解决。"② 即便《新青年》同人，也未必赞同这样的主张，但能够激起反响，便达到目的了。后来钱对此也有所反省，他在给周作人的信中言及：

> 我近来很觉得要是拿王敬轩的态度来骂人，纵使所主张新到极点，终之不脱"圣人之徒"的恶习，所以颇惮于下笔撰文。③

不同思想派别的人物在报章上的交锋，往往难以控制语气，由此不免引出一连串问题。张东荪在《时事新报》上发表的《〈新潮〉杂评》，涉及《新潮》杂志的文风问题。傅斯年马上予以回应，表示完

---

① 《文学革命之反响》，《新青年》第 4 卷第 3 号，1918 年，第 265～285 页。
② 钱玄同：《中国今后之文字问题》，《新青年》第 4 卷第 4 号，1918 年，第 345 页。
③ 《致周作人函》（1920 年 9 月 25 日），《钱玄同文集》第 6 卷，中国人民大学出版社，2000，第 32～33 页。

全不接受张东荪贴上的"骂人派"的标签,"诸如此类的无根据的罗织,还是请张先生为慎重自己的价值起见,小心些儿"。傅毫不客气地表示:"张先生是和北京大学惯作对头的,我们对他当然无所用其客气。"而且,"他一向对于《新青年》是痛骂的,至于痛骂的理由,无非说《新青年》骂人,居然以骂人两字,把《新青年》上建设的事业,一笔勾销"。①

这样的例证可以说不胜枚举,导致笔走偏锋成为常态,再加上种种言论背后还掺杂着政治的因素,更使问题趋于复杂。这样的纷争也引发了对出版物的检讨。

1916 年李大钊撰文指出,袁世凯死后,北京政局"渐成活动之观",呈现两种新的景象:"其一,为报馆充斥;其二,为流氓集中是也。"② 到 1920 年,作为多家杂志创办人的陈独秀,看到各种杂志铺天盖地,也颇为责怪读书人过于喜欢办杂志:"出版物是文化运动底一端,不是文化运动底全体;出版物以外,我们急于要做的、实在的事业狠多,为什么大家都只走这一条路?""像北京、上海同时出了好些同样的杂志,人力上财力上都太不经济了。"③ 罗家伦还明确提出,学问之零落,思想界的破产,部分即在大家都热衷于读杂志文章,而不去系统阅读专门著述,"学问零落至于如此,中国人的思想界那能不破产呢?"④ 恽代英更表达了这样的看法:"在这种杂志狂的所谓新文化潮流中,确实有些人,因要出风头而做文,因要做文而读书。"尤为令人叹息的是,当此"学术荒废"的时代,读一两本欧美

---

① 傅斯年:《答〈时事新报〉记者》,《新潮》第 1 卷第 3 号,1919 年,第 526~528 页。
② 李大钊:《新现象》,《晨钟报》1916 年 9 月 4 日,此据《李大钊文集》上册,第 211 页。
③ 陈独秀:《新出版物》,《新青年》第 7 卷第 2 号,1920 年,第 153~154 页。
④ 罗家伦:《一年来我们学生运动底成功失败和将来应取的方针》,《新潮》第 2 卷第 4 号,1920 年,第 859~860 页。

书报，引用上几句，"亦便足令这些少见多怪的国民，诧为博学多闻"。① 这些批评，揭示出杂志流行后暴露出的种种弊端。

持论当以真理为依归，勿尚感情

对杂志的批评，还引申出对"文风"的检讨。1918 年杜亚泉撰文检讨"言论势力失坠之原因"，就述及文字风格问题："社会当沉寂偷惰之际，不可不有以刺激而觉醒之。言论之耸听者，振发聩聋之利器也。"然而，"危词警论，可以暂试而不可常用"。近今之言论家，"立论惯取刺激之口吻。亡国灭种，视为常谈；奴隶牛马，时发警告"。② 稍后《东方杂志》也刊文提醒杂志界，"持论当以真理为依归，勿尚感情"，"必须持议稍坚卓，毋尚一时之意气"。③ 张奚若在美国读到《新青年》《新潮》《每周评论》，也颇有感触，是喜是悲，是赞成是反对，难以言表。但他对办报者好为偏激之论，却不无微词：

> 吾非谓《新青年》等报中的人说话毫无道理，不过有道理与无道理参半，因他们说话好持一种挑战的态度——漫骂更无论了——所以人家看了只记着无道理的，而忘却有道理的……此外，这些脑筋简单的先生们，又喜作一笔抹杀之论。④

所谓偏激之论，只是问题的一面，为达到目的，报章甚至走向制造舆论的一步。《东方杂志》1919 年即刊文指明"造电之弊害"：

---

① 恽代英：《怎样创造少年中国？》（下），《少年中国》第 2 卷第 3 期，1920 年，第 8 页。

② 高劳（杜亚泉）：《言论势力失坠之原因》，《东方杂志》第 15 卷第 12 号，1918 年，第 3 页。

③ 景藏：《今后杂志界之职务》，《东方杂志》第 16 卷第 7 号，1919 年，第 6~7 页。

④ 张奚若：《致胡适》（1919 年 3 月 13 日），《胡适来往书信选》上册，第 30~31 页。

"吾国报社，往往有因电稿缺乏，又恐阅者轻其缺乏电稿，于是有造电之事。"① 胡适在《努力周报》也痛批各种"捏造新闻的手段"，还从历史研究的角度加以解析，指明研究历史的人，对"文件的证据"（documentary evidencc），总不敢随便忽略，然"现在中国的新闻制造厂竟老实制造'文件的证据'"。此风一开，报纸的信用全失，"今日不能取信于读者，将来也全无历史参考的价值了!"②

这方面章太炎的遭遇最值玩味，仅从民初发生的几件事，即可知悉章是如何被报章的谣言包围。1912 年 6 月 2 日，章太炎致函报界俱进会表示："京城报馆三十余家，大抵个人私立，取快爱憎，以嫉妒之心，奋诬污之笔。"之所以如此动怒，是此前京城报纸连续登载"章太炎在总统府中，以手枪吓唐总理"的消息。章请内务部饬警官前往处理，而"京城各报，悯不畏法，不肯取消"。不日章太炎又陷入报章混淆事实之旋涡，《民立》《民权》《天铎》等报，指其欲请梁启超归国，为此章只好在报上发表通信，驳斥这种"殊可怪骇"之说，并表明其态度："为卓如计，固当养晦东瀛，待时而返；不当造次归国，为反对者所集矢。"③ 不仅如此，报章还频频就章太炎私生活做文章，影响到其与家人的关系。或许是针对章的各种说辞引起家人注意，章不得不向大人汤国梨说明："报章蜚语，不必深辩。从前报分数党，尚有价值。今则悉是政府机关，人所尽悉，又何足校。"还进一步补充说，今日报纸只是"天师符"，何以尚信其言?④ 不久报上又有章太炎离婚之说，他赶紧致信夫人解释："报章喧传离婚之言，乃进步党人有意离间，此辈无赖成性，吾近亦不看报，苦劝

---

① 王璋：《为今日报界进一言》，《东方杂志》第 16 卷第 5 号，1919 年，第 11 页。
② Q（胡适）：《这一周》，《努力周报》第 21 期，1922 年 9 月 24 日，第 1 版。
③ 章太炎：《与报界俱进会》，《大共和报》1912 年 6 月 2 日；《通启》，《大共和报》1912 年 6 月 26 日。此据《章太炎全集》，"书信集"上，第 596、602 页。
④ 《与汤国梨》（1913 年 8 月 26 日），《章太炎全集》，"书信集"下，第 671 页。

同人亦不看报，盖报纸无一实情也。"① 到 1915 年还传出章太炎纳妾之事，他又需要对此加以说明："今报馆谣言，市人妄语，一概当置之勿听。"②

有意思的是，曾经在晚清之报界纵横捭阖的梁启超、严复等人，到民国时期都不乏对此的检讨。梁启超在《清代学术概论》中评论康有为，认为其持论不无可议之处，尤其表现在"为事理之万不可通者，而有为必力持之"。不单苛责其师，对于自己梁也有深刻反省："晚清思想界之粗率浅薄，启超与有罪焉。""启超务广而荒，每一学稍涉其樊，便加论列，故其所述著，多模糊影响笼统之谈，甚者纯然错误，及其自发现而自谋矫正，则已前后矛盾矣。"③ 严复也有不读报章的愤激之言，熊纯如请其推荐可读之报章，严即表示："嘱择报章，实在不知所对何者。复向于报章，舍英文报外，不甚寓目，北京诸报，实无一佳，必不得已，《亚细亚报》或稍胜也。"④ 联系以往对梁启超的批评，严复也再度提出立言者当注意后果。在给熊纯如的书札中，严这样写道：

> 当上海《时务报》之初出也，复尝寓书戒之，劝其无易由言，致成他日之海［悔］。闻当日得书，颇为意动，而转念乃云："吾将凭随时之良知行之。"（任公宋学主陆王，此极危险）由是所言，皆偏宕之谈、惊奇可喜之论。至学识稍增，自知过当，则曰："吾不惜与自己前言宣战。"然而革命、暗杀、破坏诸主张，并不为悔艾者留余地也。⑤

---

① 《与汤国梨》（1913 年 10 月 17 日），《章太炎全集》，"书信集"下，第 679 页。
② 《与汤国梨》（1915 年 5 月 21 日），《章太炎全集》，"书信集"下，第 710 页。
③ 《清代学术概论》，朱维铮校注《梁启超论清学史二种》，第 64、73~74 页。
④ 《与熊纯如书》（约 1915 年），王栻主编《严复集》第 3 册，第 624 页。
⑤ 《与熊纯如书》（约 1916 年），王栻主编《严复集》第 3 册，第 648 页。

此亦昭示出，经历短暂的热闹之后，读书人对报章的负面效果也逐渐有所体认，重拾学术理想，可视作读书人为此做出的调整。事实上，还在民初报章大肆流行之际，种种言论破产之声已不绝于耳。1918年杜亚泉就指出："自国体改建以来，言论自由，载在约法，报馆林立，厥数倍蓰，言论势力宜可增进矣。然而国人信仰畏惮之程度，较诸畴昔，转不逮焉。"① 1920年《时事新报》刊登的一篇来自东京的读者投书，一方面固然是忠告出版界不要再作孽，另一方面也是告诉普通读者不要受欺骗。作者不免叹息："我在东京，看了他们出版界的情状，回过头来，望望自己国内的出版界，竟是使我哭不出笑不出了。"总之，"现在的出版界，越弄越不成样子了"。②

---

① 高劳（杜亚泉）：《言论势力失坠之原因》，《东方杂志》第15卷第12号，1918年，第1~2页。
② 瑞书：《箴出版界》，《时事新报·学灯副刊》1920年4月4日，第1版。

第八章
阅读报章：读书人"晋升的阶梯"

检讨清季民国时期的"思想界"，不可或缺的还包括阅读这一环节。正是因为报章出现后形成有别于过去的阅读习惯，"思想界"才与更多的人发生关联；没有"阅读大众"（reading public），也难以有所谓"思想界"。[①] 前已述及，"新文化史"推动的阅读史与书籍史密切相关，关注阅读环节，也使针对书籍的研究较之以往有了明显突破。[②] 而审视清季民国时期的"阅读世界"，重点则需要把握其中展现的"节奏"及"载体"。前者意味着知识传播呈现不同的"步调"，后者则表明书籍之外，作为新型媒介的报章在此一时期亦发挥着重要影响。同时，对"阅读世界"的展示还有其他载体。在"发表"成为读书人惯用的形式之前，亦即在报章还不那么普遍的情形下，所谓"阅读"，主要是在日记中完成的，故也有必要结合日记把握这一时期"阅读世界"的多重色彩。这样的

[①] 王汎森即注意到"阅读大众"的形成，指明新文化运动培养出一个新的"阅读大众"，为争取这些新的读者，以营利为目的的出版业者随之发生变化。王汎森：《思潮与社会条件——新文化运动中的两个例子》，余英时等：《五四新论：既非文艺复兴，亦非启蒙运动》，第93页。

[②] 涉及阅读及影响的问题，并不容易判定。达恩顿将此视作"典型的历史学难题"，并道出从出版者的角度审视这些问题，或许才能使问题看上去"不再那么抽象，而是更切实"。罗伯特·达恩顿：《旧制度时期的地下文学》，刘军译，中国人民大学出版社，2012，前言，第3页。

阅读，或许只是零星的片断的个案资料，但舍此难以重建书刊的阅读史。

重建清季民国时期的阅读世界，不仅要重视报章的阅读情况，还要说明阅读的影响机制。如哈贝马斯所强调的："一份报刊是在公众的批评当中发展起来的，但它只是公众讨论的一个延伸，而且始终是公众一个机制：其功能是传声筒和扩音机，而不再仅仅是信息的传递载体。"[①] 这里把阅读报章视作读书人晋升的阶梯，正是期望说明报章对读书人发挥的影响既深且巨，在一定意义上甚至可类比科举考试产生的作用，构成个体与社会发生联系的关键所在。

一 "阅读公众"的培育：上下的互动

问题仍需从报章营造的"思想版图"说起。本书引言部分已述及，京报、邸报及宫门抄、辕门抄这样一些沟通政情的形式，构成帝制时代信息传播的主要渠道。自晚清以降，各种报章的出现，则很快营造出新的"思想版图"。这里要关心的是阅读报章的情况。就公共舆论的形成来说，不可或缺的还包括阅读公众这一环，报章尤其面临如何赢得公众的问题。因此，关注阅读的情况，首先需要考虑普通读者通过怎样的渠道获取报章，何以会阅读报章。不可否认，晚清社会对报章之接纳颇有曲折，有必要从官方与士人对报章的立场说起，并着眼于由此形成的上下互动。

官方对于阅报的倡导

晚清士人乃至官方既将报馆之设提升至关乎国家强弱、文明兴衰的高度，自然也会努力推动阅报工作的进行。晚清接纳报馆并非一帆

---

① 哈贝马斯：《公共领域的结构转型》，第220页。

风顺，推动阅报的工作，其难度尤甚，绝非依靠办报者的宣传便可落实。要将此落到实处，宣导之外，重要的是要将报章传递到更广泛的地域、更多人手中，没有具体的举措，难以奏效。

应该承认，在晚清"自改革"的潮流下，官方对于推动阅报确有不少举措。张之洞即为其中的代表，他不仅积极推动《时务报》的创办，还饬令全省官销《时务报》，其辖下之两湖，也成为上海之外销量最大的两个省。这并非偶然之举，对于此一时期创办的报章，张之洞都以同样的方式予以支持，如 1897 年 8 月要求湖北各属州县购阅《湘学报》《农学报》，还特别提醒，前者"应发给书院诸生阅看"，后者"应发给绅士阅看"。[①] 而由湖南的经验亦可看出，地方上对"阅报"也曾大力推动。1903 年《湖南演说通俗报》创办后，地方官员也明确指示："各乡各团均有公费，各团订购一册，所费无多，收效甚大，亟应谕饬尊办。"[②] 稍后刊登的一篇文章，便讲述了该报如何畅销的情形。[③]

当然，报章的创办与发行，本有中心与边缘之别；各主要报章在全国设立售报处是普遍的现象，只是各地接触的报章，情况究竟如何，还难以有全面的估计，只能掌握一些零星的信息。1903 年《苏报》述及"江西报界发达之现况"，调查的结果是，江西各报销数如下：《新民丛报》250 份（较上年增 1/3），《新小说》40 份（欲订阅者在《新民丛报》销数之上），《译书汇编》120 份，《浙江潮》80份，《湖北学术界》30 份，《游学译编》50 份，《女学报》40 份，《苏报》200 份（较上年增 3/4），《中外日报》280 份，《新闻报》70

---

① 《札湖北各属州县购阅〈湘学〉〈农学〉各报》（光绪二十三年七月初十日），苑书义等主编《张之洞全集》第 5 册，第 3493 页。

② 《醴陵张大令劝令乡团阅报谕帖》，《湖南演说通俗报》第 6 期，1903 年 7 月，第 2 页。

③ 储能子：《畅销报纸》，《湖南演说通俗报》第 8 期，1903 年 8 月，第 2 页。

份。① 同年《浙江潮》第 3 期刊出的《杭城报纸销数表》，则提供了各报在杭州发行的数字及主要的销售处（见表 8 - 1）。

表 8 - 1　杭城报纸销数

报名	销数	所销处
《中外日报》	约五百张	官家、商家、学堂、住民皆备
《苏报》	约五十张	学堂为多
《新闻报》	约二百三四十张	官场、商家、学堂、住民皆备
《申报》	约五百数十张	官场、商家为多
《杭州白话报》	约七八百份	普通住民
《新民丛报》	约二百份	学堂学生为多
《译书汇编》（后改名《政法学报》）	约二百五十份	学堂学生为多

注：这还不是完整的数字，其中说明"上海、日本新出各种杂志日报设立未久，尚未畅行，故不列"。

资料来源：《杭城报纸销数表》，《浙江潮》第 3 期，1903 年 4 月 17 日，第 1～2 页。

1904 年《警钟日报》也曾刊载一份调查资料，指出"鄂省一区自戊戌政变以来风气大开，凡士商莫不以阅报为惟一之目的"。具体情况见表 8 - 2：

表 8 - 2　武汉报纸杂志销数调查

单位：份

报刊名	销数	购买对象
《中外日报》	500	官商及学堂
《申报》	300	同上
《新闻报》	300	同上
《同文沪报》	200	同上
《时报》	300	同上

---

① 《江西报界发达之现状》，《苏报》1903 年 5 月 30 日，第 1～2 页。

报刊名	销数	购买对象
《警钟》	300	新学界
《汉报》	300	官商
《武汉小报》	20	同上
《外交报》	50	同上
《政艺通报》	70	学堂
《浙江潮》	40	新学界
《江苏》	30	同上
《政法学报》	30	同上
《汉声》	20	同上
《东方杂志》	80	官商及新学界
《中国白话报》	80	学堂
《安徽俗话报》	20	同上
《新白》	10	同上
《新小说》	30	新学界
《新民丛报》	50	同上
《新新小说》	10	学堂

资料来源：《武汉报纸销数调查》，《警钟日报》1904年12月1日，第4版。

本书第二章已略陈由报章建构的"思想版图"，大致说明各地报章创办的情况。可稍加补充的是，报章的发行本身也构成一张"思想版图"，前面讨论到的《申报》《时务报》等各个时期富于影响的报章，在销售上都尽力拓展到更多的地方。以《申报》来说，一开始就努力在各地设立代派处，到1880年，"重要各都市，无不有本报"，"外埠各信局，皆代售本报"；1897年，又"设本报批发处于各要镇"，"长江各埠，赶早发出，俾能当日见报"。1905年起，还在"各处设立分馆"，甚至远销到日本、朝鲜及欧美各国。而每天销售的份数也在逐步增加，最初仅600份，1876年增至2000份（次年忽增至5000份）。到

1912 年，销数已达 7000 余份，1916 年则增加到 14000 余份。①

《万国公报》在广学会接手后，对如何实现"广传公报"，也极为用心。② 内容上更多报道士人感兴趣的内容，即努力的方向，如第 12 册刊登的《公报新章》说明所登新闻重视中国方面的内容，裨"一时纪纲、政令间闻，咸得周知也"。③ 有意识在读书人中赠送，更是广学会致力的工作。1889 年即将 1200 份《万国公报》分送给在杭州、南京、济南和北京参加科举考试的士子。④ 1894 年又"额外印了五千册的《万国公报》在考生中散发"。⑤ 这样的努力也收到良好效果，按照《广学会年报（第十二次）》说明，到 1899 年代销处已增加到 35 处。⑥ 依托于教会系统的发行渠道，《万国公报》还远涉重洋，"至海外之欧、美、澳三洲"。⑦ 1901 年林乐知赴美途经檀香山，还发现寄寓此地的华人，"其识华字而怀故乡者，往往读予等著述各新书及同作之《万国公报》"。所谓"不识予面，而知予名"，这于办报者来说无疑是最为欣慰的事情。⑧ 1905 年召开的广学会第 18 次年会还说明，"《万国公报》于最近九年之中售出三十六万九千九百十二册"，即在 1897～1905 年这段时间，差不多每年销售约 4 万册。⑨ 数量未必惊人，但也要考虑报章与读者并非一一对应关系，实际是广

---

① 李嵩生：《本报之沿革》，申报馆编《最近之五十年——申报馆五十周年纪念刊》第三编，第 31 页。

② 《广传公报》（选录《广报》），《万国公报》第 6 册，1889 年 7 月，第 14 页。

③ 《公报新章》，《万国公报》第 12 册，1890 年 1 月，第 23 页。

④ 《同文书会年报（第二号）》，《出版史料》1988 年第 2 期，第 28 页。

⑤ 《同文书会第七年年报》(1894)，《出版史料》1989 年第 3、4 期合刊，第 78 页。

⑥ 《广学会年报（第十二次）》，《出版史料》1992 年第 2 期，第 105～106 页。

⑦ 万国公报馆：《请登告白》，《万国公报》第 100 册，1897 年 5 月，第 33 页。

⑧ 林乐知口述，蔡尔康手识《三绕地球新录》，《万国公报》第 155 册，1901 年 12 月，第 1 页。

⑨ 季理斐译，范祎述《广学会年会报告记》，《万国公报》第 206 册，1906 年 3 月，第 28 页。

为传阅："（浙江一个城市的几个士绅）每月订阅《万国公报》六七份，轮流在这个城市的一些官员和士人中间传阅。"①

普通士人之外，还有不少位居高位者是《万国公报》的读者。《同文书会年报（第二号）》记载：英国驻广州领事在与张之洞幕僚的谈话中获悉，这位幕僚及其友人"都是这个杂志的订户"，"总督自己也偶尔阅读这个杂志"。② 第四号年报又提供了这样的信息："《万国公报》是总理衙门经常订阅的，醇亲王生前也经常阅读，高级官吏们也经常就刊物所讨论的问题发表意见。"③ 汉口仁济医院《代售〈万国公报〉启》还具体说明："本医院每一礼拜承上海林乐知牧师寄来《万国公报》发售，已八年矣。现今每年售出不下万本也。买观者除教会牧师、教士、教友先生外，上至督抚大人，下至别驾士商，无不争先睹为快。"④ 最初读者或许以教会内部人士居多，但随后其他士人的比例明显增加，李提摩太就表示：

上海招商局的管理者们把他们的定数增加了一倍，并把我们的一些出版物分送北京的高级官员。住在上海的一位翰林定期把三十份《万国公报》寄给他在北京的翰林朋友们。⑤

再来看看晚清读书人在报章发行上的拓展。前已述及《时务报》建立的"各地派报处"约有202处，应该说，《时务报》在销售上是颇为成功的，第39册之《本馆告白》指出："报馆创设倏逾一载，

---

① 《广学会年报（第十次）》，《出版史料》1991年第2期，第79～81页。
② 《同文书会年报（第二号）》，《出版史料》1988年第2期，第29页。
③ 《同文书会年报（第四号）》，《出版史料》1988年第3、4期合刊，第65页。
④ 《代售〈万国公报〉启》，《万国公报》第8年第396卷，1876年7月15日，第29页。
⑤ 李提摩太：《亲历晚清四十五年——李提摩太在华回忆录》，第210页。

肇始之时，惟惧底滞，赖大府奖许，同志扶掖，传播至万二千通。"同期刊载的《本馆寄报收款清表》，还列出各地代派处、寄报数及收款数。① 1898 年发行的第 59 册还说明："凡在欧洲诸国暨东南洋诸岛、日本等处诸君，有愿本馆将报径寄者，祈将报资寄费先行惠下，本馆自当源源寄上，不致迟误。"②

得到官方大力襄助的《时务报》，在发行上取得的成效或许不具典型意义。这一时期创办的报章，往往通过各种方式拓展发行范围，依托的场所大致也差不多。以地处西南的重庆来说，1897 年创办的《渝报》，一开始即在省内 19 个府州县和全国 22 个省市设立了代派处（多依托于个人）。③ 该报发行到第 5 册时，本省及外省代派处皆增加到 26 处。④ 1903 年创办的《广益丛报》，最初在省内外建立的代派处约 38 处（书局、学堂、商号居多），随后陆续增加，据第 244 号提供的信息，代派处已有 90 多处（明显增加的是各地兴起的劝学所）。⑤ 1909 年出版的《成都通览》，则介绍了成都晚清创办及代派报章的情况，列出"成都售报所"及可购之报章名录，并且说明"阅报公社"提供的报章具体有哪些。⑥

报章发行展现的"思想版图"，并不能完整反映阅读的情况。无论是代售处还是代派处，都难以涵盖发行的情况，通过邮寄、捎带的

---

① 《本馆告白》《本馆寄报收款清表》，《时务报》第 39 册，1897 年 9 月 17 日，"告白"，第 1 页。
② 《本馆寄报收款清表》《本馆告白》，《时务报》第 59 册，1898 年 5 月 1 日，"告白"，第 1 页。研究者据此梳理出该报的发行情况。廖梅：《汪康年：从民权论到文化保守主义》，第 77 页。
③ 《本省派报诸君名氏》《外省派报诸君名氏》，《渝报》第 1 册，光绪二十三年十月上旬，告白页。
④ 《本省派报诸君名氏》《外省派报诸君名氏》，《渝报》第 5 册，光绪二十三年十一月中旬，告白页。
⑤ 《本报代派处》，《广益丛报》第 244 号，1910 年 9 月 13 日，告白页。
⑥ 傅崇矩编《成都通览》上册，巴蜀书社，1987，第 356～358 页。

方式传递报章，甚为普遍；一份报章究竟在多少人手中流传，也难以估计。关键还在于，阅读并非通过购买书报的方式进行，张静庐回忆民国初年在上海做学徒时的生活就表示，为调剂苦闷而辛劳的生活，"惟一的安慰是看'小书'"，这要仰仗专做租借买卖的书贩子，"每一套书只要化三四个铜子，就可以让你看个饱"。① 而通过阅报处阅读报章，更是普遍的形式。

广设阅报处

推动阅读活动的展开，发行之外，还须解决场所问题，于新式报章来说，尤其如此。对公共读书场所的介绍及论述，在晚清时也受到重视。"泰西各国京都大城，均有藏书及万物之院，以便详考者易于观览。"② 1874 年《中西闻见录》刊文做了上述介绍。该年《万国公报》也曾说明"泰西各国皆有国家起造大书院，为培植人材起见。其院中无书不备，听人入院诵习"。③ 花之安《自西徂东》则不仅言及"泰西凡所以资人博雅者，莫不搜求博采，以罗致藏书楼、博物院中，备人参考"，而且强调此举可令"国中之人，无论贫穷富贵，皆得观览考察"。为此他也向中国方面建议：

> 以中国之大，诚能于各省会之衢，立此二者，则出往游衍之地，皆供吾讲学之方；藏修息游之中，亦增吾闻见之益，智者固足以加智，慧者亦益添慧矣。于以资博学之方，岂外是哉?④

---

① 张静庐：《在出版界二十年——张静庐自传》，第 29 页。
② 映堂居士：《英京书籍博物院论》，《中西闻见录》第 21 号，1874 年 4 月，第 8 页。
③ 《泰西各国家大书院储书数目》，《万国公报》第 7 年第 305 卷，1874 年 10 月 3日，第 29 页。
④ 花之安：《自西徂东》卷 4《智集》，第 271～272 页。

其他报章的相关介绍还具体到不同的国家。1891 年林乐知在
《中西教会新报》述及美国"建院藏书"的情形。① 1893 年《点石斋
画报》则有对英国"公家书房"的介绍，指明"向学之士喜公家书
房之成也"。对比中国的情形，则不免感叹："中国各书院中，间亦
有广备群书以供士子披览者，惟公家书房恐万不能有矣。"② 1898 年
《时务报》也曾译述《英国威思德敏思伦读书堂章程》，盛赞此举于
"寒士之好学者"，大有裨益，实"泰西各国理内之善政"。③

通过上述信息不难看出，伴随报章之出现，面向公众的新型阅读
方式，也在晚清得到介绍。这里无意说明中国缺乏这样的机制，藏书
楼对于推进学术发挥的作用，早为研究者所揭示。④ 重要的是，"公
家书房"这样一种新型的阅读场所，针对的是更为广泛的受众，与
报章之创办异曲同工。此前中国存在的藏书楼等场所，其性质不可与
此相提并论。

在具体的实践上，1857 年外侨在上海成立的"皇家亚洲文会北中
国支会"（The North-China Branch of the Royal Asiatic Society，简称"亚
洲文会"）就有所尝试。其拥有的图书馆成为西文汉学书籍收藏的中
心，所藏图书主要来自社会捐赠，免费对外开放。⑤ 无独有偶，1865
年傅兰雅联合华洋绅商共同创办的英华书馆，也试图解决使更多人
"阅读"的问题，称"馆中书籍中外皆可借用，不必自备纸墨笔砚"。⑥

<hr />

① 林乐知：《建院藏书》，《中西教会报》第 1 卷第 11 期，1891 年，第 27～28 页。
② 《公家书房》，《点石斋画报》第 336 号，光绪十九年四月上浣，第 89 页。
③ 《英国威思德敏思伦读书堂章程》（江苏陈贻范译），《时务报》第 55 册，1898 年
  3 月 22 日，第 12 页。
④ 论者讨论江南考据学的兴起，即揭示出"藏书楼"扮演的重要角色。艾尔曼：
  《从理学到朴学：中华帝国晚期思想与社会变化面面观》，赵刚译，江苏人民出版
  社，1995，第 101～106 页。
⑤ 王毅：《皇家亚洲文会北中国支会研究》，上海书店出版社，2005，第 57、166 页。
⑥ 《英华书馆重开》，《申报》1873 年 2 月 4 日，第 5 页。

1875 年《万国公报》刊登的一则信息，则介绍了上海格致书院的类似努力：

> 此书馆之设，原令中国人明晓西国各种学问与工艺与造成之物。其法分为三事，一立博物房，内安置各种机器与器具，与造成之货物，便于华人观阅；二立格致房，内讲教各种格致之学；三立书房，内备各种书籍。

消息还具体说明："书房内看书处备华文各种新报等按日所发之书；藏书处备已译成西书，并中华之各种经史子集，凡各种传教之书，断不可入馆。书房内之章程，俟以后再定。"① 《申报》也发文肯定格致书院之设，乃"推广华人欲习西学之善策也"。②

前已述及晚清士人对"合群"的谋划，主要围绕开办学校、创办报章、组织学会展开。与之相关，他们同时在规划设立图书馆、阅报处，把阅报作为接受新知的重要途径。

1897 年张元济等在北京创办的通艺学堂，得到众多京官支持，光绪皇帝在召见张元济时，颇关心学堂之成长。③ 从《通艺学堂章程》可看出，学堂一开始便颇为重视阅读问题，列有"附约"三则，分别为"读书规约""图书馆章程""阅报处章程"。其中"阅报处章程"说明："馆内所备各报专为取便同学广益见闻而设，来阅者宜共知此意。"④ 从

---

① 《上海格致院发往各国之条陈》，《万国公报》第 7 年第 323 卷，1875 年 2 月 13 日，第 316 页。

② 《记格致书院将成事》，《申报》1874 年 10 月 7 日，第 1 页。

③ 张元济口述，汝成等笔记《戊戌政变的回忆》，中国史学会主编《中国近代史资料丛刊·戊戌变法》第 4 册，第 324～325 页。

④ 《为设立通艺学堂呈总理各国事务衙门文》（光绪二十三年八月二十四日），《张元济诗文》，商务印书馆，1986，第 98、108～109 页。

这段时间张元济与汪康年的通信亦可看出，张不时委托汪在沪购买书籍与报章，1897年9月的一通信函述及：

> 此间亦拟设一藏书楼及阅报所，然力量太薄，将来贵馆译印各书，能捐送一份否？南方有新出书籍，均请随时代购寄下为盼。①

设置阅报处（所）的工作在地方上也得到积极回应。1895年谭嗣同致函其师欧阳中鹄，建议在家乡浏阳设立"算学格致馆"，"招集弟子肄业其中"。尤其说明："除购读译出诸西书外，宜广阅各种新闻纸，如《申报》《沪报》《汉报》《万国公报》之属。"②谭撰写的章程，也包含如何解决生徒阅读报章的问题，拟在招收的十人中，"择年长者二人管理书籍，兼装订各新闻纸"，还计划"筹数千钱，为买《申报》《汉报》《万国公报》诸新闻纸之用"。③尽管尚未有"阅报处"之名，但已在推进此项工作。

伴随维新活动在湖南的推进，这方面的工作也渐有起色。湘报馆本身有不少举动，其"章程"第九条说明：凡穷乡僻壤不能购买《湘报》者，各府州县分学会会友可查明情形，由省城总学会设法"转交居乡会友择地张贴墙壁，如官府告示及劝善格言之法，俾众一览"。④前面论及的南学会，在这方面的努力也值得关注。《湘报》第19号刊登有《捐助南学会书籍提名》，介绍谭嗣同捐入的书籍。⑤以后这成为固定栏目，不定期发布各界向南学会捐书的情况。第27号

① 张元济：《致汪康年》（19），《汪康年师友书札》（2），第1706页。
② 《上欧阳中鹄书》，蔡尚思、方行编《谭嗣同全集》上册，第165~166页。
③ 《浏阳兴算记》，蔡尚思、方行编《谭嗣同全集》上册，第174~176页。
④ 《湘报馆章程》，《湘报》第27号，1898年4月6日，第107页。
⑤ 《捐助南学会书籍题名》，《湘报》第19号，1898年3月28日，第76页。

刊登了邹代钧捐入书籍题名，第 28 号则刊出万木草堂捐入书籍。①
由《南学会申订章程》，亦可了解取得的实际成效：

> 本学会所藏书籍，准人领取阅书凭单入内浏览，现计每日有
> 数十人之多。兹将添购各种新闻报章，自本月十五日起，愿阅报
> 者，照章领凭择观。②

差不多同时，其他地方也有类似举措。徐兆玮提及，1897 年潘
毅远在常熟创设了"中西学社"，其"捐入书二十五种"。只不过一
开始未能获得积极回应，反遭乡里先进"指摘"。③ 一向热心桑梓公
益的经元善，1898 年在浙江上虞也积极推动"看报会"的设立，拟
定的"章程十则"具体说明："此举专为开风气、正人心起见，所有
本年购书购报诸费，由会中同志筹垫。阅报诸君愿出费者作捐款论，
不愿者悉听其便。"④ 1901 年浙江瑞安学计馆同样设立阅报公所和藏
书楼，张棡在日记中写道：

> 城中现议在学计馆中设阅报公所，赴馆阅报，须先付报资五
> 角，收条为凭。馆中计买十余报，任人分阅。又有公款拨出，拟
> 建藏书楼一座，广购经史子集及近时西学诸书，有志者均可
> 赴阅。

---

① 《捐助南学会书籍题名》，《湘报》第 27 号，1898 年 4 月 6 日，第 108 页；第 28
  号，1898 年 4 月 8 日，第 116 页。
② 《南学会申订章程》，《湘报》第 75 号，1898 年 6 月 1 日，第 298 页。
③ 《棣秋馆戊戌日记》，光绪二十四年五月廿六日、七月廿三日，《徐兆玮日记》
  （1），第 20、23 页。
④ 《余上劝善看报会说略章程》，虞和平编《经元善集》，华中师范大学出版社，
  2011，第 227 页。

不过，令张枫略感遗憾的是，阅报公所开办后，"城中出资来阅者，竟尔寥寥"。① 孙翼中在杭州开设报会，还曾委托汪康年设法订购报章，结果也不尽如人意："踵门寂寂，风气夭阏之极。间有来者，他省人居多。神州陆沉，吾杭人真无噍类矣。"②

推进阅报社的工作，主要是地方士人在谋划，除此之外，卖书者因为占据有利条件，也曾尝试开设阅报社。《时务报》第 62 册刊登的一则告白言及，江左汉记书局不仅代派上海等处各报，还"设立阅报总会一所，将各报备齐，以供众览，并备茶烟，以为消遣之资"。③ 王维泰所撰《汴梁卖书记》，则记录了书商介入设立阅报所之事，"欲在省城设一阅报看书公所"，并且"纠合同志，集资赁屋"，以推进之。此事也得到积极回应，"已择地开办，并托寄各报"。④ 此外，《浙江潮》第 3 期登载的《杭州藏书楼书数表》，也说明该处藏有"旬报、日报等十二种"，⑤ 表明藏书楼也有收藏报章之举。

理解晚清成立的阅报所，应基于当时确立的变革基调。最为突出的是，学会作为"合群"的基本载体，往往将办报作为重要的工作，同时推动阅报的展开。由《知新报》发布的信息，大致能了解其中之机缘。该报曾刊登各地成立学会的情况，各学会往往把推动阅报作为基本的事务。1897 年开办的湖南龙南致用学会，其章程（附购书阅书章程）强调："时局之不谙，由于报章之未阅……故学会中必广

---

① 《张枫日记》第 2 册，光绪廿七年二月廿七日、九月十七日，第 645～646、712 页。

② 孙翼中：《致汪康年》（1、2），《汪康年师友书札》（2），第 1486、1487 页。

③ 《汉口代派各报处江左汉记书局告白》，《时务报》第 62 册，1898 年 5 月 30 日，"告白"，第 1 页。

④ 王维泰：《记交际》，《汴梁卖书记》，第 44 页。

⑤ 《杭州藏书楼书数表》，《浙江潮》第 3 期，1903 年 4 月 17 日，第 2 页。国学保存会 1905 年成立后，很快设立了藏书楼，"供本会会员及会外好学之人观览"。还说明"本藏书楼之外附设美术、译本、报章三部"，储列的报章包括"各种双日、星期、旬报、月报、季报"等。《国学保存会藏书楼章程》，《时报》1906 年 10 月 11 日，第 4 版。

购中外有益之报，以备诸同志浏览。"① 梁启超所拟《万木草堂书藏征捐图书器启》也言及，其早已与二三同志，"各出其所有之书，合庋一地"，"名曰万木草堂书藏"。为此还指明："书之不备，不足以言学；图器之不备，不足以言学。欲兴学会，必自藏图书器始。"②

各地有识之士纷纷开办阅报所，也成为阅读报章的重要助力。1903 年《政艺通报》登载的《开办晋明书报所简明章程》说明："本所之设，在开通晋人之知识，改良晋人之性质，俾知我国与各国竞争在学问，而不在血气。"还鼓励晋省官绅士商"捐助图籍、经费"，"以志公德"。③ 1905 年宋恕应山东巡抚杨士骧之聘出任山东学务处议员兼文案，也努力推进这方面的工作，拟出"办理阅报事宜十条"。第一条即提出：

> 宜由官设阅报总所及分所以劝民间广设小分所。省城宜先设一阅报总所，随通饬各府州县各先设一阅报分所，其民间专为一乡或数乡、一里或数里、一族或数族设者，均称为小分所。④

① 《湖南龙南致用学会章程（附购书阅书章程）》，《知新报》第 43 册，1898 年 2 月 11 日，第 10 页。以后刊登的章程，还说明该会按照梁启超《西学书目表》添置书籍，并购买《时务报》《农学报》《知新报》《湘学报》等报。《知新报》第 45 册，1898 年 3 月 3 日，第 10～13 页；《知新报》第 46 册，1898 年 3 月 13 日，第 8～13 页。

② 梁启超：《万木草堂书藏征捐图书器启》，《知新报》第 46 册，1898 年 3 月 13 日，第 1～2 页。甚至广东顺德逢简乡也有这样的努力，表明推广之力度不小。刘帧麟：《顺德逢简乡拟设公书会公启章程》，《知新报》第 60 册，1898 年 7 月 29 日，第 1～4 页。

③ 《开办晋明书报所简明章程》，《政艺通报》癸卯第 19 号，1903 年 11 月 3 日，"中国文明新史卷"，第 23 页；癸卯第 20 号，1903 年 11 月 19 日，"中国文明新史卷"，第 24 页。

④ 《拟阅报总分所章程》（1905 年 10 月下旬），胡珠生编《宋恕集》上册，第 367～368 页。

据李孝悌的分析，"阅报社的大量出现是 1905、1906 年的事。这个时候，报纸与开发下层社会民智的关系已经格外受到关注，特别为下层社会设想的阅报社也开始出现"。① 这是结合《大公报》登载的信息做出的判断，征诸其他报章，时间节点或许还可以往前推。1904 年《东方杂志》甫一创刊，就展示了各地设立阅报社的情况，如介绍山东的情况说："济南官报馆主笔李明坡征君，现于布政大街设一阅报馆，各报具备，任人往阅，不取分文。蓬莱李叔坚大令近以寒士阅报无资，特捐廉购报，散给各乡生童阅看。"② 到 1905 年，这方面的信息更是增加不少。四川方面，"江津江君芸青独出巨款设一阅报所，听人观览，不须介绍"。广东一地，"陵水县民黎杂处多未开化，近该县传令特在署前设立阅报处，以开风气"。③ 至于福建则是这样的情形："连江县隔省迢迢一水，信息不通，见闻亦狭。兹闻各绅议设阅报所，以开风气。"④

对于京师的情况，《东方杂志》有这样的描绘："近来京中风气大开，阅报处逐渐设立。"⑤ 管翼贤则注意到，尽管北京报章之创办起步较晚，但"其精神则充溢于北京"，"各街市之有识者，纷纷设立阅报处、阅报之家，多将报纸贴于壁上，以供行人阅览。北京民智之开，政治日进于新，是时之报纸厥功甚伟"。⑥ 梁济年谱 1906 年条下也说明：

---

① 李孝悌：《清末的下层社会启蒙运动：1901～1911》，第 50 页。
② 《各省报界汇志》，《东方杂志》第 1 卷第 6 号，1904 年，第 146～147 页。
③ 《各省报界汇志》，《东方杂志》第 2 卷第 3 号，1905 年，第 51～52 页。
④ 《各省报界汇志》，《东方杂志》第 2 卷第 8 号，1905 年，第 202～203 页。
⑤ 《各省报界汇志》，《东方杂志》第 2 卷第 9 号，1905 年，第 248～250 页。有关直隶、山东、河南、江苏、浙江、福建、湖北、广东、广西各地创办报章，以及开办阅报所的情况，见《各省报界汇志》，《东方杂志》第 2 卷第 11 号，1905 年，第 297～298 页。
⑥ 管翼贤：《北京报纸小史》，《新闻学集成》第 6 册，第 282、284 页。

始都中无肯阅报者，由热心人士一二辈多方倡导，张报纸于牌，植立通衢，供众阅览。继又进而有阅报所、讲报处之设，皆各出私财为之，遍于内外九城，不下数十处。①

与此相应，各报章还纷纷撰文表彰"阅报社"的设立。《新闻报》除对各地开办"阅报社"的信息予以报道外，还刊发多篇"论说"予以嘉勉。1905 年 6 月 21 日刊登的《设立讲报所说》即强调："二十世纪国度强弱，视其国报馆多少为强弱，视其国报纸销数多少为强弱，视其国国民能阅报纸多少为强弱。"为此也说明：

欲为不能阅报者计，莫如多设讲报所，汇集群报，择其中有益于民智者，撮其大要，仿宣讲上谕、乡约之例，每县设立若干所，选诚实通儒逐日讲解……数年而后，民智大开，富强之效，操券可获。②

随后又刊文指明："开通上流社会易，开通下流社会难……开通中国风气，不从开通下流社会入手，决无效果之可言也。"故此，"惟有设讲报所于通都大邑，延聘通儒，采择浅近显豁有关于内政外交之事，登坛演说，万众环动，习俗自移，必有心领神会者"。③ 该年《华字汇报》也有多篇文字阐述设立阅报所的意义："吾国报界尚属幼稚时代……除上流社会繁盛商埠购阅多销售广外，其余荒州僻县

---

① 梁焕彝、梁焕鼎编次《年谱》，《桂林梁先生遗书》卷首，商务印书馆，1927，第20页。
② 《设立讲报所说》，《新闻报》1905 年 6 月 21 日，"论说"，第 1 页。
③ 《设讲报所》，《新闻报》1905 年 11 月 9 日，"论说"，第 1 页。

及中下社会中人，竟有不知报纸为何物，出资购报为何事者。"因此，当广设阅报公所，"购买中外各种有益报章储庋其间"。① 《华字汇报》刊登的文字多选自各地报章，介绍了"阅报所"在各地普遍开设的情形。

阅报社开设后，其成效究竟如何，或难以评估。1906年《申报》登载的《论阅报者今昔程度之比较》，颇有意味地说明阅报已成为习见的行为，尤其强调讲报社之设对下层民众的意义："农民之对于报纸，昔日则不知有所谓报纸也，今日渐知有报纸。闻讲报社之讲演，则鼓掌欢呼，惟恐其词之毕，而恨己之不能读者。"② 具体到个案，则呈现"月映万川"的情形，不少生活于边缘之地的读书人，即提供了通过阅报社接触报章的事例。舒新城的家乡湖南溆浦，算得上偏僻的小县城，他在县立高等小学读书的三年里，因为剩余时间很多，看了很多"新书"：

> 以溆浦那样偏僻的地方，当然购不着什么真的新书，但阅报室中有《时报》《新民丛报》《国粹学报》《安徽俗话报》及《猛回头》《黄帝魂》《中国魂》《皇朝经世文编》《西学丛书》《皇朝蓄艾文编》《时务通考》等等。

这表明阅报室的出现，为青年学子提供了广泛阅读新学书籍和报章的机会。舒新城也颇多感触，充分肯定"书报"的作用："我自未满五岁进入私塾就学，至民国六年夏毕业高师为止，共度二十年之学生生活。""数十年来，不曾有一日离开书报与纸笔"。③

---

① 《论各属宜通设阅报所》，原刊《汉口日报》，此据《华字汇报》1905年8月7日，第5页。
② 《论阅报者今昔程度之比较》，《申报》1906年2月5日，第2版。
③ 舒新城：《我的教育》，龙文出版社，1990，第55、105页。

关于晚清所兴起的阅报所此后有怎样的发展，对读书人又产生怎样的影响，在讨论具体个案的时候，我们再做进一步说明。可补充的是，民国以后也有不少举措推进这方面的工作。1915 年 7 月教育部便有设立通俗教育研究会的呈文，提出"通俗教育实为现今刻不容缓之图"。[①] 稍后教育部又将拟定的社会教育各项规程呈报，强调"国基甫定，民智待开，学校教育尚未普及，非实施社会教育无以谋启沦而资兴感"，"其中最切要者，如图书馆，为表彰文化，发扬国光，广求知识，振兴学艺所必须；通俗图书馆为灌输常识，启迪国民之关键"。[②] 上述机构的设置情况，在随后的调查中也有所反映。图书馆方面，各省按表填复者，计有 33 处。作者为此也指出："中国幅员辽阔，人民众多，每省图书馆，不过一二处，或一省并无图书馆……国内图书馆少，国内阅书人必少，与国家文化之进步有无形之障碍。"[③] 而《各省通俗图书馆调查表》，则列出如下的信息（见表 8 – 3）：

表 8 – 3　各省通俗图书馆调查

所属	数量（个）	全年经费（元）	藏书部数	每日平均阅览人数	备考
直隶	4	800	900	59	皆系公立
奉天	35	7000	7500	900	皆系公立
吉林	3	600	700	90	皆系公立
黑龙江	3	600	650	85	皆系公立

[①] 《教育部关于设立通俗教育研究会呈并大总统批令》（1915 年 7 月 18 日），中国第二历史档案馆编《中华民国档案史料汇编》第三辑，"文化"，第 101 ~ 102 页。
[②] 《教育部拟定社会教育各项规程呈并大总统批令》（1915 年 10 月 23 日），中国第二历史档案馆编《中华民国档案史料汇编》第三辑，"文化"，第 104 ~ 109 页。
[③] 沈绍明：《中国全国图书馆调查表》，《教育杂志》第 10 卷第 8 号，1918 年，第 37、44 页。

所属	数量（个）	全年经费（元）	藏书部数	每日平均阅览人数	备考
山东	23	9400	10000	1500	省立，一处规模宏大，每日阅书者千余人
河南	22	8200	9000	1050	省立，一处每日阅书者约600人
山西	9	2250	2700	300	公立6处，私立3处
江苏	5	1500	1600	180	公立3处，私立2处
安徽	4	100	1200	120	皆系公立
江西	5	1250	1500	125	皆系公立
福建	2	500	200	600	皆系公立
浙江	21	4200	5350	600	公立9处，私立12处
湖北	44	13800	18000	1800	省立一处，规模宏大，阅书者每日平均600人
湖南	14	2800	3500	380	皆系公立
甘肃	2	500	600	50	皆系公立
新疆	4	800	1200	100	皆系公立
四川	4	1200	1600	150	公立3处，私立1处
广东	6	1500	1800	200	公立5处，私立1处
广西	1	250	300	30	公立
云南	6	1200	1500	180	皆系公立
热河	1	200	300	25	公立

　　资料来源：《统计局编行政统计汇报·教育类·各省通俗图书馆调查表》，《政府公报》第447号，1917年4月10日，附录，第29~30页。

　　有关公众阅报所的资料，1918年的一份调查材料也能说明不少问题，只是所获得的信息未必准确。编者发现："安徽公共阅书报所30处，备考栏内为'公立45处'，与总数不符，原统计有误。"（见表8-4）

表 8 – 4　各省公众阅报所

所属	数量（个）	报纸种数	每日平均阅览人数	备考
京兆	10	12	40	
直隶	124	14	40	私立 10 处,余系公众筹办
奉天	45	10	50	私人设立者 1 处,余由公家补助及公益团体附设
吉林	17	5	60	公款补助,近来交涉日繁,故阅览人数较他省为多
黑龙江	5	4	50	
山东	113	14	60	公款补助及公益团体附设者 101 处,余 12 处,系私人创办
河南	139	12	30	私立 11 处,余由公家补助
山西	77	10	30	私立 14 处,余由各地方机关附设,亦有公家补助者
江苏	187	18	50	私人创办 58 处,余皆私立
安徽	30	8	20	公立 45 处,余由私人筹设
江西	106	10	20	私立 2 处,公家补助及附设者 104 处
福建	52	8	40	多系各处附设,私立者只有 5 处
浙江	170	14	30	私立 47 处,余皆附设或公家筹办
湖北	103	16	50	省立 2 处,私立 25 处,余由公家筹办
湖南	39	11	40	
陕西	15	9	30	
甘肃	91	5	20	私立 4 处,余皆附设
新疆	5	4	20	
四川	156	12	30	多系公家筹设,私立者只 1 处
广东	149	17	50	私立 70 处,余由公家或团体设
广西	54	5	20	公家设立 48 处,余系私立
云南	99	8	30	公立 93 处,余系私人筹设
贵州	16	4	20	阅览人数甚少,私立只 1 处
热河	6	5	30	

资料来源:《各省公众阅报所》,中国第二历史档案馆编《中华民国档案史料汇编》第三辑,"文化",第 131 ~ 132 页。

结合 1916 年的一则调查,还可发现此一时期展现的新气象,不仅京师广设通俗讲演所,各省还举办了巡行宣讲团,推行巡行文库。

只是，"各省设立者尚不甚多。据部视学报告及调查表所得，除奉天设立十七处，江苏设立四处，四川设立一处，甘肃设立四处，云南设立四处外，其余均未设立"。①

尤可注意的是，民国以后推动阅报的工作有进一步发展，北京大学成立了不少类似的组织。"阅书报社"主要"购阅各种关于法理上之书报，以补图书馆之缺"。② "消费公社"则成为学校"代购书籍机关"。③ 恽代英则述及其与同道议决，"设公共图书馆以交换所有书籍，并公之大众"，而且，"所备图书，以最近杂志及新书为要"。④不用说，正是这些场所的存在，使新书报有更多读者，有助于新文化运动扩大影响。

二　由邸报到新式报章：阅读的转向

在阅报所之外，研究者进一步还应关心谁来阅报。京报、邸报及宫门抄、辕门抄这样一些沟通政情的方式，构成帝制时代信息传播的主要渠道，晚清读书人，尤其是看重"事功"的读书人，往往通过邸报等了解外部世界的信息。报章出现后，接受信息的渠道与方式有哪些转变呢？通过部分读书人的日记，可大致了解"阅读的转向"。读书人对信息的获取，渐次由阅读邸报之类，转向阅读新式报章。

晚清读书人在阅读上发生转向，有诸多可以理解的原因。最初出

① 《京师及各省通俗讲演所（团）调查表》，中国第二历史档案馆编《中华民国档案史料汇编》第三辑，"文化"，第 133～136 页。
② 《阅书报社之发起》，《北京大学日刊》1917 年 12 月 1 日，第 4 版。
③ 《消费公社启事》，《北京大学日刊》1918 年 6 月 8 日，第 2 版。
④ 中央档案馆、中国革命博物馆、中共中央党校出版社编《恽代英日记》，1918 年 6 月 2 日，中共中央党校出版社，1981，第 395 页。

现的报章都以"恭录上谕"或"京报全录"的方式，刊载类似邸抄的信息，易于获取。文廷式1896年遭革职，被"驱逐回籍"，"既为逐臣，尤不当与闻朝政，故邸钞中事，非得《申报》《汉报》，未尝一观"。① 姚锡光该年的日记也显示，他所阅读的报纸除邸报、京报、辕门抄之外，陆续增加了《申报》《万国公报》《时务报》等。② 报章正是以这样的方式，渐渐成为读书人阅读生活的一部分；在获取新知这一环节，报章的作用也越发明显。

这里拟选取几个读书人的日记，对此略加说明。要把握晚清士人的"阅读世界"，日记是重要的资源，需结合日记选择相关个案进行分析。据此所呈现的阅读，或许也只是片断的个案资料，但舍此难以重建关于晚清的阅读史。

王闿运："经师"眼光下的世界

结合王闿运留下的《湘绮楼日记》（始自同治八年，到民国五年，中间稍有缺失），加上其"笺启"，大致可还原一位旧式读书人的"阅读世界"。日记的篇幅虽已不小，但也不免如其所谓"断烂报"，留下的只是零星的记录。③ 不惟如此，王不仅对日记时加"检阅"，还示以外人。这样的情形未必那么特殊，但日记的内容不免受到影响。

《湘绮楼日记》更多体现的是旧式读书人的阅读生活，鲜少记录阅读西书的信息（光绪十年之前尤其如此）。当然，并不能因此判定王生活于封闭的世界。事实上，王闿运交谊颇广，与友朋和学生的通信与晤谈，是他了解外部世界的主要渠道。而邸抄、京报，以及《申报》等"洋报"，也是他重要的信息来源。不过，其所思所想围

---

① 《致于式枚书》（46），汪叔子编《文廷式集》下册，第1221页。
② 姚锡光：《姚锡光江鄂日记》（外二种），1896年4月29日，第96页。
③ 王闿运：《湘绮楼日记》第4卷，光绪二十七年二月九日，第2364页。

于传统的精神世界，倒也甚为显明。1876 年郭嵩焘奉命出使英国，与郭交谊甚厚的王闿运就有特别的想法。郭氏此举在湖南引起极大震动："筠仙晚出，负此谤名，湖南人至耻与为伍。"① 王虽然没有加入讥骂之列，但在写给郭的信札中，却暴露出其完全基于"经师"的眼光"想象"外部世界，将郭出使英国做了这样的定位："奉使称职，一时之利；因而传教，万世之福。"②

王闿运了解外部世界的重要渠道是邸报。1872 年 7 月 3 日的日记有载："段培元来，见示京钞。知倪豹岑出守荆州，成俞卿得郧阳总兵，沈玉遂甘肃总兵，皆相识者。黄孝侯得正詹，而不知马雨农何在，岂有事故耶？（问阅京报者，云已转阁学矣）"③ 1880 年的几则日记，同样说明王所重视的是这类信息。5 月 23 日记："看京报会试题，湖南得房差者二人，钱师亦得分校。"7 月 14 日还写道：

> 阅京报，周、童、二孙俱留馆，钱师复为司业，而先谦为祭酒，陈又铭河北道，惠年浙运使，黄倬开缺，郭松龄病故，鲍超为湖南提督。④

由此可知，邸抄、京报是旧式读书人了解事务的主要渠道，其兴趣点主要在官员之任职，及科举考试的信息。对王闿运来说，关注与科举相关的信息，自是其本分。而友人在官场之种种动向，同样成为其关注的重点。王对邸报、京报的阅读持续了不少时间，到 20 世纪初年仍在关注，1901 年 6 月 16 日记："看邸钞，停考行科，恩威并

① 王闿运：《湘绮楼日记》第 1 卷，光绪二年三月三日，第 460 页。
② 王闿运：《致郭兵左》，《笺启》卷 2，马积高主编《湘绮楼诗文集》，第 868～869 页。
③ 王闿运：《湘绮楼日记》第 1 卷，同治十一年五月二十八日，第 323 页。
④ 王闿运：《湘绮楼日记》第 2 卷，光绪六年四月十五日、六月八日，第 910、923 页。

用，瞿九郎遂军大矣。孙莱三衣钵有托，或云中人力也。"① 1904 年
5 月 29 日又记："看京报，文卿儿得会元，补湘人二百年缺憾，龚榜
眼流辈也。叔平家亦得进士，又熊希龄、王朝弼之流。"② 1908 年 4
月 25 日还写道："看京报，陕藩仍还许度，未知升能容否。"③

王闿运留下的书牍还显示，他大致是通过各种抄报获得信息，然
后致书相关人等。其致函李瀚章、李鸿章，即是因为"昨闻钞报，
惊奉太夫人不讳"。④ 写信给郭嵩焘，也是读了邸抄，"乃知朝廷真大
用公"。⑤ 王闿运往往也就邸抄、京报上的信息表达对相关事务的看
法。1884 年 6 月 29 日记："看京报，无新事。得京书，颇有新闻。
方今在上者叹无人材，以为莫己若也。在下者叹无人材，以为莫我荐
也。试反而思之，所谓人材者已不亦多乎?"⑥ 1900 年 1 月 29 日又
记："得京报，用吴可读旧议，被封皇嗣，私忖久之，未知礼意，想
孝达亦当悔其前奏。"⑦

邸抄、京报之外，王闿运的阅读范围也有所扩展，日记中频频提
及的"洋报"，大约便是《申报》之类由外人所办报章，1880 年 7
月 22 日日记表示："见洋报，湖南庶常选三人。"⑧ 以后的日记中则
明确记载了阅读《申报》的信息。1882 年 11 月 13 日日记："看《申
报》，陈三立、皮六云同中式。"⑨ 1883 年 11 月 5 日又记："芥帆送
《申报》来，乃知孙公符已免官待罪。"⑩ 到 20 世纪初年，王闿运的

---

① 王闿运:《湘绮楼日记》第 4 卷，光绪二十七年五月一日，第 2382 页。
② 王闿运:《湘绮楼日记》第 4 卷，光绪三十年四月十五日，第 2626 页。
③ 王闿运:《湘绮楼日记》第 5 卷，光绪三十四年三月二十五日，第 2882 页。
④ 王闿运:《唁二李》，《笺启》卷 1，马积高主编《湘绮楼诗文集》，第 821 页。
⑤ 王闿运:《致郭兵左》，《笺启》卷 2，马积高主编《湘绮楼诗文集》，第 897 页。
⑥ 王闿运:《湘绮楼日记》第 2 卷，光绪十年闰五月七日，第 1340 页。
⑦ 王闿运:《湘绮楼日记》第 4 卷，光绪二十五年十二月二十九日，第 2263 页。
⑧ 王闿运:《湘绮楼日记》第 2 卷，光绪六年六月十六日，第 924 ~ 925 页。
⑨ 王闿运:《湘绮楼日记》第 2 卷，光绪八年十月三日，第 1149 页。
⑩ 王闿运:《湘绮楼日记》第 2 卷，光绪九年十月六日，第 1263 页。

日记中更不乏阅报的记录，只是未注报名。1907 年 7 月 18 日记：
"看报，因朝政变动，作报者亦皇惑矣。独醒政难，可为一笑。"同
年 12 月 20 日又记："看报，全无新事，赖有争路得敷衍耳。"①

湖南推行的维新活动，也影响到长期生活于此的王闿运，使其接
触当地创办的报刊。1898 年 6 月 25 日记："看《湘报》一月。"②
1900 年 12 月 26 日又记："士大夫做生意不如赌博，赌与其赢，不如
其输，此《湘报》所未及，真新学也。"③ 20 世纪初年发行的各种官
报，也为王所接受。1903 年 7 月 14 日记："得官报，王春罢，夏时
升。"④ 1908 年 3 月 15 日又记："看官报，大有迁移，无小关系。"⑤
当然，王闿运之读报，抱持的是"游戏"心态。他曾致函樊增祥说
明："惟日以看报为乐，报馆认真，我则游戏。"⑥ 此亦是实话，其日
记中对各种新事物及新派人物，多以调侃、戏谑的方式加以议论。若
说《湘绮楼日记》有什么"基调"的话，此一特色甚为分明，不仅
处处表现出对"新学"的排拒，也从各个方面去证明"新学"所造
成的种种弊端，凸显自己"有所见"。

王闿运阅读《申报》等报章留下的记录，显示其关注的重点仍
与阅读邸抄、京报类似。此亦表明，像王这样关心"帝王之学"者，
也不免借助新型传播媒介。与之相映成趣的，那个年代所出版的与
"时务""经济"相关的书籍，同样构成王获取新知的渠道。首先便
是各种"经世文编"资料。1892 年 6 月 19 日记："夜看陆耀《文

①　王闿运：《湘绮楼日记》第 5 卷，光绪三十三年六月九日、十一月十六日，第
　　2824、2855 页。
②　王闿运：《湘绮楼日记》第 4 卷，光绪二十四年五月七日，第 2154 页。
③　王闿运：《湘绮楼日记》第 4 卷，光绪二十六年十一月五日，第 2345 页。
④　王闿运：《湘绮楼日记》第 4 卷，光绪二十九年闰五月二十日，第 2554 页。
⑤　王闿运：《湘绮楼日记》第 5 卷，光绪三十四年二月十三日，第 2876 页。
⑥　王闿运：《致樊藩台》，《笺启》卷 7，马积高主编《湘绮楼诗文集》，第 1075 页。

钞》，正如说梦，所谓经济之学如此，贺《文编》似尚稍博也。"①次年 3 月 11 日又记："偶得《续经世文》看之，则《申报》、邸钞并列，幸无我名，上海葛姓之所为，盖书贾也。而有王燮帅字，中载公法，言出使事颇详，斯其可以经世。"② 1899 年 3 月 3 日还写道："看《经世新编》，梁启超之作也，以余为不谈洋务，盖拾筠仙唾余而稍变者，康、梁师弟私淑郭、王，不意及身而流敝至此。"③ 除数种"经世文编"外，与中外交往相关及一些新派人士的论作，王闿运在日记中也有零星记录。1896 年 10 月 22 日记："看《中日战纪》，全无心肝人所作也。"④ 1898 年 3 月 22 日看了门生送来的黄遵宪《日本国志》，他的评价完全是负面的："搜辑虽勤，竟无所用，不知彼国亦喜之否。若作小说，反有可观，顾忌既多，词又雅正，便成无用也。"⑤ 1901 年 3 月 8 日的日记还有"看宋生《采风记》"的记录，只是未加议论。⑥ 1907 年 5 月 24 日又记："看《法政新书》，言理可厌。"⑦

略述王闿运对外部世界的了解，可以洞悉其中发生的转变。最初他主要通过书信往来，以及所接触的邸抄、京报来了解外部信息，然后才过渡到新型媒介。新旧媒介的传播效力迥然有别。通过旧有方式，王所了解的"新闻"往往已是"旧闻"，于王尤为特殊的是，由于他居处众多，通信的效率也受到影响。⑧ 在致左宗棠的一通信中王

---

① 王闿运：《湘绮楼日记》第 3 卷，光绪十八年五月二十五日，第 1791 页。
② 王闿运：《湘绮楼日记》第 3 卷，光绪十九年正月二十三日，第 1841 页。
③ 王闿运：《湘绮楼日记》第 4 卷，光绪二十五年正月二十日，第 2195 页。
④ 王闿运：《湘绮楼日记》第 4 卷，光绪二十二年九月十六日，第 2117 页。
⑤ 王闿运：《湘绮楼日记》第 4 卷，光绪二十四年三月初一日，第 2132 页。
⑥ 王闿运：《湘绮楼日记》第 4 卷，光绪二十七年正月十八日，第 2359 页。
⑦ 王闿运：《湘绮楼日记》第 6 卷，光绪三十三年四月十三日，第 2812 页。
⑧ 王闿运在一通信中即表示："闿运有三宅，一在省城，一在湘潭西乡，一在衡州，不常厥居，故通信最难。"王闿运：《致裴通判》，《笺启》卷 6，马积高主编《湘绮楼诗文集》，第 1047~1048 页。

就表示："自乙丑从保定上书论吴生必败公事，未得复书。其后闿运以三月归家，七月入山，至今四年。绝不与世事相闻，友朋来问，或及时事，大抵皆数月以前陈言，乡中人以为新闻耳。故以节下之驰驱勤劳，擘画贞朴，皆无得而称焉。"① 任职尊经书院后，王致时任福建船政大臣斐荫森的信中也言及，"尊经讲席，虚悬二年"，"西陲新有覆师，南中久无消息，驲邮不速，他无新闻"。② 凡此种种，皆表明其获取各种消息的迟误。

接触报章之后，王信息滞后的状况大为改观，电报也渐渐对王闿运的生活发生影响。1908 年 5 月 1 日记："端督电讯问疾，专使索钱八百，例不电复，与书一，听其寄否。今又得武昌陈复心电报，又去八百，可谓极无谓也。以平等故，小复一纸。"③ 次年 5 月日记还提到："又得电局函，以不收电报为患，始复看之，大要以公钱为儿戏耳。"④ 结合这两则日记可判明，频频接收"电报"，加之要付出不菲的递送费用，王闿运不胜其烦。作为旧式读书人的王闿运，倒也提供了电报如何影响个体生活的例证。

通过电报，王闿运得以更快获取外部世界的信息，他本人也被更深地卷入现实政治中。其子王代功所述《湘绮府君年谱》，记录了几件事。光绪三十四年（1908）四月记："县令送阅电报，湖南巡抚岑公春煊奏荐耆儒，奉上谕授翰林院检讨。自乾隆以后百年内无特授检讨者，时人目为异数，贺者纷至。"⑤ 宣统三年（1911）正月初一日又记："湖南巡抚杨公文鼎送来电谕，以府君乡举周甲加翰林院侍讲

---

① 王闿运：《致左宗棠》，《笺启》卷 1，马积高主编《湘绮楼诗文集》，第 815～816 页。
② 王闿运：《致斐船政》，《笺启》卷 1，马积高主编《湘绮楼诗文集》，第 824～825 页。
③ 王闿运：《湘绮楼日记》第 5 卷，光绪三十四年四月二日，第 2883 页。
④ 王闿运：《湘绮楼日记》第 5 卷，宣统元年三月二十二日，第 2967 页。
⑤ 王代功述《湘绮府君年谱》，文海出版社，1970，第 274 页。

衙。十六日得武陵来电，言赵氏妹病，欲一相见。"① 可见与王相关的各种消息，逐渐由电报传递。到1914年更是写道："正月二十二日至长沙，二月还山塘，两得北京电报及袁总统书，促府君北上。城乡宾客往来日夕不绝，乃复至长沙。三得袁电，词旨谦抑，府君念遭世乱离，无地可避，始允北行。"② 这里提及的是1914年王闿运被邀入京出任国史馆长兼参政事，可以推断的是，如仍依靠书信的往来，则袁世凯是否那么容易找到王？且王最终走到哪一步，还很难说。毕竟王在此任上也仅几个月的时间。该年岁末，担心受"复辟"风潮殃及的王匆忙离京，到汉口便作书向袁辞去国史馆之职。③

就王闿运与新型传播媒介的关系，尚可补充的是，王辞世前一年，日记中还有这样的记录："作书与神州日报馆，谢其送报不取钱。看报记杨度事，颇有风潮，不愧为学生。"此外还写道："与书报馆，投稿。"④ 这更是他受新型传播媒介影响的明证。

刘大鹏：普通士子的阅读生活

刘大鹏现存的《退想斋日记》始于光绪十七年（1891），一直到其辞世的1942年，其阅读更能反映一般士子的生活状态。⑤ 与王闿运颇为相似，刘对外部世界的了解也经历了从依靠传言到阅读邸抄，再到接触《申报》和当地出版的《晋报》及其他报章的转变。不无

---

① 王代功述《湘绮府君年谱》，第 298 页。
② 王代功述《湘绮府君年谱》，第 322 页。
③ 王代功述《湘绮府君年谱》，第 327 ~ 328 页。
④ 王闿运：《湘绮楼日记》第 5 卷，1915 年 7 月 20 日、23 日，第 3391 页。
⑤ 关于刘大鹏，详见罗志田《科举制的废除与四民社会的解体——一个内地乡绅眼中的近代社会变迁》，收入氏著《权势转移：近代中国的思想、社会与学术》，第 161 ~ 190 页。Henrietta Harrison, *The Awakened from Dreams：One Man's Life in a North China Village，1857 - 1942*, Stanford：Stanford University Press, 2005. 关晓红则以刘大鹏、朱峙三日记为视角，考察了科举停废对士子命运与乡村社会的实际影响。关晓红：《科举停废与近代乡村士子——以刘大鹏、朱峙三日记为视角的比较考察》，《历史研究》2005 年第 2 期。

遗憾的是，现存日记已是"选编"本，影响学者对其阅读生活的史实重建，且其中所涉及阅读的内容并不多，是记录本身较少还是选编的结果，难以判明。

刘大鹏生于 1857 年，幼从师受业，曾就读于太原县桐封书院、省城太原崇修书院。1878 年考取秀才，1884 年中举，1895 年、1898 年、1903 年三次参加会试，均未中。科举考试对普通士子的影响，在刘大鹏身上得到了充分的体现（详后）。同时，其日记也留下不少对乡村普通士子阅读生活的观察，他的评价差不多完全是负面的，1893 年的一则日记就指明一般士子能读经史子集已属难得，遑论西书：

> 当今之世，士风甚坏，平日用功所读者，固是时文，所阅者无非制艺，而于经史子集不问者甚多……吾乡僻处偏隅，士人甚少，即游庠序者，亦多不用功，非出门教书而塞责，即在家行医而苟安，不特读书求实用者未尝多观，即力攻时文以求科名者亦寥寥无几。[①]

刘大鹏对他人的评说，恐也是其本人阅读生活的写照。该年一则日记写道："余去晋祠游，见一杂货摊上售一部《三国志》，爱不释手，遂用三百廿钱买之，如获至宝一般。"[②] 对于《三国志》一书有这样的反应，多少说明刘此时鲜少机会接触科举之外的书籍（其日记中确也未曾留下阅读其他书籍的记录）。科举改制的风声传出，才会使士了的选择发生改变。刘大鹏 1896 年 10 月日记有购买《皇朝经

---

① 刘大鹏遗著，乔志强标注《退想斋日记》，光绪十九年三月十八日，第 20 页。
② 刘大鹏遗著，乔志强标注《退想斋日记》，光绪十九年七月初四日，第 22 页。

世文编》《皇朝经世文续编》的记录，显示出他在阅读上新的选择。①原因就在于，他通过各种渠道，多少知悉了科举考试将重视西学及时务方面的知识。1898 年 8 月还写道："武少云携《通商始末记》一部令余阅之，所记各国与中国通商之事。"② 只是，对于这样的转变，刘自有其看法，未必能很好适应。

值得重点讨论的是乡村士子究竟依靠哪些媒介了解外部世界，有哪些环节，有什么转变。刘大鹏日记提供的信息颇有意味，无论是地方还是军国大事，他一开始主要通过"传言"获取。1894 年 11 月 11日记："有人从省来言：军务吃紧，去日由省起一千兵赴通州，丁道台带领前往……初十日，贺皇太后万寿，各衙门皆演剧……但十一日皆不演剧，人咸谓军情紧急也。"不日又记："有人从徐沟来，言徐沟每日过兵，自西南而来，向东北去。马队、步队滔滔不绝，谓是到京师听用。"约两个月后，刘到了省城，同样通过传言了解此事的进展："昨日在省，闻军务吃紧，倭寇入辽东界，官军屡打败仗，劲军甚少，不知确否。"再过半月："昨去县拜年，亲朋皆言辽东军务吃紧，腊月下旬又从徐沟、榆次过了许多兵。"究竟发生了什么，通过各种传言显然难以真正了解，但有一点是众人所关心的，以往此类费用"皆是阖邑百姓公摊"，今次亦难免。③

对外部世界的了解完全依靠于传言，或许是生活于乡间的普通士子的常态。刘大鹏 1896 年到太谷县南席村一个商人家中出任塾师，获

---

① 刘大鹏遗著，乔志强标注《退想斋日记》，光绪二十二年九月初八日，第 62 页。对于《皇朝经世文续编》，刘的日记中留下不少阅读记录，所提到的文章皆收录于葛士濬辑《皇朝经世文续编》。刘大鹏遗著，乔志强标注《退想斋日记》，光绪二十二年十一月十三日、二十四日，第 65 页。

② 刘大鹏遗著，乔志强标注《退想斋日记》，光绪二十四年七月十一日，第 86 页。

③ 刘大鹏遗著，乔志强标注《退想斋日记》，光绪二十年十月十四、二十日，十二月二十三日；二十一年正月初七日，第 35、36、37、37 ~ 38 页。

取信息的渠道才有所改变。或许是因为东家的关系,该年日记有阅读邸抄的记录:"阅邸钞,辽东盛京一带遭水灾处甚多。"① 此类记录在日记中留下不少,大致能判明刘隔一个月左右能阅看新的邸抄。较之以往,这样的转变也值得重视。之前涉及中日战争事,完全靠传言获取信息,当义和团事发生,刘对此的了解就开始依靠邸抄。1901 年 2 月 24 日记:"武君正谊今朝来拜年,言其于初四日自太谷旋里,年底有自津到太谷者,直隶一带,洋贼虽未退,然暂不横行,观其情形,大约和局有成,但未见邸钞耳。"4 月 4 日留下"吊晋抚毓公贤受法"的诗作,还写道:"毓公伏法之邸钞,前已登记此册。"② 此外,日记中也不乏与科举考试相关的内容,1903 年 8 月 28 日记:"阅邸报,前月廿二日放山西考官矣,江南、陕西亦同日放。"③ 1904 年还留下科举改制后举办的会试的信息:"阅三月邸钞,有今科会试头二场,题如左。"④

在原有信息渠道保留的情况下,刘大鹏开始接触新的媒介。1901 年 12 月 27 日记:"《申报》:皇太后、皇上自西安启銮回京。"⑤ 刘此一时期阅读《申报》的例子仅此一条,他接触较多的是当地出版的《晋报》。1902 年 9 月 18 日言及:"近日省城设晋报局,仿照上海、天津《申报》之法。东家送来一报,有瘟疫盛行各直省。"⑥ 11 月 18 日

---

① 刘大鹏遗著,乔志强标注《退想斋日记》,光绪二十二年八月十八日,第 62 页。
② 刘大鹏遗著,乔志强标注《退想斋日记》,光绪二十七年正月初六、二月十六日,第 90、93 页。
③ 刘大鹏遗著,乔志强标注《退想斋日记》,光绪二十九年七月初六日,第 127 页。
④ 刘大鹏遗著,乔志强标注《退想斋日记》,光绪三十年四月十七日,第 134 页。
⑤ 刘大鹏遗著,乔志强标注《退想斋日记》,光绪二十七年十一月十七日,第 103 页。到 1906 年,刘还有阅读《中华报》的记录:"阅《中华报》,新政纷纷不可胜言,而学堂设立极要极多。"刘大鹏遗著,乔志强标注《退想斋日记》,光绪三十二年二月二十八日,第 149 页。
⑥ 刘大鹏遗著,乔志强标注《退想斋日记》,光绪二十八年八月十七日,第 114 页。所谓"仿照上海、天津《申报》之法",当是误记,或许所指为上海《申报》、天津《大公报》。

记：“阅《晋报》，教案遍中国，一波未平一波又起。”12月9日又记：“阅邸报暨《晋报》，当时要政只以富强为尚，而大小臣工莫不讲求利权，向民间收刮财利，修铁路，开矿务，加征加税，不一而足，民心离散，并不顾虑。”① 有意思的是，刘大鹏1908年的一则日记，还说明地方上此类报章（包括后续发行的官报、公报），往往是“勒逼各村领阅”，花费不菲，“名为开通风气，其实皆由牟民间之利起见也”。②

从完全依靠各种传言，到阅读邸报、京报，再到广泛涉猎地方报章，刘大鹏的经历显示出旧式读书人阅读生活的转变。刘日记为还原乡村普通士人的“阅读世界”提供了一份重要记录。到民国时期，刘大鹏仍通过各种报章获得外部世界的信息，日记中即录有来自十多种大报、小报的各种消息。这些报章主要通过借阅方式从村公所等地方获取，1922年4月7日有“借阅上月《申报》”的记录。③ 1938年一则日记写道：“赤桥村公所近定下《山西新民报》，予借来三月二十九日即阳历二十八日之报。”④

孙宝瑄：“读书人当以天地古今为一社会”

孙宝瑄留下的日记，始于光绪十九年（1893），每年一册，未尝间断，遗憾的是只完整保留下不多的几个年份，其余皆毁于兵燹。尽管如此，其日记中呈现的“阅读生活”，已能说明不少问题，与前述读书人形成鲜明的对照。生于晚清官宦世家的孙宝瑄，身份自是特殊，家中藏书不下两万卷，使其得享坐拥书城的惬意；再加之其对“科第甚淡”，故得以在较少束缚甚至没有什么“期待”的情形下读书。⑤ 而

---

① 刘大鹏遗著，乔志强标注《退想斋日记》，光绪二十八年十月十九日、十一月初十日，第117页。
② 刘大鹏遗著，乔志强标注《退想斋日记》，光绪三十四年七月十一日，第171页。
③ 刘大鹏遗著，乔志强标注《退想斋日记》，1922年4月7日，第297页。
④ 刘大鹏遗著，乔志强标注《退想斋日记》，1938年3月31日，第522页。
⑤ 《孙宝瑄日记》上册，光绪二十年正月二十五日，第38页。

且，孙长期生活于中心城市，接触的新鲜事物更非一般士人可比。1906 年他在日记中写道："余居沪八年，到京三年，于诸种学问，皆曾渔猎。"甚至有此豪情："读书人当以天地古今为一社会。"① 征诸其日记展现的"阅读世界"，可知此言并不虚妄。当然，这样的阅读在当时读书人中不那么典型。

值得重点关注的是孙宝瑄获取外部世界信息的渠道。由于他与普通读书人所处地位不同，对此做详细梳理有些困难，只能说前面讨论到的读书人获取信息的渠道，在孙那里都有所体现。他同样通过邸报等关注朝廷的举措以及友朋的升迁。1894 年 2 月 28 日有这样的记录："灯下览邸报。日来朝廷殊有振厉气象，屡读上谕，语皆严峻可畏。"② 邸报之外，颇为关心时务的孙宝瑄，也会阅读诸如《海国图志》《皇朝经世文编》等书籍。③ 该年 12 月，孙还留下读《危言》一书的感受："读汤蛰仙大令所撰《危言》一书，专论时务，洋洋洒洒，数千万言。"赞誉该书"洞悉中外利弊"，"令读者爽心豁目，开拓心胸，足以辟中朝士大夫数百年之蒙蔽，惜不令当局者见耳"。④

对于如何获得这些书籍，孙宝瑄在日记中也有交代。1895 年 1 月 10 日记："出城诣厂肆，购得《中西纪事》《竹叶亭杂记》《万国史记》携归。"⑤ 除普通书肆外，格致书室、广学会等机构也系孙购书的场所。而且，孙还购买相关书籍转赠他人。1901 年言及："至广学会购得《天文图说》《地理全志》《万国史记》《佐治刍言》，持

---

① 《孙宝瑄日记》中册，光绪三十二年正月二十九日，第 885 页。
② 《孙宝瑄日记》上册，光绪二十年正月二十三日，第 37 页。
③ 《孙宝瑄日记》上册，光绪二十年正月十三日，四月十四日、十九日，第 30、57、58 页。
④ 《孙宝瑄日记》上册，光绪二十年十一月二十五日，第 62 页。
⑤ 《孙宝瑄日记》上册，光绪二十年十二月十五日，第 69 页。

赠金月梅。"① 此外，其 1903 年的购书记录，还显示他那段时间开始重视"东学"：

> 出街购各种新书。自东国游学途辟，东学之输入我国者不少，新书新报年出无穷，几于目不暇给，支那人脑界于是不能复闭矣。②

中西书籍都成为孙宝瑄选择的对象，是其阅读颇为鲜明的特点，孙涉猎范围之广，在同时代的读书人中颇为少见；他留下的评说，也表明这类读物对其产生了重要影响。1897 年、1898 年的日记中，"录外史""录西史"频频出现，两年中孙阅读的主要有冈本监辅著《万国史记》及李提摩太译《百年一觉》等书。③ 这些史书影响到孙宝瑄的史观，他颇为赞赏宋恕的见解，"世运不日进则日退。西人日进，故多是今而非古；中人日退，故多尊古而卑今"。④ 读史之外，与公法相关的知识也成为其关注的重点。如《交涉公法论》一书，日记中不乏记录，1897 年 10 月 15 日日记还留下针对该书的评价：

> 览《交涉公法论》三集，终卷。是书为英国全备之万国公法，于各国交际之道，所当尽之职，论之极精，惜译笔沓冗，且重复意味多，不知其原文何如。予于五月间即览，中多间断，至是补观毕。中名论实多，如云国之治乱，一以律堂断指。律堂开，则为治；律堂闭，则为乱。⑤

---

① 《孙宝瑄日记》上册，光绪二十七年三月二十七日，第 367 页。
② 《孙宝瑄日记》中册，光绪二十九年八月十四日，第 793 页。
③ 《孙宝瑄日记》上册，光绪二十三年四月初九日，第 107 页。
④ 《孙宝瑄日记》上册，光绪二十四年五月初四日，第 234 页。
⑤ 《孙宝瑄日记》上册，光绪二十三年九月二十日，第 152 页。

从上述读书记录不难看出，孙宝瑄的阅读生活掺杂着中学与西学，有此选择，与其认知有关。1897 年他表达了这样的看法："愚谓居今之世而言学问，无所谓中学也，西学也；新学也，旧学也；今学也，古学也。皆偏于一者也。惟能贯古今、化新旧，浑然于中西，是之谓通学，通则无不通矣。"[1] 随着时间的推移，孙对于西学越发认可，读了严复所译《天演论》，还明确提出了中西学问分界的问题："今日中西学问之分界，中人多治已往之学，西人多治未来之学。曷谓已往之学？考古是也；曷谓未来之学？经世格物是也。惟阐道之学，能察往知来，不在此例。"[2] 随后还阐明：

> 余无新旧之见，惟以学问之进境为新旧。何以知其学之进，则以其善变也。善变者，日新月新；不变者，谓之守旧可也。上海同志诸人，惟余之议论见识最善变，故惟余可无愧为新党。[3]

孙宝瑄的日记 1894 年之后只留下摘抄的内容，据此可看出，在接触新式报章方面，他也走在前列，谓其参与不少报章的创办，亦不为过。《时务报》创办期间，孙多次前往报馆，与梁启超、汪康年等沟通，1896 年 8 月 8 日就留下"至报馆，见《时务报》第一册"的记录。[4] 至于其阅读的报章，日记中列出的即有 30 余种，涵盖了当时著名的报章。可能因为报章太多，日记中只好记以"观诸报"或"览诸报"。

---

[1] 《孙宝瑄日记》上册，光绪二十三年二月十五日，第 88 页。
[2] 《孙宝瑄日记》上册，光绪二十三年十二月初五日，第 172 页。
[3] 《孙宝瑄日记》上册，光绪二十七年十月二日，第 453 页。
[4] 《孙宝瑄日记》下册，附录一"日益斋日记摘抄"，光绪二十二年六月二十九日，第 1379 页。

广泛接触报章，也影响到孙宝瑄对报章定位、作用的认知。1897年5月25日记："览《湘报》，极粗浅而有用。诣时务报馆，见《农学报》，有图说，皆译西国要法。报馆大兴，或者民智渐开乎？"① 这表明孙对报章的看法定位于"粗浅而有用"，有益于"民智渐开"。之前读《知新报》，他也有类似看法，甚至认为"尤胜《时务报》"。② 为此，孙宝瑄也在思考报馆的作用："吾辈今日所力能为者，亦惟有开化内地之风气，以辟民智而已，舍代销新书新报，无他术也。民智既辟，不畏人权不增长。"③ 1906年他还留下一段对报纸的赞美：

> 报纸为今日一种大学问，无论何人皆当寓目，苟朋友相聚，语新闻而不知，引为大耻。不读报者，如面墙，如坐井，又如木偶，如顽石，不能与社会人相接应也。④

同时，孙宝瑄的日记也显示出士人对报人的日益重视。1898年7月4日记录了与宋恕的交谈，孙对康有为颇不以为然，宋却表示："自中日战后，能转移天下之人心风俗者，赖有长素焉。何也？梁卓如以《时务报》震天下，使士夫议论一变，卓如之功；而亲为长素弟子，亦长素功也。"孙也"敬服"此说。⑤ 随后孙有机会接触《清议报》与《新民丛报》，他的看法明显在改变。1902年3月29日记："梁卓如改《清议报》为《新民丛报》，议论较前尤持平，盖年来学

---

① 《孙宝瑄日记》上册，光绪二十三年四月二十四日，第110~111页。
② 《孙宝瑄日记》上册，光绪二十三年二月二十七日，第92页。
③ 《孙宝瑄日记》上册，光绪二十七年三月十三日，第359页。
④ 《孙宝瑄日记》中册，光绪三十二年七月二十一日，第981页。
⑤ 《孙宝瑄日记》上册，光绪二十四年五月十六日，第241页。

460

识之进步也。"① 不惟肯定梁"学识之进步"，进一步还表达了其敬服之意："梁能于我国文字之中，辟无穷新世界，余故服之。"②

尚可补充的是，孙宝瑄由于特殊的背景，接触的新事物也非一般士人所能比。对于电报，孙有不少赞誉之词。看完《电学须知》，他在日记中表示："今之学于此者，尚未能深造其极，将来有无穷奇妙，悉从此出。"还提及："今之电报，亦能秒忽间达志意于数千万里。"③ 1906 年则言及电话的利用，1 月 29 日记："季鹰于古年大雪之日，和余一诗，自电话传来，录如下。"9 月 1 日所记更有意思："又诣履平谈。闻是日有旨，宣布立宪。既归，晚间履平以电机传语，诵诏书全文，计数百字，即明定立宪宗旨也。"④

由邸抄到报章，再到电话，孙宝瑄提供了士人接触各种新型媒介鲜活的例证，表明晚清士人对外部世界的把握经历了颇有意思的变迁。当清廷有创设"邮传部"之议，受聘该部的孙曾对新型媒介的作用做高度评价："西儒有言，汽蒸、邮电，为万国开化根原……盖人之生也有智慧，智慧以交通互换而日增长。""有汽蒸舟车，则邮便愈捷，而人之著作思想印刷于报纸者，不数日而通遍远迩矣"。⑤

周作人：新式学堂学生的故事

略述王闿运、刘大鹏、孙宝瑄等人的阅读生活之后，笔者拟就学堂出身的周作人稍加补充。1885 年出生的周作人，其幼年的读书生活仍以科举为目标，经历了县考、府考和院试。1901 年周进入江南水师学堂念书，尽管并未完全放弃科举，但转变在渐渐发生。新式学堂的开办改变了青年人的阅读世界。在"查禁"风潮下，士人仍可

① 《孙宝瑄日记》中册，光绪二十八年二月二十日，第 529 页。
② 《孙宝瑄日记》中册，光绪二十八年八月初一日，第 605 页。
③ 《孙宝瑄日记》上册，光绪二十三年五月初一日，第 112 页。
④ 《孙宝瑄日记》中册，光绪三十二年正月初五日、七月十三日，第 873、977 页。
⑤ 《孙宝瑄日记》中册，光绪三十二年十二月初二日，第 1030 页。

以通过邮寄、借阅以及购买的方式接触到新式书报等出版物。

周作人的日记始于 1898 年 2 月 18 日，他时年 14 岁。该年 7 月 1 日记："奉上谕，大小科改策论。"① 这里透露出，周所面对的已是一场"变局"。随后的几年，周作人先后参加了 1898 年、1900 年两次科举，由县考、府考到院试，均不中。连续的失败促使其图谋改变，并在家人的帮助下进入江南水师学堂。不过，"虽然是办着学堂，实际却还是提倡科举"。周同班的学生告假去应院试，中了秀才，"总办还特别挂虎头牌，褒奖他一番"。周的家人同样觉得"当水手不及做秀才的正路"，也促其返乡参加县考。周将此比作面对"很严重的一个诱惑，可是胜利的拒绝了"。② 周作人那段时间的日记展现出他在阅读上的"叛逆"，1902 年 12 月 15 日写道："今是昨非，我已深自忏悔，然欲心有所得，必当尽弃昔日章句之学方可，予之拼与八股尊神绝交者，其义如此。"③ 次日更是表示：

> 今世之人珍经史如珍拱璧，此余所最不解者也。其他不具论，即以四书五经言之，其足以销磨涅伏者不可胜数，又且为专制之法，为独夫作俑，真堪痛恨。④

周作人以如此激烈的方式评说"经史"，是向过去读书生活的告别，也意味着另一个"阅读世界"已浮现出来。正是在南京五年多的时间里，周接触到各种新式书报。

对在南京求学期间的阅读生活，周作人在回忆录中有这样的阐

---

① 《周作人日记》上册，1898 年 7 月 1 日，大象出版社，1996，第 10 页。
② 周作人：《知堂回想录》，第 116 页。
③ 《周作人日记》上册，1902 年 12 月 15 日，第 361~362 页。
④ 《周作人日记》上册，1902 年 12 月 16 日，第 362 页。

述："所看汉文书籍于后来有点影响的，乃是当时书报，如《新民丛报》《新小说》、梁任公的著作，以及严几道、林琴南的译书，这些东西那时如不在学堂也难得看到。"① 在家乡的生活中，周已接触到《申报》《新闻报》等报章，进入江南水师学堂后，则在同样就读于南京的鲁迅的帮助下阅读了不少新式书报。1902年2月2日周写道："晚饭后大哥忽至，携来赫胥黎《天演论》一本，译笔甚好。"② 随后又收到鲁迅托人带来的多种书籍：

> 内系大日本加藤弘之《物竞论》、涩江保《波兰衰亡战史》各一册，皆洋装，可喜之至。斯密亚丹《原富》甲、乙、丙三本，亦佳，皆新得者。又书日等数本，《蚕学丛刻》一部三本，系家中藏书也。③

鲁迅到日本后，仍延续了以往的方式。1902年7月周作人曾托人购买严复译《穆勒名学》，即是因为"大哥来信云书甚好，嘱购阅"。④ 随后鲁迅又来函说明，拟邮寄《浙江潮》《新小说》等书刊。⑤ 几个月后，鲁迅还告知"当寄回《清议报》《新小说》"。⑥

鲁迅的影响固是重要的一方面，同时要看到，周作人所在的水师学堂，早已形成阅读新书报的风气，同学之间互借书刊颇为流行。周

---

① 周作人：《知堂回想录》，第108页。
② 《周作人日记》上册，1902年2月2日，第278页。
③ 《周作人日记》上册，1902年3月9日，第317页。
④ 《周作人日记》上册，1902年7月19日，第340页。
⑤ 《周作人日记》上册，1902年12月28日，第364页。
⑥ 《周作人日记》上册，1903年4月3日，第382页。随后周作人录下读《清议报》的感受："上午看《清议报》通论两卷，共二百余帧，材料丰富，论议精当奇辟，足以当当头之棒喝，为之起舞者数日。"《周作人日记》上册，1903年4月22日，第387页。

在此也接触到此类读物，1902 年 8 月 6 日其写道："夜向同学黄君明第借得《新民丛报》十一号（六月朔出）阅之，内好书甚多，率皆饮冰子所著，看至半夜，不忍就枕，善哉，善哉，令我有余慕矣。"①
次日更记下购阅新书的情形：

> 上午抄《饮冰室诗话》《尺牍》，及摘录《新罗马传奇》《新民说》等，至午竟。下午发致韵仙托买《饮冰自由书》《中国魂》二书，洋九角。约翌日还。看《中外日报》数纸，金粟斋有严又陵译《名学》部甲出售，洋八角。南京明达书庄、中西书局皆有寄卖，拟往购之。②

8 月 9 日又有这样的记录："郑君（则善）亦来，带报甚多，往借得《国民报》《译书汇编》《文言报》等……夜借得《自由书》一册，阅之美不胜收，至四更始阅半本。"③ 以后几日的日记，还记录了阅读上述诸书及《新民丛报》《国民报》《开智录》的情况。

这样的购书、借书、读书的记录，表明周作人对这些书刊有着浓厚兴趣。此时他对梁启超、张之洞论著的评说，亦有天渊之别。1902 年 8 月 17 日记："下午看新会梁任公启超所著《现世界大势论》一卷，四月出版，后附《灭国新法论》，词旨危切，吾国青年当自厉焉。"④ 随后读到张之洞《劝学篇》，全是负面评价："上午看《劝学篇》少许，即弃去。剽窃唾余，毫无足取，且其立意甚主专制，斥民权自由平等之说，生成奴隶根性。"⑤ 获悉张之洞"禁售新报"，周

---

① 《周作人日记》上册，1902 年 8 月 6 日，第 344 页。
② 《周作人日记》上册，1902 年 8 月 7 日，第 344～345 页。
③ 《周作人日记》上册，1902 年 8 月 9 日，第 345 页。
④ 《周作人日记》上册，1902 年 8 月 17 日，第 346 页。
⑤ 《周作人日记》上册，1902 年 8 月 31 日，第 348 页。

亦大不谓然，痛批"贼臣行为可笑"。①

　　前已述及清政府对此类书刊的查禁，周作人在日记中也说明了如何获取这些书刊。地处夫子庙的明达书庄是主要的购书场所，1903年3月7日记："上午看《浙江潮》章程，午托陈君丙梁明口至城南明达书庄购《女报》或《男女交际论》。"② 5月10日又言及在该书庄购买了"三月份《湖北学生界》一册"。③ 前面提到明达书庄遭查禁事，看来也是事出有因。而直接联系办报者邮寄，也是惯用的方式，一则日记写道："为李君作致大陆社员蔡君人奇函一通，属报三日一寄，以速为妙，并索《大陆》第四期报。"④

　　新式学堂学生特有的聚集方式，也促成这些书刊较为特殊的流通方式。1903年1月7日周作人写道："下午向李昭文同学借《新民》《国民》二本，夜《国民》已阅竟，即还。"⑤ 同学之间互相借阅，是最为流行的方式，进一步的，彼此还相约"合看"杂志。《大陆报》《苏报》便是周约同学三四人"合看"。⑥ 稍后周看了《苏报》附送的《童子世界》，有"甚佳"之感，又"拟同陈秉良合看"。⑦ 一则日记还显示，共同订报的人员颇不少。最初是"定议九人，定报四种"，"后闻驾驶已有十二人议另办，遂与管轮七人定阅报"。⑧ 此亦说明水师学堂形成了不少阅报团体，不单共同订报，还制定了"阅报社章程"。⑨ 周作人等人组织的阅报社开办起来后，次日就了解

---

① 《周作人日记》上册，1903年3月1日，第375页。
② 《周作人日记》上册，1903年3月7日，第376页。
③ 《周作人日记》上册，1903年5月10日，第392页。
④ 《周作人日记》上册，1903年3月16日，第378页。
⑤ 《周作人日记》上册，1903年1月7日，第365页。
⑥ 《周作人日记》上册，1903年2月26日，第374页。
⑦ 《周作人日记》上册，1903年4月13日，第385页。
⑧ 《周作人日记》上册，1903年3月8日，第376页。
⑨ 《周作人日记》上册，1903年3月9日，第376页。

到"愿入社三四人"。①

要完整梳理周作人日记中展示的阅读新式书刊的情况，颇为困难，阅读新式报刊差不多是他每天必不可少的"功课"，提及的书刊也难以完整列出。正是缘于此，这样的记录只到癸卯年（1903）四月为止："予自丁酉创日记，于今七年，得书十册，惟事率琐屑不足道，且日日书之，无论有事与否，必勉强作，甚苦之。四月以后遂弃去，定为记事例，不日日作矣。"② 自此有关阅读新式书报的记录，不再构成其日记的主要内容。尽管如此，周作人日记中展现的"阅读世界"，已充分说明新式学堂学生的成长与新式书报的密切关系，学生通过接触这些报章成为知识上的"新人"，也是普遍的情形。

上述几位读书人呈现的阅读生活，未必能作为通例；甚至身份较为接近的读书人，也不能代表所谓类别。如被归于旧式读书人的孙诒让对于报章之接纳令人颇感意外。据其年谱提供的资料，自1886年起，孙开始"阅览中译本西籍有关科学技术者，如外人在上海译印出版之《格致汇编》等"，随后陆续订阅了《申报》《万国公报》《新闻报》。当晚清读书人开始创办报章之时，孙诒让又及时阅读了《时务报》等报章。1897年的年谱说明："是年，上海友人寄赠蒙学会创刊发行之《蒙学报》，杭州友人寄赠新出之《经世报》，湖南长沙友人寄赠新出之《湘报》及南学会发刊之《湘学新报》。"不惟如此，是年孙还"向天津订阅《国闻报》及《国闻汇编》，向澳门订阅《知新报》，向上海订阅《实学报》及《译书公会报》"。这还并不算完，1901年还有这样的记录，梁启超"自日本寄赠《新民丛报》"，而他本人则"向上海订阅《教育世界》杂志及商务印书馆出版之

<hr>

① 《周作人日记》上册，1903年3月10日，第376页。
② 《周作人日记》上册，1903年5月26日，第393～394页。

《外交报》，又订阅杭州《白话报》"。此外，《政艺通报》《东方杂志》《国粹学报》等杂志甫一出版，他也设法订阅。[①] 由孙诒让提供的信息亦可知，分析晚清士人对报章的阅读，似乎只能叙述一些个案，难以做全面的梳理。不过，由这些个案大致叫说明，晚清读书人的"阅读世界"已明显发生转变，渐次由阅读邸报之类，转向阅读新式报章。

三 报章与新知：科举改制引发的冲击

出版与阅读，看起来似乎密不可分，但有时候又完全是两回事。不管怎样，在出版与阅读之间建立简单的关联显然不足取。西学也好，烙上西方印痕的报章也好，晚清士子是否乐于阅读，也值得关注。当读书人仍以科举为晋升之路，很难重视未能与之发生关联的西学。问题随之而来，西学传入中国以后，各出版机构翻译出版的西学书籍，是否有足够的人阅读？读书人阅读报章，又重视哪些信息？因此，关注晚清报章被阅读的情况，重点也当关注科举改制引发的冲击，这是极为重要的线索。

换句话说，审视晚清的"阅读世界"，不可忽视本土知识生产方式及阅读形态所产生的影响。书籍、报章在多大程度上流通及被阅读，往往与斯时的价值取向息息相关，晚清需要重点关注的是科举改制的影响。改制的核心体现在"废除八股，改试策论"，所出"策问"主要检测士子对西学及时务的了解，受此影响，与"西学""时务"密切相关的书籍与报章，才成为士子可能的选择。

---

① 孙延钊：《孙衣言、孙诒让父子年谱》，上海社会科学院出版社，2003，第228、233、262、279、284、300 页。

报章与科举考试的结合

从时间上说，晚清报章出现时，科举考试仍是读书人晋升之阶梯，各种改革方案尚在酝酿中。因此，首先有必要关注作为新型传播媒介的报章与科举考试的结合，以及士子主要重视报章所提供的哪方面的信息。

隋唐以后延续一千多年的科考制度，构成中国社会流动的主要通道，包括空间上的，也包括身份上的。陈独秀在自传中即说明第一次离开家乡，是到南京参加江南乡试。① 通过科举考试，"寒微之士"也得以步入晋升之阶梯，改变自己的社会身份。② 当整个社会的重心仍聚焦于科举考试，作为新生事物的报章，要赢取读书人的重视，自然不会忽略这方面的信息。以《申报》来看，配合科举考试的进行，往往会登载相关信息，并及时出版供士子"揣摩"的资料。1873 年7 月刊登的告白说明："本馆所编辑之时艺，标名《文苑菁华》，现已陆续付刊。"③ 1875 年7 月又告知："本年恭值恩科，各省士林磨砺以须，咸知简练揣摩之益，因思经艺刻本少于书文，是以搜刻鸿篇"，"装订成编"。④

广学会及《万国公报》也围绕士子做了不少工作。1888 年乡试期间，曾分送 2000 册附有插图的《格物探源》，其中北京、南京、沈阳各 500 册，杭州、济南各 250 册；还将 10000 册《自西徂东》交

---

① 《实庵自传》，《陈独秀文章选编》下册，生活·读书·新知三联书店，1984，第559 页。

② 关于科举考试的诸多研究不是这里可以举证的，对"社会流动"的关注，可参考 Ping-ti Ho, *The Ladder of Success in Imperial China: Aspects of Social Mobility*, New York: Columbia University Press, 1962; Wolfram Eberhard, *Social Mobility in Traditional China*, Leiden: E. J. Brill, 1962。

③ 《本馆告白》，《申报》1873 年7 月 26 日，第 1 页。

④ 《新印〈经艺新奁〉出售》，《申报》1875 年7 月 10 日，第 1 页。

由南京的传教士提供给当地考生。① 1892 年会试时，又在北京向士子分发了 5000 册《中西四大政》。该年的《同文书会年报》解释了此举的意义："在一个省城的乡试科场上可以接触到一百个县的领袖们，在一个府的科场上就可以接触到十个县的领袖。"② 1894 年李提摩太撰写的《广学会第六年纪略》则说明：

> 本年适逢恩科乡试，敝会因采取《开矿富国说》《国贵通商说》《辨明技艺工作说》《传道会说》，共四首，印成小本书，分托十省会友人，于闹场之外各贴六千册，共合六万册。此外又有两单张，一为《养民有法说》，一为《大国次第记》，亦于闹外遍贴试士。③

广学会举办的各种有奖征文，也主要面向士子，并采用科举考试中常见的形式。《万国公报》1889 年 8 月刊登的《万国公报馆拟题乞论小启》，突出了"以文会友"之美意，表示所拟题目乃"敝馆同人集议"，"专请鸿儒硕彦惠赐佳篇。既得观摩之益，又得切磋之功"。题目共两则："问格致之学泰西与中国有无异同？""问泰西算术何者较中法为精？"④ 以后还多次举办类似的活动，最具影响的是 1894 年举办的征文，"特请顺天、江南、浙江、福建、广东等五省宏儒硕彦，各出心裁，不吝教益"。所出五道问题分别是：（1）开筑铁路、鼓足银钱、整顿邮政为振兴中国之大纲论；（2）维持丝茶议；（3）江海新关考；（4）禁烟橄；（5）中西敦睦策。而且，"每省共

---

① 《同文书会年报（第一号）》，《出版史料》1988 年第 2 期，第 26 页。
② 《同文书会年报（第五次）》，《出版史料》1989 年第 1 期，第 34～35 页。
③ 李提摩太：《广学会第六年纪略》，《万国公报》第 60 册，1894 年 1 月，第 7 页。
④ 《万国公报馆拟题乞论小启》，《万国公报》第 7 册，1889 年 8 月，第 1 页。

赠润笔银一百两，五省合五百两"，"各卷留存本会，尤佳者，刊入《万国公报》"。①

《时务报》创刊后，也开展了类似工作。该报第 17 册刊登的告白说明，拟征集时务会课："每年开课二次，由同人公同拟题，其课卷即由时务报馆收齐糊名编号，送通人阅定，薄拟润资，第一名三十元，第二、第三名各十五元，第四至第十名各十元，择佳卷汇刻。"公布了两则课艺，分别为"问中国不能变法之由"、"论农学"（详论中国农学之宜兴暨农学新法，各省土宜，以条举详尽为主）。② 后来又发布了时务会课第二次试题："问泰西日本维新以前一切弊政与中国今日多相类者，能条举之否""《中东战纪本末》书后"。③ 此外，《知新报》《湘报》《大公报》《东方杂志》等报章也曾举办类似征文。

报章以这样的方式介入科举考试，也影响到销售，《时务报》就提供了这方面的事例。丁酉（1897）科乡试之际，黄遵宪特别提醒汪康年："今年乡试，士子云集省会，似可每省酌寄一二百分，以期拓充。""如他省照行，又可增印二三千分也"。④ 江标也向汪报告："试者以之为兔园册，风气开辟一至于此，可喜也。岳麓院长王祭酒师，曾有劝阅《时务报》手谕，刻出遍给诸生。"⑤ 上一章曾说明，身处江西的汪立元推销《时务报》时，不无抱怨，随后却"苦于无报可销"，为此催促汪康年赶紧将《时务报》缩印本寄来销售：

---

① 李提摩太：《拟广学新题征著作以裨时局启》，《万国公报》第 67 册，1894 年 8 月，第 10～11 页。
② 《本馆告白》，《时务报》第 17 册，1897 年 1 月 13 日，"告白"，第 2 页。
③ 《本馆告白》，《时务报》第 38 册，1897 年 9 月 7 日，"告白"，第 1 页。
④ 黄遵宪：《致汪康年》（30），《汪康年师友书札》（3），第 2357 页。
⑤ 江标：《致汪康年》（10），《汪康年师友书札》（1），第 251～252 页。

场前为日无几，如再迟二日不到，恐无甚销路。现在坊肆《时务策学》一书，畅销之至，凡元友人亦各置一编矣，失此机会，甚可惜也。①

让汪立元如此火急火燎的，正是科考提供了销售《时务报》的大好机会。孙诒让述及其家乡浙江的情形，同样观察到士子阅读《时务报》是出于科举的考虑：

闻贵馆通计阅报人数，以敝里为最多。而敝里阅报之人，弟率稔知其人。盖慨时事之危迫，爱玩钦服者十之一二；而闻有科举变法之说，假此揣摩为场屋袭挟之册者十之七八；其真能潜研精讨以究中西治乱、强弱之故者，无一也。②

"废除八股，改试策论"的影响

晚清科举改制颇经曲折，戊戌时光绪帝曾下诏，规定乡会试："第一场试中国史事、国朝政治论五道；第二场试时务策五道，专问五洲各国之政、专门之艺；第三场试四书义两篇、五经义一篇。"尤其还指明，"嗣后一切考试，均以讲求实学实政为主"。③ 不过，这一方案并未落实。1901 年 8 月 28 日，上谕重申戊戌时的意见，才正式推行科举新章。④ 既如此，检讨"科举改制"引发的反应，实际上包括两个时期，尽管戊戌时的变革未曾落实，但其影响仍散布开来，尤其是书商，攸关利益，其反应之快甚至超过普通士子。

---

① 汪立元：《致汪康年》（8），《汪康年师友书札》（1），第 1029 页。
② 孙诒让：《致汪康年》（2），《汪康年师友书札》（2），第 1472 页。
③ 朱寿朋编《光绪朝东华录》（四），中华书局，1958，第 4141 页。
④ 《清德宗实录》卷 485，光绪二十七年七月十六日，《清实录》第 58 册，第 411～412 页。

关于"废除八股，该试策论"对普通士子的影响，梁启超后来有所检讨，指明八股取士导致新知之难以接纳，"士人皆束书不观，争事帖括，至有通籍高第，而不知汉祖唐宗为何物者，更无论地球各国矣"。言下之意，废除八股产生的效果，是为接引新式知识广开门扉。是否如梁所言"海内有志之士，读诏书皆酌酒相庆"，还不好说，面临如此骤变，士子不免惶恐不安，但他所说的另一种情形，倒值得重视：

> 八股既废，数月以来，天下移风，数千万之士，皆不得不舍其兔园册子帖括讲章，而争讲万国之故，及各种新学，争阅地图，争讲译出之西书。①

梁启超清楚点出了科举改制的导向作用，"策问"正是接引新知的重要中介。《格致益闻汇报》的一篇文章，道出科举改制正是改变之契机："改八股，立学堂，诏直言，披章奏，固已学贯中外，洞悉本原，将从前浅尝躐等之弊一扫而空。""后此之中国，非复如二十年前之中国；后此中国之学西学，亦必异于二十年前之学西学。"②李提摩太更是结合广学会的出版活动说明：广学会十年来译著各书，"初印时，人鲜顾问，往往随处分赠"，"近三年来，几于四海风行……已足证中国求新之众"。③

具体到参与科举的士子，则不免有种种异动。斯时正投身科举的许宝蘅就有所担忧："窃虑吾圣人之业由此而废者多矣，非必谓八股

---

① 梁启超：《戊戌政变记》，《饮冰室合集》第6册，"专集之一"，第25～26页。
② 《西学为富强之本论》，《格致益闻汇报》第2号，光绪二十四年七月。此据《新闻报》1898年8月29日，第2版。
③ 李提摩太著，蔡尔康记《广学会第十一届年报纪略（附年会陈词)》，《万国公报》第120册，1899年1月，第25～26页。

制艺足以传圣道也，第新学日兴，旧业必废，当今之世，谁能守遗经而不坠者？余日望之。"① 能够冷静分析此事的得失，并虑及"圣道"之传承，倒也难能可贵。实际上，此事在塾师、士子等相关人群中引起颇为激烈的反响，一方面不乏英雄豪杰"同声称快"，肯定变制当使"国家立富强之基"，"诚救急之要务也"；但另一方面，守旧之党"一闻废时文之诏，自揣别无所长，无不呆若木鸡，同声痛哭"。② 《点石斋画报》刊登的《时文鬼》，也以图文的形式讥讽了难以适应科举改制的士子——"半生学力尽付东流，不免同深扼腕"。③

皮锡瑞的日记记录了难以接受科举改制的不少事例。有的读书人"大以废时文为怪，以为不数年仍将复用"，"其子仍案课作时文"。皮不免叹息："今时文虽废，其余毒恐数十年内犹不息也。"④ 稍后皮还述及"竟有敢骂上谕者"，不得不感叹："不料八股家之凶悍悖谬，一至于此。"⑤ 尤有甚者，江西学使按试首府，"仍用八股"，这也引起其一番议论："即有人才，何从有之？将来仍系八股朽腐，一切盘踞，促亡中国而已。"⑥ 不过，吴汝纶倒是指明，其中之得失，"未可以皮相论也"，"言之甚易，行之实难"。⑦

"科举改弦，译纂方始，南北各局执笔之士甚多。"⑧ 严复致张元

① 许恪儒整理《许宝蘅日记》第 1 册，光绪二十四年五月十四日，中华书局，2010，第 27 页。
② 《墨守时文》，注明"录《沪报》"，《湘报》第 132 号，1898 年 8 月 19 日，第 527 页。
③ 《时文鬼》，《点石斋画报》贞十二集，约 1898 年 8 月，第 94 页。
④ 皮锡瑞：《师伏堂日记》第 3 册，光绪二十四年五月十七日，第 226 页。
⑤ 皮锡瑞：《师伏堂日记》第 3 册，光绪二十四年五月廿三日，第 230 页。
⑥ 皮锡瑞：《师伏堂日记》第 3 册，光绪二十四年六月十五日，第 254 页。
⑦ 吴汝纶：《致李季高》，《吴挚甫尺牍》第 1 卷上册，国学扶轮社，1910，第 7 页。吴对于废除时文是颇为赞赏的，对恢复旧制也不无想法："旧政尽复，惟时文最为虐政，后生朝夕业此，无暇复读有用之书，此公患也，谁为国家画此计者，其将不得善终乎！"吴汝纶：《致李季高》，《吴挚甫尺牍》第 2 卷上册，第 22 页。
⑧ 《与张元济书》（1901 年 9 月 18 日），王栻主编《严复集》第 3 册，第 544 页。

济这通信函，言及科举改制后对译书业的推动。正是这一变局，引发了书业的种种"异动"。及至科举新章 1902 年正式启动，《中外日报》也连续刊文加以检讨。《论沪上劣书之多》直接说明科举新章带来的结果："桀黠书贾，遂乘机而起，挟其财力与小慧，将场中应用各书，分类编定，以供士子之取求，以牟三倍之利。"① 另一篇文字则指出了科举更张之意非不善也，"然其弊实亦甚多"。改试策论后，在短短时间里，应试士子既要周知本国古今政治及史事，还要了解各国政治艺学，且四书五经大义还不得丢开，实在难以做到：

> 职是之故，士子既无此精力，又无此闲暇，则自不得不广购各书以供场中之袭取。是则考试所得之人材，直剽窃而已矣。谓可得真材实学，谁其信之夫。②

为此，《中外日报》后来也阐述了"译书亟宜推广"的主张："八股既废而科举不停，策问所及，必为时务。时务不能空言，彼发策之人与对策之人，均必有所取材之地。此取材之地无过读译本书耳。"换言之，"国家既存科举，则广办译书一事刻不容缓矣"。③ 此亦意味着，科举改试策论的影响首先在出版一环体现出来。

实际上，科举改制尚在"风闻"阶段，一向重视针对读书人推广新学的广学会，即在《万国公报》刊登告白，借此推销书籍。《考试时务场中必备书》说明该会出版的《中东战纪本末》《文学兴国策》《时事新论》《泰西新史揽要》，"实属投时利器"，"美华书馆、

---

① 《论沪上劣书之多》，《中外日报》1902 年 8 月 29 日，第 1 版。
② 《论科举改章之未善》，《中外日报》1902 年 8 月 30 日，第 1 版。
③ 《论译书亟宜推广》，《中外日报》1903 年 8 月 30、31 日，第 1 版。

申报馆、申昌书画室、格致书室寄售，翻刻必究"。① 不久又刊出《新著〈中东战纪本末〉初续编暨〈文学兴国策〉出售》，甚至毫不讳言，这些书籍乃"揣摩秘笈"。② 1898 年科举改制的诏书刊布，广学会当年出版的《新学汇编》更是表示：

> 承明诏废弃时文振兴新学，而是书适告成功，承学之士即可于是取材，殆所谓不谋而合，且恭逢其盛者欤。海外旅人十余年孜孜矻矻，不同于空言之无补，抚衷循省，何幸如之哉。③

到 1901 年朝廷再次重申戊戌时的意见，围绕第二场"各国政治艺学策"规划书籍出版，也成为潮流。1902 年出版的《西学三通》指明：近年来所译西书汗牛充栋，有志者不免望洋而叹，在科举改制的背景下，士子更是"苦其浩无津涯"。为此也希望是书之编，"裨习西学以求治者，依门寻绎，钩元援奥，略其迹而得其精，会其通而神其用"。④ 专门为应试士子编就的各种课艺、闱墨资料，更是数不胜数。1902 年出版的《中外经世策论合纂》说明："习举者非留心经世之书不可……是编也，为科第之津梁欤，抑为富强之嚆矢欤。"⑤ 1903 年出版的《中外时务策问类编大成》也直陈：科举考试以外国之政治艺学为问，非博览西书之士，则不免举手无措，望洋兴叹，是

---

① 万国公报馆：《考试时务场中必备书》，《万国公报》第 91 册，1896 年 8 月，第 32 页。
② 万国公报馆：《新著〈中东战纪本末〉初续编暨〈文学兴国策〉出售》，《万国公报》第 101 册，1897 年 6 月，第 33 页。
③ 李提摩太：《〈新学汇编〉序》，林乐知、李提摩太、李佳白合著，蔡尔康编《新学汇编》，广学会，1898，图书集成局校刊代铸，第 1 页。
④ 谢若潮：《叙》，袁宗濂、晏志清辑《西学三通》，上海文盛堂，1902，第 2～3 页。
⑤ 听秋旧庐主人辑《中外经世策论合纂》，序，第 1～2 页。

书之编，"爰取士科闱策及各书院课艺，博观约取，得文六百余首"，"苟取是编而揣摩之，则于中西学术之源流、各国政治之得失，亦可以融贯于中，而自抒其心之所得矣"。①

通过报纸刊登的告白，也可了解这些书的推销情况。《中外日报》1901 年 11 月 7 日刊登的告白，涉及多部相关图书。《新辑经济时务策论初二编广告》表示，该书所收乃"近时经济实学策论"，"有志留心时务者必以先睹为快也"。《新出〈皇朝经济文新编〉》也标榜是书，"凡本朝政治掌故，各国兵律农商诸大端无不赅备"。《〈皇朝经济文初编〉出书》则写道：是书"专以讲求经济为宗旨，内分八门，一学术，二治体，三吏政，四户政，五礼政，六兵政，七刑政，八工政，诚为讲求经济者必需之书也"。②

《申报》刊登的书籍告白中，涉及这方面的内容也可谓多矣。1903 年点石斋登载的一则告白，颇为典型地反映了出版这类图书的基本诉求，指出自科举变制后，"士人有志观光，莫不欲得一楷模以资研究"。可惜的是，"近时坊间新出名目虽夥，类皆驳杂不纯，欲求抉择精严、三长并擅者，盖忧忧乎其难之"。告白接着点出所宣传之书的特别之处：

> 本斋广延名宿，按照功令所重，编辑是集。共分四门，一为中国政治策论，一为各国政治策论，旁及西艺格致诸论说，一为四书五经义，一为历朝掌故论，都凡五千余篇。有美必备，无义不搜，诚求名之捷径，指迷之金针也。③

---

① 凌良翰：《序》，求是斋主人辑《中外时务策问类编大成》，求是斋，1903，第 1 页。
② 《新辑经济时务策论初二编广告》，《中外日报》1901 年 11 月 7 日，告白页。
③ 《新印〈策论讲义渊海〉出售》，《申报》1903 年 6 月 8 日，第 5 页。

1903 年乡试刚过，图书集成局就陆续汇集各省闱墨，在《申报》头版刊登告白。《浙江闱墨出书》这样写道："浙闱榜发，本局即倩浙省友人觅得聚奎堂原本，飞速递来，用新铸铅字照排印……欲先睹为快者，请即临申报馆及各书坊购取可也。"① 不日又有《新印江西闱墨出售》的告白："本科庆榜宏开，闱艺传来，杰构鸿篇，尤多忧忧独造。本局特用新铸铅字急为排印。"② 几天以后，广东、江南闱墨也在推销中。③

要全面展示晚清配合科举改制出版的策问资料，几乎不可能；评估发行、流通的情况，同样困难重重。《申报》频频刊登的各种"谕禁"，显示此类书屡遭"翻印"。《谕禁翻印》一文发出这样的叹息，"翻刻必究，几成为老生常谈矣"，"自朝廷科举改章，于是新书层出不穷，射利之徒争先翻印，致每一书出，作者必请官给示，以保利权"。④ 当然，有的书店也因为出版这方面的书籍，颇遭诟病，《苏报》刊登的一通"来函"述及：

> 江西人倡办之广智书庄，其初立意颇佳，专售各种新书，平价出售。近来所售各种科场牟利之书，并自刊印各省闱墨，有志者皆非之，故声名亦日趋于下。⑤

有关书籍的销售情况，开明书店留下的记录足资参考。该书店1901 年在金陵所售书籍，留下了相关的记录（见表 8-5）。

---

① 图书集成局：《浙江闱墨出书》，《申报》1903 年 11 月 5 日，第 1 页。
② 图书集成局：《新印江西闱墨出售》，《申报》1903 年 11 月 9 日，第 1 页。
③ 图书集成局：《出售广东闱墨》，《申报》1903 年 11 月 11 日，第 1 页；《江南闱墨出售》，《申报》1903 年 11 月 14 日，第 1 页。
④ 《谕禁翻印》，《申报》1903 年 3 月 18 日，第 3 页。
⑤ 《江西报界发达之现状》，《苏报》1903 年 5 月 30 日，第 2 页。

表 8 - 5　开明书店售书记录

类别	销售种数	销售部数
历史	38	893
地理	19	337
政法	27	533
经济	6	168
教育	7	94
科学	28	427
报章	5	189
文编	9	282
科场书	5	46

资料来源：公奴：《金陵卖书记》，张静庐辑注《中国现代出版史料甲编》第 3 辑，第 384 ~ 402 页。

在销售书籍中列出报章，并不令人意外，不乏应试士子是通过阅读报章应对考试。至于所销之书以历史为最多，原因有二："一、史皆事实，故译笔率畅达，便于省览；二、此次科场，兼问各国政事，故不得不略求其端绪。"但何以科场书销售情况不理想呢？作者解释了其中之缘由："科场书非吾辈注意所在，所携极少，故销售若是。"还特别说明，一般坊店当超过此数十倍，"未可据为准则也"。① 后来，他们一行人又到了汴梁，载书 20 余箱，计 200 余种，由此也了解到购书者的情况：

其最多之数，必问《通鉴辑览》《经世文编》，甚或问《子史精华》《四书味根》《五经备旨》者，皆未脱八股词章窠臼者，为最下乘。其次则问《商榷》《札记》《掌故汇编》《九家古注》《七经精义》等书，是为旧学中已得门径者，为次下乘。若购

---

① 公奴：《金陵卖书记》，张静庐辑注《中国现代出版史料甲编》，第 384 ~ 402 页。

《朔方备乘》《航海图经》及《泰西新史》《政治艺学全书》等，则渐有新旧过渡思想，临文能解调查者，为中下乘。至讲求公法、详考路矿、采访学制、搜讨兵政东西各书籍者，虽不外得第起见，然已预备得第后之进步，是为中乘。若考察理化各科、工商诸业、殖民政策、建国主义者，其胸中已有成竹，特假文场为发挥地，不系心于得失者，是为上乘。至留心民约、社会、立宪、国法，则其思想已臻极点，方针已有定向，行所欲行，止所欲止，是为更上乘。①

应试士子的选择

"改试策论"不仅影响译书、出版业，更使士子受到极大冲击。此举提供了明确信号，考试内容将集中测试士子对时务的了解、对西学新知的掌握，因此，无论赞同与否，投身科考的士子都将受此影响，去了解策论之格式体裁，及可取法之范文。1898 年创刊的《格致新报》列出一则很可能是来自应试士子的询问："本届特旨设立经济特科，士子有志观光者甚多，但僻省腹地，苦无师资，第读近译诸书，又未知能否足用，请贵馆明以教我。"② 准备应考过程中，士子重视的不只是西学书籍，报章也是重要选择。

姚公鹤《上海闲话》对此有所议论，此书描绘了科举改制后的种种异动：

当戊戌四五月间，朝旨废八股改试经义策论，士子多自濯

---

① 王维泰：《记卖书》，《汴梁卖书记》，第 11 页。文中还透露，汴省"向无售新书者，去秋有上海友人开设时中书社，所售皆场屋书，间带新书，颇有顾问者"（第 1 页）。
② 《答问》，《格致新报》第 1 册，1898 年 3 月 13 日，第 16 页。

磨，虽在穷乡僻壤，亦订结数人合阅沪报一分。而所谓时务策论，主试者以报纸为蓝本，而命题不外乎是。应试者以报纸为兔园册子，而服习不外乎是。书贾坊刻，亦间就各报分类摘抄，刊售以牟利。盖巨剪之业，在今日用之办报以与名山分席者，而在昔日则名山事业且无过于剪报学问也。①

包笑天《钏影楼回忆录》则讲述了遭逢甲午之战青年人产生的变化。向来莫谈国事的读书人，受到震动，也要与闻时事，思考读书人除了八股八韵，是不是还有其他应该研究的学问，于是，"常常去购买上海报来阅读，虽然只是零零碎碎，因此也略识时事，发为议论，自命新派"。② 姚、包均述及报章成为士子的选择，表明作为新型媒介的报章，早已和新知及时务联系在一起。高凤谦提供的事例还说明，其乡居授徒，甚至有赖于从《时务报》获取基本素材。他在给汪康年的信中言及：

> 凤谦早年治举业，亲没之后，便无意科名。虽三年一试，与俗浮沉，而时文试帖，久置度外。乡居授徒自给，间以中外时局及格致之理，与诸生相讨论，见闻寡陋，良用自歉。其西土翻译各书，文章多不足观。近得贵报，始有所借乎。③

不可否认，据此广购西学书籍的例证，自也不少。皮锡瑞1898年初的日记写道："阅梁卓如所著《西学书目表》，其中佳者，将购数册阅之。"并做出判断，"此间闻变科举之文，西学书价必大涨

---

① 姚公鹤：《上海闲话》，第 132~133 页。
② 包天笑：《钏影楼回忆录》，第 135 页。
③ 高凤谦：《致汪康年》（3），《汪康年师友书札》（2），第 1613 页。

矣"。接下来几日，皮果真到几家书店购买西学书。① 皮锡瑞并无考试之压力，据此可以想见，应试之士子更会追逐这些书籍。杨度即有所动作，只是购书的结果，未必如其所愿："数日专寻书肆，买洋务书数十种，将以为赋料也，终未得备。"② 王维泰《汴梁卖书记》还述及这一幕："场前一日问有无夹带本者甚多……索购者踵相接"。③ 这也显示参加科考士子的应对之道，由于"改试策论"要求甚高，士子要阅看三场考试所涉及的书籍，几乎不可能，不得不"广购各书以供场中之袭取"。

可以说，尽管不少以科举为敲门砖的士子难以接受这样的改制，但仍不得不做出调整。刘大鹏在科场上算得上屡经挫折之辈，对改试策论不无忧虑，颇担心"天下之士莫不舍孔孟，而向洋学，士风日下，伊于胡底耶？"甚至抱怨："时人之所务（如洋务等类），是舍其田而芸人之田者也，其不入于歧途者鲜也。"④ 不过，前面勾画其读书生活，已说明刘也在积极应对，令其不满的是，"时务等书，汗牛充栋，凡应试者均在书肆购买，故书商抬高其价，此皆名利之心。"⑤ 刘并不认同这样的转变，却也别无选择。

朱峙三日记则集中反映出 1901～1904 年的情况。1901 年记录了其师在教学中做出的调整："朝廷近日已下诏改科举制度，不用八股诗赋取士，师命以后每夕读《古文观止》。"并且布置了"正课题"："中西互市，利源外溢，将何法整顿商务，挽回利权议"和"铁路一

---

① 皮锡瑞：《师伏堂日记》第 3 册，光绪二十四年一月二十日至二十四日，第 14 页。
② 北京市档案馆编《杨度日记》，1898 年 8 月 2 日、16 日，12 月 27 日，第 102～104、116 页。
③ 王维泰：《卖书记》，《汴梁卖书记》，第 7～8 页。
④ 刘大鹏遗著，乔志强标注《退想斋日记》，光绪二十七年九月初五日、二十八年正月初二日，第 102、105 页。
⑤ 刘大鹏遗著，乔志强标注《退想斋日记》，光绪二十九年三月初六日，第 121 页。

举，于中国大局有何关碍，试确切论之"。朱也为之侧目："此时务
题也，师喜看新书，讲求时务之学。城内教书者，无不乐与谈论，领
其尘教也。"① 到 1902 年朱则主动寻求改变："武汉又有贩各省闱墨
到县里来卖者，策论格式体裁如此。予初离八股，学论义，现知取法
矣。"② 他也颇为留心各省闱墨，"熟读而深思之"。1903 年一则日记
写道：

> 自今日起，不往学堂读书，在家准备府试。看杂书，读古
> 文及新出版之四书五经义数篇，不知何样文章中试官之意也。
> 看闱墨论策义等等，本省之汪解元、左亚元文，不足学也。浙
> 江刘焜文最佳，福建解元林传甲，史学专家，文华亦健，皆可
> 师也。③

1904 年朱峙三还这样写道："连日读癸卯科各省闱墨，系今
年上海书局石印者，首题大学堂选。惜字太小，费目力耳。"④ 不
独于此，朱还想各种办法获取新书，以应对撰文之需。日记中留
下这样的记录，"下午由袁夏生借到郑赤帆所购时务新书，如
《中国魂》《新民丛报》之类，精神为快，可以开文派又一格
矣"。不日又记："予拜托袁夏生再借数种，如《政艺通报》之
类，心思顿开。予无力购新书，此机不可失者。"⑤ 选择这些书刊，

---

① 严昌洪编《朱峙三日记（1893~1919）》，光绪二十七年八月二十二日，九月二十
  三日、二十四日，第 90~91、92 页。
② 严昌洪编《朱峙三日记（1893~1919）》，光绪二十八年九月二十一日，第 101 页。
③ 严昌洪编《朱峙三日记（1893~1919）》，光绪二十九年五月初一日，第 111~112 页。
④ 严昌洪编《朱峙三日记（1893~1919）》，光绪三十年九月二十四日，第 155 页。
⑤ 严昌洪编《朱峙三日记（1893~1919）》，光绪二十八年四月十八日、十一月初一
  日，第 102 页。

原因正在于，读《新民丛报》《中国魂》之类，"习其文体，是为科举利器"。①

同样的一幕也发生在钱玄同身上。钱自撰年谱1901年条述及，科举改章后其师要求看《瀛寰志略》《海国图志》《东洋史要》《地理问答》《纲鉴易知录》等，还要其阅读《盛世危言》《校邠庐抗议》诸书，并且所出课艺为"赵武灵王胡服骑射以教百姓论"，显然领会了科举改制之意图。只不过此时的钱"极恶新学"，自得于"不随士趋新"，甚至由此"大骂改服制之不应该"。② 1902年钱玄同参加了湖州府试，"赴试归来谒师，冯师亦以稍读新书为言"。该年其兄来湖州扫墓，又"赠予以《世界地理》《万国历史》《国家学》《法学通论》四种作新社之书"。也正是在这段时间，钱才表示"拟稍阅新书，苦未得其门径，适有以《新民丛报》告者，因取阅焉"。同时，"适有人以《经世文新编》贷余观之，见其中多康梁说宗教之词，崇公羊，以孔子为教主，乃大好之"。③ 1904年条又有这样的记录："其年之春值郡试，来书坊甚多，因质故衣买新书、地图等。"④

上述士人的选择并非特例，1902年乡试之际，《申报》刊登的文字就指出，士子中颇有"好为知新者"，往往"矜奇吊诡，刺取《新民丛报》及近人所译和文诸书中各字而诩诩自得"。⑤ 次年《申报》又刊文说明："多士之闻此风声者，相率购取新出之译本，新印之时

---

① 朱借阅的书还包括《瀛寰志略》等新地理书，自购《时务通考》一部。严昌洪编《朱峙三日记（1893～1919）》，光绪二十八年十二月初十日、二十九年闰五月二十九日，第103、117页。
② 钱玄同：《钱德潜先生年谱稿》，《钱玄同日记》第12卷，附录2，第7542～7543页。
③ 钱玄同：《钱德潜先生年谱稿》，《钱玄同日记》第12卷，附录2，第7544～7548、7577页。
④ 钱玄同：《钱德潜先生年谱稿》，《钱玄同日记》第12卷，附录2，第7555页。
⑤ 《书鄂闻文告后》，《申报》1902年9月7日，第1页。

报，并不研考其中之意义，惟掇拾字面以助行文，炫异矜奇，莫可究诘，一若不如是不足以见新理新学者。"① 1902 年黄绍箕致张枬等人的信函也表示："此次变法，与戊戌迥然不同……八股永无再复之日矣。"还言及所观察到的情形：

> 京官稍有才学志趣者，争阅新书，将来衡文之选，皆出其中。沪上书报，销售之广，过于往年，不止百倍。②

当然，面对这样重大的变局，应试士子难以适应，甚至闹出事端，也不乏事例。科举新章正式推行后，《新闻报》注意到"学堂闹事，科举亦闹事"，读书人"以犯上为高明，以挟长为体面者，真不可解也"。不过该文更多表达的是对士子的同情，"国家求才，忽而学堂，忽而科举，忽而学堂科举并行，取士之途不一，取士之资格亦不拘"，像这样"茫无定向"之政策，导致发生"江南乡闱闹事"，也是难免。③

四　阅读报章：读书人通向社会之阶梯

科举改制已闹出诸多事端，可以料想，1905 年废除科举，更会对士子产生莫大冲击。吴趼人《新笑林广记》描绘了士人所受影响："我佛山人方捉笔撰小说，忽闻人言科举废矣，明诏且见矣。急索报视之，果然。乃投笔叹曰：'今而后，神号鬼哭矣！'"④ 刘大鹏也是

---

① 《科举文不宜用怪诞字面说》，《申报》1903 年 8 月 12 日，第 1 页。
② 《张枬日记》第 2 册，光绪廿八年二月初九日，第 747~748 页。
③ 《论江南乡闱闹事》，《新闻报》1903 年 10 月 11 日，第 1 页。
④ 刘敬圻主编《吴趼人全集·短篇小说集》，北方文艺出版社，2019，第 332 页。

感慨万千："昨日在县，同人皆言科考一废，吾辈生路已绝，欲图他业以谋生，则又无业可托，将如之何？"① 失去固有依凭的士子，也需寻求新的出路，为此有必要进一步探讨报章如何构成读书人通向社会之阶梯，全面影响读书人基本的生活形态。前述安德森对"印刷资本主义"的阐述，即指明报章最突出的意义之一是将某一个体与"他人关联起来"，生活在晚清的读书人，也往往把创办刊物视作与国家、社会发生关系之始。梁启超在一次演说中明确表示："鄙人最初与国家发生关系，即自经营报事始。"② 瞿秋白则将参与组织《新社会》旬刊，当作其"第一次与社会生活接触"。③

实际上，读书人经由在报章发表文字成就俗世声名的例子并不鲜见。自有报章始，各方主事者通过文章选择心仪之人，便时有发生。陈衍能成为张之洞的重要幕僚，即是因为张从《求是报》上看到其文字，誉其"才识杰出，文章俊伟，近今罕见"，遂托人邀其赴鄂。④ 陈叔通回忆"商务编译所是怎样罗致人才的"，也特别提到高梦旦之进入商务，乃是因为其在《时务报》撰写的文章为张元济所"赏识"。⑤ 以报章扬名立万，梁启超自属典型，而杨度在日本创办《中国新报》，也使他踏上成功之阶梯：

> 在《中国新报》著《金铁论》，发挥经济及军事主张，凡数十万言，流传国内，国人乃知度之名。继复以所著《立宪与旗人》印单行本，遍送京内外大僚，其名遂益著。时世凯为军机

---

① 刘大鹏：《退想斋日记》，光绪三十一年九月二十五日，第 147 页。
② 《梁任公对报界之演说》，《东方杂志》第 14 卷第 3 号，1917 年，第 183 页。
③ 瞿秋白：《新俄国游记》，第 30 页。
④ 李细珠：《张之洞与清末新政研究》，上海书店出版社，2003，第 345 页。
⑤ 陈叔通：《回忆商务印书馆》，商务印书馆编《商务印书馆九十年——我和商务印书馆》，第 135 页。

大臣，方留意新党人物，加以延揽。①

此亦表明报章流行后，读书人之"晋升"较之过去有了新的途径。不惟如此，为报章撰文以解决生计问题，过上体面的生活，也成为新式读书人可能的选择。

这里不妨结合民初几位读书人的成长轨迹，稍加说明。吴虞、吴宓等人的经历显示，报章如何使个人与社会建立关联，并据此使自己的社会地位提升。甚至可以说，报章之于读书人，乃与社会发生关系之重要起点，构成"晋升的阶梯"（当然只是阶梯之一）。

吴虞：作为晋升阶梯的《甲寅》《新青年》

吴虞民初的日记，昭示出阅读报章成为读书人日常生活的重要部分。1912年一则日记写道："此后上半日看新学书，下半日看旧学书，晚看报章小说，以娱散情志。"② 吴将看报章小说归入"娱散情志"，或只是最初的情形；其读书生活围绕着这三个领域展开，倒有据可寻。1914年当吴虞尝试办杂志的时候，所读杂志便起到示范作用，初为《新民丛报》，"拟仿之分政治时评、教育时评、社会时评三门也"。稍后又提出，"文学之书当以《国粹学报》学篇文篇为依据，择善而从，庶无泛滥之敝"。③ 有两则信息颇令人惊奇，1915年吴虞为发表的文字做了一份清单，涉及的杂志有25种。④ 1920年的一则日记则表明其订购的杂志达12种。⑤ 显然，报章已成为读书人联系外部世界的重要渠道。

"嘤其鸣矣，求其友声"，阅读报章的过程也是选择同道的过程。

---

① 徐凌霄、徐一士：《凌霄一士随笔》（二），山西古籍出版社，1997，第590页。
② 《吴虞日记》上册，1912年3月2日，第23页。
③ 《吴虞日记》上册，1914年2月4日、25日，第121、122页。
④ 《吴虞日记》上册，1915年12月11日、12日，第230~231页。
⑤ 《吴虞日记》上册，1920年10月25日，第561页。

吴虞读报之际，凡觉得思想相近者，便致函相关编辑人员，并奉上自己的文稿，他与《甲寅》《新青年》的关系，便由此开始。渴望成名的吴虞，知悉自己的文章将刊《新青年》，激动不已："余之非儒及攻家族制两种学说，今得播于天下，私愿甚慰矣。"后来还表示：

> 《新青年》三卷一号将一、二卷目录特列一页，上署大名家数十名执笔，不意成都一布衣亦预海内大名家之列，惭愧之至。①

陈独秀将吴虞的文字刊登于《甲寅》与《新青年》，也使吴走上晋升之路。陈因章士钊、谢无量的推许，了解到吴虞乃"蜀中名宿"，于是选录其《辛亥杂诗》，加以诠释，刊于1915年出版的《甲寅》第1卷第7号。随后，吴虞致函陈独秀，表示其有关"非儒之作，成都报纸不甚敢登载"，"当依次录上，以求印证"。陈则回信表示："尊著倘全数寄赐，分载《青年》《甲寅》，嘉惠后学，诚盛事也。"② 这方面吴虞是颇为用心的，也促成其与更多的报章建立联系。1919年吴在《时事新报》读到朱谦之《新旧之相反相成》，内中提及："蜀中有吴虞先生者，好为排孔之论，实于新旧递嬗中为尤有功。""吾又常闻先生所著书，称道李卓吾，为官中所禁。"为此，吴马上将《进步》杂志所登其关于李卓吾的文字检出，寄给朱谦之。两个月后，朱自北京来函，请吴虞"作《李卓吾学记》"。③

通过在报章发表文字，吴虞的影响力逐渐扩大。1917年，当时主持南社的柳亚子致函吴虞："前从《民国日报》传读大著，知为今世之能倡唐风者，无任佩服。""今读先生所言，知于曩时持论，合

---

① 《吴虞日记》上册，1917年3月25日、5月19日，第295、310页。
② 陈独秀：《答吴又陵》，《新青年》第2卷第5号，1917年，第4页。
③ 《吴虞日记》上册，1919年5月14日、7月18日，第462、473页。

符若节。窃幸吾道不孤，私以入社为请。"吴也欣然接受，"将社书填就，即以柳亚子、谢无量为绍介人"。① 除此而外，因为在报章上读其文字而致函吴虞表示敬佩之意的，既有"僻处鄂西"的陈彦征，复有来自日本的青木正儿。② 北京大学的大门也因此向其打开。1917年其堂弟吴君毅来信言及，章士钊、胡适"盛称兄学术思想不似多读旧书者"，故"弟拟荐兄主讲中国文学于北京大学"。③ 1921年夏天吴正式受聘于北大，任国文系教授。在北京获得胡适等人佳评，他在日记中也不无自豪地表示：

> 予之著作，在四川前数年，真有"蜀犬吠日"的景象。近来同调虽多，而"诧异惊奇"的人，委实还是不少。可是一到了人文荟萃的北京，简直欢迎到这种地步，足见社会文化程度上的差异了。④

吴虞的事例显示读书人如何借助报章走上晋升之路。这样的事例并非个别，阅读报章实际成为那个年代的少年接受训练的主要途径。梁漱溟曾述其"自学小史"：

> 我的自学，最得力于杂志报纸。许多专门书或重要典籍之阅读，常是从杂志报纸先引起兴趣和注意，然后方觅它来读底。即如中国的经书以至佛典，亦都是如此。他如社会科学各门的书，更不待言。

---

① 《吴虞日记》上册，1917年3月5日，第290页。
② 《吴虞日记》上册，1920年12月3日、1921年11月18日，第567~578、654~655页。
③ 《吴虞日记》上册，1917年12月27日，第361页。
④ 《吴虞日记》上册，1921年8月2日，第621页。

当然，略显特殊的是，对梁漱溟影响至深的彭翼仲（与梁济交情甚笃）创办有《启蒙画报》和《京话日报》，故此在小学时代，已有人为梁"准备了很好的课外读物"。[①] 艾芜在小学阶段也已广泛阅读报刊，"从热爱《学生潮》开始，就更进一步找寻学校图书馆的白话报刊了"。成都的《星期日》，北京的《新青年》《新潮》《每周评论》，上海的《星期评论》《少年中国》，"成为以后课余经常的读物"。[②] 类似的事例也发生在毛泽东身上。1920 年毛在一通书信中表示："现在我于种种主义、种种学说，都还没有得到一个比较明了的概念，想从译本及时贤所作的报章杂志，将中外古今的学说刺取精华，使他们各构成一个明了的概念。"[③] 在延安接受斯诺（Edgar Snow）访问时，毛还具体说明：

> 我在长沙师范学校的几年，总共只用了一百六十块钱——里面包括我许多次的报名费！在这笔钱里，想必有三分之一花在报纸上，因为订阅费是每月一元。我常常在报摊买书、买杂志。我父亲责骂我浪费。他说这是把钱挥霍在废纸上。可是我养成了读报的习惯，从一九一一年到一九二七年我上井冈山为止，我从来没有中断过阅读北京、上海和湖南的日报。[④]

张静庐在自传中，也言及在读书上"调换口味"的情形。其阅

---

① 《梁漱溟自述》，漓江出版社，1996，第 12 ~ 13 页。

② 艾芜：《五四的浪花》，《五四运动回忆录》下册，中国社会科学出版社，1979，第 961 ~ 962 页。

③ 《致周世钊信》（1920 年 3 月 14 日），中共中央文献研究室等编《毛泽东早期文稿》，湖南出版社，1990，第 474 页。

④ 埃德加·斯诺：《西行漫记》，董乐山译，生活·读书·新知三联书店，1979，第 126 页。

读生活是在上海一家烧酒行当学徒时开始的，"为求调剂苦闷而辛劳的生活，唯一的安慰是看'小书'"。到 16 岁才"调换口味"，"第一本给我发现的新大陆，是恽铁樵先生主编的《小说月报》"。由此，张静庐一步步走向阅读、写作、投稿之路，"一方面天天加油（阅读），一方面天天生产（写作），从没有间断过"。不单写稿投稿，17 岁那年，他也办过一种小型报《小上海》。该报关门后，他又借了几百元的债，出版了《小说林》《滑稽林》两种杂志。①

吴宓：以杂志为志业

吴宓的经历显示一个年少的生命如何与杂志联系起来；特别的是，吴还有心选择此为终生志业。1911 年的日记中，吴宓曾描述少年时代创办杂志的情形，自 11 岁到 16 岁期间，计有十多种。尽管留下的是一个个失败的记录，许多杂志未必正式编就，出版的往往也仅一二册，然十岁出头之孩童，已有这样一番经历，不能不令人注目。令吴宓感到快慰的是，"余之著述事业至是而始得印刷、始得正当公布于众"，还表示："他日有暇仍当重整旗鼓，为吾陕西报界开一新天地。"②

年少时僻处陕西之地尝试的办报活动，未必成为吴宓"晋升之阶梯"，然童年时的经历显然不无影响。进入清华学校后，在繁忙的学业生活中，他仍对办杂志倾注了大量精力，不仅介入《清华周刊》的编辑工作，还将其学术理想与办杂志联系在一起。与同学汤用彤谈将来志向，吴就表示目标是"联络同志诸人，开一学社，造成一种学说，专以提倡道德、扶持社会为旨呼号"。进行之法，则是"发刊杂志多种，并设印刷厂，取中国古书全体校印一过，并取外国佳书尽

---

① 张静庐：《在出版界二十年——张静庐自传》，第 29 ~ 30、45 ~ 46 页。
② 吴学昭整理《吴宓日记》第 1 册，1911 年 7 月 16 日，生活·读书·新知三联书店，1998，第 109 ~ 110 页。

数翻译，期成学术文章之大观"。① 有这样的想法，在选择学科时，吴宓也慎重表示要以杂志为业。1915 年 3 月 9 日的日记表示："将来至美，专习印刷及杂志事业，期于有成，毋恤余事。"不日，与汤用彤晤谈，又说明："素有经营印书，及编译杂志之成约，讨论甚详。"然而，对于吴宓的决定，"诸友均不赞成"，家中父母及亲友，"亦皆以余之决定为误"，但他坚持这一选择。②

这时的吴宓未必清楚"报业"所学为何，是否有此学科可供选择。到美国后，吴方知"报业专以营业图利为之旨"，其师及陈寅恪等"均深鄙报业之一途，而劝宓专学文学，以'评文者'Critic 自期"。即便如此，吴宓仍坚持，"到美一番，若于实事上毫无考察，如报业，如印刷业，均不谙悉一二，则实虚此一行"。③ 而导致吴宓在择业上的执念，还与他对国内杂志界的重视有关。吴宓对《新青年》《新潮》等杂志以及陈独秀、胡适等提倡白话文学颇为关注，但评价完全是负面的：

> 今之盛倡白话文学者，其流毒甚大，而其实不值通人之一笑。明眼人一见，即知其谬鄙，无待喋喋辞辟，而中国举世风靡。哀哉，吾民之无学也！④

到 1920 年，吴宓计划归国之事，最终选择了北京。京师乃全国所瞻系，做此选择自无不妥，关键是吴宓早已有归国后的打算："必当符旧约，与梅君等，共办学报一种，以持正论而辟邪说。"不久，

---

① 吴学昭整理《吴宓日记》第 1 册，1914 年 3 月 13 日，第 312 页。
② 吴学昭整理《吴宓日记》第 1 册，1915 年 3 月 9 日、11 日，10 月 20 日，第 413、414、511 页。
③ 吴学昭整理《吴宓日记》第 2 册，1919 年 11 月 13 日，第 91 页。
④ 吴学昭整理《吴宓日记》第 2 册，1919 年 12 月 14 日，第 105 页。

得国内朋友来书，劝吴等早归，捐钱自办一报，"以树风声而遏横流"。吴宓当即表示："他年回国之日，必成此志。"进而言道："此间习文学诸君，学深而品粹者，均莫不痛恨胡、陈之流毒祸世。""他年学问成，同志集，定必与若辈鏖战一番。"① 事实上，吴尚未归国，已撰文全面检讨新文化运动。②

吴虞、吴宓等投身杂志界的活动，表明告别科举时代的读书人依托报章确立了新的角色。无论什么时候，读书人皆有展现身份意义的象征（其他社会阶层也是如此），发生变化的主要是表达身份的载体。由上述事例不难发现，报章正构成联结民国时期的读书人与社会的"中间环节"。当然，读书人依托报章并非形成单一的角色，民国之区别于晚清，正体现在投身报界的读书人有着多重身份。

这也意味着当进一步思考报章如何超越个人，与大学等机构结合。通过读书人与报章的互动，尤其是身处大学校园的读书人与报章的关联，可看出民国时期读书人有别于过去的生活形态。1919 年张东荪在《晨报》发表的文字突出了这一意思，"报纸是社会的缩型"，"社会变化了，报纸也必定变化"。③ 同样的，报章也映射出读书人新的角色定位。有一点是清楚的，无论怎样看待报章，或许都得承认自晚清以来报章越来越深刻地影响着社会生活的各方面，读书人借助于此进行的论述，未必直接左右社会的演进，然而又有哪一个社会阶层对中国问题的思考，能够绕开报章这一媒介呢？

---

① 吴学昭整理《吴宓日记》第 2 册，1920 年 3 月 4 日、28 日，第 134、144 页。
② 吴宓 1920 年就在 The Chinese Student's Monthly 发表了 "Old and New in China" 一文，次年又在《留美学生季报》刊登了《论新文化运动》一文。这些文字引起的反响，见吴宓《论新文化运动》（节录《留美学生季报》），《学衡》第 4 期，1922 年 4 月，第 1~23 页。
③ 东荪：《报纸的现在与未来》，《晨报·周年纪念增刊》1919 年 12 月 1 日，第 5 页。

五　中心与边缘：不同的阅读体验

报章构成新式读书人晋升的阶梯，固是晚清以降突出的景象，但就阅读报章来说，尚需看到中心与边缘差别甚大。本书第二章描绘报章营造的"思想版图"，已说明近代中国书刊市场呈现地缘上的巨大差别，阅读环节也不例外。姚文倬在云南学政任上，曾于"楚雄棚次"致函汪康年："和战之事，所云《万国公报》之言最详，此间并无此报，无从得悉。通省阅申汉报者，仅两三家。弟初到时，并无从购，且因匆匆出棚，无暇计及。顷甫托票号购阅《申报》。自去冬十月以前之事，均不能悉，其陋如此，其苦可知。"[1] 这番话，清楚交代生活在边陲之地的读书人，接触报章实属不易。故此，有必要根据中心与边缘的差异考察读书人不同的阅读体验。

对晚清民国时期读书人阅读生活的检讨，颇难周全，同样只能结合个案加以辨析。这里集中分析《新青年》创刊后被阅读的情况及所产生的反馈，实属不得已而为之。选择《新青年》及新文化运动，是因为唯有缩小"历史研究的单位"，才能更好地呈现阅读的情境。换言之，聚焦于个案，或更有助于把握报章作用于个人的机制。

不知从何时起，"自五四运动以来"，已成了固定的叙述模式，描绘个人的成长，揭示社会之变迁，似乎都离不开这样的开篇。[2] 这无疑都在明示"五四"的影响力，及其所具有的分水岭地位。但与此同时，解析报章产生的影响，如何避免"后见之明"也当引起重视。

---

[1]　姚文倬：《致汪康年》（1），《汪康年师友书札》（2），第 1236 页。

[2]　恽代英即以此撰文说："'自从五四运动以来'八个字，久已成了青年人作文章时滥俗的格调了。"恽代英：《自从五四运动以来》，《中国青年》第 26 期，1924 年 4 月 12 日，第 1 页。

如前述及的，近些年情况稍有转变，"没有晚清，何来五四"的论述已渐渐成为共识。打通"晚清"与"五四"，可以从更为长程的时段来认识"五四"。如有关新文化运动的影响问题，论者说明《新青年》从一普通刊物发展成新文化一块"金字招牌"，以及"新文化"由涓涓细流汇成洪波巨浪，都经历了一个相当长的"运动"过程。①

同样值得检讨的是，对于影响的探究，往往将注意力集中于事件的参与者，关注的是"有"；而不受影响者却成为"失语者"，皆归于"无"。对于新文化运动的"影响"，林林总总的"回忆"，提供的便是"有"的情况。各种"回忆"建立起"读《新青年》，参与五四运动"的叙述模式。② 不可否认，即便依据《新青年》"通信"栏，也不难发现该杂志如何被广泛阅读，然而，同样可以基于"无"展开叙述，因为确立阅读的"时日"，就证明该人此前未曾接触《新青年》；未曾阅读《新青年》之事例，绝非鲜见。

这样的音调或许不那么和谐，却能呈现前所忽视的图景。1907年出生于浙江海宁一个偏僻小镇的王凡西曾表示："北京学生们的'闹事'，则连我们'最高学府'里的老师也不曾注意。十余岁的小孩子当然更是茫无所知。"他知道这件事，乃至受这运动的影响，已是一两年之后了。③ 生于 1930 年的余英时也言及，在故乡安徽潜山官庄乡这个典型的"穷乡僻壤"度过的八年岁月，不但没有现代教育，连传统的私塾也没有，16 岁以前，根本不知"五四"为何物。④

---

① 王奇生：《新文化是如何"运动"起来的——以〈新青年〉为视点》，《近代史研究》2007 年第 1 期。

② 围绕说"有"容易说"无"难，陈寅恪曾有精到的诠释。罗香林：《回忆陈寅恪》，《传记文学》第 17 卷第 4 期，1970 年，第 170 页。

③ 王凡西：《双山回忆录》，东方出版社，2004，第 1 页。所谓"最高学府"，系指王就读的一所"完全小学"。

④ 余英时：《我所承受的"五四"遗产》，《现代危机与思想人物》，生活·读书·新知三联书店，2005，第 71 ~ 74 页。

更耐人寻味的是，1922年北京大学预科入学的国文试卷，有这样一题——"述五四运动以来青年所得的教训"。胡适担任监考，奉天高师附中的一位学生，竟然问"五四运动是个什么东西，是哪一年的事！"而且，这并非"一个特别的例外"，其他监考的老师还反馈，"有十几个人不知道五四运动是什么"，"有一个学生说运动是不用医药的卫生方法"。① 相关研究的情形也并不乐观。伍启元《中国新文化运动概观》1934年由现代书局出版，《清华周刊》刊文评价说，近几十年所发生的"或者只有春秋战国时代才能相媲美"的空前的思想变动，"不幸得很，一直到现在，还没有一本书，能将这个复杂缭乱的情形，撷英咀华，作简短扼要的介绍"。②

仅由此亦可见，关于"五四"的影响，仍有待细加辨析，尤其不可忽视"中心""边缘"之差异。如能在更为广泛的视野发掘具体的阅读经验，则对此的认知或也有所不同。必须承认，针对"边缘"立说，并不容易，毕竟《新青年》的流传范围极广，远在美日的留学生，以及生活于偏远之地的少年，都提供了阅读的证明，研究者很难提供全方位的视角，可稍加展示的是在不同的时间、空间背景下对《新青年》的阅读体验。③

拟选择的个案，可区分出两种不同的类型：一是已走出校园者的情况，一是在校学生的情况。前者以身处东北的金毓黻为代表，

① 《胡适的日记》手稿本，第3册，1922年7月24日。后来《学生杂志》的一篇文章还透露，围绕此题，以"五月四日开运动会"解释"五四运动"的考生，"很有几位"。嘉谟：《青年生活与常识》，《学生杂志》第11卷第9号，1924年，第42~47页。
② 乔平：《伍启元著〈中国新文化运动概观〉（书评）》，《清华周刊》第41卷第6期，1934年，第106页。
③ 所谓"中心"与"边缘"，实在是过于宽泛与模糊的字眼。而且，"中心"之成为"中心"有赖于"边缘"，"边缘"也不断产生对"中心"的认同，二者本身形成互动关系，难以划出清晰界限。对此的辨析，可参见 Edward Shils, *Center and Periphery*, Chicago：University of Chicago Press, 1975。

后者则选择就读于武昌中华大学的恽代英和浙江第一师范学校的陈范予。

身处东北的金毓黻的阅读生活

金毓黻的读书生活从 6 岁入私塾开始，尽管 16 岁时一度辍学习商，却"一日未尝废书"。1906 年他重新就读辽宁省辽阳县启化高等小学堂，1916 年毕业于北京大学文学门。返回东北后，金任教于沈阳文学专门学校，兼任奉天省议会秘书，从此往来于沈阳、齐齐哈尔、长春之间。金毓黻留下的《静晤室日记》从 1920 年 3 月开始记录其广泛接触的各种新知，这构成日记的主调。而对于阅读报章的意义，他有这样的评说：

> 欧美人喜阅报章杂志，嗜之成癖，一日不废，此其文明所由日进也。日本人虽为后进，阅报之风，亦足与欧美相颉颃。惟吾国人多半不喜阅报，即使阅之，亦时政要闻及市井琐闻而已。至于杂志之专言学术者，几乎无人过问矣。[①]

开始记日记后的一段时间，金毓黻评说的杂志包括《新青年》《新中国》《大公报》《学艺》《东方杂志》《改造》《时事新报》《晨报》《建设》《太平洋》等。其所在的地方，也容易买到所需杂志，表明书报已建立起颇为通畅的销售渠道。梁启超主持的《改造》，发刊于 1920 年 9 月 15 日，金毓黻 10 月 1 日从报上获此信息，"拟购阅之"，次日即已购到。[②] 对于所读杂志，金也经常加以评点，1920 年 8 月 29 日写道：

---

① 金毓黻：《静晤室日记》第 1 册，卷 2，1920 年 6 月 11 日，第 52 页。
② 金毓黻：《静晤室日记》第 1 册，卷 2，1920 年 10 月 1 日，第 129 页。

年来国内出版界甚发达，报章一类，日刊以上海《时事新报》、北京《晨报》为最佳，月刊如《新青年》、《新潮》、《大学月刊》、《新教育》及《学艺》亦均可观。①

对于新文化运动的影响，《新青年》与《东方杂志》的易位常被提及，金毓黻提供的信息却并非如此。1920 年 12 月 5 日有这样的记载："《新青年》《建设》皆近年杂志中之上品，往余皆不知购读，闻见之陋，端由于此，继自今宜多方选择，以充俭腹。"② 这个记录不确，此前的日记曾言及读过《新青年》，并引用相关文字，之所以有这样的"记忆"错位，或许是所读杂志太多，也可能是因为读后没有留下深刻印象。与之适成对照，1921 年 1 月 15 日的日记却对《东方杂志》抱有更多同情：

> 人有讥《东方杂志》陈腐者，然求之国内，运命之长则无与之相等者，今年之《东方杂志》已为第十八年矣。凡办何事业者，如《东方杂志》之持久，与吾国之文化岂不有更巨大之补助哉！③

可资证明的是，稍后金表示近日拟订阅《时事新报》《东方杂志》《小说月报》《学艺》《改造》《新潮》《民铎》，"皆国内著名之杂志也，约计年需奉洋二十元，不为多也"。④《新青年》同样没在名单中。这也无关作者趋向保守，或《新青年》过于激进，金反倒是

---

① 金毓黻：《静晤室日记》第 1 册，卷 3，1920 年 8 月 29 日，第 99 页。
② 金毓黻：《静晤室日记》第 1 册，卷 5，1920 年 12 月 5 日，第 169 页。
③ 金毓黻：《静晤室日记》第 1 册，卷 6，1921 年 1 月 15 日，第 214 页。
④ 金毓黻：《静晤室日记》第 1 册，卷 6，1921 年 1 月 23 日，第 220 页。

认为当日报界所少者，乃"批评之态度"。①

新文化运动中流行的话语，金毓黻在日记中也多有评说。有意思的是，其中看不到新派、旧派的剑拔弩张，甚至看不到两者的明显界限。新文化运动中胡适的影响跃乎梁启超之上，是基于中心立场重要的观察，然而，金只是注意到二人对"新思潮"的解释略有区别：

> 胡适之论新思潮义意［意义］，有研究问题、输入学理、整理国故、再造文明四项。而新思潮的态度，则为评判的态度。《改造》载寓公《新思潮我观》一篇，解释"新思潮"三字之义最为切当透辟。盖胡氏用综合的解释，而寓公则用分析的解释，此其不同之点也。②

1920 年 11 月 24 日的日记还指出："梁任公作《欧游心影录》……其于世界现势及政治学说，均用综合法出之，附以批评，并加之以推测断案，读之所以有味。"肯定"能知之而能言之，言之又能尽量发挥者，惟梁氏耳"。进一步还说明："近顷能以白话文谈学理而又引人入胜者，厥惟胡适之氏，实可与梁任公并立两大。其大别，则梁氏于政治外尚乏他科专门学识耳，即此一节，乃梁不如胡处。"③

这里明示梁启超在学识上已处下风，表明伴随学科意识的提升，专业化的知识已渐成衡量学者有无专长的重要凭据。1921 年 1 月 25 日的日记中，金引述梁启超《清代学术思想概论》中的自我评价，也表示"观以上所论，梁氏可谓自知甚明"；进一步还说明，"吾国往世学者有一通病，曰不求精而务博"。最后总结说：

---

① 金毓黻：《静晤室日记》第 1 册，卷 6，1921 年 1 月 17 日，第 217 页。
② 金毓黻：《静晤室日记》第 1 册，卷 4，1920 年 10 月 6 日，第 132 页。
③ 金毓黻：《静晤室日记》第 1 册，卷 5，1920 年 11 月 24 日，第 160 页。

梁氏之好博，亦吾国学术界数千年之遗传性使然，梁氏实蒙其影响而非其咎也。新学巨子胡适之亦有好博而不求精之弊，试一翻其著述自知矣。梁氏如能从此彻底觉悟，大加忏悔，而别作狭而深之运动，为学术界作一革新模范人物，诚吾国学术界前途之幸也。①

既批评梁启超"不求精而务博"，又指出"新学巨子胡适之"同样有此弊端，表明金毓黻所持更多是"调和"的论点。可见所谓新旧之争，立于外界的视野，或有不一样的看法。金在日记中经常提及新旧两派所发议论，未见偏向哪一方。他也特别主张"兼容并包"："胡适之极端主张白话文者也，而于教授中学则主文、语并授，所选教材且及于林琴南之作。林之与胡亦世所公认为彼此冰炭而相入者也，而犹不能无所取。"②《建设》杂志曾刊登胡汉民文章，论儒教喜排斥异己，并举孔子诛少正卯为证，金看了不免感叹："余因之有感于今世之为新文化运动者，设生当孔子之世，有不为孔子所诛者乎？"③ 了解了当时思想界对国语及社会主义的讨论，金也认为对此的审视"时能发见真理，不可谓非可喜之现象也"，同时指出：

仍有意气或私见，其甚者，则以谩骂出之。商榷学术，本为发明学理，非同个人之利害，犹不能矜平躁释以求真是，况下于此者乎？④

---

① 金毓黻：《静晤室日记》第 1 册，卷 6，1921 年 1 月 25 日，第 220~221 页。
② 金毓黻：《静晤室日记》第 1 册，卷 5，1920 年 11 月 17 日，第 155~156 页。
③ 金毓黻：《静晤室日记》第 1 册，卷 5，1920 年 11 月 23 日，第 159 页。
④ 金毓黻：《静晤室日记》第 1 册，卷 5，1920 年 12 月 15 日，第 182 页。

这样的"调和之论",传递出金毓黻对新文化运动整体的评价。1920年12月18日他摘录了《东方杂志》第17卷第3号不少文字,然后评价说:"观上所论,盖以冷静眼光从侧面观察而得之决论,语语切当,足以针砭提倡新文化者之失。特身处潮流中者,或未觉悟及此耳。"① 然而,对于《学衡》杂志刊发的梅光迪《评提倡新文化者》,金又大不以为然,认为"语涉偏宕,殊患失平":

> 新文学家之缺点,不在主张之不当,乃在根柢之不深。彼辈太半稗贩西籍,不入我见,日以发挥个性诏人,曾不知己身仍依旁他人门户以讨生活,此根柢不深之失也。尚能之士,宜分别观之,既不能因其主张尚正而为之回护其失,亦不能因其植根浅薄并其主张亦一概抹杀也。②

游走于东北几个城市的金毓黻,所感知的新文化运动,与基于"中心"的观察是有所区别的。不过,读了北京、上海等地出版的杂志,金也受到影响。看了《新潮》刊登的罗家伦《什么是文学》,他就表示:"其文学界说以西洋文学为根据,是否与文学原理适合,他日拟为专篇论之。"③ 读了胡适《谈新诗》,他也颇受触动,"今日途中试为新体诗两首……二诗为初次试作,自谓尚能合拍,尚有意境"。④

作为在校学生的恽代英

金毓黻对《新青年》及新文化运动的解读,展示的是学有所成

---

① 金毓黻:《静晤室日记》第1册,卷6,1920年12月18日,第186~187页。
② 金毓黻:《静晤室日记》第1册,卷13,1922年1月22日,第512页。
③ 金毓黻:《静晤室日记》第1册,卷4,1920年9月23日,第121页。
④ 金毓黻:《静晤室日记》第1册,卷4,1920年9月29日,第127~128页。

者的情形，在校学生的情况又如何呢？回头去看，那个时代弥漫的青春气息，无疑令人深刻印象。以"青年"乃至"少年"命名的书籍、报章、社团，可谓多矣，陈独秀创办的《青年杂志》，只是其中之代表。梳理在校学生如何受到新文化的影响，也能发现饶有兴味的一幕。

关于恽代英受《新青年》的影响，有一点值得先做说明。对于在武昌做学生那段经历，恽1925年的文章有这样的说明："在五四运动以前，我在武昌做学生"，那时候"只有《新青年》与其他一二刊物，稍稍鼓吹一点'离经叛道'的思想。这一种鼓吹，对于我便发生了影响。"[①] 这正是典型的"自五四运动以来"的叙述模式，可见当事者往往也难以避免"后见之明"。与恽代英那个时期的日记加以对照，便可发现差别不可谓不大。

恽代英的日记始于1917年，当时他正就读于武昌中华大学（1918年毕业后任中华大学附中教导主任）。在校学生与报章的紧密联系，在恽那里体现得尤为充分。

首先值得重视的，仍然是"生意"。向报章投稿换取现金与赠书券，是养家负担甚重的恽代英支撑家庭生活和学习生活的主要倚靠，1917年2月他便以《论奴仆》，"初从《妇女杂志》社得酬现金"。[②]日记中记录了其投稿各杂志的情况，具体收益也有详细记录。整个1917年，共得现洋109元、书券35元2角。[③] 此外是订阅杂志的情况。1917年2月列出的"今年应买书"，仅有三种，准备订阅的杂志却有《东方杂志》《妇女杂志》《教育杂志》《科学》（各一年），尚

---

① 恽代英：《应该怎样开步走？》，《中国青年》第96期，1925年9月21日，第689~690页。
② 《民国六年大事记》，《恽代英日记》，第211页。
③ 《爱澜阁文稿目录》，《恽代英日记》，第219~221页。

有《大中华》《中华教育界》《中华学生界》三种未决定。① 1919 年
3 月又订阅了《东方杂志》《北京大学月刊》《实业月刊》《新教育》
《新青年》（均为全年）。②

恽代英对杂志的选择，透露出恽及周围的人的阅读取向确实在发
生变化，但绝非如其 1925 年的文章所描绘的那样。征诸其个人的阅
读经验，亦可略窥端倪。

从最初的日记看，恽代英无疑更倾心于《东方杂志》，1917 年 1
月他记录了读《东方杂志》的感想："《动的文明与静的文明》篇颇
有见地，《欧战主因与旧式政策之灭亡》，尤先得我心。"③ 他从什么
时候开始更接受《新青年》呢？日记中的确展现了他逐步喜欢上
《新青年》的过程，1919 年 4 月 24 日日记写道："阅《新青年》，甚
长益心智。"④ 9 月 9 日，恽在致王光祈的信中强调："我很喜欢看见
《新青年》和《新潮》，因为他们是传播自由、平等、博爱、互助、
劳动的福音的。"⑤ 但由此推断恽做出了选择，却未必合适。

恽代英 1917 年 8 月 11 日有这样的记载："拟作文投《新青年》，
借问前稿究竟。"⑥ 在其所整理的《民国六年大事记》中，还表明该
年 6 月 20 日他曾撰有《破坏与建设》《论信仰》，"投《新青年》，
共酬洋五元"。⑦ 所谓"前稿"，当是指这两篇文字。因此，最晚到

---

① 《恽代英日记》，1917 年 2 月 10 日，第 32 页。
② 《恽代英日记》，1919 年 3 月 20 日，第 506 页。
③ 《恽代英日记》，1917 年 1 月 2 日，第 8 页。所提及的文章篇名有误，当是《静的文明与动的文明》《欧战之主因与旧式政策之灭亡》，《东方杂志》第 13 卷第 10号，1916 年。
④ 《恽代英日记》，1919 年 4 月 24 日，第 528 页。
⑤ 《恽代英日记》，1919 年 9 月 9 日，第 624 页。
⑥ 《恽代英日记》，1917 年 8 月 11 日，第 128 页。
⑦ 《民国六年大事记》，《恽代英日记》，第 220 页。恽所撰《论信仰》刊于《新青年》第 3 卷第 5 号，1917 年。而《破坏与建设》一文，则未见刊登。此外，其所撰《物质实在论》，之前刊于《新青年》第 3 卷第 1 号，1917 年。

1917 年 6 月，恽已接触到《新青年》，然而 1919 年 3 月才订阅《新青年》，这段时间间隔似乎长了些。再看其对《新青年》的认识，即会发现问题之所在，实际上，对于《新青年》主张的文学革命，恽代英似难以接受，他在日记中不时唱些反调。

1917 年 9 月，恽代英注意到"《新青年》倡改革文字之说"，在日记中有此议论：

> 古文、骈赋、诗词乃至八股，皆有其价值，而古文诗词尤为表情之用。若就通俗言，则以上各文皆不合用也。故文学是文学，通俗文是通俗文。吾人今日言通俗文而痛诋文学，亦过甚也。又言中国小说，不合于少年阅览，因谓中国无一本好小说。究之《红楼梦》，虽不宜少年读之，而其结构之妙，必认为一种奇文，不可诬也。故此亦一种过论。①

次年在一通书信中他又表示："新文学固便通俗，然就美的方面言，旧文学亦自有不废的价值，即八股文字亦有不废的价值，惟均不宜以之教授普通国民耳。"②

在 1919 年 4 月的日记中，恽代英又表达了对新旧思想的看法，阐明"利用旧思想以推行新思想最妙"。"吾人信新学说，乃以此学说有利于大多数人也"，而"如利用旧思想之正确者，以传播新思想，何为非最可用之办法"，"必欲将旧思想一概抹煞，以启争辩，而码事机之进行，若非为自己好奇立异，殊不必也"。非惟对"旧思想"抱持"理解之同情"，恽进一步谈道：

---

① 《恽代英日记》，1917 年 9 月 27 日，第 153~154 页。那段时间，恽正在读《红楼梦》。
② 《致吴致觉书》，《恽代英日记》，1918 年 4 月 27 日，第 439 页。

孔子之学说，自然不尽可信，然苟确有所见之大学者，其根本观念每每不谬，其余则受当时社会之影响，有不正确处，亦有不可讳者……必周纳孔子之言行，而《礼运》则必谓非孔子所作，此纯为批评陈死人之闲话则可，不然必是与孔子结下不共戴天之仇……何苦必以如此凌辱孔子为快？①

尽管未曾提及《新青年》，但恽代英对孔子的辩护，很明显是针对《新青年》刊发的文字表达看法。② 这表明今日视作新文化运动最重要的象征，在当时并未激起其热烈反响，恽代英反倒是另有看法，甚至是负面的看法。1919 年 2 月恽也留下这样的记录："寄仲甫信，劝其温和。"③ 话虽不多，征诸以上事例，所要传达的意思还是清楚的。

这也意味着，当进一步检讨恽代英作为青年学生的阅读是否另有缘由。可以明确的是，新文化运动推动者的"良苦用心"，未必获得青年学生之赞同。恽对于自己的未来，自有规划，新文化运动代表人物传递的思想与其个人的想法也大异其趣。

"读书时极少，但做事、做文、谈话，处处比读书更有益。自知欲列学者之林，固为无望，亦觉只要做'人'的事，'一命为学者，无足观矣'。"④ 可以说，恽代英对自己的期许，并未考虑选择学者之路，这多少属于"不易得"。⑤ 他对"行动"也更有兴趣。前面提到

---

① 恽也不只是在此谈及孔子，为孔子辩护，1919 年 7 月 8 日又表示："为平日不菲薄孔子，而且有些地方很敬重他。但是，我很菲薄孔教徒，自然程、朱、陆、王等在外。"《恽代英日记》，1919 年 4 月 27 日、7 月 8 日，第 530、584 页。

② 所谓《礼运》非孔子所作，不用举证别的，在恽发表《论信仰》的《新青年》第 3 卷第 5 号上，即登载有吴虞与陈独秀的通信，谈的就是这个问题。

③ 《恽代英日记》，1919 年 2 月 10 日，第 483 页。

④ 《恽代英日记》，1919 年 7 月 3 日，第 572 页。

⑤ 对于五四人物，恽代英在日记中较少评论，一则日记写道："不堪蚊扰，起阅《中国哲学史》，颇服适之先生炬眼过人，不易得。"《恽代英日记》，1919 年 6 月 8 日，第 555 页。

恽在致王光祈的信中表达了对《新青年》和《新潮》的喜欢，这封信紧接着写道："我更喜欢看见你们的会务报告，因为你们是身体力行的。"为此还表达了加入少年中国学会的愿望。这应该是由衷的话，恽对《新青年》的评价，也多重视行动方面的内容。居于学界中心地位的北京大学一干人，于提升中国的学术品质可谓不遗余力，却未必与青年学生的想法合拍。读了蔡元培入长北大的演讲，恽代英留下这样的感想：

> 蔡孑民先生告北京大学诸生言，大学生专研学问与专门之重实用者有别，故大学生宜专心学业。余意不然，（一）先生以为必如此学术乃昌乎？则学术而不顾实用，不证之实用，必非实学。（二）大学生不重实用，非国家设立翰林院，则将来何以为生。（三）专门毕业生如能以科学尽职分，非不足者自必勉学，其谬误者自必改正，其研究学术之效必更远且大。①

这里无意以恽代英作为青年学生的代表，并据此判明青年学生对于新文化的认知如何。如将目光转向另一位学生陈范予，便可看到不一样的情形。

浙江一师的陈范予

陈昌标，字范予，1918年从浙江诸暨乐安高小毕业后，考上位于杭州的浙江省第一师范。曹聚仁曾谈道："时人谈五四运动的演进，北京大学而外，必以长沙一师与杭州一师并提，这都是新时代的文化种子。"② 征诸陈范予的经历也能说明这一点，经亨颐掌舵下的

---

① 《恽代英日记》，1917年1月19日，第19页。
② 曹聚仁：《我与我的世界》上册，北岳文艺出版社，2001，第116页。

浙江一师，努力汇入新文化运动的潮流，也影响着就读于此的学生。

这所学校的老师，已将富于新思想、新文化气息的内容传达给学生，陈范予在国文课上即读到了梁启超《少年中国》、胡适《不朽》与《建设的文学革命论》。[①] 从报上获悉新文化运动的相关信息，陈的立场也很鲜明："今国内新旧派之反对大学生以思潮之思想著书，而张元吉竟诉之教育部，遂致陈独秀辞大学教育职。噫！顽石不化犹如是。"[②] 而针对孔子诞辰放假事，陈在日记中甚至提出质疑：

> 孔子诞日为什么放假？孔子在专制时代，是一个不出锋头的圣人，他的道德和艺术［学术］，真可算是万世帝王的好商品，无怪乎到这日子，要喧闹了一番。不过是什么时代？孔子的道德，既然不适用，就是孔子的学术，还有存在的余地吗……孔子既然不是现今的人，他的道德、学术配不上做现在的榜样，那末，我们为什么还要空废［费］了一天的工夫，放无意识的假呢……我甚不能解。[③]

日记中也提供了陈范予阅读的不少信息。1919～1920年陈范予阅读的报章包括《教育潮》《新青年》《新教育》《星期评论》《世界画报》《新潮》《时事新报》《浙江新潮》《学生联合会会报》《新社会》《平民教育》《钱江评论》等。如要加以区分，大体包括三类：首先是教育方面的刊物，其次则是北京、上海等大城市出版的刊物，再有就是地方性的报章。单就阅读《新青年》来说，日记所提供的

---

① 坂井洋史整理《陈范予日记》，1919年10月28日，1920年1月21日、6月17日，学林出版社，1997，第143、180、209页。

② 坂井洋史整理《陈范予日记》，1919年4月2日，第75页。

③ 坂井洋史整理《陈范予日记》，1920年10月8日，第238页。

信息或许与我们的期待颇有落差，日记中仅有两处提到《新青年》，1919 年 7 月 21 日记："阅《新青年》。"同年 10 月 4 日的日记也只是这样的内容："天晴。晚，学习风琴，并阅《新青年》。"①

陈范予的日记较为简略，对于《新青年》没有什么特别表示，未必能说明什么。但不可否认的是，陈对于涉及思想学术方面的内容，较少回应，更多关注的是现实问题，尤其是学生运动，明显偏重于行动。1919 年 5 月 6 日，从《时报》获悉"四日下午二时，北京大学生等五千人往各国使馆求归还青岛并诛卖国贼陆、曹、章等"，陈在日记中写道：

> 此种学生诚足取法。吾人寄旅此间，岂不知国事之紊乱、民生之涂炭，特以才少学寡，不敢效揭竿之首事耳。前既有道之者，吾人当砥行踵之，以国家为前提，庶乎得尽薄国贼，而重新中国黄帝尧舜之光，亦父老子女之荣也哉。余望者是，赞者愿同向之其可乎。

第二日晚，之江大学来函云："吾侪学生宜结成团体以为北京学生之后盾，所被捕二十余人当思能以出之。"陈在日记中也留下这样的豪言："国家兴亡，匹夫有责，况吾辈求学者乎？是以对此大事不得不用心强力计，以成之也可。"②

日记中相关的内容还不少，显示的是青年学生如何被唤醒，趋向于具体的行动。可以说，正是在报纸、杂志、电报、电话等新型传播媒介的作用下，新文化运动形成有别于以往思想文化运动的反应机

---

① 坂井洋史整理《陈范予日记》，1919 年 7 月 21 日、10 月 4 日，第 122、129 页。
② 坂井洋史整理《陈范予日记》，1919 年 5 月 6 日、7 日，第 85~87 页。

制。陈范予在"阅读"上存在明显的"阙失",也表明青年学生对新文化运动的反馈,行动成为重点,能够激起共鸣的,往往是演讲,远超报章。

陈范予在日记中较多记录听演讲的体会,表明影响于学生的,演讲是值得重视的形式。1919 年 5 月 7 日记:"赴省教育会听杜威博士演讲。"10 月 7 日又记:"晚四点后,蒋梦麟先生在礼堂演讲。"① 日记还述及沈仲九、陈望道、罗素、罗世真等举办的演讲,均有详细记录。② 与此相关,辩论式的学习方式也在兴起,1920 年 1 月 29 日日记写道:

> 到学校和天池、乃庚辩论新学,也是研究新学,觉得滋滋有味,到晚膳才返家。有这种研究的机会正是促进新学的良机,其乐事也。③

余英时在《我所承受的"五四"遗产》中明确表达了这一层意思:带有浓厚自传意味的"五四",更值得珍视。在这一特殊角度下,"五四"便不再是一个笼统的思想运动,而是因人而异的"月映

---

① 坂井洋史整理《陈范予日记》,1919 年 5 月 7 日、10 月 7 日,第 86、130 页。关于演讲,身处湖南的舒新城在回忆中也有所说明:"当时青年求知欲之切与各校竞争之烈可称无以复加。九年秋由省教育会延请杜威、罗素、蔡元培、吴稚晖、张继、张东荪、李石岑诸先生赴长沙讲演,对于蔡等以下诸人除去公共讲演而外,各校均请莅校讲演,蔡、吴竟至声哑足软。"舒新城是湘人,在长沙多年,师友关系比较多,也不得不多方应付。这也算"中心"影响"边缘"的方式,只不过是由"中心"之人物直接发挥影响力。舒新城:《我的教育》上册,第 155 页。

② 学生也承担了这方面的工作。为庆祝欧战结束之活动,经亨颐组织了 50 余位学生承担演讲的任务。开会那天,"到会所讲者,不下七八千人。湖滨一带,五六处露天演讲,每处环听者亦甚多"。《经亨颐日记》,1918 年 11 月 27~28 日,浙江古籍出版社,1984,第 110~111 页。

③ 坂井洋史整理《陈范予日记》,1920 年 1 月 29 日,第 183 页。

万川"。同是此"月",映在不同的"川"上,自有不同的面目。①立足"中心"与"边缘"审视部分读书人的阅读情况,也期望能展现五四时期"月映万川"的图景。当然,针对阅读《新青年》的个案分析,也无意动摇关于新文化运动的解释架构,只是表明个体的故事弥足珍贵,并提供了反省这段历史值得注意的细节。

所谓阅读,原本是私人性的。事实上,就对《新青年》的阅读来说,也未必有什么通例。除上述个案,还有更多事例可证明此点。譬如,舒新城提供的信息,无论是"禁读《新青年》",还是"读《新青年》",都算得上是例外。前已述及,约在1917年舒完成了从私塾到高师约20年的学生生活,从1918年下半年开始,任教于湖南福湘女学。该校是美国长老会所办,却"对于学生禁阅某种书报"——包括《新青年》,他也成为学生阅读新文化报章的引路人。据其所言,进入该校以后,他很快感到学生的"国家常识"之不如人,其本人却延续了此前广泛阅读报章的习惯,并以此教育学生:

> 我欲养成她们的阅报习惯,每日都为之圈定若干段国内外的重大新闻,强其阅览,且于每次上课之最初最后数分钟或讲到课程与时势有关系时而询问之;对于当时的《教育杂志》《中华教育界》《新青年》《新潮》《星期评论》《解放与改造》《青年进步》《妇女杂志》等等亦复如是。所以学生的常识很有进步。

舒新城阅读《新青年》的经验也属例外,"最初并不是知道这刊物的价值而订阅,是因为它是由湖南陈家在上海所开的群益书局所发行而订阅"。他还提及,"当时长沙无代售各种刊物兼报纸的书店",

---

① 余英时:《我所承受的"五四"遗产》,《现代危机与思想人物》,第71~74页。

只是因为一位黄姓体育教员创办了《体育周报》，以之与其他刊物交换，且代售各种刊物，舒才有了购买杂志的渠道，"托他把能办的刊物都送我一份，同时于本省的报纸而外，并由他代订《时事新报》《民国日报》及北京《晨报》一份……三种报纸连同五六十种定期刊物，共为九十余元"。①

然而，仅仅勾画私人的阅读经验，还远远不够，区分"中心"与"边缘"，正可以超越个体的经验，寻找两者的影响机制，亦可从更为广阔的视野考察新文化运动。尽管阅读是个体的行为，由种种机缘造就，然而哪怕是私人的阅读，也可以展示"中心"向"边缘"渗透的机制所在。同时"边缘"对"中心"产生的认同，也是需要学者考虑的问题，否则，"中心"也难以形成。前面提及的个案，主要展示了"中心"向"边缘"的渗透，需要补充的，正是在此过程中形成的"边缘"对"中心"的认同。

恽代英日记即展示了这方面的事例。1917年一则日记写道："刘子通先生闻余曾投稿陈独秀先生处，因索底稿一阅，并云陈函颇赞美余。余自思，余之地位或已日渐加高。"后来又述及："写致东荪先生信，与昨致适之先生信，皆我联络善势力，以得正当助力之企谋。"②《新青年》第6卷第3号"通信"栏曾刊登中华大学中学部新声社致《新青年》编辑信，也是恽代英等人寻求"中心"支持的体现："我们素来的生活，是在混沌的里面，自从看了《新青年》渐渐的醒悟过来，真是像在黑暗的地方见了曙光一样。我们对于做《新青年》的诸位先生，实在是表不尽的感谢了。"③ 以这样一种方式推销自己的刊物，是当时颇为流行的做法。《新青年》的广告最初主要

---

① 舒新城：《我的教育》上册，第139、141、146～147页。
② 《恽代英日记》，1917年3月14日、1919年8月22日，第50、610页。
③ 《欢迎〈新声〉》，《新青年》第6卷第3号，1919年，"通信"，第337页。

是群益书社的书籍介绍，随后扩展至其他的新创办报章，展现出各种报章形成的"共同市场"。

试图获得"中心"的认同，不单作为青年学生的恽代英如此，前述吴虞的事例也提供了借此走向"中心"的例证。分析《新青年》"通信"栏可看出，从投函《新青年》开始，逐渐成为该杂志主要作者的，不单有吴虞，还有钱玄同、常乃惪、张申府、俞颂华、蔡和森、陈望道等。因此，梳理不同地域、不同身份的读书人如何阅读《新青年》，有助于呈现新文化运动的多重面相，更好地认知其影响机制。

重建清季民国时期读书人的"阅读世界"，以更好地认知"思想界"，自是题中应有之义。然而，立说之困难也甚为明显。就阅读范围来说，自然不是单一的，不同的时空背景往往造成种种差别。"中心"与"边缘"、"沿海"与"内地"，这些将近代中国区分为"多个世界"的努力，也有助于展现清季民国时期多姿多彩的"阅读世界"。当然，报章作为知识传播新的媒介，其效应也值得特别关注。杨昌济1913年曾撰文指出阅读报章已是生活之常态："人不可一日不看报章杂志。报章杂志乃世界之活历史也，即皆自我之实现也。口口看报，则心目中时时有一社会国家之观念，而忧世爱国之心自愈积而愈厚。"① 同样重要的是，报章也有如何销售、推广的问题。张静庐曾总结说："无论谁，要想办一种杂志，决不是为给自己玩儿的，而自有它的目标和读者对象的。这样，只要你朝向你的目标迈进，对着你的读者对象而努力，出版愈久，读者对于你的了解愈深切，出版的

---

① 杨昌济：《教育上当注意之点》，《湖南教育杂志》第 16 期，1913 年 10 月 31 日，此据王兴国编《杨昌济文集》，湖南教育出版社，1983，第 49 页。

期数愈多，销路愈广远，而销数也愈益增高了！"① 正是因为此，如何更好利用报章也不乏检讨，《书籍、杂志、报纸处理法》一书提出："今日的杂志和报纸，在图书馆的需要上占有很重要的地位。""杂志中所有的材料，大都多是最新颖的知识和发明，且范围包含得尤其特别广泛，而报纸则又为最近社会生活的实录……这两者的重要性，自都不在书籍之下。"② 令作者惋惜的是，如何保存这些资料以利阅读，尚无人用心考虑。

在这个意义上亦可以说明，对于书刊的审视，著者与观点之外，尚有诸多环节需要厘清，包括从写作到出版、从印刷到流通、从销售到阅读等。任何一环的缺失，都会因"不具正当性的简化"，影响对相关问题的判断。唯有建立起上述各环节"交流的循环"，才能更好地把握"思想界"的影响机制以及各种媒介发挥的作用。

---

① 《杂志发行经验谈》，《在出版界二十年——张静庐自传》，附录，第 9 页。
② 柳宗浩：《自序》，柳宗浩编著，李公朴校订《书籍、杂志、报纸处理法》，长城书局，1935，第 1~2 页。

结　语
"思想界"：清季民国时期的"公共舆论"

　　清季民国时期的"思想界"，系本书考察的主题。勾画"思想界"的形成，尤其是新型传播媒介与读书人的结合，不难看出，"思想界"的浮现乃近代中国社会发生深刻变动的产物，是"过去"与"近代"显示出重大差别的一环。换言之，"思想界"也成为具有指标意义的象征，据此可审视这段历史一些值得重视的问题。当然，业已构成社会重要一环的"思想界"，是否得到很好成长，同样值得关切。

　　这涉及如何评估清季民国时期的"思想界"，对此的分析仍需回到与"思想界"相关的诸多环节。前已述及，作为现代汉语新词的"～～界"，出现于晚清转型时期，与社会的变迁密切关联，是国家与社会形成新型对应关系的写照。"思想界"作为虚、实相结合的存在，主要以书刊为载体，所涉及的作者、出版者、读者等环节，皆需要重视。唯其如此，才能把握新型媒介是否能将声音传递到更为广阔的地方——由"中心"走向"边缘"。此其一。活跃于"思想界"的各色人等，同样构成不可或缺的一环，自当关注其是否尽力选择公众能够接受的表达方式，并且发出的声音能够彰显基本的社会价值，向公众传递各种知识。此其二。"思想界"作为舞台，有中心，也有边缘；既有掌握话语之"中坚人物"，也不乏"失语者"，为此也当审视大众是否能够与之发生关联，获取相关信息，进而将来自下层的声音传递出去。此其三。

"思想界"内涵具有的广泛性，上述三端自难以涵盖，还可从其他方面进行解析。难以绕开的话题是对近代中国"公共舆论"的评估，及其作用于政治与经济、思想与学术的方式与成效。无论"公共"还是"公共舆论"，皆对应于现代世界奠定的国家与社会的新型关系，"思想界"作为虚实结合的"公共空间"，正源于形成所谓"公共舆论"。应该说，经历了诸多曲折之后，近代中国一些报章确实具有"公共舆论"的属性，这也成为"思想界"逐渐成长的写照。然而，近代中国新型传播媒介成长的曲折，以及培育"公共舆论"遭遇种种困境，也不可回避。以此而言，对清季民国"思想界"的分析，既是把握近代中国历史的一把钥匙，也是审视未来社会的一个参照。

一　新型传播媒介与文明的建构

新型传播媒介攸关"思想界"的成长，构成近代中国历史演进一道独特的风景，相应的，如何促成新型传播媒介的建设，晚清以降也受到各方关注。通过相关论述，不难发现时人对此多有期许，他们往往把新型传播媒介与文明的建构结合在一起。1904年《时报》创刊，梁启超撰写的《上海〈时报〉缘起》阐明：

> 完备之事物必产于完备之时代。今以我国文明发达如彼其幼稚也，而本报乃欲窃比于各国大报馆之林，知其无当矣……吾国家能在地球诸国中占最高之位置，而因使本报在地球诸报馆中，不得不求占最高之位置，则国民之恩我无量也夫！①

---

① 梁启超：《上海〈时报〉缘起》，《新民丛报》第44、45号合刊，1904年1月1日，告白页。

近代报章作为援西入中的产物，正类似于其他西方或现代事物，其引入也负载了特殊的意味，成为强势西方的代表；中国士人对此的接纳，则往往将此提升为追逐富强的指标。由此，报章也超越其本身所具有的属性，成为一种象征。

李提摩太《时事新论》一书对报馆的定位，前已有所述及。其他揭示西方发展的论著，也往往将报馆与西方富强及文明程度联系在一起。林乐知《中西关系略论》言及，实现君民之沟通，"西国新报之法为最善矣"，"凡国家出一令、行一事，必登新报，民人一见新报，遵奉无违，此内患不生、外侮不来之美法矣"。① 花之安《自西徂东》一书，更有专章论述新闻纸，阐明"得新闻纸而阅之，则上自家国之事务，下及各处港口之事务，与夫时势之得失，货物之低昂，无不可以周知而洞悉"。作者期待的是，中国能广设新报于民间，"迩年以来，各省会已设有新报馆，若能盛行于穷乡僻壤，则学问见识，自可日新而月异矣"。② 在晚清产生重要影响的《泰西新史揽要》一书，还以这样的方式描绘英国报馆初行时的情形，揭示出新闻纸成长的背景及意义：

> 其所持论，皆于国计民生，大有关系，一遇重大之事，诸名流逐日主持清议。阅报之人，亦复互相议论。愚者皆渐进于明，上下无隔阂之忧，利弊无混淆之患，谋国者亦凡事易于措手，小民不致啧有烦言，何莫非新闻纸之功乎。③

① 林乐知：《中西关系略论》卷1，署"光绪二年孟秋中浣"（1876），第12页。
② 花之安：《自西徂东》卷4《智集》，第276、280页。
③ 马恳西著，李提摩太译，蔡尔康述《泰西新史揽要》卷9上，第16节"报馆初行"，第12~13页。

来华西人在中国创办的报章，往往突出报章在传播知识、输入文明方面发挥的作用；阅报具有的益处，也构成论述的重心。《万国公报》不只强调"本报专以开通风气、输入文明为宗旨"，还指明"本报的内容"，系"以发表惟一之政论、时评、学说为主，而介绍世界新事物为辅，其尤重者，务求识力独到，足为中国前途之方针"。① 该报还高度重视与阅报者的互动，指出"新报之设，为有益于人而设，亦为有便于人而设也"。②

晚清士人接纳报章，进而引导民众阅读报章，也往往将此与国家之强弱、文明的程度结合在一起。前面讨论的报章，大致都有这样的定位。1898 年《湘报》创刊时，唐才常所撰《〈湘报〉叙》表示："政学、格致万象森罗，俱于报章见之"，无论何人，"但能读书识字，即可触类旁通……其使中国为极聪强极文明之国，吾于是决其必然矣"。③ 1899 年《知新报》登载的《论读报可知其国之强弱》则指明："今日所以知政治人心风俗者，何恃乎？曰恃报而已矣。""究其精神气象，可令人望而知其国之进步者。"④

更有不少报章的创刊宗旨即包括"输入文明"，进入 20 世纪以后，这一特点越发突出。1902 年创刊的《游学译编》，阐明该刊"专以输入文明，增益民智为本"。1903 年发行的《湖北学生界》，同样标榜是刊乃"湖北学生演其输入之文明之舞台"，"同人为是学报也，以为今日言兵战，言商战，而不归之于学战，是谓导水不自其本源，必终处于不胜之势。且吾侪学生也，输入文明与有责焉。"⑤ 同年创

---

① 《〈万国公报〉特别广告》，《万国公报》第 193 册，1905 年 2 月，封面页。
② 《本馆主人自叙》，《万国公报》第 7 年第 322 卷，1875 年 1 月 30 日，第 306 页。
③ 唐才常：《〈湘报〉叙》，《湘报》第 1 号，1898 年 3 月 7 日，第 1 页。
④ 《论读报可知其国之强弱》，《知新报》第 101 册，1899 年 10 月 5 日，第 3 页。
⑤ 《湖北调查部记事叙例》，《湖北学生界》第 1 期，1903 年 1 月 29 日，第 131 页；张继熙：《叙论》，《湖北学生界》第 1 期，1903 年 1 月 29 日，第 5 页。

刊的《浙江潮》传递了这样的看法——"近顷各报其善者类能输入文明，为我国放一层光彩"，本志"必处处着眼于此焉"。[1] 可见当时的报章普遍以"输入文明"为基本诉求，以此为"杂志的资格"。

与之相应，报章在"输入新学""输入思想"上的作用，也得到充分肯定。1903 年创办的致力于"觉民"的一份刊物，即以报章为"新学之母"：

> 顾在古昔，则明诗书已足。而在今日，则非研究新学新理不为功。新书汗牛充栋，莫知适从。学理浅者，又往往不能卒读，则莫若多阅报纸。见闻既广，智识既开，事理既富，而后研究新学，洞若观火。[2]

1906 年创刊的《云南》杂志还这样说明："输入思想，厥道有二：曰学校，曰新闻杂志。"相比之下，学校"其功缓，且一时难普及"，而新闻杂志，"则以文明高尚之思，环球治乱之故，日日聒聒其耳，刺激其心，使阅者如亲承恳切之教，心领神会，如足履文明之土，耳目一新。熏习既久，潜移默化，其功之伟，真莫与京"。[3] 不惟将报章视作"输入文明"的体现，亦将培养阅报之习惯提升到建设文明国家的高度。

通过《东方杂志》转载的几篇文字，可看出知识人对于报章作用的某些共识。1905 年转录的《新闻报》的文字，明确表达了这样的看法："欲救今日之中国，非广开民智不可；欲开今日之民智，非多设报馆不可；欲国民多设报馆，非优加保护不可，尤非

---

① 《〈浙江潮〉发刊词》，《浙江潮》第 1 期，1903 年 2 月 17 日，第 2 页。
② 修真：《阅报之有益》，《觉民》第 1 期，1903 年 11 月，第 2 页。
③ 《〈云南〉杂志发刊词》，《云南》第 1 号，1906 年 10 月 15 日，第 6 页。

优加奖励不可。""中国今日多一阅报之人，即多一开通之士，人尽开通，何患不强，何患不富。"① 随后转载的《南方报》的文章指明"社会之程度不增，则报章之程度亦因之稍逊"，近 40 年中国报章之成长，"足征报章之进步，实与社会之进步为缘"。②

这样的看法并非仅停留在某一时段，到辛亥年间，《时报》登载的文字仍显示出这样的用心，所论则拓展到整个出版业。一篇文章明确提出，"今夫文野程度，全视印刷物之多寡以为衡"，"未有印刷物不发达，而文明程度可以增进者"。作者所忧心的是，"试问吾国每岁出版之物有几何？"举目所见，"大抵翻印旧籍者仍有多数，而新籍则几如凤毛麟角焉"，"此则中国前途最可忧之一大事也"。③ 另一篇文字主要从"出版自由"检讨中国出版业诸多令人不满之处。"文明国三大自由，出版居其一，是出版而得自由，固文明国之所应有也"，然而，"观吾国数年来之出版界，则不胜其悐然而忧，废然而返也"。④ 还有一篇文字分析了书业之情况：书业之盛，"足以谂教育之普及与学术之振兴"，"能跻其国力于富强，俾其文物声名为大地所仰企也"。反观吾国书业，显然不能令人满意，"盖书业之销沉，至今日而遂达极点矣"。⑤

发刊十多年后，《东方杂志》将报章的定位更新为更好地服务于"社会"。1919 年刊登的《今后杂志界之职务》指出："举凡学问之互助、主义之取舍、转移风尚、改良习俗，几无不借杂志为进行之利

---

① 《论报馆之有益于国》（录乙巳二月二十三日至二十六日《新闻报》），《东方杂志》第 2 卷第 4 号，1905 年，第 56 页。
② 《说报》（录乙巳七月二十四日《南方报》），《东方杂志》第 2 卷第 9 号，1905 年，第 207~208 页。
③ 孤愤：《论印刷物可觇文明程度之高下》，《时报》1911 年 3 月 9 日，第 1 版。
④ 指严：《论吾国之出版自由》，《时报》1911 年 3 月 16 日，第 1 版。
⑤ 惜诵：《论上海书业之变迁》，《时报》1911 年 7 月 31 日，第 1 版。

器、宣布之机关。"因此，"研究学理""启发思想""矫正习俗"，构成"杂志之职务"。① 次年发表的《本志之希望》也表示："吾国一线之希望，惟在于社会自觉，而于操枋秉政之人无与。"强调"今后所陈情于社会者，尤当注重于切实可行之具体问题"。进一步还阐明：

> 本志既不敢专主一派之学说，尤不敢据区区之言论机关为私有，故既为"时论介绍"，以网罗当代通人之名言伟论；又辟"读者论坛"，冀读者诸君，对于学术社会诸问题，各抒其所见，而以本志为商量辩论之机关。②

《时报》主要检讨的是整个出版业的情况，报章自也纳入其中；即便未曾涉及对报章之评论，实际情形也差不多，皆意味着晚清以来对于报章的颇高期许成为推动报章发展的动力所在。《东方杂志》守望于"社会"思考"杂志之职务"，同样具有参照意义。不管怎样，经历晚清的发展，新型传播媒介作为文明发展的重要指标，已成为社会共识。

二　"思想界"成为解析近代中国的一把钥匙

同样值得关切的是，对于"思想界"的状况，时人有什么看法。可以明确的是，这是各方关注的焦点，各种总结性文字，或所谓"清算"，大行其道。甘蛰仙在《对于近年中国思想界之感言》开篇即写道："吾去年今日，对于吾国思想界，曾有所论列……本年今

---

① 景藏：《今后杂志界之职务》，《东方杂志》第 16 卷第 7 号，1919 年，第 4 页。
② 坚瓠：《本志之希望》，《东方杂志》第 17 卷第 1 号，1920 年，第 1～3 页。

日，又届一年矣。在此一年内，中国思想界之略历为何如？为继续去年今日未完之工作起见，吾于本年今日，义当效一度之回顾与反省也。"[1] 对"思想界"进行分期，或以"思想派别"划分"思想界"，成为检讨"思想界"的主要话题。"思想界"构成解析近代中国历史的一把钥匙。

对"思想界"进行分期，要往前看，实际是一种总结。作为这一时期最具影响力的读书人，梁启超与胡适都做过这方面的工作。1923 年梁启超所写《五十年中国进化概论》，将近代以来中国思想的演化分为三期："第一期，先从器物上感觉不足"，"第二期，是从制度上感觉不足"，"第三期，便是从文化根本上感觉不足"。[2] 到 1933 年，胡适则以 1923 年为界将现代思想分为前后两期：第一期是"维多利亚思想时代"，"从梁任公到《新青年》，多是侧重个人的解放"；第二期是"集团主义（collectivism）时代"。1923 年以后，无论是民族主义运动或共产革命运动，"皆属于这个反个人主义的倾向"。[3] 很明显，这些分期都包含特殊的意味。梁对第三期的转变，多少有些轻视，指出其种子由第二期"播殖下来"，似乎"新文化运动"只是第二期的补充而已。而且，第一期他以郭嵩焘、张佩纶、张之洞等为代表，第二期举出的是康有为、梁启超、章炳麟、严复等，唯独第三期，全然不提任何人物，只是说"许多新青年跑上前线"。胡适的分期当然也有其"成见"，几乎全以他看重的"中国的文艺复兴运动"为依据，突出政治运动对于思想文化运动的干扰。稍后，胡适针对北京大学 1919 年 3 月 26 日开会辞退陈独秀，做了这样的解读，"不但

---

[1]　甘蛰仙：《对于近年中国思想界之感言》，《晨报五周年纪念增刊》1923 年 12 月 1 日，第 5 页。

[2]　梁启超：《五十年中国进化概论》，《饮冰室合集》第 5 册，"文集之三十九"，第 43～45 页。

[3]　《胡适的日记》手稿本，第 11 册，1933 年 12 月 22 日。

决定北大的命运，实开后来十余年的政治与思想的分野"。①

不同时期针对"思想界"的分期，也成为把握学术思想变迁的一把钥匙。鲁迅曾言及，20 世纪 20 年代最初几年，作为"五四运动"策源地的北京，自从支持《新青年》和《新潮》的人们风流云散后，"倒显着寂寞荒凉的古战场的情景"。② 1932 年胡适检讨中国民族自救运动的失败，则把症结落在"社会重心"之缺失。依其所见，中国这些年一事无成，一切工作都成虚掷而不能永久，是因为"我们把六七十年的光阴抛掷在寻求一个社会重心而终不可得"。帝制时代的重心在帝室，但经过太平天国运动后，皇室已失去资格。自此以后，"中兴"将相、戊戌维新领袖及后来的国民党，都努力造就新的社会重心，往往只一两年或三五年，又渐渐失去资格了。胡适试图表明，创造一个新的"社会重心"，乃读书人的使命。③

这样的看法也出现在研究新文化运动的论著中，陈端志 1936 年出版的《五四运动之史的评价》阐述了这样的看法：新文化运动最初的中心，"是打破封建时代所残留下来的桎梏和否定束缚人类向上发展的文化"，然而不久以后分化了：

> 一派是以马克思思想为主标，一派是奉杜威主义当南针，在这反孔狂潮之下，分出社会主义和实验主义两支相反的队伍。他们固然各走各自的路向，各图各自的发展，可是中国文化思想界却因此而失了重心。④

①　胡适：《致汤尔和》（1935 年 12 月 23 日），《胡适来往书信选》中册，第 281～282 页。

②　鲁迅：《现代小说导论》（二），蔡元培等《中国新文学大系·导论集》，良友图书公司，1940，第 132 页。

③　胡适：《惨痛的回忆与反省》，《独立评论》第 18 号，1932 年 9 月 18 日，第 11～12 页。

④　陈端志：《五四运动之史的评价》，生活书店，1936，第 339 页。

"思想界""失了重心"，是当时较为普遍的看法，到 20 世纪 40 年代仍不乏这样的声音。1941 年林同济撰写的《廿年来中国思想的转变》，同样关切"这二十多年来中国一般的思想潮流大体上有没有一个可以指明的动向"。在其看来，"若干年来，奔流所到，实映着几条荦荦大则"，然而，"这些意义尚未经我们思想界充分阐扬"。林同济强调：

> 抗战愈久，一般思想界的精神必要愈加现实化。乌托邦情绪所产生的"鹬蚌政治"（irreconciliable［irreconcilable］politics），再也不能博得国民的同情与容纵。理由简单：鹬蚌阵打不倒日本的——凭你十分理想化![1]

与之适成对照，张君劢看到的仍然是"思想界"呈现的"寂寞"，"完全暴露我们学术界有气无力的情形"。"科学的发明与进步，很有几件惊人的事，使全世界人为之坐立不安。"为此他也强调："我们思想上的努力不应以社会不安作理由，而大家束手待毙；反过来说，世界愈乱，我们在思想上、言论上、行动上愈应努力。"[2]

除了进行分期的工作，"思想界"的派别问题也引起众多讨论。陆懋德 1925 年大致区分了下列不同的派别：（1）民主派与非民主派；（2）功利派与非功利派；（3）宗教派与非宗教派；（4）新文化派与非新文化派；（5）社会派与非社会派。据此还说明："吾国思想界尚未至发达之境象；然而青年学子一入其中，已觉其'五花八门'

---

① 林同济：《廿年来中国思想的转变》，《战国策》第 2 卷第 17 期，1941 年，第 45 ~ 49 页。

② 张君劢：《我国思想界的寂寞——十月十二日在武大讲》，《再生周刊》第 237 期，1948 年 10 月 25 日，第 2、5 页。

而不知所主。盖多数之思想家，无不今日是而昨日非，言在此而意在彼也。"① 陶希圣 1935 年也指出，"今日中国的思想界，依然可大别为三大阵营"："其一为封建社会的回想的阵营，其二为资本主义的模仿的壁垒，其三为社会主义的悬想的阵线"。②

这样的景象也为当时的研究者注意。1934 年出版的《晚近中国思想界的剖视》，有段"编者的话"，开宗明义，指出这样一个现实：

> 在今日中国，显然是有两派主要思潮存在着：一派是所谓"新兴的思想"，另一派是反对这种"新兴思想"的。其实后的一派，并不是一派，而是代表着许多路线不同的思想的，不过因为它们不能接受"新兴思想"这一点上是共同的，又因为"新兴思想"把它们都放在一个共同的攻击目标之下，所以我们姑且把它们当作一派。③

陈端志《五四运动之史的评价》同样涉及对此的分析，指明"现代中国学术思想的推移，也不过是跟着世界学术思想的蜕变而掇转"。其结果是，受欧战以后各种思潮的影响，其历程可分为四大阶段："一为直觉主义的阶段，二为实验主义的阶段，三为唯物的辩证法的阶段，四为东方文化的阶段。这四个主潮的彼兴此替，就代表了这十余年来中国学术思想的变迁，也就可表现出五四运动在文化思想上冲突的现象。"④

此外，有的文字尽管没有罗列具体的思想派别，立意却颇为类

---

① 陆懋德：《中国今日之思想界》，《清华周刊》第 24 卷第 2 号，1925 年，第 11 页。
② 陶希圣：《中国最近之思想界》，《四十年代》第 6 卷第 3 期，1935 年，第 8 页。
③ 曹亮：《晚近中国思想界的剖视》，青年协会书局，1934，第 1~2 页。
④ 陈端志：《五四运动之史的评价》，第 329 页。

似。南京国民政府成立后，"民族精神"成为阐述三民主义的重要符号，也产生种种批评五四的意见。叶楚伧声称"中国本来是一个由美德筑成的黄金世界"，明显表现出对五四新文化运动的不屑。[①] 陈立夫更是表示：自五四运动以来，所有的文化工作，"大部分均系破坏工作，以致吾国固有之文化摧毁无余"。[②] 以革命之名，"五四"思想也被分解。彭康针对"思想界"进行"结算"的文字指出："六年以前，中国思想界起了一次激烈的论战，就是所谓科学与人生观之争。"然而，"不过是'搬弄许多名词，点点鬼，引引断烂朝报'，幼稚得可笑"。[③] 朱镜我则道出中国思想界"筑成了尖锐地对立的两大阵营——革命的马克思主义和一切反马克思主义的阵营"；改良主义、自由主义、机会主义是"有相当的势力的思想系统"。明确说明"资产阶级底自由主义的思想系统"，即是胡适一派的理论。[④] 尤有甚者，彭康还努力区分"我们的文化运动与胡适等的文化运动"，强调胡适是"思想上的落伍者"，故此，"在文化运动的根本意义上，我们又不能不说胡适自己也是反动的"。[⑤]

这里清楚点出"思想界"逐渐成为思潮展演的舞台，时人往往基于各种思潮来把握"思想界"。同时，"思想界"存在的派别之争，无论称之为"新"与"旧"，还是在自我意识中刻意区分出"我们"与"他们"，皆意味着对学术、政治话语权的争夺充斥其间；思想派

① 叶楚伧：《由党的力行来挽回风气》，《中央周报》第 71 期，1929 年 10 月 14 日，第 14 页。

② 陈立夫：《文化建设之前夜》，《中央日报》1934 年 4 月 17 日，第 3 张第 2 版。

③ 彭康：《科学与人生观——近几年来中国思想界底总结算》，《文化批评》第 2 号，1928 年 2 月 15 日，第 21～22 页。

④ 谷荫（朱镜我）：《中国目前思想界底解剖》，《世界文化》第 1 期，1930 年 9 月 10 日，第 7～8、14 页。

⑤ 彭康：《新文化运动与人权运动》，《新思潮》第 4 期，1931 年 2 月 28 日，第 12～13 页。

别的划分也主要来自敌对思想的涂抹，往往根据特定的政治立场回溯历史、臧否现实。可以说，伴随中国社会的演进，"思想界"不断形成新的格局，图景自也越发多姿。

三 "思想界"：延续不绝的反省与批评

"思想界"构成认知近代中国历史的重要一环，也是因为时人对"思想界"的流弊不乏反省。胡适试图用所谓"不思想界"来净化"思想界"，究其实质，是以"思想界"作为中国思想学术的象征所在。大致说来，对"思想界"的检讨，即是针对读书人以及各种出版物进行评述。1914年《雅言》刊登的一篇文章即直言："今日思想界之消沉若此，其将何以为国？"而"居于今日而欲改造举国之思想，舍言论界，责将谁归？"①

此中也透露出，"思想界"成形之际，时人更多表达的是期许，然而，当这一舞台呈现多重色彩，有了种种超越预期的表演，质疑之声也随之而来。前述王国维1905年撰写的《论近年来之学术界》，便堪称对晚清"思想界"最深刻的反省。新文化运动的发生则使问题更加凸显，导致对"思想界"的批评声不绝于耳。梅光迪刊于《学衡》的一篇文章，直指"吾国现在实在无学术之可言，然犹曰学术界者，自慰之语也"②。饶上达则呼吁"打破思想界的四种迷信"，包括"迷信偶像""迷信庙宇""迷信岩洞""迷信符咒"③。梁启超也认为"中国思想界的病症"主要体现在笼统、武断、虚伪、因袭、

① 漆室：《思想界消沉之两大原因》，《雅言》第1卷第7期，1914年，第14~15页。
② 梅光迪：《论今日吾国学术界之需要》，《学衡》第4期，1922年4月，第1页。
③ 饶上达：《打破思想界的四种迷信》，《时事新报·学灯副刊》1922年7月7日，第1版。

散失诸端，"长此下去，何以图存？想救这病，除了提倡科学精神外，没有第二剂良药了"。① 类似这样的批评声音一直在延续，1935 年张申府在给胡适的一通信中，仍关注于"今日思想界的弊病与弱点"：

自从汉以后，中国的思想界就为笼统、混沌、漠忽、糊涂种种毛病所弥漫。最近这种种毛病很像更又要在那里猖狂。这似乎也很需要有大力者出来加以摧毁。②

上述对中国思想界"病症"的批评，揭示出"思想界"种种令人不满意的现象。与此相关，报章媒介的兴起孕育了新一代读书人，对此的检讨也差不多同步展开。

1919 年张东荪发表的《中国知识阶级的解放与改造》，开篇引述一位朋友的话说，"中国人中最坏的就是士大夫"。张表示，起初对此还不"十分相信"，后来随着社会阅历的增加，乃知这句话"却是真理"，"中国的知识阶级，实在具有许多的道德比不上其他的阶级，例如中伤的竞争，自慢的轻狂，党同伐异的私见，颠倒是非的造谣，趋炎附势的无耻，以及其他等等"。③ 林语堂则提出"土气在思想界之重要及其不可轻忽"，暗示那些留学欧美的读书人，当领略"此土气之意味及其势力之雄大"，方可使他对"在外国时想到的一切理想计划稍有戒心，不要把在中国做事看得太容易"。④ 杨铨更是指陈"造成中国今日之一切祸乱者，正此辈堕落自私之思想界——知识阶

---

① 梁启超：《科学精神与东西文化（续）》，《晨报副刊》1922 年 8 月 26 日，第 1 版。
② 张申府：《用名同说话——关于今日思想界的弊病与弱点的一封通信》，《独立评论》第 158 号，1935 年 7 月 7 日，第 16 页。
③ 东荪：《中国知识阶级的解放与改造》，《解放与改造》第 1 卷第 3 号，1919 年，第 1 页。
④ 林语堂：《论土气与思想界之关系》，《语丝》第 3 期，1924 年 12 月 1 日，第 2~3 页。

级"，"欲改造中国，当先改造士类"，"一切思想界不担负与其知识相等之救国责任者，皆为中国之罪人"。①

对于读书人乃至知识所具有的影响力，也有不同的声音。杨荫杭1921年揭示了这样的现象："不先解决根本问题，而先作文章，乃国人之通病。吾人学之，尤觉滑稽。"② 当"好政府主义"以一种戏剧性的方式宣告破产，在这场政治实验中饱尝辛酸的汤尔和也对胡适说："我劝你不要谈政治了罢。从前我读了你们的时评，也未尝不觉得有点道理；及至我到了政府里面去看看，原来全不是那么一回事！""你们说的是一个世界，我们走的又另是一个世界。"③ 长期沉浮于政治圈的白坚武，在读了《胡适文存》后表示："论政之文多外行者，直如隔靴搔痒，相去不可以道里计。"④ 后来白还针对"书生"说明："书生多无定力，往往为人所支配，作法自毙。人固无不为环境所支配者，但书生尤脆弱耳。无病呻吟之语，为书生说法也。"⑤

蒋廷黻则连带着对于"知识""知识阶级"发出质疑。在他看来，导致中国成为"落伍的国家"，是"士大夫阶级的破产，知识的破产，道德的破产，体格的破产"。⑥ 他还将中国政治难以上轨道归咎于知识阶级，认为有两个问题知识阶级首先应该警觉，其一是知识阶级不应该勾结军人从事政治活动。文人在一处不得志者，往往群集他处，造出种种是非，久而久之，他们的主人翁就打起仗来，"这样

---

① 杨铨：《思想界与中国今日之祸乱》，《圣公会报》第19卷第45期，1925年，第26、28页。
② 老圃（杨荫杭）：《文章》，《申报》1921年5月6日，第3页。
③ Q（胡适）：《这一周·解嘲》，《努力周报》第47期，1923年3月25日，第1版。
④ 杜春和、耿金来整理《白坚武日记》，1931年4月11日，第863页。
⑤ 杜春和、耿金来整理《白坚武日记》，1936年10月28日，第1322页。
⑥ 蒋廷黻：《对大学新生贡献几点意见》，《独立评论》第69号，1933年9月24日，第7页。

的参加政治——文人参加政治的十之八九是这样的——当然不能使政治上轨道"。其二是知识阶级的政治活动不可靠"口头洋",西洋政治制度和政治思想,当作学术研究固有其价值,当作实际的政治未免太无聊,"我们的问题是饭碗问题、安宁问题。这些问题是政治的ABC,字母没有学会的时候,不必谈文法,更不必谈修辞学"。①

读书人之外,"思想界"的载体——出版物,也成为被批评的主要对象。《东方杂志》刊登的《从出版界窥见的智识界》说明,"今日思想界号称觉悟了",但征诸出版界的情形,仍不令人乐观,"借以点缀新文化的门面者,只有《中国哲学史大纲》《东西文化及其哲学》《中国历史研究法》等几部规模较大的系统的著作"。该文表示:

> 今日出版界的表面,虽然是轰轰烈烈,很足以壮观瞻,然而一察其内容,殆无处不表示学术界之荒芜零落!已经沉寂的新旧之争,忽然又发作起来,而枯乏无聊之周刊杂志,又有风靡一时的气派,于此可见新的思想界几年来所费的气力,连破坏都没有破坏了什么,更莫谈建设了。②

常乃惪《因读〈狂飙〉想到中国思想界》,同样包含对出版物的尖锐批评:"现在的思想界实在太没人气了。"在社会上很风行的,"有一种共同的表性,便是只会说漂亮、空虚,或者幽默的话"。因为根本没有真实的东西,故"只显露出中国士大夫阶级苟且偷窃的心理来"。③ 高长虹《走到出版界》一书也涉及对出版界的检讨,明

---

① 蒋廷黻:《知识阶级与政治》,《独立评论》第51号,1933年5月21日,第16~17页。
② 济澄:《从出版界窥见的智识界》,《东方杂志》第19卷第9号,1922年,第4页。
③ 燕生(常乃惪):《因读〈狂飙〉想到中国思想界》,《世界日报·学园副刊》1927年1月16日,第1页。

确批评中国好刊物太少，而且，"目前的各种定期刊物实在有些太相像，那怕是处在敌对地位的，材料都异常枯窘，能够勉强维持着出版便算，谈不到发展"。①

仅从上述文字来看，或许会感觉对于"思想界"皆是批评的声音，究其实，也从反面证实时人对读书人、对言论的看重。如前面所强调的，正是由"学战"到"思想战"的转变，构成清季民国时期"思想界"的分野。其中之差别亦很明显，"学战"意识更多体现在认知上，关注于技艺背后之"学"，"思想战"则对社会变动进行思考，并突出了"思想"的作用，往往将其视作一切社会、政治、学术的源头。要解释近代中国诸如"思想革命"等词语的流行，也不能忽视报章媒介构成读书人主要的发言平台。

四　何为"公共"? 谁的"公共"?

"一个国家里没有纪实的新闻而只有快意的谣言，没有公正的批评而只有恶意的谩骂丑诋——这是一个民族的大耻辱。"② 这是胡适在一篇未刊文字中对舆论表达的看法。作为 20 世纪中国思想界居于中心地位的人物，胡适对舆论的期许可以说始终如一，尤其重视言论自由的保障。该文写作时，南京国民政府成立不久，在此之前，对于这个新政权胡适已多次表达看法。1928 年 5 月 16 日他在日记中写道："上海的报纸都死了，被革命政府压死了。只有几个小报，偶然还说说老实话。"稍后在南京出席全国教育会议，胡适又直言，政府

① 高长虹：《没有几种好的定期刊物》，《走到出版界》，第 52～53 页。
② 胡适：《我们要我们的自由》，耿云志主编《胡适遗稿及秘藏书信》第 12 册，第 28 页。

希望学者们来做建设的事业，这个担子不敢放弃，但同时对于政府也有三个要求："第一，给我们钱。第二，给我们和平。第三，给我们一点点自由。"①

用不着特别指明，解析清季民国时期的"思想界"，不可回避的是这一时期的政治环境；缺乏保障言论自由的制度安排，也难以有所谓"公共论坛""公共舆论"。故此，评估清季民国时期的"思想界"，也应该关心法治下的言论自由得到怎样的保障，尤其须检视与之相关的两个主体——读书人与出版物——所受到的制约与控制如何。

与报章之成长息息相关的"报律"，即成为考察舆论环境的重要因素。1907年《神州日报》发表的《论报律》，不无深意地写道："欲观社会之程度，观其欢迎报纸之感情；欲观国家之程度，观其约束报纸之律令。"该文还表达了这样的看法：

> 今世新闻家，为特别一阶级者，为文明各国所承认。其所以承认之者，非新闻纸所自有之势力也，乃社会心理所构造之势力，亦国家生活关系所养成之势力。今人欲破坏心理之公共建筑物者，非愚则狂；欲断绝生活关系之上等滋养物者，非病则死。②

据此略加分析，一方面可以审视"公共舆论"的法律环境究竟如何，另一方面还可以检讨读书人是如何应对的，感受又如何。

伴随近代意义上的报章在晚清出现，"报律"也被提上议事日

---

① 《胡适的日记》手稿本，第 8 册，1928 年 5 月 16 日、19 日。
② 寒灰：《论报律》，《神州日报》1907 年 6 月 11 日，第 1 版。

程。戊戌维新时期，康有为就提出"报律"的制定问题。"西国律例中，皆有报律一门，可否由臣将其译出"，以便"参以中国情形，定为中国报律"。[①] 参与办报实践之报人，对此则更有期待，汪康年表示："吾国报馆，进无法律之保护，退无社会之后盾，敌之劲而得援与我之孤而无助，益相去万万。"[②] 1900 年，郑观应将《盛世危言》修订为八卷本，在《日报上》一文中也增添了一段关于"报律"的论述：

> 中国现无报律，而报馆主笔良莠不一，恐如以上所言，当道因噎废食，则外报颠倒是非，任意诽谤，华人竟无华报与其争辩也。故将英国、日本报律译呈盛杏荪京卿，奏请选定颁行，准人开设，俾官商各有所遵守。[③]

这方面的言说可以说不绝如缕，1905 年《新闻报》还刊文传递这样的声音："自公理渐明，报章之势力亦渐发达。""势力愈为发达，则利害之有关于社会者亦愈巨，诚不可不定报律。"尤其说明："宪政未步，议院未立，万不可束缚报纸，阻遏言论之自由，以涂饰耳目之聪明。""新政"开始后，"政府之酌定报律"，"务取宽大而不尚严苛"。[④]

1906～1911 年，清政府先后颁布了多份针对报章之法律。从条文本身来说，确体现出对言论自由的肯定，1908 年颁发的《钦定宪法大纲》甚至指出："臣民于法律范围以内，所有言论、著作、出版

---

① 《请定中国报律片》，此系《恭谢天恩条陈办报事宜折》（1898 年 7 月 31 日）之附片，姜义华、张荣华编校《康有为全集》第 4 集，第 343 页。
② 《致瞿鸿禨书》，汪林茂编校《汪康年文集》下册，第 619 页。
③ 《日报上》，夏东元编《郑观应集》上册，上海人民出版社，1982，第 347 页。
④ 《论报律》，《新闻报》1905 年 10 月 15 日，第 1 页。

及集会、结社等事，均准其自由。"① 然而，相关条文包含的惩戒性举措，又不免令人担忧这样的报律能否保障言论自由。如《宪政编查馆奏考核报律折》第十四条就指明"报纸不得揭载"下列内容："诋毁宫廷之语、淆乱政体之语、扰害公安之语、败坏风俗之语"。② 此类含糊用语，无疑为官方控制舆论提供了极大方便。

中华民国成立后，清朝各种条规均归于无效，在报律未能正式编定的情形下，内务部拟定《暂行报律》，希报界各社"一体遵守"。③ 这也引起很大质疑，中国报界俱进会通电表示："今杀人行劫之律尚未定，而先定报律，是欲袭满清专制之故智，钳制舆论，报界全体万难承认。"④ 章太炎也直指其"较前清专制之法更重"，"种种不合，应将通告却还，所定《报律》绝不承认"。⑤ 《暂行报律》颁布五日后被迫撤销，随后才陆续颁布了《报纸条例》（1914）、《出版法》（1914）、《修正报纸条例》（1915）、《新闻电报章程》（1915），以及《检阅报纸现行办法》（1916）等法律法规。尽管"人民有言论、著作、刊行及集会、结社之自由"，被写进各种具有"宪法"意义的文本中，但针对报章之管理未必如此，如《报纸条例》第十条规定下列内容"报纸不得登载"：

一、淆乱政体者；二、妨害治安者；三、败坏风俗者；四、外交、军事之秘密及其他政务经该管官署禁止登载者；五、预审未经公判之案件及诉讼之禁止旁听者；六、国会及其他

---

① 《宪政编查馆等奏定宪法大纲暨议院法选举法要领》，《北洋法政学报》第 77 册，1908 年 10 月，第 3 页。
② 《宪政编查馆奏考核报律折》，《东方杂志》第 5 卷第 4 期，1908 年，第 237 页。
③ 《内务部颁布暂行报律电文》，《临时政府公报》第 30 号，1912 年 3 月 6 日，第 1 页。
④ 《上海报界上孙大总统电》，《申报》1912 年 3 月 6 日，第 1 页。
⑤ 章太炎：《却还内务部所定报律议》，《申报》1912 年 3 月 7 日，第 1 页。

官署会议，按照法令禁止旁听者；七、煽动曲庇赞赏救护犯罪人、刑事被告人或陷害刑事被告人者；八、攻讦个人阴私，损害其名誉者。

不仅报刊禁载范围较之晚清有所扩大，而且确立了出版物预检制度，要求"每号报纸，应于发行日递送该管警察官署存查"。稍后颁布的《出版法》，对包括报纸在内的一切文字、图画印刷物，都做了类似规定。①

南京国民政府成立后，很快出台了与出版发行相关的法令、法规，较为突出的是确立"政治正确"标准，规定所有报刊均须遵循国民党的主义与政策，服从国民党中央及地方党部的审查。如《宣传品审查条例》规定，党内外之报纸、通讯稿须呈送国民党中央宣传部审查。审查标准是："一、总理遗教；二、本党主义；三、本党政纲政策；四、本党决议案；五、本党现行法令；六、其他一切经中央认可之党务政治记载。"如此一来，出版物据此被判定为"反动宣传品"或"谬误宣传品"者，实在是太过容易。② 1929年《国民党中央宣传部民国十八年查禁书刊情况报告》述及"取缔反动宣传"的情况，"十八年度中反动刊物较十七年竟增至百分之九十"，其中共产党刊物，计有148种，超过54%。"被检举之报纸，计共三百五十八号，每号件数不等，都五百六十五件"。③ 这还只是一年的情况，以后国民党中央宣传部或其他部门也经常性公布取缔的"书刊"。

清末及民国时期制定的各种报律，以及经历的种种曲折，或者需

① 《报纸条例》，《政府公报》第684号，1914年4月3日，第3～4页；《出版法》，《政府公报》第929号，1914年12月5日，第11～14页。
② 《宣传品审查条例》，《中央周报》第33期，1929年1月21日，第20页。
③ 《国民党中央宣传部民国十八年查禁书刊情况报告》（1929年），《中华民国史档案资料汇编》第5辑第1编，"文化"（1），江苏古籍出版社，1997，第214～217页。

要专书加以讨论。这里无意说明对出版物的限制呈逐步严格之势，进入民国以后，针对出版物的种种法规确实花样繁多，但所谓之惩戒，毕竟与帝制时代动辄"杀头"相比，还是有巨大差异。胡适发表于《新月》月刊上的文字，遭教育部发布的训令警告，张元济即致函胡适表示，对此完全可以"置之不答"，张由此论及清季与民国的差别：

> 若在前清康雍之朝，此事又不知闹成何等风波矣。毕竟民国政府程度不同。吾等于此应进民国颂也。一叹。①

努力拓展"公共舆论"的读书人真切感受如何，也值得关注。毕竟，涉及法律的问题，所谓"表达"（representation），往往是相对于"实践"而言的。② 张静庐就发出感叹："在公共租界里干着文化事业，随时有触犯'奴隶法律'的可能。久了，'吃官司'变成书店经理们的家常便饭了。"到民国时期，情况似乎更为糟糕。1930年，张所在的联合书店收到17种社会科学图书查禁的训令，"好销的书没有了，剩下的都是不能销出去的冷门货"。③ 长期服务于报界的成舍我，在30多年的办报生涯中，更是"坐牢不下二十次，报馆封门也不下十余次"。为此他也表示："我们真不幸，做了这一时代的报人！"④

张静庐、成舍我述及的只是个人经验，据此也有必要评估，在读

---

① 《胡适的日记》手稿本，第8册，1929年10月7日。
② 研究者对清代法律制度的梳理，已揭示出清代的法律是由背离和矛盾的"表达"和实践组成的，只有两者兼顾才能把握历史的真实。黄宗智：《清代的法律、社会与文化：民法的表达与实践》，刘昶、李怀印译，上海书店出版社，2002。
③ 《在出版界二十年——张静庐自传》，第118、139页。
④ 成舍我：《我们这一时代的报人》，《世界日报》1945年11月20日复刊号，第1版。

书人借出版物发出声音时，有哪些束缚因素，他们又是如何对抗的。不可否认，官方对言论的钳制是一如既往的，只是归诸的"名目"与"惩戒"的手法大异其趣，读书人的因应之道也略有差别。晚清读书人更多感受到的是种种束缚，不得不考虑避免"过触时讳"；民国时期的读书人仍被各种束缚所钳制，但不乏抗争的事例。严复与胡适的遭遇，集中反映出从晚清到民国舆论环境发生的变化。①

评估近代中国的"公共舆论"及其作用于政治的方式及成效，实际提供了思考"思想界"的重要维度。甚至可以说，理想的"思想界"应该是"公共舆论"营造的"公共空间"。问题之值得重视是因为近代中国"公共舆论"的成长与政治的纠葛，颇耐人寻味，办报者往往亦难以抉择。张季鸾主持《大公报》时阐述了著名的"四不"主张——"不党""不卖""不私""不盲"，寄望于"勉附清议之末，以彰是非之公"。②但另一方面，如张本人所指明的，中国的报纸"原则上是文人论政的机关"，"这一点，可以说中国落后，但也可以说是特长"。他也表示《大公报》之价值，"就在于虽按着商业经营，而仍能保持文人论政的本来面目"。③ 从读书人介入"政治"时的思考以及报章所显示的"非政治化"倾向，正可看出近代中国培育"公共舆论"的困境。

所谓"二十年不谈政治"，"要在思想文化上为中国政治的变革奠定革新的基础"，是胡适的夫子自道。有意思的是，胡并非因为政治丑恶而明哲保身，他是真诚觉得有比政治更根本的问题。这样的想法，在读书人中相当普遍。胡适走上谈政治的"歧路"时，持反对

---

① 除前面述及的事例，进一步的讨论可参见章清《"公共舆论"与政治：略论近代中国报章成长的曲折》，李金铨编著《报人报国：中国新闻史的另一种读法》，香港中文大学出版社，2013，第465~506页。

② 张季鸾：《本社同人之志趣》，《大公报》1926年9月1日，第1版。

③ 张季鸾：《本社同人的声明》，《大公报》1941年5月5日，第1版。

意见的孙伏园认为，"文化比政治尤其重要，从大多数没有智识的人，决不能产生什么好政治"，"胡适之"三个字之所以可贵，"全在先生的革新方法能在思想方面下手，与从前许多革新家不同"。孙也表示将竭其全力"将已被政治史上夺了去的先生，替文化史争回来"。① 胡适最亲密的同盟者也在施加影响。筹备《努力周报》时，胡适的一班故友高梦旦、张元济、王云五等，纷纷提出反对意见，他们为胡指明的方向是，"专心著书，那是上策；教授是中策；办报是下策"。②

读书人只不过出面创办刊物，即引发诸多纷争，多少已说明时人对"公共"的认知尚停留在什么层面，也意味着对"公共舆论"缺乏基本的信心。尤为可叹的是，即便面向"公共"进行表达，所谓言论事业也多少近乎"玩票"。胡适的朋友担心介入政治的胡适成为"梁任公之续"，胡自己却表示"梁任公吃亏在于他放弃了他的言论事业去做总长，我可以打定主意不做官"。③ 这也为读书人介入政治划出了一条参政与议政的清晰界限，而且理由足够充分——所谓"议政"自然有不可低估的价值。不管怎样，这多少已说明当时部分知识人不是在从事政治事业，而是将政治列在"配角"的位置。胡适自己就老实承认，他的精神不能贯注于政治，因为"哲学是我的职业，文学是我的娱乐，政治只是我的一种忍不住的新努力"。④ 胡适既然对政治作如是观，今人似乎不该以超其本心的立场加以质疑，但胡适将政治排在职业、娱乐后第三位，无疑已注定其不能对政治多加用心。胡适后来成为中国自由主义思想的代言人，正是这种认知政

---

① 胡适：《我的歧路》，《努力周报》第 7 期，1922 年 6 月 18 日，第 3 版。
② 《胡适的日记》手稿本，第 2 册，1922 年 2 月 7 日。
③ 《胡适的日记》手稿本，第 2 册，1922 年 2 月 7 日。
④ 胡适：《我的歧路》，《努力周报》第 7 期，1922 年 6 月 18 日，第 4 版。

治、参与政治的方式，导致自由主义思想只能成为部分读书人醉心的理想，而不能形成产生广泛影响的思想运动。[1]

胡适"谈政治"产生的纠结，并非特例。常乃惪对"思想界"的批评，具体针对的便是新人物中流行的"不谈政治"，"本来因为政党的私争而遂厌闻政党，已经是很好笑了，甚至于厌闻政治，那更想不出是什么理由"。总之，"'不谈政治'的态度实在是中国人漠视现实现象的精神的一种表现，这是几千年专制的政体下所养成的结果，与西方人的民治精神相差不啻天渊"。[2]《评论之评论》也曾发文阐述了这样的看法："少年中国学会的信条上有很特别的一条，是'不做官，不做议员，不干政治活动'，以自鸣清洁。其实，做官做议员倒都不要紧，只要看他做官的时候是否肯为民众革命努力。"[3]

职是之故，近代中国读书人对"公共"的认知是大可质疑的。尽管在读书人的言论中已将国家行为理解为一种"公共生活"，但真正介入实际政治中，却有所保留。换言之，读书人在寻求新的角色与身份过程中，其初衷不但没有包含多少政治的意味，还着意于摆脱政治的纠缠。不仅读书人有这样的认知，尤有甚者，往往是那些没有鲜明政治色彩的杂志，自我标榜为"公共论坛"。难道没有明确政治主张，即可称为"公共"吗？实际上，正是这种"非政治化"的倾向，成为审视近代中国"公共舆论"不得不面对的困惑。《新闻报》和《东方杂志》所走过的道路，即表明这种"非政治化"的倾向具有普遍性。

《新闻报》发行 30 周年之际，出版了《新闻报馆三十年纪念

---

[1] 章清：《胡适与中国的自由主义》，耿云志、宋广波编《胡适研究论丛》第 2 辑，社会科学文献出版社，2012，第 476~519 页。

[2] 燕生（常乃惪）：《反动中的思想界》，《时事新报》"学灯"副刊，1922 年 5 月 9 日，第 1~2 版。

[3] 泽民：《紊乱的思想界》，《评论之评论》第 16 期，1924 年 7 月 6 日，第 4 页。

册》。福开森（John Calvin Ferguson）努力将该报的立场和政治划清界限，特别标榜说："本报自办理以来，向由编辑同人主持笔政，未尝为任何个人或任何政党所主持而控制，亦未尝以本报为个人报其恩怨之机关。"① 汪汉溪则具体分析了经济原因与党派关系，是中国报界所遭遇的困难，正是由于经济上难以独立，"进退维谷之时，不得不仰给于外界，受人豢养，立言必多袒庇，甚至颠倒黑白，混淆听闻"。② 言下之意，除了凸显《新闻报》的价值外，实际也指出近代中国的报章由于经济的原因难以摆脱政治的影响。

《东方杂志》的自我定位更具代表性。创刊不久，该刊即发文检讨中国书报不能发达之故，认为其病根半在社会，半在主持书报者，强调"新闻为舆论之母，清议所从出，左挈国民，右督政府。有利于社会者则鼓吹之，有害于社会者则纠正之……此新闻纸之良知良能也"。③ 以此为"新闻"定位，尚嫌不周，但多少表明时人颇为关切舆论的作用。差不多十年以后，该刊又有一篇论述杂志界的文章，将杂志之"职务"举为三端：研究学理，启发思想，矫正风俗。特别提及，"举凡学问之互助，主义之取舍，转移风尚，改良习俗，几无不借杂志为进行之利器，宣布之机关"。④ 而《本志的第二十年》的总结文章，则表示"我们是希望为舆论的顾问者，而不敢自居为舆论的指导者"。⑤《东方杂志》这些自我定位的文章，勾画出中国报纸杂志自我定位的演变轨迹。最初是以"舆论之母"自居，"清议所从

---

① 福开森：《〈新闻报〉之回顾与前途》，沈思孚编《新闻报馆三十年纪念册》，"纪念文"，第1页。
② 汪汉溪：《新闻事业困难之原因》，沈思孚编《新闻报馆三十年纪念册》，"纪念文"，第2-3页。
③ 鹤谷：《论中国书报不能发达之故》，《东方杂志》第2卷第1号，1905年，第7页。
④ 景藏：《今后杂志界之职务》，《东方杂志》第16卷第7号，1919年，第1、4页。
⑤ 坚瓠：《本志的第二十年》，《东方杂志》第20卷第1号，1923年，第1页。

出，左挈国民，右督政府"。十年后又以杂志为"学问之互助，主义之取舍，转移风尚，改良习俗"等"宣布之机关"。二十年后则以"舆论的顾问者"自居。仅由此不难感觉出，对于报章的定位似乎越来越低落，越来越甘居边缘。

这里自然要问，难道远离政治，没有具体的政治主张就代表"公共"？不单《东方杂志》显出这样的走向，自诩"公共论坛"的，通常是那些表示远离政治的杂志。而且，每当国家遭遇危机之时，或者党派之争陷于白热化时，往往会出现标举"公共论坛"的杂志。1914年创刊的《甲寅》杂志，即颇具典型意义；以后那些通常归为自由主义的杂志，如《现代评论》、《独立评论》及《观察》周刊，更是个中代表。

《甲寅》杂志之宗旨在创刊时有明确说明，突出守护社会的立场，"一面为社会写实，一面为社会陈情而已"。既如此，《甲寅》毫不避讳其要作为"公共舆论"之机关，"务使全国之意见，皆得如其量以发表之"。① 当时正值袁世凯解散国会，章士钊发表的《政本》，试图在对决的双方求"有容"之论，一方面强调为政之根本，在"不好同恶异"，"政党之德，首在听反对党之意见流行"。这显是对袁的批评。但另一方面又指出革命党同样犯了"好同恶异"的错误，"且挟其成见，出其全力以强人同己，使天下人才尽出己党而后快"。② 然而，这样的立场，却招致"援恶"的批评，指其不过是"为恶政府谋救济"。③ 可见求"有容"之论，殊属不易，斯时的舆

---

① 《启事》，《甲寅》第1号，1914年5月10日，扉页。
② 章士钊：《政本》，《甲寅》第1号，1914年5月10日，第1、11页。
③ 好在也不乏"友声"，杨昌济在日记中即赞曰："秋桐以好同恶异为社会种种罪恶之原因，大有所见。""今欲伸己之意见而强迫他人使不得发表其意见，不公孰甚？"杨昌济：《达化斋日记》，甲寅五月二十八日，湖南人民出版社，1981，第33～34页。

论环境也难以接受这样的立场。可以说，不少刊物标榜为"公共论坛"，也是这种政治生态的反应，未必不谈政治，而是以此为姿态，保持与政治的距离。

结合以后一段时间读书人所办刊物来看，这种姿态更为明显。创刊于1924年的《现代评论》，明确竖起"公共论坛"的旗帜，以其为"同人及同人的朋友与读者的公共论坛"，"精神是独立的，不主附和"；"态度是研究的，不尚攻讦"；"言论趋重实际问题，不尚空谈"。① 其"公共性"的体现，是没有宣示自己的主张，以此"求其友声"。1932年出版的《独立评论》创刊号上，胡适也强调办刊之旨趣，只是将论学中秉持的"学术独立"原则应用来研究中国当前问题，后来胡又将这种"独立的精神"归纳为敬慎"无所苟"的态度。② 1945年创办的《观察》杂志，也秉承了这一立场。该刊并不讳言其同人也有基本立场，主要以"民主""自由""进步""理性"为追求之鹄的，并本此"发言论事"，但同时强调，"我们将容纳各种不同的意见"，"尊重独立发言的精神"。③

上述标榜"公共论坛"的刊物，往往成为评估近代中国"公共舆论"的基本例证。值得关注的是，所谓没有明确政治主张，难道可以和"公共"及"公共论坛"画上等号吗？关键在于，不仅"公共论坛"显示出"非政治化"的倾向，读书人对新的角色与身份的探寻，不但没有包含多少政治的意味，还着力摆脱政治的纠缠。

这对于认识告别科举时代的读书人如何确立新的角色相当重要。在转型社会重建知识的庄严，让学术构成未来社会的重心，是读书人

---

① 《本刊启事》，《现代评论》第1卷第1期，1924年，第2页。
② 胡适：《引言》，《独立评论》第1号，1932年5月22日，第2页；《我的意见也不过如此》，《独立评论》第46号，1933年4月11日，第3页。
③ 《我们的志趣和态度》，《观察》第1卷第1期，1946年，第3~4页。

捍卫"学术社会"的体现。学术之外，对"公共事务"的介入，伴随报章媒介的兴起，也显出新的气象。谭嗣同在给汪康年的信中，已有这样的见解，"居今之世，吾辈力量所能为者，要无能过撰文登报之善矣"。① 这样的表达显出一丝无赖，但依托于报章，也是读书人自我的选择。当然，未必都是积极的声音，夏曾佑在给汪康年的信中，对投身报馆的梁启超即表示可惜："我说任公是被公害了，若公不开时务报馆，则任公今日之学识当不止此。"② 尽管读书人对于创办报章还有诸多保留，但是，将报纸杂志作为"公共论坛"，进而产生"公人"意识，却也是不易之论。梁启超办《新民丛报》时，明确提到"公事"与"公仆"。③ 寄望于中国能出现"在野之政治家"（区分于"在朝之政治家"），而叹息于"中国人士凛懔思不出位之诫，以故数千年来，无发生在野之政治家者"。④

实际上，读书人对于政治也自有其理解："与其入政府，不如组党；与其组党，不如办报。"1947年傅斯年在给胡适信中的这段表白，表明在"入政府"、"组党"和"办报"三者之间，读书人义无反顾选择了"办报"。联系上下文，还可了解，这是傅在阐明"自由主义者必须决定自己的命运"，试图与"入政府"划出清晰的界限："我们是要奋斗的，惟其如此，应永久在野，盖一入政府，无法奋斗也。"⑤ 胡适在回信中也说了一些"赤心的话"："我在野——我们在野——是国家、政府的一种力量。"⑥ 胡适与傅斯年的对话，反映出历经数十载

---

① 谭嗣同:《致汪康年》(4),《汪康年师友书札》(4),第3238页。
② 夏曾佑:《致汪康年》(81),《江康年师友书札》(2),第1392页。
③ 梁启超:《敬告当道者》,《新民丛报》第18号,1902年10月16日,第1页。
④ 与之:《论中国现在之党派及将来之政党》,《新民丛报》第92号,1906年11月30日,第38页。
⑤ 傅斯年:《致胡适》(1947年2月4日),《胡适来往书信选》中册,第168~170页。
⑥ 胡适:《致傅斯年》(1947年2月6日),《胡适来往书信选》中册,第173页。

风风雨雨的读书人的自我定位，并确信这种选择所具有的力量。

1931年俞平伯在致胡适的信中表示："今日之事，人人皆当毅然以救国自任，吾辈之业唯笔与舌，真欲荷戈出塞，又岂可得乎！"因此，"吾辈救国之道更莫逾于此。以舍此以外，吾人更少可为之事矣"。[①] 成舍我则表达了对报人这一角色的肯定："我们也真太幸运了，做了这一时代的报人！"而且，"过去凡是我们所反对的，几无一不彻底消灭。这不是我们若干报人的力量，而是我们忠诚笃实反映舆论的结果"。[②] 胡适在晚年更向聚集在他周围的读书人说了这番鼓励的话：

> 究竟谁是有权有势的人？还是有兵力、有政权的人才可以算有权有势呢？或者我们这班穷书生、拿笔杆的人也有一点权，也有一点势呢？这个问题也值得我们想一想。我想有许多有权有势的人，所以要反对言论自由，反对思想自由，反对出版自由，他们心里恐怕觉得他们有一点危险……这个就是力量。[③]

胡适所说的也许并不错，权势集团之所以要打压读书人，确是拿笔杆的读书人力量不可小觑之明证。然而，如经由权势集团的打压才能证明其力量之存在，也该问一问，其角色力量仅止于此吗？胡适的话里话外，已表明读书人位置感依旧没有落实。

职是之故，我们对近代中国读书人所认知的"公共"及"公共论坛"，是大可存疑的。尽管不少读书人将国家行为理解为一种"公

---

① 《致胡适》（1931年9月30日），《俞平伯全集》第9卷，花山文艺出版社，1997，第324~325页。
② 成舍我：《我们这一时代的报人》，《世界日报》1945年11月20日复刊号，第1版。
③ 胡适：《容忍与自由》，《自由中国》第21卷第11期，1959年，第7~8页。

共生活"，但真正介入政治生活中，对此却有所保留。当然，这种"非政治化"的倾向，也揭示出主导此一时期"思想界"的，另有力量所在。换言之，无论是表示"不谈政治"，还是标榜"公共论坛"，都是现实政治的直接反映。或者是因为政治的衰朽导致读书人只能以远离政治的方式表达政治立场，或者也是因为舆论已为政党掌控，读书人只能做其他选择。实际呢？所谓"不谈政治"，哪里是"不谈"，而是如何"谈"；标榜"公共论坛"也并非没有明确的政治立场，而是试图在由政党主导的政治环境中发出其他的声音。

这也从一个侧面映射出近代中国基本的政治生态：政治势力培育的"喉舌"，对"公共舆论"产生了很大的挤压力，压缩了读书人的发言空间，只能在"非政治化"的诉求中表达对公共事务的见解。这样的选择有值得同情的一面，如格里德（J. B. Grieder）阐明的，在新文化一代人中第一次出现了可以恰当地称为中国知识界的一群人——一个自觉地进行批判和自我批判、持反对党立场的知识群体。"他们要求发挥影响是基于这样的自信，即个人意见、个人品格、个人趣味具有公共意义，并能引起公众的注意。"[1] 只是，这样的角色难以构成"社会重心"，因其缺乏真正的依托。

1927 年 6 月，当王国维自沉于北京颐和园昆明湖，顾颉刚发出谁害了王国维的追问并做出这样的评断："国家没有专门研究学问的机关害死了王国维！我们应该建设专门研究的机关！士大夫阶级的架子害死了王国维！我们应该打倒士大夫阶级！我们不是士大夫！我们都是民众！"[2] 问题的关键仍然是，读书人依托的"思想界"未必能

---

[1] 格里德：《知识分子与现代中国》，单正平译，南开大学出版社，2002，第 277 页。
[2] 顾颉刚：《悼王静安先生》，《文学周报》第 5 卷第 1、2 期合刊，1927 年，第 10～11 页。施耐德（Laurence A. Schneider）曾以顾颉刚为例，论及近代中国知识界在寻求新的角色与身份时产生的种种焦虑。施耐德：《顾颉刚与中国新史学：民族主义与取代中国传统方案的探索》，梅寅生译，华世出版社，1984。

形成主导社会的力量。"皮之不存，毛将焉附"，论及中国读书人时，语出《左传》的这句话，娴熟历史的毛泽东最乐道之。"毛"与"皮"的辩证，也点出与读书人命运攸关的问题："思想界"就是那张"皮"，其属性由报章媒介奠定。而经历数十年的风风雨雨，读书人之由"中心"走向"边缘"，甚至自我"边缘化"，也昭示出附载读书人的那张"皮"成色究竟如何。

回到前已述及的 1932 年胡适对于重建"社会重心"的期许，则问题的症结也约可加以说明。注意到中国失去社会重心，非自胡适始，龚自珍在道光年间已指出中国社会重心有自京师向山林转移的趋向，京师贫且贱，"古先册书，圣智心肝，不留京师"，结果"豪杰轻量京师"，"山中之势重矣"。[①] 章太炎 1918 年在一次演讲中对民国成立以来"中坚主干"之虚位，也曾阐述其看法："六七年来所见国中人物，皆暴起一时，小成即堕。""一国人物，未有可保五年之人，而中坚主干之位遂虚矣。"[②] 研究者也注意到近代中国失去重心的这一现象，并将此纳入西潮冲击之下整个近代中国的巨变这一框架中，进行了深入探讨，揭示了思想权势转移与社会权势转移的伴生性。[③]

知识分子的社会角色，一向是充满歧见的问题，也是世界性的难题。[④]

---

① 《尊隐》，《龚自珍全集》，第 86~88 页。

② 章太炎心目中能成伟大人物的乃曾国藩、胡林翼、左宗棠辈，"今世果有如曾、胡、左者，则人自依倚以为主干，就不能然，但得张之洞辈，亦可保任数岁，赖以支持。而偏观近世人物，如此数君者无有也"。《在四川学界之演说》（1918 年春讲于重庆），《章太炎全集》，"演讲集"上，第 269~270 页。

③ 罗志田：《失去重心的近代中国：清末民初思想权势与社会权势的转移及其互动关系》，《民族主义与近代中国思想》，东大图书公司，1998，第 149~192 页。

④ 在赛义德（Edward W. Said）看来，20 世纪对知识分子最著名的两个描述基本是对立的，一是葛兰西（Antonio Gramsci）以自己的生涯示范的知识分子角色，集马克思主义者、新闻从业人员、行动派、杰出的政治哲学家于一身；一是班达（Julien Benda）对知识分子的著名定义，即知识分子是一小群才智出众、道德高超的哲人王（philosopher-kings）。萨依德：《知识分子论》，单德兴译，麦田出版，1997。

中国发生的由"士"向"知识分子"的转型，正应对着"思想界"的成长，相应的，对近代中国读书人角色的重新认定，实际也成为评估清季民国时期"思想界"的枢机所在。读书人所期许的"社会重心"渐渐失落，既意味着读书人不再占据"中心"位置，也说明其所营造的"思想界"被其他的社会力量所掌控。在这个意义上亦可以说，余英时提出"中国知识分子的边缘化"，也确有洞见。只是，所谓"边缘化"，不仅是因为作为"四民之首"的"士"在社会结构中不再占据中心位置，尤在于，近代新型传播媒介营造的"思想界"，及其所赋予的读书人新的角色与身份，仍不能构成"社会重心"。

结论是："思想界"所映射的清季民国的历史，也许不能称作"失败"的记录，却也并非"理想"的结果，究其实质，则是"社会"力量的成长仍有漫漫征程。于此增加一份解读历史的沉重，亦是应有之义。

主要参考文献

数据库

CADAL 民国书刊主站

超星数字图书馆

抗日战争与近代中日关系文献数据平台

民国时期期刊全文数据库（1911~1949）

《申报》数据库

晚清期刊全文数据库（1833~1910）

英华字典资料库

中国基本古籍库

中国近代报刊数据库

日本国会图书馆"近代デジタルライブラリー"资料库

ProQuest Historical Newspapers：Chinese Newspapers Collection
(1832–1953)

报 章

《安徽俗话报》《白话》《报学季刊》《报学月刊》《北京大学日刊》《北洋官报》《昌言报》《晨报》《晨报副刊》《大公报》《大陆

报》《大中华》《东方杂志》《东西洋考每月统记传》《洞庭波》《独立评论》《俄事警闻》《二十世纪之支那》《佛学半月刊》《佛学丛报》《复报》《改造》《格致汇编》《格致新报》《格致益闻汇报》《公言报》《光华日报》《广报》《国粹学报》《国风报》《国民报》《国民日日报》《国闻周报》《海潮音》《汉帜》《杭州白话报》《河南》《湖北学报》《湖北学生界》《湖南演说通俗报》《沪报》《汇报》《集成报》《甲寅》《建设》《江苏》《江西》《江西官报》《教会新报》《教育世界》《教育通讯》《解放与改造》《经世报》《警钟日报》《觉民》《开智录》《科学世界》《劳动周刊》《利济学堂报》《六合丛谈》《鹭江报》《莽原》《每周评论》《民报》《民铎杂志》《民国日报》《民吁日报》《南方报》《努力周报》《评论之评论》《前锋》《强学报》《清华周刊》《清议报》《三六九画报》《上海新报》《少年中国》《申报》《生活周刊》《时报》《时事新报》《时务报》《实学报》《世界文化》《蜀学报》《述报》《四川》《四川官报》《四川教育官报》《苏报》《苏州白话报》《算学报》《同文沪报》《童子世界》《图书汇报》《万国公报》《文化批评》《文学周报》《文艺报》《无锡白话报》《遐迩贯珍》《夏声》《现代评论》《湘报》《湘江评论》《湘学报》《向导》《小说林》《小说月报》《新报》《新潮》《新建设》《新民丛报》《新青年》《新世纪》《新世界学报》《新思潮》《新闻报》《新小说》《新学报》《新月》《绣像小说》《学衡》《学林》《学生杂志》《循环日报》《雅言杂志》《亚泉杂志》《演义白话报》《艺术界周刊》《译书汇编》《庸言》《游戏世界》《游学译编》《渝报》《语丝》《云南》《再生周刊》《战国策》《浙江潮》《政法学报》《政论》《政艺通报》《知新报》《中国白话报》《中国官音白话报》《中国教会新报》《中国女报》《中国青年》《中国新报》《中国新书月报》《中华日报》《中华学生界》《中外纪闻》《中外新报》

《中央日报》《字林汉报》《字林沪报》

The Chinese Repository

The China Review，Or Notes & Queries on the Far East

The North-China Herald

其他史料

《筹办夷务始末（同治朝）》，中华书局，2008。

《邸抄》影印本，北京图书馆出版社，2004。

《官书局书目汇编》，中华图书馆协会，1933。

《光绪朝朱批奏折》，中华书局，1996。

《国闻报汇编》，竞化书局，1903。

《黄帝魂》，中国国民党党史史料编纂委员会，1968。

《近代译书目》，北京图书馆出版社，2003。

《京报》（邸报），全国图书馆文献缩微复制中心，2004。

《老圃遗文辑》，长江文艺出版社，1993。

《林严文钞》，国学扶轮社，1909。

《鲁迅全集》，人民文学出版社，1961。

《清末官报汇编》，全国图书馆文献缩微复制中心，2006。

《清实录》，中华书局，1986。

《申报年鉴（第二次）》，申报年鉴社，1934。

《申报年鉴（第三次）》，申报年鉴社，1935。

《天学初函》，台湾学生书局，1965。

《万国政治艺学全书》（政治丛考），鸿文书局，1902。

《新学汇编》，广学会，1898。

艾约瑟：《西学略述》，总税务司，1886。

坂井洋史整理《陈范予日记》，学林出版社，1997。

包天笑：《钏影楼回忆录》，大华出版社，1971。

包天笑：《钏影楼回忆录续篇》，大华出版社，1973。

北京市档案馆编《杨度日记》，新华出版社，2001。

壁上客编《立宪论与革命论之激战》，中西编译局，1906。

蔡寄鸥：《武汉新闻史》，中日文化协会，1943。

蔡尚思、方行编《谭嗣同全集》，中华书局，1981。

蔡元培等《中国新文学大系·导论集》，良友图书公司，1940。

曹聚仁：《文坛五十年》，东方出版中心，1997。

曹聚仁：《我与我的世界》，北岳文艺出版社，2001。

曹亮：《晚近中国思想界的剖视》，青年协会书局，1934。

柴萼：《梵天庐丛录》，中华书局，1926。

陈端志：《五四运动之史的评价》，生活书店，1936。

陈居渊编《书目答问二种》，生活·读书·新知三联书店，1998。

陈启天：《寄园回忆录》，台湾商务印书馆，1965。

陈荣昌：《乙巳东游日记》，云南美术出版社，2007。

陈义杰整理《翁同龢日记》，中华书局，2006。

陈忠倚辑《皇朝经世文三编》，宝文书局，1898。

丁文江、赵丰田编《梁启超年谱长编》，上海人民出版社，1983。

东北文化社年鉴编印处编纂《东北年鉴》，编者印行，1931。

杜春和、耿金来整理《白坚武日记》，江苏古籍出版社，1992。

樊增祥：《樊山政书》，中华书局，2007。

范旭仑、牟晓朋整理《谭献日记》，中华书局，2013。

方苞：《钦定四书文》，《景印文渊阁四库全书》第1451册，台湾商务印书馆，1986。

方豪编录《英敛之先生日记遗稿》，文海出版社，1974。

冯自由：《革命逸史》，中华书局，1981。

甘韩辑《皇朝经世文新编续集》，商绛雪参书局，1902。

高长虹：《走到出版界》，泰东图书局，1929。

葛士濬辑《皇朝经世文续编》，广丽宋斋，1891。

耿云志主编《胡适遗稿及秘藏书信》，黄山书社，1994。

耿云志、欧阳哲生整理《胡适全集》，安徽教育出版社，2003。

《龚自珍全集》，上海人民出版社，1975。

故宫博物院明清档案部编《清末预备立宪档案史料》，中华书局，1979。

《顾颉刚日记》，联经出版公司，2007。

《顾颉刚书信集》，中华书局，2011。

顾廷龙校阅《艺风堂友朋书札》，上海古籍出版社，1980。

顾炎武著，黄汝成集释《日知录集释》，岳麓书社，1994。

郭梦良编《人生观之论战》，泰东图书局，1923。

郭嵩焘：《郭嵩焘日记》，湖南人民出版社，1981。

郭嵩焘：《伦敦与巴黎日记》，岳麓书社，1984。

国家档案局明清档案馆编《戊戌变法档案史料》，中华书局，1958。

何良栋辑《皇朝经世文四编》，鸿宝书局，1898。

何启、胡礼垣：《中国宜改革新政论议》，文裕堂，1895。

贺长龄辑《皇朝经世文编》，上海广百宋斋，1891。

红风编著《阅读书报杂志的经验》，上海博文书店，1940。

胡道静：《新闻史上的新时代》，世界书局，1946。

胡伸持：《关于报纸的基本知识》，生活书店，1937。

《胡适的日记》手稿本，远流出版公司，1990。

胡香生辑录，严昌洪编《朱峙三日记（1893～1919）》，华中师范大学出版社，2011。

胡玉缙：《续四库提要三种》，上海书店出版社，2002。

胡愈之：《我的回忆》，江苏人民出版社，1990。

胡珠生编《宋恕集》，中华书局，1993。

胡珠生辑《陈虬集》，浙江人民出版社，1992。

湖南省哲学社会科学研究所编《唐才常集》，中华书局，1980。

湖南省政府秘书处统计室编纂《湖南年鉴（民国24年）》，湖南省政府秘书处，1935。

花之安：《自西徂东》，中华印务总局，1884。

黄摩西编撰《普通百科新大辞典》，国学扶轮社，1911。

黄庆澄：《东游日记》，岳麓书社，1985。

黄庆澄：《中西普通书目表》，光绪戊戌（1898）七月算学报馆自刻。

黄天鹏：《中国新闻事业》，联合书店，1930。

黄夏年主编《民国佛教期刊文献集成》，全国图书文献缩微复制中心出版，2006。

黄夏年主编《民国佛教期刊文献集成·补编》，中国书店，2008。

黄尊三：《三十年日记》，湖南印书馆，1933。

黄遵宪：《日本国志》，上海图书集成印书局，1898。

渐斋主人编《新学备纂》，开文书局，1902。

江西省政府统计室编辑《江西年鉴（第一回）》，编者印行，1936。

姜义华、张荣华编校《康有为全集》，中国人民大学出版社，2007。

蒋国珍：《中国新闻发达史》，世界书局，1927。

蒋梦麟：《过渡时代之思想与教育》，商务印书馆，1932。

蒋梦麟：《西潮》，业强出版社，1991。

金毓黻：《静晤室日记》，辽沈书社，1993。

崑冈辑《钦定大清会典事例》，新文丰出版有限公司，1976。

劳祖德整理《郑孝胥日记》，中华书局，1993。

李纯青、张东荪等：《知识分子的新方向》，中国建设出版社，1949。

李瀚章编纂《曾文正公全集》，吉林人民出版社，1995。

李提摩太：《亲历晚清四十五年——李提摩太在华回忆录》，李宪堂、侯林丽译，天津人民出版社，2005。

李提摩太：《时事新论》，广学会，1898。

李肖聃：《星庐笔记》，岳麓书社，1983。

梁启超：《饮冰室合集》，中华书局，1989。

梁漱溟：《漱溟卅前文录》，商务印书馆，1926。

梁廷枏：《夷氛纪闻》，中华书局，1997。

梁章钜：《制艺丛话》，上海书店出版社，2001。

林乐知：《中西关系略论》，署"光绪二年孟秋中浣"（1876）。

刘大鹏遗著，乔志强标注《退想斋日记》，山西人民出版社，1990。

《刘光第集》编辑组编《刘光第集》，中华书局，1986。

《刘坤一遗集》，中华书局，1959。

柳宗浩编著，李公朴校订《书籍、杂志、报纸处理法》，长城书局，1935。

鲁迅博物馆编《钱玄同日记》，福建教育出版社，2002。

罗章龙：《椿园载记》，生活·读书·新知三联书店，1984。

骆惠敏编《清末民初政情内幕——〈泰晤士报〉驻京记者袁世凯政治顾问乔·厄·莫理循书信集》，刘桂梁等译，世界知识出版社，1986。

《吕思勉论学丛稿》，上海古籍出版社，2006。

马积高主编《湘绮楼诗文集》，岳麓书社，1996。

马恳西：《泰西新史揽要》，李提摩太译，蔡尔康述，商务印书馆，1902。

马礼逊夫人编《马礼逊回忆录》，顾长声译，广西师范大学出版社，2004。

麦仲华辑《皇朝经世文新编》，大同译书局，1898。

米怜：《新教在华传教前十年回顾》，北京外国语大学中国海外汉学研究中心翻译组译，大象出版社，2008。

明夷编《新学大丛书》，积山乔记书局，1903

慕容真点校《林纾选评古文辞类纂》，浙江古籍出版社，1986。

潘光旦：《自由之路》，商务印书馆，1946。

彭文祖：《盲人瞎马之新名词》，东京：秀光社，1915。

皮锡端：《师伏堂日记》，国家图书馆出版社，2009。

钱基博：《中国现代文学史》，世界书局，1933。

《钱玄同文集》，中国人民大学出版社，2000。

求是斋校辑《皇朝经世文编五集》，宜今室，1902。

荣孟源、章伯锋主编《近代稗海》，四川人民出版社，1985。

阮湘等编《第一回中国年鉴》，商务印书馆，1924。

商务印书馆编《商务印书馆九十年——我和商务印书馆》，编者印行，1987。

商务印书馆编《商务印书馆志略》，编者印行，1929。

商务印书馆编《张元济傅增湘论书尺牍》，编者印行，1983。

商衍鎏：《清代科举考试述录》，生活·读书·新知三联书店，1958。

上海日报公会编《上海之报界》，编者印行，1929。

上海市年鉴编纂委员会编纂《上海市年鉴（1935年）》，上海市通志馆，1935。

上海市文物保管委员会编《康有为与保皇会》，上海人民出版社，1982。

上海通志社编《上海研究资料续集》，上海书店出版社，2002。

上海图书馆编《汪康年师友书札》，上海古籍出版社，1986。

邵之棠编《皇朝经世文统编》，宝善斋，1901。

申报馆编《最近之五十年——申报馆五十周年纪念刊》，编者印行，1923。

沈粹生辑《西事类编》，申报馆，1884。

沈德符：《万历野获编》，中华书局，1959。

沈恩孚编《新闻报馆三十年纪念册》，上海亚东图书馆，1923。

沈国威编著《六合丛谈——附解题·索引》，上海辞书出版社，2006。

松浦章等编著《〈遐迩贯珍〉——附解题·索引》，上海辞书出版社，2005。

《宋教仁日记》，湖南人民出版社，1980。

宋育仁编《采风记》，光绪乙未（1895）冬月袖海山房石印。

苏舆编《翼教丛编》，上海书店出版社，2002。

孙应祥、皮后锋编《〈严复集〉补编》，福建人民出版社，2004。

孙玉声：《报海前尘录》，复旦大学藏。

汤志钧编《章太炎政论选集》，中华书局，1977。

唐文权编《雷铁厓集》，华中师范大学出版社，1986。

陶菊隐：《政海轶闻》，华报馆，1934。

天津图书馆、天津社科院历史研究所编《袁世凯奏议》，天津古籍出版社，1987。

听秋旧庐主人辑《中外经世策论合纂》，鸿雪斋，1902。

汪林茂编校《汪康年文集》，浙江古籍出版社，2011。

汪荣宝、叶澜编纂《新尔雅》，明权社，1903。

江士铎：《汪梅村先生集》，光绪七年（1881）刻本。

汪叔子、张求会编《陈宝箴集》，中华书局，2005。

汪叔子编《文廷式集》，中华书局，1993。

汪诒年编《汪穰卿先生传记》，杭州汪氏铸版，1938。

汪原放：《亚东图书馆与陈独秀》，学林出版社，2006。

王代功述《湘绮府君年谱》，文海出版社，1970。

王尔敏、陈善伟编《近代名人手札真迹——盛宣怀珍藏书牍初编》，香港中文大学出版社，1987。

王凡西：《双山回忆录》，东方出版社，2004。

王汎森、杜正胜编《傅斯年文物资料选辑》，傅斯年先生百龄纪念筹备会，1995。

《王国维文集》，中国文史出版社，1997。

王闿运：《湘绮楼日记》，岳麓书社，1997。

王仁俊：《格致古微》，光绪王氏家刻本。

王士禛：《香祖笔记》，上海古籍出版社，1982。

王世儒编《蔡元培日记》，北京大学出版社，2010。

王栻主编《严复集》，中华书局，1986。

王韬：《弢园尺牍》，文海出版社，1983。

王韬：《弢园文录外编》，中华书局，1959。

王锡祺编《小方壶斋舆地丛钞》，上海著易堂版，杭州古籍书店，1985。

王先谦：《葵园四种》，岳麓书社，1986。

王先谦：《虚受堂书札》，光绪三十三年（1907）长沙王氏刊本。

王先谦：《虚受堂文集》，光绪二十六年（1900）刻本。

王新常：《抗战与新闻事业》，商务印书馆，1937。

王兴国编《杨昌济文集》，湖南教育出版社，1983。

王学珍、郭建荣主编《北京大学史料》第 2 卷（1912～1937），北京大学出版社，2000。

魏元旷：《南昌文征》，成文出版社，1970。

吴保初：《北山楼集》，黄山书社，1990。

吴汝纶：《吴挚甫尺牍》，国学扶轮社，1910。

吴晓芝：《现代政党论》，立达书局，1935。

吴学昭整理《吴宓日记》，生活·读书·新知三联书店，1998。

吴振清、徐勇、王家祥编校整理《黄遵宪集》，天津人民出版社，2003。

伍超：《新闻学大纲》，商务印书馆，1925。

西德尼·甘博：《北京的社会调查》，陈愉秉等译，中国书店，2010。

席蕴青辑《星轺日记类编》，丽泽学会，1902。

《夏承焘集》，浙江古籍出版社、浙江教育出版社，1997。

夏东元编《郑观应集》，上海人民出版社，1982。

夏晓虹辑《〈饮冰室合集〉集外文》，北京大学出版社，2005。

徐宝璜、胡愈之：《新闻事业》，商务印书馆，1923。

徐凌霄、徐一士：《凌霄一士随笔》，山西古籍出版社，1997。

徐维则辑，顾燮光补《增版东西学书录》，"光绪二十八年十二月印行"。

徐一士：《一士类稿》，文海出版社，1966。

《徐兆玮日记》，黄山书社，2013。

徐致祥等撰《清代起居注册（光绪朝）》，联合报文化基金会国学文献馆，1987。

徐铸成：《报海旧闻》，上海人民出版社，1981。

徐铸成：《旧闻杂忆》修订版，生活·读书·新知三联书店，2009。

许恪儒整理《许宝蘅日记》，中华书局，2010。

《严修东游日记》，天津人民出版社，1995。

燕京大学新闻学系编辑《中国报界交通录》，编者印行，1932。

杨书霖编《左文襄公全集》，文海出版社，1983。

杨树达：《积微翁回忆录》，上海古籍出版社，1986。

杨涛清：《中国出版界简史》，上海永祥印书馆，1946。

姚公鹤：《上海闲话》，上海古籍出版社，1989。

叶昌炽：《缘督庐日记》，广陵书社，2014。

俞樾：《春在堂全书》，光绪九年（1883）刊本。

虞和平编《经元善集》，华中师范大学出版社，2011。

苑书义等主编《张之洞全集》，河北人民出版社，1998。

《在出版界二十年——张静庐自传》，上海杂志公司，1938。

张国焘：《我的回忆》，东方出版社，2004。

张謇研究中心、南通市图书馆、江苏古籍出版社编《张謇全集》，江苏古籍出版社，1994。

张静庐：《中国的新闻记者与新闻纸》，现代书局，1932。

张静庐辑注《中国出版史料补编》，中华书局，1957。

张静庐辑注《中国近代出版史料》，上海群联出版社，1953。

张枏、王忍之编《辛亥革命前十年间时论选集》第1卷，生活·读书·新知三联书店，1960。

张人凤、柳和城编著《张元济年谱长编》，上海交通大学出版社，2011。

张人凤整理《张元济日记》，河北教育出版社，2001。

张树年、张人凤编《张元济书札》增订本，商务印书馆，1997。

张禹、陈盛奖编《王理孚集》，上海社会科学院出版社，2006。

《张元济诗文》，商务印书馆，1986。

赵君豪：《中国近代之报业》，商务印书馆，1940。

赵惟熙:《西学书目答问》,贵阳学署,1901。

《郑超麟回忆录》,东方出版社,2004。

中共中央文献研究室等编《毛泽东早期文稿》,湖南出版社,1990。

中国第二历史档案馆编《中华民国档案史料汇编》,江苏古籍出版社,1991。

中国第二历史档案馆编《中华民国史档案资料汇编》,江苏古籍出版社,1997。

中国第一历史档案馆编《光绪朝朱批奏折》,中华书局,1996。

中国第一历史档案馆编《光绪宣统两朝上谕档》,广西师范大学出版社,1996。

中国革命博物馆整理《吴虞日记》,四川人民出版社,1984、1986。

中国近代经济史资料丛刊编辑委员会主编《中国海关与邮政》,中华书局,1983。

中国社会科学院近代史研究所中华民国史研究室编《胡适来往书信选》,中华书局,1979。

中国史学会主编《中国近代史资料丛刊·戊戌变法》,神州国光社,1953。

中国史学会主编《中国近代史资料丛刊·辛亥革命》,上海人民出版社,1957。

中国文化建设协会编《十年来的中国》,商务印书馆,1937。

中华书局编辑部编《孙宝瑄日记》,中华书局,2015。

中华续行委办会编《中华归主——中国基督教事业统计(1901~1920)》,中国社会科学院世界宗教研究所,1985。

中华续行委办会编《中华基督教会年鉴》第5期,广学书局,1918。

中央档案馆、中国革命博物馆、中共中央党校出版社编《恽代英日记》,中共中央党校出版社,1981。

仲英辑《分类洋务经济策论》，介记书局，1901。

周秋光编《熊希龄集》，湖南人民出版社，2008。

周钰宏编《上海年鉴（1947年）》，华东通讯社，1947。

周作人：《知堂回想录》，三育图书公司，1980。

《周作人日记》，大象出版社，1996。

朱寿朋编《光绪朝东华录》，中华书局，1958。

朱维铮校注《梁启超论清学史二种》，复旦大学出版社，1985。

朱维铮主编《马相伯集》，复旦大学出版社，1996。

《朱希祖日记》，中华书局，2012。

朱有瓛主编《中国近代学制史料》，华东师范大学出版社，1986。

庄俞：《我一游记》，商务印书馆，1936。

中文论著

著　作

艾森斯塔特：《帝国的政治体系》，阎步克译，贵州人民出版社，1992。

白瑞华：《中国近代报刊史》，苏世军译，中央编译出版社，2013。

白佐良、马西尼：《意大利与中国》，萧晓玲、白玉昆译，商务印书馆，2002。

本杰明·史华慈：《寻求富强：严复与西方》，叶凤美译，江苏人民出版社，1996。

本尼迪克特·安德森：《想象的共同体：民族主义的起源与散布》，吴叡人译，上海人民出版社，2005。

彼得·柏克：《知识社会史：从古腾堡到狄德罗》，贾士蘅译，麦田出版，2003。

彼得·伯克：《文化史的风景》，丰华琴、刘艳译，北京大学出版，2013。

陈建华：《"革命"的现代性——中国革命话语考论》，上海古籍出版社，2000。

陈万雄：《五四新文化的源流》，生活·读书·新知三联书店，1997。

戴仁：《商务印书馆：1897~1949》，李桐实译，商务印书馆，2000。

邓云乡：《清代八股文》，河北教育出版社，2004。

方汉奇主编《中国新闻事业通史》第 1 卷，中国人民大学出版社，1996。

费夫贺、马尔坦：《印刷书的诞生》，李鸿志译，广西师范大学出版社，2006。

费约翰：《唤醒中国：国民革命中的政治、文化与阶级》，李恭忠、李里峰等译，生活·读书·新知三联书店，2004。

费正清主编《剑桥中国晚清史（1800~1911 年）》，中国社会科学院历史研究所编译室译，中国社会科学出版社，1993。

弗雷德里克·巴比耶：《书籍的历史》，刘阳等译，广西师范大学出版社，2005。

戈公振：《中国报学史》，生活·读书·新知三联书店，1955。

葛兆光：《中国思想史》第 1、2 卷，复旦大学出版社，1998、2000。

关晓红：《科举停废与近代中国社会》，社会科学文献出版社，2013。

哈贝马斯：《公共领域的结构转型》，曹卫东译，学林出版社，1999。

黄福庆：《近代日本在华文化及社会事业之研究》，中研院近代史研究所，1997。

黄宗智：《清代的法律、社会与文化：民法的表达与实践》，刘昶、李怀印译，上海书店出版社，2002。

霍布斯鲍姆：《革命的时代：1789~1848》，王章辉等译，江苏人民出版社，1999。

吉登斯：《现代性的后果》，田禾译，译林出版社，2000。

吉尔兹：《地方性知识：阐释人类学论文集》，王海龙、张家谊译，中央编译出版社，2004。

江振勇：《舍我其谁：胡适》第1部，新星出版社，2011。

卡伦：《媒体与权力》，史安斌、董关鹏译，清华大学出版社，2006。

柯文：《在中国发现历史——中国中心观在美国的兴起》，林同奇译，中华书局，1989。

孔飞力：《叫魂：1768年中国妖术大恐慌》，陈兼、刘昶译，上海三联书店，1999。

昆廷·斯金纳：《近代政治思想的基础》，奚瑞森、亚方译，商务印书馆，2002。

李欧梵：《现代性的追求》，生活·读书·新知三联书店，2000。

李仁渊：《晚清的新式传播媒体与知识份子：以报刊出版为中心的讨论》，稻乡出版社，2005。

李细殊：《张之洞与清末新政研究》，上海书店出版社，2003。

李孝悌：《清末的下层社会启蒙运动：1901~1911》，河北教育出版社，2001。

李约瑟：《中国科学技术史》第4卷《天学》第2分册，科学出版社，1975。

廖梅：《汪康年：从民权论到文化保守主义》，上海古籍出版社，2001。

林·亨特：《法国大革命中的政治、文化和阶级》，汪珍珠译，华东师范大学出版社，2011。

林·亨特编《新文化史》，江政宽译，麦田出版，2002。

林毓生：《中国意识的危机》，贵州人民出版社，1988。

刘禾：《跨语际实践——文学，民族文化与被译介的现代性（中国，1900～1937）》，宋伟杰等译，生活·读书·新知三联书店，2002。

罗伯特·达恩顿：《旧制度时期的地下文学》，刘军译，中国人民大学出版社，2012。

罗伯特·达恩顿：《启蒙运动的生意：〈百科全书〉出版史（1775～1800）》，叶桐、顾杭译，生活·读书·新知三联书店，2005。

罗志田：《国家与学术：清季民初关于"国学"的思想论争》，生活·读书·新知三联书店，2003。

罗志田：《再造文明的尝试：胡适传（1891～1929）》，中华书局，2006。

吕芳上：《从学生运动到运动学生：民国八年至十八年》，中研院近代史研究所，1994。

马西尼：《现代汉语词汇的形成——十九世纪汉语外来词研究》，黄河清译，汉语大词典出版社，1997。

茅海建：《从甲午到戊戌：康有为〈我史〉鉴注》，生活·读书·新知三联书店，2009。

皮埃尔·布迪厄、华康德：《实践与反思：反思社会学导引》，李猛、李康译，中央编译出版社，1998。

让－诺埃尔·让纳内：《西方媒介史》，段慧敏译，广西师范大学出版社，2005。

任达：《新政革命与日本——中国，1898～1912》，李仲贤译，江苏人民出版社，1998。

萨依德：《知识分子论》，单德兴译，麦田出版，1997。

塞缪尔·亨廷顿：《变动社会的政治秩序》，张岱云等译，上海译文出版社，1989。

石川祯浩：《中国共产党成立史》，袁广泉译，中国社会科学出版社，2006。

实藤惠秀：《中国人留学日本史》，谭汝谦、林启彦译，生活·读书·新知三联书店，1983。

舒衡哲：《中国的启蒙运动——知识分子与五四遗产》，李国英等译，山西人民出版社，1989。

宋黎明：《神父的新装——利玛窦在中国（1582～1610）》，南京大学出版社，2011。

苏精：《马礼逊与中文印刷出版》，台湾学生书局，2000。

苏精：《铸以代刻：传教士与中文印刷变局》，台大出版中心，2014。

王德威：《被压抑的现代性：晚清小说新论》，宋伟杰译，北京大学出版社，2005。

王德昭：《清代科举制度研究》，中华书局，1984。

王汎森：《傅斯年：中国近代历史与政治中的个体生命》，王晓冰译，生活·读书·新知三联书店，2012。

王汎森：《执拗的低音——一些历史思考方式的反思》，生活·读书·新知三联书店，2014。

王汎森等：《中国近代思想史的转型时代》，联经出版公司，2007。

王国斌：《转变的中国——历史变迁与欧洲经验的局限》，李伯重、连玲玲译，江苏人民出版社，1998。

王力：《汉语史稿》，中华书局，2004。

王润泽：《北洋政府时期的新闻业及其现代化（1916～1928）》，中国人民大学出版社，2010。

沃尔特·李普曼：《公众舆论》，阎克文、江红译，上海人民出版社，2002。

狭间直树编《梁启超·明治日本·西方：日本京都大学人文科学研究所共同研究报告》，社会科学文献出版社，2001。

萧邦奇：《血路：革命中国中的沈定一（玄庐）传奇》，周武彪译，江苏人民出版社，1999。

小野川秀美：《晚清政治思想研究》，林明德、黄福庆译，时报文化出版公司，1982。

谢国桢：《明清之际党社运动考》，中华书局，1982。

雅克·勒高夫、皮埃尔·诺拉主编《史学研究的新问题、新方法、新对象——法国新史学发展趋势》，郝名玮译，社会科学文献出版社，1988。

杨国强：《晚清的士人与世相》，生活·读书·新知三联书店，2008。

叶文心：《民国时期的大学校园文化（1919~1937）》，冯夏根等译，中国人民大学出版社，2012。

伊丽莎白·爱森斯坦：《作为变革动因的印刷机——早期近代欧洲的传播和文化变革》，何道宽译，北京大学出版社，2010。

余英时：《中国思想传统的现代诠释》，江苏人民出版社，1995。

余英时：《重寻胡适历程——胡适生平与思想再认识》，广西师范大学出版社，2004。

张灏：《梁启超与中国思想的过渡（1890~1907）》，崔志海、葛夫平译，江苏人民出版社，1997。

张朋园：《梁启超与清季革命》，中研院近代史研究所，1999。

张玉法：《民国初年的政党》，岳麓书社，2004。

张允侯等编《五四时期的社团》，生活·读书·新知三联书店，1979。

章清：《"胡适派学人群"与现代中国自由主义》修订版，上海三联书店，2015。

周佳荣编著《近代日人在华报业活动》，三联书店（香港）有限公司，2007。

周绍明：《书籍的社会史：中华帝国晚期的书籍与士人文化》，何朝晖译，北京大学出版社，2009。

卓南生：《中国近代报业发展史（1815～1874）》增订版，中国社会科学出版社，2002。

邹谠：《二十世纪中国政治：从宏观历史与微观行动的角度看》，牛津大学出版社，1994。

论 文

陈力卫：《"主义"概念在中国的流行及其泛化》，《学术月刊》2012年第9期。

方维规：《"鞍型期"与概念史——兼论东亚转型期概念研究》，《东亚观念史集刊》第1期，2011年12月。

方维规：《概念史研究方法要旨——兼谈中国相关研究中存在的问题》，《新史学》第3卷，中华书局，2009。

葛兆光：《1895年的中国：思想史上的象征意义》，《开放时代》2001年第1期。

沟口雄三：《〈明夷待访录〉的历史地位》，刘俊文主编，许洋主等译《日本学者研究中国史论著选译》第7集，中华书局，1993。

关晓红：《科举停废与近代乡村士子——以刘大鹏、朱峙三日记为视角的比较考察》，《历史研究》2005年第2期。

金观涛、刘青峰：《从"群"、"社会"到"社会主义"》，《中央研究院近代史研究所集刊》第35期，2000年6月。

孔祥吉、村田雄二郎：《对毕永年〈诡谋直纪〉疑点的考察——兼论小田切与张之洞之关系及其讲旱〈诡谋直纪〉的动机》，《广东社会科学》2008年第2期。

刘永华：《清代民众识字问题的再认识》，《中国社会科学评价》2017年第2期。

罗志田：《见之于行事：中国近代史研究的可能走向》，《历史研究》2002 年第 1 期。

罗志田：《天下与世界：清末士人关于人类社会认知的转变——侧重梁启超的观念》，《中国社会科学》2007 年第 5 期。

罗志田：《新旧之间：近代中国的多个世界及"失语"群体》，《四川大学学报》1999 年第 6 期。

潘光哲：《〈时务报〉和它的读者》，《历史研究》2005 年第 5 期。

桑兵：《拒俄运动与中等社会的自觉》，《近代史研究》2004 年第 4 期。

桑兵：《民国学界的老辈》，《历史研究》2005 年第 6 期。

王汎森：《"主义"与"学问"——1920 年代中国思想界的分裂》，许纪霖主编《启蒙的遗产与反思》（《知识分子论丛》第 9 辑），江苏人民出版社，2010。

王汎森：《傅斯年早期的"造社会"论——从两份未刊残稿谈起》，《中国文化》第 14 期，1996 年 12 月。

王汎森：《近代知识分子自我形象的转变》，《台大文史哲学报》第 56 期，2002 年 5 月。

王奇生：《"革命"与"反革命"：一九二〇年代中国三大政党的党际互动》，《历史研究》2004 年第 5 期。

王奇生：《新文化是如何"运动"起来的——以〈新青年〉为视点》，《近代史研究》2007 年第 1 期。

余英时：《中国知识分子的边缘化》，《二十一世纪》总第 6 期，1991 年 8 月。

张灏：《中国近代思想史的转型时代》，《二十一世纪》总第 52 期，1999 年 4 月。

章清：《"学术社会"的建构与知识分子的"权势网络"——

〈独立评论〉群体及其角色与身份》，《历史研究》2002 年第 4 期。

章清：《省界、业界与阶级：近代中国集团力量的形成及其困局》，《中国社会科学》2003 年第 4 期。

周振鹤：《新闻史上未被发现与利用的一份重要资料——评介范约翰的〈中文报刊目录〉》，《复旦学报》1992 年第 1 期。

周振鹤：《一九一三年俄人波列伏依的中文报刊目录》，《出版史料》1993 年第 2 期。

外文论著

『實藤文庫目录』日本東京都立日比谷圖書館、1966。

井上哲次郎・有賀長雄（增補）『哲學字彙』東洋館、1884。

井上哲次郎『哲學字彙』東京大學三學部、1881。

荒川清秀『近代日中学術用語の形成と伝播』白帝社、1997。

惣郷正明・飛田良文（編）『明治のことば辞典』東京堂、1986。

多賀秋五郎『近代中國教育史資料・清末編』日本学術振興会、1972。

中江兆民『四民の目ざまし』博文堂、1892。

中山整爾『通俗将来の日本社会』春陽堂、1888。

沈國威・内田慶市（編著）『近代啓蒙の足跡——東西文化交流と言語接触：「智環啓蒙塾課初步」の研究』関西大学出版部、2002。

沈國威『近代日中語彙交流史：新漢語の生成と受容』笠間書院、1994（2008 年改訂新版）。

沈國威（編著）『漢字文化圏諸言語の近代語彙の形成—創出と

共有』関西大学出版部、2008。

陳力衛『和製漢語の形成とその展開』汲古書院、2001。

田口卯吉『経済策』経済雑誌社、1890。

内田慶市『近代における東西言語文化接触の研究』関西大学
出版部、2001。

狭間直樹（編）『共同研究梁啓超：西洋近代思想受容と明治日
本』みすず書房、1999。

Bourdieu, Pierre. 1993. *The Field of Cultural Production: Essays on Art and Literature.* Edited and Introduced by Randal Johnson, New York: Columbia University Press.

Britton, Roswell S. 1933. *The Chinese Periodical, 1800 – 1912.* Kelly and Walsh Limited.

Brokaw, C. J. and Chow, K. W. 2005. *Printing and Book Culture in Late Imperial China.* Berkeley: University of California Press.

Chow, Kai-wing. 1996. "Writing for Success: Printing, Examinations, and Intellectual Change in Late Ming China." *Late Imperial China* 17: 1 (June): 120 – 157.

Chow, Kai-wing. 2004. *Publishing, Culture and Power in Early China.* Stanford: Stanford University Press.

Darnton, Robert. 1989. "What is the History of books?" in Cathy N. Davidson, ed., *Reading in America: Literature and Social History*, pp. 27 – 52. Baltimore: Johns Hopkins University Press.

Duara, Prasenjit. 1995. *Rescuing History from the Nation: Questioning Narratives of Modern China.* Chicago: University of Chicago Press.

Eberhard, Wolfram. 1962. *Social Mobility in Traditional China.* Leiden: E. J. Brill.

Elman, Benjamin. 1991. "Political, Social and Cultural Reproduction via Civil Service Examinationed in Late Imperial China." *The Journal of Asian Studies* 50: 1 (Feb.): 7 – 28.

Fong, Tobie Meyer. 2007. "The Printed World: Books, Publishing Culture, and Society in Late Imperial China." *The Journal of Asian Studies* 66: 3 (Aug.): 787 – 817.

Harrison, Henrietta. 2005. *The Awakened from Dreams: One Man's Life in a North China Village, 1857 – 1942.* Stanford, California: Stanford University Press.

Hegel, Robert. 1997. *Reading Illustrated Fiction in Late Imperial China.* Stanford: Stanford University Press.

Hemeling, K. 1917. *English-Chinese Dictionary of the Standard Chinese Spoken Language (官话) and Handbook for Translators.* Shanghai: Statistical Department of the Inspectorate General of Customs.

Ho, Ping-ti. 1962. *The Ladder of Success in Imperial China: Aspects of Social Mobility.* New York: Columbia University Press.

Judge, Joan. 1996. *Print and Politics: Shibao and the Culture of Reform in Late Qing China.* Stanford: Stanford University Press.

Judge, Joan. 2008. *The Precious Raft of History: The Past, the West, and the Woman Question in China.* Stanford: Stanford University Press.

King, Frank H. H. and Clarke, Prescott. 1965. *A Research Guide to China-Coast Newspapers, 1822 – 1911.* Cambridge, Mass. : Harvard University Press.

Lacker, Michael, Amelung, Iwo and Kurtz, Joachim, eds. 2001. *New Terms for New Ideas: Western Knowledge and Lexical Change in Late Imperial China.* Leiden: E. J. Brill.

Lary, Diana. 1980. "Warlord Studies." *Modern China*, 6: 4 (Oct.): 157 - 179.

Lobscheid, Wilhelm. 1869. *English and Chinese Dictionary, with the Punti and Mandarin Pronunciation.* Hongkong: Daily Press Office.

Löwenthal, Rudolf. 1940. *The Religious Periodical Press in China.* Peking: The Synodal Commission in China.

Mateer, Ada Haven. 1913. *New Term for New Ideas: A Study of the Chinese Newspaper.* Shanghai: American Presbyterian Mission Press.

Medhurst, Walter Henry. 1848. *English and Chinese Dictionary.* Shanghai: Printed at Mission Press.

Mittler, Barbara. 2004. *A Newspaper for China? Power, Identity, and Change in Shanghai's News Media, 1872 - 1912.* Cambridge, Mass. : Harvard University Press.

Morgan, Evan. 1913. *Chinese New Terms and Expressions with English Translations: Introduction and Notes.* Published at C. L. S. Book Depot, Kelly & Waish, Limited Shanghai.

Morrison, Robert. 1822. *A Dictionary of the Chinese Language in three parts.* Macao, China: Printed at the Honorable East India Company's Press.

Pye, Lucian W. 1992. *The Spirit of Chinese Politics: A Psychocultural Study of the Authority Crisis in Political Development.* New Edition, Cambridge, Mass. : Harvard University Press.

Rawski, Evelyn Sakakida. 1979. *Educational and Popular Literacy in Ch'ing China.* Ann Arbor: University of Michigan Press.

Reed, Christopher A. 2004. *Gutenberg in Shanghai: Chinese Print Capitalism, 1876 - 1937.* Vancouver: University of British Columbia

Press.

Schwartz, Benjamin I. 1968. "The Chinese Perception of World Order, Past and Present. " In John K. Fairbank ed. , *The Chinese Order*, pp. 276 – 288. Cambridge, Mass. : Harvard University Press.

Townsend, James. 1996. "Chinese Nationalism. " In Jonathan Unger, ed. , *Chinese Nationalism*, pp. 1 – 30. M. E. Sharpe, Armonk.

Wagner, Rudolf G. 1999. "The *Shenbao* in Crisis: The International Environment and the Conflict between Guo Songtao and the *Shenbao*. " *Late Imperial China* 20: 1 (June): 107 – 138.

Wagner, Rudolf G. 2002. "The Early Chinese Newspapers and the Chinese Public Sphere. " *European Journal of East Asian Studies* 1: 1 (June): 1 – 33. Leiden: E. J. Brill.

Wagner, Rudolf G. 2007. *Joining the Global Public-Word, Image, and City in Early Chinese Newspaper, 1870 – 1910*. New York: State University of New York.

Wilhelm, Richard. 1911. *Deutsch-Englisch-Chinesisches Fachwörterbuch*. Tsingtau: Deutsch-Chinesischen Hochschule.

Williams, S. Wells. 1844. *An English and Chinese Vocabulary in the Court Dialect*. Macao: Office of the Chinese Repository.

Woodhead, H. G. W. 1923. *The China Year Book, 1923*. The Tientsin Press, Ltd.

后　记

　　"如果某样东西没有固定的特质,又怎样能写出它的历史来呢?"
面对"文化史由什么构成"这一问题,彼得·伯克在《文化史的风
景》一书中曾表达了这样的困惑。完成以清季民国时期的"思想界"
为主题的这部书稿,回过头去看,这样的困惑一直伴随整个研究过
程,此时此刻,也并没有完全消除。

　　说起来,这样的问题亦属老生常谈。汤因比《历史研究》一书
对"历史研究的单位"的思考,即构成基于"文明"开展比较研究
的出发点。这是因为以"民族国家"作为历史研究的一般范围,大
大限制了历史学家的眼界,事实却是,"欧洲没有一个民族或民族国
家能够说明它自己的问题"。为此,汤因比提出应该把历史现象放到
更大的范围内加以比较和考察,并提醒历史学家不要沉湎于专门领域
的研究而迷失方向。"历史研究的单位"可以放大,也可以缩小,柯
文标举的"中国中心观",主张把中国按"横向"分解为区域、省、
州、县与城市,以开展区域与地方历史的研究;把中国社会再按
"纵向"分解为若干不同阶层,推动较下层社会历史(包括民间与非
民间历史)的撰写。这样的"取向",很显然是将近代中国划分为更
小的研究单位。这也算不上特别的"发明",实际是史家持续多年的
努力,由最初的"南与北""沿海与内地"的二分,逐渐过渡到"复
数"的"多个世界"。何以将近代中国的历史划分为更小的研究单
位,原因并不难理解,尽管"时段"并不算长,但其复杂性以及文

献资料的丰富性，却是众所周知的，如以"近代中国"为研究单位，任何立说都不免困难重重。当然，小也有小的问题，今日中国近代史学界热议的所谓"碎片化"，究其实质，也是担心"历史研究的单位"存在过于偏小的趋向。

以清季民国时期的"思想界"作为"历史研究的单位"，遭遇的正是这样的困惑。最基本的，"思想界"作为研究对象，边界难以限定。正是因为"思想界"涉及的范围颇为广泛，甚至毫无边界可言，也增添了书写的难度。不过，"思想界"既作为历史性的存在，从其本身的"历史"切入，尽可能书写"全面的历史"，倒是应有的选择。

将"思想界"与清季民国时期的历史建立特别的关联，正是要强调此一问题并非无关宏旨。这是近代中国社会发生深刻变动的产物，据此亦可揭示这段历史一些值得重视的问题。从某种意义上说，这是将"思想界"作为具有指标意义的象征，既成长于近代社会，也构成验证这段历史的标志，成为"过去"与"近代"显示出重大差别的一环。换言之，"思想界"出现于晚清"转型时代"，主要体现在与"社会"的成长密切关联；也实际成为国家与社会形成新型对应关系的写照。甚至可以说，清季民国时期"思想界"的形成，既是把握近代中国历史的一把钥匙，还是审视未来社会的一面镜子。

综观完成的书稿，涉及的层面似乎有些复杂，书稿的篇幅过长，多少由此造成。不过，虽说尽可能全面梳理"思想界"牵涉的多个方面，但又留下另外的遗憾，范围广了，往往难以深入。回到对"历史研究的单位"的检讨，亦能看出问题的症结。由于"思想界"是虚实结合的存在，也导致选择的困难。如缩小范围，或能更为深入讨论一些问题；而对此加以全面梳理，则不免扩大研究的单位，导致问题难以深入。很难说什么样的选择更为理想，以本书涉及的问题看，或许不少都可作为单独的课题进行专门研究。

这只是问题的一方面，从另一方面来说，与"思想界"相关的不少要素，确实又还未曾多加阐述。本书对"思想界"的解析，主要着眼于报章作为"新型媒介"的影响。报章是包含近代信息最为丰富的"载体"，也成为近代社会变迁最真实的写照，聚焦于此，自可以揭示近代中国历史演进中值得重视的一些现象。然而，所谓"新型媒介"，绝非印刷书刊可涵盖，还包括影响信息传播的各项物质与技术进步。这些媒介的出现，不仅改变了近代历史的图景，还使近代世界的信息更为完整地保存下来，要针对近代历史各种现象提出解释，不可忽略这些要素。上述种种，尽管在本书中多少有所讨论，但显然是不够的，正由于此，在为这项研究暂时画上一个句号时，仍然感觉有太多遗憾。

无论如何，如能结合新型传播媒介的浮现与读书人新的生活形态，揭示清季民国时期"思想界"一些值得重视的问题，发掘认识近代中国新的维度，则余愿已足。

从时间上算起来，围绕清季民国时期的"思想界"展开研究，已超过十个年头，大约可追溯至《省界、业界与阶级：近代中国集团力量的兴起及其难局》（《中国社会科学》2003 年第 2 期）这篇文字中开始的思考。而围绕此一问题开始有所积累，则有赖于近代史研究所中华民国史研究室汪朝光、王奇生、金以林几位教授组织的"年代"会议。这一按照 20 世纪不同"年代"举办的系列学术研讨会，持续了几个年头，有幸受邀参会，促使我围绕不同"年代"的"思想界"加以检讨。正是在此过程中，萌生了撰写书稿的打算；提交给会议的论文即构成这部书稿的基础。这些文字后来也有机会刊于学术刊物，或者编入会议论文集中。其中包括《民初"思想界"解析——报刊媒介与读书人的生活形态》（《近代史研究》2007 年第 3 期）、《1920 年代：思想界的分裂与中国社会的重组——对〈新青年〉同人"后五四时期"思想分化的追踪》(《近代史研究》2004 年第 6 期)等。当然,清季民国时期的"思想界"涉及的范围颇广,尤其与西学的传入息息相关,相应的,我也曾撰写别的论文发表,如《"采西学":学科次第之论辩及其意义——略论晚清对"西学门径"的探讨》(《历史研究》2007 年第 3 期)、《"策问"与科举体制下对"西学"的接引——以〈中外策问大观〉为中心》(《中央研究院近史所集刊》第 58 期,2007 年)等。这些研究工作,自然都建立在既有研究成果的基础上,受惠于各方所整理的各种资料,并且在多个场合分享了师友的意见。特别要说明的是,在此过程中承蒙姜义华、周振鹤、葛兆光、熊月之、罗志田、桑兵、汪朝光、王奇生、金以林、黄兴涛、方维规、陈力卫、沈国威、孙江、黄克武、张寿安、潘光哲、艾尔曼、村田雄二郎、久保亨、石川祯浩、阿梅龙、顾有信等师友的提示,谨致谢忱。

书稿的完成超过十年时间,固是因为问题的复杂性,更是源于当下的中国近代史研究正面临"史料丛出"的时代,新型传播媒介的影响,也体现在所存留的近代世界的信息,与古代世界有着天渊之别,治近代历史之难,部分即受制于此。不断有更多资料可资利用,也成为书稿不断拖延之根源。或不足为外人道的是,这些年由于行政事务缠身,只能利用周末、假期时断断续续做研究,这对于完成这样一部篇幅过长的书稿,也是前所未有的困难,不易有整段的时间对书稿进行用心的打磨。当然,仍有不少资料未曾寓目,更有诸多问题有待深入。种种遗憾,只有在未来的研究中加以弥补了。

如若不是有机会由出版社推荐列入"国家哲学社会科学成果文库",这部书稿势必还会拖延更长的时间。在此,谨向社会科学文献出版社徐思彦编审,以及承担编辑工作的宋荣欣女士,致以最诚挚的谢意。同时,除了前述各位师友的指点之外,本书参考和利用的一些资料，孙青、张仲民、章可、潘玮琳、曹南屏、赵中亚、刘宗灵、张晓川等许多年轻朋友曾代为核查、复制，为我省下不少时间，尤其是在书稿交出之前，不少资料需要查对，全赖曹南屏帮忙，占据他不少时间，这里也要表达特别的感谢。最后但绝非最不重要，也要感谢妻子给予的理解与支持，能够体谅、包容我的一切。

2014 年 2 月 14 日于上海复旦大学

再版后记

《清季民国时期的"思想界"》一书，2014年曾列入"国家哲学社会科学成果文库"，由社会科学文献出版社出版。对于这本书的编校、印制，出版社都颇为用心，原本没有考虑修订事。此次有机会修订再版，最初是因为国外的一家出版社，拟翻译为英文出版，但希望能加以删改，以缩短篇幅。该书出版后，不少好友同样有此建议，担心篇幅过大，恐不便读者。最后经社会科学文献出版社总编辑杨群、首席编辑徐思彦以及原书责任编辑宋荣欣提议，才将此事定下来。在此谨向促成此事的各方友人，致以最诚挚的谢意。

将一部近80万字的书稿，删改到40万字的篇幅，不是件容易的事。之前笔者撰写的《胡适评传》《"胡适派学人群"与现代中国自由主义》皆曾修订再版，为此也花费了不少时间，补充一些此前还无法利用的《顾颉刚日记》《蒋介石日记》等资料，以更好地揭示书中涉及的问题，篇幅因此也扩大不少。相较而言，《清季民国时期的"思想界"》一书的修订，难度更大。本书确立的基本架构，涉及从不同的面相检讨"思想界"，删除某些章节，势必影响结构的完整，故只有尽可能通过调整论证方式、减少引证来控制篇幅，很多内容无异于重写。除了缩短篇幅及校正讹误之外，同样需要补充新的史料。中国近代史资料的不断涌现，算得上"日日新，又日新"，尽可能增补今日所能利用的资料，也成为"修订"的主要内容。尤值一说的是，不少报章资料，以往利用起来还不那么方便，现在则有更完善的数据库，特别是"抗日战争与近代中日关系文献数据平台"建立起极为方便的检索系统，研究者可以充分利用其中所收录的报纸、杂志等资料。

无论如何，一本书有机会"再版"，于作者来说自是深感欣慰的事。如果通过真正意义上的"修订"，使书稿得以完善，则修订再版的工作，也就有了别样的意义。

2020 年 8 月 16 日

图书在版编目（CIP）数据

清季民国时期的"思想界"：典藏版／章清著. --
北京：社会科学文献出版社，2021.4（2023.11 重印）
（鸣沙）
ISBN 978 - 7 - 5201 - 8015 - 3

Ⅰ. ①清…　Ⅱ. ①章…　Ⅲ. ①思想史 - 研究 - 中国 -
近代　Ⅳ. ①B25

中国版本图书馆 CIP 数据核字（2021）第 032057 号

鸣沙
清季民国时期的"思想界"（典藏版）

著　　者／章　清

出 版 人／冀祥德
责任编辑／梁艳玲　陈肖寒　石　岩
责任印制／王京美

出　　　版／社会科学文献出版社·历史学分社（010）59367256
　　　　　　地址：北京市北二环中路甲 29 号院华龙大厦　邮编：100029
　　　　　　网址：www.ssap.com.cn
发　　　行／社会科学文献出版社（010）59367028
印　　　装／北京盛通印刷股份有限公司

规　　　格／开　本：787mm×1092mm　1/16
　　　　　　印　张：36.5　字　数：473 千字
版　　　次／2021 年 4 月第 1 版　2023 年 11 月第 3 次印刷
书　　　号／ISBN 978 - 7 - 5201 - 8015 - 3
定　　　价／99.00 元

读者服务电话：4008918866